中华传世藏书

【图文珍藏版】

儒家经典

刘凯⊙主编

线装书局

图书在版编目（ＣＩＰ）数据

儒家经典：全6册 / 刘凯主编. －－ 北京：线装书局，
2014.6
ISBN 978-7-5120-1391-9

Ⅰ.①儒… Ⅱ.①刘… Ⅲ.①儒家 Ⅳ.①B222

中国版本图书馆CIP数据核字(2014)第087890号

儒家经典

主　　编：刘　凯
责任编辑：高晓彬
装帧设计：博雅圣轩藏书馆　Boyashengxuan Cangshuguan
出版发行：线装书局
　　　　　地　址：北京市西城区鼓楼西大街41号（100009）
　　　　　电　话：010-64045283　64041012
　　　　　网　址：www.xzhbc.com
经　　销：新华书店
印　　制：北京彩虹伟业印刷有限公司
开　　本：787mm×1092mm　1/16
印　　张：168
彩　　插：8
字　　数：2040千字
版　　次：2014年6月第1版第1次印刷
印　　数：0001－3000套

定　　价：1580.00元（全六册）

周文王演易处

《周易》分两部分，一为"经"，为伏羲氏和周文王，只有六十四卦的卦象、卦辞和爻辞；二是"传"，为孔子及其后学的合作结果，可以说，《周易》是伏羲氏、周文王以及孔夫子三位古代的圣人合作的结果。《周易》以高度抽象的六十四卦的形式表征普遍存在的双边关系中可能发生的各种各样的变化，并附以卦爻辞作简要说明，含盖万有，纲纪群伦，是中国传统文化的杰出代表。

蜂猴图

《礼记》是中国古代一部重要的典章制度书籍，儒家经典著作之一。该书是研究中国古代社会情况和儒家思想的重要著作。它阐述的思想包括社会、政治、伦理、哲学、宗教等各个方面。全书用记叙文形式写成，一些篇章具有相当的文学价值，有的用短小的生动故事表明某一道理，有的气势磅礴、结构严谨，有的言简意赅、意味隽永，是研究先秦社会的重要资料。

仪礼图

《仪礼》记载着周代的冠、婚、丧、祭、乡、射、朝、聘等各种礼仪，其中以记载士大夫的礼仪为主。秦代以前篇目不详，汉代初期高堂生传仪礼17篇。古代各朝礼典的制定，大都以《仪礼》为重要依据而踵事增华。通读《仪礼》，不仅能了解周鲁各国贵族生活的一些侧面，还可以从中窥探远古的史影；了解些中国历史上的礼制，就能对中国古代社会的认识更为具体。

程、朱理学图

　　《大学》原为《礼记》第四十二篇。宋朝程颢、程颐兄弟把它从《礼记》中抽出，编次章句。朱熹将《大学》、《中庸》、《论语》、《孟子》合编注释，称为《四书》，从此《大学》成为儒家经典。《大学》的宗旨在于弘扬光明正大的品德，在于使人弃旧图新并达到最完善的境界。

南巡图

　　《中庸》原是《小戴礼记》中的一篇。作者为孔子后裔子嗣子思，后经秦代学者修改整理。《中庸》是被宋代学人提到突出地位上来的，宋一代探索中庸之道的文章不下百篇，南宋朱熹又作《中庸章句》，并把《中庸》和《大学》、《论语》、《孟子》并列称为四书。

孔子讲学图

　　《论语》首创语录之体，语言言简意赅、含蓄隽永，其书比较忠实地记述了孔子及其弟子的言行，也比较集中地反映了孔子的思想。孔子因材施教，对于不同的对象，考虑其不同的素质、优点和缺点、进德修业的具体情况，给予不同的教诲，表现了诲人不倦的可贵精神。

《诗经》小雅图

　　《诗经》是中国最早的一部诗歌总集，先秦时期称《诗》，它收集了自西周初年至春秋中叶大约五百多年的三百零五篇诗歌。作为中国文学的主要源头之一，《诗经》一直受到历代读书人的尊敬，经历两千年已成为一种文化基因，融入华夏文明的血液。

《孝经》图

　　《孝经》是一部关于中国古代儒家的伦理学著作。传说是孔子自作，清代纪昀在《四库全书总目》中指出，该书是孔子"七十子之徒之遗言"，成书于秦汉之际。自西汉至魏晋南北朝，注解者及百家，现在流行的版本是唐玄宗李隆基注，宋代邢昺疏，全书共分18章。

群仙集祝图

　　《尔雅》是我国最早的一部解释词义的专著，也是第一部按照词义系统和事物分类来编纂的词典。作为书名，"尔"是"近"的意思（后来写作"迩"），"雅"是"正"的意思，在这里专指"雅言"，即在语音、词汇和语法等方面都合乎规范的标准语。

朱元璋删《孟子》

　　《孟子》为孟子自著，现存7篇，主要记载了孟子的政治活动、政治学说及其哲学伦理、教育思想等。孟子把孔子的"仁学"思想发展为"仁政"学说，而朱元璋觉得《孟子》里有大量毒素，命臣下"删孟"，编成《孟子节文》一书。

孔子学琴图

　　《尚书》又称《书》、《书经》，是中国第一部古典散文集和最早的历史文献，它以记言为主。《汉书·艺文志》说，《尚书》原有100篇，孔子编纂并为之作序。汉初，有今、古文不同的传本。今文《尚书》29篇，是经师伏生所传。

鹊华秋色图

　　《左传》全称《春秋左氏传》，原名《左氏春秋》，汉朝以后才多称《左传》，是为《春秋》做注解的一部史书，与《公羊传》、《穀梁传》合称"春秋三传"。《左传》是中国古代一部编年体的历史著作，共三十五卷。全书记载了春秋时期各诸侯国的政治、经济、军事，外交、文化等各个方面，代表了先秦史学的最高成就，是研究先秦历史和春秋时期历史的重要文献。

步辇图

　　《春秋公羊传》为儒家经典之一，相传其作者为子夏的弟子，战国时齐人公羊高。是今文经学的重要经籍，历代今文经学家时常用它作为议论政治的工具，同时它还是研究先秦至汉间儒家思想的重要资料，上起鲁隐公元年，止于鲁哀公十四年，与《春秋》起讫时间相同，即公元前722年至前481年，其释史十分简略，而着重阐释《春秋》所谓的"微言大义"，用问答的方式解经。

孔子讲经论道图

　　《春秋穀梁传》是一部对《春秋》做注解的著作，也是我们研究秦汉间及西汉初年儒家思想的重要资料。传说孔子的弟子子夏将这部书的内容口头传给穀梁赤，穀梁赤将它写成书记录下来，但其成书时间是在汉朝。《春秋穀梁传》着重宣扬儒家思想，务礼义教化和宗法情谊，为缓和统治集团的内部矛盾，稳定封建统治的长远利益服务，因而也受到统治阶级的极大重视。

前　言

儒家又称儒学、儒家学说，或称为儒教，是中国古代最有影响的学派。做为华夏固有价值系统的一种表现的儒家，并非通常意义上的学术或学派，它是中华法系的法理基础，对中国以及东方文明发生过重大影响并持续至今的意识形态，儒家思想是东亚地区的基本文化信仰。

儒家经典主要有十三经。儒家正典化始自孔子治六经，孔子"治《诗》《书》《礼》《乐》《易》《春秋》六经"，即《诗经》《尚书》《仪礼》《乐经》《周易》和《春秋》。其主要派别包括：思孟学派、今文经学（汉初今文经立为官学，每一经都可成为"学"，例如穀梁学、公羊学等，从中又衍生出诸如谶纬神学之类的其他学说）、古文经学（今文经学和古文经学合称为经学，经学之下又可以按照所治之经分为诗学、礼学、易学、春秋学等等；而治经须先明义，因此诞生小学，小学之下又分为文字学、音韵学和训诂学）、宋明理学、心学、气学。

《周易》是一部建立在阴阳二元论基础上对事物运行规律加以论证和描述的书籍，其对于天地万物进行性状归类，天干地支五行论，甚至可以对事物的未来发展做出较为准确的预测，是中国传统思想文化中自然哲学与伦理实践的根源，对中国文化产生了巨大的影响，是华夏五千年智慧与文化的结晶，被誉为"群经之首，大道之源"。

《礼记》是中国古代一部重要的典章制度书籍，主要记载和论述了先秦的礼制、礼仪，解释仪礼，记录孔子和弟子等的问答，记述修身做人的准则，集中体现了先秦儒家的政治、哲学和伦理思想，是研究先秦社会的重要资料。

《仪礼》一书形诸文字是在东周时期，而其中所记录的礼仪活动，在成书以前早就有了。这些繁缛的登降之礼，趋详之节，不是孔子凭空编造的，而是他采辑周鲁各国即将失传的礼仪而加以整理记录的。此书材料，来源甚古，内容也比较可靠，而且涉及面广，从冠婚飨射到朝聘丧葬，无所不备，犹如一幅古代社会生活的长卷，是研究古代社会生活的重要史料之一。

《大学》文辞简约，内涵深刻，影响深远，两千年来无数仁人志士由此登堂入室以窥儒家之门。该文从实用主义角度，对现代人如何做人，做事，立业等等均有深刻启迪意义。

《中庸》原是《小戴礼记》中的一篇。作者为孔子后裔子嗣子思，后经秦代学者修改整理。中庸就是即不善也不恶的人的本性，从人性上来讲，就是人性的本原，人的根本智慧本性，实质上用现代文字表述就是"临界点"，这就是难以把握的"中庸之道"。

《论语》乃是孔子弟子及再传弟子追记孔子言行思想的著作。内容广博，涉及政治、教育、礼仪、经济、文学、天道观、认识论等等，反映了孔子伦理体系最基本的思想，这个体系的核心是"仁"，实施"仁"的手段和途径是"礼"。两千多年后的今天，我们仍然可以通过阅读《论语》，感受我们身体中从古圣先贤流淌至今的热血脉动。

《诗经》是中国最早的诗歌总集。是中华民族的瑰宝。根据乐调的不同分为风、雅、颂三类，它汇集了从西周初年到春秋中叶，也就是前1100年到前600年，约五百多年间的诗歌 305 篇。先秦称为《诗》，或取其整数称《诗三百》，西汉时被尊为儒家经典，始称《诗经》，并沿用至今。

《孝经》是中国古代儒家的伦理学著作。该书共分十八章，以孝为中心，比较集中地阐发了儒家的伦理思想，首次将孝亲与忠君联系起来，认为"忠"是"孝"的发展和扩大，并把"孝"的社会作用绝对化、神秘化，认为"孝悌之至"就能够"通于神明，光于四海，无所不通"。

《尔雅》是中国最早的一部解释词义的书，是中国古代的词典。《尔雅》也是儒家的经典之一，列入十三经之中。其中"尔"是近正的意思；"雅"是"雅言"，是某一时代官方规定的规范语言。"尔雅"就是使语言接近于官方规定的语言。《尔雅》是后代考证古代词语的一部著作。

《孟子》是中国儒家典籍中的一部，记录了战国时期思想家孟子的治国思想和政治策略，是孟子和他的弟子记录并整理而成的。《孟子》在儒家典籍中占有很重要的地位，为"四书"之一。该书记录了孟子的治国思想、政治观点和政治行动，成书大约在战国中期，属儒家经典著作，其学说出发点为性善论，提出"兼爱""非攻"，主张德治。

《尚书》是中国古代最早的一部历史文献汇编，所记载的历史，上起传说中的尧虞舜时代，下至东周（春秋中期），历史约 1500 多年。它的基本内容是古代帝王的文告和军臣谈话记录，记载了虞、夏商、周的许多重要史实，真实地反映了这一历史时期的天文、地理、哲学思想、教育、刑法和典章制度等，对后世产生过重要影响，是我们了解古代社会的珍贵史料。

《春秋左传》是我国现存第一部编年体的史书。全书约十八万字，按照鲁国从隐公到哀公一共十二个国君的顺序，记载了春秋时代二百五十四年间各诸侯国的政治、军事、外交和文化等方面的重要史实，内容涉及当时社会生活的各个方面。

《春秋公羊传》，中国汉代今文经学派的主要经典之一。该书系由孔子弟子子夏传给公羊高，公羊高子孙继续口耳相传，到汉景帝时始由公羊寿与胡母生（子都）写定。该书着重阐释《春秋》的"微言大义"，多牵强附会之处，因董仲舒的宣扬而较流行，是研究战国至秦汉间儒家思想的重要资料。其中的"大一统"主张，对统一封建社会起了促进作用；同时，该传的某些思想为后来的今文经学家发展成"三世说"，并借以发挥他们的政治哲学思想。

《春秋穀梁传》乃儒家经典之一，所记载的时间起于鲁隐公元年，终于鲁哀公十四年。其作者相传是子夏的弟子，战国时鲁人谷梁赤。起初也为口头传授，至西汉时才成书。属今文经学，其宗旨亦在阐发《春秋》经中之微言大义，以语录体和对话文体为主，只有少量叙事。着重宣扬儒家思想，务礼义教化和宗法情谊，为缓和统治集团的内部矛盾，稳定封建统治的长远利益服务，因而也受到统治阶级的极大重视。它是我们研究秦汉间及西汉初年儒家思想的重要资料。

孔子作为我国历史上一位伟大的思想家和教育家，其缔造的儒学，自春秋起就开始书写她源远流长的历史。从先秦时期以孔子、孟子、荀子为代表的先秦原始儒学，到汉初董仲舒"罢黜百家，独尊儒术"确立儒家正统地位，再到宋代的程朱理学，以及清末康有为等近现代新儒学，至今已有 2500 余年的历史了，在这漫长的岁月里，随着社会的发展的历史的演进，儒家学说从内容到形式都得到了不断的丰富与发展，其社会功能也在与时俱进，并逐步形成了自己别具一格的文化内涵。面对全球化文化浪潮的冲击与融汇，对儒家文化的现代价值的探讨与思索也越发激烈和深入。

目　录

中华传世藏书

儒家经典

图文珍藏本

周 易

[西周] 周文王 ◎ 著

导读

　　《周易》是一部中国古哲学书籍,亦称易经,简称易,周有周密、周遍、周流等意,《周易》相传为周文王著。文王出生在今陕西岐山周,原古称西岐,后来文王被商纣王囚禁在羑里(今安阳)。周易就这样诞生了。其书是一部建立在阴阳二元论基础上对事物运行规律加以论证和描述的书籍,对于天地万物进行性状归类,天干地支五行论,甚至可以对事物的未来发展做出较为准确的预测。是中国传统思想文化中自然哲学与伦理实践的根源,对中国文化产生了巨大的影响。是华夏五千年智慧与文化的结晶,被誉为"群经之首,大道之源"。

乾

【原文】

乾下乾上　乾。元亨利贞。初九:潜龙勿用。九二:见龙在田,利见大人。九三:君子终日乾乾,夕惕若厉,无咎。九四:或跃在渊,无咎。九五:飞龙在天,利见大人。上九:亢龙有悔。用九:见群龙无首,吉。

《彖》曰:大哉乾元,万物资始,乃统天。云行雨施,品物流形。大明终始,六位时成。时乘六龙以御天。乾道变化,各正性命。保合大和乃利贞。首出庶物,万国咸宁。

《象》曰:天行健,君子以自强不息。"潜龙勿用",阳在下也。"见龙在田",德施普也。"终日乾乾",反复道也。"或跃在渊",进无咎也。"飞龙在天",大人造也。"亢龙有悔",盈不可久也。"用九",天德不可为首也。

《文言》曰:元者,善之长也;亨者,嘉之会也;利者,义之和也;贞者,事之干也。君子体仁足以长人,嘉会足以合礼,利物足以和义,贞固足以干事。君子行此四德者,故曰:"乾元亨利贞。"初九曰"潜龙勿用",何谓也? 子曰:"龙,德而隐者也。不易乎世,不成乎名;遁世无闷,不见是而无闷。乐则行之,忧则违之,确乎其不可拔:潜龙也。"九二曰"见龙在田,利见大人",何谓也? 子曰:"龙,德而正中者也。

飞龙在天利见大人

庸言之信,庸行之谨,闲邪存其诚,善世而不伐,得博而化。《易》曰'见龙在田,利见大人',君德也。"九三曰"君子终日乾乾,夕惕若厉,无咎",何谓也? 子曰:"君子进德修业;忠信,所以进德也。修辞立其诚,所以居业也。知至至之,可与几也;知终终之,可与存义也。是故,居上位而不骄;在下位而不忧。故乾乾因其时而惕,虽危无咎矣。"九四曰"或跃在渊,无咎",何谓也? 子曰:"上下无常,非为邪也;进退无恒,非离群也。君子进德修业,欲及时也。故无咎。"九五曰"飞龙在天,利见大人",何谓也? 子曰:"同声相应,同气相求。水流湿,火就燥。云从龙,风从虎。圣人作而万物睹。本乎天者亲上,本乎地者亲下,则各从其类也。"上九曰"亢龙有悔",何谓也? 子曰:"贵而无位,高而无民,贤人在下,位而无辅,是以动而有悔也。"

"潜龙勿用",下也。"见龙在田",时舍也。"终日乾乾",行事也。"或跃在渊",自试也。"飞龙在天",上治也。"亢龙有悔",穷之灾也。乾元"用九",天下治也。

"潜龙勿用",阳气潜藏。"见龙在田",天下文明。"终日乾乾",与时偕行。"或跃在渊",乾道乃革。"飞龙在天",乃位乎天德。"亢龙有悔",与时偕极。乾元用九,乃见天则。

乾"元"者,始而亨者也。"利贞"者,性情也。乾始,能以美利利天下,不言所利,大矣哉,大哉乾乎!刚健中正,纯粹精也。六爻发挥,旁通情也。"时乘六龙",以御天也。"云行雨施",天下平也。君子以成德为行,日可见之行也。"潜"之为言也,隐而未见,行而未成,是以君子弗用也。君子学以聚之,问以辨之,宽以居之,仁以行之。《易》曰:"见龙在田,利见大人,君德也。"九三重刚而不中,上不在天,下不在田,故乾乾因其时而惕,虽危无咎矣。九四重刚而不中,上不在天,下不在田,中不在人,故"或"之;或之者,疑之也,故无咎。夫大人者,与天地合其德,与日月合其明,与四时合其序,与鬼神合其吉凶,先天而天弗违,后天而奉天时。天且弗违,而况于人乎!况于鬼神乎!"亢"之为言也,知进而不知退,知存而不知亡,知得而不知丧。其唯圣人乎?知进退存亡而不失其正者,其唯圣人乎!

【译文】

周厉王恢复王位会大为顺利,凭着天道循环的正确得到好处。

初九　像一条潜伏着的龙,不能随便活动。

九二　像出现一条龙在田野里,天下臣民都由于看见这样的大人得到好处。

九三　周厉王整天不停地努力奋斗,到晚上仍然提高警惕,这样尽管还有危险,却没有坏处。

九四　周厉王有的时候像一条龙在深潭里跳跃,这没有坏处。

九五　周厉王像一条飞着的龙在天空翱翔,天下臣民都以看见这样的大人得到好处。

上九　飞得过高的龙,会有悔恨。

把本卦六个阳爻总起来看,像出现一群龙没有带头的,这样就吉利。

《象传》说:伟大啊杰出的乾卦,万物依靠它产生,它是统率天的。云流动着,雨降下来了,宇宙间各种东西都发展成形。太阳照射着它们的终始,象征事物变化的六个爻位应时出现,这像随时驾驭六条龙在控制天似的。乾的作用变化无穷,能使万物各自端正属性和寿命,保持极端和谐,凭着正确得到好处。乾凌驾于万物之上,使天下万国都安宁。

《象传》说:天的运行是刚健有力的,周厉王凭着向天学习,自己奋发图强,绝不停止。

"像潜伏的龙,不能有活动",是由于阳还在下面。

"像出现一条龙在田野里",是大人恩德普遍施于人民。

"一天到晚努力不懈",是大人翻来覆去用道提高自己。

"有时像一条龙在潭里跳跃",是大人前进没有坏处。

"像一条龙在天上飞翔",是大人达到最高目的。

"像飞得太高的龙,会有悔恨",是说凡事过了头不能长久。

"通观六条阳爻",发现乾卦虽然具备天德却不可以充当为首的。

《文言》说:"元"是善良中最突出的,"亨"是美好的集中表现,"利"是义的应和(即合于义然后有利),"贞"是作好事情的主干(即依据)。君子体现仁就能做别人尊长,把美好集中起来就能合于礼义,有利于万物就能与义相合,把正确原则坚持下去就能办好事情。君子实践这四种德行,所以说乾卦是讲元、亨、利、贞的。

初九 说:"像潜伏着的龙,不能有活动",是说什么? 有人说:这是指具备龙的品德却隐居着的人。他不随一般人轻易改变思想,不追求成名成家,即使脱离人类社会也没有苦闷,不被肯定也没有苦闷。高兴就干,忧虑就走,肯定地不可动摇,这就是潜龙。

九二 说:"像出现一条龙在田野里,一般人都以能见到这样的大人得到好处",是说什么? 有人说:这是指具备龙的品德,从爻位看又居于中爻的人。他要求自己把一般的话都说得正确,把一般的行动都做得慎重,防止邪恶,保存诚心,对世界上的人做了许多好事却不自我夸张,道德广博,能教化世人。《周易》说:"像出现一条龙在田野里,一般人都以能见到这样的大人得到好处",就是指具备君王品德的人。

九三 说:"君子整天努力奋斗,到晚上还提高警惕,即使危险,也没有坏处",是说什么? 有人说:君子应该提高品德,搞好事业,忠贞和信用,是提高品德,写文章反映真实,是对待事业。知道要达到什么水平就力求达到什么水平,这可以与他谈论事情的微妙,知道事情应该终了就予以了结,这可以与他谈论坚持原则。因此像这种人处于尊显地位却不骄傲,处于低下地位也不忧虑,总是努力随时提高警惕,即使危险也没有坏处。

九四 说:"龙有时在深潭里跳跃,没有坏处",是说什么? 有人说:龙在深潭里或跳跃向上,或跳跃向下,没有一定,但不是为了邪恶。或跳跃前进,或跳跃后退,没有一定,但不是要脱离群体。这些都是君子提高品德、搞好事业要及时,因此没有坏处。

九五 说:"像飞着的龙在天空翱翔,天下人都以看见这样的大人得到好处",是说什么? 有人说:同一种声音互相应和,同一类气味互相寻求,水向湿处流,火向干处烧,云跟随着龙,风跟随着虎,德才很杰出的人出现了,一切都会被看得清楚明白。把天做根本的亲近天,把地做根本的亲近地,一切事物都各以其类相从。

上九 说:"像飞得太高的龙,会有悔恨",是说什么? 有人说:是说虽然尊贵却没有地位,虽然崇高却没有人民,由于贤人处于卑下地位没有人辅佐,所以一有行动就会有悔恨。

"像一条潜伏着的龙,不能有活动",是说地位处于最下面。"像一条龙出现在田野里",是说暂时在田野里呆着。一天到晚努力不懈,是说要干工作。"像一条龙有时候在深潭里跳跃",是说自己试一下看是否能行。"像一条飞着的龙在天上翱翔",是说居于上

位治理天下。"像一条飞得太高的龙会有悔恨",是说这是穷困的灾祸。杰出的乾卦提出"用九",是说天下太平。

"像潜伏着的龙,不能有活动",是说阳气潜伏或隐藏。"像出现一条龙在田野里",是大人事业开始有成就。"从早到晚努力不懈",是大人随着时代前进。"龙有时候在深潭里跳跃",是大人事业("乾道")进入新阶段。"像飞着的龙在天上翱翔",是大人有很高的品德和高地位。"成为飞得过高的龙会有悔恨",是大人随着时代发展却过了头。杰出的乾卦提出"用九",是体现了循环的自然规律。

杰出的乾卦,一开始就顺利。凭着正确得到好处,是它的本性和实情。它一开始就能用美好的利益使天下人得到好处,但不说怎样让别人得到好处,真是伟大啊!伟大啊乾卦,它是刚强,劲健,居中,守正,纯粹而不混杂的。它的六爻运动变化是广泛贯通于一切事物的。这好像随时乘着六条龙去驾御天,从而云流动着,雨降下来,天下一切都好极了。

君子把完成品德修养作为自己的行动,每天都可以表现在实践上。潜讲的是隐藏而没有表现,实践而没有成就,因此君子是不这样做的。

君子通过学习来积累知识,通过询问来辨别知识,以胸怀宽广来容纳知识,以存心仁厚来实践知识。《周易》说:"像出现一条龙在田野里,天下人都以看见大人得到好处",是说大人具备了君王的品德。

九三 是重叠着的阳刚,又不是下乾中爻,向上它不是"飞龙在天",向下它不是"见龙在田",由于没有依傍,所以努力随时提高警惕,即使危险也没有坏处。

九四 是重叠着的阳刚,又不是上乾中爻,向上看它不在天,向下看它不在地,向中看它不在人,真是全无依傍,所以行动犹豫不决。行动犹豫不决是有怀疑,从而一切采取慎重态度,所以没有坏处。

大人啊,他的品德与天地一样,他的明智与日月一样,他工作秩然有序,与春、夏、秋、冬四时前后替代一样,他能事先发现吉凶,与神妙莫测的鬼神一样。他先于天行动,天不违背他,后于天行动,也能遵奉天时。天尚且不违背他,更何况于人?何况于鬼神呢?

亢讲的是,只知道前进却不知道后退,只知道存在却不知道消亡,只知道获得却不知道丧失,该只有愚蠢的人才这样吧?懂得前进后退存在消亡却又不失去正确态度的,该只有圣明的人吧?

坤

【原文】

☷坤下坤上 坤。元亨,利牝马之贞。君子有攸往,先迷后得主。利。西南得朋,东

北丧朋。安贞吉。

《彖》曰：至哉坤元！万物资生，乃顺承天。坤厚载物，德合无疆，含弘光大，品物咸亨。"牝马"地类，行地无疆。柔顺利贞。"君子"攸行。先迷失道，后顺得常。"西南得朋"，乃与类行；"东北丧朋"，乃终有庆。"安贞"之"吉"，应地无疆。

《象》曰：地势坤。君子以厚德载物。

初六：履霜，坚冰至。《象》曰："履霜，坚冰"，阴始凝也。驯致其道，至坚冰也。

六二：直方大；不习无不利。《象》曰：六二之动，直以方也。"不习无不利"，地道光也。

六三：含章可贞；或从王事，无成有终。《象》曰："含章可贞"，以时发也。"或从王事"，知光大也。

六四：括囊，无咎无誉。《象》曰："括囊无咎"，慎不害也。

六五：黄裳，元吉。《象》曰："黄裳，元吉"，文在中也。

上六：龙战于野。其血玄黄。《象》曰："龙战于野"，其道穷也。

用六：利永贞。《象》曰："用六"永贞，以大终也。

《文言》曰：坤至柔而动也刚，至静而德方。后得主而有常，含万物而化光。坤道其顺乎！承天而时行。积善之家，必有余庆；积不善之家，必有余殃。臣弑其君，子弑其父，非一朝一夕之故，其所由来者渐矣，由辩之不早辩也。《易》曰"履霜，坚冰至，"盖言顺也。直，其正也；方，其义也。君子敬以直内，义以方外，敬义立而德不孤。"直方大；不习无不利"，则不疑其所行也。阴虽有美，含之以从王事，弗敢成也。地道也，妻道也，臣道也。地道无成，而代有终也。天地变化，草木蕃；天地闭，贤人隐。《易》曰："括囊，无咎无誉。"盖言谨也。君子黄中通理，正位居体。美在其中，而畅于四支，发于事业，美之至也。阴疑于阳必"战"，为其嫌于无阳也，故称"龙"焉；犹未离其类也，故称"血"焉。夫"玄黄"者，天地之杂也，天玄而地黄。

【译文】

王后帮助周厉王恢复王位将非常顺利，像凭着母马的柔顺正确得到好处。王后有行动，如果先于厉王就会迷失方向，只有后于厉王才会得到厉王肯定，并有好处。往西南炎热地方会得到阳做朋友，去东北寒冷地方会失去阳做朋友。要安于以阴从阳的正道才是吉利的。

《象传》说：极端崇高啊杰出的坤，一切东西依靠它生长，是柔顺地承奉着天的。坤以厚重承载万物，品德无限美好，包含弘阔广大，各种东西都依靠它繁荣昌盛。母马是柔顺的，属于地一类，能走极远的路。它以柔顺的正确得到好处，这就是君子的行为。坤如果抢在乾的前面就迷失道路，只有在后面随顺着才正常。往西南会有阳做朋友，与它相伴随而行。往东北会失去阳这个朋友，能终于有好处吗？只有安于正道才吉利，与地的无边辽阔相适应。

《象传》说:地的情况是柔顺的,君子凭着这种品德容载万物。

初六　脚下已踩到霜了,达至坚冰的严寒就会紧接着到来了。

《象传》说:走在霜上面,是阴开始凝结。顺着这条道路发展,会出现坚硬的冰块。

六二　王后品德端直、方正、弘大,虽然不习惯于流放,也没有不吉利的。

《象传》说:六二的行动是端直而且方正。不习惯也没有不利,是地道的广大。

六三　具备着美好品德,可以得到使王业中兴的正确结果。尽管有时为厉王事业出力,没有成就,也一定要干到底。

《象传》说:"具备着美好的品德,可以得到使王业中兴的正确结果",是看准了时机行动。"有时为厉王事业出力",是智慧广大。

六四　像结扎着的口袋,不随便说话,既没有坏处,也没有称誉。

《象传》说:"像结扎着的口袋,没有坏处",是谨慎不会坏事。

六五　王后穿着黄色下裙,非常吉利。

《象传》说:"王后穿着黄色下裙,非常吉利",是文采存在于服饰之中。

上六　龙在野外战斗,淌着黑黄色的血。

《象传》说:"龙在野外战斗",是路子不通。

通观本卦六条阴爻,都以永远随从乾卦的正确得到好处。

《象传》说:通观本卦六条阴爻都以永远随从乾卦的正确得到好处,由此会有伟大结果。

《文言》说:坤非常柔顺但动起来却刚强,非常文静但品德却端方。在后面随顺着会得到主人肯定,一切正常,同时还包含万物,化育广大。坤的性质该是柔顺,它顺承着天,按时行动。

积累着善良的人家,必然有多余的喜庆。积累着不善良的人家,必然有多余的祸殃。臣下杀死君主,儿子杀死父亲,不是一个早上或一个晚上的原因,它发展的过程是逐渐的,是由于要辨别却不早去辨别。《周易》说:"走在霜上面,坚硬的冰块就会到来",大概是说人做事要小心吧。

端直是正确。方正是合理。君子认真地使内心端直,合理地使行为方正,认真与合理树立了品德就不会差。"端直,方正,弘大,不习惯也没有不好",是对于自己的行为不怀疑。

阴虽然有美好品德,但具备这种美好品德去从事王的事业,却不敢把成功归于自己。这是做地的道理,做妻的道理,做臣的道理,"地道"没有成功,只是代替君王取得结果。

天地变化,草木茂盛;天地闭塞,贤人隐退。《周易》说:"结扎着口袋,没有过失,没有称誉"。大概是说要谨慎吧。

君子有美好的内心并通达道理,处于正确地位并居于重要位置,美善尽在他心中,还畅通于全身,表现于事业,真是美到极点了。

阴对阳有怀疑必然产生斗争。由于阴被阳统率着,所以也叫作龙。由于还没有离开

它的同类,所以又叫作血。青色和黄色是天地相互错杂的颜色,天是青色,地是黄色。

屯

【原文】

☷☵震下坎上　屯。元亨,利贞。勿用有攸往。利建侯。

《彖》曰:屯,刚柔始交而难生。动乎险中,大亨贞。雷雨之动满盈,天造草昧,宜建侯而不宁。

《象》曰:云雷屯,君子以经纶。

初九:磐桓,利居贞,利建侯。《象》曰:虽"磐桓",志行正也。以贵下贱,大得民也。

六二:屯如邅如,乘马班如。匪寇婚媾。女子贞不字,十年乃字。《象》曰:六二之难,乘刚也。"十年乃字",反常也。

六三:即鹿无虞,惟入于林中,君子几,不如舍。往吝。《象》曰:"即鹿无虞",以从禽也。君子舍之,往吝穷也。

六四:乘马班如,求婚媾。往吉无不利。《象》曰:"求"而往,明也。

九五:屯其膏。小贞吉,大贞凶。《象》曰:"屯其膏",施未光也。

上六:乘马班如,泣血涟如。《象》曰:"泣血涟如",何可长也?

【译文】

周厉王恢复王位会很顺利,将凭着以退为进和以后取先的正确策略得到好处。不利于有冒昧前进行为,却利于先建立一个侯国。

《彖传》说:屯卦是表明震雷和坎水开始接触困难就产生了。震雷在坎险之中运动将大为顺利,并凭着以退为进和以后取先的正确策略得到好处。震雷和坎雨的动荡充满宇宙,是天在创造新世界,应该乘这个时机先建立一个侯国,而不苟且偷安。

《象传》说:坎云压抑着震雷形成屯卦,君子看到这个卦象就应该去规划和安排伟大事业。

初九　徘徊不前进,凭看守着以退为进和以后取先的正确策略得到好处,先去建立一个侯国是有利的。

《象》传说:虽然徘徊,但思想和行动都正确。以王的尊贵下居侯的贱位,会很得到人民的拥护。

六二　娶亲的人聚集起来了啊,走在路上转来转去啊,骑马的人也徘徊不进啊,这一伙人不是盗贼,是去娶亲的。但女郎却要守住迟一点嫁人的正道暂时不肯许嫁给人,要一个相当长的时间以后才会首肯。

《象传》说:"六二"的困难,是由于阴爻凌驾在初九这个阳爻之上。女郎要长时间才许嫁给人,是违反了常理。

六三　捕捉野鹿没有虞人帮助,只是白白走进树林里去。君王去追逐不如丢开,因为去了只有坏处。

《象传》说:捕捉野鹿没有虞人帮助也去,是由于想追捕鸟兽。君王应该丢开这件事,因为去了会有坏处。

六四　骑着马徘徊不前是心里有顾虑,由于是与厉王搞好亲戚般关系,去了就吉利,没有不吉利的。

《象传》说:要求与厉王搞好关系而去,是明智的行为。

六五　把雨水聚集起来,如果聚集得少,就合于正道而吉利;如果聚集得多,就即使合于正道也凶险。

《象传》说:把雨水聚集起来,是施与不广大。

上六　骑着马徘徊,眼睛哭出了血,像滴水一样接连不断。

《象传》说:"眼睛哭出了血,像滴水一样接连不断",这怎样可以长久呢?

蒙

【原文】

䷃坎下艮上　蒙。亨。匪我求童蒙,童蒙求我。初筮告,再三渎,渎则不告。利贞。

《彖》曰:《蒙》,山下有险,险而止,蒙。蒙"亨",以亨行时中也。"匪我求童蒙,童蒙求我",志应也。"初筮告",以刚中也。"再三渎,渎则不告",渎蒙也。蒙以养正,圣功也。

《象》曰:山下出泉,蒙。君子以果行育德。

初六:发蒙,利用刑人。用说桎梏。以往吝。《象》曰:"利用刑人",以正法也。

九二:包蒙吉。纳妇吉。子克家。《象》曰:"子克家",刚柔接也。

六三:勿用取女,见金夫不有躬,无攸利。《象》曰:"勿用取女",行不顺也。

六四:困蒙,吝。《象》曰:"困蒙"之"吝",独远实也。

六五:童蒙,吉。《象》曰:"童蒙"之"吉",顺以巽也。

上九:击蒙,不利为寇,利御寇。《象》曰:"利用御

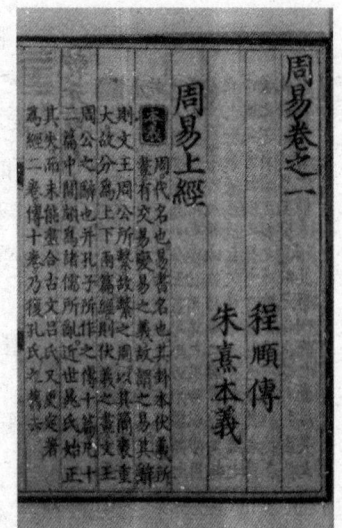

《周易》书影

寇"，上下顺也。

【译文】

周厉王恢复王位会顺利。武人说："不是我有求于周厉王这个蒙昧儿童，是蒙昧儿童来求我。第一次来询问还告诉他，再三询问是怠慢我，就不告诉他了。"武人很顽固，但周厉王还将凭着与他搞好关系的正确行动得到好处。

《象传》说：山下有一股泉水，泉水被阻止了，无法进入江河，成为一种蒙昧状态。"蒙昧能够顺利"，是由于实践了随时都合于中道的理论。"不是我有求于蒙昧儿童，是蒙昧儿童有求于我"，这是由于思想相通。"初次询问还告诉"，是由于九二以阳刚得中，"再三询问是怠慢，怠慢就不告诉"，是由于受忽视于蒙昧儿童。当儿童处于蒙昧状态就培养正确方向，是使他们成为圣人的工作。

《象传》说：山下流出一股泉水，由于受到山的阻止流不出去，便处于蒙昧状态。君子看到这种情况，就联想到应该行动果敢，品德高尚。

初六　周厉王要摆脱蒙昧，凭着像囚犯由于脱掉脚镣手铐那样得到好处，此外都不好。

《象传》说："凭着像囚犯得到好处"，是说要端正法制。

九二　周厉王内部要团结，才能吉利，还要与武人搞好关系，会更吉利，其成果像是生下一个儿子能够持家一样。

《象传》说："生下一个儿子能够持家"，是说男女交接有成果。

六三　不要另外去娶一个女郎。如果拿出聘金，要去另娶，这个丈夫就会有杀身之祸，没有好处。

《象传》说："不要另外去娶一个女郎"，因为行为不合理。

六四　困住蒙昧儿童周厉王，这是不好的。

《象传》说：困住蒙昧儿童不好，是由于独自远离实际。

六五　应该让蒙昧儿童周厉王吉利。

《象传》说：蒙昧儿童吉利，是由于柔顺和驯服。

上九　要打击蒙昧儿童周厉王吗？去侵犯周厉王不利，要为周厉王抵御寇贼才有利。

《象传》说：去抵御寇贼有利，是上下的关系搞好了。

需

【原文】

䷄乾下坎上　需。有孚，光亨，贞吉。利涉大川。

《彖》曰:需,须也,险在前也。刚健而不陷,其义不困穷矣。"需。有孚,光亨,贞吉",位乎天,位以正中也。"利涉大川",往有功也。

《象》曰:云上于天,需。君子以饮食宴乐。

初九:需于郊,利用恒,无咎。《象》曰:"需于郊",不犯难行也。"利用恒,无咎",未失常也。

九二:需于沙,小有言,终吉。《象》曰:"需于沙",衍在中也。虽"小有言",以终吉也。

九三:需于泥,致寇至。《象》曰:"需于泥",灾在外也。自我"致寇",敬慎不败也。

六四:需于血,出自穴。《象》曰:"需于血",顺以听也。

九五:需于酒食,贞吉。《象》曰:"酒食,贞吉",以中正也。

上六:入于穴,有不速之客三人来,敬之终吉。《象》曰:"不速之客"来,"敬之终吉",虽不当位,未大失也。

【译文】

周厉王由于内心有诚,复国事业会大为顺利,凭着以君王讨伐叛臣的正确而吉利,将以战胜困难得到好处。

"需"是等待,是由于有险阻在前面。刚健的下乾不陷入坎险之中,从道理说不会困穷。"等待,有诚,大为顺利,合于正道而吉利",是说上坎的"九"居于"五"这个"天位"既得正,又得中。"凭着战胜困难得到好处",是向前进就有功。

云升上了天,这就是等待。君子看到这种卦象就去饮酒享乐。

初九　在郊野里等待,要凭着经常等待得到好处,没有坏处。

《象传》说:"在郊野里等待",是不冒着生命危险进军。"要凭着经常等待得到好处,没有坏处",是没有失去常态。

九二　部队在沙滩上等待,为对河敌人发现,因而有所议论,但终将是吉利的。

《象传》说:"部队在沙滩上等待",沙滩是平坦的。即使敌人有议论,但终将以吉利告终。

九三　在河边泥泞地里驻扎,把寇贼引过来了。

《象传》说:"在河边泥泞地里驻扎",是敌人就在对面河岸上。尽管由我把寇贼引过来。但认真、谨慎就不会失败。

六四　武人在极端危险的处境当中等待着厉王讨伐,并将倾巢出动。

《象传》说:"武人在极端危险处境中等待着厉王讨伐",能顺从并且听话吗?

九五　武人只能在筵席前等待厉王,才合于正道而吉利。

《象传》说:"在筵席前等待厉王就合于正道而吉利",是由于既得中,又得正。"

上六　逃进了窟穴,可是却有不请自来的三个客人跟踪追进来,只有好好款待,才会终于吉利。

《象传》说:"没有经过邀请的客人来了,只有好好款待,才会终于吉利",是说本爻虽然所处位置不当,还没有大的失误。

讼

【原文】

☰坎下乾上　讼。有孚窒惕,中吉终凶。利见大人,不利涉大川。

《彖》曰:讼。上刚下险,险而健,讼。"讼。有孚窒惕,中吉",刚来而得中也。"终凶",讼不可成也。"利见大人",尚中正也。"不利涉大川",入于渊也。

《象》曰:天与水违行,讼。君子以作事谋始。

初六:不永所事,小有言,终吉。《象》曰:"不永所事",讼不可长也。虽"小有言",其辩明也。

九二:不克讼,归而逋。其邑人三百户,无眚。《象》曰:"不克讼,归〔而〕逋",窜也。自下讼上,患至掇也。

六三:食旧德,贞厉,终吉。或从王事,无成。《象》曰:"食旧德",从上吉也。

九四:不克讼,复即命渝,安贞,吉。《象》曰:"复即命渝,安贞",不失也。

九五:讼,元吉。《象》曰:"讼,元吉",以中正也。

上九:或锡之鞶带,终朝三褫之。《象》曰:以讼受服,亦不足敬也。

【译文】

武人有了进犯厉王的事实,这会行不通。只有引起警惕,改正错误,才能中途吉利。如果一意孤行,将终于凶险。武人应该去朝见厉王得到好处,冒着大的危险是不会有好处的。

《象传》说:战争啊,上面是刚健的乾卦,下面是凶险的坎卦,凶险的坎卦冲击刚健的乾卦,就形成了战争。"战争啊,有了犯上作乱的事实,会行不通,只有引起警惕,改正错误,才能中途吉利",这些是说阳爻九三下降居二得了中位。"终于会凶险",是说这场战争打不赢。"去朝见大人得到好处",是把居中得正的上乾九五看得很尊贵。"徒涉过大河不利",是说将要陷入深潭之中。

《象传》说:上乾的天与下坎的水各自向着相反方向发展就出现了战争。君子看到这种卦象做事在刚开始的时候就要慎重考虑。

初六　武人部属不追随武人把进犯厉王的事长时期干下去,尽管武人对他们有一些责骂,但终将是吉利的。

《象传》说:"武人部属不追随武人把进犯厉王的事长时期干下去",说明这种战争不

可长久进行。即使"武人对他们有一些责骂",但一般是能辨别是非的。

九二　打不赢这场战争,回去就逃走了,可是他采邑中的许多家人却没有灾祸。

《象传》说:"打不赢这场战争",回去就逃窜了。从下面去攻打上面,祸患的到来会像拾取一样。

六三　背弃武人的所谓旧恩德,虽然正确,却也危险,但终将吉利。如果跟着武人从事于反对厉王的事,会一事无成。

《象传》说:"背弃武人的所谓旧恩德",要顺从上乾才吉利。

九四　厉王部下与武人队伍交兵没取得胜利,回去接受厉王指示,改变了原来的错误打法,就以安于作战的正道而吉利了。

《象传》说:"回去接受指示,改变原来打法,就以安于作战的正道而吉利",是不再犯错误了。

九五　战斗,大吉大利。

《象传》说:"战斗,大吉大利",是本爻既得中又得正。

上九　有时候厉王对有功部属赐给牛皮大带作为奖励,但由于接连犯错误,在极短时间内大带又被几次褫夺。

《象传》说:凭着战斗立功受到命服赏赐,也是不能敬佩的。

师

【原文】

☷☵坎下坤上　师。贞,丈人吉。无咎。

《彖》曰:"师"众也。"贞"正也。能以众正,可以王矣。刚中而应,行险而顺,以此毒天下,而民从之,吉,又何咎矣!

《象》曰:地中有水,师。君子以容民畜众。

初六:师出以律。否臧凶。《象》曰:"师出以律",失律凶也。

九二:在师中,吉,无咎,王三锡命。《象》曰:"在师中,吉",承天宠也。"王三锡命",怀万邦也。

六三:师或舆尸,凶。《象》曰:"师或舆尸",大无功也。

六四:师左次,无咎。《象》曰:"左次,无咎",未失常也。

六五:田有禽。利执言,无咎。长子帅师,弟子舆尸。贞凶。《象》曰:"长子帅师",以中行也。"弟子舆尸",使不当也。

上六:大君有命,开国承家,小人勿用。《象》曰:"大君有命",以正功也。"小人勿用",必乱邦也。

【译文】

出兵讨伐武人是正确的,派老成持重的人当统帅是吉利的,没有坏处。

《象传》说:师是大众。贞是正确。能统率大众使天下归于正确的人,可以做君王。下坎九二以阳刚居于中位,与上坤六五相应,通过下坎的险阻达到上坤的顺利,凭着这些就能平定天下,使人民顺从,这是吉利,还有什么坏处?

《象传》说:地里面有水构成师卦。君子看到这个卦象就去保护和养活民众。

初六　部队出动要有纪律,纪律不好是危险的。

《象传》说:"部队出动要有纪律",在纪律上有失误是危险的。

九二　"丈人"在部队中当统帅吉利,没有坏处,厉王对他多次颁发嘉奖令。

《象传》说:"'丈人'在部队中当统帅吉利",是得到君王宠信。"君王多次颁发嘉奖令",是要使天下各国归顺。

六三　部队有的时候用车子拉尸体,可凶险。

《象传》说:"部队有的时候用车子拉尸体",是很没有战功。

六四　武人部队向后面撤退,再驻扎下来,这没有坏处。

《象传》说:把部队向后面撤退,再驻扎下来,没有坏处,是由于没有失去以臣对君的正常道理。

短兵相接,汉画像石。

六五　打猎有许多鸟兽,捕获了会得到好处,即使别人有议论,也没有坏处。现在派大儿子统兵,接着二儿子用车子拉尸体回来,即使正确也凶险。

《象传》说:"大儿子统兵",是正确行为。"二儿子用车子拉尸体回来",是用人不当。

上六　君王有命令:"无论是开国,或者是承家,小人都不能用。"

《象传》说:"君王有命令",是要正确对待有功劳的人。"德才都差的人不能用",是因为这些人一定会搞乱国家。

比

【原文】

☷☵坤下坎上　比,吉。原筮,元永贞,无咎。不宁方来,后夫凶。

《彖》曰:比,吉也。比,辅也,下顺从也。"原筮,元永贞,无咎",以刚中也。"不宁方

来"，上下应也。"后夫凶"，其道穷也。

《象》曰：地上有水，比。先王以建万国，亲诸侯。

初六：有孚比之，无咎。有孚盈缶，终来有它，吉。《象》曰：比之初六，有它吉也。

六二：比之自内，贞吉。《象》曰："比之自内"，不自失也。

六三：比之匪人。《象》曰："比之匪人"，不亦伤乎！

六四：外比之，贞吉。《象》曰：外比于贤，以从上也。

九五：显比。王用三驱，失前禽。邑人不诫，吉。《象》曰："显比"之吉，位正中也。舍逆取顺，"失前禽"也。"邑人不诫"，上使中也。

上六：比之无首，凶。《象》曰："比之无首"，无所终也。

【译文】

与武人搞好关系是吉利的。研究情况做出判断以后，必须发扬光大"孚"这个永远正确的品德去亲比武人，才没有坏处。这样犯上作乱的武人将来朝见厉王，后到的便会受到诛戮。

《象传》说：亲比就吉利。亲比是辅佐，是下坤顺从上坎。说"研究判断，发扬光大永远正确的品德，没有坏处"，是由于阳爻"九"居于"五"这个中间位置。说"不安宁的国家将来朝"，是上下卦五个阴爻都顺应九五这个阳爻。说"后到的人凶险"，是这些人没有出路。

《象传》说：地面上有水，是地与水亲比。先王像地与水亲比那样去建立万国，安抚诸侯。

初六　厉王有诚心去与武人亲比，没有坏处。有诚心像装满一个瓦罐子那样充分，到头来还会有别的好处。

《象传》说：比卦初六，是说还有别的好处。

六二　厉王从朝廷之内去与武人亲比，是合于正道而吉利的。

《象传》说："从朝廷之内去与武人亲比"，是自己不犯错误。

六三　与不应该亲比的人亲比。

《象传》说："与不应该亲比的人亲比"，不正是一种悲哀吗？

六四　从朝廷之外来与厉王亲比，就合于正道而吉利。

《象传》说：从朝廷之外去与贤者亲比，这是顺从君上。

九五　武人表面上与厉王亲比，以致厉王多次追求达不到目的。武人要不责备部属，这才吉利。

《象传》说："显比"的吉利，是由于九五得正得中。天子"舍逆取顺"，以致失掉前面禽兽。"对部属不责备"，是上面用人合于中道。

上六　与厉王亲比却没有带头的，这就凶险。

《象传》说：亲比却没有带头的，这就不会有结果。

小畜

【原文】

☰乾下巽上　小畜。亨,密云不雨,自我西郊。

《彖》曰:小畜,柔得位而上下应之,曰小畜。健而巽,刚中而志行,乃"亨"。"密云不雨",尚往也。"自我西郊",施未行也。

《象》曰:风行天上,小畜。君子以懿文德。

初九:复自道,何其咎?吉。《象》曰:"复自道",其义吉也。

九二:牵复,吉。《象》曰:"牵复"在中,亦不自失也。

九三:舆说辐,夫妻反目。《象》曰:"夫妻反目",不能正室也。

六四:有孚,血去惕出,无咎。《象》曰:"有孚""惕出",上合志也。

九五:有孚挛如,富以其邻。《象》曰:"有孚挛如",不独富也。

上九:既雨既处,尚德载。妇贞厉。月几望,君子征凶。《象》曰:"既雨既处",德积载也。"君子征凶",有所疑也。

【译文】

中兴复国事业会顺利进行,就像浓密云层从西方郊外涌来,暂时不下雨,终归会下起大雨一样。

《彖传》说:小畜是六四这个阴爻居子正位,上下卦五个阳爻都顺应着它。由于阴是小,阳是大,这是以小畜大,所以叫小畜。下乾是健,上巽是顺,下乾九二以阳刚得中,志向会实现,于是就亨通了。"密云不雨",是要再过一段时间。"自我西郊",是雨还没有下起来。

《象传》说:风在天上吹,叫小畜。君子看到这个卦象就要使自己的文章和品德美好。

初九　从循环的道路回来,有什么坏处?很吉利嘛。

《象传》说:"从循环的道路回来",按道理说是吉利的。

九二　相牵连着回来,这也吉利。

《象传》说:相牵连着回来,在下乾的正中,这不会使自己受损失。

九三　车子脱掉伏兔,车身和车轴朝相反方向分开,像夫妻有了争吵,各自朝相反方向看。

《象传》说:夫妻各自朝相反方向看,不能搞好家庭关系。

六四　武人归顺厉王要有诚心,应该放弃反对厉王的危险立场,才能小心地脱离危险,没有坏处。

《象传》说："具备诚心,警惕地脱离危险",这是要与君王同心。

九五　有了诚心还不断加强,是由于相邻的六四帮助。

《象传》说："有了诚心还不断加强",是不愿意单独富裕。

上九　已经下雨了,雨又已经停止了,是大畜达成了却难以持续,但武人还是应该用柔顺之德去承奉厉王。武人像妇人一样尽管暂时正确,终归危险,到了不老实的时候,厉王又会糟糕了。

《象传》说："已经下雨了,又已经停止了",是说柔顺的品德应该积累去承奉君王。"君子发展下去凶险",是对事情有怀疑。

履

【原文】

䷉兑下乾上　履。履虎尾,不咥人。亨。

《彖》曰:履,柔履刚也。说而应乎乾,是以"履虎尾,不咥人。亨"。刚中正,履帝位而不疚,光明也。

《象》曰:上天下泽,履。君子以辩上下,定民志。

初九:素履,往无咎。《象》曰:"素履"之往,独行愿也。

九二:履道坦坦,幽人贞吉。《象》曰:"幽人贞吉",中不自乱也。

六三:眇能视,跛能履。履虎尾,咥人,凶。武人为于大君。《象》曰:"眇能视",不足以有明也;"跛能履",不足以与行也。"咥人"之凶,位不当也。"武人为于大君",志刚也。

九四:履虎尾,愬愬终吉。《象》曰:"愬愬终吉",志行也。

九五:夬履,贞厉。《象》曰:"夬履,贞厉",位正当也。

上九:视履考详,其旋元吉。《象》曰:"元吉"在上,大有庆也。

【译文】

像老虎尾巴被踩着却不去咬人,这样事情就会顺利。

《彖传》说:踩,是下兑踩上乾。和悦地与上乾相呼应,因此"踩了老虎尾巴,老虎也不咬人,而且事业还会顺利"。阳爻居上乾中间的阳位,是阳刚之爻得中得正,这就是登上了帝王的位置而没有坏处,前途是光明的。

《象传》说:上卦是乾天,下卦是兑泽,构成履卦。君子看到这个卦象就去辨明上下,稳定人民思想。

初九　照平常那样走,发展下去没有坏处。

《象传》说：照平常走那样走，是要单独实现自己的愿望。

九二　走在非常平正通达的大道上（指与大道相合），即使囚犯也会合于正道而吉利。

《象传》说："即使囚犯也会合于正道而吉利"，指内心不被自己搞乱。

六三　眼睛瞎了却要能看见，脚瘸了却要能行走，怀着非分之想去踩老虎尾巴，老虎会咬人，这很凶险。武人做了君王，情况正是这样。

《象传》说："眼睛瞎了却要能看见"，殊不知已经没有视力。"脚瘸了却要能行走"，殊不知已经不能行走。有咬人的凶险，是阴爻"六"居于阳位"三"，位置不恰当。"武人做了君王"，是阴爻"六"居于阳位"三"，意志刚强。

九四　厉王受到武人干犯像老虎尾巴被踩着，要小心谨慎，不立即反击，才会终于吉利。

《象传》说："小心谨慎，终于吉利"，是希望意志实现。

九五　如果把踩老虎尾巴的人撕得碎裂，即使正确也危险。

《象传》说："把踩老虎尾巴的人撕得碎裂，即使正确也危险"，是说阳爻"九"居于阳位"五"，位置正好恰当。

上九　看着有人来踩，研究好的对付办法，得出的结论是要回过头折而向下，才大为吉利。

《象传》说：大为吉利在最上面（指上九爻辞有"元吉"，上九是最上面一爻），是大有喜庆的。

泰

【原文】

䷊乾下坤上　泰，小往大来，吉亨。

《彖》曰："泰，小往大来，吉亨"，则是天地交而万物通也；上下交而其志同也。内阳而外阴，内健而外顺。内君子而外小人，君子道长，小人道消也。

《象》曰：天地交，泰；后以财成天地之道，辅相天地之宜，以左右民。

初九：拔茅茹，以其汇，征吉。《象》曰："拔茅""征吉"，志在外也。

九二：包荒，用冯河，不遐遗。朋亡，得尚于中行。《象》曰："包荒""得尚于中行"，以光大也。

九三：无平不陂，无往不复，艰贞无咎。勿恤其孚，于食有福。《象》曰："无往不复"，天地际也。

六四：翩翩，不富，以其邻，不戒以孚。《象》曰："翩翩，不富"，皆失实也。"不戒以

孚",中心愿也。

六五:帝乙归妹,以祉元吉。《象》曰:"以祉元吉",中以行愿也。

上六:城复于隍,勿用师,自邑告命。贞吝。《象》曰:"城复于隍",其命乱也。

【译文】

上坤离开原来上卦位置去到下卦,下乾离开原来下卦位置来到上卦,天地恢复了本来样子,否塞变成通泰,于是一切都吉利、亨通了。

《彖传》说:"泰卦说,小往大来,吉利,亨通",这是天地相交,万物相通,上下相交,其志相同。本卦内卦是乾阳,外卦是坤阴,内卦是乾卦的刚健,外卦是坤卦的柔顺,内卦乾卦是君子,外卦坤卦是小人,君子正气在上长,小人邪气在消亡。

《象传》说:天和地相交,成为通泰。君王看到这种卦象就去调节自然规律,帮助自然演化,并保护人民。

初九 拔起了茅草,由于根相互牵连就牵动了同类,茅草被拨动离开地面向上是吉利的。

《象传》说:拨动茅草离开地面向上吉利,是志趣在外面。

九二 包容着初九和九三,一起去徒涉过河,不把两个朋友远远丢开,即使没有收获,也将以行为合于中道,被人看重。

《象传》说:包容宽广,能以中道为人看重,德才是杰出的。

九三 没有平地不变成斜坡,没有去了却不回头,只要艰苦遵循循环的正道就没有坏处。不要担心循环的事实,循环会得到大福。

《象传》说:"没有去了却不回头",是说天和地相交接。

六四 像鸟那样翩翩飞翔,折而向下,是自己的自觉行动,不是由于邻人帮助;不因为有了循环事实就停止循环,而是要循环下去。

《象传》说:翩翩飞翔,不要帮助,这些都与事实不合。"不因为有了循环事实停止循环",这是内心的愿望。

六五 殷帝乙把女儿嫁给周文王很有福气,非常吉利。

《象传》说:有福气非常吉利,是实现了内心的愿望。

上六 筑城墙的土回到干涸的护城河是回到原处,不必动员许多人去加以改变。如果从都邑传下命令,要改变这种状况,即使正确也不好。

《象传》说:"要把筑城墙的土倾回到干涸的护城河里去",是命令错乱。

否

【原文】

☷坤下乾上 〔否。〕否之匪人,不利君子贞。大往小来。

《彖》曰:"否之匪人,不利君子贞。大往小来",则是天地不交而万物不通也,上下不交而天下无邦也,内阴而外阳,内柔而外刚,内小人而外君子,小人道长,君子道消也。

《象》曰:天地不交,否。君子以俭德辟难,不可荣以禄。

初六:拔茅茹,以其汇,贞吉亨。《象》曰:"拔茅","贞吉",志在君也。

六二:包承。小人吉,大人否亨。《象》曰:"大人否亨",不乱群也。

六三:包羞。《象》曰:"包羞",位不当也。

九四:有命无咎,畴离祉。《象》曰:"有命无咎",志行也。

九五:休否,大人吉。其亡,其亡!系于苞桑。《象》曰:"大人"之吉,位正当也。

上九:倾否,先否后喜。《象》曰:否终则倾,何可长也!

【译文】

对于不应该否的人却让他否,这不利于君子的正道,上乾往下去,下坤向上来。

《彖传》说:"对于不应该否的人却让他否,这不利于君子的正道,大的去了,小的来了",于是就天地不相交,万物不相通,上下不相交,天下没有邦。内卦是阴,外卦是阳,内卦是柔顺,外卦是刚强,内卦是小人,外卦是君子,是小人邪气上升,君子正道消亡。

《象传》说:"天和地不相交通,成为否塞。"君子看到这种卦象就想到要具备节俭的品德去逃避灾难,不接受俸禄的光荣。

初六 拔起茅草连着根,从而拔起了它的同类,这合于正道而声利,事情将会是顺利的。

《象传》说:拔起茅草合于正道而吉利,是因为志向在于君王。

六二 本爻向下包容着承奉于下的初六,向上包容着承奉于上的六三,一起升而向上,进行循环,从天在上、地在下的泰,转化成地在上、天在下的否,于是小人吉利,大人否塞。但由于否还将转化为泰,并凝定而不移(参看本卦九五),因此大人终将是顺利的。

《象传》说:大人否塞了还会顺利,是不搞乱群体。

六三 包含着羞耻。

《象传》说:六三包含着羞耻,是所处的爻位不当。

九四 有天命保佑,没有坏处,同类的人还会得到好处。

《象传》说:"有天命保佑,没有坏处",是志向实现了。

九五　多么美好的否！由于否将变成泰,所以对于大人是吉利的。在否变为泰以后,难道还会失去？难道还会失去？像拴在一丛桑树根上那样牢固。

《象传》说:大人的吉利,是由于爻位正好恰当。

上九　把否给毁掉,从而先是否,随后就是喜了。

《象传》说:否到最后就毁掉了,哪能长久呢？

同人

【原文】

☰离下乾上　〔同人。〕同人于野,亨,利涉大川,利君子贞。

《彖》曰:同人,柔得位得中而应乎乾,曰同人。同人曰"同人于野,亨,利涉大川",乾行也。文明以健,中正而应。君子正也,唯君子为能通天下之志。

《象》曰:天与火,同人。君子以类族辨物。

初九:同人于门,无咎。《象》曰:出门"同人",又谁咎也？

六二:同人于宗,吝。《象》曰:"同人于宗",吝道也。

九三:伏戎于莽,升其高陵,三岁不兴。《象》曰:"伏戎于莽",敌刚也。"三岁不兴",安行也。

九四:乘其墉,弗克攻,吉。《象》曰:"乘其墉",义弗克也。其"吉",则困而反则也。

九五:同人。先号咷而后笑。大师克相遇。《象》曰:同人之"先",以中直也。"大师"相遇,言相克也。

上九:同人于郊,无悔。《象》曰:"同人于郊",志未得也。

【译文】

在广大原野上集合人去打击武人,周厉王中兴复国会顺利,还将以战胜困难得到好处,从而有利于他的正当事业。

《彖传》说:集合人,阴爻六居于下离第二个爻位是得位,在下离中间是得中,这样与上乾九五相呼应,叫作"同人","同人"说:"在广大原野集合人事业会顺利,还将以战胜困难得到好处。"这是上乾的行为。离的文明加上乾的刚健,六二得正得中加上与九五呼应,都表现了君子的正道。只有君子能够通晓天下人的志愿。

《象传》说:上乾的天与下离的火形成同人卦。君子看到这个卦象就去分门别类地把事物的相同或相异辨别清楚。

初九　只在一家之内动员人,成不了大气候,因此没有坏处。

《象传》说:在一家的范围之外去动员人,又能把坏处归于谁呢？

六二 在一个宗族之内集合人，加强了犯上作乱力量，这不好。

《象传》说："在一个宗族之内集合人"，是不好的。

九三 武人把部队埋伏在深草丛中，还登上高山嘹望，却好多年不敢起来反对厉王。

《象传》说："把部队埋伏在深草丛中，是要与刚健的上乾为敌。多年不敢起来反对厉王"，是因为这样的事不能行。

九四 厉王大军登上武人城墙，暂时没能攻下，但终将吉利。

《象传》说：只说"登上城墙"，是从道理上讲还不能攻下。其所以吉利，是碰上困难以后却去研究事物的规律。

九五 集合人，先放声大哭，后来才笑，因为开始虽然不理想，后来还能与广大群众结合。

《象传》说：集合人的开始，凭着内心的正直。与广大群众结合，是说将要战胜武人。

上九 在郊外广大原野集合人，没有悔恨。

《象传》说："在郊外广大原野集合人"，是志趣没能实现。

大有

【原文】

☰乾下离上 大有，元亨。

《彖》曰：大有，柔得尊位，大中而上下应之，曰大有。其德刚健而文明，应乎天而时行，是以"元亨"。

《象》曰：火在天上，大有。君子以遏恶扬善，顺天休命。

初九：无交害，匪咎。艰则无咎。《象》曰：大有初九，无交害也。

九二：大车以载，有攸往，无咎。《象》曰："大车以载"，积中不败也。

九三：公用亨于天子，小人弗克。《象》曰："公用亨于天子"，小人害也。

九四：匪其彭，无咎。《象》曰："匪其彭，无咎"，明辩晢也。

六五：厥孚交如，威如，吉。《象》曰："厥孚交如"，信以发志也。"威如"之吉，易而无备也。

上九：自天佑之，吉，无不利。《象》曰：大有上吉，自天佑也。

【译文】

由于打垮了武人，厉王一切都将大为顺利。

《彖传》说：无所不有，是柔顺的阴爻"六"得到了爻位"五"这个尊贵的位置，并在伟大的中间，上下卦五个阳爻都与它相应，这就叫无所不有。下乾的品德刚健，上离的品德

文明,上离顺应着下乾而按时运行,所以一切都很顺利。

《象传》说:上离的火在下乾的天之上形成大有卦。君子看到这个卦象就去制止罪恶的事情,发扬善良的行为,顺着天意,求得命运美好。

初九　不要去损害上离厉王,才不是过错,要艰苦保持做臣下的正道,才没有过错。

《象传》说:大有卦的初九一爻,讲的是不要去损害别人。

九二　用大车子装着东西,这样去,没有坏处。

《象传》说:用大车子装着东西,东西堆积在车子里不会损失。

九三　武人中诚心归降的大头目以投降受到周厉王宴享,那些顽抗到底的小人不能有这样待遇。

《象传》说:"武人中诚心归降的大头目以投降受到周厉王宴享",那些顽抗到底的小人不会有好结果。

九四　不是那么盛气凌人,没有坏处。

《象传》说:"不是那么盛气凌人,没有坏处",是明白地辨析问题达到了明智的程度。

六五　他内心的诚充分,而且威严,这是吉利的。

《象传》说:"他内心的诚充分,是有信在激发志气。威严吉利,是轻易而没有准备。

上九　由于天来保佑他,就吉利而没有不吉利的。

《象传》说:大有卦上爻吉利,是由于有天来保佑。

谦

【原文】

☷☶艮下坤上　谦,亨,君子有终。

《象》曰:谦"亨":天道下济而光明,地道卑而上行,天道亏盈而益谦,地道变盈而流谦,鬼神害盈而福谦,人道恶盈而好谦。谦尊而光,卑而不可逾,"君子"之"终"也。

《象》曰:地中有山,谦。君子以裒多益寡,称物平施。

初六:谦谦君子,用涉大川,吉。《象》曰:"谦谦君子",卑以自牧也。

六二:鸣谦,贞吉。《象》曰:"鸣谦,贞吉",中心得也。

九三:劳谦,君子有终,吉。《象》曰:"劳谦"君子,万民服也。

六四:无不利,㧑谦。《象》曰:"无不利,㧑谦",不违则也。

六五:不富以其邻。利用侵伐,无不利。《象》曰:"利用侵伐",征不服也。

上六:鸣谦。利用行师,征邑国。《象》曰:"鸣谦",志未得也,可用"行师,征邑国"也。

【译文】

由于精心地运用了以退为进和以后取先的策略,厉王中兴事业将非常顺利,"君子"是会有好结果的。

《象传》说:谦退能使事业顺利。属于天的规律是向下使万物成长,大地一片光明,属于地的规律是虽然卑下却向上发展,去补天的规律的不足。天的规律是使满盈受到亏损,使谦退得到好处,地的规律是改变满盈现状,使谦退流传,鬼神是损害满盈而降福谦退的,人们是厌恶满盈而爱好谦退的。谦退是尊显光荣的,要说卑下却是不可逾越的,是君子的归宿。

《象传》说:地里面有山,是谦退的象征。君子见到这个卦象就去取有余,补不足,权衡事物,公平施与。

初六,谦退又谦退的君子,凭着谦退战胜困难,是吉利的。

《象传》说:"谦退又谦退的君子",用卑下来控制自己。

六二 用谦退宣扬自己,合于正道而吉利。

《象传》说:"用谦退宣扬自己,合于正道而吉利",内心是高兴的。

六四 无不利,扬谦。《象》曰:"无不利,扬谦",不违则也。

九三 因谦退而劳累,君子会有好结果,是吉利的。

《象传》说:因谦退而劳累的君子,所有的人都会服从他。

六四 没有不吉利,叫大家都装作谦退的样子。

《象传》说:"没有不吉利',叫大家都装作谦退的样子",这不违背原则。

六五 不依靠别人帮助就有力量,厉王凭着以退为进和以后取先策略就能击败武人,得到好处,没有任何不好。

《象传》说:"凭着侵伐得到好处",是征讨不服从的国家。

上六 用谦退宣扬自己,凭着这样就可以出兵讨伐武人的都邑和国家,得到好处。

《象传》说:"用谦退宣扬自己",是志向没有能够实现。可以用兵,去征讨都邑和国家。

豫

【原文】

▤▤坤下震上 豫,利建侯行师。

《彖》曰:豫,刚应而志行。顺以动,豫。豫顺以动,故天地如之,而况"建侯行师"乎!天地以顺动,故日月不过而四时不忒。圣人以顺动,则刑罚清而民服。《豫》之时义大

矣哉！

《象》曰:雷出地奋,豫。先王以作乐崇德,殷荐之上帝,以配祖考。

初六:鸣豫,凶。《象》曰:初六"鸣豫",志穷凶也。

六二:介于石。不终日,贞吉。《象》曰:"不终日,贞吉",以中正也。

六三:盱豫,悔,迟有悔。《象》曰:"盱豫""有悔",位不当也。

九四:由豫,大有得。勿疑,朋盍簪。《象》曰:"由豫,大有得",志大行也。

六五:贞疾,恒不死。《象》曰:六五"贞疾",乘刚也。"恒不死",中未亡也。

上六:冥豫成,有渝无咎。《象》曰:"冥豫"在上,何可长也?

【译文】

利于先建立一个诸侯国作为恢复王朝的根据,然后派兵去消灭武人。

《象传》说:快乐是由于九四这个阳爻与初六这个阴爻相应,因而志趣能够实现。顺着情理去动,于是就快乐了。快乐是顺着情理动,因此天地也像这样,何况是建立侯国派兵出征呢?天地由于顺着情理动,所以日月没有过失,四时不会发生差错,圣人由于顺着情理动,因而刑罚清明,人民服从。在研究豫卦的时候意义可重大啊!

雷从地底下冲出去很有力量,这构成了豫卦。先王看见这个卦就去制作乐曲,尊崇道德,隆重地献于上帝,还请祖考来配合上帝一起享受。

初六 以快乐自鸣得意,必有凶险。

《象传》说:初六讲以快乐自鸣得意,是志意穷极,必有凶险。

六二 武人要像被石块夹住那样老老实实,不乱说乱动,在不太长的时间内,就会以合于正道而吉利,是因为既得中,又得正。

六三 武人如果不老老实实,还傲慢放肆,就会有悔恨;如果再迟迟不改正,更会有悔恨。

《象传》说:以豫乐而张大眼睛,傲漫自得,以致有悔恨,是本爻所处的地位不恰当。

九四 从快乐中大有收获,不要怀疑朋友会聚集拢来很快地帮助你。

《象传》说:"从快乐中大有收获",是志趣在很大程度上实现了。

六五 周厉王即使为了维护王权受挫折,经常也不会死去。

《象传》说:"六五以正致疾,是以阴爻居于阳爻上面。"其所以经常不会死,是由于得中才没有死亡。

上六 快乐不让别人看出来,即使成就有变化,也没有坏处。

《象传》说:尽管快乐不让人看出来,但居于上位,又如何能长久呢?

随

【原文】

☲震下兑上　随,元亨利贞。无咎。

《彖》曰:随,刚来而下柔,动而说,随。大"亨",贞"无咎",而天下随时。随时之义大矣哉!

《象》曰:泽中有雷,随。君子以向晦入宴息。

初九:官有渝,贞吉。出门交有功。《象》曰:"官有渝",从正吉也。"出门交有功",不失也。

六二:系小子,失丈夫。《象》曰:"系小子",弗兼与也。

六三:系丈夫,失小子。随有求得。利居贞。《象》曰:"系丈夫",志舍下也。

九四:随有获,贞凶。有孚在道以明,何咎?《象》曰:"随有获",其义凶也。"有孚在道",明功也。

九五:孚于嘉,吉。《象》曰:"孚于嘉,吉",位正中也。

上六:拘系之,乃从维之。王用亨于西山。《象》曰:"拘系之",上穷也。

【译文】

要中兴事业大为亨通,只有运用正确策略才能得到好处,没有坏处。

《彖传》说:随卦是震卦的阳刚来居于阴柔的兑卦下面,震卦运动,兑卦以和悦随从,这就是随卦。随卦凭着正确大为亨通,没有过失,天下人都顺着这种时机,顺着这种时机的意义很重大啊。

《象传》说:湖泊中有雷潜伏着,这构成了随卦。君子看到这个卦象,到傍晚时候就回到家里休息。

初九　功能要有变化,才合于正道而吉利,出去以后一切都会有成就。

《象传》说:"功能要有变化",才合于正道而吉利。"出去以后一切都会有成就",是没有过失。

六二　是拴住小孩,失去大人吗?

《象传》说:"拴住小孩",是不能大人和小孩同时得到,所得到的只能是小孩。

六三　是拴住大人,失去小孩。只要追逐着去求就会得到,凭着合于以退为进和以后取先的正确策略得到好处。

《象传》说:"拴住大人"目的是要丢掉小孩。

九四　追逐着有了收获,即使正确也凶险。要有孚存在于内心,大道才会彰明,这还

有什么坏处？

《象传》说："追逐而有收获"，从道理看是凶险的。"有孚存在于道路上"，会使成功显得明确。

九五　武人有归顺诚心的，被厉王表扬，这就吉利。

《象传》说："有诚心被表扬，就吉利"，是本爻既得正，又得中。

上六　周厉王把武人首领抓住捆起来，又随着捆了几转，于是大功告成，到岐山去祭祀神灵。

《象传》说："抓住捆起来"，是处于上位而穷困。

蛊

【原文】

☶巽下艮上　蛊，元亨。利涉大川。先甲三日，后甲三日。

《彖》曰：蛊，刚上而柔下，巽而止，蛊。蛊"元亨"，而天下治也。"利涉大川"，往有事也。"先甲三日，后甲三日"，终则有始，天行也。

《象》曰：山下有风，蛊。君子以振民育德。

初六：干父之蛊。有子考，无咎。厉，终吉。《象》曰："干父之蛊"，意承考也。

九二：干母之蛊，不可贞。《象》曰："干母之蛊"，得中道也。

九三：干父之蛊，小有悔，无大咎。《象》曰："干父之蛊"，终无咎也。

六四：裕父之蛊，往见吝。《象》曰："裕父之蛊"，往未得也。

六五：干父之蛊，用誉。《象》曰："干父之蛊，用誉"，承以德也。

上九：不事王侯，高尚其事。《象》曰："不事王侯"，志可则也。

【译文】

厉王中兴复国事业会大为顺利，凭着战胜困难得到好处，这符合"七日来复"的自然规律。

《象传》说：蛊卦，是阳刚的艮卦在上面，阴柔的巽卦在下面，柔顺而静止，就是蛊卦。蛊卦是能使事业大为顺利而天下得到治理的。"凭着战胜困难得到好处"，是向前会有收获。"先甲三日，后甲三日"是结束了又开始，这是自然规律。

《象传》说：艮山下面有风吹来，形成蛊卦。君子看到这个卦象就去教育人民，培养他们德行。

初六　去掉父亲的错误，有好儿子，父亲没有坏处。即使暂时有危险，也终归吉利。

《象传》说："去掉父亲的错误"，意思是要继承父亲的事业。

九二　去掉母亲的错误,不可以算是正确。

《象传》说:"去掉母亲的错误",是合于"中道"的。

九三　去掉父亲的错误,会小有悔恨,但没有大坏处。

《象传》说:"去掉父亲的错误",终归没有坏处。

六四　父亲发展了自己错误,往后会遭到不幸。

《象传》说:"发展了父亲的错误",往后不会得到什么。

六五　父亲把自己错误去掉了,会以此受到称誉。

《象传》说:"去掉父亲错误而得到称誉,是用良好品德继承父亲。

上九　不去从事王侯的工作,还认为这种事是高尚的。

《象传》说:"不去从事王侯的工作,是志趣可以作为法则。"

临

【原文】

䷒兑下坤上　临,元亨利贞。至于八月有凶。

《彖》曰:临,刚浸而长,说而顺。刚中而应。大亨以正,天之道也。"至于八月有凶",消不久也。

《象》曰:泽上有地,临。君子以教思无穷,容保民无疆。

初九:咸临,贞吉。《象》曰:"咸临,贞吉",志行正也。

九二:咸临,吉,无不利。《象》曰:"咸临,吉,无不利",未顺命也。

六三:甘临,无攸利。既忧之,无咎。《象》曰:"甘临",位不当也。"既忧之",咎不长也。

六四:至临,无咎。《象》曰:"至临,无咎",位当也。

六五:知临,大君之宜,吉。《象》曰:"大君之宜",行中之谓也。

上六:敦临,吉,无咎。《象》曰:"敦临"之吉,志在内也。

【译文】

中兴事业将大为顺利,凭着德治的正确得到好处。如果像夏日炎炎似火烧那样施行暴政就会有凶险。

《彖传》说:临卦,是下兑的两个阳爻在逐步向上长,态度和悦而合理,九二这个阳爻居于下兑中间与上坤六五这个阴爻呼应,凭着正确治理使事业大为亨通,是自然规律。"到了八月有凶",是暴政的消亡不会长久。

《象传》说:湖泊上有一片广大土地,构成临卦。君子看到这个卦象就想到对人民进

行教育的思想是永恒的,对人民加以包容和保护也是永恒的。

初九　广大人民感觉到厉王在治理他们,这合于正道而吉利。

《象传》说:"感觉到厉王在治理,合于正道而吉利",说明人民的思想和行为都正确。

九二　人民感觉到厉王在治理他们,这就吉利,没有不吉利的。

《象传》说:"人民感觉到厉王在治理他们,这就吉利,没有不吉利的",是说不顺从上面的命令。

六三　只一味赞美厉王的治理好,这没有好处。到了已经替厉王的治理担忧,才没有坏处。

《象传》说:"只一味赞美治理好",是六这个阴爻居于三这个阳位而位置不当。"已经替治理担忧",就坏不到哪里去。

六四　周厉王亲自到朝堂上去受理政事,没有坏处。

《象传》说:"亲自到朝堂上去受理政事,没有坏处。"是六这个阴爻居于阴位四,位置恰当。

六五　运用智慧去治理人民,是天子应该做的事,这样就吉利。

《象传》说:"天子应该做的事",是指阴爻居于上坤中间。

上六　对人民进行德治,就吉利,没有坏处。

《象传》说德治的吉利,是本爻在思想上注意着内卦下兑的两个阳爻初九和九二。

观

【原文】

☷坤下巽上　观。盥而不荐,有孚颙若。

《彖》曰:大观在上,顺而巽,中正以观天下,观。"盥而不荐,有孚颙若",下观而化也。观天之神道,而四时不忒,圣人以神道设教,而天下服矣。

《象》曰:风行地上,观。先王以省方观民设教。

初六:童观,小人无咎,君子吝。《象》曰:"初六:童观",小人道也。

六二:窥观,利女贞。《象》曰:"窥观","女贞",亦可丑也。

六三:观我生进退。《象》曰:"观我生进退",未失道也。

六四:观国之光。利用宾于王。《象》曰:"观国之光",尚宾也。

九五:观我生,君子无咎。《象》曰:"观我生",观民也。

上九:观其生,君子无咎。《象》曰:"观其生",志未平也。

【译文】

在宗庙帮助祭祀先洗干净手,可奉上祭神食品还不奉上,表现为很有诚心和严肃认

真的样子。

接:这条卦辞是用比喻说明,大臣帮助周厉王观察问题是慎之又慎,严肃认真的。

《彖传》说:伟大的观卦在上面,它的性质是顺而又顺,六二和九五都以居中得正观察天下。观卦卦辞"盥而不荐,有孚颙若",是说下面的人看到这条卦辞会受到深刻教育。看到天的神秘规律从而春、夏、秋、冬四时的次序不会发生差错,圣人用神秘规律建立教化,天下人都会服从。

《象传》说:风吹在地面上构成观卦,先王看到这个卦象就去巡视各国,了解民情,建立教化。

初六　像儿童那样观察问题,狭隘,肤浅,片面,对小人说还没有坏处,对君子说就不好了。

《象传》说:初六讲的"童观",是小人观察问题的那一套。

六二　像从缝隙中观察,视野狭小,只有利于妇女的正道。

《象传》说:象从缝隙中观察,只合于妇女的正道,是可丑的事。

六三　观察我这一辈子,为了前进就得后退。

《象传》说:"观察我这一辈子,为了前进就得后退",这不会犯原则错误。

六四　能观察国家大事,以在王那里做宾客得到好处。

《象传》说:"能观察国家大事",成为厉王的宾客。

九五　观察我这一辈子,作为一个帮助厉王观察问题的君子,没有坏处。

《象传》:"观察我这一辈子",是在观察人民。

上九　观察周厉王这一辈子,作为一个君子没有坏处。

《象传》说:"观察他这一辈子",思想不能平定。

噬嗑

【原文】

䷔震下离上　噬嗑,亨。利用狱。

《彖》曰:颐中有物,曰噬嗑。"噬嗑"而"亨",刚柔分,动而明,雷电合而章。柔得中而上行。虽不当位,"利用狱"也。

《象》曰:雷电噬嗑,先王以明罚敕法。

初九:屦校灭趾,无咎。《象》曰:"屦校灭趾",不行也。

六二:噬肤灭鼻,无咎。《象》曰:"噬肤灭鼻",乘刚也。

六三:噬腊肉,遇毒,小吝无咎。《象》曰:"遇毒",位不当也。

九四:噬干胏,得金矢。利艰贞吉。《象》曰:"利艰贞吉",未光也。

六五:噬干肉,得黄金。贞厉无咎。《象》曰:"贞厉无咎",得当也。

上九:何校灭耳,凶。《象》曰:"何校灭耳",聪不明也。

【译文】

中兴事业会顺利,以治狱得到好处。

《象传》说:口里有东西在咀嚼叫噬嗑。噬嗑有亨通的道理,下震的刚和上离的柔是分开的,下震运动,上离光明,下震的雷和上离的电合起来很灿烂辉煌,六二居下震中间,向上运动成为六五,虽然不当位,却会以治狱得到好处。

《象传》说:震下离上构成噬嗑卦。先王看到这个卦象就去修明赏罚,严格刑法。

初九 在鞋子上面套上木枷,遮住脚趾,没有坏处。

《象传》说:"在鞋子上面套上木枷,遮住脚趾",不能行走。

六二 吃肉遮住了鼻子,没有坏处。

《象传》说:"吃肉遮住了鼻子",是凌驾于阳爻上面。

六三 吃干肉碰上了毒,是小问题,没有坏处。

《象传》说:"碰上毒",是阴爻居阳位,位置不当。

九四 吃带着骨头的干肉,碰上里面有黄铜箭头,要艰苦坚持正道才有好处,还会吉利。

《象传》说:"要艰苦坚持正道才有好处,还会吉利",是没有抓住大问题。

六五 吃干肉,碰上许多黄铜颗粒,尽管正确,却也危险,但终归没有坏处。

《象传》说:"尽管正确,却也危险,但终归没有坏处",是由于处理得当。

上九 戴着木枷遮住耳朵,这是凶险的。

《象传》说:"戴着木枷遮住耳朵",使听觉不清楚。

贲

【原文】

☲离下艮上 贲,亨。小利有攸往。

《彖》曰:贲"亨",柔来而文刚,故"亨";分刚上而文柔,故"小利有攸往",天文也。文明以止,人文也。观乎天文,以察时变,观乎人文,以化成天下。

《象》曰:山下有火,贲;君子以明庶政,无敢折狱。

初九:贲其趾,舍车而徒。《象》曰:"舍车而徒",义弗乘也。

六二:贲其须。《象》曰:"贲其须",与上兴也。

九三:贲如濡如,永贞吉。《象》曰:"永贞"之"吉",终莫之陵也。

六四:贲如皤如。白马翰如,匪寇婚媾。《象》曰:六四当位,疑也。"匪寇婚媾",终无尤也。

六五:贲于丘园,束帛戋戋。吝终吉。《象》曰:六五之吉,有喜也。

上九:白贲,无咎。《象》曰:"白贲,无咎",上得志也。

【译文】

事业会顺利,发展下去还将有些小的好处。

《彖传》说:文饰,有亨通的可能。泰卦上六的柔向下来取代下乾九二,成为六二,以文饰下乾这个刚卦,所以亨通。分出泰卦九二的刚向上去取代上六,成为上九,以文饰上坤这个柔卦,所以发展下去小有好处。上艮的刚和下离的柔交错在一起,这是天文。下离的文明遇着上艮的静止,这是人文。观看天文去察觉时代变化,观看人文去教化天下。

《象传》说:艮山下面有离火,这构成了包含文饰意义的贲卦。君子看到这个卦象就去处理好一般政事,但不敢治狱。

初九　把脚趾打扮得漂漂亮亮,丢掉车子去步行。

《象传》说:"丢掉车子去步行",是从道理上说不应该坐车。

六二　把胡须修饰一番。

《象传》说:把胡须修饰一番,是"与上兴也"。

九三　修饰啊!用水洗干净啊,这才永远合于正道而吉利。

《象传》说:"永远合于正道的吉利",是没有人超过。

六四　先打扮得花花绿绿啊,但必须洗成一片纯白啊,像白马那样一片纯白啊,这样才不是来为寇贼,而是来结为婚姻。

《象传》说:六四,既当位,又可疑。"不是来为寇贼,而是来结为婚姻",会终于没有过错。

六五　对山坡上的园子进行文饰,但只用了很少的几束帛,这样也不好,但终于吉利。

《象传》说:六五的吉利,是由于有喜庆的事。

上九　把文饰洗成一片素白,才没有坏处。

《象传》说:"把文饰洗成一片素白,才没有坏处",是说君王会如意称心。

剥

【原文】

☰☷坤下艮上　剥,不利有攸往。

《象》曰:剥,剥也,柔变刚也。"不利有攸往",小人长也。顺而止之,观象也。君子尚消息盈虚,天行也。

《象》曰:山附于地,剥。上以厚下安宅。

初六:剥床以足,蔑。贞凶。《象》曰:"剥床以足",以灭下也。

六二:剥床以辨,蔑。贞凶。《象》曰:"剥床以辨",未有与也。

六三:剥之,无咎。《象》曰:"剥之,无咎",失上下也。

六四:剥床以肤,凶。《象》曰:"剥床以肤",切近灾也。

六五:贯鱼以宫人宠,无不利。《象》曰:"以宫人宠",终无尤也。

上九:硕果不食。君子得舆,小人剥庐。《象》曰:"君子得舆",民所载也。"小人剥庐",终不可用也。

【译文】

有所前进就不好。

《象传》说:剥是打击,是下坤的柔要改变上艮的刚的性质。"有所前进就不利",是由于小人在成长。一定要顺着道理停止下来,不去胡作非为,才算是看准了本卦卦象。君子重视事物的消灭,生长,满盈,空虚,因为这是自然规律。

《象传》说:山附着在地面上构成剥卦。君王看到这个卦象就去厚待人民,安定国家。

初六　用脚去踢车床,不合于正道,是凶险的。

《象传》说:"用脚去踢车床",是从下面去消灭上面。

六二　用膝头去撞击车床,不合于正道,是凶险的。

《象传》说:"用膝头去撞击车床",是由于没有人帮助。

六三　去进行撞击,能没有坏处吗?

《象传》说:"进行撞击,没有坏处",是失去上下相处的原则。

六四　用身体去撞击车床,是凶险的。

《象传》说:"用身体去撞击车床",与灾难是切近的。

六五　带着宫人去接受厉王宠幸,像一群鱼连贯而行,没有不利的。

《象传》说:"带着宫人去接受宠幸",终归没有错误。

上九　像一个大果子不被吃掉,君子得到车子,小人毁掉草房子。

《象传》说:"君子得到车子",是老百姓要乘坐的。"小人毁掉草房子",是终归不会有用的。

复

【原文】

☳震下坤上　复,亨。出入无疾,朋来无咎。反复其道,七日来复。利有攸往。

《彖》曰:复"亨",刚反。动而以顺行,是以"出入无疾,朋来无咎"。"反复其道,七日来复",天行也。"利有攸往",刚长也。复,其见天地之心乎!

《象》曰:雷在地中,复。先王以至日闭关,商旅不行,后不省方。

初九:不远复。无祗,悔,元吉。《象》曰:"不远"之"复",以修身也。

六二:休复,吉。《象》曰:"休复"之吉,以下仁也。

六三:频复,厉无咎。《象》曰:"频复"之"厉",义无咎也。

六四:中行独复。《象》曰:"中行独复",以从道也。

六五:敦复,无悔。《象》曰:"敦复,无悔",中以自考也。

上六:迷复。凶,有灾眚。用行师,终有大败,以其国君凶,至于十年不克征。《象》曰:"迷复"之凶,反君道也。

【译文】

恢复王位将是顺利的。王位的恢复像孤阳的出于剥卦入于本卦,没有毛病,像朋友的相互聚会,没有坏处,像在循环道路上反复运行,只要不多的时间就能回到原处,前途是美好的。

《彖传》说:回来是顺利的,阳爻从剥卦的上回到本卦的初。循环运动是合理的,因此阳爻出于剥卦入于本卦没有毛病,像朋友的来没有坏处,翻来覆去在循环道路上运行,每一次循环经历七个爻位,这些都合乎自然规律。"前途是美好的",是阳爻在向前运行。从本卦该看出大自然的倾向吧?

《象传》说:雷隐藏在地下面构成复卦。先王看到这个卦象就在冬至那一天关闭城门,君王也不去巡视各邦。

初九　出去不远就回来了,不会有灾祸和悔恨,更没有坏处。

《象传》说:出去不远就回来了,是由于能够修身。

六二　美好的复,是吉利的。

《象传》说:美好的复之所以吉利,是由于愿意处在仁者的下面。

六三　接连不断地复,会有危险吗?回答是没有坏处。

《象传》说:接连不断地复会有危险吗?从道理上看是没有坏处的。

六四　完全合理,孤阳单个儿在复。

《象传》说："完全合理，孤阳单个儿在复"，是由于合乎道理。

六五　重视复，没有悔恨。

《象传》说："重视复，没有悔恨"，是自己在内心研究问题。

上六　如果不继续复下去，就会有灾祸，在这种情况下出兵打仗一定会有大的失败，使国君遭到凶险，以至于长期不能出征。

《象传》说：不继续复的凶险，是由于违反了做君的道理。

无妄

【原文】

☰震下乾上　无妄，元亨利贞。其匪正，有眚，不利有攸往。

《象》曰：无妄，刚自外来而为主于内。动而健，刚中而应，大亨以正，天之命也。"其匪正，有眚，不利有攸往"，无妄之往，何之矣？天命不佑，行矣哉！

《象》曰：天下雷行，物与无妄；先王以茂对时，育万物。

初九：无妄，往吉。《象》曰："无妄"之往，得志也。

六二：不耕获，不菑畲，则利有攸往。《象》曰："不耕获"，未富也。

六三：无妄之灾，或系之牛，行人之得，邑人之灾。《象》曰："行人"得牛，"邑人"灾也。

九四：可贞，无咎。《象》曰："可贞，无咎"，固有之也。

九五：无妄之疾，勿药有喜。《象》曰："无妄"之药，不可试也。

上九：无妄行有眚，无攸利。《象》曰："无妄"之行，穷之灾也。

【译文】

周厉王中兴复国事业会十分顺利，凭着有孚的正确得到好处。如果不正确而与孚相反就会有灾祸，不利于复国。

《象传》说：无妄卦是阳爻九从讼卦的二来到本卦的初，是从外到内，并成为内震的主爻，无妄卦是运动而健行的，其上乾九五以刚居中，与下震六二相应，这样事业会凭着正确大为顺利，也是天的意志。如果不合于正道就有灾祸，不利于事业向前发展。"无妄"会离开，是到哪里去呢？天命不保佑无妄，无妄离开算了吧？

《象传》说：天的下面有雷在运行，象征着把无妄赋予所有的物。先王看见这个卦象就用美好思想对待时代，抚育万物。

初九　有诚的人，到哪里去都吉利。

《象传》说：有诚的人出去，会达到目的。

六二　不耕种就要有收获,不开荒就要有熟地,难道真有这种好事情吗?

《象传》说:"不通过耕种的收获",是不能致富的。

六三　有孚或有诚的人的灾祸是:有一个人拴着一头牛,被过路人牵走了,却成为某一个城里人的灾祸。

《象传》说:过路的人牵走了牛,却成为某一个城里人的灾祸。

九四　无妄的人可以合于正道,没有坏处。

《象传》说:"可以合于正道,没有坏处",是无妄或有孚有诚的人本来就如此的。

九五　没有任何虚妄的人生了病,不吃药也会好。

《象传》说:对于无妄的人下药,是不可以轻易尝试的。

上九　无妄的人将会有灾祸吗? 没有任何好处吗?

《象传》说:没有任何虚妄的人的行动,是穷困的灾祸。

大畜

【原文】

䷙乾下艮上　大畜,利贞。不家食,吉。利涉大川。

《彖》曰:大畜,刚健笃实辉光,日新其德。刚上而尚贤,能止健,大正也。"不家食,吉",养贤也。"利涉大川",应乎天也。

《象》曰:天在山中,大畜。君子以多识前言往行,以畜其德。

初九:有厉,利已。《象》曰:"有厉,利已",不犯灾也。

九二:舆说輹。《象》曰:"舆说輹",中无尤也。

九三:良马逐,利艰贞。曰闲舆卫,利有攸往。《象》曰:"利有攸往",上合志也。

六四:童牛之牿,元吉。《象》曰:六四"元吉",有喜也。

六五:豮豕之牙,吉。《象》曰:六五之"吉",有庆也。

上九:何天之衢,亨。《象》曰:"何天之衢",道大行也。

【译文】

要凭着为厉王服务的正确行动得到好处,是食禄于朝,而不是享用于家就吉利,这样才有利于度过困难。

《象传》说:大畜卦的下乾是刚健,笃实,辉光,并且一天天在提高品德。大畜卦的上艮是以刚强居于上。好像贤人受到尊重,还能控制下乾的刚健,因而是伟大正确的。"不在家里吃饭就吉利"。这是说明要供养贤人。"战胜困难就有利",这是合于天道的。

《象传》说：天藏在山中，构成大畜卦。君子看到这个卦象就要多多记住前人的格言和卓越的行为，来培养并提高他的品德。

初九　控制武人是一件有危险的事，不能一往直前，而利于有停顿，有节制。

《象传》说："有危险，利于有停顿"，是要不犯灾祸。

九二　车子脱掉了从车轴去勾住车箱的木勾子，车子会翻掉。

《象传》说："车子脱掉了从车轴去勾住车箱的木勾子"，是由于本爻居于下乾中间没有过失。

九三　用好马驾着车子去追击，以艰苦保持正道取得胜利，一定要整顿好车队的护卫队，这样去追击才会有利。

《象传》说："发展下去有好处"，是由于与上九志同道合。

六四　要像小牛的角稚嫩不伤人，才大为吉利。

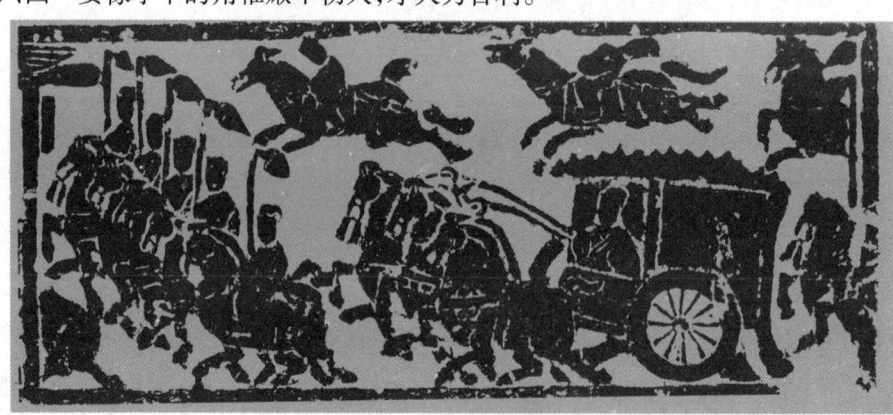

车骑出行，汉画像石。

《象传》说：六四说大吉，是由于有喜庆的事。

六五　要像被阉割公猪的牙齿不咬人，这才吉利。

《象传》说：六五说吉利，是由于有喜庆的事。

上九　为什么天空这么辽阔，一派兴旺发达气象。

《象传》说："为什么天空这么辽阔"，是说原则在很大程度上得到实施。

颐

【原文】

☳☶震下艮上　颐，贞吉。观颐，自求口实。

《象》曰：颐"贞吉"，养正则吉也。"观颐"，观其所养也。"自求口实"，观其自养也。天地养万物，圣人养贤以及万民，颐之时大矣哉！

《象》曰：山下有雷，颐。君子以慎言语，节饮食。

初九：舍尔灵龟，观我朵颐，凶。《象》曰："观我朵颐"，亦不足贵也。

六二：颠颐，拂经于丘颐。征凶。《象》曰：六二"征凶"，行失类也。

六三：拂颐，贞凶，十年勿用，无攸利。《象》曰："十年勿用"，道大悖也。

六四：颠颐，吉。虎视眈眈，其欲逐逐，无咎。《象》曰："颠颐"之"吉"，上施光也。

六五：拂经，居贞吉，不可涉大川。《象》曰："居贞"之吉，顺以从上也。

上九：由颐，厉吉。利涉大川。《象》曰："由颐，厉吉"，大有庆也。

【译文】

其所以含手正道而吉利，是看到一个人腮帮子在动，口里食物是自己找来的。

《象传》说："腮帮子动起来，合于正道而吉利"，是用正道养活自己就吉利。"看腮帮子动"，是看他养的情况。"自己去找食物"，是看他自己养活自己。天地养活万物，圣人养活贤人和万民，养的意义是重大的。

《象传》说：艮山下面有震雷，构成了颐卦。君子看到这个卦象就要谨慎言语，节制饮食。

初九　丢掉你自己美味的乌龟肉不吃，却来看着我因咀嚼食物而隆起的腮帮子，这样舍己从人是凶险的。

《象传》说："看着我隆起的腮帮子"，是不可取的。

六二　颠倒和违反了求食的常道，以致到山坡上去寻求食物，这样下去是凶险的。

《象传》说："六二这一爻之所以发展下去有凶险，是因为所作所为失去了原则。

六三　违反自力更生寻求食物的常道，即使正确也凶险，永远不能这么办，因为是没有好处的。

《象传》说："之所以永远不能这么办"，是由于与原则完全违反。

六四　颠倒求食的常道就吉利。而求食即使像老虎看得那么聚精会神，而且欲望无穷，也没有坏处。

《象传》说：颠倒求食的常道之所以吉利，是由于上面教育的广泛。

六五　违反求食常道，合于正道而吉利，但还不能克服大困难。

《象传》说：其所以合于正道而吉利，是由于驯顺地服从着上面。

上九　顺着臣下求食的常道，即使有危险，也会终于吉利，而且还可以战胜困难，得到好处。

《象传》说："顺着臣下求食的常道，即使有危险，也会终于吉利"，是说大有喜庆的事。

大过

【原文】

☱☴巽下兑上 大过,栋桡,利有攸往,亨。

《彖》曰:大过,大者过也。"栋桡"本末弱也。刚过而中,巽而说行。"利有攸往",乃"亨"。大过之时大矣哉!

《象》曰:泽灭木,大过,君子以独立不惧,遁世无闷。

初六:藉用白茅,无咎。《象》曰:"藉用白茅",柔在下也。

九二:枯杨生稊,老夫得其女妻,无不利。《象》曰:"老夫""女妻",过以相与也。

九三:栋桡,凶。《象》曰:"栋桡"之"凶",不可以有辅也。

九四:栋隆吉,有它吝。《象》曰:"栋隆"之"吉",不桡乎下也。

九五:枯杨生华,老妇得其士夫,无咎无誉。《象》曰:"枯杨生华",何可久也!"老妇""士夫",亦可丑也!

上六:过涉灭顶,凶。无咎。《象》曰:"过涉"之"凶",不可咎也。

【译文】

屋梁被压弯,发展下去有好处,中兴事业会顺利达成。

《彖传》说:"大过",是号称为"大"的阳爻多了。"栋桡",是号称为"弱"的阴爻一居于本,一居于末。阳爻太多而得中,下巽逊顺而上兑悦乐,动起来,发展下去有好处,事业会顺利,"大过"的意义是重大的。

《象传》说:大湖泊淹没了木头,这太过分了。君子看到这个卦象就要独立于人世而不惧怕,甚至遁逃于人世之外也没有苦闷。

初六 祭祀的铺垫用了白茅草,没有坏处。

《象传》说:"祭祀的铺垫用了白茅草",是说柔软的东西铺在下面。

九二 枯槁的杨树长出了柔嫩叶子,年老的丈夫得到了年轻妻子,这没有不好的。

《象传》说:年老的丈夫和年轻的妻子,是错误地相结合。

九三 屋梁会弯曲吗? 有凶险吗?

《象传》说:屋梁弯曲的凶险,是由于不可以有一根作为辅助的木头支撑着。

九四 把屋梁升高就吉利,有别的搞法都不好。

《象传》说:屋梁升高之所以吉利,是由于不变直为曲去俯就下面。

九五 枯槁的杨树生出了花朵,年老的妇人得到年轻的丈夫,既没有坏处,也没有称誉。

《象传》说:"枯槁的杨树生出了花朵",如何可以长久?"年老的妇人配上年轻的丈夫",这也可丑。

上六　过河因徒涉被水淹没,凶险;如果改弦易辙,就没有坏处。

《象传》说:过河因徒涉遭到凶险,不可以认为是坏处。

坎

【原文】

☵坎下坎上　习坎,有孚。维心亨,行有尚。

《彖》曰:习坎,重险也。水流而不盈,行险而不失其信。"维心亨",乃以刚中也。"行有尚",往有功也。天险,不可升也。地险,山川丘陵也。王公设险以守其国,坎之时用大矣哉!

《象》曰:水洊至,习坎。君子以常德行,习教事。

初六:习坎,入于坎窞,凶。《象》曰:"习坎"入坎,失道凶也。

九二:坎有险,求小得。《象》曰:"求小得",未出中也。

六三:来之坎坎,险且枕。入于坎窞,勿用。《象》曰:"来之坎坎",终无功也。

六四:樽酒簋贰用缶,纳约自牖,终无咎。《象》曰:"樽酒簋贰",刚柔际也。

九五:坎不盈,祇既平,无咎。《象》曰:"坎不盈",中未大也。

上六:系用徽纆,置于丛棘,三岁不得,凶。《象》曰:上六失道,凶"三岁"也。

【译文】

只要有诚存在于内心,中兴事业就会顺利,所作所为都会有很高成就。

《象传》说:习坎是重重叠叠的险。水在流动却不满盈,通过险阻却不失去信用。心啊,事业顺利啊,是由于阳刚之爻居于上下卦的中间。"所作所为有很高成就",是发展下去有成绩。天险是不可攀登的。地险是山川丘陵。王公设立险阻来防守他们的国家。险的作用是很大的。

《象传》说:水再至,构成了"习坎"卦。君子看到这个卦象就要经常保持美好德行,学习教诲人的事。

初六　重重叠叠的坑,跌进了一个坑又跌进了一个坑,是凶险的。

《象传》说:重重叠叠的坑,不断跌进坑,是由于没有看清道路遇到凶险。

九二　坑里有危险,但进行追求还是会小有所得。

《象传》说:"追求会小有所得",是由于没有越出中爻的位置。

六三　来到坑边,坑危险而且重叠。跌进了一个坑再跌进一个坑,但这样是不会的。

《象传》说:来到一些坑边,终于没有功绩。

六四　一壶酒,两碗饭,用瓦器盛着,从窗户挤着送进去,终于没有坏处。

《象传》说:"一壶酒,两碗饭",是阳刚和阴柔相连接。

九五　坑难道还没有填满吗?小山坡是已经挖平了,这没有坏处。

《象传》说:"坑没有填满",是由于阳爻虽然居于中间,但还没有弘大。

上六　用绳索捆绑着,投进监狱里,长期不能解脱,是凶险的。

《象传》说:上六在原则上有失误,凶险是长期的。

离

【原文】

☲离下离上　离,利贞,亨。畜牝牛吉。

《彖》曰:离,丽也。日月丽乎天,百谷草木丽乎土,重明以丽乎正,乃化成天下。柔丽乎中正,故"亨",是以"畜牝牛吉"也。

《象》曰:明两作,离。大人以继明照于四方。

初九:履错然,敬之无咎。《象》曰:"履错"之"敬",以辟咎也。

六二:黄离,元吉。《象》曰:"黄离,元吉",得中道也。

九三:日昃之离。不鼓缶而歌,则大耋之嗟,凶。《象》曰:"日昃之离",何可久也!

九四:突如其来如。焚如,死如,弃如。《象》曰:"突如其来如",无所容也。

六五:出涕沱若,戚嗟若。吉。《象》曰:六五之吉,离王公也。

上九:王用出征,有嘉折首,获匪其丑,无咎。《象》曰:"王用出征",以正邦也。

【译文】

守着柔退的正道就有利,中兴事业将顺利进行,养着母牛是吉利的。

《象传》说:离是依附。日月依附着天空,百谷草木依附着土地,下离和上离两重光明依附着中正,就能教化天下。柔顺依符着中正,所以亨通,因此养母牛是吉利的。

《象传》说:光明两次出现,成为离卦。根据卦象启示,天子要用正确措施去安定天下。

初九　走起路来很莽撞,要认真改正,才没有坏处。

《象传》说:对于走路莽撞要认真改正,是为了避免犯错误。

六二　掌握了柔退原则,大吉大利。

《象传》说:"掌握了柔退原则,大吉大利",是由于本爻居于下离中间。

九三　碰上太阳偏西,不敲打着陶土乐器唱歌,那些年纪很大的老人就会叹气,这是

凶险的。

《象传》说:"碰上太阳偏西",这怎样可以长久?

九四　突然杀来啊,烧房子啊,杀死人啊,丢弃尸体啊。

《象传》说:"突然杀来啊",是说没有容身之地。

六五　流着眼泪像下大雨啊,悲痛地叹着气啊! 但终将是吉利的。

《象传》说:六五的吉利,是由于居于王公位置,在上离中间。

上九　周厉王凭着柔退策略出征武人,极为可喜地杀掉了首恶,还俘获了那些同类的人,这没有坏处。

《象传》说:"王去出征",是为了把国家引上正轨。

咸

【原文】

☷艮下兑上　咸,亨,利贞。取女吉。

《彖》曰:咸,感也。柔上而刚下,二气感应以相与,止而说,男下女,是以"亨,利贞。取女吉"也。天地感而万物化生,圣人感人心而天下和平。观其所感,而天地万物之情可见矣!

《象》曰:山上有泽,咸。君子以虚受人。

初六:咸其拇。《象》曰:"咸其拇",志在外也。

六二:咸其腓,凶,居吉。《象》曰:虽"凶,居吉",顺不害也。

九三:咸其股,执其随。往吝。《象》曰:"咸其股",亦不处也。志在随人,所执下也。

九四:贞吉悔亡。憧憧往来,朋从尔思。《象》曰:"贞吉悔亡",未感害也。"憧憧往来",未光大也。

九五:咸其脢,无悔。《象》曰:"咸其脢",志末也。

上六:咸其辅颊舌。《象》曰:"咸其辅颊舌",滕口说也。

【译文】

中兴事业会顺利达成,凭着寻求贤臣的正确行动得到好处,有了贤臣帮助是吉利的。

《彖传》说:咸是感动。兑以阴柔居于上卦,艮以阳刚居于下卦,于是阴阳二气以感应而相互结合。艮为止,兑为悦,是"止而悦"。艮为男,兑为女,是"男下女"。这样事业才会顺利,凭着求女的正确得到好处,以有贤臣帮助而一切吉利,天地相互交感而万物产生,圣人感动人心而天下太平,看了这些交感或感动的情况,天地万物的情况都可以看到了。

《象传》说：山上有一个湖泊构成咸卦。君子看到这个卦象就想到要以谦虚待人。

初六，动了脚大拇指。

《象传》说："动了脚大拇指"，是想要到外面去。

六二　动了小腿，凶险。只有不动，才会吉利。

《象传》说：虽然动起来凶险，但停下来却吉利，顺着道理做不会有害处。

九三　动了大腿，牵动了腰部，这样发展下去不好。

《象传》说："动了大腿"，是动个不停。一心只想跟随别人，是所具备的水平低下。

九四　贤臣要有归于周厉王的正确态度才吉利，悔恨也就没有了。贤臣要不停地归于周厉王，像朋友归于贤主人一样。

《象传》说："以态度正确而吉利，悔恨就没有了"，是不感到有害处。不停地往来"，是没有广大。

九五　动了脊背上的肉，没有悔恨。

《象传》说："动了脊背上的肉"，说明志向渺小。

上六　动了面颊和舌头。

《象传》说：动了面颊和舌头，是滔滔不绝地在说。

恒

【原文】

☳巽下震上　恒，亨。无咎，利贞。利有攸往。

《彖》曰：恒，久也。刚上而柔下，雷风相与巽而动；刚柔皆应，恒。"恒，亨。无咎，利贞"，久于其道也。天地之道，恒久而不已也。"利有攸往"，终则有始也。日月得天而能久照，四时变化而能久成。圣人久于其道，而天下化成。观其所恒，而天地万物之情可见矣。

《象》曰：雷风恒。君子以立不易方。

初六：浚恒，贞凶，无攸利。《象》曰："浚恒"之凶，始求深也。

九二：悔亡。《象》曰：九二"悔亡"，能久中也。

九三：不恒其德，或承之羞。贞吝。《象》曰："不恒其德"，无所容也。

九四：田无禽。《象》曰：久非其位，安得禽也！

六五：恒其德。贞，妇人吉，夫子凶。《象》曰："妇人"贞吉，从一而终也。"夫子"制义，从妇凶也。

上六：振恒，凶。《象》曰："振恒"在上，大无功也。

【译文】

　　大臣要柔顺地事奉君王,才会亨通,没有过失,还将凭着以柔顺事君的正道得到好处,做什么都顺利。

　　《象传》说:恒的意义是永久。卦象是阳刚的震雷在上,阴柔的巽风在下,雷与风相联系,巽顺而震动,阳刚的爻与阴柔的爻都相互呼应,这些构成了恒卦。恒卦卦辞说,"亨通,没有坏处,凭着正确得到好处,是长久保持巨久之道的结果。天地的情况是恒久而不停止的。"发展下去有好处",是才完结又开始,不断循环。日月高高地在天上能永远照耀大地,春、夏、秋、冬四时不断变化能永远使万物成长,只要观察研究恒久之道,对天地万物的情况都可以清楚了。

　　《象传》说:上震的雷和下巽的风构成恒卦。君子看到这个卦象就去建立不可改变的原则。

　　初六　如果损害了以柔顺事君的常道,即使正确也凶险,没有任何好处。

　　《象传》说:损害恒常之道之所以凶险,是因为开始追求刻深。

　　九二　悔恨没有了。

　　《象传》说:九二之所以悔恨没有了,是因为长久居于下巽的中间。

　　九三　不经常保持以柔顺事君的品德,有时候会蒙受耻辱,即使正确也不好。

　　《象传》说:"不经常保持那种品德",就无所容于天地之间。

　　九四　打猎没有得到鸟兽。

　　《象传》说:很久都不是居于应该居的位置,如何能得到鸟兽呢?

　　六五　恒常的品德是柔顺,对妇人吉利,对男子凶险。

　　《象传》说:妇人以柔顺的正确而吉利,是因为要跟男人过一辈子。男人必须用正确原则处理事情,如果什么事都顺从妇人,那就凶险了。

　　上六　动摇了柔退的恒常之道,那就凶险。

　　《象传》说:在本卦的最上面动摇了恒常之道,不会有一点好处。

遯

【原文】

　　☰☶艮下乾上　遯,亨,小利贞。

　　《彖》曰:遯"亨",遯而亨也。刚当位而应,与时行也。"小利贞",浸而长也。遯之时义大矣哉!

　　《象》曰:天下有山,遯。君子以远小人,不恶而严。

初六:遁尾,厉。勿用有攸往。《象》曰:"遁尾"之"厉",不往何灾也?

六二:执之用黄牛之革,莫之胜说。《象》曰:执"用黄牛",固志也。

九三:系遁,有疾厉。畜臣妾吉。《象》曰:"系遁"之厉,有疾惫也。"畜臣妾吉",不可大事也。

九四:好遁,君子吉,小人否。《象》曰:君子"好遁","小人否"也。

九五:嘉遁,贞吉。《象》曰:"嘉遁,贞吉",以正志也。

上九:肥遁,无不利。《象》曰:"肥遁,无不利",无所疑也。

【译文】

处境会顺利,凭着停止遁逃的正确得到小的好处。

《象传》说:"遁亨"是说遁逃会顺利,是由于阳爻九居于阳位五,还与六二呼应,是顺应着时机发展。"小利贞",是指下面两个阴爻在逐渐成长。遁卦的意义是重大的。

《象传》说:乾卦天下面有一个艮卦山,构成遁卦。君子看到这个卦象就想到要远远离开小人,虽不凶恶,却很严厉。

初六　遁逃在最后面也有危险,最好是不遁逃。

《象传》说:遁逃在最后面危险,不遁逃还有什么灾难?

六二　好像用黄牛皮带子捆绑住,不能解脱。

《象传》说:好像用黄牛皮带子捆绑住,是坚定了不遁逃的思想。

九三　停止遁逃,尽管有坏处而且危险,但能养着一些奴隶,还是吉利的。

《象传》说:停止遁逃的危险,好像生了病感到疲乏。"养着一些奴隶还是吉利",是说不能在大事上有成就。

九四　君子喜爱遁逃者,君子吉利,小人不吉利。

《象传》说:君子喜爱遁逃者,小人不吉利。

九五:君子赞美遁逃者,这合于正道而吉利。

《象传》说:"赞美遁逃者合于正道而吉利",是要端正遁逃者的思想,使他们不遁逃。

上九　使遁逃者宽裕自得,没有什么不好。

《象传》说:"使遁逃者宽裕自得,没有什么不好",是对遁逃者没有怀疑。

大壮

【原文】

☳乾下震上　大壮,利贞。

《彖》曰:大壮,大者壮也。刚以动,故壮。大壮"利贞",大者正也,正大而天地之情可见矣。

《象》曰:雷在天上,大壮。君子以非礼弗履。

初九:壮于趾,征凶有孚。《象》曰:"壮于趾",其"孚"穷也。

九二:贞吉。《象》曰:九二"贞吉",以中也。

九三:小人用壮,君子用罔。贞厉。羝羊触藩,羸其角。《象》曰:"小人用壮",君子罔也。

九四:贞吉悔亡。藩决不羸,壮于大舆之輹。《象》曰:"藩决不羸",尚往也。

六五:丧羊于易,无悔。《象》曰:"丧羊于易",位不当也。

上六:羝羊触藩,不能退,不能遂。无攸利,艰则吉。《象》曰:"不能退,不能遂",不详也。"艰则吉",咎不长也。

【译文】

厉王要凭着正确条件才能挫败武人,得到好处。

《象传》说:大壮,大的东西强壮。乾刚而震动,所以强壮。大壮凭正确得到好处,是指大的东西正确。从正确和壮大可以看出天地情况。

《象传》说:雷在天上轰鸣,构成大壮卦。君子看到这个卦象就想到不合礼的事不能干。

初九　足趾强壮有力,大步前进有凶险。只有有孚,才能解决问题。

《象传》说:"足趾强壮有力",是孚没有了。

九二　由于正确,所以吉利。

《象传》说:九二以正确而吉利,是因为位置在下乾中间。

九三　小人用强暴欺人,君子凭无为取胜。小人即使用意正确也危险,将像公羊被关在羊圈里,还用角去撞篱笆,结果会损坏它的角。

《象传》说:小人用强暴,君子凭无为。

九四:以合于正道而吉利,悔恨就没有了。好像公羊撞篱笆,篱笆破了角却没有坏,又好像车箱下面勾住车轴的木勾子那样坚实。

《象传》说:"篱笆破了角却没有坏",是说还可以前进。

六五　由于马虎失掉了羊,但没有悔恨。

《象传》说:"由于马虎失掉了羊",是因为本爻所处爻位不恰当。

上六　像公羊用角撞篱笆,不能后退,不能前进,没有好处。要艰苦克制才吉利。

《象传》说:"不能后退,不能前进",这不吉祥。"要艰苦克制才吉利",这样碰上困难才不会长久。

晋

【原文】

☷坤下离上　晋,康侯用锡马蕃庶,昼日三接。

《彖》曰:晋,进也。明出地上,顺而丽乎大明。柔进而上行,是以"康侯用锡马蕃庶,昼日三接"也。

《象》曰:"明出地上",晋。君子以自昭明德。

初六:晋如摧如,贞吉。罔孚,裕无咎。《象》曰:"晋如摧如",独行正也。"裕无咎",未受命也。

六二:晋如愁如。贞吉。受兹介福,于其王母。《象》曰:"受兹介福",以中正也。

六三:众允,悔亡。《象》曰:"众允"之志,上行也。

九四:晋如鼫鼠,贞厉。《象》曰:"鼫鼠,贞厉",位不当也。

六五:悔亡,矢得勿恤。往吉,无不利。《象》曰:"矢得勿恤",往有庆也。

上九:晋其角,维用伐邑。厉吉无咎,贞吝。《象》曰:"维用伐邑",道未光也。

【译文】

值得赞美的侯由于受到周厉王教育大有提高,一天之内为周厉王多次接见。

晋是向上面前进。上离光明出现在下坤地面上,下坤的柔顺依附着上离伟大的光明。观卦六四向上运动与九五交换位置,因此"值得赞美的侯凭着天子所教导的柔顺大有提高,一天之内受到天子多次接见"。

《象传》说:上离光明升出下坤地面,成为晋卦。君子看到这个卦象就去提高自己的美好品德。

初六　躁进啊,变成柔退啊,才正确而吉利,即使没有孚(诚)也将从容自得,没有坏处。

《象传》说:"从躁进变成柔退",是独行正道。"从容自得而没有坏处",是没有接受王命。

为从躁进变成柔退是独行正道,有得于卦义。"裕无咎"是柔退而"独行正"所得到

的好处，《象传》说成"未受命"是不对的。

六二 躁进啊，令人发愁啊，这合于正道而吉利，还将从天子祖母那里接受大福。

《象传》说："接受大福"，是由于既得中，又得正。

六三 大家都信任周厉王，悔恨就没有了。

《象传》说：大家都有信任的思想，上面的目的就达到了。

九四 躁进啊就会像五技鼠那样一无可取，即使正确也危险。

《象传》说：五技鼠正确也危险，是由于所处的位置不恰当。

六五 悔恨没有了，无论是损失或者收获都不用忧虑，发展下去会吉利，没有不吉利的。

《象传》说："无论是损失或者收获都不用忧虑"，是由于发展下去有好处。

上九 把角伸出触人，派兵攻打别人城邑，这些都危险，能够吉利？没有坏处？看来即使正确也是不好的。

《象传》说："派兵攻打别人城邑"，是待人接物的原则还不弘大。

明夷

【原文】

☳离下坤上 明夷，利艰贞。

《彖》曰：明入地中，"明夷"。内文明而外柔顺，以蒙大难，文王以之。"利艰贞"，晦其明也。内难而能正其志，箕子以之。

《象》曰：明入地中，明夷。君子以莅众，用晦而明。

初九：明夷于飞垂其翼。君子于行，三日不食。有攸往，主人有言。《象》曰："君子于行"，义不食也。

六二：明夷（夷）于左股。用拯马壮吉。《象》曰：六二之"吉"，顺以则也。

九三：明夷于南狩，得其大首。不可疾贞。《象》曰："南狩"之志，乃大得也。

六四：入于左腹，获明夷之心于出门庭。《象》曰："入于左腹"，获心意也。

六五：箕子之明夷，利贞。《象》曰："箕子"之贞，明不可息也。

上六：不明晦。初登于天，后入于地。《象》曰："初登于天"，照四国也；"后入于地"，失则也。

【译文】

要艰苦守住为君的正道才有利。

《象传》说：光明进入地里面，是光明受到损害。内部保持着文明品德，外面表现为柔顺态度,去遭受大灾难。周文王有这种情况。以艰苦保持正道得到好处,把光明品德隐蔽起来,在朝廷内遭到灾难,但能够端正思想,箕子有这种情况。

《象传》说:光明进入地里面,是光明受到损害。君子看到这个卦象,治理人民就要从黑暗转向光明。

初九 光明的品德受到损害,像一个正在飞的鸟儿却垂下了翅膀。"君子"正在路途中行走,已经有很多天没吃上饭。只要一向别处去,"主人"就会骂起来。

《象传》说:"君子正在路途中行走",按道理是不吃饭的。

六二 光明的品德受到损害,还伤了左边的大腿,但只要援救的人得力,还是吉利的。

《象传》说:六二的吉利,是由于顺乎情势,合于道理。

九三 尽管光明品德受到损害,但一旦解脱,就能南征楚国,俘获楚王,只是不能以刚猛之道用兵,才完全正确。

《象传》说:有了南征思想,就会大有收获。

六四 用刀子刺进左边腹部,取出光明品德受到损害的人的心,走出了大门。

《象传》说:"用刀子刺进左边腹部",得到了心。

六五 箕子的光明品德受到损害,要立场正确,才有好处。

《象传》说:箕子的正确,说明光明品德不能没有。

上六 不能走向光明,反而进入黑暗,开始好像登上了天堂,后来却坠入了地底。

《象传》说:"开始好像登上了天堂",光辉照耀着天下所有的国家。"后来坠入了地底",是由于失去原则。

家人

【原文】

䷤离下巽上 家人,利女贞。

《象》曰:家人,女正位乎内,男正位乎外。男女正,天地之大义也。家人有严君焉,父母之谓也。父父、子子,兄兄、弟弟,夫夫、妇妇,而家道正,正家,而天下定矣。

《象》曰:风自火出,家人。君子以言有物而行有恒。

初九:闲有家,悔亡。《象》曰:"闲有家",志未变也。

六二:无攸遂,在中馈,贞吉。《象》曰:六二之"吉",顺以巽也。

九三:家人嗃嗃,悔厉吉。妇子嘻嘻,终吝。《象》曰:"家人嗃嗃",未失也。"妇子嘻嘻",失家节也。

六四:富家,大吉。《象》曰:"富家,大吉",顺在位也。

九五:王假有家,勿恤,吉。《象》曰:"王假有家",交相爱也。

上九:有孚威如。终吉。《象》曰:"威如"之"吉",反身之谓也。

【译文】

"家人"以有贤内助正确帮助得到好处。

《象传》说:就一家人来说,女的应该在家内搞好工作,男的应该在家外搞好工作,这是天地间的大原则。一家人有严厉的家长,是说父母。做父亲的要像父亲,做儿子的要像儿子,做哥哥的要像哥哥,做弟弟的要像弟弟,做丈夫的要像丈夫,做妻子的要像妻子,这样家里就会搞好,搞好一家天下也就搞好了。

《象传》说:风从火出来,构成了家人卦。君子看到这个卦象就要说话有内容,做事有恒心。

初九　把伟大的家庭治理好,悔恨就没有了。

《象传》说:"把伟大的家庭治理好",是思想没有改变。

六二　即使没有什么成就,只要能在家里搞好膳食,就合于正道而吉利。

《象传》说:六二的吉利,是由于非常柔顺。

九三　家长严厉,会有悔恨,也有危险,但总是吉利。妇子不严肃,终归不好。

《象传》说:"家长严厉,没有过失。""妇子不严肃",丧失治家原则。

六四　妇子能使家庭富裕,大大吉利。

《象传》说:"妇子能使家庭富裕,大大吉利",是顺从家长,站在治家的岗位上。

九五　厉王由于有贤臣帮助回到朝廷,不用忧虑,一切都会吉利。

《象传》说:"王由于有贤臣帮助回到朝廷",他们会互相喜爱。

上九　有了诚,很威严,终归吉利。

《象传》说:威严吉利,是说严格要求自己。

睽

【原文】

☲兑下离上　睽,小事吉。

《彖》曰:睽,火动而上,泽动而下,二女同居,其志不同行。说而丽乎明,柔进而上行,得中而应乎刚,是以"小事吉"。天地睽而其事同也,男女睽而其志通也,万物睽而其事类也。睽之时用大矣哉!

《象》曰:上火下泽,睽。君子以同而异。

初九:悔亡。丧马勿逐,自复。见恶人,无咎。《象》曰:"见恶人",以辟咎也。

九二：遇主于巷，无咎。《象》曰："遇主于巷"，未失道也。

六三：见舆曳，其牛掣其人。天且劓，无初有终。《象》曰："见舆曳"，位不当也。"无初有终"，遇刚也。

九四：睽孤遇元夫。交孚厉无咎。《象》曰："交孚"，"无咎"，志行也。

六五：悔亡。厥宗噬肤，往何咎？《象》曰："厥宗噬肤"，往有庆也。

上九：睽孤。见豕负涂，载鬼一车。先张之弧，后说之弧。匪寇婚媾。往遇雨，则吉。《象》曰："遇雨"之吉，群疑亡也。

【译文】

只有做点小事才吉利。

《彖传》说：本卦的矛盾表现为下离的火向上烧，上兑的水相下注，又像离和兑这两个女即同住在一起，但思想上却不愿意走在一起。下兑的和悦依附着上离的光明，下离六二这个阴爻前进向上运动，阴爻六五居于上离中间，与下兑九二阳爻相呼应，因此"做小事情吉利"。天和地矛盾可是作用相同，男和女矛盾可是思想相通，万物矛盾重重，可是也都有共同点，矛盾的意义是巨大的。

《象传》说：上卦是离火，下卦是兑泽，构成睽卦。君子看到这个卦象就要从相同看出不同。

初九　悔恨没有了，失掉了马，不去寻找自己会回来；碰上凶恶的人，没有坏处。

《象传》说："碰上凶恶的人"，会躲开灾祸。

九二　在"永巷"中碰上厉王，没有坏处。

《象传》说："在永巷中碰上主人"，说明还没有失去营救的途径。

六三　看见车子向后拉，那头牛却往前拖，拉车的人很狼狈，好像受了黥刑和劓刑，但没有好开头，却有好结果。

《象传》说："见舆曳"，是本爻所处爻位不恰当。"无初有终"，是本爻以阴柔碰上九四阳刚。

九四　周厉王在睽违孤独之中，碰上一个大夫。互相信任，这样即使有危险，有贤臣指点，目的就能达到，没有问题。

六五　悔恨没有了，厉王到宗庙，吃着用于祭祀的肉，这样下去有什么坏处？

《象传》说："到宗庙吃祭祀肉"，这样下去有好处。

上九　在睽违孤独之中，神情恍惚，好像看见猪背上沾满了泥，又好像看见装来一车鬼。先拉开木弓想用箭射，后来放下木弓不射了，原来这些奇形怪状像鬼的人不是来劫掠的，是来求亲的。发展下去会像旱苗得雨那样吉利。

《象传》说：遇雨吉利，一切疑虑都没有了。

《象传》说厉王如果能像旱苗得雨，一切疑虑都会消亡，对爻辞有领会。

蹇

【原文】

☷艮下坎上　蹇,利西南,不利东北。利见大人。贞吉。

《彖》曰:蹇,难也,险在前也。见险而能止,知矣哉!蹇"利西南",往得中也。"不利东北",其道穷也。"利见大人",往有功也。当位"贞吉",以正邦也。蹇之时用大矣哉!

《象》曰:山上有水,蹇。君子以反身修德。

初六:往蹇来誉。《象》曰:"往蹇来誉",宜待也。

六二:王臣蹇蹇,匪躬之故。《象》曰:"王臣蹇蹇",终无尤也。

九三:往蹇来反。《象》曰:"往蹇来反",内喜之也。

六四:往蹇来连。《象》曰:"往蹇来连",当位实也。

九五:大蹇朋来。《象》曰:"大蹇朋来",以中节也。

上六:往蹇来硕,吉,利见大人。《象》曰:"往蹇来硕",志在内也。"利见大人",以从贵也。

【译文】

利于流往平坦的西南方,不利于流往险峻的东北方。天下人都将以能看到解脱了的周厉王得到好处,这是合于正道而吉利的。

《彖传》说:蹇是困难,是危险在前面。看见险阻就能停下来,是够聪明的!说蹇卦"利于向西南发展"是小过九四变成九五,居于上坎当中。说"蹇卦"不利于向东北发展",是路子走不下去。"以见到大人为有利",是发展下去有好处。本卦二、三、四、五爻各当其位,得正而吉,凭这些就能把国家治理好。蹇卦的作用是大的。

《象传》说:下卦是艮山,上卦是坎水,构成蹇卦。君子看到这个卦象就回过头来检查自己,提高品德。

初六　如果背离厉王,就会有困难,只有回来为厉王服务,才能有称誉。

《象传》说:"去有困难,来有称誉",应该等待时机。

六二　武人困难很大,却不是自己的缘故。

《象传》说:"王臣困难很大",但终于没有过失。

九三　如果背离厉王,就有困难,只有回来服务于厉王。

《象传》说:"背离有困难,只有回来",这是说内心喜欢回来。

六四　如果径行离开,不去安抚武人,就会有困难,只有回来与武人联系,做好他们的工作。

《象传》说："离开会有困难,只有回来联系他们",说明当位是实际情况。

九五　在碰上大困难的时候,朋友会来帮助。

《象传》说:"在碰上大困难的时候,朋友会来帮助",是由于本爻以阳爻居于阳位,是当位的。

上六　离开会有困难,只有回来安抚,才大为吉利。天下人都将以见到大人得到好处。

《象传》说:"离开会有困难,只有回来才大为吉利",是想与内卦九三呼应。"以看见大人得到好处",是由于追随着九三这个贵人。

解

【原文】

☷☳坎下震上　解,利西南,无所往。其来复吉。有攸往夙吉。

《彖》曰:解,险以动,动而免乎险,解。解"利西南",往得众也。"其来复吉",乃得中也。"有攸往夙吉",往有功也。天地解而雷雨作,雷雨作而百果草木皆甲坼,解之时义大矣哉!

《象》曰:雷雨作,解。君子以赦过宥罪。

初六:无咎。《象》曰:刚柔之际,义"无咎"也。

九二:田获三狐,得黄矢,贞吉。《象》曰:九二"贞吉",得中道也。

六三:负且乘,致寇至。贞吝。《象》曰:"负且乘",亦可丑也。自我致戎,又谁咎也?

九四:解而拇,朋至斯孚。《象》曰:"解而拇",未当位也。

六五:君子维有解,吉。有孚于小人。《象》曰:君子"有解",小人退也。

上六:公用射隼于高墉之上,获之。无不利。《象》曰:"公用射隼",以解悖也。

【译文】

利于到西南平坦的地方去。即使没有去的地方,回来也吉利。如果有了去的地方,更会很早就吉利。

《象传》说:解卦卦象是坎险和震动相结合,震雷以运动离开坎水的险阻,这就是解脱。解卦"利于向西南方向发展",去了会得到群众。"回来也吉利",是由于九二在下坎当中。"有去的地方",很早会吉利",是指去了有成就。天地解脱,雷雨产生,一切果实的甲壳都会裂开,表现为一派生机。解卦的意义是重大的。

《象传》说:雷雨产生,形成解卦。君子看到这种卦象就要免除对人民的惩罚并宽恕人民的罪过。

初六　没有坏处。

《象传》说:刚与柔相交接,从道理说没有坏处。

九二　打猎得到很多狐狸,从狐狸身上得到黄铜箭头,这合于正道而吉利。

《象传》说:九二合于正道而吉利,是由于得中。

六三　背着东西还去坐车,会招来别人谴责,即使正确也不好。

《象传》:"背着东西还会去坐车",是可丑的事。是由自己招来别人谴责,又能怪哪个呢?

九四　把你脚大拇指上系的绳子解脱,朋友来了会相信你。

《象传》:"把你脚大拇指上系的绳子解脱",是由于本爻所处的位置不恰当。

六五　周厉王有解脱的一天,将为一般人所信服。

《象传》说:君子有解脱的一天,一般人都会退避。

上六　公在高高的城墙上射那凶残的隼,得到了它,没有不利的。

《象传》说:"公射凶残的隼",是除去乱臣贼子。

损

【原文】

☶兑下艮上　损,有孚。元吉,无咎,可贞。利有攸往。曷之用二簋?可用享。

《彖》曰:损,损下益上,其道上行。损而"有孚。元吉,无咎,可贞。利有攸往。曷之用二簋?可用享",二簋应有时,损刚益柔有时。损益盈虚,与时偕行。

《象》曰:山下有泽,损。君子以惩忿窒欲。

初九:已事遄往。无咎,酌损之。《象》曰:"已事遄往",尚合志也。

九二:利贞,征凶。弗损益之。《象》曰:九二"利贞",中以为志也。

六三:三人行则损一人,一人行则得其友。《象》曰:"一人"行,"三"则疑也。

六四:损其疾,使遄有喜,无咎。《象》曰:"损其疾",亦可喜也。

六五:或益之十朋之龟,弗克违,元吉。《象》曰:六五"元吉",自上祐也。

上九:弗损益之,无咎,贞吉。利有攸往。得臣无家。《象》曰:"弗损益之",大得志也。

【译文】

有了诚,就大为吉利,没有坏处,可以合于正道,发展下去,还有好处。用什么祭祀?有两碟子食物就可以了。

《象传》说:抑损下面,增益上面,原则是给上面以好处。损卦是讲"有诚心就大为吉

利,没有坏处,可以合于正道,发展下去还有好处,用什么去祭祀? 用两碟祭品就可以了"。用两碟祭品应该在必要的时候,抑损阳刚增益阴柔有一定的时候。或损抑,或增益,或满盈,或空虚,是随着时间一起发展的。

《象传》说:艮山下面有泽水,形成损卦。君子看到这个卦象就要制止忿怒,去掉嗜欲。

初九　放下事情不做,急急忙忙去,没有坏处,因为是考虑要去掉周厉王的骄矜之气。

《象传》说:"放下事情不做,急急忙忙去",还能与志向相合。

九二　凭着谏正厉王得到好处,发展下去有危险,如果不是抑损而是增益的话。

《象传》说:九二以正确得到好处,因为是以居中作为志愿。

六三　三个人走就会失去一个人,一个人走会得到朋友。

《象传》说:一个人可以行走,三个人就有怀疑。

六四　去掉疾病,使自己很快好起来,没有坏处。

《象传》说:"去掉疾病",也是可喜的事情。

六五　有人把价值十朋的大乌龟壳赠给我,不能推辞,大为吉利。

《象传》说:六五的大为吉利,是由于有上帝保佑。

上九　如果不是抑损,而是增益,要没有坏处,可以合于正道,发展下去还有好处,都只是一句空话。

《象传》说:"不是抑损,而是增益",会在很大程度上达到目的。

益

【原文】

☳震下巽上　益,利有攸往,利涉大川。

《彖》曰:益,损上益下,民说无疆。自上下下,其道大光。"利有攸往",中正有庆;"利涉大川",木道乃行。益动而巽,日进无疆。天施地生,其益无方。凡益之道,与时偕行。

《象》曰:风雷益;君子以见善则迁,有过则改。

初九:利用为大作,元吉无咎。《象》曰:"元吉无咎",下不厚事也。

六二:或益之十朋之龟,弗克违,永贞吉。王用享于帝,吉。《象》曰:"或益之",自外来也。

六三:益之用凶事,无咎。有孚中行,告公用圭。《象》曰:益"用凶事",固有之也。

六四:中行告公从。利用为依迁国。《象》曰:"告公从",以益志也。

九五：有孚惠心。勿问元吉，有孚惠我德。《象》曰："有孚惠心"，勿问之矣。"惠我德"，大得志也。

上九：莫益之，或击之。立心无恒，凶。《象》曰："莫益之"，偏辞也。"或击之"，自外来也。

【译文】

发展下去有好处，碰上巨大困难能克服。

《象传》说：益卦是抑损上面，增益下面，人民的喜悦说不完。从上面屈居在下级下面，他的为政之道得到大发扬。"发展下去有好处"，是六二和九五居中得正，意味着有喜庆的事。"碰上巨大困难能克服"，是上巽的作用在实现。益卦下震为动，上巽为顺，动而顺理，时刻前进，达到无穷无尽。这些是天之所施，地之所生，好处没有法子讲。总而言之，增益是随着时间一起发展的。

《象传》说：上巽的风和下震的雷构成益卦。君子见到这个卦象看到好的就学习，有了过错就改正。

初九　凭着贤臣帮助去干大事业，大为吉利，没有坏处。

《象传》说："大为吉利，没有坏处"，是下面不努力干。

六二　有人用价值十串贝壳的大宝龟来帮助，不能推辞，这永远合于正道而吉利。周厉王凭着这种帮助去向上帝进行祭祀，也是吉利的。

《象传》说："有人来帮助"，是从外面来的。

六三　即使把凶险的事加于他，也不会有坏处。他内心有诚，凡事正确，还用瑞玉为信物叫贤臣来帮助。

《象传》说：把凶险的事相加，是本来就有凶险的事。

六四　周厉王告诉贤臣跟随他，要把贤臣的国家作为依靠迁都的国家，以得到好处。

《象传》说："告诉贤臣跟随着"，是要提高贤臣思想。

九五　上天把它所具有的诚加惠于我的心，不用问都大为吉利，上天是把它的诚来提高我的品德的。

《象传》说："上天用诚加惠于我的心"，不用问都好得很。"上天用诚来提高我的品德"，会凡事如意。

上九　没有人帮助周厉王，有些人还要打击周厉王，这是居心不善，必然凶险。

《象传》说："没有人帮助他"，是"偏辞"。"有些人打击他"，是从外面来的。

夬

【原文】

☰乾下兑上　夬，扬于王庭。孚号有厉，告自邑。不利即戎。利有攸往。

《彖》曰：夬，决也，刚决柔也。健而说，决而和。"扬于王庭"，柔乘五刚也。"孚号有厉"，其危乃光也。"告自邑，不利即戎"，所尚乃穷也。"利有攸往"，刚长乃终也。

《象》曰：泽上于天，夬；君子以施禄及下，居德则忌。

初九：壮于前趾。往不胜为咎。《象》曰："不胜"而往，咎也。

九二：惕号，莫夜有戎，勿恤。《象》曰："有戎，勿恤"，得中道也。

九三：壮于頄，有凶。君子夬夬，独行遇雨，若濡有愠，无咎。《象》曰："君子夬夬"，终无咎也。

九四：臀无肤。其行次且。牵羊悔亡。闻言不信。《象》曰："其行次且"，位不当也。"闻言不信"，聪不明也。

九五：苋陆夬夬，中行无咎。《象》曰："中行无咎"，中未光也。

上六：无号，终有凶。《象》曰："无号"之凶，终不可长也。

【译文】

周厉王在朝廷上公开宣告，要用诚号召，因为情况很危险。还从京城宣告，不利于用兵，这样下去才有利。

夬的意义是冲开，是阳爻在冲击阴爻。本卦是刚健而和悦，虽然冲决，却又很和乐。"在朝廷上公开宣告"，是因为一个阴爻凌驾于五个阳爻之上。"情况很危险，用诚号召"，是因为危险在加大。"从京城宣告，不利于用兵"，是因为所崇尚的武力会导致穷困。"发展下去有好处"，是阳爻向上冲击有好结果。

《象传》说：兑泽上于乾天，构成夬卦。君子看见这个卦象就要把俸禄给予下面，忌讳以德自居。

初九　脚强壮有力，去了不能胜利，反而成为灾祸。

《象传》说：不能胜利却去了，这就是灾祸。

九二　只要警惕地号召，即使傍晚或黑夜有敌人进犯，都不必担忧。

《象传》说："有敌人进犯""不必忧虑"，是合于中道的。

九三　绷紧了面孔，有凶险。厉王要去掉那些必须去掉的对象，会像一个人走路碰上下雨弄湿衣服，将很不高兴，但没有坏处。

《象传》说：君子要去掉他所要去掉的对象，终于没有坏处。

九四　屁股上没有肉,走路歪歪斜斜。要投降才没有悔恨,不要听了这种话却不相信。

《象传》说:"行走困难",是本爻所处位置不恰当。听了话不相信,是听觉不好。

九五　柔脆的小草要冲开压在它上面的东西,只有合于中道才不会有坏处。

《象传》说:"要合于中道才没有坏处",是说中道还没有光大发扬。

上六　没有去号召投降周厉王,终将有凶险。

《象传》说:"没有人号召的凶险,是终归不会长久的。"

姤

【原文】

䷫巽下乾上　姤,女壮,勿用取女。

《彖》曰:姤,遇也,柔遇刚也。"勿用取女",不可与长也。天地相遇,品物咸章也。刚遇中正,天下大行也。姤之时义大矣哉!

《象》曰:天下有风,姤。后以施命诰四方。

初六:系于金柅,贞吉。有攸往,见凶。羸豕孚蹢躅。《象》曰:"系于金柅",柔道牵也。

九二:包有鱼,无咎,不利宾。《象》曰:"包有鱼",义不及宾也。

九三:臀无肤,其行次且。厉无大咎。《象》曰:"其行次且",行未牵也。

九四:包无鱼,起凶。《象》曰:"无鱼"之"凶",远民也。

九五:以杞包瓜,含章,有陨自天。《象》曰:九五"含章",中正也。"有陨自天",志不舍命也。

上九:姤其角,吝,无咎。《象》曰:"姤其角",上穷吝也。

【译文】

女人太强壮了,不能娶来做妻子。

《象传》说:姤是碰上,是一个柔碰上五个刚。"不要娶那个女人",是不能与她长久相处。天与地遇合,各种物都明显地成长。阳爻得中得正,天下一切都大为顺利。姤卦的意义是重大的。

《象传》说:天下面有风,构成姤卦。国王看见这个卦象就发布命令,告诉全国。

初六　像拴在金属止车工具上不动,才合于正道而吉利。如果前进就会碰上凶险,要像一头瘦弱母猪那样确实徘徊不前进才好。

《象传》说:"像拴在金属止车工具上不动",是具备柔道的初六被牵住了。

九二　厨房里有鱼,没有坏处,但是不利于客人。

《象传》说:"厨房里有鱼",从道理上说不能用来招待客人。

九三　屁股上没有肉,走起路来歪歪斜斜,有危险;但是没有大坏处。

《象传》说:"走起路来歪歪斜斜",是对行走没有加以牵制,仍然在行走。

九四　厨房里没有鱼,要起来对付客人就凶险。

《象传》说:没有鱼的凶险,是由于远远离开人民。

九五　用坚硬的杞柳包裹柔脆的瓜,即使有美好用心,瓜也会损坏,像从天上狠狠地摔下来一样。

《象传》说:九五美好,是由于居中得正。"从天上狠狠地摔下来"是"志不舍命"。

上九　姤碰上野兽的角,不好,但是没有坏处。

《象传》说:"碰上野兽的角",是本爻以阳爻居于最上面那个阴位而穷困。

萃

【原文】

☷坤下兑上　萃,亨。王假有庙。利见大人,亨利贞。用大牲吉。利有攸往。

《彖》曰:萃,聚也。顺以说,刚中而应,故聚也。"王假有庙",致孝享也。"利见大人,亨",聚以正也。"用大牲吉,利有攸往",顺天命也。观其所聚,而天地万物之情可见矣!

《象》曰:泽上于地,萃。君子以除戎器,戒不虞。

初六:有孚不终,乃乱乃萃。若号,一握为笑。勿恤,往无咎。《象》曰:"乃乱乃萃",其志乱也。

六二:引吉无咎,孚乃利用禴。《象》曰:"引吉无咎",中未变也。

六三:萃如嗟如,无攸利,往无咎,小吝。《象》曰:"往无咎",上巽也。

九四:大吉,无咎。《象》曰:"大吉,无咎",位不当也。

九五:萃有位,无咎。匪孚,元永贞。悔亡。《象》曰:"萃有位",志未光也。

上六:赍咨涕洟,无咎。《象》曰:"赍咨涕洟",未安上也。

【译文】

周厉王到太庙主持祭祀,天下人都以见到这样的大人得到好处。中兴复国事业顺利了,凭着斗争策略正确得到好处,用牛祭祀是吉利的,发展下去是很好的。

接:卦辞设想周厉王已经取得决定性胜利,到太庙祭祀祖宗,告以成功,西周王业将亿万斯年,是《周易》作者最美好的设想。

《象传》说:萃是聚集。下坤柔顺,上兑和悦,九五以阳刚居中,与六二相应,所以聚集。"王到太庙去",表示孝顺地进行祭祀。以"见到大人得到好处,而且亨通",是由于以正确途径聚集。"用牛祭祀吉利,发展下去有好处",是顺从天命。看到这种聚集的情况,天地万物的实际情况就可以看到了。

《象传》说:湖泊上升在地面上,构成萃卦。君子看到这个卦象就去修理兵器,防备料想不到的事情。

初六　即使有诚心事奉厉王,但不能到头,坏事就会集中。如果向厉王号呼请求原谅,厉王会与他一度握手欢笑,发展下去没有坏处。

《象传》说:"坏事集中",是由于思想混乱。

六二　永远吉利,没有坏处,有了诚心,尽管薄祭也好。

《象传》说:"永远吉利,没有坏处",是由于思想没有改变。

六三　如果聚集在厉王身边只是叹气,就没有好处,但发展下去却没有坏处,只有小不好。

《象传》说:"发展下去没有坏处",是由于对上面服从。

九四　大为吉利,没有坏处。

《象传》说:"大为吉利,没有坏处",是本爻所处的位置不恰当。

九五　厉王登上王位,没有坏处。即使不是事实,只要发扬光大永远正确的品德,悔恨也就没有了。

《象传》说:"登上大位",是思想不开展。

上六　叹气啊,流眼泪啊,流鼻涕啊,但没有坏处。

《象传》说:"叹气,流眼泪鼻涕",是没有安然居于上位。

升

【原文】

䷭巽下坤上　升,元亨。用见大人,勿恤。南征吉。

《彖》曰:柔以时升,巽而顺,刚中而应,是以大亨。"用见大人,勿恤",有庆也。"南征吉",志行也。

《象》曰:地中生木,升。君子以顺德,积小以高大。

初六:允升,大吉。《象》曰:"允升,大吉",上合志也。

九二:孚乃利用禴,无咎。《象》曰:九二之"孚",有喜也。

九三:升虚邑。《象》曰:"升虚邑",无所疑也。

六四:王用亨于岐山,吉,无咎。《象》曰:"王用亨于岐山",顺事也。

六五:贞吉,升阶。《象》曰:"贞吉,升阶",大得志也。

上六:冥升,利于不息之贞。《象》曰:"冥升"在上,消不富也。

【译文】

中兴事业将大为顺利,天下人都以见到这样的大人得到好处。不用忧虑,向南方荆楚用兵是吉利的。

《彖传》说:解卦六三这个柔爻按时上升,成为下巽上坤,九二与六五相应,因此大为亨通。"见到大人,不用担忧",这是有了喜庆。"向南方用兵吉利",这是志向得到实行。

《象传》说:地里面长出树木,构成升卦。君子见到这个卦象就要努力提高道德,从微小积累,以至发展到高大。

《象传》说:"肯定上升,大为吉利",是与上面志趣相合。

九二　只要有诚,就是用薄祭也会得到好处,没有坏处。

《象传》说:九二的诚,会有喜庆。

九三　树木上长,超过了山坡上的城邑。

《象传》说:"树木上长,超过了山坡上的城邑",这没有可以怀疑的。

六四　周厉王在岐山举行祭祀,吉利,没有坏处。

《象传》说:"王在岐山举行祭祀",是顺利的事。

六五　凭着正确而吉利,又上升了一个台阶。

《象传》说:"凭着正确而吉利,又上升了一个台阶",是大大满足了愿望。

上六　在不知不觉中上升,凭着不间断的正确(一贯正确)得到好处。

《象传》说:不知不觉升到了上面,可以消除不富有。

本爻肯定厉王中兴复国为一贯正确,充分体现了《周易》作者的思想感情。《象传》的"消不富"指摆脱贫困,脱离倒霉环境,对爻辞有领会。

困

【原文】

☵坎下兑上　困,亨。贞大人吉,无咎。有言不信。

《彖》曰:困,刚掩也。险以说,困而不失其所。"亨",其唯君子乎!"贞大人吉",以刚中也。"有言不信",尚口乃穷也。

《象》曰:泽无水,困。君子以致命遂志。

初六:臀困于株木,入于幽谷,三岁不觌。《象》曰:"入于幽谷",幽不明也。

九二:困于酒食。朱绂方来,利用享祀。征凶,无咎。《象》曰:"困于酒食",中有

庆也。

六三：困于石，据于蒺藜。入于其宫，不见其妻凶。《象》曰："据于蒺藜"，乘刚也。"入于其宫，不见其妻"，不祥也。

九四：来徐徐。困于金车，吝有终。《象》曰："来徐徐"，志在下也。虽不当位，有与也。

九五：劓刖，困于赤绂，乃徐有说，利用祭祀。《象》曰："劓刖"，志未得也。"乃徐有说"，以中直也。"利用祭祀"，受福也。

上六：困于葛藟，于臲卼。曰动悔有悔。征吉。《象》曰："困于葛藟"，未当也。"动悔有悔"，吉行也。

【译文】

中兴复国会顺利，是由于事业的正义性，周厉王这个大人会吉利，没有坏处。这些话你们听了不相信吗？

《彖传》说：困难，是由于上兑的柔掩盖了下坎的刚。凶险却又和悦，处境困难却又不丧失达到顺利的途径，该只有君子能这样吧？正确的大人吉利，是由于阳爻处于上下卦的正当中。"有话不能使人相信"，是重视口说会穷困。

《象传》说：湖泊里没有水，构成了困卦。君子见到这个卦象就要用舍弃生命去达成志愿。

初六　屁股跌在树桩子上，还跌进黑暗的深谷里，以致多年看不见天日。

《象传》说："跌进了黑暗的深谷"，黑暗而不光明。

九二　武人醉饱过度，厉王恰好来对他们进行安抚。武人如果接受安抚，就能参与祭祀，得到好处；如果别有行动，就有凶险；终将痛改前非，所以没有坏处。

《象传》"醉饱过度"，是居于中爻有喜庆。

六三　被困在乱石堆里，撑拒在蒺藜丛中，回到家里，看不见妻子，很凶险。

《象传》说："撑拒在蒺藜丛中"，是阴爻凌驾阳爻。"回到家里，看不见妻子"，是不吉祥。

九四　缓慢地走来，为武人所困扰，情况不妙，但却有好结果。

《象传》说："慢慢地走来"，是注意力集中在下面。虽然所处爻位不恰当，但还是有与之联系的。

九五　周厉王受到武人打击，好像受到割鼻子和取膝盖的酷刑，并长期为武人所困扰。要慢慢地才能复位中兴，以进入太庙主持祭祀得到好处。

《象传》说："如同受劓刖之刑"，是目的不能达到。"慢慢会很高兴"，是由于居中得正。"到太庙主持祭祀得到好处"，是享了福。

上六　被葛藤缠住，被小木桩围住，一动就有悔恨，而且有很大悔恨，但发展下去却是吉利的。

《象传》说："被葛藤缠住"，是处境不好。"一动就有悔恨，而且有很大悔恨"，是吉利的行动。

井

【原文】

䷯巽下坎上　井，改邑不改井。无丧无得。往来井井。汔至，亦未繘井，羸其瓶，凶。

《彖》曰：巽乎水而上水，井。井养而不穷也。"改邑不改井"，乃以刚中也。"汔至，亦未繘井"，未有功也。"羸其瓶"，是以凶也。

《象》曰：木上有水，井。君子以劳民劝相。

初六：井泥不食。旧井无禽。《象》曰："井泥不食"，下也。"旧井无禽"，时舍也。

九二：井谷射鲋，瓮敝漏。《象》曰："井谷射鲋"，无与也。

九三：井渫不食，为我心恻。可用汲，王明并受其福。《象》曰："井渫不食"，行恻也。求"王明"，受福也。

六四：井甃，无咎。《象》曰："井甃，无咎"，修井也。

九五：井洌，寒泉食。《象》曰："寒泉"之食，中正也。

上六：井收勿幕。有孚元吉。《象》曰："元吉"在上，大成也。

【译文】

城邑改变了，井却不改变，没有丧失，没有收获，时间往来不停，井还是井。快要走到井边，还没有把系着汲水瓶子的绳子放进井里去，就打破了汲水瓶子，这是凶险的。

《彖传》说：鼓动着水使水向上冒，就成为井。井水养活万民，没有穷尽。"城邑改变，井水不改变"，是九二和九五各以阳爻得中。"快到井边，没把汲绳放进井里去"，是没有成就。"打破了汲水瓶子"，因此凶险。

《象传》说：木上有水，构成井卦。君子见到这个卦象就要去慰劳人民，劝他们互相帮助。

初六　井里填满泥土不能饮用，废旧的井里没有禽兽。

《象传》说："井里填满泥土不能饮用"，是由于处境低下。"废旧的井里没有禽兽"，是由于在当时井已舍弃不用。

九二　到井里有水的地方去射小鱼，反而打破了装水的瓦罐子。

《象传》说："到井里有水的地方去射小鱼"是射不中的。

九三　如果井里淘干净了却不饮用，将使我心里难受。井水可以汲上来了（比喻国事可以大有作为），厉王如果英明，我们都会得到好处。

《象传》说:"如果井里淘干净了却不饮用",将要难过。要求王英明,是希望得到好处。

六四　把井壁用砖砌好,没有坏处。

《象传》说:"把井壁用砖砌好,没有坏处",是说在修井。

九五　井里的水很清亮,寒冷的泉水可以喝。

《象传》说:寒冷的泉水可以喝,是由于本爻既得中,又得正。

上六　到了傍晚,把井绳从井里收上来,不用盖上幕布。因为有诚,一切都会大为吉利。

《象传》说:大吉在上爻,是伟大的成功。

革

【原文】

☲离下兑上　革,己日乃孚,元亨。利贞,悔亡。

《象》曰:革,水火相息,二女同居,其志不相得,曰革。"己日乃孚",革而信之。文明以说,大亨以正。革而当,其悔乃亡。天地革而四时成。汤武革命,顺乎天而应乎人。革之时大矣哉!

《象》曰:泽中有火,革。君子以治历明时。

初九:巩用黄牛之革。《象》曰:"巩用黄牛",不可以有为也。

六二:己日乃革之。征吉,无咎。《象》曰:"己日","革之",行有嘉也。

九三:征凶,贞厉,革言三就,有孚。《象》曰:"革言三就",又何之矣?

九四:悔亡,有孚改命。吉。《象》曰:"改命"之吉,信志也。

九五:大人虎变,未占有孚。《象》曰:"大人虎变",其文炳也。

上六:君子豹变,小人革面。征凶。居贞吉。《象》曰:"君子豹变",其文蔚也。"小人革面",顺以从君也。

【译文】

改革要经过一段时间才会为人相信。改革能使中兴事业大大顺利,凭着正确得到好处,从而悔恨也就没有了。

《象传》说:水与火相互熄灭,两个女郎同住在一起,思想不协调,这些都会发生变革。"过一段时间才能相信",是变革得到人们肯定。文明而且和悦,大为亨通凭着正道,从而变革恰当,悔恨就没有了。天地以改革而四时出现,汤武以改革而顺乎天、应乎人。改革的意义是十分重大的。

《象传》说:湖泊下面有火燃烧,构成革卦。君子看到这个卦象就去修治历法、明确四时。

初九　用黄牛皮带子紧紧捆着。

《象传》说:用黄牛皮带子紧紧捆着,不可以有作为。

六二　准备一段时间才改革,发展下去会吉利,没有坏处。

《象传》说:准备一段时间才改革,干起来会有好成绩。

九三　发展下去凶险,即使正确也危险。只有按改革计划取得很多成就,人们才会很相信。

《象传》说:按改革计划取得很多成就,又还有什么说的呢?

九四　悔恨没有了,还很为人们相信,改革是吉利的。

《象传》说:改革吉利,是由于信志。

九五　厉王从事改革像老虎变得毛色斑斓,没有通过占筮也很为人们相信。

《象传》说:"君王从事改革像老虎变化",它的文采是显著的。

上六　周厉王进行改革像豹子变化。坏人只是表面搞改革,发展下去凶险,要守住正道,真搞改革才吉利。

《象传》说:"君王进行改革像豹子变化",它的文采是华美的。"坏人表面搞改革",是随顺着君王。

鼎

【原文】

☲☴巽下离上　鼎,元吉亨。

《彖》曰:鼎,象也。以木巽火,亨饪也。圣人亨以享上帝,而大亨以养圣贤。巽而耳目聪明。柔进而上行,得中而应乎刚,是以元亨。

《象》曰:木上有火,鼎。君子以正位凝命。

初六:鼎颠趾,利出否。得妾以其子。无咎。《象》曰:"鼎颠趾",未悖也。"利出否",以从贵也。

九二:鼎有实,我仇有疾,不我能即,吉。《象》曰:"鼎有实",慎所之也。"我仇有疾",终无尤也。

九三:鼎耳革,其行塞,雉膏不食。方雨亏悔,终吉。《象》曰:"鼎耳革",失其义也。

九四:鼎折足,覆公𫗧。其形渥,凶。《象》曰:"覆公𫗧",信如何也?

六五:鼎黄耳,金铉。利贞。《象》曰:"鼎黄耳",中以为实也。

上九:鼎玉铉,大吉无不利。《象》曰:"玉铉"在上,刚柔节也。

【译文】

改革大吉,亨通。

《象传》说:鼎是一种物象。把木柴放进火里去,为的是烹饪。圣人用烹饪祭祀上帝。用美好的筵席供养圣贤。巽有离在上,离为明,这象征着人的耳目聪明;巽卦六四这个柔爻向上去;在成为六五以后就居中与九二相呼应;因此大为亨通。

《象传》说:木上面烧起火,构成鼎卦。君子看到这个卦象就要摆正自己位置,完成上级命令。

初六　把鼎的脚颠倒过来,有利于倒出腐败食物。得了一个侍妾和她的儿子。这些都没有坏处。

《象传》说:"把鼎的脚颠倒过来",这没有违背什么。"要清除坏东西才好",是为了跟从贵人。

九二　鼎里面有吃的东西,我的仇人有病,不能来接近我把食物抢走,这就吉利。

《象传》说:"鼎里面有吃的东西",为了守住,到哪里去都要谨慎。"我的仇人有病",不能来夺走食物,所以终于没有坏处。

九三　鼎的耳朵脱掉了,鼎的活动停止了,鼎里煮的野鸡肉由于鼎无法移动被烧焦不能吃。这时候恰好下了雨把火灭掉才减轻损失,终于吉利。

《象传》说:"鼎的耳朵脱掉",失去了应有的作用。

九四　鼎折断了脚,把公的稀粥倾掉了,那种样子是湿漉漉、水汪汪的,凶险。

《象传》说:"把公的稀饭倾掉了",该怎么办呢?

六五　鼎是用黄铜做的耳朵,用黄铜做的扛鼎或移动鼎的棍子,将以正确得到好处。

《象传》说:"鼎是用黄铜做的耳朵",居中而充实。

上九　鼎是玉做的贯耳器具,大为吉利,没有不利的。

《象传》说:玉铉在最上面一爻,于是刚和柔得到调节。

震

【原文】

䷲震下震上　震,亨。震来虩虩。笑言哑哑。震惊百里,不丧匕鬯。

《彖》曰:"震,亨。震来虩虩",恐致福也。"笑言哑哑",后有则也。"震惊百里",惊远而惧迩也。出可以守宗庙社稷,以为祭主也。

《象》曰:洊雷,震。君子以恐惧修省。

初九:震来虩虩,后笑言哑哑,吉。《象》曰:"震来虩虩",恐致福也。"笑言哑哑",后

有则也。

六二:震来厉。亿丧贝,跻于九陵,勿逐,七日得。《象》曰:"震来厉",乘刚也。

六三:震苏苏,震行无眚。《象》曰:"震苏苏",位不当也。

九四:震遂泥。《象》曰:"震遂泥",未光也。

六五:震往来厉。亿,无丧有事!《象》曰:"震往来厉",危行也。其事在中,大无丧也。

上六:震索索,视矍矍。征凶,震不于其躬。于其邻,无咎。婚媾有言。《象》曰:"震索索",中未得也。虽凶无咎,畏邻戒也。

【译文】

中兴事业会顺利达成。霹雳震响起来武人战战兢兢,周厉王却谈笑自若。霹雳吓坏了百里以内的敌人,周厉王却镇定地没有倾出勺子里祭神的香酒。

《彖传》说:震卦是讲中兴事业会亨通的。"霹雳响起来很可怕",但恐惧会得到好处。"谈笑咿哑自若",是君王自有原则。"霹雳惊动百里以内",是使远近的人都害怕。"不倾出勺子里的香酒",出去可以守住宗庙社稷,做祭祀的主人。

《象传》说:下卦震雷与上卦震雷相重,构成震卦。君子看到这个卦象就恐惧害怕,认真修身,省察过错。

初九　霹雳响震起来,武人战战兢兢,周厉王却谈笑自若,这是吉利的。

《象传》说:"霹雳响震起来很可怕",但恐惧会得到好处。"谈笑咿哑自若",是君王自有道理。

六二　霹雳来得很猛烈,可能会有损失,但只要登上高山,不用寻找,到时候损失自然会弄回来。

《象传》说:"霹雳来得很猛烈",是柔爻凌驾于刚爻之上。

六三　霹雳响震起来使武人畏惧不安,但仍然响震下去,不会有任何损失。

《象传》说:"巨雷响震使人害怕",是本爻所处位置不恰当。

九四　霹雳坠入泥土之中。

《象传》说:"霹雳坠入泥土之中",是威力还不大。

六五　霹雳往来迅猛,没有损失,不过还有些事情要做。

《象传》说:"霹雳往来迅猛",是危险行为。事情发生在正当中,完全没有损失。

上六　霹雳使武人颤抖,惊惧四顾,发展下去凶险。霹雳不打在厉王本人身上,却击中武人,这样没有坏处,尽管武人还有怪话讲。

《象传》说:"霹雳使人颤抖",是由于本爻没有得中。虽然凶险,却没有坏处,只是害怕邻居戒备。

艮

【原文】

☶艮下艮上　〔艮。〕艮其背，不获其身。行其庭不见其人，无咎。

《彖》曰：艮，止也。时止则止，时行则行，动静不失其时，其道光明。艮其止，止其所也。上下敌应，不相与也，是以"不获其身。行其庭不见其人，无咎"也。

《象》曰：兼山，艮。君子以思不出其位。

初六：艮其趾，无咎。利永贞。《象》曰："艮其趾"，未失正也。

六二：艮其腓，不拯其随，其心不快。《象》曰："不拯其随"，未退听也。

九三：艮其限，列其夤，厉薰心。《象》曰："艮其限"，危薰心也。

六四：艮其身，无咎。《象》曰："艮其身"，止诸躬也。

六五：艮其辅，言有序，悔亡。《象》曰："艮其辅"，以中正也。

上九：敦艮，吉。《象》曰："敦艮"之"吉"，以厚终也。

【译文】

停止了背部活动就全身都不能活动，走在院子里看不见一个人，这些都没有坏处。

《彖传》说：艮的意义是停止或静止。该什么时候止就止，该什么时候动就动，动和静都不失其时，前途才会光明。停止背部活动，是停止应该活动的地方。上下卦阴爻和阴爻，阳爻和阳爻相应，都是敌应，不能发生关系，因此全身不能活动，走在院子里也看不见人，但却是没有坏处的。

《象传》说：山重山，构成艮卦。君子看见这个卦象就把思考停止在应该思考的问题上。

初六　停止脚趾活动，不但没有坏处，还将以静止的永远正确得到好处。

《象传》说："停止脚趾活动"，是没有失去正常状态。

六二　停止小腿的活动，却不帮助相随的大腿也停止活动，他心里不畅快。

《象传》说："不帮助相随的大腿停止活动"，是"未退听"。

九三　停止腰部活动，腰部两边的肉像要裂开似的，又像恶臭气体在熏灼心。

《象传》说："停止腰部活动"，危险在熏灼心。

六四　停止胸部活动，没有坏处。

《象传》说："停止胸部活动"，就是停止胸部活动。

六五　停止嘴巴活动，说话有顺序，悔恨就没有了。

《象传》说："停止嘴巴活动"，是由于既得中，又得正。

上九　坚决静止,一切吉利。

《象传》说:"坚决静止的吉利,是以美好告终。

渐

【原文】

☶艮下巽上　渐,女归吉,利贞。

《彖》曰:渐之进也,女归吉也。进得位,往有功也。进以正,可以正邦也。其位,刚得中也。止而巽,动不穷也。

《象》曰:山上有木,渐。君子以居贤德善俗。

初六:鸿渐于干,小子厉,有言无咎。《象》曰:"小子"之"厉",义无咎也。

六二:鸿渐于磐,饮食衎衎,吉。《象》曰:"饮食衎衎",不素饱也。

九三:鸿渐于陆,夫征不复,妇孕不育,凶。利御寇。《象》曰:"夫征不复",离群丑也。"妇孕不育",失其道也。"利用御寇",顺相保也。

六四:鸿渐于木,或得其桷,无咎。《象》曰:"或得其桷",顺以巽也。

九五:鸿渐于陵,妇三岁不孕,终莫之胜,吉。《象》曰:"终莫之胜,吉",得所愿也。

上九:鸿渐于陆,其羽可用为仪,吉。《象》曰:"其羽可用为仪,吉",不可乱也。

【译文】

女子出嫁会吉利,以辅佐丈夫的正确行为得到好处。

《彖传》说:渐是缓慢前进,渐卦是说女子嫁出去会吉利。本卦从涣卦或旅卦变来,涣卦九二上升成为九三,旅卦九四上升成为九五,都各当其位,这样发展下去会吉利。前进当位就是前进得正,这样可以治理好国家。而九五是既得位,又得中的。下艮静止,上巽柔顺,这样动起来就没有穷尽了。

《象传》说:山上有树木,构成渐卦。君子看见这个卦象就要积累美好品德去改善风俗。

初六　雄鸿缓慢地飞到岸边。周厉王有危险,武人对他寻求贤臣有责怪的话,但终于没有坏处。

《象传》说:小子危险,但从道理上看没有坏处。

六二　雄鸿缓慢地飞到水边高地,像喝酒吃饭那么快乐,是吉利的。

《象传》说:"像喝酒吃饭那么快乐",是不白吃闲饭。

九三　雄鸿慢慢地飞到了陆地上,遭遇可不好,像丈夫出门不能回家,又像妇人怀孕不能生育,情况是凶险的。但抗击敌寇会得到好处。

70

《象传》说:"丈夫出门不能回家",是碰上一群坏人。"妇人怀孕不能生育",是在生活道路上犯了错误。"以抗击敌寇得到好处",是顺乎情理保护自己。

六四　雌鸿从空中慢慢地落在树上,可能踩着方形树枝,没有坏处。

《象传》说:"可能踩着方形树枝",很顺利。

九五　雌鸿从树上慢慢地飞到了山坡上,可碰上了困难,像妇人多年不怀孕,但终于不能困扰它,还是吉利的。

《象传》说:"终于不能困扰它,还是吉利",是能够达到愿望。

上九　雌鸿从坡上慢慢飞到高而平的地方,它的羽毛可以做仪仗队的装饰品,这是吉利的。

《象传》说:"羽毛可以做仪仗队的装饰品",是不能搞乱。

归妹

【原文】

䷵兑下震上　归妹。征凶。无攸利。

《彖》曰:归妹,天地之大义也。天地不交而万物不兴。归妹,人之终始也。说以动,所归妹也。"征凶",位不当也。"无攸利",柔乘刚也。

《象》曰:泽上有雷,归妹。君子以永终知敝。

初九:归妹以娣。跛能履。征吉。《象》曰:"归妹以娣",以恒也。"跛能履",吉相承也。

九二:眇能视,利幽人之贞。《象》曰:"利幽人之贞",未变常也。

六三:归妹以须,反归以娣。《象》曰:"归妹以须",未当也。

九四:归妹愆期,迟归有时。《象》曰:"愆期"之志,有待而行也。

六五:帝乙归妹,其君之袂,不如其娣之袂良。月几望,吉。《象》曰:"帝乙归妹","不知其娣之袂良也"。其位在中,以贵行也。

上六:女承筐,无实。士刲羊,无血。无攸利。《象》曰:上六"无实",承虚筐也。

【译文】

再下去有危险,没有好处。

《象传》说:嫁女是宇宙间的大事情。天与地不相交万物就不能出现。嫁女是人的终了和开始(指童年终了了,成年开始)。和悦地动,是嫁出去的女郎。"再下去有危险",是九二、六三、九四、六五所处的爻位不恰当。"没有好处",是柔爻六三在九二刚爻之上,柔爻六五在刚爻九四之上。

《象传》说:湖泊上面有雷在轰鸣,构成归妹卦。君子看到这个卦象就要对择配偶谨慎从事,以永其终,还要认真研究,以知其弊。

初九　嫁女把妹妹嫁出去了,像这样要跛子能走路,发展下去才吉利。

《象传》说:"嫁女把妹妹嫁出去了",是照着常规办事。要像跛子能走路才吉利,是承接着"归妹以娣"说。

九二　嫁女把妹妹嫁出去了,像这样要瞎子能看见,才会凭着囚犯所谓的正确得到好处。

《象传》说:"凭着囚犯的所谓正确得到好处",是没有改变一般的道理。

六三　嫁女应该把姐姐嫁出去,反而把妹妹嫁出去了。

《象传》说:"嫁女把姐姐嫁出去",是不恰当的。

九四　嫁女错过了日期,迟一点嫁总还是有时候的。

《象传》说:有推迟日期的思想,是由于要有所等待才成行。

六五　殷帝乙嫁女,姐姐的衣袖不及妹妹的衣袖好,要快到一个月的十五日,才会吉利。

《象传》说:殷帝乙嫁女,姐姐的衣袖不及妹妹的衣袖好。本爻爻位在上震中间,是高贵的行为。

上六　女的头上顶着筐,里面却空无所有,男的在宰杀羊,却不见流出血来,都没有好处。

《象传》说:上六说"无实",是顶着空筐。

丰

【原文】

䷶离下震上　丰,亨。王假之,勿忧,宜日中。

《彖》曰:丰,大也。明以动,故丰。"王假之",尚大也。"勿忧,宜日中",宜照天下也。日中则昃,月盈则食。天地盈虚,与时消息。而况于人乎?况于鬼神乎?

《象》曰:雷电皆至,丰。君子以折狱致刑。

初九:遇其配主,虽旬无咎。往有尚。《象》曰:"虽旬无咎",过旬灾也。

六二:丰其蔀,日中见斗。往得疑疾。有孚发若吉。《象》曰:"有孚发若",信以发志也。

九三:丰其沛,日中见沫。折其右肱,无咎。《象》曰:"丰其沛",不可大事也。"折其右肱",终不可用也。

九四:丰其蔀,日中见斗。遇其夷主,吉。《象》曰:"丰其蔀",位不当也。"日中见

斗",幽不明也。"遇其夷主",吉行也。

六五:来章,有庆誉。吉。《象》曰:六五之"吉",有庆也。

上六:丰其屋,蔀其家。窥其户,阒其无人。三岁不觌,凶。《象》曰:"丰其屋",天际翔也。"窥其户,阒其无人",自藏也。

【译文】

周厉王来到贤臣当中,不用担忧,到了时机成熟贤臣就会为厉王所用。

《彖传》说:丰的意义是巨大。有着光辉品德去处理政务,所以能建立巨大功业。"王来到贤臣当中",是尊重大人物。"不用担忧,以太阳当中为相宜",是说在这个时候太阳最便于普照天下。太阳正中就会偏西,月亮满盈就会亏损,天地的充实和空虚,随着时间变化而或消亡(指"虚"),或生长(指"盈"),又何况是人呢?何况是鬼神呢?

《象传》说:雷和电都来到了,构成了本卦。君子看到这个卦象就要很好地断决狱讼,使用刑罚。

初九　贤臣将碰上能相互配合的君主周厉王,即使迟一点时间也不要紧,往下去情况将是美好的。

《象传》说:爻辞"虽旬无咎",是说过了一旬就有灾难。

八二　把覆盖在屋顶上的小草席子加大,屋里一片漆黑,到中午能看见北斗星。这样下去会得精神病,要有诚才能去掉。

《象传》说:"有孚发若",是说要用信启发思想。

九三　把幕布加大,屋里越发漆黑,到中午还能看见小星星。在摸索中折断右臂,但终于没有坏处。

《象传》说:"把幕布加大",是不能成大事。"折断右臂",是终于不可用。

九四　把覆盖在屋顶上的小草席子加大,屋里一片漆黑,到中午还能看见北斗星。在这种情况下碰上平易近人的君主周厉王,是吉利的。

《象传》说:"把覆盖在屋顶上的小草席子加大",是本爻所处地位不恰当。"中午看见北斗星",是屋里黑暗不光明。"碰上平易近人的君主",是吉利的事。

六五　取得美好政绩,有值得庆贺和赞扬的,这就吉利。

《象传》说:爻辞六五的吉利,是有喜庆的事。

上六:屋很大,室内漆黑,从门户里看,静悄悄地没有人,以后很多年也将看不见人,这是凶险的。

《象传》说:"屋很大",好像在天边飞翔,"从门户里看,静悄悄地没有人",是自己藏起来了。

旅

【原文】

䷷ 艮下离上　旅,小亨。旅贞吉。

《彖》曰:旅"小亨",柔得中乎外而顺乎刚,止而丽乎明,是以"小亨。旅贞吉"也。旅之时义大矣哉!

《象》曰:山上有火,旅。君子以明慎用刑而不留狱。

初六:旅琐琐,斯其所取灾。《象》曰:"旅琐琐",志穷灾也。

六二:旅即次,怀其资,得童仆,贞。《象》曰:"得童仆,贞",终无尤也。

九三:旅焚其次,丧其童仆,贞厉。《象》曰:"旅焚其次",亦以伤矣。以旅与下,其义丧也。

九四:旅于处,得其资斧。我心不快。《象》曰:"旅于处",未得位也。"得其资斧",心未快也。

六五:射雉,一矢亡,终以誉命。《象》曰:"终以誉命",上逮也。

上九:鸟焚其巢,旅人先笑后号咷,丧牛于易,凶。《象》曰:以旅在上,其义焚也。"丧牛于易",终莫之闻也。

【译文】

中兴事业仍然有一线胜利希望,因流放而寄居于彘的周厉王将凭着他的正确而吉利。

《彖传》说:羁旅之人有一线胜利希望,是由于阴爻在外卦得中并顺从着阳爻,还由于停止下来依附着光明,因此将"小有亨通",还将"凭着羁之人的正确而吉利"。旅卦的意义是巨大的。

《象传》说:艮山上面有离火,构成旅卦。君子看到这个卦象对于使用刑罚就要明察谨慎,不能拖延要办的案子。

初六　成为羁旅之人的周厉王渺小不识大体,这就是他招来放逐灾祸的原因。

《象传》说:"羁旅之人不识大体",志意穷困,自取灾祸。

六二　成为羁旅之人的周厉王到了在彘所居住的地方,还收藏着黄钺,得到臣民的正确对待。

《象传》说:"得到臣民正确对待",终于没有悔恨。

九三　成为羁旅之人的周厉王被烧掉了他在彘所居住的地方,失去了臣民的正确对待,情况危险。

《象传》说："羁旅之人被烧掉住的地方"，已经值得悲伤。凭着羁旅之人的身份对待属下，从道理说会失去臣民的拥护。

九四　成为羁旅之人的周厉王找到了住处，又得到了齐斧，但是我心里却不愉快。

《象传》说："羁旅之人找到了住处"，是阳爻九没有得到阳位五，却得到阴位四。"得到了齐斧"，心里不愉快。

六五　射野鸡，尽管一支箭失掉了，但终于凭这一点得到人的称赞和天的保佑。

《象传》说："终于凭这一点得到人的称赞和天的保佑"，是向上达到了很高的程度。

上九　鸟烧掉了巢，作为羁旅之人的周厉王先还嬉笑，后来才放声大哭，由于马虎大意遭到重大损失，处境是凶险的。

《象传》说：阳爻在旅卦居于上位，从道理看会被焚烧。"由于马虎大意遭到重大损失"，自己却终于不知道。

巽

【原文】

☴巽下巽上　巽，小亨。利有攸往，利见大人。

《彖》曰：重巽以申命，刚巽乎中正而志行，柔皆顺乎刚，是以"小亨。利有攸往，利见大人"。

《象》曰：随风，巽。君子以申命行事。

初六：进退，利武人之贞。《象》曰："进退"，志疑也。"利武人之贞"，志治也。

九二：巽在床下。用史巫纷若。吉，无咎。《象》曰："纷若"之"吉"，得中也。

九三：频巽，吝。《象》曰："频巽"之"吝"，志穷也。

六四：悔亡，田获三品。《象》曰："田获三品"，有功也。

九五：贞吉悔亡，无不利。无初有终，先庚三日，后庚三日。吉。《象》曰：九五之"吉"，位正中也。

上九：巽在床下，丧其资斧。贞凶。《象》曰："巽在床下"，上穷也。"丧其资斧"，正乎凶也。

【译文】

武人如果能归顺服从于周厉王，就会小有亨通，发展下去还会有好处，更将以朝见周厉王得到赏赐。

《象传》说：本卦是把巽卦两个经卦重叠起来，用巽卦意义是顺伏说明对于命令要服从。象征大人的阳爻九五进入既得中又得正的位置使意志施行，初六和六四两个阴爻分

别随顺着九二和九五两个阳爻,就"会小有亨通,发展下去还有好处,并将以朝见大人得到赏赐"。

《象传》说:两个象征风的巽卦基本卦相互跟随,成为巽卦。君子看到这个卦象就想到要服从命令和推行政事。

初六　冒进了就还得后退,这样才会以武人的正道得到好处。

《象传》说:"或进或退",是思想上有疑虑。"以武人正道得到好处",是思想上向往天下太平。

九二　武人害怕得蜷伏在床下,请史和巫多次去向厉王求情,这样才吉利,没有坏处。

《象传》说:多次求情吉利,是由于本爻居于下巽中间。

九三　如果以归顺服从于周厉王而皱着额头,就有坏处。

《象传》说:为了归顺服从于周厉王而皱着额头的坏处,是心情不舒畅。

六四　悔恨没有了,还有很大收获,像打猎得到多种鸟兽。

《象传》说:"打猎得到多种鸟兽",是有成就的。

九五　武人如果归顺服从于周厉王,就合于正道而吉利,没有悔很,没有不好,尽管以前篡夺是没有好开头,现在顺伏却是有了好结果。这合于"七日来复"的结束不好过去,开展美好未来的自然规律,是吉利的。

《象传》说:九五这一爻的吉利,是由于既得正又得中。

上九　武人害怕得蜷伏在床下面,把窃去的天子权力奉还周厉王,这样很正确,难道还有凶险?

《象传》说:蜷伏在床下面,是受到上面压制。"失去了资斧",正是凶险的。

兑

【原文】

☱兑下兑上　兑,亨,利贞。

《彖》曰:兑,说也。刚中而柔外,说以利贞,是以顺乎天而应乎人。说以先民,民忘其劳;说以犯难,民忘其死。说之大,民劝矣哉!

《象》曰:丽泽,兑;君子以朋友讲习。

初九:和兑,吉。《象》曰:"和兑"之"吉",行未疑也。

九二:孚兑,吉,悔亡。《象》曰:"孚兑"之"吉",信志也。

六三:来兑,凶。《象》曰:"来兑"之"凶",位不当也。

九四:商兑未宁,介疾有喜。《象》曰:九四之"喜",有庆也。

九五:孚于剥,有厉。《象》曰:"孚于剥",位正当也。

上六:引兑。《象》曰:上六"引兑",未光也。

【译文】

中兴事业将顺利达成,周厉王与武人都以一本于孚的正道相互怡悦得到好处。

《象传》说:兑的意义是和悦,它的卦象是阳爻九二和九五分别居于下兑和上兑的中间,阴爻六三和上六分别在下兑和上兑的外面。凭着正确道理得到好处的和悦,是顺应着天道和人心的。用和悦态度使人民抢在前面干工作,人民会忘记他们的劳累。用和悦态度使人民冒着困难工作,人民会忘记他们的死去。和悦的意义重大,人民可受到鼓舞啊!

《象传》说:连接着的两个泽,构成兑卦。君子看到这个卦象就要促进朋友之间的相互研究和学习。

初九　恰到好处的相互怡悦,是吉利的。

《象传》说:恰到好处相互怡悦的吉利,是对于相互怡悦没有怀疑。

九二　要一本于诚去相互怡悦,才会吉利,没有悔恨。

《象传》说:一本于诚相互怡悦的吉利,是由于具有诚信的思想。

六三　走过来就相互怡悦,凶险。

《象传》说:走过来相互怡悦的凶险,是由于本爻所处的爻位不恰当。

九四　尽管考虑如何相互怡悦还没有定下来,却已经像大病痊愈了。

《象传》说:九四的喜悦,是有值得庆贺的事。

九五　诚被损害,就有危险。

《象传》说:"诚被损害",是本爻所处的爻位正确恰当。

上六　要永远相互怡悦下去,和好下去。

《象传》说:上六的永远和好下去,是事业还不够大。

涣

【原文】

☵坎下巽上　涣,亨。王假有庙。利涉大川。利贞。

《彖》曰:涣,亨,刚来而不穷,柔得位乎外而上同。"王假有庙",王乃在中也。"利涉大川",乘木有功也。

《象》曰:风行水上,涣。先王以享于帝立庙。

初六:用拯马壮,吉。《象》曰:初六之"吉",顺也。

九二:涣奔其机,悔亡。《象》曰:"涣奔其机",得愿也。

六三:涣其躬,无悔。《象》曰:"涣其躬",志在外也。

六四:涣其群,元吉。涣有丘,匪夷所思。《象》曰:"涣其群,元吉",光大也。

九五:涣汗其大号。涣王居,无咎。《象》曰:"王居,无咎",正位也。

上九:涣其血,去逖出,无咎。《象》曰:"涣其血",远害也。

【译文】

中兴事业将顺利达成,周厉王在恢复王位以后将到太庙祭祀祖先,从而克服巨大困难,凭着正确行动得到好处。

《彖传》说:涣卦有亨通的可能,原因是渐卦的刚爻九从三来到二,从而艮变为坎。坎为险,但刚爻却不为险所困穷,还由于柔爻六居于阴位四而得位,并向上顺从九五,与九五同进退。"王到了太庙",是王到了太庙之中。以渡过大河得到利益,是坐船有好处。

《象传》说:风在水面上吹拂着,构成涣卦。君子看到这个卦象就要向上帝进行祭祀,并建立上帝的庙。

初六　去拯救厉王的力量很强大,因而吉利。

《象传》说:初六的吉利,是由于以阴爻顺从阳爻。

九二　冲走了他那用来在死后抬尸体的床,悔恨就没有了。

《象传》说:"冲走了他那用来在死后抬尸体的床",算是达成了愿望。

六三　水冲洗着他的身体,没有悔恨。

《象传》说:"水冲洗着他的身体",是志意在外。

六四　冲干净了许多人的身体,这大为吉利。冲干净了高大山坡,这不是一般人想得到的。

《象传》说:"冲干净了许多人身体,大为吉利",这表现了冲洗范围广大。

九五　水呼拉轰隆地象人在大声号叫,把厉王住居的地方冲得干干净净,没有坏处。

《象传》说:"冲干净王的住处,没有坏处",是由于本爻既得中,又得位。

上九　冲掉那些血,而且冲得远远的,没有坏处。

《象传》说:"冲掉那些血",以远远离开祸害。

节

【原文】

☱兑下坎上　节,亨。苦节,不可贞。

《彖》曰:节"亨",刚柔分而刚得中。"苦节,不可贞",其道穷也。说以行险,当位以节,中正以通。天地节而四时成。节以制度,不伤财,不害民。

《象》曰:泽上有水,节。君子以制数度,议德行。

初九:不出户庭,无咎。《象》曰:"不出户庭",知通塞也。

九二:不出门庭,凶。《象》曰:"不出门庭,凶",失时极也。

六三:不节若,则嗟若。无咎。《象》曰:不节之嗟,又谁咎也?

六四:安节,亨。《象》曰:"安节"之"亨",承上道也。

九五:甘节,吉。往有尚。《象》曰:"甘节"之"吉",居位中也。

上六:苦节,贞,凶。悔亡。《象》曰:"苦节,贞,凶",其道穷也。

【译文】

由于武人受到控制,中兴事业会顺利达成。武人如果认为受到厉王控制是痛苦,那就不合于正道。

《象传》说:节卦之所以有亨通的可能,是由于上坎的刚和下兑的柔分开,而且上坎九五和下兑九二都分别居于坎和兑的中间。"认为受到节制是痛苦,不合于正道",是为人处世的道理都没有了。本卦是用和悦的态度,通过险阻,上坎各爻都各当其位而受到节制,而且九五还既得中,又得正,以达到亨通的。天地由于受到节制而成为春、夏、秋、冬,制定法度对社会进行节制,既不伤财,也不害民。

《象传》说:"湖泊中容纳着水,构成节卦。"君子看到这个卦象就要去建立制度,研究人们的品德和行为。

初九　不走出房门和厅堂,没有坏处。

《象传》说:"不走出房门和厅堂",就知道事情顺利不顺利。

九二　只是不走出大门和院子,这就凶险。

《象传》说:"不走出大门和院子,凶险",是失去时机的恰到好处。

接:只是不走出大门和院子,是已经在较大范围内活动,从而保密不够。本爻是用比喻指出,周厉王控制武人如果为武人察觉,就会引起反感,遭到反对,是从反面说要严格保密。《象传》没有涉及这些。

六三　周厉王如果不控制武人啊,就会唉声叹气啊。由于对武人进行了控制,于是就没有坏处。

《象传》说:"由于不控制而叹气",又能怪谁呢?

六四　安于受控制,就会顺利。

《象传》说:"安于受控制的顺利",是由于本爻以柔爻服从上面九五这个刚爻。

九五　认为受控制快乐,这就吉利,发展下去还会有很多好处。

《象传》说:"以受控制为乐的吉利",是由于所居爻位在上坎的正当中。

上六　以受控制为苦,即使正确也凶险;以终于接受控制,悔恨就没有了。

《象传》说:"以受控制为苦,即使正确也凶险",是原则没有了。

中孚

【原文】

☱兑下巽上　中孚,豚鱼,吉。利涉大川,利贞。

《彖》曰:中孚,柔在内而刚得中,说而巽。孚乃化邦也。"豚鱼,吉",信及豚鱼也。"利涉大川",乘木舟虚也。中孚以利贞,乃应乎天也。

《象》曰:泽上有风,中孚。君子以议狱缓死。

初九:虞吉。有它不燕。《象》曰:初九"虞吉",志未变也。

九二:鸣鹤在阴,其子和之。我有好爵,吾与尔靡之。《象》曰:"其子和之",中心愿也。

六三:得敌,或鼓或罢,或泣或歌。《象》曰:"或鼓或罢",位不当也。

六四:月几望,马匹亡,无咎。《象》曰:"马匹亡",绝类上也。

九五:有孚挛如,无咎。《象》曰:"有孚挛如",位正当也。

上九:翰音登于天,贞,凶。《象》曰:"翰音登于天",何可长也!

【译文】

内心有诚能使豚鱼吉利,还能以克服巨大困难得到好处,更能以处处正确而吉利。

《彖传》说:中孚卦是两个柔爻在内、四个刚爻分别居于下兑和上巽,卦的性质和悦而谦逊,于是孚就能化及邦国了。"豚鱼吉",是诚信达到了豚鱼。"以徒涉过大河得到好处",是由于乘坐着空虚的木舟。内心有诚而且凭着正确得到好处,这就与上天相呼应了。

《象传》说:湖泊上面有风在吹拂,构成中孚卦。君子看到这个卦象就要研究怎样办案子和从宽处理死囚。

初九　要安于接受孚的感化才吉利,有别的考虑就不好。

《象传》说:初九说要安于接受孚的感化才吉利,是指乐意接受孚的感化的思想没有改变。

九二　叫着的白鹤栖息在树荫里,那些小白鹤都跟着它叫。我有一杯美酒,与你一起喝干。

《象传》说:"那些小白鹤跟着叫",是出于内心的意愿。

六三　俘虏了敌人:有的人还能鼓起勇气,有的人却已经疲倦不堪,有的人在悲哀哭泣,有的人在高兴歌唱。

《象传》说:"有的人能鼓起勇气,有的人疲倦不堪",是由于所处的爻位不恰当。

六四　一个月快要接近十五，马匹丢掉了，但是没有坏处。

《象传》说："马匹丢掉了"，是"绝类上"。

九五　有诚很充分，没有坏处。

《象传》说："有诚很充分"，是由于本爻既得正，又得中。

上九　鸡飞上了天，即使正确也凶险。

《象传》说："鸡飞上了天"，这怎么可以长久呢?

小过

【原文】

☷艮下震上　小过，亨，利贞。可小事，不可大事。飞鸟遗之音，不宜上宜下，大吉。

《彖》曰:小过，小者过而"亨"也。过以"利贞"，与时行也。柔得中，是以"小事"吉也。刚失位而不中，是以"不可大事"也。有飞鸟之象焉。"飞鸟遗之音，不宜上宜下，大吉"，上逆而下顺也。

《象》曰:山上有雷，小过。君子以行过乎恭，丧过乎哀，用过乎俭。

初六:飞鸟以凶。《象》曰:"飞鸟以凶"，不可如何也!

六二:过其祖，遇其妣。不及其君，遇其臣。无咎。《象》曰:"不及其君"，臣不可过也。

九三:弗过防之，从或戕之。凶。《象》曰:"从或戕之"，凶如何也?

九四:无咎。弗过遇之，往厉必戒。勿用永贞。《象》曰:"弗过遇之"，位不当也。"往厉必戒"，终不可长也。

六五:密云不雨，自我西郊。公弋取彼在穴。《象》曰:"密云不雨"，已上也。

上六:弗遇过之，飞鸟离之。凶。是谓灾眚。《象》曰:"弗遇过之"，已亢也。

【译文】

中兴复国事业会顺利，凭着战略和策略的正确得到好处。肯定小事情，不肯定大事情。好像飞着的鸟在叫，宜于在低处叫，不宜于在高处叫。这样就大为吉利。

《象传》说:小过是小者超过而亨通。凭着合于正道得到好处而超过，是随顺着时机发展的。柔爻居于上下卦中间，因此小事情吉利。刚爻失去应有位置又不居于上下卦中间，因此干起大事情来就不顺利。说"飞鸟遗之音，不宜上，宜下，大吉"，是由于六五在九五之上，以柔乘刚而逆于上，六二在九三之下，以柔承刚而顺于下的缘故。

《象传》说:山上面有雷在轰鸣，构成小过卦。君子看到这个卦象就要行为更恭敬一些，居丧更悲哀一些，用钱更节俭一些。

初六　飞着的鸟就凶险。

《象传》说:"飞着的鸟就凶险",是无可奈何。

六二　去访问祖父,却碰上祖母;没遇着君,却碰上臣:这些都没有坏处。

《象传》说:"见不着君",臣也不可去访问。

九三　不努力防止刚强取先,从而有人来杀害他,这就凶险。

《象传》说:"从而有人来杀害他",凶到了什么样子!

九四　没有坏处,只要不努力追求刚强取先。刚强取先发展下去有危险,一定要防止。只有无为,才永远正确。

《象传》说:"不努力追求刚强取先",是所处的爻位不恰当。"发展下去有危险,一定要防止",是说危险终于不会长久。

六五　密布着的云层还没有下雨,但已经从我西方郊外拥来,尊贵的"公"在这个时候把那藏在洞穴深处的野兽猎取到手了。

《象传》说:"密布着的云层还没有下雨",是云层太高了。

上六　不柔弱取后,却刚强得先,就会像飞鸟投入罗网,遭到凶险,这叫作灾祸。

《象传》说:"不柔弱取后,却刚强得先",这太突出了。

既济

【原文】

䷾离下坎上　既济,亨小,利贞。初吉终乱。

《彖》曰:既济"亨",小者亨也。"利贞",刚柔正而位当也。"初吉",柔得中也。终止则乱,其道穷也。

《象》曰:水在火上,既济。君子以思患而预防之。

初九:曳其轮,濡其尾。无咎。《象》曰:"曳其轮",义无咎也。

六二:妇丧其茀,勿逐,七日得。《象》曰:"七日得",以中道也。

九三:高宗伐鬼方,三年克之。小人勿用。《象》曰:"三年克之",惫也。

六四:繻有衣袽,终日戒。《象》曰:"终日戒",有所疑也。

九五:东邻杀牛,不如西邻之禴祭,实受其福。《象》曰:"东邻杀牛",不如西邻之时也。"实受其福",吉大来也。

上六:濡其首,厉。《象》曰:"濡其首,厉",何可久也?

【译文】

中兴事业会成功,但凭着正确的战略策略却只能得到小的好处,而且还是开始吉利,

最后糟糕。

《象传》说:既济亨通,是小的事业亨通。凭着正确得到好处,是由于阳爻阴爻都各得其位。开始吉利,是由于阴爻居于下离中间。终止就混乱,说明处世之道穷困。

《象传》说:坎水在离火上面,形成既济卦。君子看到这个卦象就想到有祸患并要加以豫(预)防。

初九　把车轮向后面拉,车尾被水沾湿,但没有坏处。

《象传》说:"把车轮向后面拉",从道理上看没有坏处。

六二　妇人失掉了她的首饰,不要去寻找,七天就会得到。

《象传》说:"七日就会得到",是由于本爻居于下离中间。

九三　殷高宗征伐鬼方,用了三年时间才打赢,小人不能任用。

《象传》说:"用了三年时间才打赢",非常疲乏。

六四　有一件穿着的棉衣被水弄湿了,整天小心翼翼的。

《象传》说:"整天小心翼翼",是有所怀疑。

九五　东方邻国殷纣王杀牛祭祀,不及西方邻国周文王用饭菜祭祀,真得到的好处多。

《象传》说:东方邻国殷纣王杀牛祭祀,不及西方邻国周文王的薄祭好。真得到好处,是吉祥大量降临。

上六　水沾湿了车头,很危险。

《象传》说:"水沾湿了车头,很危险。"这怎么可以长久呢?

未济

【原文】

坎下离上　未济,亨。小狐汔济,濡其尾。无攸利。

《彖》曰:未济"亨",柔得中也。"小狐汔济",未出中也。"濡其尾。无攸利",不续终也。虽不当位,刚柔应也。

《象》曰:火在水上,未济。君子以慎辨物居方。

初六:濡其尾,吝。《象》曰:"濡其尾",亦不知极也。

九二:曳其轮,贞吉。《象》曰:九二"贞吉",中以行正也。

六三:未济,征凶。利涉大川。《象》曰:"未济,征凶",位不当也。

九四:贞吉,悔亡。震用伐鬼方,三年,有赏于大国。《象》曰:"贞吉,悔亡",志行也。

六五:贞吉。无悔。君子之光,有孚。吉。《象》曰:"君子之光",其晖吉也。

上九:有孚于饮酒,无咎。濡其首,有孚失是。《象》曰:饮酒"濡首",亦不知节也。

【译文】

中兴事业将要成功,但目前还像小狐狸在渡河快要渡过的时候沾湿了尾巴,没有好处。

《彖传》说:"虽然没有成功,却还能够亨通",是由于阴爻六五居于上离的正当中。"小狐狸快要渡过河",是由于阴爻六五没有越出上离的正当中。"弄湿了尾巴,没有好处",是不能继续渡河,达到终点。本卦的各个爻所处的位置虽然都不恰当,但却是刚与柔相应的。

《象传》说:离火在坎水上面,形成未济卦。君子看到这个卦象就要审慎地去分辨一切事物,并自居于恰当地位。

初六　弄湿了尾巴,不好。

《象传》说:"弄湿了尾巴",是不知道什么是正确。

九二　把车轮向后面拉,因包含着正道而吉利。

《象传》说:九二这一爻包含着正道而吉利,是由于在下坎正当中而履行正道。

六三　事情没有成功,发展下去凶险;但又将以克服重大困难得到好处。

《象传》说:"事情没有成功,发展下去凶险",是由于本爻所处的位置不恰当。

九四　因归于既济就合于正道而吉利,未济的悔恨就没有了。大将赫然震怒征伐鬼方,三年把它打败,从大国殷得到赏赐。

《象传》说:"合于既济的正道而吉利,悔恨就没有了",是说目的达到了。

六五　以合于既济的正道而吉利,没有悔恨,周厉王是伟大的。周厉王有孚,能变未济为既济而吉利。

《象传》说:"君子伟大",他的光辉(影响)是好的。

上九　周厉王有孚,即使喝酒,也没有坏处。水沾湿了脑袋,如果有孚,怎么会有这种失误?

《象传》说:"喝酒,水沾湿脑袋",都是不知道自己控制自己。

系辞上

【原文】

天尊地卑,乾坤定矣。卑高以陈,贵贱位矣。动静有常,刚柔断矣。方以类聚,物以群分,吉凶生矣。在天成象,在地成形,变化见矣。是故刚柔相摩,八卦相荡。鼓之以雷霆,润之以风雨;日月运行,一寒一暑。乾道成男,坤道成女;乾知大始,坤作成物。乾以易知,坤以简能;易则易知,简则易从。易知则有亲,易从则有功;有亲则可久,有功则可

大;可久则贤人之德,可大则贤人之业。易简而天下之理得。天下之理得而成位乎其中矣。

圣人设卦,观象系辞焉而明吉凶,刚柔相推而生变化。是故吉凶者,失得之象也;悔吝者,忧虞之象也;变化者,进退之象也;刚柔者,昼夜之象也。六爻之动,三极之道也。是故君子所居而安者,《易》之序也;所乐而玩者,爻之辞也。是故君子居则观其象而玩其辞,动则观其变而玩其占。是以自天佑之,吉无不利。

象者,言乎象者也。爻者,言乎变者也。吉凶者,言乎其失得也。悔吝者,言乎其小疵也。无咎者,善补过也。是故列贵贱者存乎位,齐小大者存乎卦,辩吉凶者存乎辞,忧悔吝者存乎介,震无咎者存乎悔。是故卦有小大,辞有险易,辞也者,各指其所之。

《易》与天地准,故能弥纶天地之道。仰以观于天文,俯以察于地理,是故知幽明之故。原始反终,故知死生之说。精气为物,游魂为变,是故知鬼神之情状。与天地相似,故不违。知周乎万物而道济天下,故不过,旁行而不流。乐天知命,故不忧。安土敦乎仁,故能爱。范围天地之化而不过,曲成万物而不遗,通乎昼夜之道而知,故神万方而《易》无体。

一阴一阳之谓道。继之者善也,成之者性也。仁者见之谓之仁,知者见之谓之知。百姓日用而不知,故君子之道鲜矣!显诸仁,藏诸用,鼓万物而不与圣人同忧,盛德大业至矣哉!富有之谓大业,日新之谓盛德。生生之谓易,成象之谓乾,效法之谓坤。极数知来之谓占,通变之谓事,阴阳不测之谓神。

夫《易》广矣大矣!以言乎远则不御,以言乎迩则静而正,以言乎天地之间则备矣。夫乾,其静也专,其动也直,是以大生焉。夫坤,其静也翕,其动也辟,是以广生焉。广大配天地,变通配四时,阴阳之义配日月,易简之善配至德。

子曰:"《易》其至矣乎!夫《易》,圣人所以崇德而广业也。知崇礼卑,崇效天,卑法地。天地设位而《易》行乎其中矣!成性存存,道义之门。"圣人有以见天下之赜,而拟诸其形容,象其物宜,是故谓之象;圣人有以见天下之动,而观其会通,以行其典礼,系辞焉以断其吉凶,是故谓之爻。言天下之至赜而不可恶也,言天下之至动而不可乱也。拟之而后言,议之而后动,拟议以成其变化。

"鸣鹤在阴,其子和之。我有好爵,吾与尔靡之。"子曰:"君子居其室,出其言善,则千里之外应之,况其迩者乎?居其室,出其言不善,则千里之外违之,况其迩者乎?言出乎身,加乎民。行发乎迩,见乎远。言行,君子之枢机;枢机之发,荣辱之主也。言行,君子之所以动天地也,可不慎乎?"

"同人,先号咷而后笑。"子曰:"君子之道,或出或处,或默或语。二人同心,其利断金。同心之言,其臭如兰。"

"初六:藉用白茅,无咎。"子曰:"苟错诸地而可矣,藉之用茅,何咎之有?慎之至也。夫茅之为物薄,而用可重也,慎斯术也以往,其无所失矣。"

"劳谦,君子有终,吉。"子曰:"劳而不伐,有功而不德,厚之至也,语以其功下人者也。

德言盛,礼言恭。谦也者,致恭以存其位者也。"

"亢龙有悔。"子曰:"贵而无位,高而无民,贤人在下,位而无辅,是以动而有悔也。"

"不出户庭,无咎。"子曰:"乱之所生也,则言语以为阶。君不密则失臣,臣不密则失身,几事不密则害成。是以君子慎密而不出也。"

子曰:"作《易》者其知盗乎!《易》曰:'负且乘,致寇至。'负也者,小人之事也。乘也者,君子之器也。小人而乘君子之器,盗思夺之矣;上慢下暴,盗思伐之矣。慢藏诲盗,冶容诲淫。《易》曰:'负且乘,致寇至。'盗之招也。"

〔天一,地二。天三,地四。天五,地六。天七,地八。天九,地十。天数五,地数五;五位相得而各有合。天数二十有五,地数三十,凡天地之数五十有五。此所以成变化而行鬼神也。〕大衍之数五十,其用四十有九。分而为二以象两,挂一以象三,揲之以四以象四时,归奇于扐以象闰;五岁再闰,故再扐而后挂。天数五,地数五,五位相得而各有合。天数二十有五,地数三十,凡天地之数五十有五,此所以成变化而行鬼神也。乾之策,二百一十有六;坤之策,百四十有四,凡三百有六十,当期之日。二篇之策,万有一千五百二十,当万物之数也。是故四营而成《易》,十有八变而成卦,八卦而小成。引而伸之,触类而长之,天下之能事毕矣。显道神德行,是故可与酬酢,可与佑神矣。子曰:"知变化之道者,其知神之所为乎!"

《易》有圣人之道四焉:以言者尚其辞,以动者尚其变,以制器者尚其象,以卜筮者尚其占。是以君子将有为也,将有行也,问焉而以言。其受命也如响,无有远近幽深,遂知来物。非天下之至精,其孰能与于此!参伍以变,错综其数;通其变,遂成天地之文;极其数,遂定天下之象。非天下之至变,其孰能与于此!《易》,无思也,无为也,寂然不动,感而遂通天下之故。非天下之至神,其孰能与于此!夫《易》,圣人之所以极深而研几也。唯深也,故能通天下之志;唯几也,故能成天下之务;唯神也,故不疾而速,不行而至。子曰"《易》有圣人之道四焉"者,此之谓也。

天一,地二,天三,地四,天五,地六,天七,地八,天九,地十。子曰:"夫《易》何为者也?夫《易》,开物成务,冒天下之道,如斯而已者也。"是故圣人以通天下之志,以定天下之业,以断天下之疑。是故蓍之德圆而神,卦之德方以知,六爻之义易以贡。圣人以此洗心,退藏于密,吉凶与民同患,神以知来,知以藏往。其孰能与于此哉?古之聪明睿知、神武而不杀者夫。是以明于天之道,而察于民之故,是兴神物以前民用。圣人以此斋戒,以神明其德夫。是故阖户谓之坤,辟户谓之乾;一阖一辟谓之变,往来不穷谓之通;见乃谓之象,形乃谓之器;制而用之谓之法,利用出入、民咸用之谓之神。是故《易》有太极,是生两仪,两仪生四象,四象生八卦,八卦定吉凶,吉凶生大业。是故法象莫大乎天地,变通莫大乎四时,县象著明莫大乎日月,崇高莫大乎富贵,备物致用,立成器以为天下利,莫大乎圣人,探赜索隐,钩深致远以定天下之吉凶,成天下之亹亹者,莫大乎蓍龟。是故天生神物,圣人则之;天地变化,圣人效之;天垂象,见吉凶,圣人象之。河出图,洛出书,圣人则之。《易》有四象,所以示也。系辞焉,所以告也,定之以吉凶,所以断也。

《易》曰："自天佑之,吉无不利。"子曰："'佑'者助也,天之所助者顺也,人之所助者信也。履信思乎顺,又以尚贤也,是以'自天佑之,吉无不利'也。"

子曰："书不尽言,言不尽意。"然则圣人之意其不可见乎? 子曰："圣人立象以尽意,设卦以尽情伪,系辞焉以尽其言,变而通之以尽利,鼓之舞之以尽神。"乾坤,其《易》之缊邪! 乾坤成列,而《易》立乎其中矣。乾坤毁,则无以见《易》。《易》不可见,则乾坤或几乎息矣。是故形而上者谓之道,形而下者谓之器,化而裁之谓之变,推而行之谓之通,举而错之天下之民谓之事业。是故夫象,圣人有以见天下之赜,而拟诸其形容,象其物宜,是故谓之象。圣人有以见天下之动,而观其会通,以行其典礼,系辞焉以断其吉凶,是故谓之爻。极天下之赜者存乎卦,鼓天下之动者存乎辞,化而裁之存乎变,推而行之存乎通,神而明之存乎其人,默而成之,不言而信,存乎德行。

【译文】

天尊显,地卑下,乾和坤的位置就定下来了。地卑天高的情况在明摆着,贵和贱就可以区分开了。天运动,地静止,有一定的规律,于是天刚强,地柔和,就是肯定的了。人以同类相聚,物以异群相分,于是吉和凶就产生了。在天上形成天象,在地面形成地形,于是千变万化的情况也就表现出来了。

因此乾和坤相互矛盾,八经卦也相互矛盾。还用雷霆去鼓动,用风雨去润泽。岁月流行,寒暑相间。乾的本质是产生男,坤的本质是产生女。乾掌握着生成人类的第一步,坤干着长养万物的工作。

乾以平易作为智慧,坤以简单作为功能。平易就容易理解,简单就容易遵从。容易理解就会有亲切之感,容易遵从就会有功业出现。有亲切之感就可以维持关系于长久,有功业出现就可以不断扩大其事业。可以维持关系于长久是贤人的德行,可以不断扩大其事业是贤人的业绩。掌握了平易和简单的乾坤之理对于天下的真理就掌握了,掌握了天下的真理就一切在真理当中得到安排了。

古代圣人画出八卦并且观察卦象,还写上一些话来说明什么是吉,什么是凶,从阳爻阴爻相互推移所出现的爻的变化就产生了卦的变化。

因此或吉利或凶险,表现为或有所失或有所得的卦象。或不幸或困难,表现为或忧虑或惊恐的卦象。变化不定,表现为或进或退的卦象。阳刚阴柔,表现为或如白昼或如黑夜的卦象。在一卦当中六个爻的变动包含着天、地、人的根本情况。

因此君子平常严格遵守的是《周易》的卦象,所高高兴兴研究的是爻辞。因此君子平常就观察卦象研究爻辞,有行动就观察变爻变卦去研究占筮的结果,因此"天老爷保佑他们,就吉利而没有不吉利的"。

卦辞是讲卦象的。爻辞是讲变化的。吉凶是讲或失或得的。不幸和困难是讲有小毛病的。没有坏处是讲善于弥补过失的。因此排列出爻的或贵或贱在于爻位的具体情况,定出卦的或小或大在于卦的具体情况,辨明事情的或吉或凶在于变爻爻辞,为不幸和

困难担忧在于注意小事情,行动起来投有过失在于能够悔改。因此卦是有小大的,爻辞是有凶险或平易的;爻辞是要各指出它所要指出的内容的。

《周易》所讲明的道理与天地所表现的情况相同,所以能够包括天地间的一切。写作《周易》的人抬起头去观察天上面的情况,低着头去观察地面上的情况,所以能够了解宇宙间或隐蔽或明显的事物。他考察事物的开始,寻求事物的结果,所以懂得死和生的原因。他知道精粹的气成为物体,游动的灵魂只是一种变态,所以对于鬼神的情状也弄清楚了。他的胸怀与天地相类似,所以不会违背天地。他的智慧高,能遍知万物,原则强,能兼济天下,所以不犯错误。他广泛有所作为而不流于邪辟,既乐天,又知命,所以不忧愁。他安于所居的地方,还非常仁厚,所以能泛爱一切的人。

《易》道,包括天地的变化而恰到好处,普通生成万物而无所遗漏,贯通阴阳而具有高度智慧,所以神妙的《易》道没有一定的范围,也不拘于不变的模式。

一种阴和一种阳的矛盾统一叫作道。随顺着道而发展就美好,使道成为道的是事物的必然性。仁厚的人见了道叫它做仁,聪明人见了道叫它做智,一般人每天都在运用道却不知道是在运用道,因此体现着阴阳矛盾统一并概括着宇宙真理的"君子之道"就很少看到了。

道显示出它的仁厚,隐藏着它的作用,产生万物却不与圣人同忧虑(道生万物,全是自然,与圣人有心于天下而忧虑天下不同,道在圣人之上)。道具备盛德,完成大业,真是非常了不起啊!无所不有叫作大业,随时发展叫作盛德,生生不已叫作《易》道。生出各种物象的叫乾,使各种物象表现为一定形态的叫坤。穷尽数字筮知未来叫占,通晓事物变化叫事,阴阳变化不可测度叫神。

《易》道是广大的,从远处来说它畅通无阻,从近处来说它精审正确,从天地之间来说它就包罗万象了。

乾啊,它静止的时候专一,运动的时候直达,因此大就产生了。坤啊,它静止的时候闭拢,运动的时候张开,因此广就产生了。《易》道以它的广大配合天地,以它的变通配合四时,以它阴阳的含义配合日月,以它易简的美善配合至德。

孔子说:"《易》道该是最了不起吧?《易》道是圣人用来提高品德和扩大事业的。圣人智慧崇高,礼节谦卑,崇高效法天,谦卑效法地,天地设立它的上下之位,《易》道就运行在它的中间了。《易》道能成就人的本性,能保存人所应该保存的美德,从而成为进入道义的大门。"

孔子

圣人有能力认清楚天下复杂的事物,并表明它们的形态,说明它们的物性之所宜,因此把画出来的卦叫作象。圣人有能力认清楚天下复杂事物的运动,并观察它们的内在联

系,来指导重要行动,还加上一些话来断定它们的吉或凶,因此把画出来的卦画叫作爻。圣人写作《周易》是说明天下最复杂的事物不可厌恶,是说明天下最变动的事物不可搞乱。圣人对宇宙万物是通过研究然后说,通过研究然后动,用研究来完成宇宙万物变化的阐述的。

"叫着的白鹤在树荫里,它的一群小白鹤跟随着它叫。我有好酒,我和你把它喝干。"孔子说:"君子住在他的房子里,讲出来的话好,千里以外的人都会响应,何况那些近处的人呢?讲出来的话不好,千里以外的人都会反对,何况那些近处的人呢?话从口里说出来,进入别人耳朵,行动从本身表现出来,远处的人也会看见。讲话和行动是君子的重要行为,它的表现是光荣和耻辱的主要根据。讲话和行动是君子用来感动天地的,可以不慎重吗?"

"集合人,先号啕大哭,然后哈哈大笑。"孔子说:"君子的原则,不论是出去活动或者呆着不动,也不论是默默不言或者发表意见,都只要是两个人一条心,就会像锋利的刀能截断黄铜,而且同心的人所说出来的话,它的气味像兰草一样芳香。"

"初六,把白色茅草垫在祭品下面,没有坏处。"孔子说:"只要安放在地面上就可以了,现在还用白色茅草垫在下面,有什么坏处,是慎重到极点了。白茅作为一种东西来说是不算什么,但作用却可以重大,把这种原则发展下去,该没有什么过失了。"

"以谦虚而劳累,这样的君子有好结果,是吉利的。"孔子说:"劳累了却不自我吹嘘,有功劳都不自以为德行好,是厚道到了极点,是讲有功德却愿意居于人之下的。德行而求其美好,礼节而求其恭敬,谦虚啊,是以极端恭敬来保存地位的。"

"飞得太高的龙会有悔恨。"孔子说:"这是由于虽然尊贵却没有地位,虽然高贵却没有人民,贤臣又屈居于下位而没有辅佐,所以一有行动就有悔恨。"

"像一个人一样,不走出内户和厅堂,深深地藏起来,这没有坏处。"孔子说:"祸乱之所以发生,是讲话不慎重引起的。君不能保守机密就会失去臣的支持,臣不能保守机密就会有杀身的危险,机密事不能保守机密就会酿成灾祸,因此君子是谨慎严密不乱说话的。"

孔子说:"写作《周易》的人该懂得盗贼吧?《周易》说:'背着东西去乘车,会招来盗贼的劫夺。'因为背东西是小人的事情,所乘坐的车子是君子的器具,小人去乘坐君子的器具,盗贼就会想到要对他进行劫夺了。上面马虎,下面残暴,盗贼就会想到要对他们进行攻打了。把东西随便收藏着等于教诲盗贼夺取,把模样弄得很漂亮等于教诲人们淫乱。《周易》说:'背着东西去乘车,会招来盗贼的劫夺。'这确实会引来盗贼啊。"

天数是一,地数是二,天数是三,地数是四,天数是五,地数是六,天数是七,地数是八,天数是九,地数是十。

天数一共有五个(一、三、五、七、九),地数一共有五个(二、四、六、八、十),天数地数累计相加各有它的和,天数的和是二十五,地数的和是三十,天数地数的总和是五十五。这五十五根蓍草就是用来完成变化和驱使鬼神的。

供伟大运算的数字是五十五个,但用于运算时只取四十九个。把四十九根蓍草分成两部分,一部分放在上面,一部分放在下面,这是象征天地;再取一根蓍草挂在上下两部分蓍草的中间,这一根蓍草和原来上下两部分蓍草加在一起象征天地人;再把上下两部分蓍草以四为一组来数,这象征一年之中有春、夏、秋、冬四时;数了以后把剩余下来的蓍草夹在手指中间用来象征闰月,五年有两次闰月,所以再一次"归奇于扐"以后就把构成卦的工作停止下来。

构成乾卦的蓍草根数是二百一十六,构成坤卦的蓍草根数是一百四十四,一共三百六十根蓍草,合得上一年的天数。上下经六十四卦的蓍草根数是一万一千五百二十,合得上万物的数目。因此经过四次营运就成了易卦的一个爻,再经过一十八次变化就成了一个卦。八卦是基础,是小成,要在这个基础上引申发展,触类旁通,构成六十四卦,才算大成,才算把天下神妙的事情都做完了。《易》道显示出神的道德和行为,因此通过《易》卦就可以与神应对往来,甚至可以对神进行帮助了。孔子说:"了解变化之道的人,该了解神在做什么吧?"

《周易》体现圣人的重要行动有四个方面:研究语言的圣人重视它的文辞,注意活动的圣人重视它的变化,留心制造器物的圣人重视它的图像,进行卜筮的圣人重视它的占卜。因此君子要有所作为,要有所行动,用话去询问《易》卦,《易》卦接受询问,如响应声,不存在什么遥远、邻近、幽隐、深邃的问题,都会知道即将出现的事物是什么情况。不是天下最精妙的东西,还有谁还能达到这个水平呢?

《周易》各个卦的爻或三或五在变,出现了错综复杂的数字。弄通了爻画或三或五在变的所以然,就能断定天下疑难的事情。完全明确了爻的数目在变化的原因,就能认清天下复杂的现象。不是天下最善于变化的东西,还有谁还能达到这个水平呢?

《易》卦看起来是没有思想,没有行动的,它们静悄悄地一动也不动,可是为占筮者所感动就能通晓天下事物。不是天下最神奇的东西,该有谁还能达到这个水平呢?

《周易》,是圣人用来穷极深隐研究几微的。由于《易》道深隐,所以能贯通天下人的思想。由于《易》道几微,所以能断定天下人的事情。由于《易》道神奇,所以能不疾速而疾速,不行动而达到。孔子说"《周易》体现圣人的重要行动有四个方面",就是讲这些。

孔子说:"《周易》是干什么的?《周易》指导人们揭开事物隐秘,完成工作任务,能包括天下一切,像这样也就算差不多了。"因此圣人用《周易》来沟通天下人的思想,来完成天下人的事业,来断定天下人的疑惑。因此蓍草的形体是圆的,而性质却神,八卦的形体是方的,而性质却智(蓍与卦能预知未来,所以神智),至于六爻的作用则是把变化告诉人们的。圣人用《周易》指导思想,把占筮结果藏在隐秘地方,作为未来的指导。圣人通过以《周易》为占筮,就能神奇地知道未来,聪明地记住以往,有谁能达到这个水平,该是古代的聪明通达,神武而不残暴的圣人吧!"

因此通过以《周易》为占筮,就能把天的一切弄明白,把民的情况弄清楚,圣人是取蓍草这种神奇的东西,叫民摆在行动之前的(指每次行动之前必须占筮)。圣人是用占筮严

格要求自己,使自己的品德神而明之的。

因此关上门户叫作坤卦,打开门户叫作乾卦,一关上一打开叫作变化,这样往来不停叫作通达。卦体出现了就叫作形象,成形了就叫作器物,掌握起来加以运用叫作法则。人利用占筮,或这样或那样,不拘一格,使民都能运用就叫作神妙。

因此《周易》有太极,太极产生出阴阳,阴阳产生出老阴、老阳、少阴、少阳,老阴、老阳、少阴、少阳产生出乾、坤、坎、离、震、巽、艮、兑等八个卦,通过占筮,从八个卦可以决定吉凶,从吉凶的矛盾变化中能产生出伟大的事业。因此具备法则的形象没有超过天地的,讲变化交通没有超过春、夏、秋、冬的,悬挂形象显示光明没有超过日月的,讲崇高没有超过富贵的。准备东西发挥作用,建立功业制成器物,使天下人得到好处,没有超过圣人的。探求天下复杂隐蔽的事物,摸索天下深奥幽远的道理,来决定天下人的吉凶,促成天下人的奋力前进,没有超过蓍龟的。

因此天产生出神奇的东西,圣人用于占筮来作为判断事物的准则。天地有变化,圣人用卦象仿效着它的变化。天出现一些情况,表现出吉凶,圣人仿效着作六十四卦,也有吉有凶。黄河浮现出龙马所背的图,洛水浮现出神龟背上的书,圣人也以之为准则,从而画出八卦,写出《尚书》。《周易》有老阴、老阳、少阴、少阳四象,是用来显示情况的。在各个卦各个爻都写上几句话,是用来告诉道理的。把吉凶定下来,是用来进行判断的。

《周易》说:"由天来帮助他,就吉利,没有不吉利的。"孔子说:"佑是帮助。天所帮助的是顺理而行的人,人所帮助的是讲求信用的人。既履行信用,又想要顺理而行,并且尊重贤者,因此,由上天来帮助他,就吉利,没有不吉利的。"

孔子说:"写的文字不能完全表达要讲的话,讲的话不能完全表达思想。"那么圣人的思想难道就不可以认识了吗? 孔子说:"圣人设立卦象把思想和一切情况都加以表现,并用一些话把所要讲的话讲清楚,还从卦象的变化和沟通当中尽量取得好处,从而鼓舞欢呼来尽量歌颂《易》的神妙。"

乾和坤该是《周易》的内涵吧? 乾和坤相并成列,《易》道就贯穿在它们当中了。乾和坤如果毁灭了就无法看到《易》道,《易》道无法看到那么乾和坤就可能毁灭了。

因此存在于形体以上的叫作道,表现为有形体的叫作器。对有形体的事物加以变化改造叫作变,对变化改造了的事物加以推行叫作通,把变通了的事物拿来用于天下的人叫作事业。

因此卦象,是圣人有能力认识清楚天下复杂的事物,并且表明它们的形态,象征地说明它们的物性之所宜,因此叫作卦象。圣人有能力认识清楚天下的运动,并且能看出它们的内在联系,来指导重要行动,还加上几句话断定吉凶,因此叫作爻。包罗天下复杂事物的在于卦,能发动天下人的在于卦爻辞,把天下事物消化并加以控制的在于爻的变化,能推动实行在于精通《易》理,能心领神会在于一定的人,默默地完成了对于《易》道的理解,不说话也能使别人相信,在于有高尚的德行。

系辞下

【原文】

八卦成列，象在其中矣；因而重之，爻在其中矣；刚柔相推，变在其中矣；系辞焉而命之，动在其中矣。吉凶悔吝者，生乎动者也；刚柔者，立本者也；变通者，趣时者也。吉凶者，贞胜者也；天地之道，贞观者也；日月之道，贞明者也；天下之动，贞夫一者也。夫乾确然，示人易矣；夫坤隤然，示人简矣。爻也者，效此者也；象也者，像此者也。爻象动乎内，吉凶见乎外；功业见乎变，圣人之情见乎辞。天地之大德曰生，圣人之大宝曰位。何以守位？曰仁。何以聚人？曰财。理财、正辞、禁民为非，曰义。

古者包牺氏之王天下也，仰则观象于天，俯则观法于地，观鸟兽之文与地之宜，近取诸身，远取诸物，于是始作八卦，以通神明之德，以类万物之情。作结绳而为罔罟，以佃以渔，盖取诸《离》。包牺氏没，神农氏作，斲木为耜，揉木为耒，耒耨之利，以教天下，盖取诸《益》。日中为市，致天下之民，聚天下之货，交易而退，各得其所，盖取诸《噬嗑》。神农氏没，黄帝、尧、舜氏作，通其变，使民不倦，神而化之，使民宜之。易穷则变，变则通，通则久。是以"自天佑之，吉无不利。"黄帝、尧、舜垂衣裳而天下治，盖取诸《乾》《坤》。刳木为舟，剡木为楫，舟楫之利，以济不通，致远以利天下，盖取诸《涣》。服牛乘马，引重致远以利天下，盖取诸《随》。重门击柝，以待暴客，盖取诸《豫》。断木为杵，掘地为臼；臼杵之利，万民以济，盖取诸《小过》。弦木为弧，剡木为矢。弧矢之利，以威天下，盖取诸《睽》。上古穴居而野处，后世圣人易之以宫室，上栋下宇，以待风雨，盖取诸《大壮》。古之葬者，厚衣之以薪，葬之中野，不封不树，丧期无数，后世圣人易之以棺椁，盖取诸《大过》。上古结绳而治，后世圣人易之以书契，百官以治，万民以察，盖取诸《夬》。

是故《易》者，象也；象也者，像也；彖者，材也；爻也者，效天下之动者也。是故吉凶生而悔吝著也。

阳卦多阴，阴卦多阳。其故何也？阳卦奇，阴卦耦。其德行何也？阳一君而二民，君子之道也；阴二君而一民，小人之道也。

《易》曰："憧憧往来，朋从尔思。"子曰："天下何思何虑？天下同归而殊途，一致而百虑，天下何思何虑？日往则月来，月往则日来，日月相推而明生焉。寒往则暑来，暑往则寒来，寒暑相推而岁成焉。往者屈也，来者信也，屈信相感而利生焉。尺蠖之屈，以求信也；龙蛇之蛰，以存身也。精义入神，以致用也。利用安身，以崇德也。过此以往，未之或知也；穷神知化，德之盛也。"

《易》曰："困于石，据于蒺藜。入于其宫，不见其妻，凶。"子曰："非所困而困焉，名必辱；非所据而据焉，身必危。既辱且危，死期将至，妻其可得见邪？"

《易》曰："公用射隼于高墉之上，获之，无不利。"子曰："隼者，禽也；弓矢者，器也；射之者，人也。君子藏器于身，待时而动，何不利之有？动而不括，是以出而有获。语成器而动者也。"

子曰："小人不耻不仁，不畏不义，不见利不劝，不威不惩。小惩而大戒，此小人之福也。《易》曰：'屦校灭趾，无咎。'此之谓也"。"善不积不足以成名，恶不积不足以灭身。小人以小善为无益而弗为也，以小恶为无伤而弗去也，故恶积而不可掩，罪大而不可解。《易》曰：'何校灭耳，凶。'"

子曰："危者，安其位者也；亡者，保其存者也；乱者，有其治者也。是故君子安而不忘危，存而不忘亡，治而不忘乱。是以身安而国家可保也。《易》曰：'其亡其亡，系于苞桑。'"

子曰："德薄而位尊，知小而谋大，力小而任重，鲜不及矣！《易》曰：'鼎折足，覆公𫗧，其形渥，凶。'言不胜其任也。"

子曰："知几其神乎？君子上交不谄，下交不渎，其知几乎！几者动之微，吉之先见者也。君子见几而作，不俟终日。《易》曰：'介于石，不终日，贞吉。'介如石焉，宁用终日，断可识矣！君子知微知彰，知柔知刚，万夫之望。"

子曰："颜氏之子，其殆庶几乎！有不善，未尝不知；知之，未尝复行也。《易》曰：'不远复，无祗悔，元吉。'"

"天地𬘬缊，万物化醇。男女构精，万物化生。《易》曰：'三人行，则损一人；一人行，则得其友。'言致一也。"

子曰："君子安其身而后动，易其心而后语，定其交而后求：君子修此三者，故全也。危以动，则民不与也；惧以语，则民不应也；无交而求，则民不与也；莫之与，则伤之者至矣。《易》曰：'莫或益之，或击之，立心勿恒，凶。'"

子曰："乾坤，其《易》之门邪？乾，阳物也；坤，阴物也。阴阳合德而刚柔有体，以体天地之撰，以通神明之德。其称名也，杂而不越，于稽其类，其衰世之意邪？"夫《易》，彰往而察来，而微显阐幽，开而当名，辨物，正言，断辞，则备矣。其称名也小，其取类也大；其旨远，其辞文；其言曲而中，其事肆而隐。因贰以济民行，以明失得之报。

《易》之兴也，其于中古乎？作《易》者，其有忧患乎？是故《履》，德之基也；《谦》，德之柄也；《复》，德之本也；《恒》，德之固也；《损》，德之修也；《益》，德之裕也；《困》，德之辨也；《井》，德之地也；《巽》，德之制也。《履》，和而至；《谦》，尊而光；《复》，小而辨于物；《恒》，杂而不厌；《损》，先难而后易；《益》，长裕而不设；《困》，穷而通；《井》，居其所而迁；《巽》，称而隐。《履》以和行；《谦》以制礼；《复》以自知；《恒》以一德；《损》以远害；《益》以兴利；《困》以寡怨；《井》以辨义；《巽》以行权。

《易》之为书也不可远，为道也屡迁。变动不居，周流六虚，上下无常，刚柔相易，不可为典要，唯变所适。其出入以度外内，使之惧，又明于忧患与故，无有师保，如临父母。初率其辞，而揆其方，既有典常。苟非其人，道不虚行。

《易》之为书也，原始要终以为质也。六爻相杂，唯其时物也。其初难知，其上易知：本末也。初辞拟之，卒成之终。若夫杂物撰德，辨是与非，则非其中爻不备。噫！亦要存亡吉凶，则居可知矣。知者观其彖辞，则思过半矣。二与四同功而异位，其善不同：二多誉，四多惧，近也。柔之为道，不利远者；其要无咎，其用柔中也。三与五同功而异位：三多凶，五多功，贵贱之等也。其柔危，其刚胜邪？

《易》之为书也，广大悉备：有天道焉，有地道焉，有人道焉。兼三才而两之，故六。六者，非它也，三才之道也。道有变动，故曰爻；爻有等，故曰物；物相杂，故曰文；文不当，故吉凶生焉。

《易》之兴也，其当殷之末世，周之盛德邪？当文王与纣之事邪？是故其辞危，危者使平，易者使倾；其道甚大，百物不废。惧以终始，其要无咎。此之谓《易》之道也。

夫乾，天下之至健也，德行恒易以知险；夫坤，天下之至顺也，德行恒简以知阻。能说诸心，能研诸（侯之）虑，定天下之吉凶，成天下之亹亹者。是故变化云为，吉事有祥；象事知器，占事知来。天地设位，圣人成能。人谋鬼谋，百姓与能。八卦以象告，爻彖以情言。刚柔杂居，而吉凶可见矣。变动以利言，吉凶以情迁。是故爱恶相攻而吉凶生，远近相取而悔吝生，情伪相感而利害生。凡《易》之情，近而不相得则凶。或害之，悔且吝。将叛者，其辞惭；中心疑者，其辞枝；吉人之辞寡；躁人之辞多；诬善之人，其辞游；失其守者，其辞屈。

【译文】

八卦排成行列，并加以重叠，于是卦象和爻象都包括在各个卦的当中了。阳刚之爻和阴柔之爻相互推移，并写几句话加以说明，于是变动就体现在各个卦的当中了。吉凶悔吝产生于卦和爻的变动。阳刚之爻和阴柔之爻是所要建立的根本，爻的变化则应顺应着占筮时的要求。人事的或吉或凶要由卦象和爻象所表现出来的正确与否决定。天地之道是以正确昭示于人。日月之道是以正确产生光明。天下事物的变动是以正确达成一致。

乾卦刚劲地示人以平易，坤卦柔顺地示人以简约。爻象表现这些，卦象也表现这些，爻象和卦象在一卦之内变动，吉和凶就在外面表现出来。人们所建立的功业由变爻变卦表现，圣人的实际情况由卦辞和爻辞表现。

天地的伟大德行在于生长一切。圣人的伟大宝物在于拥有权位。凭什么守住权位，只有凭仁厚。凭什么把人聚集起来，只有凭财物。管理财物，端正法律，禁止人民干坏事就是义。

古代包牺氏在做天下君王的时候，抬起头往天上看天象，低着头从地面看地理，观察鸟兽身上的花纹和地上所宜于生长的东西，近从本身取象，远从外物取象，于是开始画出八卦，用来探索宇宙真理，概括万物情况。

把绳子结起来做成网，去打猎去捕鱼，这大概是取象于离卦。

包牺氏死了,神农氏起来做天下君王,把木头削成锄头,把木头弄弯作为犁头上的木把,用耕种的好处来教导天下人,大概是取象于益卦。

在正午做生意,招来天下的人,聚集天下的货物,做完买卖就回去,每一个人都满足了要求,这大概是取象于噬嗑卦。

神农氏死了,黄帝和尧舜起来做君王,研究器物的变化,不断更新,使人民不感到厌倦,还把器物做得特别好,以至出神入化,使人民感到用起来很适宜。这就是《周易》所主张的困穷了就会变化,变化了就会畅通,畅通了就会长久。因此"由上天保佑他们,很吉利,没有不吉利的"。

黄帝和尧舜都拖着衣裳使天下太平,衣裳大概是取象于乾坤的。

挖空了一根树木做船,削尖了一些树枝做桨,船和桨的好处是渡过本来通不过的水域,达到远方,使天下人得到利益,这大概是取象于涣卦。

驾着牛马,拉着重东西达到远方,使天下人得到好处,这大概是取象于随卦。

关上几层门还敲著梆子巡更,来防备盗贼,这大概是取象于随卦。

斩断木头做成杵,掘开地面作为臼,杵和臼的作用让万民得到好处,这大概是取象于小过卦。

把弓弦加在木条上做成弓,把树枝削尖做成箭,弓和箭的锋利能威慑天下的人,这大概是取象于睽卦。

上古时候人们住在洞里待在野外,后代圣人造成房屋改变了这种情况,房屋有屋梁屋檐,能防御风雨,这大概是取象于大壮卦。

古时候把要埋葬的人用柴草厚厚地包起来,埋葬在野外,不垒土做坟,不种植树木,服丧日期没有一定的天数。后代圣人用内棺外椁改变了这种葬法,这大概是取象于大过卦。

上古时候用把绳子打结来记事,后代圣人用文字改变这种情况,去治理百官,考察万民,这大概是取象于夬卦。

因此《周易》是由卦象构成的。卦象是用图像表达的。卦辞是说明每一个卦的内容的。爻象是表现天下事物的变动的,于是吉凶因之而产生,悔吝也因之而显著了。

阳卦多阴爻,阴卦多阳爻,原因是什么呢?是由于阳卦的爻画是单数,阴卦的爻画是偶数。

阳卦和阴卦的情况怎么样呢?阳卦一个阳爻为君,两个阴爻为民,是君子的情况。阴卦两个阳爻为君,一个阴爻为民,是小人的情况。

《周易》咸卦九四说:"不停顿地往来,朋友都要跟随着你啊。"孔子说:"天下有什么非思虑不可的?天下人同时到达一个地方可以走不同的道路,取得同样成果可以通过不同的思考,天下人有什么非思虑不可的?"

太阳去了就月亮来,月亮去了就太阳来,太阳和月亮相互推移光明就产生了。寒冷去了就炎热来,炎热去了就寒冷来,寒冷和炎热相互推移一年就完成了。去是屈抑,来是

伸张,屈抑和伸张相互交感利益就产生了。

尺蠖虫的弯曲,是为了伸开。龙和蛇的冬眠,是为了保存自己。精研义理到达神妙,是为了得到运用。使工作有利身体安康,是为了提高品德。除了这些以外,就不可能知道什么。要穷极神奇懂得造化,才是德的最高水平。

《周易》说:"被困在乱石堆里,撑拒在蒺藜从中,走进家里,看不见妻子,这是凶险的。"孔子说:"不是应该受到困厄的时候却受到困厄,名声必然受到污辱。不是应该撑拒的地方却去撑拒,本人必然会有危险。已经受到污辱而且还有危险,是死亡的日子将要到了,妻子难道还可能见到吗?"

《周易》说:"公在高高的城墙上射隼鸟,得到了,没有不利的。"孔子说:"隼是鸟类。弓箭是器物。射隼鸟的是人。君子把器物藏在身上,等待着时机行动,有什么不利的?行动不停止,因此出去就有收获,这是说有一系列本领去行动的人。"

孔子说:"小人不认为不仁可耻,不认为不义可怕,不见利益不努力,不见威严不害怕。如果在小问题上害怕又在大问题上警惕,这就是小人的福气。《周易》说:'鞋子上面套上木枷遮住脚趾,没有坏处。'讲的就是这些。"

"好处不积累不能成就名誉,坏处不积累不能消灭自身。小人认为小的好处无益就不去做,认为小的坏处无害就不去管,因此罪恶积累到多得无法掩盖,大得无法解脱。《周易》说:'颈子套上木枷遮住耳朵,这是凶险的。'"

孔子说:"目前处于危险当中的人,是曾经安于其位的人。目前处于灭亡当中的国家,是曾经保持着存在的国家。目前经历着动乱的社会,是曾经有过太平日子的社会。因此君子处于平安却不忘记危险,保持存在却不忘记灭亡,处于太平却不忘记动乱,于是本人平安,国家也可以保存。《周易》说:'难道会灭亡吗?难道会灭亡吗?像拴在一丛桑树上面那样牢靠'。"

孔子说:"品德差却地位高,智慧小却谋虑大,力量少却负担重,很少不陷入危险的。《周易》说:'鼎断了脚,把贵人稀饭倾了,样子又沾又湿,够凶险了。'是说这只鼎不能完成它的任务。"

孔子说:"知道事物将要出现的苗头,该是神人吧?君子与上面的人相交不奉承,与下面的人相交不轻慢,该是知道事物将要出现的苗头吧?苗头是动得很微小的,是吉凶首先表现出来的。《周易》说:'泥土被石块夹住,服服帖帖,还不要一天,就合于正道而吉利。'像泥土被石块夹住,其服服帖帖,哪里要一整天?这是肯定可以知道的。君子懂得微小,也懂得彰明,懂得柔弱,也懂得刚强,是许多人所仰望的。"

孔子说:"姓颜的那个人大概差不多吧?有缺点错误没有不知道,知道以后就不再犯。《周易》说:'不远就回头,没有大悔恨,还非常吉利。'"

天地之间阴阳二气交感,万物就产生了。男和女交合,万物就出现了。《周易》说:"三个人走就损失一个人,一个人走就得到朋友。"这是说要专一。

孔子说:"君子站稳脚跟才动,心平气和才讲,有了交情才请求。君子做到这三点,所

以安全。如果处于危险还去动,人们不会赞同。提心吊胆还去讲,人们不会理睬。没有交情还去请求,人们不会答应。没有人答应他,那么伤害他的人就来了。《周易》说:'没有人帮助,却有人打击,这种人居心不善,是凶险的。'"

孔子说:"乾卦和坤卦该是《周易》的门户吧? 乾卦所表现的是阳刚事物,坤卦所表现的是阴柔事物。阴和阳统一形成或刚或柔事物,能表示天地间复杂情况,并显示其神妙高明品德。《周易》的用辞,反映了复杂内容,但并不杂乱,考察一下它的内容,该是衰败时代的思想吧?"

"《周易》明确已往,洞察未来,能显示细微,阐明幽隐。打开《周易》可以看到对名词和事物有正确的辨别和判断,而且很完备。《周易》所讲的事情小,但所包含的意义大,它内容深远,文辞华美,所论曲折而又中肯,所陈直遂而又隐约。就着人们有疑惑去帮助他们,并说明或失或得的缘故。"

《周易》的出现,该是在殷周之际的中古时期吧? 写作《周易》的人该是有担心和害怕吧?

因此履是德的基础,谦是德的关键,复是德的根本,恒是德的巩固,损是德的修补,益是德的提高,困是德的辨别,井是德的依据,巽是德的节制。

履卦是和顺达到极点,谦卦是尊贵伟大的品德,复卦是事物还细微就能辨别,恒卦是虽然处于邪正相杂也能长守正道而不厌,损卦体现了先难后易,益卦是要人们长时期有助于人,毫无虚假,困卦是虽然穷困,却能通达,井卦是停止在一个地方不动,巽卦是虽然明白,却不显露。

履能使行为和顺,谦能规定礼,复能了解自己,恒能使品德专一,损能远离灾害,益能得到好处,困能减少怨恨,井能辨别义理,巽能运用权术。

《周易》作为一种书来说不可以远离身边,它所体现的道理在于经常变动,它的爻运动不停,周遍流转于六个空着的爻位。爻的变化或者在上卦,或者在下卦,没有一定,或者阳爻变阴爻或者阴爻变阳爻,不可以设下固定法则。只是趋向于变罢了。

变爻出于本卦入于之卦有一定的规律,观察本卦联系之卦从变爻变卦中受到启示,能知所惕惧,还知道忧患与一些事情。虽然没有师氏和保氏的教诲,也如同面临父母的训示。一开始研究《周易》卦爻辞而体会其义理,都有一定的规律。如果不是有贤明的人,《易》道是不会凭空实行的。

《周易》作为一本书,它推原事物的开始,探求事物的终了,形成一个整体,在一卦之中,六爻相互错杂,所说的都是一定时间内的事物。对于一个卦,如果只看初爻,难以知道全卦,要看了上爻,才容易知道全卦,因为既有本,也有末,表现了一件事的全过程。初爻只能拟议事物的开始,要到上爻才能决定事物的终了。至于错杂其事物,具列其德性,辨别其是非,没有中间四爻就不完备。唉,用《周易》去探求人事的存亡吉凶,那么坐着不动就可以知道了。聪明的人只要看卦辞,要思考的已经超一半了。

第二爻和第四爻同在偶次但位置不同,因而情况也不同,第二爻以得中多称誉,第四

爻以在初多恐惧,更由于接近君王。柔顺作为一种原则,不利于建立远大事业,但终归没有坏处,因为它的作用是柔顺和适中。第三爻和第五爻同在奇次但位置不同,第三爻以在下卦之上多凶险,第五爻以在上卦之中多成就,这其间还有贵贱的差别(三为贱,五为贵)。该是阴柔就危险,该是阳刚就很好吧?

《周易》作为一本书,广阔和伟大都具备了,里面有关于天的道理,有关于人的道理,有关于地的道理,把天、地、人统摄起来各用两个爻表示,所以一共要六个爻。这六个爻不是别的,就是讲的天、地、人的道理。

道理有变动,所以叫作爻。爻有类别,所以叫作物。物相错杂,所以叫作文,文不恰当,所以吉凶就产生了。

《周易》的出现,应该是在殷朝末代,或周朝具备美盛德业的时候吧?应该与文王和纣王的事情相关吧?

因此它的话表现为栗栗危惧,知道危惧就会转为平安、掉以轻心必然倾覆。《周易》的内容很广阔,一切事物都不能在外。它以栗栗危惧贯穿终始,但终于没确问题。这些就叫作《周易》的规律。

乾卦是天下最刚健的,性质经常是简易却懂得艰险。坤卦是天下最柔顺的,性质经常是简易却懂得险阻。乾卦和坤卦能让人心里欢悦,能在思想上考虑,还能决定天下的吉凶,促成天下人奋勉前进。

因此《周易》以变化而有作为,好事情不断出现。取象于事就知道制造器物,以事为占筮就知道未来情况。天地设上下尊卑之位,圣人成就修齐治平之能。《周易》无论是谋于人(讲人事),谋于鬼(讲占筮),一般人都能掌握。八卦是用卦象告诉人们情况的,爻辞卦辞是就着事情说的。一卦之内阳爻阴爻交错在一起,吉凶就可以看到了。卦爻的变化是要趋利避害,或吉或凶随情况转移。因此人们以喜爱或憎恨的感情相攻击吉凶就出现了,以亲疏或远近的关系相争取悔吝就出现了,以真实或虚伪的行为相感触利害就出现了。从《周易》实际情况看,两个爻在一起如果不和谐就凶险,有时甚至进行戕害,从而既悔且吝。将要背叛的人他的话表现出惭愧,内心有疑虑的人他的话表现出枝蔓,好人的话少,浮躁的人话多,把好事讲成坏事的人他的话游移不定,丧失操守的人他的话屈而不伸。

说卦

【原文】

昔者圣人之作《易》也,幽赞于神明而生蓍,参天两地而倚数,观变于阴阳而立卦,发挥于刚柔而生爻,和顺于道德而理于义,穷理尽性以至于命。昔者圣人之作《易》也,将以

顺性命之理。是以立天之道,曰阴与阳;立地之道,曰柔与刚;立人之道,曰仁与义。兼三才而两之,故《易》六画而成卦;分阴分阳,迭用柔刚,故《易》六位而成章。天地定位,山泽通气,雷风相薄,水火不相射,八卦相错。数往者顺,知来者逆,是故《易》逆数也。

雷以动之,风以散之,雨以润之,日以烜之,艮以止之,兑以说之,乾以君之,坤以藏之。

帝出乎震,齐乎巽,相见乎离,致役乎坤,说言乎兑,战乎乾,劳乎坎,成言乎艮。万物"出乎震",震,东方也。"齐乎巽",巽,东南也。齐也者,言万物之絜齐也。离也者,明也,万物皆相见,南方之卦也。圣人南面而听天下,向明而治,盖取诸此也。坤也者,地也,万物皆致养焉,故曰"致役乎坤"。兑,正秋也,万物之所说也,故曰"说言乎兑"。"战乎乾",乾,西北之卦也,言阴阳相薄也。坎者,水也,正北方之卦也;劳卦也,万物之所归也,故曰"劳乎坎"。艮,东北之卦也,万物之所成终而所成始也,故曰"成言乎艮"。

"神"也者,妙万物而为言者也。动万物者莫疾乎雷,桡万物者莫疾乎风,燥万物者莫熯乎火,说万物者莫说乎泽,润万物者莫润乎水,终万物始万物者莫盛乎艮。故水火相逮,雷风不相悖,山泽通气,然后能变化,既成万物也。

乾,健也;坤,顺也;震,动也;巽,入也;坎,陷也;离,丽也;艮,止也;兑,说也。

乾为马,坤为牛,震为龙,巽为鸡,坎为豕,离为雉,艮为狗,兑为羊。

乾为首,坤为腹,震为足,巽为股,坎为耳,离为目,艮为手,兑为口。

乾,天也,故称乎父;坤,地也,故称乎母。震,一索而得男,故谓之长男;巽,一索而得女,故谓之长女。坎,再索而得男,故谓之中男;离,再索而得女,故谓之中女。艮,三索而得男,故谓之少男;兑,三索而得女,故谓之少女。

乾为天、为圜、为君、为父、为玉、为金、为寒、为冰、为大赤、为良马、为老马、为瘠马、为驳马、为木果。

坤为地、为母、为布、为釜、为吝啬、为均、为子母牛、为大舆、为文、为众、为柄。其于地也为黑。

震为雷、为龙、为玄黄、为旉、为大涂、为长子、为决躁、为苍筤竹、为萑苇。其于马也为善鸣、为馵足、为作足、为的颡。其于稼也为反生。其究为健、为蕃鲜。

巽为木、为风、为长女、为绳直、为工、为白、为长、为高、为进退、为不果、为臭。其于人也为寡发、为广颡、为多白眼。为近利市三倍。其究为躁卦。

坎为水、为沟渎、为隐伏、为矫輮、为弓轮。其于人也为加忧、为心病、为耳痛、为血卦、为赤。其于马也为美脊、为亟心、为下首、为薄蹄、为曳。其于舆也为多眚。为通、为月、为盗。其于木也为坚多心。

离为火、为日、为电、为中女、为甲胄、为戈兵。其于人也为大腹。为干卦。为鳖、为蟹、为蠃、为蚌、为龟。其于木也为科上槁。

艮为山、为径路、为小石、为门阙、为果蓏、为阍寺、为指、为狗、为鼠、为黔喙之属。其于木也为坚多节。

兑为泽、为少女、为巫、为口舌、为毁折、为附决。其于地也为刚卤。为妾、为羊。

【译文】

以前圣人在写作《周易》的时候,由于有神人在幽冥中帮助生出了蓍草,以三为天数,以二为地数,得出了卦爻的数目。观察阴阳的变化建立了卦,发挥刚柔的性质产生了爻,八卦温和顺从于道德并为义所控制,穷尽事物的道理和人的本性去达到与天命的统一。

以前圣人在写作《周易》的时候,要把《周易》写得顺应着自然规律。建立天的规律的是阴和阳,建立地的规律的是柔和刚,建立人的规律的是仁和义,每一卦包括天地人,而且是两次,因此《周易》要六画才成为一卦。爻既然分阴分阳,又接着用柔用刚,因此《周易》要六个爻位才成为一卦。

天和地定出上下位置,山和泽彼此沟通声气,雷和风相互逼迫,水和火相互激射。八卦是相互交错的。

计算过去要顺着数,预知未来要倒着数(《周易》是预知未来的),因此《周易》是要倒着数的。

雷(震)能振奋鼓动万物,风(巽)能散布流通万物。雨(坎)能滋润万物,日(离)能晒干万物。艮(山)能留住万物,兑(泽)能欣悦万物。乾(天)能君临万物,坤(地)能储藏万物。

天帝在震产生万物,万物发展到巽就整齐了,发展到离就彼此相见了,发展到坤就各自取得帮助了,发展到兑都喜悦了,发展到乾都在阴阳搏斗之中了,发展到坎都疲劳了,发展到艮都成长了。

万物到正春四十五日阶段都生出来了。震是东方的卦,万物到春末夏初四十五日阶段都长整齐了。巽是东南方的卦。齐是万物长得整齐。离是光明,属于正夏四十五日阶段,这时候万物盛长,彼此相见。离是南方的卦。圣人面朝南治理天下,就是对离卦意义有所吸取。坤象征地,万物都从土地中得到营养,所以说"从坤得到帮助"。兑是正秋四十五日阶段,这时候万物都以长成而喜悦,所以说"到了兑就喜悦了"。"到了乾就阴阳搏斗",乾是西北方的卦,并属于秋末冬初这四十五日阶段,这时候阴和阳是相互搏斗的。坎象征水,是正北方的卦,并属于正冬四十五日阶段,这时候万物都已经疲劳,因而坎为劳卦,是万物归藏的地方,所以说"到了坎一切都疲劳了"。艮是东北方的卦,属于冬末春初四十五日阶段,这时候万物既完成了终结,又完成了开始,所以说"到了艮就完成了"。

神是从比万物都更加神妙说的。鼓动万物没有比雷更迅猛的,倒伏万物没有比风更疾速的,干燥万物没有比火更炎热的,欣悦万物没有比泽更和悦的,滋润万物没有比水更湿润的,最终成就万物又重新萌生万物没有比艮更美盛的。所以水火是相互联系的,雷风是不相违背的,山泽是彼此通气的,这样以后才能在变化之中使万物都产生出来。

乾卦是刚健的,坤卦是柔顺的。震卦是震动万物的,巽卦是进入万物的。坎卦意味陷没,离卦意味附丽。艮卦表示静止,兑卦表示和悦。

乾卦象征马,坤卦象征牛,震卦象征龙,巽卦象征鸡,坎卦象征猪,离卦象征野鸡,艮卦象征狗,兑卦象征羊。

乾卦象征脑袋,坤卦象征肚子,震卦象征脚,巽卦象征大腿,坎卦象征耳朵,离卦象征眼睛,艮卦象征手,兑卦象征口。

乾是天,所以叫父亲。坤是地,所以叫母亲。震卦求之于第一爻是个阳爻,算是"得男",由于第一爻是阳爻,所以叫"长男"。巽卦求之于第一爻是个阴爻,算是"得女",由于第一爻是阴爻,所以叫"长女"。坎卦求之于第二爻是个阳爻,算是"得男",由于第二爻是阳爻,所以叫"中男"。离卦求之于第二爻是个阴爻,算是"得女",由于第二爻是阴爻,所以叫"中女"。艮卦求之于第三爻是个阳爻,算是"得男",由于第三爻是阳爻,所以叫"少男"。兑卦求之于第三爻是个阴爻,算是"得女",由于第三爻是阴爻,所以叫"少女"。

乾是天,是圆,是君,是父,是玉,是金,是寒,是冰,是太阳,是好马,是老马,是瘦马,是花马,是木果。

坤是地,是母亲,是布帛,是锅子,是吝啬,是平均,是子牛和母牛,是大车子,是文采,是群众,是手柄,对于地来说是黑色。

震是雷,是龙,是青黄色,是花朵,是大路,是大儿子,是有力地动,是又青又嫩的竹子,是蒹葭。作为马来说是会叫的,是左后脚白色的,是跳起脚来的,是白额头的。作为庄稼来说是种子顶着甲壳生的。归根到底是强健,是茂盛鲜明。

巽是木,是风,是大女儿,是引绳取直,是工,是长,是高,是或进或退,是没有结果,是一种气味。对于人来说是少头发,是宽额头,是白眼球多,是接近利益为市场上的三倍。归根到底是躁动的卦。

坎是水,是沟河,是隐藏,是矫揉,是弓和轮。对于人来说,是增加忧虑、是心病,是耳病,是血卦,是红色。对于马来说,是好的背脊,是亟心,是下首,是薄蹄,是拖曳。对于车子来说,是多毛病,是通达,是月亮,是盗贼。对于树木来说,是坚多心。

离是火,是太阳,是电光,是中女,是铠甲和头盔,是戈这一类武器。对于人来说,是大肚子,是干燥的卦,是甲鱼,是螃蟹,是田螺,是蚌壳,是乌龟。对于树木来说,是枝桠上部枯槁。

艮是山,是小路,是小石头,是门楼,是木本和草本植物果实,是太监,是指头,是狗,是老鼠,是黑嘴巴野兽之类。对于树木来说是坚硬多节的。

兑是湖泊,是年轻的女子,是女巫。是多口多舌,是冲毁折断,是傍着岸冲开。对于地来说是坚硬贫瘠。是小妻,是羊。

序卦

【原文】

　　有天地，然后万物生焉。盈天地之间者唯万物，故受之以屯。屯者盈也，屯者物之始生也。物生必蒙，故受之以蒙。蒙者蒙也，物之稚也。物稚不可不养也，故受之以需。需者饮食之道也。饮食必有讼，故受之以讼。讼必有众起，故受之以师。师者众也。众必有所比，故受之以比。比者，比也。比必有所畜，故受之以小畜。物畜然后有礼，故受之以履。履而泰，然后安，故受之以泰。泰者，通也。物不可以终通，故受之以否。物不可以终否，故受之以同人。与人同者，物必归焉，故受之以大有。有大者不可以盈，故受之以谦。有大而能谦必豫，故受之以豫。豫必有随，故受之以随。以喜随人者必有事，故受之以蛊。蛊者，事也。有事而后可大，故受之以临。临者，大也。物大然后可观，故受之以观。可观而后有所合，故受之以噬嗑。嗑者，合也。物不可以苟合而已，故受之以贲。贲者，饰也。致饰然后亨则尽矣，故受之以剥。剥者，剥也。物不可以终尽，剥穷上反下，故受之以复。复则不妄矣，故受之以无妄。有无妄然后可畜，故受之以大畜。物畜然后可养，故受之以颐。颐者，养也。不养则不可动，故受之以大过。物不可以终过，故受之以坎。坎者，陷也。陷必有所丽，故受之以离。离者，丽也。

　　有天地然后有万物，有万物然后有男女，有男女然后有夫妇，有夫妇然后有父子，有父子然后有君臣，有君臣然后有上下，有上下然后礼义有所错。夫妇之道不可以不久也，故受之以恒。恒者，久也。物不可以久居其所，故受之以遁。遁者，退也。物不可以终遁，故受之以大壮。物不可以终壮，故受之以晋。晋者，进也。进必有所伤，故受之以明夷。夷者，伤也。伤于外者必反于家，故受之以家人。家道穷必乖，故受之以睽。睽者，乖也。乖必有难，故受之以蹇。蹇者，难也。物不可以终难，故受之以解。解者，缓也。缓必有所失，故受之以损。损而不已必益，故受之以益。益而不已必决，故受之以夬。夬者，决也。决必有所遇，故受之以姤。姤者，遇也。物相遇而后聚，故受之以萃。萃者，聚也。聚而上者谓之升，故受之以升。升而不已必困，故受之以困。困乎上者必反下，故受之以井。井道不可不革，故受之以革。革物者莫若鼎，故受之以鼎。主器者莫若长子，故受之以震。震者，动也。物不可以终动，止之，故受之以艮。艮者，止也。物不可以终止，故受之以渐。渐者，进也。进必有所归，故受之以归妹。得其所归者必大，故受之以丰。丰者，大也。穷大者必失其居，故受之以旅。旅而无所容，故受之以巽。巽者，入也。入而后说之，故受之以兑。兑者，说也。说而后散之，故受之以涣。涣者，离也。物不可以终离，故受之以节。节而信之，故受之以中孚。有其信者必行之，故受之以小过。有过物者必济，故受之以既济。物不可穷也，故受之以未济终焉。

【译文】

有了天地然后万物才产生。充满天地之间的只有万物，所以用屯卦承接着象征天地的乾坤卦，屯是充满的意思。屯卦又表示万物开始产生，万物在开始产生的时候一定蒙昧幼稚，所以用蒙卦承接着，蒙是蒙昧幼稚的意思。蒙是蒙昧，是物的幼稚，物在幼稚的时候不可以不喂养，所以用需卦承接着，需卦是讲饮食情况的。饮食必然会有争讼，所以用讼卦承接着。争讼必然会有许多人起来。所以用师卦承接着，师是许多人，人多了必然有联系，所以用比卦承接着，比是联系的意思。人们有联系必然有积蓄，所以用小畜卦承接着。有了东西积蓄然后才有礼让，所以用履卦承接着。能够礼让就会通泰，然后归于安定，所以用泰卦承接着，泰是通畅的意思。事物不可以永远通畅下去，所以用否卦承接着。事物不可以永远否塞下去，所以用同人卦承接着。与人和同（搞好关系）的人别人一定会归向他，所以用大有卦承接着。有大收获的人不可以骄盈自满，所以用谦卦承接着。有大收获又能谦虚必然快乐，所以用豫卦承接着。快乐一定有人跟随，所以用随卦承接着。以喜悦心情跟随别人的人一定有事情，所以用蛊卦承接着，蛊是事情的意思。有事情然后可以壮大，所以用临卦承接着，临是壮大的意思。东西大了然后可以观察，所以用观卦承接着。可以观察然后有所遇合，所以用噬嗑卦承接着，嗑是遇合的意思。事物不可以随便不讲原则相合，所以用贲卦承接着，贲是修饰之使合于原则的意思。尽量修饰然后亨通就会归于穷尽，所以用剥卦承接着，剥是剥落的意思。事物不可以终归于穷尽，剥落穷于上就会返于下，所以用复卦承接着。能回复到正道就不会虚妄，所以用无妄卦承接着。有没有虚妄的境界然后可以畜外物，所以用大畜卦承接着。外物被畜了然后可以养，所以用颐卦承接着，颐是养的意思。不养就不可动，所以用大过卦承接着。物不可以总是过分，所以用坎卦承接着，坎是陷落的意思。陷落必须要有所依附，所以用离卦承接着，离是依附的意思。

有了天和地然后世界上才有一切的物，有了一切的物然后才有男人和女人，有了男人和女人然后才有丈夫和妻子，有了丈夫和妻子然后才有父亲和儿子，有了父亲和儿子然后才有君主和臣下，有了君主和臣下然后才有上和下的区别，有了上和下的区别然后礼义才有安排。丈夫和妻子的结合是不可不长久的，所以用恒卦承接着，恒是长久的意思。任何东西都不可以长久停留在一个地方，所以用遁卦承接着，遁是退下来的意思。任何东西都不可以老是在退，所以用大壮卦承接着。任何东西都不可以老是在壮，所以用晋卦承接着，晋是前进的意思。前进必然会受到伤害，所以用明夷卦承接着，夷是伤害的意思。在外面受到伤害的人必然要回到他的家里，所以用家人卦承接着。家道困穷必然会颠倒错乱，所以用睽卦承接着，睽是违背的意思。颠倒错乱必然有困难，所以用蹇卦承接着，蹇是困难的意思。任何东西都不可以老是困难，所以用解卦承接着，解是缓解的意思。缓解必然会有损失，所以用损卦承接着。损失不停止必然会增加，所以用益卦承接着。增加不停止必然会破裂，所以用夬卦承接着，夬是破裂的意思。破裂必然会有

遭遇,所以用姤卦承接着,姤是遭遇的意思。任何东西相遭遇就会聚集在一起,所以用萃卦承接着,萃是聚集的意思。聚集着向上叫作升,所以用升卦承接着。上升不停止必然会有困难,所以用困卦承接着。困在上面的必然回到下面,所以用井卦承接着。井的情况不可以不变革,所以用革卦承接着。变革事物的没有比鼎更好,所以用鼎卦承接着。主持鼎器的人没有比大儿子更好,所以用震卦承接着,震是动的意思。任何东西不可以老是在动,要停止下来,所以用艮卦承接着,艮是停止的意思。任何东西不可以老是在静止,所以用渐卦承接着,渐是前进的意思。前进必然会有归宿,所以用归妹卦承接着。得到归宿地方的必然盛大,所以用丰卦承接着,丰是盛大的意思。穷极盛大的人必然会失去住的地方,所以用旅卦承接着。当旅客却没有容身之地,所以用巽卦承接着,巽是进去的意思。进去以后就高兴,所以用兑卦承接着,兑是高兴的意思。高兴就会散失,所以用涣卦承接着,涣是离散的意思。任何东西都不会永远离散,所以用节卦承接着。有节制然后可以相信,所以用中孚卦承接着。有信用的人一定会去做,所以用小过卦承接着。有超过外物本领的人必然成功,所以用既济卦承接着。任何东西都不会穷尽,所以用未济卦承接着作为终结。

杂卦

【原文】

乾刚坤柔。比乐师忧。临观之义,或与或求。屯见而不失其居,蒙杂而著。

震,起也;艮,止也。损、益,盛衰之始也。大畜,时也;无妄,灾也。萃聚而升不来也。谦轻而豫怠也。噬嗑,食也;贲,无色也。兑见而巽伏也。随,无故也;蛊,则饬也。

剥,烂也;复,反也。晋,昼也;明夷,诛也。井通而困相遇也。咸,速也;恒,久也。涣,离也;节,止也。解,缓也;蹇,难也。

睽,外也;家人,内也。否、泰,反其类也。大壮则止;遁则退也。

大有,众也;同人,亲也。革,去故也;鼎,取新也。小过,过也;中孚,信也。〔需不进也,讼不亲也,大过颠也。〕

丰,多故也;亲寡,旅也。离上而坎下也。小畜,寡也;履,不处也。需,不进也;讼,不亲也。大过,颠也;姤,遇也,柔遇刚也。渐,女归待男行也。颐,养正也;既济,定也。归妹,女之终也。未济,男之穷也。夬,决也,刚决柔也;君子道长,小人道忧也。

【译文】

乾卦刚健,坤卦阴柔。比卦快乐,师卦忧愁。临卦和观卦的意义,或者是给与,或者是请求。屯卦是万物开始出现,各不丧失其位置,蒙卦是万物杂处而显著。震卦是奋起。

艮卦是静止。损卦和益卦是盛大和衰微的开始。大畜卦是讲时机。无妄卦是讲灾祸。萃卦是聚集,升卦是不来。谦卦是轻浮,豫卦是懈怠。噬嗑是吃东西。贲卦是没有颜色。兑卦是看见,巽卦是逊伏。随卦是无缘无故。蛊卦是整顿治理。剥卦是烂掉。复卦是回去。晋卦是白天。明夷卦是诛杀。井卦是水通于地上,困卦是彼此相逢。咸卦是迅速。恒卦是永久。涣卦是离散。节卦是制上。解卦是缓和。蹇卦是困难。睽卦是讲外面,家人卦是讲家里。否卦和泰卦将变得各自与它的同类相反。大壮卦是停止。遁卦是后退。大有卦讲得到众人支持。同人卦讲与众人亲近。革卦是去掉旧的。鼎卦是取得新的。小过卦是讲小有过失。中孚卦是讲要有信用。丰卦是讲多事。旅卦是讲亲近的人少。离卦是火向上升。坎卦是水向下降。小畜卦是讲少。履卦是讲不停止。需卦是不前进。讼卦是不相亲。大过卦是讲颠倒。姤卦是讲碰上,是阴柔碰上阳刚。渐卦是女子出嫁要等待男子亲迎才走。颐卦是培养正气。既济卦是已经成功。归妹卦是女郎的终了。未济卦是男子的穷困。夬卦是冲开,是阳刚冲开阴柔,是君子之道不断上升,小人之道不断下降。

中华传世藏书

儒家经典

图文珍藏本

礼　记

[春秋] 孔子 ◎ 著

导读

　　《礼记》，是中国古代一部重要的典章制度书籍，主要记载和论述了先秦的礼制、礼仪，解释仪礼，记录孔子和弟子等的问答，记述修身做人的准则。全书用记叙文形式写成，一些篇章具有相当的文学价值。有的用短小的生动故事表明某一道理，有的气势磅礴、结构谨严，有的言简意赅、意味隽永，有的擅长心理描写和刻画，书中还收有大量富有哲理的格言、警句，精辟而深刻。实际上，这部九万字左右的著作内容广博，门类杂多，涉及政治、法律、道德、哲学、历史、祭祀、文艺、日常生活、历法、地理等诸多方面，几乎包罗万象，集中体现了先秦儒家的政治、哲学和伦理思想，是研究先秦社会的重要资料。

曲礼上第一

【原文】

《曲礼》曰：毋不敬，俨若思，安定辞，安民哉。

敖不可长，欲不可从，志不可满，乐不可极。

贤者狎而敬之，畏而爱之。爱而知其恶，憎而知其善。积而能散。安安而能迁。临财毋苟得，临难毋苟免。很毋求胜，分毋求多。疑事毋质，直而勿有。

若夫坐如尸，立如齐。礼从宜，使从俗。

夫礼者，所以定亲疏、决嫌疑、别同异、明是非也。礼，不妄说人，不辞费。礼，不逾节，不侵侮，不好狎。修身践言，谓之善行。行修言道，礼之质也。礼，闻取于人，不闻取人。礼，闻来学，不闻往教。

道德仁义，非礼不成；教训正俗，非礼不备；分争辨讼，非礼不决；君臣上下，父子兄弟，非礼不定；宦学事师，非礼不亲；班朝治军，莅官行法，非礼威严不行；祷祠祭祀，供给鬼神，非礼不诚不庄。是以君子恭敬、撙节、退让以明礼。鹦鹉能言，不离飞鸟；猩猩能言，不离禽兽。今人而无礼，虽能言，不亦禽兽之心乎？夫唯禽兽无礼，故父子聚麀。是故圣人作，为礼以教人，使人以有礼，知自别于禽兽。

大上贵德，其次务施报。礼尚往来，往而不来，非礼也；来而不往，亦非礼也。人有礼则安，无礼则危，故曰，礼者不可不学也。夫礼者，自卑而尊人，虽负贩者，必有尊也，而况富贵乎？富贵而知好礼，则不骄不淫；贫贱而知好礼，则志不慑。

人生十年曰幼，学。二十曰弱，冠。三十曰壮，有室。四十曰强，而仕。五十曰艾，服官政。六十曰耆，指使。七十曰老，而传。八十、九十曰耄，七年曰悼。悼与耄，虽有罪，不加刑焉。百年曰期，颐。

大夫七十而致事，若不得谢，则必赐之几杖，行役以妇人。适四方，乘安车。自称曰"老夫"，于其国则称名。越国而问焉，必告之以其制。

谋于长者，必操几杖以从之。长者问，不辞让而对，非礼也。

凡为人子之礼，冬温而夏清，昏定而晨省，在丑夷不争。

夫为人子者，三赐不及车马，故州闾乡党称其孝也，兄弟亲戚称其慈也，僚友称其弟

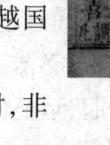

《礼记》书影

109

也，执友称其仁也，交游称其信也；见父之执，不谓之进不敢进，不谓之退不敢退，不问不敢对。此孝子之行也。

夫为人子者，出必告，反必面，所游必有常，所习必有业，恒言不称老。年长以倍，则父事之；十年以长，则兄事之；五年以长，则肩随之。群居五人，则长者必异席。

为人子者，居不主奥，坐不中席，行不中道，立不中门。食飨不为概，祭祀不为尸。听于无声，视于无形。不登高，不临深。不苟訾，不苟笑。

孝子不服暗，不登危，惧辱亲也。父母存，不许友以死，不有私财。

为人子者，父母存，冠、衣不纯素。孤子当室，冠、衣不纯采。

幼子常视毋诳。童子不衣裘裳，立必正方，不倾听。长者与之提携，则两手奉长者之手。负、剑、辟咡诏之，则掩口而对。

从于先生，不越路而与人言。遭先生于道，趋而进，正立拱手。先生与之言则对；不与之言则趋而退。

从长者而上丘陵，则必乡长者所视。

登城不指，城上不呼。

将适舍，求毋固。将上堂，声必扬。户外有二屦，言闻则入，言不闻则不入。将入户，视必下。入户奉扃，视瞻毋回；户开亦开，户阖亦阖；有后入者，阖而勿遂。毋践屦，毋踏席，抠衣趋隅，必慎唯诺。

大夫、士出入君门，由阑右，不践阈。

凡与客入者，每门让于客。客至于寝门，则主人请入为席，然后出迎客。客固辞，主人肃客而入。主人入门而右，客入门而左。主人就东阶，客就西阶。客若降等，则就主人之阶。主人固辞，然后客复就西阶。主人与客让登，主人先登，客从之，拾级聚足，连步以上。上于东阶则先右足，上于西阶则先左足。

帷薄之外不趋。堂上不趋。执玉不趋。堂上接武，堂下布武。室中不翔。并坐不横肱。授立不跪，授坐不立。

凡为长者粪之礼，必加帚于箕上，以袂拘而退，其尘不及长者，以箕自乡而扱之。奉席如桥衡。请席何乡，请衽何趾。席南乡、北乡，以西方为上；东乡、西乡，以南方为上。

若非饮食之客，则布席，席间函丈。主人跪正席，客跪抚席而辞。客彻重席，主人固辞。客践席，乃坐。主人不问，客不先举。将即席，容毋怍。两手抠衣去齐尺。衣毋拨，足毋蹶。

先生书策琴瑟在前，坐而迁之，戒勿越。虚坐尽后，食坐尽前。坐必安，执尔颜。长者不及，毋儳言。正尔容，听必恭。毋剿说，毋雷同。必则古昔，称先王。侍坐于先生，先生问焉，终则对。请业则起，请益则起。父召无"诺"，先生召，无"诺"，"唯"而起。侍坐于所尊敬，毋余席。见同等不起。烛至，起。食至，起。上客，起。烛不见跋。尊客之前不叱狗。让食不唾。

侍坐于君子，君子欠伸，撰杖屦，视日蚤莫，侍坐者请出矣。侍坐于君子，君子问更

端,则起而对。侍坐于君子,若有告者曰"少间,愿有复也"。则左右屏而待。毋侧听,毋噭应,毋淫视,毋怠荒。游毋倨,立毋跛,坐毋箕,寝毋伏。敛发毋髢,冠毋免,劳毋袒,暑毋褰裳。

侍坐于长者,屦不上于堂,解屦不敢当阶。就屦,跪而举之,屏于侧。乡长者而屦,跪而迁屦,俯而纳屦。

离坐离立,毋往参焉。离立者,不出中间。

男女不杂坐,不同椸枷,不同巾栉,不亲授。嫂叔不通问。诸母不漱裳。外言不入于梱,内言不出于梱。

女子许嫁,缨,非有大故,不入其门。姑、姊妹、女子子,已嫁而反,兄弟弗与同席而坐,弗与同器而食。父子不同席。

男女非有行媒,不相知名;非受币,不交不亲。故日月以告君,齐戒以告鬼神,为酒食以召乡党僚友,以厚其别也。

取妻不取同姓,故买妾不知其姓则卜之。寡妇之子,非有见焉,弗与为友。

贺取妻者,曰:"某子使某,闻子有客,使某羞。"

贫者不以货财为礼,老者不以筋力为礼。

名子者不以国,不以日月,不以隐疾,不以山川。

男女异长。男子二十,冠而字。父前,子名;君前,臣名。女子许嫁,笄而字。

凡进食之礼,左殽右胾,食居人之左,羹居人之右。脍炙处外,醢酱处内,葱渫处末,酒浆处右;以脯脩置者,左朐右末。客若降等,执食,兴,辞。主人兴,辞于客,然后客座。主人延客祭,祭食,祭所先进,殽之序,遍祭之。三饭,主人延客食胾,然后辩殽。主人未辩,客不虚口。

侍食于长者,主人亲馈,则拜而食;主人不亲馈,则不拜而食。

共食不饱,共饭不泽手。

毋抟饭,毋放饭,毋流歠,毋咤食,毋啮骨,毋反鱼肉,毋投与狗骨,毋固获,毋扬饭,饭黍毋以箸,毋嚃羹,毋絮羹,毋刺齿,毋歠醢。客絮羹,主人辞不能亨。客歠醢,主人辞以窭。濡肉齿决,干肉不齿决。毋嘬炙。

卒食,客自前跪,彻饭齐以授相者,主人兴,辞于客,然后客坐。

侍饮于长者,酒进则起,拜受于尊所;长者辞,少者反席而饮。长者举,未釂,少者不敢饮。

长者赐,少者、贱者不敢辞。赐果于君前,其有核者怀其核。御食于君,君赐余,器之溉者不写,其余皆写。

馂余不祭。父不祭子,夫不祭妻。

御同于长者,虽贰不辞,偶坐不辞。

羹之有菜者用梜,其无菜者不用梜。

为天子削瓜者副之,巾以绤。为国君者华之,巾以绤。为大夫累之,士疐之,庶人

龁之。

父母有疾，冠者不栉，行不翔，言不惰，琴瑟不御，食肉不至变味，饮酒不至变貌，笑不至矧，怒不至詈。疾止复故。

有忧者侧席而坐。有丧者专席而坐。

水潦降，不献鱼鳖。献鸟者佛其首，畜鸟者则勿佛也。献车马者执策绥，献甲者执胄，献杖者执末，献民虏者操右袂，献粟者执右契，献米者操量鼓，献孰食者操酱齐，献田宅者操书致。

凡遗人弓者：张弓尚筋，弛弓尚角；右手执箫，左手承弣；尊卑垂帨。若主人拜，则客还辟辟拜。主人自受，由客之左，接下承弣，乡与客并，然后受。进剑者左首。进戈者前其镦，后其刃。进矛戟者前其镦。

进几杖者拂之。效马效羊者右牵之，效犬者左牵之。执禽者左首。饰羔雁者以缋。受珠玉者以掬。受弓剑者以袂。饮玉爵者弗挥。凡以弓剑、苞苴、箪笥问人者，操以受命，如使之容。

凡为君使者，已受命，君言不宿于家。君言至，则主人出拜君言之辱。使者归，则必拜送于门外。若使人于君所，则必朝服而命之。使者反，则必下堂而受命。

博闻强识而让，敦善行而不怠，谓之君子。君子不尽人之欢，不竭人之忠，以全交也。

礼曰："君子抱孙不抱子。"此言孙可以为王父尸，子不可以为父尸。为君尸者，大夫士见之，则下之。君知所以为尸者，则自下之。尸必式，乘必以几。

齐者不乐不吊。

居丧之礼，毁瘠不形，视听不衰。升降不由阼阶，出入不当门隧。居丧之礼，头有创则沐，身有疡则浴，有疾则饮酒食肉，疾止复初。不胜丧，乃比于不慈不孝。五十不致毁。六十不毁。七十唯衰麻在身，饮酒食肉，处于内。

生，与来日；死，与往日。

知生者吊，知死者伤。知生而不知死，吊而不伤。知死而不知生，伤而不吊。

吊丧弗能赙，不问其所费。问疾弗能遗，不问其所欲。见人弗能馆，不问其所舍。赐人者不曰"来取"，与人者不问其所欲。

适墓不登垄，助葬必执绋。临丧不笑。揖人必违其位。望柩不歌。入临不翔。当食不叹。邻有丧，舂不相；里有殡，不巷歌。适墓不歌。哭日不歌。送丧不由径，送葬不辟涂潦。临丧则必有哀色，执绋不笑，临乐不叹。介胄，则有不可犯之色。故君子戒慎，不失色于人。

国君抚式，大夫下之；大夫抚式，士下之。

礼不下庶人，刑不上大夫。刑人不在君侧。

兵车不式。武车绥旌，德车结旌。

史载笔，士载言。前有水，则载青旌。前有尘埃，则载鸣鸢。前有车骑，则载飞鸿。前有士师，则载虎皮。前有挚兽，则载貔貅。行，前朱鸟而后玄武，左青龙而右白虎；招摇

在上,急缮其怒。进退有度,左右有局,各司其局。

父之雠,弗与共戴天;兄弟之雠,不反兵;交游之雠,不同国。

四郊多垒,此卿大夫之辱也。地广大,荒而不治,此亦士之辱也。

临祭不惰。祭服敝则焚之,祭器敝则埋之,龟筴敝则埋之,牲死则埋之。凡祭于公者,必自彻其俎。

卒哭乃讳。礼:不讳嫌名,二名不遍讳。逮事父母,则讳王父母。不逮事父母,则不讳王父母。君所无私讳,大夫之所有公讳。《诗》《书》不讳,临文不讳,庙中不讳。夫人之讳,虽质君之前,臣不讳也。妇讳不出门。大功、小功不讳。入竟而问禁,入国而问俗,入门而问讳。

外事以刚日,内事以柔日。

凡卜筮日,旬之外曰"远某日",旬之内曰"近某日"。丧事先远日,吉事先近日,曰:"为日,假尔泰龟有常,假尔泰筮有常。"

卜筮不过三。卜筮不相袭。

龟为卜,筴为筮。卜筮者,先圣王之所以使民信时日、敬鬼神、畏法令也;所以使民决嫌疑、定犹与也。故曰:"疑而筮之,则弗非也;日而行事,则必践之。"

君车将驾,则仆执策立于马前。已驾,仆展轮,效驾,奋衣由右上,取贰绥;跪乘,执策分辔,驱之,五步而立。君出就车,则仆并辔授绥,左右攘辟。

车驱而驺,至于大门,君抚仆之手,而顾命车右就车。门闾、沟渠,必步。

凡仆人之礼,必授人绥。若仆者降等,则受,不然则否。若仆者降等,则抚仆之手;不然,则自下拘之。

客车不入大门。妇人不立乘。犬马不上于堂。

故君子式黄发,下卿位,入国不驰,入里必式。

君命召,虽贱人,大夫士必自御之。

介者不拜,为其拜而蓌拜。

祥车旷左。乘君之乘车不敢旷左,左必式。

仆御妇人,则进左手,后右手。御国君,则进右手,后左手而俯。国君不乘奇车。

车上不广欬,不妄指。立视五巂,式视马尾,顾不过毂。国中以策彗恤勿驱。尘不出轨。

国君下齐牛,式宗庙。大夫、士下公门,式路马。乘路马,必朝服载鞭策,不敢授绥,左必式。步路马,必中道。以足蹙路马刍,有诛。齿路马,有诛。

【译文】

《曲礼》说:"君主行礼时要做到十分恭敬,态度像正在思虑一样端庄持重,说出的话都经过深思熟虑。这样可使人民安定啊!"

傲慢之心不可滋长,欲望不可放纵,意志上不可自满,欢乐不可到极点。

贤德的人对亲近的人能做到敬重,对于钦佩的人能做到爱慕。对于喜爱的人能了解他的缺点,对憎恶的人能了解他的优点。积聚的财富能散发赈济,当安居逸乐时能迁于为善。面对财物,不随便取;面对危难,该赴难的不苟且逃避。对于非原则的忿争,不求压服对方;分配财物时,不贪求多得。对有怀疑的事,不随便做结论;正确的见解,也不自夸只有自己懂得。

至于坐的样子要像祭祀的尸一样,站立的样子要像祭祀时屈身磬折一样。礼应该顺应当前的实际情况,出使别国要服从该国的习俗。

礼,是用来确定亲疏的标准,判断疑惑不解的问题,分辨事物的同异,明确事理的是非的。礼,不随便取悦于人,不空话连篇。礼要求不超越各种等级的规定,不傲慢侵凌别人,不随便与人亲热。修养自身的品德,说到都能做到,这是美好的品行。品行端正,说话合乎正道,这是礼的根本。学礼,只听说到师长处学,没听说让师长上门来教的;懂礼的人只听说别人自动来学习,没听说主动去教人的。

道德仁义不通过礼,不能有成效;教育以纠正习俗,要依据礼,才能完备;判断争议的事件和财产的诉讼,如不依据礼,就不能决断;君臣之间的上下级关系,父子兄弟之间的亲属关系,不依据礼,名分就不能确定;从师学习为吏之道和学业,不依据礼,师生之间关系就不能亲密;确定朝列位置,整顿军队,担任各种官职,执行法令,不依据礼,威严就不能树立;向神求福,还愿等各种祭祀,向鬼神进献祭品,不依据礼,就心不诚、不严肃。因为这样,所以君子都必须是态度恭敬,自觉节制谦让,以发扬礼义。鹦鹉虽会说话,仍不过是飞鸟;猩猩虽会说话,仍不过是走兽;如果有人不遵循礼,虽然会说话,而内心和禽兽不是一样的吗?只因为禽兽没有礼,所以出现父子共同与一牝兽交配的情况。因为如此,所以有圣人起来,制订礼来教导人,使人类有了礼,知道如何区别于禽兽。

上古之世,崇尚淳厚的品德;后来,才讲究得到别人的好处,一定设法报答。礼所崇尚的就是有施有报。如果只讲施,而不讲报,这是不合于礼的要求;相反,只讲报,而不讲施,也是不合于礼的要求。一个人的行为合于礼就平安,不合于礼就倾危。所以说:礼这件事是不能不学习的。礼所要求的,即克制自己尊重别人。即使是做苦力做小买卖的,其中一定有值得尊敬的人,何况那些有地位富贵的人呢?富贵的人而知道爱好礼,就可以不骄傲不放荡;贫贱的人懂得爱好礼,在思想上就不会畏首畏尾而迷惑于行事。

男子到十岁称为幼,开始就学。到二十岁称为弱,举行冠礼。到三十岁称为壮,成家娶妻。到四十岁称为强,在官府中从事具体工作。到五十岁称为艾,可以为大夫做长官。到六十岁称为耆,只发号司令指派别人。七十岁称为老,将家务移交给子孙。到八十、九十岁称为耄,幼儿七岁被称为悼。凡是悼和耄,即使有罪,也不加以处罚。到一百岁称为期,则事事需人奉养了。大夫到了七十岁,就告老退休。如果国君不批准请求,就赐几杖给他,出门办事时要妇女跟随照料。到外地去,乘坐安车;可以自称老夫,但在本国以名字自称。如有邻国来请教,国君要先询问老臣,老臣就讲述本国的典章制度。

到长者那里请教事情,一定要为他安置凭几、手杖。长者有所询问,如不先推辞谦

让，就径直回答，这是不合于礼的。

做儿子的礼节：冬天使父母温暖，夏天使父母凉快；晚上服侍父母安寝，早晨问父母安。与平辈人相处，则不争。

做儿子的礼节：虽然受到国君的三命，却自谦不乘所赐的车马，怕超越父辈的享受。这样的人，乡里中都称颂他孝顺，兄弟以及亲戚们都称颂他慈爱，同僚们都称颂他待人接物很有分寸，志同道合的朋友称颂他仁爱，一般的朋友称颂他言而有信。看到父亲的挚友，如不叫他前去，就不敢前去；不叫他离去，就不敢告退；不提问，不敢随便对答。这是做孝子所应有的行为。

做儿子的礼节：出门一定要向父母禀告，从外面回来一定要与父母照面，出游有固定的地方，平时学习都有作业。平时说话时不自称为"老"。比自己年龄大一倍的人，就以对待父亲的礼节对待他；比自己大十岁的，就以对待兄长的礼节对待他；比自己大五岁的人，走路时并排而稍后。五个人聚坐在一起，推尊年长的单独坐另一条席上。

做儿子的礼节：平时不坐在室内的西南角，坐席时，不坐在中央位置，行路时不走在道路的中央，站立时，不站在门的中央。宴客祭祀的规格、数量，不自定限制。在祭祀时不作尸。不待父母说话、行动，就能揣知父母的意思。不爬登高处，不临深渊，不随便毁谤别人，不应该发笑时不笑。

孝子不做秘密的事，不涉足险境，害怕使父母牵连受辱。父母活着，不答应朋友要己献身的要求，不能有私蓄。做儿子的礼节，父母健在，衣帽不能用白色镶边；如无父的适子，除丧后衣帽仍不用彩色镶边，表示不忘哀思。

对幼儿要经常进行正面教育，不能欺骗。儿童不穿皮衣和下裳，站立时一定正对一个方向，不能侧着头听别人说话。有长辈拉着一起走路，就要用双手捧着长辈的手。当大人背负幼儿或搂幼儿在胁下时，长辈侧着头在他耳边问话，小孩要用手遮住嘴来回答。

跟随老师出行，不要离开原路到路旁与别人说话。在路上碰到老师，要快步向前走，端正站立拱手表示敬意；老师跟他说话才回答，不跟他说话就赶紧快步退到一边。跟随长辈上山冈，视线要与长者所视的方向一致，以便回答长者的问话。登上城墙，不随便指指点点，在城墙上不大喊大叫，恐引起旁人的误会。

到他处做客，要求做到不粗鲁。将登主人堂屋，一定高声探问，使主人知道有人来。如果发现门外有两双鞋子，听到里面有谈话声，就可以进去，如听不到谈话声，就不能进去。将进门时，眼睛要往下看。进了门，捧着门闩，目光不扫视室内四周。门原是开的，进门后依然开着；门原是闭的，进门后把门闭上，如后面还有人要进来，只作慢慢关门的姿势，不将门关上。脱鞋时不要踩了先来人的鞋子，登席时不要超越序次，用手提起下裳，从席角走向座位。应对时，十分敬慎，说"唯"或"诺"。

大夫和士进出国君的门，应走门橛的右面，脚不踩门限。

同客人一道进门，经过每道门时都让客人先进。客人到了正寝门前，主人请求先进去铺坐席，然后出来迎接客人；客人一再辞让，主人在前引导客人进入。主人进门后向

右，客人进门后向左；主人登东阶，客人登西阶。如客人的身份比主人的地位低，就跟着登主人所登的东阶；主人一再辞让，然后客人重又去登西阶。主人和客人在登阶前互相谦让，主人先登台阶，客人紧跟着登上台阶，前足登上一级后，等后足跟上与前足并后，再往上登第二级，就这样一步一停地一直登上堂。如登东阶的要先迈右脚；登西阶的，要先迈左脚。

在帷幔帘子之外，不必快步走；在堂上不要快步趋走；手上拿着玉，不快步趋走。在堂上要细步走，在堂下可迈大步走。在室内不甩开胳膊走路。与别人并坐时，不要横出胳膊。给站着的人东西，不用下跪；给坐着的人东西，不要站着给。

给长辈打扫房间的礼：要将扫帚放在畚箕上面，用衣袖遮在扫帚前面，一边扫一边往后退，这样灰尘可以不扬及长者。用畚箕敛走时，也要向自己的方向扫。捧席子给长者时，席子要一头高一头低。如铺坐席，请示坐席的方向；如铺卧席，请问足在哪一方向。南北向的席，以西方为上位；东西向的席，以南方为上位。

如不是来宴会的客人，要铺相对的席子，两席的间距要有一丈。主人跪着亲自为客人整治席子，客人跪着两手按住席子推辞。客人要撤去加席，主人一再地辞让阻止。客人踏上席子，主人才落坐。主人不发问，客人不要抢先发问。客人将要就席，脸上的表情保持庄重，不要有所变化。落坐时，两手提起裳的下缉，离地面一尺，上衣不要掀动，步子不要急速。前面有老师的简册、琴瑟，应跪着把它搬开，切不可跨过去。

不是饮食的闲坐，要尽量靠席的后边沿坐，饮食时尽量靠席子的前边沿坐。坐要安稳，保持你原先的样子。长辈没有说到的事，不要打岔先说。保持庄重严肃的态度，听长辈说话时要恭敬，不要剽窃别人的说法，不要人云亦云，说话要以历史事实为依据，一定以过去历史上的事为法则，称道过去圣贤君主。陪伴老师闲坐，老师有事要问，等老师把话说完后才回答。请教学习上的问题，要起立；请求再次讲解时，要起立。父亲召唤时，答应不用"诺"；老师召唤时，答应也不用"诺"。用"唯"回答，立即起立。陪侍尊者闲坐，尊者独坐一席，侍者坐在另一席的席端边沿，尽量靠近尊者，看见同辈的人进来，不起立。送烛来，要起立；送饮食来，要起立；主人的贵客来，要起立。火把烧完后，立即将把手拿走。主人在贵客面前不呵斥狗。客人辞让食物时，不吐口水。

陪侍尊长闲坐，尊长打呵欠，伸懒腰，拿起手杖、鞋子，出去看太阳的位置是早还是晚，陪侍的就要告退了。陪侍尊长闲坐，如尊长换一个话题，问另一件事，陪侍的要起立回答。陪侍尊长闲坐时，如果有人对尊长说："有闲空时将有话禀告。"陪侍的就立即从左右退出待命。

不要侧着耳朵偷听，不要高声大叫，不要东张西望，不要散漫。行走时不要摆出傲慢的样子，站立时不要一脚落地一脚举起，坐时不要双脚伸开像个畚箕，寝卧时不要趴着。头发要结束起，不要披头散发，不要随便脱帽，劳作时不要袒衣露体，暑天炎热也不要撩起下裳。

陪侍尊长闲坐，不能将鞋子脱在堂上，不要在台阶前脱鞋。穿鞋子，要先跪下拿起鞋

子，退到台阶一侧穿。如果面向着尊长穿鞋，要先跪下把鞋子转过来，再俯下身子穿鞋。有两个人在一起坐着或一起站着，不要过去参与；有两个人在一起站着，不要从他们中间穿过。

男女不混杂坐在一处，不共用一个衣架挂衣，不共用一条脸巾和共用一把篦梳。男女不亲自送东西给对方。嫂子和小叔子之间不互相问候馈赠。不要庶母洗涤内衣。男人们的话不传进闺房，闺房中的话不流传到闺房之外。女子已经定聘，就佩带五彩丝带。不是发生大的变故，不进入她的房门。姑表姊妹和自己的女儿出嫁以后回来，他们的兄弟不同她们坐在同一席上，用餐时不用同一食器。父亲与女儿也不同席而坐。男女之间不通过媒人，不知道对方的名字，未受聘礼，男女双方不交际亲近。结婚的日期要上告国君，女方还要斋戒，于家庙告诉鬼神；结婚要准备酒宴招集乡亲邻里及同事好友，这些措施都是为了加强男女有别的观念。不娶同姓女子为妻，买妾不知所买女子的姓，则通过卜卦来决定。寡妇的儿子，没有高才卓识的表现，就不和他交朋友。

庆贺人家结婚，使者说："某人派遣某来，听说您宴客，特派某进献菜肴。"对贫穷的人，不要求奉献礼品为礼；对老年人，不要求以跪拜为礼。

给儿子起大名，不要用本国的国名，不用日、月等名词，不要用身上隐处的疾病作为大名，不用山名、河流名作大名。男女分开排行，男子二十岁行冠礼，并起字号。在父亲面前，做子辈的自称时用名；在国君面前，臣自称时用名。女子只要订了婚，就行笄礼，另起字号。

凡宴客的礼仪：带骨的熟肉放在左面，切好的块肉放在右面；饭食置于客人左边，汤置于客人的右面，肉丝、烤肉靠外放，醋酱等调味靠里放；蒸葱放置于酱醋的旁边，酒浆等饮料放置于右面。如在席上摆肉脯和炮制的干肉，形状屈曲的放在左面，边沿部位放在右面。如客人地位比主人低一等，客人端起饭食站起来致辞说不敢当，主人立即也站起来致辞请客人安席，然后客人重新坐下。主人先于客人行祭食之礼，行祭食之礼，先端上的食品先祭，各种肉食按照次序一一都祭。吃了三口饭后，主人带头并招呼客人吃块肉，然后将席上所有的肉食一一吃遍，主人如还没有吃完，客人不以酒漱口。

陪侍长辈做客参加饮宴，主人亲自布菜给他，拜谢以后再吃。主人没有亲自布菜给他，不用拜谢就可吃。

与他人一起用餐，不可光顾自己吃饭；共同在一个食器内取饭吃，临食时，不要搓手。抓饭时，不要把饭抟成饭团，不要将手上粘的饭再放回食器中，菜汤不可大口大口饮。吃饭时嘴巴不要发出咤咤的声响；不要啃咬骨头；吃过的鱼肉，剩下的不要又放回食器中。不要将骨头扔给狗吃；不要专吃一样菜，或与人争挟菜肴；不要扬去饭的热气；吃黍米饭不用筷子；羹中有菜当细嚼，不要不嚼而大口吞咽；不要往菜汤里放调味品；不要当众剔牙齿，不要大口地啖肉酱。客人往羹里放调味品，主人就抱歉地说自己不会烹饪；客人大口啖肉酱，主人就抱歉地说备办不够。卤的肉可以用牙齿咬断；干肉不用牙齿咬断，用手将它撕开。吃烤肉时不要一大块往嘴里塞。

吃完饭,客人在席前跪着收拾剩下的饭和酱,交给侍者。主人站起来请客人不要收拾,然后,客人重新坐下。

陪侍长辈饮酒,长辈将赐酒,要立即站起来,到酒樽的地方跪拜接受。如长辈说不要起立拜受,就回到席上饮所赐的酒;长辈举起酒杯还没有饮尽,晚辈不敢先饮。

长辈赏赐东西,晚辈或僮仆不敢推辞。国君赐食果品,如果是有核的,要把核放在怀里;给国君伴食劝食,国君把吃剩的赏赐给他,如是可以洗涤的器皿,不必倒到自己的食具中,其他盛器,都要倒到自己的食器中,再食。

吃剩的菜肴不能用来祭奠,即使是父亲吃剩的,也不能用来祭奠儿子;丈夫吃剩的,也不能用来祭奠妻子。

陪伴长辈在一起用餐,即使再给添饭菜,也不必推辞客气。宴席上做陪客,自己不必来一番辞让客气。

有菜的汤,要用筷子;没有菜的汤,不用筷子。

替天子削瓜,要分成四瓣,然后用细葛巾盖好;替国君削瓜,一分为二,用粗葛巾盖好;替大夫削瓜,中裂横断,不用巾盖;士只在瓜蒂处横断;庶人只咬着吃。

父母亲有了病,成年的儿子不梳头打扮;走路时不甩开双手;不说邪辟不正的言辞;不鼓琴瑟;可以吃肉,但不能吃得口味都变了;饮酒,不要喝到变脸色;不要大笑,露出牙床;发怒,不要气得骂人;等父母的病好了,才恢复平时的生活状态。有忧虑,如父母有病,则坐于单独席位;服丧的人,只坐单层席。

河枯水浅,不奉献鱼鳖;奉献野禽,要将鸟头扭转向后,如是驯养的禽鸟,就不用将鸟头扭转;奉献车马,手里只拿着马鞭和登车用的绳子;奉献铠甲,手里只拿着头盔;奉献手杖时,执着手杖的末端;奉献俘虏,抓住他右手衣袖;奉献谷物,拿着券契的右半;奉献米,拿着量米的容器;奉献熟食,拿着酱和切好的酱菜;奉献田产房产,拿着房地产转让文书。凡是赠送弓的,装好弓弦的弓,弓弦向上,没有装弓弦的,弓背向上。赠时右手拿着弓的一头,左手托着弓把中部,主客尊卑地位相等,双方都只要微微鞠躬,使佩巾垂下即可,如主人要拜谢,客人就要逡巡后退回避主人的拜谢。主人亲自接受,要从客人的左边,接弓的另一头,然后托着弓弣,主人与客人朝着同一方向站着授受。进奉剑给人,让剑柄歪向左边;进奉戈要把戈柄下端的鐏朝前,兵刃朝后;进奉矛戟,要将矛戟下端的镦朝前。

进奉凭几、手杖要擦拭干净。呈献马和羊用右手牵,呈献狗用左手牵。以禽鸟赠人,鸟头朝向左边,羔羊、雁等见面礼,用绘有云气的布覆盖。接受珠玉,要用双手捧;接受弓剑,合着衣袖去接。用玉爵饮酒,不甩倒剩酒,以防失手。凡是受家长派遣,以弓剑、茅草包着的鱼肉、竹器盛着的饮食去送人的,都要拿着东西听吩咐,像使者奉派出使的仪态。

凡是做国君的使者,接受了命令就不能在家里住宿。凡国君有命令来,主人要出门迎接传令使者,并说屈驾下临;使者回去,主人亲到门外拜送。如派遣他人到国君的地方去,要穿上朝服派遣;使者回来,一定要下堂接受国君的回示。

见多识广、记忆力极强而能够谦让的,修身力行而孜孜不倦的,便可称为"君子"。君

子不要求人赞美自己,也不要求人尽心效力于自己,这样才可以保持友谊的长久。

礼书上说:"君子抱孙子为尸,不抱儿子为尸。"这句话是说孙子可以做祖父的尸,而儿子不可以做父亲的尸。做国君尸的人,大夫、士等见到后都要下车;当国君知道某人将为尸,也要亲自下车;为尸者,如在车上,也要行式礼回敬。尸乘车时,一定用几踏着登车。斋戒的人不听音乐,不去吊丧。

服丧期间的礼:身体因悲痛而消瘦,但不能至于形毁骨立,视力听力也不要因悲痛而减退,上下不由阼阶,进出门时,不走在门外的路中央。服丧期间的礼:头上长了疮,可以洗头;身上有了疮,可以洗澡;有了病可以喝酒吃肉,病好了就要恢复当初服丧时的生活。如果因居丧而毁了身体,其过错相当于不孝不慈。年龄到五十岁的,要节哀,不可过分消瘦;六十岁的,不要使自己身体消瘦;七十岁的,只穿丧服,照常饮酒吃肉,仍住在内屋。

凡计算生人服丧日期,以死者死的第二天起算;死者殡敛之事,以死之日起算。与死者家属是朋友的,致慰问之辞;与死者本人是朋友的,致哀伤之辞。只和死者的家属是朋友,而和死者本人无交谊的,仅对家属致辞表示吊问,不对死者致辞表示哀伤;如仅与死者本人是朋友,而与家属无交谊的,仅向死者致辞表示哀伤,不向家属致辞表示慰问。

对死者家属吊问,而无力提供经济帮助的,就不要问丧事需要多少费用。如探望病人,没有什么礼物相赠,就不问他想要什么。见行人,如不能提供客馆居住的,就不问他止宿的地方。给人礼物,不说叫人来拿;给人东西,不要问对方要不要。

到墓地不登坟头;帮助办丧葬,在安葬时一定执绋。参加丧事,不能笑。拜揖尊者,一定要离开原位。看到棺柩不唱歌。进入灵堂,不能甩起胳膊走路。面对饮食,不应叹气。邻居有丧事,舂米时不唱歌;乡里中有死者尚未安葬,不在闾巷中唱歌。到墓地不唱歌,去吊丧这一天不唱歌。送葬不走小道,送葬执绋不避开路中的积水。参加丧葬一定要有哀痛的表情,执绋时不嬉笑。面对快乐之事不叹气。戴上头盔、披上甲衣,就要显示出不可侵犯的情态。君子要严肃谨慎,不要在人前有不适宜的情态。

国君行"抚式"之礼时,大夫就要下车致敬;大夫要行"抚式"之礼时,士就要下车致敬。不为庶人专门制订礼仪,大夫不按一般刑法议罪,而另有官刑。凡受过刑罚的人不能在国君的左右。

乘兵车不行式礼,兵车上的旌旗舒展开来,兵车以外的其他车则将旌旗收拢缠在竿上。

如随国君参加诸侯的会盟,太史、内史等随车带着笔等文具,士随车带着有关盟誓的档案。军队前进中,前方有大水挡道,前导就竖立画有青雀的旗;前方有大风尘土,就竖立画有老鹰的旗;前方有车骑,就竖立画有飞鸿的旗;前方发现有队伍,就竖立画有虎皮的旗;前方有猛兽,就竖立画有貔貅的旗帜。军队出行,先头部队打着画有朱雀的旗,殿后部队打着玄武的旗,左翼部队打着画有青龙的旗,右翼部队打着画有白虎的旗,画有北斗七星的旗帜在队伍中间的上空飘扬,用以加强和激励军队奋勇杀敌的勇气。军队的前进后退都有一定的法则,左翼右翼下又分若干部分,各个部分都有军官主管。

对杀死父亲的仇人，不和他共存于天下；对杀死兄弟的仇人，随身带着武器准备报仇；对杀死朋友的仇人，不共处于一国之中。王城四郊修筑了很多防御工事，这对执政的卿大夫来说，应看作是自己的耻辱；土地辽阔，却荒芜不耕，这也是做官吏的耻辱。

祭祀时不要怠慢疏忽。祭服破了就烧掉它，祭祀的用具坏了就埋掉它，占卜用的龟甲蓍草坏了就埋掉它，祭祀所用的牛羊猪等牲口未用前死了就埋掉它。凡是在国君处助祭的，祭祀完毕，一定自己撤去牲俎。

等到卒哭以后，才避父母的讳。礼规定：与父母名读音相同或相近的字不在避讳范围之内；如果父母的名字是两个字，在说话时，说到其中一个字时，可以不避讳。如果父母活着，要避祖父、祖母的讳；如果父母早亡，就不避祖父、祖母的讳。与国君谈话时，不避自己父母的讳；与大夫谈话时，要避国君的讳。诵读《诗经》《书经》时不避讳，写文告时不避讳，在祖庙中说祝辞时，不避讳。国君夫人的名讳，即使与国君面对面谈话，臣下可不加避讳，妇女的名讳仅在所居的宫门之内才需要遵守。对服"大功""小功"丧服的亲属不必避讳。进入别国的国境，就要打听该国有哪些禁令，进入国都就要询问当地的风俗习惯，到别人家里去，就要询问这家的避讳。

从事外事，要选择奇数的日子；从事内事，要选择偶数的日子。以卜筮选择吉日，如选旬外的，命辞就说"远某日"；如选旬内的，命辞就说"近某日"。办丧事，要先卜筮远日；办冠、婚娶等吉事，要先卜筮近日。在卜筮时的命辞："为了择日，借重你的灵龟，卜个可信的日子；借重你的灵蓍，择个可信的日子。"卜和筮都不能超过三次，卜过了就不要再筮；筮过了不要再卜。用龟甲来决定吉凶称为卜，用蓍草来定吉凶称为筮。所以要卜筮，这是先圣明君使人民相信选定的日子，崇敬鬼神，畏惧法令；使人民能决断疑惑的事，确定犹豫的事。所以说："有了疑惑的事才去卜筮，对卜筮的结果不要否定。卜筮业已择定的日子，就必定按时实施。"

国君出行套车时，御者拿着赶马杖，立在马的前面，马已经套好，御者要检查车箱的四周栏木；检验驾俱已完备，然后抖去衣上的灰尘由右面拉着副绥登车，跪在车上，拿起马鞭，并把马缰绳分开，左右手各握三根，赶马往前走五步，再停住。国君出来准备上车，御者将马缰绳并到一只手，腾出一只手把正绥交给国君，国君登车，左右诸臣退避让道。车子奔驰，到了大门，国君按住御者的手，回头叫车右上车。车行经过里门、沟渠时，车右都要下车步行。御者的礼节：一定要给人递登车的绥。如果御者的身份比乘车的人低，登车者就可以接绥登车，如果不是这种情况，就不能这么做。具体说来，如果御者身份低，乘车者就用一只手按住御者的手，另一只手接绥；如果御者身份与乘车者相同，乘车者就从御者手之下方拿过绥。宾客的车子，不能驶进主人家大门，妇人乘车不站着。客人送给主人犬马，不能牵到堂上。

国君看到老者，要行轼礼；经过卿的朝位，一定下车；进入城市，车子不奔驰；进入里巷，一定行轼礼。国君有命令召见，即使传命的使者是地位低下的人，大夫、士也要亲自去迎接他。穿上铠甲的武士，不行跪拜礼，只是身子略蹲下。祥车左面的位置一定要空

着。所以乘国君的车，不能空着左面的位置，位于车左的乘者，要一直凭轼行轼礼。为妇女赶车，御者要左手在前执马缰，右手在后执鞭；替国君赶车，御者要右手在前，左手在后，而且身子下俯。国君出行，不能只一辆车，要有从车。乘于车上不大声咳嗽，不指东指西，站在车上眼睛要看着正前方十丈远的地方；行轼礼时，看着车前的马尾；回头看，不能超过车毂。车子行驶城市中，只用策彗在马身上搔摩，不让马奔驰，使车行扬起的尘土，不超出车轮的印迹。

国君经过宗庙要下车，看到祭祀用牲牛，要行轼礼；大夫、士经过国君的门，一定要下车，看到国君用的车马，要行轼礼。乘用国君的车马，一定穿着朝服，马鞭载在一旁不用，不敢将绥授人，站在车的左位，一定要凭轼行轼礼。牵着国君的马行步训练，一定走在道路的中央；如果脚踢路马的草料，要受到责罚；看国君驾车马的口齿，也要受到责罚。

曲礼下第二

【原文】

凡奉者当心，提者当带。

执天子之器，则上衡；国君，则平衡；大夫，则绥之；士，则提之。

凡执主器，执轻如不克。执主器，操币圭璧，则尚左手。行不举足，车轮曳踵。立则磬折，垂佩。主佩倚，则臣佩垂；主佩垂，则臣佩委。执玉，其有藉者则裼，无藉者则袭。

国君不名卿老世妇；大夫不名世臣侄娣；士不名家相长妾。

君大夫之子，不敢自称曰"余小子"。大夫、士之子，不敢自称曰"嗣子某"，不敢与世子同名。

君使士射，不能，则辞以疾。言曰："某有负薪之忧。"

侍于君子，不顾望而对，非礼也。

君子行礼，不求变俗，祭祀之礼，居丧之服，哭泣之位，皆如其国之故，谨（脩）〔循〕其法而审行之。

去国三世，爵禄有列于朝，出入有诏于国；若兄弟宗族犹存，则反告于宗后。

去国三世，爵禄无列于朝，出入无诏于国，唯兴之日，从新国之法。

君子已孤不更名，已孤暴贵，不为父作谥。

居丧未葬，读丧礼；既葬读祭礼；丧复常，读乐章。居丧不言乐，祭事不言凶，公庭不言妇女。

振书、端书于君前，有诛。倒策、侧龟于君前，有诛。

龟策、几杖、席盖、重素、袗绤绤，不入公门。苞屦、扱衽、厌冠，不入公门。书方、衰、凶器，不以告，不入公门。

公事不私议。

君子将营宫室，宗庙为先，厩库为次，居室为后。凡家造，祭器为先，牺赋为次，养器为后。

无田禄者，不设祭器；有田禄者，先为祭服。君子虽贫，不粥祭器；虽寒，不衣祭服。为宫室，不斩于丘木。

大夫、士去国，祭器不逾竟。大夫寓祭器于大夫，士寓祭器于士。

大夫、士去国，逾竟，为坛位，乡国而哭；素衣，素裳，素冠；彻缘，鞮屦，素簚；乘髦马，不蚤鬋，不祭食；不说人以“无罪”；妇人不当御；三月而复服。

大夫、士见于国君，君若劳之，则还辟，再拜稽首；君若迎拜，则还辟，不敢答拜。

大夫、士相见，虽贵贱不敌，主人敬客，则先拜客；客敬主人，则先拜主人。凡非吊丧，非见国君，无不答拜者。

大夫见于国君，国君拜其辱。士见于大夫，大夫拜其辱。同国始相见，主人拜其辱。君于士，不答拜也；非其臣，则答拜之。大夫于其臣，虽贱，必答拜之。

男女相答拜也。

国君春田不围泽，大夫不掩群，士不取麛卵。

岁凶，年谷不登，君膳不祭肺，马不食谷，驰道不除，祭事不县。大夫不食粱，士饮酒不乐。

君无故玉不去身。大夫无故不彻县。士无故不彻琴瑟。

士有献于国君，他日君问之曰：“安取彼？”再拜稽首而后对。

大夫私行出疆，必请，反必有献。士私行出疆，必请，反必告。君劳之，则拜；问其行，拜而后对。

国君去其国，止之曰：“奈何去社稷也？”大夫，曰：“奈何去宗庙也？”士，曰：“奈何去坟墓也？”国君死社稷，大夫死众，士死制。

君天下，曰“天子”。朝诸侯、分职、授政、任功，曰“予一人”。践阼，临祭祀，内事曰“孝王某”，外事曰“嗣王某”。临诸侯，畛于鬼神，曰“有天王某甫”。崩，曰“天王崩”。复，曰“天子复矣”。告丧，曰“天王登假”。措之庙，立之主，曰“帝”。天子未除丧，曰“予小子”。生名之，死亦名之。

天子有后，有夫人，有世妇，有嫔，有妻，有妾。

天子建天官，先六大，曰大宰、大宗、大史、大祝、大士、大卜，典司六典。天子之五官，曰司徒、司马、司空、司士、司寇，典司五众。大子之六府，曰司土、司木、司水、司草、司器、司货，典司六职。天子之六工，曰土工、金工、石工、木工、兽工、草工，典制六材。

五官致贡曰“享”。

五官之长曰“伯”，是职方。其摈于天子也，曰“天子之吏”。天子同姓，谓之“伯父”，异姓，谓之“伯舅”。自称于诸侯，曰“天子之老”。于外曰“公”，于其国曰“君”。

九州之长入天子之国曰“牧”。天子同姓谓之“叔父”，异姓谓之“叔舅”，于外曰

"侯"，于其国曰"君"。

其在东夷、北狄、西戎、南蛮，虽大曰"子"。于内自称曰"不穀"，于外自称曰"王老"。

庶方小侯，入天子之国曰"某人"。于外曰"子"，自称曰"孤"。

天子当依而立，诸侯北面而见天子曰觐。天子当宁而立，诸公东面，诸侯西面，曰朝。

诸侯未及期相见曰遇，相见于郤地曰会。诸侯使大夫问于诸侯曰聘，约信曰誓；莅牲曰盟。

诸侯见天子曰"臣某侯某"，其与民言自称曰"寡人"。其在凶服，曰"適子孤"。临祭祀，内事曰"孝子某侯某"，外事曰"曾孙某侯某"。死曰"薨"，复曰"某甫复矣"。既葬，见天子曰"类见"。言谥曰"类"。

诸侯使人使于诸侯，使者自称曰"寡君之老"。

天子穆穆。诸侯皇皇。大夫济济。士跄跄。庶人僬僬。

天子之妃曰后，诸侯曰夫人，大夫曰孺人，士曰妇人，庶人曰妻。公侯有夫人，有世妇，有妻，有妾。夫人自称于天子曰"老妇"；自称于诸侯曰"寡小君"；自称于其君曰"小童"。自世妇以下自称曰"婢子"。

子于父母则自名也。

列国之大夫，入天子之国曰"某士"；自称曰"陪臣某"。于外曰"子"，于其国曰"寡君之老"。使者自称曰"某"。

天子不言出。诸侯不生名。君子不亲恶。诸侯失地，名；灭同姓，名。

为人臣之礼，不显谏，三谏而不听，则逃之。子之事亲也，三谏而不听，则号泣而随之。

君有疾，饮药，臣先尝之。亲有疾，饮药，子先尝之。医不三世，不服其药。

儗人必于其伦。

问天子之年，对曰："闻之，始服衣若干尺矣。"问国君之年，长，曰："能从宗庙社稷之事矣。"幼，曰："未能从宗庙社稷之事也。"问大夫之子，长，曰："能御矣。"幼，曰："未能御也。"问士之子，长，曰："能典谒矣。"幼，曰："未能典谒也。"问庶人之子，长，曰："能负薪矣。"幼，曰："未能负薪也。"

问国君之富，数地以对，山泽之所出。问大夫之富，曰："有宰食力，祭器衣服不假。"问士之富，以车数对。问庶人之富，数畜以对。

天子祭天地，祭四方，祭山川，祭五祀，岁遍。诸侯方祀，祭山川，祭五祀，岁遍。大夫祭五祀，岁遍。士祭其先。

凡祭，有其废之莫敢举也，有其举之莫敢废也。

非其所祭而祭之，名曰淫祀。淫祀无福。

天子以牺牛，诸侯以肥牛，大夫以索牛，士以羊豕。

支子不祭，祭必告于宗子。

凡祭宗庙之礼，牛曰"一元大武"，豕曰"刚鬣"，豚曰"腯肥"，羊曰"柔毛"，鸡曰"翰

音"，犬曰"羹献"，雉曰"疏趾"，兔曰"明视"，脯曰"尹祭"，槁鱼曰"商祭"，鲜鱼曰"脡祭"，水曰"清涤"，酒曰"清酌"，黍曰"芗合"，粱曰"芗萁"，稷曰"明粢"，稻曰"嘉蔬"，韭曰"丰本"，盐曰"咸鹺"，玉曰"嘉玉"，币曰"量币"。

天子死曰崩，诸侯曰薨，大夫曰卒，士曰不禄，庶人曰死。在床曰尸，在棺曰柩。羽鸟曰降，四足曰渍。死寇曰兵。

祭王父曰皇祖考，王母曰皇祖妣，父曰皇考，母曰皇妣，夫曰皇辟。

生曰父，曰母，曰妻；死曰考，曰妣，曰嫔。

寿考曰卒，短折曰不禄。

天子视不上于袷，不下于带；国君绥视；大夫衡视；士视五步。凡视，上于面则敖，下于带则忧，倾则奸。

君命，大夫与士肄。在官言官，在府言府，在库言库，在朝言朝。

朝言不及犬马。辍朝而顾，不有异事，必有异虑；故辍朝而顾，君子谓之固。在朝言礼，问礼，对以礼。

大飨不问卜，不饶富。

凡挚，天子鬯，诸侯圭，卿羔，大夫雁，士雉，庶人之挚匹。童子委挚而退。

野外军中无挚，以缨、拾、矢可也。

妇人之挚，椇、榛、脯、脩、枣、栗。

纳女于天子，曰"备百姓"；于国君，曰"备酒浆"；于大夫，曰"备扫洒"。

【译文】

凡捧东西，一般要对着心胸；提东西，要在腰带部位。如捧天子的东西，要高于自己的心胸；捧国君的东西，与心胸相平；捧大夫的东西，低于自己的心胸；捧士的东西，只要齐腰带。凡给君主拿器物，器物虽轻，而表情好像很重，不能胜任的样子；拿君主的币帛圭璧等，要左手略高，行步时不提腿，脚后跟如车轮不离地，拖着走。站立时，要像磬一样弯着身子，让身上挂的玉佩垂于身前。如果君主站立时，玉佩贴身，臣下就要身子弯曲，玉佩垂于身前；如果君主身子弯着，玉佩垂于身前，臣下就要深深弯腰，达到玉佩垂地。捧玉器，如果玉器放在衬垫上，就要袒外衣左袖，露出裼衣；如果玉器不用衬垫，就不袒外衣。

国君对上卿或世妇不直呼其名；大夫对世臣或侄娣不直呼其名；士对管家和有孩子的妾不直呼其名。供职于天子的大夫，他们的儿子不敢自称"余小子"，诸侯的大夫、士的儿子，不敢自称"嗣子某"。给儿子起名，要避免和诸侯适子的名相同。

国君让士配对射箭，如不能射，要托辞有病。回答说："某某人有负薪之疾。"陪侍君子，君子有问，如不观察在座的其他人，就立即回答，这是没有礼貌的。

君子离开故国，不随着改变故国的礼俗，祭祀的各种礼仪，丧事的丧服，丧事的哭泣的位置等等，都按照故国的旧礼，慎重地遵循先祖的各种制度，审慎地实行。离开故国已

经三代,如族中仍有人在故国做卿大夫的,遇到吉凶等事,要向故国报告;如有兄弟及本家还住在故国的,则冠、婚、丧等事向故国内宗子报告。如离开故国三代,没有亲属在故国做卿大夫,吉凶等事不再向故国国君报告,要等到被所在国任命为卿大夫这天开始,才按新居留国的礼法制度行事。

君子在父死后,就不改名;父死后而自己成为显贵,也不须为父定谥号。父母亡故,尚未安葬,就要诵读丧礼;已经安葬,就诵读有关祭祀的礼仪;丧事完毕,恢复正常的生活,就诵读诗歌。办丧事中不谈诗歌,祭祀不谈死丧等不吉之事,在办公事之处,不谈论妇女的事。

在国君前拂拭公文簿册的灰尘,和整理公文簿册,要受到责罚。在国君面前,将蓍草颠倒,和翻转龟甲,要受到责罚。带着龟甲蓍草的、拿着凭几扶杖的、驾着丧车的、白冠、白衣、白裳的、穿单葛布内衣的,都不得进入国君的大门。穿丧服草鞋的,将前襟插在腰带内的,戴着丧冠的人,都不得进入国君的大门。遣册、孝服、棺椁、明器等物,不事先向国君报告,不能进入国君的大门。国家的事不能在家内议论。

诸侯如果营建房屋,先造宗庙,其次是马房、库房,最后才是居住的房子。凡是大夫造作器物,最先制造祭祀用的器具,其次营建放置征收来的牲畜的棚圈,最后才造生活用具。没有采地的,不置备祭祀用具;有采地的,先制作祭服。即使贫穷,不变卖祭祀用具;即使无衣御寒,不穿祭祀穿的礼服。造房子,不砍墓上的树木。

大夫、士被斥离开祖国,祭祀的用器不能携带出境。如是大夫,把祭器寄放在别的大夫家;如是士,则将祭器寄放在别的士家。大夫、士离开祖国,越国境时,要筑土为坛,面向祖国痛哭;穿白衣、白裳,戴白帽;去掉领口上的彩色镶边,着没有鼻子的鞋,车轼上覆盖白狗皮;驾车的是鬣毛未曾修剪的马,不剪指甲,不修剪须发,饮食时不行祭食之礼;不向人解释说自己被斥是无罪的;不接近妇女;这样,过了三个月,才恢复正常的服饰,然后离国而去。

大夫、士谒见他国之国君,国君如慰劳他,就要向后退避,下跪叩首再拜;该国国君如在迎接时先拜,就要向后退避,而不敢以下拜相回礼。与他国的大夫、士互相见面,即使彼此贵贱不同,主人如尊敬客人,就先拜客人;如客人尊敬主人,就先拜主人;不是吊丧,不是拜见国君,没有不回礼答拜的。大夫去拜见他国国君,国君下拜,表示承蒙他屈驾光临。士去拜见他国大夫,大夫回拜,也表示承蒙他屈驾光临。同国的人,只在第一次相见时,主人才下拜,表示承蒙他屈驾光临。国君对士不下拜答礼,如不是自己的臣下,就要下拜答礼。大夫对于自己的臣下,即使对方地位低贱,一定要下拜答礼。男女之间,彼此不下拜答礼。

国君春天打猎,不可包围整个猎场;大夫不能猎取整个兽群;士不猎取各种幼兽和禽蛋。灾年,谷物没有收成,国君食时不祭肺,马不喂谷物,驰道不整治,祭祀不演奏钟磬等乐器;大夫不再食稻粱作为加餐,士在饮酒时不作乐。国君没有特殊的原因,佩玉不离身。大夫没有特殊的原因,不去掉钟磬等乐器。士没有特殊的原因,不将琴瑟等乐器

全走。

士向国君奉献物品，别一日子国君问他说："那天的物品是怎样获得的呢?"士稽首再拜，然后再回答。大夫因个人的事出境，一定要事先请求允准，回来后一定要向国君有所奉献。士因个人事出境，一定要事先请求，回来后一定要禀告。国君如慰劳，就要下拜;问他旅途所到之处，下拜以后才回答。

国君要流亡他国，臣下阻止时说："怎能抛下社稷呢!"对去国的大夫，则说："怎能抛下祖先的宗庙呢!"对去国的士，则说："怎能抛下祖宗的坟墓呢!"国君应为保卫国家而死，大夫应与士卒同存亡，士应死于执行国君的政令。

君临天下，称之谓"天子";朝见诸侯，分派官职，授政百官，分配各项工作，自称说："予一人";登阼阶，亲自主持祭祀仪式，如宗庙的祭祀，在祝辞中自称:"孝王某";如祭祀天地山川等神，在祷辞中自称:"嗣王某";巡行到诸侯国，于野外祭祀当地的鬼神，则自称:"有天王某甫";天子死，称:"天王崩";招魂时，呼喊:"天子回来啊!"发讣告，文中用:"天王登假";神主祔祭于祖庙，木主上称:"帝"。新天子即位，尚未除丧，自称为:"予小子"。活着时称:"小子王某"，如于此时死亡，亦称他:"小子王某"。

天子有后、夫人、世妇、嫔、妻、妾等。天子设立天官，首先设六大，有大宰、大宗、大史、大祝、大士、大卜，负责职掌六个方面的制度。天子又设五官，有司徒、司马、司空、司士、司寇，负责主管各自下属官吏。天子设立六府，有司土、司木、司水、司草、司器、司货，负责征管六个方面的赋税财物。天子又有六工，有土工、金工、石工、木工、兽工、草工，负责加工制作六类器物。以上五官年终向天子报告成绩，称之为"享"。

五官之长称之为"伯"，主管一个地区。当他替天子接待宾客时，自称:"天子之吏"。天子对同姓的伯，称为"伯父";对异姓的伯，称呼为"伯舅"。伯对诸侯，自称为:"天子之老"。在自己封地之外的人，称他为"公";在封地之内的人，称他为"君"。九州之长在王畿之内，天子称之为"牧"。如果与天子同姓，天子称他为"叔父"，如果是异姓，天子称他为"叔舅"。在封国之外，人称他为"侯";在国内，国人称之为"君"。

东夷、北狄、西戎、南蛮边远地区诸侯国，即使国土广大，只能称"子"。在国内自称为"不毂";对外国，自称为"王老"。边远地区的小诸侯，入天子王畿之内，自称为"某国人";外国人称他为"子";在国内，自称为"孤"。

天子站立在扆的前面，诸侯面向北参见天子，这称为"觐"。天子站在正门与屏风之间，公爵朝东，侯爵面朝西，这称为"朝"。诸侯之间没有到约定的日期而互相见面，称为"遇"。诸侯在两国的中间地方相见，称为"会"。诸侯派遣大夫到另一国访问，称为"聘"。诸侯缔约，互相取信，称为"誓"。杀牲结盟，称为"盟"。诸侯觐见天子，自称"臣某国侯名某"。如在国内跟人民说话，自称"寡人"。诸侯在服丧期间，自称"適子孤"。参加祭祀，称"孝子某侯某";如祭山川等神，则称"曾孙某侯某"。诸侯死称"薨"。招魂时，称"某甫回来啊"! 已经安葬，新君尚未正式继位，拜见天子，称为"类见"。为父向天子请谥号，也称"类"。诸侯派遣卿大夫出使他国，使者自称"寡君之老"。

天子威仪庄盛,诸侯庄重煊赫,大夫走路缓慢有节奏,士走路缓慢舒坦,平民走路急促不讲求姿势。

天子的配偶称后,诸侯的配偶称夫人,大夫的配偶称孺人,士的配偶称妇人,平民的配偶称妻。公侯有夫人、世妇、妻、妾等。公侯夫人,在天子前,自称"老妇";在其他诸侯前,自称"寡小君";在自己国君前,自称"小童"。从世妇以下,都自称"婢子"。子、女在父母面前,都自称名。诸侯国的大夫,在天子王畿之内,称他为"某国之士";自称"陪臣某";在其他诸侯国,称他为"某子";在自己本国,旁人介绍时,称他为"寡君之老"。出使他国,自称"某"。

天子出奔在外,不用"出"字。诸侯活着,史册上不称他的名。君子不能原谅作恶的君主;所以,诸侯亡国,记载时就直称其名;灭亡同姓国家的诸侯,记载时也直称其名。

为臣下之礼:对国君的错误要委婉地提意见。如果三次提意见,都不采纳,就主动地离去。儿子对待父亲的错误,如果三次提意见不接受,就继之以哀号哭泣。

国君有病服药,臣要先尝。双亲有病服药,儿子要先尝。医生如果不是三代行医,不吃他的药。

比拟一个人,必须以身份相似的来比。有人问天子的年龄,应回答说:"听说已经穿多长的衣服了。"问国君的年龄,如已长大,就回答:"能够主持宗庙、社稷的祭祀了。"如还幼小,就回答:"还不能主持宗庙、社稷的祭祀。"问大夫儿子的年龄,如已长大,就回答:"能够驾车了。"如尚幼小,就回答:"还不能驾车。"问士的儿子的年龄,如已长大,就回答:"能够接待宾客。"如尚幼小,就回答:"还不能接待宾客。"问老百姓儿子的年龄,如已长大,就回答:"能背柴了。"如尚幼小,就回答:"还不能背柴。"问国君的财富,告以国土面积和国内山上水中的出产。问大夫的财富,回答说:"有采地总管,有赋税收入,祭器和祭服都用不到借。"问士的财富,可以回答家里有几辆车子。问老百姓家的财富,可答家里有多少牲畜。

天子祭祀天地,祭四方之神,祭大山、大河的神,祭户、灶、中雷、门、行等神,一年之内都要祭遍。诸侯祭本国所在方位的山川之神,祭户、灶、中雷、门、行等神,一年之内都要祭遍。大夫祭户、灶、中雷、门、行等神,一年之内都要祭遍。士祭祀自己的祖先。祭祀之事,如果一经废止,不敢再恢复举行;已列入进行祭祀的,不敢随便废止。不应祭祀的而进行祭祀,被称作淫祀,淫祀不会获得神的保佑。天子祭祀时用纯毛的牛;诸侯祭祀用的牛,事前饲养三个月;大夫临祭时选择一条肥牛;士祭祀用羊和猪。庶子不祭祖先,如果要祭祖先,一定要先告诉适子。

祭祀祖庙的礼:祭牛称为"一元大武",猪称为"刚鬣",小猪称为"腯肥",羊称为"柔毛",鸡称为"翰音",狗称为"羹献",野鸡称为"疏趾",兔称为"明视",干肉称为"尹祭",干鱼称为"商祭",鲜鱼称为"脡祭";水称为"清涤",酒称为"清酌",黍米称为"芗合",粱称为"芗萁",稷称为"明粢",稻谷称为"嘉蔬";韭菜称为"丰本",盐称为"咸鹾";祭玉称为"嘉玉",帛称为"量币"。

天子死称为"崩",诸侯死称为"薨",大夫死称为"卒",士死称为"不禄",老百姓死称为"死"。尸体在床称为"尸",已经入棺称为"枢"。鸟类的死称为"降",兽类的死称为"渍"。与敌寇战斗而死的称为"兵"。

祭祖父时称"皇祖考",祭祖母时称"皇祖妣",祭父亲称"皇考",祭母亲称"皇妣",祭丈夫称"皇辟"。活着称"父",称"母",称"妻";死后称"考",称"妣",称"嫔"。老年人死称"卒",短命夭折的称"不禄"。

臣下看天子,视线不超过天子胸前的衣领,也不低于腰带。臣下看国君,视线在脸面稍下。看大夫可以面对面平视。属吏看士,视线可以及于五步之内。凡看人,高于人之脸面,则显得骄傲;如低于人之腰带,则显得心事重重;如斜着眼看人,则显得心术不正。

国君的指示命令,大夫和士就要学习。命之在官府的,就研习官府的事;命之在府库的,就研习府库的事;命之在仓库的,就研习车马兵器的事;命之在朝廷的,就研习政事。在朝廷上说话,不能涉及犬马等私人玩乐的事。散朝以后,还不断回头看,不是有不正常的事情,就是有不正常的想法。所以散朝以后,还不断回头看的人,君子称之为鄙陋无礼的人。在朝廷之上一切都要讲究礼,发问要合于礼,回答也要合于礼。

天子祭祀五帝,不占卜吉日,不是为了求福。

凡是见面礼品:天子用鬯酒,诸侯用圭,卿用羔羊,大夫用鹅,士用野鸡,老百姓用鸭。童子放下见面礼,便离开。如在野外军中,见面无礼物,用驾马的皮带、射鞲、箭等都可以。妇女的见面礼有枳、榛子、脯、修、枣、栗等物。

嫁送女儿给天子做嫔妃,当说:"备百姓。"嫁送女儿给国君,当说:"备酒浆。"嫁送女儿给大夫,当说:"备扫洒。"

檀弓上第三

【原文】

公仪仲子之丧,檀弓免焉。

仲子舍其孙而立其子。檀弓曰:"何居?我未之前闻也。"趋而就子服伯子于门右,曰:"仲子舍其孙而立其子,何也?"伯子曰:"仲子亦犹行古之道也。昔者文王舍伯邑考而立武王,微子舍其孙腯而立衍也。夫仲子亦犹行古之道也。"

子游问诸孔子。孔子曰:"否。立孙。"

事亲有隐而无犯,左右就养无方,服勤至死,致丧三年。

事君有犯而无隐,左右就养有方,服勤至死,方丧三年。

事师无犯无隐,左右就养无方,服勤至死,心丧三年。

季武子成寝。杜氏之葬在西阶之下,请合葬焉,许之。入宫而不敢哭。武子曰:"合

葬非古也。自周公以来，未之有改也。吾许其大，而不许其细，何居？"命之哭。

子上之母死而不丧。门人问诸子思曰："昔者子之先君子丧出母乎？"曰："然"。"子之不使白也丧之，何也？"子思曰："昔者吾先君子无所失道。道隆则从而隆，道污则从而污。伋则安能？为伋也妻者，是为白也母。不为伋也妻者，是不为白也母。"故孔氏之不丧出母，自子思始也。

孔子曰："拜而后稽颡，颓乎其顺也。稽颡而后拜，颀乎其至也。三年之丧，吾从其至者。"

孔子既得合葬于防，曰："吾闻之，古也墓而不坟。今丘也，东西南北之人也，不可以弗识也。于是封之，崇四尺。

孔子先反，门人后。雨甚，至。孔子问焉，曰："尔来何迟也？"曰："防墓崩。"孔子不应。三，孔子泫然流涕，曰："吾闻之，古不修墓。"

孔子哭子路于中庭。有人吊者，而夫子拜之。既哭，进使者而问故。使者曰："醢之矣！"遂命覆醢。

曾子曰："朋友之墓有宿草而不哭焉。"

子思曰："丧三日而殡，凡附于身者必诚必信，勿之有悔焉耳矣。三月而葬，凡附于棺者必诚必信，勿之有悔焉耳矣。丧三年，以为极，亡则弗之忘矣。故君子有终身之忧，而无一朝之患。故忌日不乐。"

孔子少孤，不知其墓。殡于五父之衢，人之见之者皆以为葬也；其慎也，盖殡也。问于郰曼父之母，然后得合葬于防。

邻有丧，舂不相。里有殡，不巷歌。丧冠不缕。

有虞氏瓦棺。夏后氏墍周。殷人棺椁。周人墙置翣。周人以殷人之棺椁葬长殇，以夏后氏之墍周葬中殇、下殇，以有虞氏之瓦棺葬无服之殇。

夏后氏尚黑，大事敛用昏，戎事乘骊，牲用玄。殷人尚白，大事敛用日中，戎事乘翰，牲用白。周人尚赤，大事敛用日出，戎事乘骤，牲用骍。

穆公之母卒，使人问于曾子曰："如之何？"对曰："申也闻诸申之父曰：哭泣之哀，齐斩之情，饘粥之食，自天子达。布幕，卫也。缕幕，鲁也。"

晋献公将杀其世子申生。公子重耳谓之曰："子盖言子之志于公乎？"世子曰："不可。君安骊姬，是我伤公之心也。"曰："然则盖行乎？"世子曰："不可。君谓我欲弑君也。天下岂有无父之国哉？吾何行如之？"

使人辞于狐突曰："申生有罪，不念伯氏之言也，以至于死。申生不敢爱其死。虽然，吾君老矣，子少，国家多难，伯氏不出而图吾君；伯氏苟出而图吾君，申生受赐而死！"再拜稽首乃卒。是以为恭世子也。

鲁人有朝祥而莫歌者，子路笑之。

夫子曰："由！尔责于人，终无已夫？三年之丧，亦已久矣夫！"

子路出，夫子曰："又多乎哉？逾月则其善也。"

鲁庄公及宋人战于乘丘。县贲父御，卜国为右。

马惊，败绩，公队，佐车授绥。公曰："末之卜也。"县贲父曰："他日不败绩，而今败绩，是无勇也。"遂死之。

圉人浴马，有流矢在白肉。公曰："非其罪也！"遂诔之。士之有诔，自此始也。

曾子寝疾，病。乐正子春坐于床下，曾元、曾申坐于足。童子隅坐而执烛。

童子曰："华而睆，大夫之箦与？"子春曰："止！"曾子闻之，瞿然曰："呼！"曰："华而睆，大夫之箦与？"曾子曰："然。斯季孙之赐也，我未之能易也。元起易箦！"曾元曰："夫子之病革矣，不可以变。幸而至于旦，请敬易之。"曾子曰："尔之爱我也不如彼。君子之爱人也以德，细人之爱人也以姑息。吾何求哉？吾得正而毙焉，斯已矣！"

举扶而易之。反席未安而没。

始死，充充如有穷。既殡，瞿瞿如有求而弗得。既葬，皇皇如有望而弗至。练而慨然，祥而廓然。

邾娄复之以矢，盖自战于升陉始也。鲁妇人之髽而吊也，自败于台鲐始也。

南宫绦之妻之姑之丧，夫子诲之髽，曰："尔毋从从尔。尔毋扈扈尔。盖榛以为笄，长尺而总八寸。"

孟献子禫，县而不乐，比御而不入。夫子曰："献子加于人一等矣。"

孔子既祥，五日弹琴而不成声，十日而成笙歌。

有子盖既祥而丝屦组缨。

死而不吊者三：畏，厌，溺。

子路有姊之丧，可以除之矣，而弗除也。孔子曰："何弗除也？"子路曰："吾寡兄弟而弗忍也。"孔子曰："先王制礼，行道之人皆弗忍也。"子路闻之，遂除之。

大公封于营丘，比及五世，皆反葬于周。君子曰："乐，乐其所自生。礼，不忘其本。古之人有言曰：'狐死正丘首，仁也。'"

伯鱼之母死，期而犹哭。夫子闻之，曰："谁与哭者？"门人曰："鲤也。"夫子曰："嘻，其甚也！"伯鱼闻之，遂除之。

舜葬于苍梧之野，盖三妃未之从也。季武子曰："周公盖祔。"

曾子之丧，浴于爨室。

大功废业。或曰："大功，诵可也。"

子张病，召申祥而语之曰："君子曰终，小人曰死。吾今日其庶几乎！"

曾子曰："始死之奠，其馀阁也与！"

曾子曰："小功不为位也者，是委巷之礼也。子思之哭嫂也为位，妇人倡踊。申祥之哭言思也亦然。"

古者冠缩缝，今也衡缝。故丧冠之反吉，非古也。

曾子谓子思曰："伋！吾执亲之丧也，水浆不入于口者七日。"子思曰："先王之制礼也，过之者，俯而就之；不至焉者，跂而及之。故君子之执亲之丧也，水浆不入于口者三日,杖而后能起。"

曾子曰:"小功不税。则是远兄弟终无服也,而可乎?"

伯高之丧,孔氏之使者未至,冉子摄束帛乘马而将之。孔子曰:"异哉!徒使我不诚〔礼〕于伯高。"

伯高死于卫,赴于孔子。孔子曰:"吾恶乎哭诸?兄弟,吾哭诸庙。父之友,吾哭诸庙门之外。师,吾哭诸寝。朋友,吾哭诸寝门之外。所知,吾哭诸野。于野则已疏,于寝则已重。夫由赐也见我,吾哭诸赐氏。"遂命子贡为之主,曰:"为尔哭也来者,拜之。知伯高而来者,勿拜也。"

曾子曰:"丧有疾,食肉饮酒,必有草木之滋焉。"以为姜桂之谓也。

子夏丧其子而丧其明。曾子吊之,曰:"吾闻之也,朋友丧明则哭之。"曾子哭。子夏亦哭,曰:"天乎!予之无罪也。"曾子怒,曰:"商!女何无罪也?吾与女事夫子于洙、泗之间,退而老于西河之上。使西河之民疑女于夫子,尔罪一也。丧尔亲,使民未有闻焉,尔罪二也。丧尔子,丧尔明,尔罪三也。而曰……女何无罪与!"子夏投其杖而拜,曰:"吾过矣,吾过矣!吾离群而索居,亦已久矣!"

子夏

夫昼居于内,问其疾可也。夜居于外,吊之可也。是故君子非有大故,不宿于外;非致齐也,非疾也,不昼夜居于内。

高子皋之执亲之丧也,泣血三年,未尝见齿。君子以为难。

衰,与其不当物也,宁无衰。齐衰不以边坐,大功不以服勤。

孔子之卫,遇旧馆人之丧,入而哭之哀。出,使子贡说骖而赗之。

子贡曰:"于门人之丧,未有所说骖。说骖于旧馆,无乃已重乎?"夫子曰:"予乡者入而哭之,遇于一哀而出涕;予恶夫涕之无从也?小子行之!"

孔子在卫。有送葬者,而夫子观之,曰:"善哉为丧乎!足以为法矣,小子识之。"子贡曰:"夫子何善尔也?"曰:"其往也如慕,其反也如疑。"子贡曰:"岂若速反而虞乎?"子曰:"小子识之。我未之能行也。"

颜渊之丧,馈祥肉。孔子出受之,入,弹琴而后食之。

孔子与门人立,拱而尚右。二三子亦皆尚右。孔子曰:"二三子之嗜学也。我则有姊之丧故也。"二三子皆尚左。

孔子蚤作,负手曳杖,消摇于门,歌曰:"泰山其颓乎!梁木其坏乎!哲人其萎乎!"既歌而入,当户而坐。

子贡闻之，曰："泰山其颓，则吾将安仰？梁木其坏，（哲人其萎，）则吾将安放？夫子殆将病也？"遂趋而入。

夫子曰："赐！尔来何迟也！夏后氏殡于东阶之上，则犹在阼也。殷人殡于两楹之间，则与宾主夹之也。周人殡于西阶之上，则犹宾之也。而丘也，殷人也。予畴昔之夜，梦坐奠于两楹之间。夫明王不兴，而天下其孰能宗予？予殆将死也。"盖寝疾七日而没。

孔子之丧，门人疑所服。子贡曰："昔者夫子之丧颜渊，若丧子而无服；丧子路亦然。请丧夫子若丧父而无服。"

孔子之丧，公西赤为志焉：饰棺墙，置翣，设披，周也；设崇，殷也；绸练设旐，夏也。

子张之丧，公明仪为志焉：褚幕丹质，蚁结于四隅，殷士也。

子夏问于孔子曰："居父母之仇，如之何？"夫子曰："寝苫，枕干，不仕，弗与共天下也。遇诸市朝，不反兵而斗。"曰："请问居昆弟之仇如之何？"曰："仕，弗与共国。衔君命而使，虽遇之不斗。"曰："请问居从父昆弟之仇，如之何？"曰："不为魁。主人能，则执兵而陪其后。"

孔子之丧，二三子皆绖而出。群居则绖，出则否。

易墓，非古也。

子路曰："吾闻诸夫子：丧礼，与其哀不足而礼有余也，不若礼不足而哀有余也。祭礼，与其敬不足而礼有余也，不若礼不足而敬有余也。"

曾子吊于负夏。主人既祖，填池，推柩而反之，降妇人而后行礼。从者曰："礼与？"曾子曰："夫祖者且也，且胡为其不可以反宿也？"

从者又问诸子游曰："礼与？"子游曰："饭于牖下，小敛于户内，大敛于阼，殡于客位，祖于庭，葬于墓，所以即远也。故丧事有进而无退。"

曾子闻之，曰："多矣乎予出祖者！"

曾子袭裘而吊，子游裼裘而吊。曾子指子游而示人曰："夫夫也，为习于礼者，如之何其裼裘而吊也？"

主人既小敛，袒、括发。子游趋而出，袭裘带绖而入。曾子曰："我过矣，我过矣！夫夫是也！"

子夏既除丧而见，予之琴，和之而不和，弹之而不成声。作而曰："哀未忘也。先王制礼，而弗敢过也。"

子张既除丧而见，予之琴，和之而和，弹之而成声。作而曰："先王制礼，不敢不至焉。"

司寇惠子之丧，子游为之麻衰、牡麻绖。文子辞曰："子辱与弥牟之弟游，又辱为之服，敢辞。"子游曰："礼也。"文子退，反哭。

子游趋而就诸臣之位，文子又辞曰："子辱与弥牟之弟游，又辱为之服，又辱临其丧，敢辞。"子游曰："固以请。"

文子退，扶适子南面而立，曰："子辱与弥牟之弟游，又辱为之服，又辱临其丧，虎也敢不复位?"子游趋而就客位。

将军文子之丧,既除丧而后越人来吊。主人深衣练冠,待于庙,垂涕洟。

子游观之,曰:"将军文氏之子,其庶几乎!亡于礼者之礼也,其动也中。"

幼名,冠字,五十以"伯""仲",死谥,周道也。经也者,实也。

掘中霤而浴,毁灶以缀足;及葬,毁宗躐行,出于大门:殷道也。学者行之。

子柳之母死,子硕请具,子柳曰:"何以哉?"子硕曰:"请粥庶弟之母。"子柳曰:"如之何其粥人之母以葬其母也?不可!"

既葬,子硕欲以赙布之馀具祭器,子柳曰:"不可。吾闻之也,君子不家于丧。请班诸兄弟之贫者。"

君子曰:谋人之军师,败则死之。谋人之邦邑,危则亡之。

公叔文子升于瑕丘,蘧伯玉从。文子曰:"乐哉斯丘也!死则我欲葬焉。"蘧伯玉曰:"吾子乐之,则瑗请前。"

弁人有其母死而孺子泣者。孔子曰:"哀则哀矣,而难为继也。夫礼,为可传也,为可继也,故哭踊有节。"

叔孙武叔之母死,既小敛,举者出户;出户袒,且投其冠,括发。子游曰:"知礼。"

扶君,卜人师扶右,射人师扶左。君薨以是举。

从母之夫,舅之妻,(二夫)〔夫二〕人相为服:君子未之言也。或曰:同爨缌。

丧事欲其纵纵尔,吉事欲其折折尔,故丧事虽遽不陵节,吉事虽止不怠。故骚骚尔则野,鼎鼎尔则小人。君子盖犹犹尔。

丧具,君子耻具。一日二日而可为也者,君子弗为也。

丧服:兄弟之子犹子也,盖引而进之也;嫂叔之无服也,盖推而远之也;姑、姊妹之薄也,盖有受我而厚之者也。

食于有丧者之侧,未尝饱也。

曾子与客立于门侧,其徒趋而出。曾子曰:"尔将何之?"曰:"吾父死,将出哭于巷。"曰:"反,哭于尔次。"曾子北面而吊焉。

孔子曰:"之死而致死之,不仁而不可为也。之死而致生之,不知而不可为也。是故竹不成用,瓦不成味,木不成斫,琴瑟张而不平,竽笙备而不和,有钟磬而无簨虡。其曰明器,神明之也。"

有子问于曾子曰:"(问)〔闻〕丧于夫子乎?"曰:"闻之矣:丧欲速贫,死欲速朽。"有子曰:"是非君子之言也。"曾子曰:"参也闻诸夫子也。"有子又曰:"是非君子之言也。"曾子曰:"参也与子游闻之。"有子曰:"然。然则夫子有为言之也。"

曾子以斯言告于子游。子游曰:"甚哉,有子之言似夫子也!昔者夫子居于宋,见桓司马自为石椁,三年而不成。夫子曰:'若是其靡也,死不如速朽之愈也。'死之欲速朽,为桓司马言之也。南宫敬叔反,必载宝而朝。夫子曰:'若是其货也,丧不如速贫之愈也。'丧之欲速贫,为敬叔言之也。"

曾子以子游之言告于有子。有子曰："然。吾固曰'非夫子之言也'。"曾子曰："子何以知之?"有子曰："夫子制于中都,四寸之棺,五寸之椁,以斯知不欲速朽也。昔者夫子失鲁司寇,将之荆,盖先之以子夏,又申之以冉有,以斯知不欲速贫也。"

陈庄子死,赴于鲁。鲁人欲勿哭。

缪公召县子而问焉。县子曰："古之大夫,束脩之问不出竟;虽欲哭之,安得而哭之?今之大夫,交政于中国;虽欲勿哭,焉得而弗哭?且臣闻之:哭有二道,有爱而哭之,有畏而哭之。"公曰："然。然则如之何而可?"县子曰："请哭诸异姓之庙。"于是与哭诸县氏。

仲宪言于曾子曰："夏后氏用明器,示民无知也。殷人用祭器,示民有知也。周人兼用之,示民疑也。"曾子曰："其不然乎!其不然乎!夫明器,鬼器也;祭器,人器也。夫古之人胡为而死其亲乎!"

公叔木有同母异父之昆弟死,问于子游。子游曰："其大功乎?"狄仪有同母异父之昆弟死,问于子夏。子夏曰："我未之前闻也。鲁人则为之齐衰。"狄仪行齐衰。今之齐衰,狄仪之问也。

子思之母死于卫。柳若谓子思曰："子,圣人之后也,四方于子乎观礼,子盖慎诸!"子思曰："吾何慎哉?吾闻之:有其礼,无其财,君子弗行也。有其礼,有其财,无其时,君子弗行也。吾何慎哉!"

县子琐曰："吾闻之:古者不降,上下各以其亲。滕伯文为孟虎齐衰,其叔父也;为孟皮齐衰,其叔父也。"

后木曰："丧,吾闻诸县子曰:'夫丧,不可不深长思也。买棺外内易。'我死则亦然。"

曾子曰："尸未设饰,故帷堂。小敛而彻帷。"仲梁子曰："夫妇方乱,故帷堂。小敛而彻帷。"

小敛之奠,子游曰:"于东方。"曾子曰:"于西方。敛斯席矣。"

小敛之奠在西方,鲁礼之末失也。

县子曰:"绤衰绳裳,非古也。"

子蒲卒,哭者呼"灭"。子皋曰:"若是野哉!"哭者改之。

杜桥之母之丧,宫中无相,以为沽也。

夫子曰:"始死、羔裘玄冠者,易之而已。"羔裘玄冠,夫子不以吊。

子游问丧具,夫子曰:"称家之有亡。"子游曰:"有(无)〔亡〕恶乎齐?"夫子曰:"有,毋过礼。苟亡矣,敛首足形,还葬,县棺而封,人岂有非之者哉?"

司士贲告于子游:"请袭于床。"子游曰:"诺。"县子闻之,曰:"汏哉叔氏!专以礼许人。"

宋襄公葬其夫人,醯醢百瓮。曾子曰:"既曰明器矣,而又实之。"

孟献子之丧,司徒〔敬子使〕旅归四〔方〕布。夫子曰:"可也。"读赗,曾子曰:"非古也。是再告也。"

成子高寝疾。庆遗入,请曰:"子之病革矣,如至乎大病,则如之何?"子高曰:"吾闻之

也：'生有益于人，死不害于人。'吾纵生无益于人，吾可以死害于人乎哉？我死，则择不食之地而葬我焉！"

子夏问诸夫子曰："居君之母与妻之丧，……""居处言语饮食衎尔。"

宾客至，无所馆。夫子曰："生于我乎馆，死于我乎殡。"

国子高曰："葬也者，藏也。藏也者，欲人之弗得见也。是故衣足以饰身，棺周于衣，椁周于棺，土周于椁，反壤树之哉？"

孔子之丧，有自燕来观者，舍于子夏氏。子夏曰："圣人之葬人与？人之葬圣人也，子何观焉？昔者夫子言之曰：'吾见封之若堂者矣，见若坊者矣，见若覆夏屋者矣，见若斧者矣，〔吾〕从若斧者焉。'马鬣封之谓也。今一日而三斩板、而已封，尚行夫子之志乎哉！"

妇人不葛带。

有荐新，如朔奠。

既葬，各以其服除。

池视重霤。

君即位而为椑，岁壹漆之，藏焉。

复，楔齿，缀足，饭，设饰，帷堂，并作。父兄命赴者。

君复于小寝、大寝、小祖、大祖、库门、四郊。

丧不剥，奠也与？祭肉也与！

既殡，旬而布材与明器。

朝奠日出，夕奠逮日。

父母之丧，哭无时，使必知其反也。

练：练衣黄里，縓缘。葛要绖。绳屦无绚。角瑱。鹿裘：衡，长，袪；袪，裼之可也。

有殡，闻远兄弟之丧，虽缌必往。非兄弟，虽邻不往。所识，其兄弟不同居者皆吊。

天子之棺四重。水兕革，棺被之，其厚三寸；杝棺一，梓棺二：四者皆周。棺束：缩二，衡三，衽每束一。柏椁以端长六尺。

天子之哭诸侯也，爵弁、绖、纯衣。或曰："使有司哭之。"为之不以乐食。

天子之殡也，菆涂龙辁以椁，加斧于椁上，毕涂屋：天子之礼也。

唯天子之丧，有别姓而哭。

鲁哀公诔孔丘曰："天不遗耆老，莫相予位焉。呜呼哀哉，尼父！"

国亡大县邑，公、卿、大夫、士皆厌冠，哭于大庙三日，君不举。或曰：君举而哭于后土。

孔子恶野哭者。

未仕者不敢税人。如税人，则以父兄之命。

士备入而后朝夕踊。

祥而缟。是月禫，徙月乐。

君于士有赐帟。

【译文】

公仪仲子家办丧事,檀弓穿戴着"免"这种丧服去吊丧。仲子不立嫡孙而立庶子为丧主,因此檀弓说:"这究竟是为什么呀? 我从来还没有听说过周人有这样的礼俗。"于是快步走到门的右边,问子服伯子,说:"仲子不立嫡孙,而立庶子为丧主,这是为什么?"伯子说:"仲子只不过是按照前人的规矩行事罢了! 从前周文王不立适子伯邑考,而立武王;宋微子不立嫡孙腯,而立庶子衍。仲子只不过是依照前人的规矩行事罢了。"后来,子游向孔子请教这件事,孔子说:"不对! 应该立嫡孙为丧主。"

服侍父母,如果父母有过失,应该委婉地劝谏,不可犯颜指责。子女在父母左右伺候,事事躬亲,不分彼此,这样尽力服侍到他们去世,然后依照丧礼诚心诚意守丧三年。至于侍奉国君,如果国君有过失,就应该犯颜直谏,而不应该替他掩饰。在国君左右侍奉,尽心做好自己的职司,不能越责,这样竭诚侍奉到他去世,然后比照斩衰的丧礼守丧三年。至于服侍老师,如果老师有过失,不须犯颜直谏,也没有必要进行掩饰。众弟子在老师左右侍候,也是事事躬亲,也不分彼此,这样竭力侍候到他去世之后,虽然不用穿丧服,但悲痛之情犹如丧父,一直这样三年。

季武子新建一座住宅,而杜氏的墓葬就在住宅的西阶下,因此就请求季武子准许他们把先人的遗骸移出,祔葬在别的地方。季武子答应了他们的请求。可是,他们进入季武子的新住宅,却不敢依礼哀哭。武子说:"合葬本不是古代的礼俗,但自周公以来,就有合葬,至今不曾改变这种做法。我既然答应他们可以合葬,怎么会不允许他们依礼哀哭呢?"于是让杜家的人依礼哀哭。

子上的母亲离婚后死了,子上没有为她戴孝。子思的学生向子思请教说:"从前老师的祖上不是也为已离婚的母亲戴孝守丧吗?"子思回答说:"是的。""那么老师不叫子上为他母亲戴孝守丧,这是为什么呢?"子思又回答说:"从前,我祖上并没有失礼的地方。依照礼该隆重的就随着隆重,该降等的就随着降等。而我又怎么能做到这一点呢? 是我的妻子,也就是孔白的母亲;不是我的妻子,当然也就不是孔白的母亲了。"因此孔氏不为已离婚的母亲戴孝守丧,大概就是从子思开始的吧!

孔子说:"先跪拜,然后再叩头,这是很恭敬的。先叩头,然后再拱手拜,这是极为诚恳而悲痛的。父丧三年,我以为要遵从后者。"

孔子已经把父母在防地合葬,说:"我听说过:'古代只有墓,不加土起坟。'现在我是个四方奔走的人,不可以不加上标帜。"因此在墓上加土,高到四尺。孔子先回去了,弟子们还在那里料理。下了阵大雨,弟子们才回来了。孔子问他们说:"你们怎么回来得这样迟?"他们回答说:"防地的坟墓坍了。"孔子没作声。弟子们连说了三次,孔子才流着泪说:"我听说过:'古人是不在墓上加积土的。'"

孔子在正室的前庭哭子路。有使者来吊丧,孔子就以主人的身份答拜。哭过之后,召见来报丧的使者,问子路被杀的情形。使者说:"已经被剁成肉酱了。"孔子就叫人把吃的肉酱倒掉。

曾子说:"朋友的坟墓上有了隔年的草,就不应该再哭了。"

子思说:"人死了三天之后就行殡礼,凡是要随尸体入殓的衣衾等物,一定要按照殡礼的规定真诚信实地去办理,不要让自己以后有所悔恨才行。三个月以后下葬,凡要随棺殉葬的明器,一定要按照葬礼的要求真诚信实地去办理,不要让自己以后有所悔恨才行。守丧三年,这是丧礼的极限,可以忘记了,但孝子仍然不能忘记。所以君子一辈子都怀有对亲人哀思的感情,但却没有一天因哀思而毁灭自己的本性。所以只有在忌日这一天才不奏乐。"

孔子年幼时就没有父亲,不知道父亲在五父衢的墓是浅葬还是深葬。当时见到的人都以为是深葬。孔子为慎重起见,问郰曼父的母亲,才得知是浅葬。然后让母亲与父亲合葬在防这个地方。

邻居有丧事,舂米时不唱歌;邻里在出殡,巷子里就没有歌声。戴丧冠,不应该让帽带的末梢垂着。

虞舜时,用陶器作棺材;夏代烧砖,砌在瓦棺的周围;殷代才开始有棺和椁;周代则更在棺材外面竖立屏障,并在屏障上装饰柳翣。周代的人用殷代的棺葬长殇,用夏代的棺葬中殇和下殇,用虞舜时代的棺葬无服之殇。

夏代崇尚黑色:办丧事、入殓都在黄昏的时候,军队作战时也驾着黑马,就连祭祀用的牺牲也用黑色的。殷代崇尚白色:办丧事、入殓都在正午的时候进行,军队作战时也驾着白马,就连祭祀用的牺牲也选用白色的。周代崇尚赤色:办丧事、入敛都在日出的时候进行,军队作战时也驾着赤色的马,就连祭祀用的牺牲也要选用赤色的。

穆公的母亲去世,就打发人去向曾申请教说:"你看应该怎样办理丧事?"曾申回答说:"我曾听我父亲这样说过:'用哭泣来抒发心中的悲哀,穿着齐衰、斩衰以报答父母的养育之恩,每天喝点稀粥以表达思念父母的忧伤感情。从天子到百姓都是如此。用麻布做幕,是卫国的习俗;而用绸布做幕,那是鲁国的习俗。'"

晋献公要杀太子申生,公子重耳对申生说:"你怎么不向父亲申诉自己的冤屈呢?"太子说:"不行!父亲有了骊姬在身边才快活,我要是这样做,那就太伤他老人家的心了。"重耳又说:"那么为什么不逃走呢?"太子回答说:"不行!父亲说我想谋害他,天下难道还有没有父亲的国家,愿意接纳我这个背着弑父罪名的人吗?我还能逃到什么地方去呢?"申生派人转告狐突说:"申生背了弑父的罪名,就是因为没能听从您的话,这才落到杀头的地步。申生不敢贪生怕死,然而,我父亲年纪大了,别的儿子年纪又小,再加上国家正处在多难之秋,而您又不愿出来为他谋划。你如果肯出来替他谋划,申生就甘愿受死,死而无憾了。"申生行再拜叩头之礼,就自杀了。因此谥为"恭世子"。

鲁国有人在早上才行过大祥祭,脱掉丧服,到了晚上就唱起歌来,子路就讥笑他。孔子说:"由,你责备别人,总是没完没了!三年的丧期,也已经很久了。"子路走了以后,孔子又说:"那个人又哪里需要等多久呢?只要过一个月再唱歌,就很好了。"

　　鲁庄公与宋国在乘丘作战,县贲父驾车,卜国做车右。拉车的马突然受惊,搅乱了作战的队列,庄公也被摔下车来,幸亏副车抛给他一根绳索,才把他拉上车来。庄公说:"也许是事先没有占卜的缘故。"县贲父说:"平常驾车从来没有乱了队列,而偏偏今天在战场上就乱了队列,这是我缺乏勇气的缘故。"于是就自杀了。后来养马的马夫给马洗刷的时候,发现有支飞箭插在马股内侧的肉上。庄公说:"这次事故不是贲父的罪过!"于是就为他作诔。士死后有人为他们作诔,就是从这时开始的。

　　曾子卧病不起,病得十分沉重。乐正子春坐在他的床下,曾元、曾申坐在他的脚旁,一个小孩坐在角落里,手上端着蜡烛。小孩子说:"多么华丽光润呀! 这是大夫才能用的席子吧?"子春说:"别作声!"曾子听见了,忽然惊醒过来,发出嘘气之声,小孩子又说:"多么华丽光润呀! 这是大夫才能用的席子吧?"曾子说:"是的,那是季孙氏送的,我身体虚弱,没能及时地换掉它。元! 起来把席子换掉!"曾元说:"您老人家的病已经很危急了,不能移动。希望能等到天亮,再恭谨小心地调换。"曾子说:"你对我的爱还比不上那个小孩子。一个有德行的人,他爱别人,就要成全别人的美德;只有小人爱别人,才会苟且讨人喜欢。我现在还企求什么呢? 我只盼望端端正正地死了,就这样罢了。"于是,他们扶起曾子,给他更换席子。等到再把他放回席子,还没安定下来,他就死了。

　　亲人刚去世的时候,真是痛不欲生,好像一切都已到尽头。殡以后,神情不安,好像在寻找什么,却又什么都没找到的样子。下葬以后,栖栖惶惶若有所失,好像在等待亲人,而又没等到的样子。小祥过后,就感慨时间过得太快。大祥过后,还觉得空虚冷清。

　　邾娄国的人用箭来招魂,是从升陉之战以后开始的。鲁国的妇女去掉发巾、露着发髻去吊丧,是从壶鲐战败以后开始的。

　　南宫绍的妻子死了婆婆,孔子就教她做丧髻的格式说:"你不要做得过高,你也不要做得过大,要用榛木做一尺长的簪子,而束发的带子只能垂下八寸。"

　　孟献子行过禫祭后,将乐器挂着,而不愿奏乐;到能够让妻妾陪侍时,仍然不肯进房门。孔子说:"献子确实超过别人一等啊!"

　　孔子在祥祭五天以后弹琴,声调还不和谐。但十天以后吹笙,就把曲子吹得十分和谐了。

　　有子在大祥刚结束,就马上穿起有丝饰的鞋子,带起有组缨的帽子来。

　　人死了可以不去吊丧的有三种情形:受了冤屈而轻生自杀的,不当心被压死的,涉水被淹死的。

　　子路穿姊妹的丧服,到九个月期满的时候可以除掉丧服,可是他却不肯除掉。孔子就问他:"为什么还不除掉丧服呢?"子路回答说:"我兄弟少,所以不忍心很早就除掉它啊。"孔子说:"这是先王制定的礼仪,凡是仁义之人都有不忍之心。"子路听了,就除掉丧服。

　　太公封在营丘,可是直到五世的子孙,死后都还送回周地埋葬。君子说:"音乐,是表现人们发自内心的情感;礼的基本精神,也就在于不忘根本。古人有句俗话说:'狐狸死

了,它的头必定正好对着狐穴的方向。'这也是仁的表现。"

伯鱼的母亲去世了,已经满了周年,可是他还在哭泣。孔子听见了就问道:"是谁在哭呀?"他的弟子回答说:"是鲤。"孔子嘻了一声说:"那太过分了。"伯鱼听到这话以后,就除掉丧服不再哭了。

舜葬在苍梧山中,大概他的三位妃子都没有跟去合葬。季武子说:"大概从周公开始才有夫妇合葬的事。"

曾子家办丧事,是在厨房浴尸的。

服大功丧服的,就得中止学业。可是也有人说:"服大功的,还可以诵读。"

子张病得很厉害,把申祥叫到跟前,对他说:"德行高尚的君子去世叫'终',而普通的人只能叫'死';我现在差不多可以说'终'了吧?"

曾子说:"刚死时所设的奠,或可以用庋阁上所剩的现成食品。"

曾子说:"小功的丧服,不按序列亲疏之位而号哭,这是小巷里不备礼的老百姓所行的。子思哭他的嫂子就在规定的位上,而且由妇女领头跳跃顿足号哭的。申祥哭言思也是这样。"

古代的冠都是直缝的,现在却是横缝的。而把直缝的作为丧冠,所以丧冠就与吉冠相反,那并不是古制。

曾子告诉子思说:"伋,我为父亲守丧,七天没喝一口水、米汤。"子思说:"先王制定礼仪,就是要让做得过分的人委屈自己来迁就它,让那些做不到的人勉力来达到它。所以君子在为亲人守丧的时候,只是三天不喝水、米汤,扶着丧杖能站起来。"

曾子说:"小功的丧服,在丧期已过才听到,就不用补服丧服。那么,凡远道的从祖兄弟最后就没有丧服了,这样行吗?"

伯高家办丧事,孔家吊丧的使者还没有到,于是冉子就代为准备了一束帛四匹马,装作是奉了孔子的命令前去吊丧的。孔子说:"这不一样啊! 那样做是徒然使我失去了对伯高的诚意。"

伯高死在卫国。向孔子报丧,孔子说:"我在哪里哭他呢? 如果是兄弟,我在祖庙里哭他;如果是父亲的朋友,我就在庙门外面哭他;如果是老师,我就在自己住的正室里哭他;如果是朋友,我就在正室的门外哭他;如果只是一般的泛泛之交,我就在郊外哭他。至于我和伯高的关系,在郊外哭他,嫌太疏远;在正室又嫌太重。他只是由子贡介绍和我见过面,我还是到子贡家去哭他吧!"于是就叫子贡做丧主,并说:"来吊丧的人,如果是为了你的关系而来哭的,你就拜谢;为了和伯高有交情而来哭的,就不用你来拜谢。"

曾子说:"居丧的时候如果生病了,可以吃肉喝酒,但一定要加草木的味道。"这里说的是用姜桂等香料来调味。

子夏因为死了儿子而哭瞎了眼睛。曾子去慰问他,并说:"我听说过:朋友丧失了视力,就应该去安慰他,替他难过。"说着说着,曾子就哭了。子夏也跟着哭了起来。子夏说:"天啊! 我是没有什么罪过的啊!"曾子生气地说:"商! 你怎么没有罪过呢? 我和你曾一起在洙水和泗水之间事奉老师。老师去世后，你回到西河之上度晚年，却让西河人民以为你比得上老师，这是你的第一件罪过；过去你为亲长守丧期间，在百姓中并没有好名声，这是你的第二件罪过；现在你又因为死了儿子而哭瞎了眼睛，这是你的第三件罪过。你还要说你没有什么罪过吗？"子夏丢开手杖拜谢说："我错了！我错了！我离开同道好友，独自居住的时间也已经太长久了。"

如果大白天还睡在屋里，亲朋好友就可以去探望他的病；如果夜里睡在中门外，亲朋好友就可以前去吊丧。因此，君子非遭到大的变故，不夜宿于中门之外；除非是祭祀前的戒斋，或者是生病，否则也不会日夜都睡在屋里。

高子皋在为父亲守丧的时候，暗暗地落了三年泪，从来没有笑过，君子都认为这是很难做到的。

至于穿丧服，如果丧服的规格，或者孝子的心情举止和穿的丧服不一致，那就不如不穿丧服。穿着齐衰，就不能偏倚而坐；穿着大功，就不能出来办事。

孔子路过卫国，刚巧碰上过去的馆舍主人的丧事，便进去吊丧，哭得很伤心。出来后，就叫子贡解下马车的骖马赠送给丧家。子贡说："对于门人的丧事，就从来没有解下马来助丧的事，现在倒要解下马匹来为馆舍主人助丧，这不是太过分了吗？"孔子说："我刚才进去吊丧，正好触动了心里的悲哀而流下泪来。我不愿意光流泪而没有别的表示。你还是照我的话去做吧！"

孔子在卫国的时候，碰到有人送葬，孔子就在一旁观看，并且说："这丧事办得太好了，可以作为榜样了。你们要好好记着。"子贡说："老师为什么称赞这件丧事办得好呢？"孔子回答说："那孝子在送柩时，就像小孩追随父母一样哭叫着；下葬回来时，又像在哀痛亲人的魂灵还在墓穴，没有跟他回家，因而迟疑不前。"子贡说："这还不如赶快回家举行安神的虞祭吧？"孔子说："你们要好好记着这好榜样，我还未必能做到呢！"

为颜渊办丧事的时候，丧家送来大祥的祭肉，孔子到门外去接受了祭肉。他回到屋里，弹过琴以后才吃祭肉。

孔子和门人一起站在那里，他拱手的样子是用右手掩着左手，弟子们也都跟着用右手掩着左手。孔子说："你们真是太喜欢学我了，我是因为有姊姊的丧事的缘故才这样子的。"于是弟子们都改过来，用左手掩着右手。

孔子一大早就起来了，背着手，拖着手杖，一边自由自在地在门口散步，一边唱着歌："泰山要坍了吧？梁木要坏了吧？哲人要凋落了吧？"唱完歌就回到屋里，对着门坐下。子贡听到歌声说："如果泰山崩坍了，那我们将要仰望什么呢？如果梁木坏了，哲人凋落了，那我们将要仿效谁呢？老师大概要生病了吧！"于是就快步走了进去。

孔子说："赐！你为什么来的这样迟呢？夏代停柩在东阶上，那还是在主位上；殷人停柩在东西两楹之间，那是处在宾主位之间；周人停柩在西阶上，那就像把它当作宾客一样。而我是殷人，前日夜里我梦到自己安坐在东西两楹之间。既然没有圣明的王者出世，天下又有谁会尊崇我坐在两楹之间的尊位上呢？这样看来，我大概是快要死了吧！"

孔子卧病七天以后就去世了。

给孔子办丧事时，弟子们都不知道应该穿哪一等丧服。子贡说："过去老师在处理颜渊的丧事时，就像死了儿子一样，但不穿丧服。处理子路的丧事也是这样。现在请大家对老师的丧事，就像对父亲的丧事一样悲哀痛悼，但不必穿戴丧服，只需在头上和腰间系上麻带就行了。"

孔子的丧事，是公西赤主办的。他用三代样式装饰棺柩；在柩帷外设置了翣和披，这是周人的样式；设置崇牙旌旗，这是殷人的样式；设置了用素绸缠绕旗竿的魂幡，这是夏人的样式。

子张的丧事，是公明仪主办的。用红布做成覆棺的帐幕，并在四角画上像蚁行往来交错的纹路，这是殷代的士礼。

子夏问孔子说："对于杀害父母的仇人，应该怎么办？"孔子回答说："夜里睡在草垫上，枕着盾牌，不去做官，和仇人不共戴天。如果在市上或公门遇到了，立即取出随身携带的兵器和他决斗。"又问道："请问对于杀害兄弟的仇人，应该怎么办？"回答说："不和仇人在同一个国家做官，如果身负君命出使他国时，遇上了仇人的话，也不可以和他决斗。"又问道："请问对于杀害堂兄弟的仇人，应该怎么办呢？"回答说："不必自己带头去报仇，但如果死者的亲人能去报仇的话，那么自己就拿着武器，跟在后面协助。"

孔子之丧，弟子们在家在外，都在头上和腰间扎上麻经。弟子之间有丧，在家里则扎麻经，而出门就不扎了。

芟治墓地，并不是古来就有的习俗。

子路说："我听老师说过：'举办丧礼，与其内心缺少悲哀的感情而过分地去讲究礼仪的完备，还不如让礼仪欠缺些而使内心充满悲哀的感情；举行祭礼，与其内心缺少敬意而过分地去讲求礼仪的完备，还不如让礼仪欠缺些而使内心充满敬意。'"

曾子到负夏吊丧，主人已经行过祖奠，在柩上也设置了池，见曾子来吊丧，就把柩车推回原位，让妇人退到阶下，然后行礼。随从的人问曾子："这合乎礼吗？"曾子回答说："祖奠是一种暂时的程序，既然是暂时的，为什么不可以把柩车推回原位呢？"随从的人又去问子游："这合乎礼吗？"子游回答说："在室内窗下饭含，在室内对着门的地方小敛，在堂上主位大敛，在客位停柩，在庙前庭里祖奠，最后葬于墓，这种过程是为了表示逐渐远去。所以丧事只能是有进而无退的。"曾子听见了这话以后，说："他说的出祖的礼，比我说的好多了。"

曾子以袭裘的装束去吊丧，而子游却以裼裘的装束去吊丧。于是曾子指着子游给别人看，并说："这个人是讲求礼仪的人，怎么却敞开外衣来吊丧呢？"小敛以后，主人祖露左臂，用麻束发。子游这才快步出去，改换成袭裘的装束，在头上和腰间扎上葛带，然后进来。曾子见到后，连忙说："是我错了，是我错了，这个人的做法是对的。"

子夏服满除丧后去见孔子，孔子递给他一张琴，他却没有办法调整好琴柱，使五音和谐，而且弹起来也不成声调。他站起来说："虽然我内心悲哀的感情还没有忘掉，但先王

既然制定了礼仪,所以我不敢超过规定的期限,只得除掉丧服。"子张居丧期满后去见孔子,孔子递给他一张琴,他一调整弦柱,五音就和谐了,而且一弹就成乐调。他站起来说:"虽然我心中的悲哀已经淡薄了,但先王既然已制定了礼仪,那么我也不敢不依照礼的规定去做。"

司寇惠子家里办丧事,子游穿着麻衰,又加上牡麻绖,前去吊丧。文子辞谢说:"过去辱蒙您与我弟弟交往,现在又屈尊来为他吊丧,实在不敢当。"子游说:"我只不过是依礼行事罢了。"文子只好退回原位继续哭泣。于是子游快步走向家臣们的位置。文子又辞谢说:"过去辱蒙您与我弟弟交往,现在又委屈你为他穿吊服,而且还屈尊来参加他的丧礼,实在不敢当。"子游说:"请务必不要客气。"文子这才退下去,扶出惠子的适子虎就主位,南面而立,说:"辱蒙您和我弟弟交往,又委屈您为他穿吊服,而且还屈尊来参加他的丧礼,虎怎么敢不就主位来拜谢呢!"子游这才快步就宾客的位置。

将军文子去世的那次丧事,在已经服满除丧以后,又有越人来吊丧。主人穿着麻衣,戴着练冠,在祖庙里受吊,流着眼泪鼻涕。子游见了说:"将军文子的儿子,可算懂得礼了吧! 这些常礼所没有的礼,他的举止是那样恰当。"

年幼时称呼名,二十岁行过冠礼之后就称呼字,五十岁以后就按照他的排行,称他为伯为仲,死后称谥号,这是周代的制度。头上和腰间扎上麻绖,是用来表达内心真诚的哀思。在室内中央挖个坑来浴尸,毁掉灶而用灶砖来拘牵死者的脚;到了出葬的时候,毁掉庙墙,越过行神的坛位,不经中门就直接把枢车拉出,这是殷人举行丧礼的方式。而那些向孔子学习的人,也都跟着仿效殷人举行丧礼的方式。

子柳的母亲去世了,子硕请求置办葬具。子柳说:"拿什么钱去置办葬具呢?"子硕回答说:"把庶弟的母亲卖了。"子柳说:"怎么能卖别人的母亲来葬自己的母亲呢? 不能这样做。"下葬之后,子硕又想要用剩余的赙金置办祭器。子柳说:"不能这样做,我听说:'君子是不愿意靠丧事来谋取私利的,还是把剩余的赙金分给兄弟中贫困的人吧。'"

君子说:"指挥军队作战,如果打了败仗,就应该以身殉国。负责治理国家,如果使国家动荡不安,就应该受到斥谪,放逐外出。"

公叔文子登上瑕丘,蘧伯玉也跟他一起登上去。文子说:"这座山丘风景真好,我死了,愿意就葬在这里。"蘧伯玉说:"你这样喜欢这里,那么我愿死在您前面,抢先葬在这里。"

弁地有人死了母亲,像婴儿一样尽情地痛哭。孔子说:"他这样做是尽情地表达他的悲哀感情了,但这不是一般人所能达到的。作为礼,是能普及大众的,是要人人都能做到的。所以说丧礼的哭踊是有一定节度的。"

叔孙武叔的母亲去世了,小敛以后,举尸者把尸体抬出室户至堂上,叔孙武叔也跟着出户,急忙袒露左臂,再把戴的帽子甩掉,用麻束发。子游说:"这也算懂得礼吗?"

国君有病,搀扶国君的是:仆人扶右边,射人扶左边。国君刚去世时,仍由他们抬正尸体。

甥对姨夫、甥对舅母,对这两种人相互应该服什么丧服,从前知礼的君子,都没有说。有人说:如果在一个锅里吃饭的话,就应该互为对方穿缌麻服。

办理丧事,都希望尽快地办好;筹办吉事,都想从从容容地办。所以丧事虽然急迫,但却不能凌越节次,草率从事;吉事虽然舒缓,可以稍事停息,但却不可以懈怠。因此,过分急迫了,就显得粗鄙失礼;过分拖沓了,就会像不懂礼节的小人一样太不庄重。明达礼仪的君子无论办丧事,还是办吉事,都能适中得体。

送死的棺木、衣物等,君子是不愿意预先置办齐全的。那些一两天内可以赶制出来的送死的东西,君子是绝对不预先置办好的。

按丧服的规定,兄弟的儿子就和自己的众子一样,服丧一年,这样是为了加深伯叔侄间的感情而使之更亲近些;嫂叔之间无服,这样是为了避免嫌疑而推得更疏远些;姑、姊妹出嫁以后,降等服大功,这样做是为了让娶她的人一并将深恩重服承受过去。

在有丧服的人旁边用膳,从来就没有吃饱过。

曾子和客人站在大门旁边,有个弟子快步走出门去。曾子问他说:"你要上哪儿去?"弟子回答说:"我父亲去世了,我正要到巷子里去哭。"曾子说:"回到你自己的房间里去哭吧。"然后曾子北面就宾位向他致吊。

孔子说:"送葬而看作他全无知觉,这太缺乏仁爱之心了,不能这样做;送葬而看作他还像活人那样,那又太缺少理智了,也不能这样做。因此作为陪葬的明器应该是这样的:竹器没边框,不好使用;陶器没有烧过,不能盛水洗脸;木器没有加过工,不好使用;琴瑟张了弦,但没有调正,不能弹;竽笙齐备

曾子

了,但音调却不调和,不能吹;有了钟磬,但没有木架,不能敲。这样的器物就称作'明器',意思是把死者当作神明来侍奉。"

有子问曾子说:"你听到过老师说失去官职以后该怎么办吗?"曾子回答说:"我听他提到过这件事:仕而失去了官职,最好要尽快贫困下来;死了,最好是快点烂掉。"有子说:"这不像德行高尚的君子说的话。"曾子说:"这是我亲耳从老师那里听到的。"有子仍然说:"这不像德行高尚的君子说的话。"曾子说:"我和子游都听到这句话的。"有子说:"是的,但那一定是老师针对什么特定的事情而说的。"曾子把这些话告诉子游,子游说:"真是了不得,有子的口气真像老师。以前,老师在宋国,看到桓司马亲自设计石椁,匠人用了三年时间还没有磨琢成功。老师就说:'一个人死了,如果要像这样靡费,那还不如快点腐烂好。'人死了,最好快点烂掉的话,那是针对桓司马说的。南宫敬叔失去了官职以后,每次回朝,总是带着财物宝货来,谋求官位。老师见了就说:'如果像他这样用许多财物宝货来谋求官位。那么在失去官职以后,还不如尽快贫困的好。'失去官职,最好尽快

贫困的话,是针对南宫敬叔说的。"

曾子把子游的话告诉了有子,有子说:"这就对了,我本来就说这不是老师的一贯主张。"曾子说:"你怎么知道的?"有子说:"以前,老师在做中都宰时曾制定下法度,棺要四寸厚,椁要五寸厚,就凭这一点,我知道老师不主张人死了要尽快腐烂。当年老师失去鲁国司寇的职位,要到楚国去的时候,记得是先派子夏去安排,紧接着又派冉有去看楚国是否可仕。根据这种态度,我就知道他不主张失去官职就想尽快贫困的了。"

陈庄子死了,向鲁国发了讣告,鲁君想不为他哭。因此鲁缪公召见县子,征询他的意见。县子说:"古代的大夫,连赠送十条干肉这样微薄的礼物都不出境——和外国根本没有私交,因此就是想为他们的丧事而哭,又根据什么礼而哭呢?现在的大夫,把持国家大权,和中原各国相互交结,因此就是想不为他们哭,又怎么能办得到呢?况且我听说过,哭的原因有两种:有的是因为爱他而哭,有的则是因为怕他才哭。"缪公说:"是的,我就是因为怕他才哭。可是怎样哭法才行呢?"县子说:"那就请到异姓的宗庙里去哭吧!"于是缪公就到县氏的宗庙里去哭了。

仲宪对曾子说:"夏代用不能使用的明器,是让人民知道死者是没有知觉的;殷人用可以使用的祭器,是让人民知道死者是有知觉的;周人兼用明器和祭器,表示对这一点还疑惑不定。"曾子说:"大概不是这样的吧!大概不是这样的吧!明器是孝子为先人的鬼魂特设的器具,而祭器则是人们使用的器具。古代的人怎么会忍心认定去世了的亲人毫无知觉呢?"

公叔朱有个同母异父的兄弟死了,他向子游请教应该服什么丧服,子游说:"大概服大功服吧?"狄仪也有个同母异父的兄弟死了,他去向子夏请教应该服什么丧服,子夏说:"我从来没听说过有什么规定,不过鲁国人的习惯是服齐衰服。"于是狄仪就服了齐衰服。现在为同母异父兄弟服齐衰服,就是从狄仪这一问才确定下来的。

子思的母亲死在卫国。柳若对子思说:"您是圣人的后代,四方的人都要看您怎样办丧事,您要慎重些啊!"子思说:"我有什么可慎重的?我听说过:'懂得礼仪而缺少钱财,君子是无法办丧事的;懂得礼仪,也有钱财,但没有行礼的可能,君子也无法办丧事。'我有什么可慎重的!"

县子琐说:"我听说过:'古代并不因为自己的地位尊贵,就将丧期一年以下的丧服降等,而是不管长辈或晚辈都根据原来的亲属关系服丧服。'例如殷代滕伯文为孟虎服齐衰,因为孟虎是他的叔父;又为孟皮服齐衰,因为他是孟皮的叔父。"

后木说:"办丧事的事,我听县子说过:'办理丧事,不可不深思远虑,买棺材,一定要内外都平滑精致。'我死了以后也希望能这样。"

曾子说:"尸体还没穿敛服,所以在灵堂上设置帷,小敛之后就撤去帷。"仲梁子说:"死者刚去世时,夫妇正忙乱着还没就位,所以要在灵堂上设置帷,小敛之后,主人夫妇已经就位了,于是就撤去帷。"

关于小敛的丧祭,子游说:"在东方设奠。"曾子说:"在西方,而且小敛后的奠就应设

席。"小敛的丧祭在西方举行，是沿用鲁国后期错误的礼节。

县子说："丧服用粗葛作衰，用细而疏的布作下裳，这不是古代的习俗。"

子蒲去世了，有个哭丧的人哭着喊他的名字"灭"。子皋说："这太不明礼了。"于是那个人就改正过来了。

杜桥母亲的丧事，殡宫中没有赞礼的人，懂礼的人都认为太简略了。

孔子说："亲戚刚去世，穿羔裘戴玄冠去吊丧，应赶快改为素冠深衣。"孔子从不穿戴羔裘玄冠去吊丧。

子游向孔子请教为死者送终的礼仪及衣棺器具的标准。孔子说："与家里财力的厚薄相当就行了。"子游说："各依家里财力的厚薄，怎么能合乎统一的标准呢？"孔子说："如果家计殷实，也不要超过标准而厚葬；如果家境贫寒，就只要衣衾足以掩藏形体，而且敛毕立即下葬，用手拉着绳子下棺就行了。像这样尽力去做，又怎么会有人责备他失礼呢？"

司士贲告诉子游说："我想在床上给死者穿衣。"子游说："可以。"县子听了这话就说："叔氏太骄矜自大了，听他的口气，好像礼仪都是由他制定的。"

宋襄公给他的夫人送葬时，陪葬了一百瓮醋、酱。曾子说："陪葬的器物既称作'明器'，却又装上实物。"

孟献子去世的那次丧事，家臣司徒使下士把多余的助丧的钱财归还给四方。孔子说："这件事办得对。"

在枢车将行时，向死者宣读助葬财物账册，曾子说："这不是古来就有的习俗，这是第二次向死者报告了。"

成子高卧病不起，庆遗进去请示说："您的病已经很危急了，如果再加重，那么该怎么办呢？"子高说："我听说过：'活着的时候要多为别人做好事，死了以后也不害人。'我即使活着的时候没能为别人做过多少有益的事，难道我可以死了以后去做对别人有害的事吗？我死了以后，就找一块不能耕种的地，把我埋葬了吧！"

子夏听到孔子说："在君母或君妻丧事时，日常生活、言谈和饮食，都像平时自在的样子就行了。"

有位远方来的客人没地方住宿。孔子说："活着可以住在我家，就是死了也不妨殡在我家。"

国子高说："葬，是藏的意思；藏的目的，是希望人们不能看见。因此，衣衾足以裹住身体，内棺足以包住衣衾，外棺足以包住内棺，墓圹足以包住外椁就行了，何必还要在墓地上堆土造坟和栽种树木呢？"

在为孔子办丧事时，有个人从燕国赶来观看葬礼，住在子夏家里。子夏对他说："这是圣人在主持葬人吗？不是的，这是普通的人在葬圣人啊！你有什么好观看呢？以前听老师说过这样的话：'我见过把坟筑成像堂屋那样四方而高的样子，见过像堤防那样纵长而横狭的样子，见过像夏屋那样宽广而卑下的样子，见过像刀刃朝上的斧子那样长而高

的样子。我赞成像刃朝上的斧子的那种样子,也就是俗间所说的马鬣封。'现在我们给他筑坟,一天之内就换了三次板,很快就将坟筑成了,这大概还算是遂了老师的心愿吧!"

妇女在居丧期间,一直不用葛带。

五谷时物新出时,有荐新的奠,这种奠的礼仪规格和朔奠一样。

下葬以后,各等亲属都除下原先的丧服,而改服较轻的服。

柩车上"池"的规格,就比照他生前宫室的重霤。

诸侯一即位,就要为他准备好内棺,每年都得漆一次,棺内还要经常放些东西。

复、楔齿、缀足、饭、设饰、帷堂,这些都是在死者断气之后,同时进行的。报丧的人,一般都是由叔伯或堂兄派遣的。

为国君招魂,应该在小寝、大寝、四亲庙、太祖庙、库门、四郊等地方举行。

丧事中的奠馈都不露着的吗? 只是祭肉吧?

殡后十天,就得备办椁材与明器。

朝奠应在太阳刚出时进行,夕奠应在太阳落山前举行。

父母去世后,不时地哭泣。出使回来后,必须设祭告知父母。

小祥以后所穿的练服,是用湅布做中衣,并用黄色的料子做衬里,滚浅红色的边;用葛做腰带;穿麻鞋,但仍没有装饰鞋鼻;瑱是角质的;鹿裘的袖子加宽加长,而且还可以在袖口滚边。

家里有丧事,正停柩待葬,如果听到远房兄弟去世了,即使是最疏远的族兄弟,也要赶去吊丧;如果不是同族兄弟,即使是住在邻近,也不必去吊丧。相识的朋友,他遇上不同居的兄弟的丧事,凡相识者也应该去慰问他。

天子的棺有四重:第一重是用水兕革做的贴身的棺,有三寸厚;第二重是用椴木做的棺;外面还有两重梓木做的棺。这四重棺都是上下四周密封起来的。束棺的皮带是纵二横三,皮带要正好束在棺的樿头的地方。用柏木垒叠在棺外做椁,每段柏木长六尺。

诸侯死了,天子哭他时,所用的服饰是戴着爵弁,穿着黑色衣服。另一种说法是:天子派属员代他哭,吃饭时不奏乐。

天子的殡礼是:在柩的四周堆木,然后涂上白土;在载柩车的辕上画上龙,再在积木外面加椁;在椁边张着绣上黑白相次的花纹的缪幕;再在椁上面加上屋状的顶,然后整个涂饰起来。这就是天子殡的礼制。

只有在天子的丧事里,才是分别姓的不同,而就不同的位来哭的。

鲁哀公诔孔丘说:"上天不留下这位受人尊敬的老人,现在没有人帮助我治理国家了! 呜呼哀哉,尼父!"

国家的大县邑丧失了,公、卿、大夫、士都要戴着厌冠到太庙去一连哭三天,而且在这期间国君不能用杀牲盛馔。另外还有一种说法是:国君享用杀牲盛馔是可以的,但必须向土神号哭。

孔子厌恶那种不在应处的位上哭的人。

还没有获得官职的人，不敢用财物去助丧；如果想要用财物助丧，就必须征得父兄的同意，秉承他们的意思去做。

国君的丧事，群臣要朝夕哭踊，等到士到齐后，全体才开始踊。

大祥以后就可以戴缟冠。禫祭的下个月就可以奏乐了。

国君对于士，可以恩赐他枢上承尘的小帐幕。

檀弓下第四

【原文】

君之適长殇，车三乘。公之庶长殇，车一乘。大夫之適长殇，车一乘。

公之丧，诸达官之长杖。

君于大夫将葬，吊于宫；及出，命引之，三步则止。如是者三，君退。朝亦如之，哀次亦如之。

五十无车者，不越疆而吊人。

季武子寝疾，蟜固不说齐衰而入见，曰："斯道也，将亡矣！士唯公门说齐衰。"武子曰："不亦善乎！君子表微。"及其丧也，曾点倚其门而歌。

大夫吊，当事而至，则辞焉。吊于人，是日不乐。妇人不越疆而吊人。行吊之日，不饮酒食肉焉。吊于葬者必执引；若从枢，及圹，皆执绋。丧，公吊之；必有拜者，虽朋友、州里舍人可也。吊曰："寡君承事。"主人曰："临。"君遇枢于路，必使人吊之。大夫之丧，庶子不受吊。

妻之昆弟为父后者死，哭之适室。子为主，袒、免、哭、踊。夫入门右。使人立于门外，告来者。狎则入哭。父在，哭于妻之室。非为父后者，哭诸异室。

有殡，闻远兄弟之丧，哭于侧室；无侧室，哭于门内之右。同国则往哭之。

子张死，曾子有母之丧，齐衰而往哭之。或曰："齐衰不以吊。"曾子曰："我吊也与哉？"

有若之丧，悼公吊焉，子游摈由左。

齐（谷）〔告〕王姬之丧，鲁庄公为之大功。或曰：由鲁嫁，故为之服姊妹之服。或曰：外祖母也，故为之服。

晋献公之丧，秦穆公使人吊公子重耳，且曰："寡人闻之，亡国恒于斯，得国恒于斯。虽吾子俨然在忧服之中，丧亦不可久也，时亦不可失也，孺子其图之！"以告舅犯。舅犯曰："孺子其辞焉。丧人无宝，仁亲以为宝。父死之谓何！又因以为利，而天下其孰能说之？孺子其辞焉！"公子重耳对客曰："君惠吊亡臣，重耳身丧父死，不得与于哭泣之哀，以为君忧。父死之谓何！或敢有他志，以辱君义？"稽颡而不拜，哭而起，起而不私。子显以

致命于穆公。穆公曰："仁夫公子重耳！夫稽颡而不拜，则未为后也，故不成拜。哭而起，则爱父也。起而不私，则远利也。"

帷殡非古也，自敬姜之哭穆伯始也。

丧礼，哀戚之至也。节哀，顺变也，君子念始之者也。

复，尽爱之道也；有祷祠之心焉，望反诸幽，求诸鬼神之道也。北面，求诸幽之义也。

拜稽颡，哀戚之至隐也。稽颡，隐之甚也。

饭用米贝，弗忍虚也。不以食道，用美焉尔。

铭，明旌也。以死者为不可别已，故以其旗识〔识〕之。爱之，斯录之矣；敬之，斯尽其道焉耳。

重，主道也。殷主缀重焉。周主重彻焉。

奠以素器，以生者有哀素之心也。唯祭祀之礼，主人自尽焉尔。岂知神之所飨？亦以主人有齐敬之心也。

辟踊，哀之至也。有算，为之节文也。

袒括发，变也。愠，哀之变也。去饰，去美也。袒括发，去饰之甚也。有所袒，有所袭，哀之节也。

弁、绖葛而葬，与神交之道也。有敬心焉。

周人弁而葬，殷人冔而葬。

歠主人、主妇、室老，为其病也，君命食之也。

反哭升堂，反诸其所作也。主妇入于室，反诸其所养也。

反哭之吊也，哀之至也。反而亡焉，失之矣！于是为甚。殷既封而吊，周反哭而吊。孔子曰："殷已悫，吾从周。"

葬于北方北首，三代之达礼也，之幽之故也。

既封，主人赠，而祝宿虞尸。

既反哭，主人与有司视虞牲。有司以几筵舍奠于墓左，反。日中而虞。

葬日虞，弗忍一日离也。是月也，以虞易奠。

卒哭曰"成事"。是日也，以吉祭易丧祭。明日，祔于祖父。其变而之吉祭也，比至于祔，必于是日也接，不忍一日末有所归也。

殷练而祔，周卒哭而祔，孔子善殷。

君临臣丧，以巫祝桃茢执戈，恶之也，所以异于生也。

丧有死之道焉，先王之所〔以〕难言也。

丧之朝也，顺死者之孝心也。其哀离其室也，故至于祖考之庙而后行。殷朝而殡于祖，周朝而遂葬。

孔子谓：为明器者，知丧道矣，备物而不可用也。哀哉！死者而用生者之器也，不殆于用殉乎哉？其曰明器，神明之也。涂车、刍灵，自古有之，明器之道也。孔子谓"为刍灵者善"；谓："为俑者不仁，〔不〕殆于用人乎哉？"

穆公问于子思曰:"为旧君反服,古与?"子思曰:"古之君子,进人以礼,退人以礼,故有旧君反服之礼也。今之君子,进人若将加诸膝,退人若将队诸渊。毋为戎首,不亦善乎?又何反服(之礼)之有!"

悼公之丧,季昭子问于孟敬子曰:"为君何食?"敬子曰:"食粥,天下之达礼也。吾三臣者之不能居公室也,四方莫不闻矣。勉而为瘠,则吾能,毋乃使人疑夫不以情居瘠者乎哉?我则食食。"

卫司徒敬子死。子夏吊焉,主人未小敛,绖而往。子游吊焉,主人既小敛,子游出,绖反哭。子夏曰:"闻之也与?"曰:"闻诸夫子:主人未改服,则不绖。"

曾子曰:"晏子可谓知礼也已,恭敬之有焉。"有若曰:"晏子一狐裘三十年,遣车一乘,及墓而反。国君七个,遣车七乘;大夫五个,遣车五乘。晏子焉知礼?"曾子曰:"国无道,君子耻盈,礼焉。国奢,则示之以俭;国俭,则示之以礼。"

国昭子之母死。问于子张曰:"葬及墓,男子妇人安位?"子张曰:"司徒敬子之丧,夫子相:男子西乡,妇人东乡。"曰:"噫!毋!"曰:"我丧也,斯沾。尔专之。宾为宾焉,主为主焉,妇人从男子皆西乡。"

穆伯之丧,敬姜昼哭。文伯之丧,昼夜哭。孔子曰:"知礼矣。"

文伯之丧,敬姜据其床而不哭,曰:"昔者吾有斯子也,吾以将为贤人也。吾未尝以就公室。今及其死也,朋友诸臣未有出涕者,而内人皆行哭失声。斯子也,必多旷于礼矣夫!"

季康子之母死,陈褒衣。敬姜曰:"妇人不饰,不敢见舅姑。将有四方之宾来,褒衣何为陈于斯?"命彻之。

有子与子游立,见孺子慕者。有子谓子游曰:"予壹不知夫丧之踊也,予欲去之久矣。情在于斯,其是也夫!"子游曰:"礼有微情者,有以故兴物者。有直情而径行者,戎狄之道也。礼道则不然。人喜则斯陶,陶斯咏,咏斯犹,犹斯舞;(舞斯愠,)愠斯戚,戚斯叹,叹斯辟,辟斯踊矣!品节斯,斯之谓礼。人死,斯恶之矣;无能也,斯倍之矣。是故制绞衾,设蒌翣,为使人勿恶也。始死,脯醢之奠。将行,遣而行之,既葬而食之,未有见其飨之者也。自上世以来,未之有舍也,为使人勿倍也。故子之所刺于礼者,亦非礼之訾也。"

吴侵陈,斩祀杀厉。师还出竟,陈大宰嚭使于师。夫差谓行人仪曰:"是夫也多言,盍尝问焉?师必有名,人之称斯师也者,则谓之何?"大宰嚭曰:"古之侵伐者,不斩祀,不杀厉,不获二毛。今斯师也,杀厉与?其不谓之杀厉之师与?"曰:"反尔地,归尔子,则谓之何?"曰:"君王讨敝邑之罪,又矜而赦之,师与有无名乎?"

颜丁善居丧:始死,皇皇焉,如有求而弗得;及殡,望望焉,如有从而弗及;既葬,慨焉如不及其反而息。

子张问曰:"《书》云:'高宗三年不言,言乃欢。'有诸?"仲尼曰:"胡为其不然也!古者天子崩,王世子听于冢宰三年。"

知悼子卒,未葬。平公饮酒,师旷、李调侍,鼓钟。杜蒉自外来,闻钟声,曰:"安在?"

149

曰："在寝。"杜蒉入寝，历阶而升，酌，曰："旷饮斯!"又酌，曰："调饮斯!"又酌，堂上北面坐饮之，降，趋而出。平公呼而进之，曰："蒉! 曩者尔心或开予，是以不与尔言。尔饮旷何也?"曰："子卯不乐。知悼子在堂，斯其为子卯也大矣! 旷也大师也，不以诏，是以饮之也。""尔饮调何也?"曰："调也，君之亵臣也。为一饮一食，忘君之疾，是以饮之也。""尔饮何也?"曰："蒉也宰夫也，非刀匕是共，又敢与知防，是以饮之也。"平公曰："寡人亦有过焉。酌而饮寡人!"杜蒉洗而扬觯。公谓侍者曰："如我死，则必无废斯爵也!"至于今，既毕献，斯扬觯，谓之"杜举"。

公叔文子卒，其子戍请谥于君，曰："日月有时，将葬矣，请所以易其名者。"君曰："昔者卫国凶饥，夫子为粥与国之饿者，是不亦惠乎? 昔者卫国有难，夫子以其死卫寡人，不亦贞乎? 夫子听卫国之政，修其班制，以与四邻交，卫国之社稷不辱，不亦文乎? 故谓夫子'贞惠文子'。"

石骀仲卒，无适子，有庶子六人。卜所以为后者，曰："沐浴佩玉则兆。"五人者皆沐浴佩玉。石祁子曰："孰有执亲之丧而沐浴佩玉者乎?"不沐浴佩玉。石祁子兆，卫人以龟为有知也。

陈子车死于卫。其妻与其家大夫谋以殉葬，定而后陈子亢至，以告，曰："夫子疾，莫养于下，请以殉葬。"子亢曰："以殉葬，非礼也。虽然，则彼疾当养者，孰若妻与宰? 得已，则吾欲已;不得已，则吾欲以二子者之为之也。"于是弗果用。

子路曰："伤哉贫也! 生无以为养，死无以为礼也。"孔子曰："啜菽饮水，尽其欢，斯之谓孝。敛〔首〕足形，还葬而无椁，称其财，斯之谓礼。"

卫献公出奔，反于卫，及郊，将班邑于从者而后入。柳庄曰："如皆守社稷，则孰执羁靮而从? 如皆从，则孰守社稷? 君反其国而有私也，毋乃不可乎!"弗果班。

卫有大史曰柳庄，寝疾。公曰："若疾革，虽当祭必告。"公再拜稽首，请于尸曰："有臣柳庄也者，非寡人之臣，社稷之臣也。闻之死，请往。"不释服而往，遂以襚之，与之邑裘氏与县潘氏，书而纳诸棺曰："世(世)万子孙无变也!"

陈乾昔寝疾，属其兄弟，而命其子尊己曰："如我死，则必大为我棺，使吾二婢子夹我。"陈乾昔死，其子曰："以殉葬，非礼也，况又同棺乎?"弗果杀。

仲遂卒于垂，壬午犹绎，万入去籥。仲尼曰："非礼也，卿卒不绎。"

季康子之母死，公输若方小。敛，般请以机封。将从之。公肩假曰："不可! 夫鲁有初:公室视丰碑，三家视桓楹。般! 尔以人之母尝巧，则岂不得以? 其(母)〔毋〕以尝巧者乎? 则病者乎? 噫!"弗果从。

战于郎。公叔禺人遇负杖入保者息，曰："使之虽病也，任之虽重也，君子不能为谋也，士弗能死也，不可。我则既言矣!"与其邻(重)〔童〕汪踦往，皆死焉。鲁人欲勿殇(重)〔童〕汪踦，问于仲尼，仲尼曰："能执干戈以卫社稷，虽欲勿殇也，不亦可乎!"

子路去鲁，谓颜渊曰："何以赠我?"曰："吾闻之也:去国，则哭于墓而后行;反其国不哭，展墓而入。"谓子路曰："何以处我?"子路曰："吾闻之也:过墓则式，过祀则下。"

工尹商阳与陈弃疾追吴师,及之。陈弃疾谓工尹商阳曰:"王事也。子手弓而可。"手弓。"子射诸!"射之,毙一人,韔弓。又及,谓之;又毙二人。每毙一人,掩其目。止其御曰:"朝不坐,燕不与。杀三人,亦足以反命矣!"孔子曰:"杀人之中,又有礼焉。"

诸侯伐秦,曹(桓)〔宣〕公卒于会。诸侯请含。使之袭。

襄公朝于荆,康王卒。荆人曰:"必请袭!"鲁人曰:"非礼也!"荆人强之。巫先拂柩,荆人悔之。

滕成公之丧,使子叔敬叔吊、进书,子服惠伯为介。及郊,为懿伯之忌不入。惠伯曰:"政也。不可以叔父之私,不将公事。"遂入。

哀公使人吊蒉尚,遇诸道,辟于路,画宫而受吊焉。曾子曰:"蒉尚不如杞梁之妻之知礼也!齐庄公袭莒于夺,杞梁死焉。其妻迎其柩于路而哭之哀,庄公使人吊之。对曰:'君之臣不免于罪,则将肆诸市朝,而妻妾执。君之臣免于罪,则有先人之敝庐在。君无所辱命。'"

孺子䴙之丧,哀公欲设拨,问于有若。有若曰:"其可也。君之三臣犹设之。"颜柳曰:"天子龙辅而椁帱,诸侯辅而设帱,为榆沉,故设拨。三臣者废辅而设拨,窃礼之不中者也。而君何学焉?"

悼公之母死,哀公为之齐衰。有若曰:"为妾齐衰,礼与?"公曰:"吾得已乎哉!鲁人以妻我。"

季子皋葬其妻,犯人之禾。申祥以告,曰:"请庚之。"子皋曰:"孟氏不以是罪予,朋友不以是弃予,以吾为邑长于斯也。买道而葬,后难继也。"

仕而未有禄者,君有馈焉,曰献。使焉,曰"寡君"。违而君薨,弗为服也。

虞而立尸,有几筵。卒哭而讳,生事毕而鬼事始已。

既卒哭,宰夫执木铎以命于宫曰:"舍故而讳新。"自寝门至于库门。

二名不(偏)〔遍〕讳。夫子之母名"征在",言"在"不称"征",言"征"不称"在"。

军有忧,则素服哭于库门之外。赴车不载橐韔。

有焚其先人之室,则三日哭。故曰:新宫火,亦三日哭。

孔子过泰山侧。有妇人哭于墓者而哀,夫子式而听之。

使子(路)〔贡〕问之,曰:"子之哭也,壹似重有忧者。"而曰:"然。昔者吾舅死于虎,吾夫又死焉,今吾子又死焉。"夫子曰:"何为不去也?"曰:"无苛政。"

夫子曰:"小子识之:苛政猛于虎也!"

鲁人有周丰也者,哀公执挚请见之。而曰:"不可。"公曰:"我其已夫!"使人问焉,曰:"有虞氏未施信于民而民信之,夏后氏未施敬于民而民敬之,何施而得斯于民也?"对曰:"墟墓之间,未施哀于民而民哀。社稷宗庙之中,未施敬于民而民敬。殷人作誓而民始畔,周人作会而民始疑。苟无礼义、忠信、诚悫之心以莅之,虽固结之,民其不解乎?"

丧不虑居,毁不危身。

丧不虑居,为无庙也。毁不危身,为无后也。

延陵季子适齐,于其反也,其长子死,葬于赢博之间。

孔子曰:"延陵季子,吴之习于礼者也。"往而观其葬焉。

其坎深不至于泉。其敛以时服。既葬而封,广轮掩坎,其高可隐也。既封,左袒,右还其封且号者三,曰:"骨肉归复于土,命也。若魂气则无不之也,无不之也!"而遂行。

孔子曰:"延陵季子之于礼也,其合矣乎!"

邾娄考公之丧,徐君使容居来吊含,曰:"寡君使容居坐含,进侯玉。其使容居以含。"有司曰:"诸侯之来辱敝邑者,易则易,于则于。易于杂者,未之有也。"容居对曰:"容居闻之:事君不敢忘其君,亦不敢遗其祖。昔我先君驹王西讨,济于河,无所不用斯言也。容居鲁人也,不敢忘其祖。"

子思之母死于卫。赴于子思。子思哭于庙。门人至,曰:"庶氏之母死,何为哭于孔氏之庙乎?"子思曰:"吾过矣! 吾过矣!"遂哭于他室。

天子崩,三日,祝先服;五日,官长服;七日,国中男女服;三月,天下服。

虞人致百祀之木、可以为棺椁者,斩之。不至者,废其祀,刎其人。

齐大饥,黔敖为食于路,以待饿者而食之。

有饿者蒙袂辑屦,贸贸然来。黔敖左奉食,右执饮,曰:"嗟来! 食!"扬其目而视之,曰:"予唯不食嗟来之食以至于斯也!"从而谢焉,终不食而死。

曾子闻之,曰:"微与! 其嗟也可去,其谢也可食。"

邾娄定公之时,有弑其父者,有司以告。公瞿然失席,曰:"是寡人之罪也!"曰:"寡人尝学断斯狱矣:臣弑君,凡在官者,杀无赦;子弑父,凡在宫者杀无赦;杀其人,坏其室,洿其宫而猪焉。盖君逾月而后举爵。"

晋献文子成室,晋大夫发焉。张老曰:"美哉轮焉! 美哉奂焉! 歌于斯,哭于斯,聚国族于斯。"文子曰:"武也得歌于斯,哭于斯,聚国族于斯,是全要领以从先大夫于九(京)(原)也。"北面再拜稽首。君子谓之善颂善祷。

仲尼之畜狗死,使子贡埋之,曰:"吾闻之也:敝帷不弃,为埋马也;敝盖不弃,为埋狗也。丘也贫,无盖。于其封也,亦予之席,毋使其首陷焉。"路马死,埋之以帷。

季孙之母死,哀公吊焉。曾子与子贡吊焉,阍人为君在,弗内也。曾子与子贡入于其厩而修容焉。子贡先入,阍人曰:"乡者已告矣。"曾子后入,阍人辟之。涉内霤,卿大夫皆辟位,公降一等而揖之。君子言之曰:"尽饰之道,斯其行者远矣。"

阳门之介夫死,司城子罕入而哭之哀。晋人之觇宋者,反报于晋侯曰:"阳门之介夫死,而子罕哭之哀,而民说,殆不可伐也。"

孔子闻之曰:"善哉觇国乎!《诗》云:'凡民有丧,扶服救之。'虽微晋而已,天下其孰能当之!"

鲁庄公之丧,既葬,而绖不入库门。士大夫既卒哭,麻不入。

孔子之故人曰原壤,其母死,夫子助之沐椁。原壤登木曰:"久矣予之不托于音也!"歌曰:"狸首之斑然,执女手之卷然。"

夫子为弗闻也者而过之。从者曰："子未可以已乎？"夫子曰："丘闻之：亲者毋失其为亲也，故者毋失其为故也。"

赵文子与叔誉观乎九原。文子曰："死者如可作也，吾谁与归？"叔誉曰："其阳处父乎？"文子曰："行并〔廉〕植于晋国，不没其身，其知不足称也。""其舅犯乎？"文子曰："见利不顾其君，其仁不足称也。我则随武子乎！利其君，不忘其身；谋其身，不遗其友。"晋人谓文子知人。

文子其中退然如不胜衣，其言呐呐然如不出诸其口。所举于晋国，管库之士七十有余家。生不交利，死不属其子焉。

叔仲皮学子柳。叔仲皮死，其妻鲁人也，衣衰而缪绖。叔仲衍以告，请繐衰而环绖。曰："昔者吾丧姑、姊妹亦如斯，末吾禁也。"退，使其妻繐衰而环绖。

成人有其兄死而不为衰者，闻子皋将为成宰，遂为衰。成人曰："蚕则绩而蟹有匡，范则冠而蝉有缕，兄则死而子皋为之衰。"

乐正子春之母死，五日而不食，曰："吾悔之！自吾母而不得吾情，吾恶乎用吾情！"

岁旱，穆公召县子而问然，曰："天久不雨，吾欲暴尫而奚若？"曰："天久不雨，而暴人之疾子，虐，毋乃不可与！""然则吾欲暴巫而奚若？"曰："天则不雨，而望之愚妇人，于以求之，毋乃已疏乎！""徙市则奚若？"曰："天子崩，巷市七日。诸侯薨，巷市三日。为之徙市，不亦可乎！"

孔子曰："卫人之祔也离之。鲁人之祔也合之，善夫！"

【译文】

国君的适子在十六至十九岁时夭折，在葬礼中就用三辆遣车，而国君的庶子只用一辆，大夫的适子也用一辆。

公的丧事，凡是被直接任命的卿大夫，都要服斩衰持丧杖。

国君对于大夫的丧事，在将要下葬的时候，先至殡宫吊丧，等到柩车拉出殡宫门的时候，就命人执绋拉柩车，拉了三步就停一下，这样连续三次，国君才离开。在朝庙时也是如此，经过孝子居丧的庐舍的地方也要这样。

五十岁以上而没有车的人，可以不必越境去吊丧。

季武子卧病在床，蟜固不脱掉齐衰就进去看他，并向他说明："这种礼仪，现在快要没有人去实践了：士只有在进入公门才脱掉齐衰。"季武子说："你这样做不是很好吗？君子就是要发扬光大那些衰微了的好事。"等到季武子去世了，曾点就倚在他门上唱歌。

大夫来吊丧，当主人正忙于大小殓殡等事时，就派人出来向他说明，请他稍待一会。在去向人吊丧时，这一天都不奏乐。妇人不必越境去吊丧。吊丧的那天，整天都不能饮酒吃肉。在出丧时去吊丧，就一定要抓着绳子帮忙拉柩车，如果跟着柩车到墓圹，都要拉着绳子帮忙下葬。诸侯的臣子死在异国，在办丧事时，如果主国的国君去吊丧，虽然没有亲人为丧主，但也一定要有代替的人出来拜谢。虽然只是死者的朋友、同乡、管家等也可

以。国君的介就说:"敝国国君来帮助办理丧事。"那个代替主人的人就说:"辱蒙大驾光临。"如果国君在路上碰到枢车,就必须派人过去慰问。大夫的丧事,庶子不能做丧主而接受慰问。

妻子的兄弟,而且又是岳父的继承人死了,就在自己的正寝哭他,并让自己的儿子做这里的丧主。他祖露左臂,戴上"免"这种丧饰,号哭跳脚,而自己则进去站在门的右边,还派人站在门外,向来吊丧的人说明死者的身份。只有特别亲近的人,才须进去慰问。如果父亲还健在,就只能在妻子的寝室哭;如果死者不是岳父的继承人,就只能在别的房间哭他。家里有丧事,正停枢待葬,如果这时听到远房兄弟去世了,就要在偏房哭他;如果没有偏房,就要在门内的右侧哭他;如果他死在国内,就应该赶去哭他。

子张去世的时候,曾子正好在为母亲服丧,于是就穿戴齐衰前去哭子张。有人说:"自己有齐衰服在身。就不必去吊丧。"曾子说:"难道我是去吊丧吗?"

为有若办丧事时,悼公亲自去吊丧,子游作为赞助丧礼的相,由左边上下。

王姬死了,齐国向鲁国报丧,鲁庄公为她服大功。有人说:"王姬是经由鲁国出嫁的,所以为她服姊妹的丧服。"也有人认为"王姬是庄公的外祖母,所以为她服大功。"

晋献公去世后,秦穆公派使者去慰问出亡在外的公子重耳,并且对他说:"我听说过:失去君位常常在这个时候,得到君位也常常在这个时候。虽然你现在正专心处于居忧服丧期间,但居丧也不宜太久。机不可失,请你考虑一下这件事。"重耳把这些告诉给了舅舅子犯。舅舅子犯说:"你还是辞谢他的一番好意,不要接受他的建议吧。出亡在外的人是没有什么可宝贵的东西了,只有敬爱自己的亲长是最可宝贵的了。父亲去世,这是何等重大的变故,反而趁这个机会谋取私利,这样做怎么能向天下人解说清楚呢?你还是辞谢了他的一番盛意吧。"

于是公子重耳就答复来使说:"贵国国君这样仁慈惠爱,还派人来慰问我这个出亡在外的臣子。我出亡在外,而现在父亲去世了,只恨不能到他的灵位前去哭泣,以表达心里的哀痛,并使贵国国君有所忧虑。可是,父亲死了,这是何等重大的变故,怎么敢有一丝一毫私念,去玷辱贵国国君所给与我的厚义呢?"说完以后,就只叩头稽颡,而不敢像主人一样地拜谢。然后哭着站起来,站起来以后也不再和使者私下里商量事情。使者子显向穆公复命。穆公说:"公子重耳真是仁厚!他只叩头至地而不拜谢,可见不敢以继承人自居,所以不成拜;哭着站起来,可见他是很爱自己的父亲的;站起来以后也不再和使者私下里说话,可见他一点也没有趁父亲去世而谋取私利的念头。"

殡时不掀起帷幕而哭,并不是古来就有的习俗,而是从敬姜哭穆伯时开始的。

守父母之丧期间,孝子的心情是极其悲哀的;用种种礼节来节制他的悲哀,就是顺着他悲哀的感情,使他逐渐适应这种剧变。这样做是由于君子考虑到生养他的父母的缘故。

招魂,是表示至爱的方式,怀有求神的诚心;盼望先人从幽暗的地方回来,这是祈求鬼神的方法。所以招魂时向着北方,就是向幽暗中祈求的意思。

拜与叩头至地，都是悲哀中极痛苦的表现；而叩头至地，则是二者中最痛苦的表现了。

饭含，用生米和贝壳，这是不忍心让先人空着口；不用活着的人吃的熟食，是因为天然生成的米、贝更美好。

铭，是神明的旌旗，因死者的形貌已不可见到，所以用旗帜来做标志。因为爱他，所以记他的姓名，使魂灵有所依凭；因为敬他，所以用奠这种方式，像事奉生者那样事奉他。重，和后来的神主牌的意义是一样的。不过殷人作了神主，仍然将"重"与它连接在一起，而周人作了神主，就将"重"埋掉了。

用朴素的器皿盛奠馈，是因为活着的人怀有真诚的哀痛感情的缘故。只有在祭祀的吉礼中，主人才加以文饰，备办周全。哪里知道神灵之所享必须有文饰之器呢？这也是因为主人怀有严肃恭敬的诚心，才这样做的。

捶胸顿足，是悲哀到极点的表现，但却有一定的次数，这样做是为了有所节制，使其适度。

解开上衣露出左臂、去笄纚而改用麻束发，这都是孝子在形貌服饰上的变化；忧郁愠恚，这是孝子悲哀感情的变化。除去修饰，就是摒弃华美。祖露左臂、改用麻束发，都是摒弃修饰的极端方式。但有时要祖，也有时要袭，这是为了对悲哀的感情有所节制。

戴着缠着葛绖的弁行葬礼，这是和神明交往的礼节，是尊敬神明的意思。所以周人戴着弁行葬礼，殷人戴着爵行葬礼。

亲人去世三天以后，就应该使主人、主妇及老家臣喝些稀粥，因为他们都又饥又累，疲惫不堪了，所以国君命令他们必须吃点东西。

送葬以后回到祖庙号哭，主人是到堂上哭，也就是回到亲长生前行礼的地方哭；主妇则是进入室内哭，也就是回到她奉养亲长的地方哭。送葬后回到祖庙里号哭的时候，亲友都要前来慰问，因为这是最悲哀的时候。回来以后，看到亲长不在了，这才真正感到他是永远地离去了，这时哀痛的感情是最强烈的了。殷人是在下窆以后就慰问孝子，而周人是在葬后回到祖庙里号哭时才前去慰问孝子的。孔子说："殷人的做法太质朴了，我赞成周人的做法。"

葬在北郊，头朝北方，这是三代以来通行的做法，这是因为鬼神是要到幽暗的地方去的缘故。下窆后，主人赠死者束帛，并放入圹中，而祝则先回去预先安排充任虞祭的尸。回到家里号哭过以后，主人和执事就去查看虞祭的牺牲。执事还要在墓的左边放置几席，进行奠祭。回来后，在正午举行安神的虞祭。下葬的那天就举行虞祭，是因为孝子不忍心和亲长有一天的分离。就在这个月，将奠祭改为用尸的祭。到了卒哭的时候，祝就会致辞说，现在已是吉祭了。在这一天，就用吉祭代替丧祭。第二天就于祖庙进行祔祭，希望他的魂灵能与祖父在一起。在将丧祭变成吉祭，一直到举行祔祭的过程中，一定要一天接着一天地进行，这是因为孝子不忍心亲长的魂灵有一天无所归依的缘故。殷人在周年练祭以后才举行祔祭，周人则在卒哭以后就举行祔祭，孔子赞成殷人的做法。

国君去臣子家吊丧的时候，要让巫祝拿着桃枝、扫帚和戈来护卫着，因为厌恶死人的凶邪之气，这就是礼仪与对待生人不同的原因。办丧事，另有对待死人的礼节，这却是先王所不便于说明的了。

在丧礼中，出葬前要先朝祖庙，这是顺从死者"出必告"的孝心，因为对即将离开故居感到很悲哀，所以先到祖父、父亲的庙里告辞，然后才启程。殷人是在朝庙以后就殡于祖庙。而周人却在朝庙以后就出葬。

孔子认为用明器殉葬的人，是懂得办丧事的道理的，既置备了各种器物，却又不能实用。如果用活着的人使用的器物，这不是已接近于用活人殉葬了吗？把殉葬的器物叫作"明器"，就是奉死者为神明的意思。像泥做的车子，草扎的人形，自古就有了，这就是"明器"的道理了。孔子认为用草扎的刍灵，心地仁慈，而认为用木雕刻的俑，太不仁慈了，不是更接近于用活人殉葬吗？

穆公问子思说："已经离职的臣子回来为旧君服齐衰三个月，这是古来就有的礼节吗？"子思回答说："古代的国君，在任用臣子的时候是依礼行事的，在免去臣子官职的时候也是依礼行事的，所以才有为旧君服丧的礼节。而现在的国君，在招致人才的时候，像要把他抱到膝上似的宠爱，而罢免臣下官职的时候，又好像要把他推下深渊似的。像这样做，离职的臣子不带领别国的军队来攻打故国，也就不错了，又哪里还有为旧君服丧的呢？"

鲁悼公去世时办丧事，季昭子问孟敬子说："为国君的丧事，应该吃什么？"敬子回答说："应该喝稀粥，这是天下通行的做法。但是我们仲孙、叔孙、季孙三家向来不能用事君的礼节来事奉国君，四方的人没有不知道的，要我勉强节食，变成消瘦的样子，我也能做到，但那样做不是更让人怀疑我不是内心真正感到悲哀，而是故意使自己外表消瘦了吗？我还是照常吃饭。"

卫国的司徒敬子死了，子夏前去吊丧，在主人还没有举行小敛之前，他就戴着绖进去了。而子游却穿着常服去吊丧，在主人行过小敛之后，子游才出去，戴上绖再回到屋里号哭。子夏问他说："你听前人说过这样的做法吗？"子游回答说："我听老师说过，在主人还没有改服之前，宾客不应该戴绖。"

曾子说："晏子可以说是很懂得礼的人了，他处理事情恭敬严谨。"有若说："晏子一件狐皮袍子穿了三十年，办理丧事时，只用一辆遣车，一下子就下葬完毕回家了。依礼，为国君祖奠的牲体有七个，遣车也用七辆；大夫是五个，遣车五辆，晏子怎么能算得上是懂得礼呢？"曾子说："如果国君骄侈淫逸，那么君子就不愿把礼文实行得那样详尽充分了；在国人竞相奢侈的时候，就应表现出节俭的作风；在国人崇尚节俭的时候，就要表现出切实按照礼的规定去做的态度。"

国昭子的母亲去世了，他向子张请教说："出葬到墓地后，男子和妇人应该就什么位置？"子张说："司徒敬子的丧事，是由我的老师相礼的，那是男子面向西，妇人面向东。"国昭子说："啊！不能这样做。"又说："我办丧事，会有许多宾客来观礼的。丧事由你来主

持,但是宾客要就宾位,主人要就主位,主人这边的妇人就跟在男子后面一律面向西。"

穆伯死了,在办丧事时,敬姜只在白天哭;文伯死了,在办丧事时,她白天夜里都哭。孔子说:"她懂得礼了。"文伯死了,敬姜靠着他的床而不哭,她说:"以前我有了这个孩子,我以为他会成为有才德的人,所以我从未到他的公室去;现在他死了,朋友众臣中没有为他落泪的,而他的妻妾女御们都为他失声痛哭。这孩子必定早就把礼抛弃了。"

季康子的母亲去世了,在小敛之前,连内衣都陈列出来了。敬姜就说:"妇人没有打扮一下,还不敢见公婆,何况现在就要有各处的宾客来吊丧,内衣怎么能陈列在这里呢?"于是就下令撤去它。

有子和子游站在那儿,看见一个孩子啼哭着找自己的父母。于是,有子就对子游说:"我一直不明白丧礼中为什么要有踊的规定,我老早就想应该废除这种规定。孝子悲哀思慕的感情就和这孩子一样,就像这孩子那样尽情地号哭就行了。"子游说:"礼的各种规定,有的是用来节制人们的感情,有的是借外在的事物来引发内在的情感。感情不加节制,衣服没有规定,这是野蛮人的做法。如果依礼而行,就和这不同。人们遇到可喜的事,就感到高兴,高兴得很,就唱歌,歌唱还不能尽兴,就摇动身躯,摇动身躯还觉得不够时,就跳舞;人们愠怒过后,就感到愤恚,心中愤恚,就会叹息,叹息还不能得到充分地抒泄,就捶胸,捶胸还不够,就要顿足了。将这些情绪和行动加以区别、节制,这就叫作'礼'。人死了,别人就会厌恶他了。而且死人无能为力了,人们就要背弃他了。所以,制作束衣的布带和覆尸的盖被来敛尸,又在枢车上设置了盖子和遮掩四周的扇形屏障。就是为了使人们不要见了死者而生厌。人刚死的时候,用肉脯肉酱来祭奠他,出葬前又有送行的遣奠,下葬后还有虞祭等各种祭祀,虽然从来没有看见鬼神来享用,但是自古以来却也没有人废止这种做法。这样做为的是使人们不背弃他。所以你所批评的这些礼仪,实在并不是礼仪的缺点了。"

吴国入侵陈国,砍伐方社的树木,杀害患病的百姓。在吴军退出陈国国境的时候,陈国派行人仪出使到吴军。夫差对大宰嚭说:"这个使者很会说话,我们何不考问他一下,凡是军队必须有个好名声,问他,别人对我们的军队将怎样评论?"行人仪回答说:"古代的军队在讨伐敌国时,不砍敌国的社树,不杀害患病的百姓,不俘虏鬓发斑白的老人。而现在贵国的军队,不是在杀害患病的百姓吗?那就不就成了杀害病人的军队了吗?"又问:"那么现在把攻占的土地还给你们,把俘获的子民还给你们,你又怎样评论我们的军队呢?"回答说:"贵国君王因为敝国有罪,而兴师讨伐,现在又同情并赦免我们,像这样的军队,还怕有不好的名声吗?"

颜丁在居丧期间的态度十分合情合理:在亲人刚去世的时候,他惶惶不安,好像热切希望亲人康复,然而希望又终于破灭的样子;到了行殡礼的时候,他茫然若失,好像要追随亲人而去,但已不可能的样子;在送葬以后,他神情惆怅,好像担心亲人的魂灵来不及跟他一起回家的样子,因而边走边停地等待着。

子张请教说:"《书》上记载说:'殷高宗居丧期间,三年不和臣子说话,等到他除服开

口,大家都十分欢喜。'真有这样的事吗?"孔子说:"为什么不能这样呢? 古代天子去世,王太子听命家宰三年,当然可以不与臣子说话。"

知悼子去世了,还没下葬,晋平公就喝起酒来了,而且还有师旷、李调作陪,敲钟奏乐。杜蒉从外面进来,听到钟声,就问侍卫说:"国君在哪儿?"回答说:"在正寝。"杜蒉进入正寝,登阶而上,倒了一杯酒,说:"旷,喝了这杯酒。"又倒了一杯酒,说:"调,把这杯酒喝了。"接着又倒了一杯酒,在堂上向北面坐着自己喝了。然后走下台阶,快步出了正寝。

平公喊住他,命他进来,说:"蒉,刚才我以为你或许存心想要启发我,所以没跟你讲话。你为什么要师旷喝酒呢?"回答说:"甲子、乙卯是君王的忌日,尚不敢奏乐。现在知悼子还停枢在堂上,这比逢上甲子、乙卯的日子更要重大得多了。师旷是掌乐的太师,而不把这个道理报告给您知道,所以我罚他喝杯酒。""那你为什么又要李调喝酒呢?"回答说:"李调是您亲近的臣子,可是为了有吃喝,就不管您的过失,所以我也要罚他喝一杯酒。""那么你自己为什么也要喝一杯酒呢?"回答说:"蒉只是个宰夫,不去摆弄宰刀等,却胆敢越职谏诤,所以自己也该罚一杯酒。"平公说:"我也有过失,倒杯酒来,也应该罚我一杯酒。"杜蒉洗净酒杯,倒了一杯酒,然后举起酒杯。平公对侍者说:"即使我死了以后,也不要废弃这只酒杯。"就是这个缘故,直到现在,凡是献完酒,像这样举起酒杯,就叫作"杜举"。

公叔文子去世后,他的儿子戍向国君请求赐予谥号,说:"葬的月日已经定了,很快就要出葬,请赐给他一个谥号。"灵公说:"以前卫国发生饥荒,先生施粥赒济百姓,这不是仁爱好施的表现吗? 以前卫国发生叛乱,先生拼死保卫我,这不是很忠贞的表现吗? 先生在主持卫国朝政的时候,总是依照礼制序列尊卑的次序,以此和邻国交往,使卫国的社稷没有受到玷辱,这不是博文知礼的表现吗? 所以可以称呼先生'贞惠文子'。"

石骀仲去世了,没有適子,只有六个庶子,所以只好用龟卜决定继承人。卜人说:"只有先洗个澡,然后佩戴上玉,龟甲上才会显示出吉兆。"于是其中的五个人赶忙洗好澡,佩戴上玉。而只有石祁子说:"哪有居丧期间,而洗澡佩玉的呢?"他没有洗澡佩玉。可是,龟兆却显示出石祁子应该做继承人。因此,卫国人都认为龟兆很灵验。

陈子车客死在卫国。他的妻子与家宰商量着要用活人殉葬,已经决定了,后来陈子亢奔丧到卫国。他们就把用活人殉葬的决定告诉了他,说:"夫子有病,没有人在地下伺候他,所以决定用活人殉葬。"子亢说:"用活人殉葬,是违背礼的。虽然如此,可是他有病,那么在地下伺候他的,有谁能比他妻子和家宰更合适呢?如果能取消这个决定,那么我同意取消它;假如不能取消,那么我认为就用你们两个人殉葬吧!"这样一来,殉葬的事也就没有实行。

子路说:"贫穷真让人伤心啊!父母活着时没法供养他们;他们去世了,又没有法子举办丧事。"孔子说:"尽管是喝豆粥,饮清水,但是如果能使父母在精神上愉快满足,这就是'孝'了;他们去世后,只要有衣衾足以掩藏首足,敛毕即葬,虽然没有椁,但能根据自己的财力来办丧事,这就合乎'礼'了。"

卫献公被逐逃亡，后来终于返回卫国复位。到了城郊，他就要把一些封地赏赐给跟随他出亡的臣子，然后才进城。柳庄对他说："如果大家都留下来守护社稷，那么还会有谁为您执缰驾车跟随您出亡呢？然而如果大家都跟着您逃亡，那又有谁来守护社稷呢？您一回国就有了私心，这样做恐怕不合适吧？"于是没有进行颁赏。

卫国有个太史叫柳庄，患重病卧床不起。卫君说："如果病情危急，即使是在我主持祭礼时，也要立即向我讣告。"后来，柳庄在卫君主祭时去世了。卫君拜了两拜，叩头，然后向祭祀中的尸请求说："有个叫柳庄的臣子，他不只是我个人的臣子，也是国家的重臣，刚才得到他去世的消息，请特准我前去吊丧。"他来不及脱下祭服就连忙赶到柳庄家，于是脱下自己身上的祭服，作为送给死者的襚。并且将裘氏邑和潘氏县封给柳庄，还订了誓约放进棺里。誓约上说："世世代代子子孙孙万代相传，永不改变。"

陈乾昔病得起不了床，于是就嘱咐他的兄弟，并命令他的儿子尊己说："如果我死了，一定要给我做个大棺材，让我的两个妾躺在我的两边。"陈乾昔死了以后，他的儿子说："用活人殉葬，已经与礼相违背了，何况还要躺在一个棺材里呢？"结果没有将两个妾殉葬。

仲遂在垂这个地方去世了；壬午，讣闻已经到达，鲁宣公还在举行绎祭，万舞照常进行，只是将篮舞取消了。仲尼说："这样做是违背礼的，国中有卿去世了，就不应该再举行绎祭了。"

季康子的母亲去世了，当时匠师公输若尚年幼，主持葬事。公输般建议用自己新设计的机械来下棺。主人正要答应时，公肩假却说："不行！下棺的方式鲁国早就有先例，国君是比照四座大碑的方式，仲孙、叔孙、季孙三家是比照四根大柱子的方式。般！你用别人的母亲来试验你的技巧，这难道是不得已吗？难道你不借这次机会来试验你的技巧，你就觉得难受吗？唉！"结果主人就没有听从公输般的建议。

齐与鲁在郎邑作战，鲁国的公叔禺人见到一个扛着兵杖的士卒走进城堡去休息。于是感慨地说："虽然徭役已经使百姓很辛苦，赋税也使百姓的负担很沉重了，可是那些卿大夫都不能谋划周全，担任公职的人又没有牺牲精神，这样下去是不行的！我是已经这样说了。"于是他就和邻居的少年汪锜一齐奔赴战场，结果两个人都战死了。鲁国人想不用孩子的丧礼来办汪锜的丧事，但是没有先例。于是向孔子请教。孔子说："他既然能够拿着武器保卫社稷，那么你们想不用孩子的丧礼给他办丧事，这不是很好吗？"

子路将要离开鲁国，他对颜渊说："你打算用什么话作为临别赠言呢？"颜渊说："我听说过：要离开国境，就应该先到祖先的墓前哭告一番，然后上路；回来时，不必在祖先的墓前哭告，只要在墓地周围省视一番就可以进城。"颜渊对子路说："那么你打算把什么话留给我作为安身的原则呢？"子路说："我也听说过：驾车经过别人家的墓地时，就应凭轼致敬；经过土神的社坛时，也应下车，表示敬意。"

工尹商阳和陈弃疾一起追赶吴国的军队，很快赶上了敌人。陈弃疾对工尹商阳说："这是君王交给的使命，你现在可以把弓拿在手里。"工尹商阳这才把弓拿在手里。"你可

以放箭射他们了。"于是他向敌人射箭，射死一个敌人，就把弓箭放回弓袋。很快又赶上了敌人，陈弃疾又对他说了以上的话，他又射死了两个敌人。每射死一个人，他都把自己的眼睛遮起来，不忍心看。他让御者停车，说："我们只是朝见时没有座位，大宴时没有席位的人，现在已经杀了三个敌人了，也就足够交差的了。"孔子说："即使是在杀人这件事里面，也还是有礼节的。"

诸侯联合起来讨伐秦国，曹宣公死在军中。诸侯要求为宣公行"饭含"之礼，而曹人也就趁机让诸侯为死者穿衣。鲁襄公到楚国去拜会楚君，刚好碰上康王去世了。楚人说："请您务必为康王穿衣。"襄公的随员说："这样做是不符合礼的规定的。"然而楚人还是勉强襄公这样做。于是襄公就先让巫拂枢驱除不祥，然后才给尸穿衣。楚人对这件事很后悔。

在为滕成公办丧事时，鲁国派子叔敬叔去吊丧，并且送递鲁君赠物之书，子服惠伯做他的助手。等到了滕国近郊，遇懿伯的忌日，所以敬叔想缓一日进城。惠伯说："这是国君交给我们的使命，不能因为叔父私忌，就不办公事了。"于是就进城。

黄尚办丧事，哀公派人去慰问黄尚，却巧在路上相遇了。黄尚让开道，就地画了殡宫的图，然后就位接受吊问。曾子说："黄尚还不如杞梁的妻子懂礼呢！齐庄公派人从狭路袭击莒国，杞梁在这次战斗中牺牲了。他的妻子在路上迎接他的灵柩，哭得十分悲伤。齐庄公就派人去路上慰问她，她却回答说：'如果君的臣子杞梁有罪，就应该在市朝陈尸示众，并把他的妻子拘捕起来；如果他没有罪，那么我们还有先人留下的一所旧屋可供行礼。现在却不敢劳您的大驾。'"

在为小儿子郭办丧事时，哀公想在殡车上加上拉棺的拨，就问有若这样做是否合适。有若回答说："这样做是可以的，你的三家大臣都已经这样做了。"颜柳说："天子用的是车辕上画龙的殡车，再加上椁和帷，诸侯的殡车，加上帷。因为他们的殡车是榆木做的，很沉重，所以要配上拨来拉车。三家大臣既不敢用这种殡车，却又配上拨，这是盗用天子、诸侯的礼而又没做对，您又何必学他们的做法呢？"

悼公的母亲去世了，哀公为她服齐衰。有若说："为妾服齐衰，这符合礼的规定吗？"哀公说："我有什么办法呢？鲁国人把她当作我的妻看待。"

季子皋安葬他妻子的时候，损坏了人家田里的禾苗。申祥把损坏的情形告诉他说："请您赔偿人家的损失。"子皋说："孟氏并没有因为这件事责怪我，朋友也没有因为这件事而疏远我，由于我是本邑的主管。就算我出了买路钱而葬，但是恐怕以后就难办了。"

刚来此国做官，但还没有定俸禄的人，如果国君送东西给他，就得像对宾客一样称作"献"，使者传达君命，也还得称国君为"寡君"；如果离开国境后，而国君去世了，那就不必为国君服丧。

在虞祭时，才开始有尸，设有几、席。卒哭以后才开始讳称死者的名，因为用活着的人的礼节对待他，到此已结束了，而开始用鬼神的礼节来待他了。在卒哭结束后，宰夫就摇着木铎在宫中宣布说："旧的忌讳已经取消了，新的忌讳开始了。"从路门一直喊到

库门。

两个字的名,不必都避讳。如孔夫子的母亲名徵在,说"在"字,就讳"徵"字;说"徵"字,就讳"在"字。

军队打了败仗,国君就率领群臣戴着缟冠到库门外号哭,回来报告战败消息的车上的战士都不把铠甲、弓箭装进袋囊里。

宗庙被烧毁了,就要哭三天。所以《春秋》说:"新建的宗庙失火,国君哭三天。"

孔子从泰山旁边经过,看见一个妇人在墓前哭得十分伤心。孔子停车,将手靠在轼上致意,并听她哭泣。然后让子路去向她说:"听您的哭声,很像有许多痛苦的样子。"妇人回答说:"是的。过去我公公是被老虎咬死的,我丈夫又被老虎咬死了,现在我的儿子仍然没能逃脱虎口。"孔子说:"那你为什么不离开这里呢?"她回答说:"因为这地方没有繁重的赋税和徭役。"于是孔子对弟子们说:"你们要好好记着,繁重的赋税和徭役比老虎还凶恶啊!"

鲁国有个叫周丰的人,哀公拿着礼物要去拜访他,他却说不行。哀公说:"那我就不去了吧。"于是就派了一个人去向他请教,说:"有虞氏并没有教导人民诚信,而人民却信任他;夏后氏并没有教导人民诚敬,而人民却敬重他,他们究竟是推行的什么政教而得到人民的信任和敬重的呢?"周丰回答说:"在先民的遗迹前或祖先的墓地上,并没有人教导人民要悲哀,而他们却自然地流露出悲哀的感情;在神社或宗庙里,并没有人教导人民要肃敬,而他们却自然地表现出肃敬的神情。殷人兴起设誓,而人民才开始背弃盟约;周人热衷于会盟,而人民才开始互相不信任。如果没有用礼义忠信诚实的心去治理人民,即使用了种种方法去团结人民,难道人民就不会离散了吗?"

为了办丧事不能卖掉祖居,为丧事憔悴却不能损害健康。为了丧事不能卖掉祖居,否则先人的神灵就没有宗庙可以依托;为丧事憔悴不能损害健康,不然的话,先人就会失去继承人。

延陵季子到齐国聘问,在回国的路上,他的大儿子死了,就准备葬在赢邑和博邑之间。孔子说:"延陵季子是吴国最精通礼的人。"于是前去参观他办的葬礼。只见墓圹的深度还没掘到有泉水的地方;敛时用的也只是平时穿的衣服;下葬以后还要在墓上堆上土堆,土堆的长阔和圹的长阔刚好相当,高度也只是一般人可用手凭靠着那么高;堆好坟堆以后,他解开上衣,袒露左臂,然后向左转绕着坟堆走,并且还哭喊了三次,说:"亲生骨肉又回到土里去了,这是命该如此,至于你的魂魄精神却是没有什么地方不可以去的,是无所不在的。"哭喊完以后就上路了。孔子说:"延陵季子所行的礼应该说是很合理的吧!"

邾娄在为定公办丧事时,徐国国君派容居来吊丧,并行饭含之礼。容居致辞说:"敝国的国君派我来坐着行饭含之礼,致送侯爵所含的玉璧。现在请让我来行饭含之礼。"邾娄的臣子说:"劳驾各国诸侯屈尊来到敝国,如果派大夫来的,我们也就采用简略的礼节。如果国君亲自光临,那么我们就采用隆重的礼节。至于不按规矩胡乱行礼,这可是从来

没有过的。"容居回答说："我听说过：代表国君办事，就不敢忘掉国君的身份，也不敢忘记他的祖先。过去我们的先君驹王向西扩张领土，还渡过了黄河，他向来都是用这种口气说话的。我虽然很鲁钝，但是不敢忘记祖先的规矩。"

子思的母亲改嫁后，死在卫国。有人向子思报丧，子思就到祖庙里去哭。他的弟子进来说："庶氏人家的母亲去世了，为什么要跑到孔氏的祖庙里哭呢？"子思连忙说："我错了！我错了！"于是就到别的屋子里去哭。

天子去世后，三天，襄助丧礼的祝先穿丧服；五天，大夫、士穿丧服；七天，王畿内的庶民百姓穿丧服；三个月，天下诸侯的大夫穿丧服。掌管山泽的虞人要负责罗致王畿内各地神社的木材，凡是适合做棺椁的树都砍下来用。那些不肯献上木材的地方，就把当地的神社废掉，杀掉那里的主管人员。

齐国发生严重的饥荒，黔敖就在路边煮饭，用来给过路的饥民充饥。有一个饥民，以袖蒙面，拖着鞋子，眼光迷迷糊糊地捱着走来。黔敖左手端着饭，右手执着汤罐，用怜悯的口气喊道："喂！吃吧！"那个饥民抬起眼睛看看他说："我就是因为不愿意吃这种没有好声气的饭，才落到这步田地。"黔敖听了连忙向他道歉，但他还是不肯吃，因而饿死了。曾子听到这件事以后，就说："这恐怕不对吧？人家没有好声气地叫你吃，你当然可以离去；但是既然人家已经道歉了，那就应该吃。"

郑娄定公在位的时候，有个人杀了自己的父亲。主管刑狱的官吏把这件事报告定公。定公惊惶得瞪大了眼睛，连坐都坐不稳了，说："我教民无方，这是我的罪过。"然后又说："我曾学过判决这类案子：如果做臣子的杀了国君，那么凡是在官府担任公职的人都可以把他抓来杀死，决不宽赦；如果做儿子的杀了父亲，那么凡是在家的人都可以把他抓住杀死，决不宽赦。不仅要处死凶手，而且还要拆除他的房舍，并把地基挖个坑，灌满水。国君也得过了这个月以后，才能举杯喝酒。"

晋国国君庆贺文子新居落成，晋大夫都去送礼庆贺。张老致辞说："这高大的屋宇多壮丽呀！这明亮的居室多漂亮呀！今后主人就要在这里祭祀奏乐，在这里居丧哭泣，在这里和僚友宗族聚会宴饮了。"文子说："我能在这里祭祀奏乐，在这里居丧哭泣，在这里和僚友宗族聚会宴饮，这表明我将得到善终，能跟先人合葬在九原。"说完后就朝北面再拜叩头表示感谢。懂得礼的人都说他们一个善于赞美，一个善于祈福。

孔子养的家狗死了，叫子贡把它拖出去埋掉，还吩咐说："我听说过：'破旧的帷幔不要丢掉，因为可以用来埋马；破旧的车盖也不要丢掉，因为可以用来埋狗。我很穷，没有破旧的车盖。可是在把狗放进坑里的时候，也得用张席子裹着才行，不要使它的头直接埋在土里。'"至于国君辂车的马死了，是用帷幔裹好了再掩埋的。

季孙的母亲去世了，鲁哀公去吊丧。曾子和子贡也去吊丧。守门人因为哀公在那里，不让他们进去。曾子和子贡就到马房里把自己的仪容修饰了一番。子贡先进去，守门人说："刚才已通报过了。"曾子随后也进去，守门人让开了路。走到寝门之内的檐下时，卿大夫都让开位置，哀公就从阼阶上走下一级，作揖，请他们就位。精通礼的君子在

谈论到这件事时说:"尽力修饰仪容的做法,它的作用是十分深远的。"

宋国都城阳门的一个卫士死了,司城子罕到他的灵堂前哭得很伤心。当时晋国的一个刺探宋国情况的探子,向晋侯报告说:"阳门有个卫士死了,而子罕哭得很伤心,他这样做很得人心。恐怕现在不能去讨伐他们。"孔子听到这件事以后说:"这个探子真会观察国情呀!《诗》说:'凡是邻里有了灾祸,我都应尽力去帮助他们。'不只是晋国,天下有哪个国家敢和团结一致的宋国为敌呢?"

在办鲁庄公的葬事时,在下葬以后,宾客就可以不再戴着首经进入库门了;而士大夫也在卒哭以后就可以不再戴着首经进入公门了。

孔子有个老朋友叫原壤,他的母亲去世了,孔子去帮助他修治椁材。原壤敲着木头说:"我已经好久没有用歌声来表达自己内心的感情了。"于是就唱起歌来,歌词的意思是说:"这椁材的文理就像狸头上的花纹一样漂亮,我多想握着您的手来表达我内心的喜悦。"孔子装作没听见的样子就走过去了。但他的随从却说:"您还不该和他断绝关系吗?"孔子说:"我听说,亲人总归是亲人,老朋友也总归是老朋友。"

赵文子和叔向一起到晋国卿大夫的墓地九原去巡视。文子说:"死人如果能够复活,我跟随谁好呢?"叔向说:"阳处父怎么样?"文子说:"他在晋国专权而刚直,不得善终,他的智慧不值得称赞。""舅犯怎么样?"文子说:"见到利就不顾君主了,他的仁爱不值得称许。我还是跟随武子吧,他既能为国君着想,又能顾全自身的利益;既为自己打算,又不忘记朋友。"晋国的人因此都说文子很了解别人的性格。文子的身体柔弱得像架不起衣裳,讲起话来迟钝得像说不出口。他推荐了七十几个人为晋国管库房,但在生前却从来不与他们有钱财的交往,死的时候也不把孩子托付给他们。

叔仲皮平时教他的儿子子柳学习。叔仲皮去世了,子柳的妻子虽然是个鲁钝的人,但也能按照礼的规定为舅服齐衰樛经。可是子柳的叔父叔仲衍却认为这样做不对,并把这种情形告诉了子柳,要子柳之妻改服缌衰环经。并且说:"以前我为姑、姑姊妹也服这种丧服,并没有人阻止我这样做。"子柳于是回到家里,要他的妻子改服缌衰环经。

成邑有个人,哥哥去世了却不肯为他服齐衰,但是一听到子皋要来当邑宰,就赶快为哥哥服齐衰。于是成邑的百姓就编了首歌谣,唱道:"蚕儿吐丝,螃蟹有筐子;蜂儿戴帽,蝉儿垂带子。有人死了哥,却要子皋来了才肯服齐衰。"

乐正子春的母亲去世了,他勉强五天不吃东西。后来他说:"我很后悔这样做,我对母亲尚且不能表达我的真情,我还向谁表达我内心的真实感情呢?"

一年没下雨了,旱情严重,穆公请县子来,向他请教说:"天很久没有下雨了,我打算把有病的人放到烈日底下去晒,您看怎么样?"县子回答说:"天很久没下雨,就把别人有病的孩子放到烈日底下晒,这样做太残酷了,怕是不可以吧?那么晒女巫师怎么样?"回答说:"天不下雨,却寄望于愚蠢的女人,这样去求雨,不是太不切实了么?"又问:"那么罢市怎么样?"回答说:"天子去世,罢市七天;诸侯去世,罢市三天。为了求雨而罢市,这样做不是不可以吧?"

孔子说:"卫人祔葬的方式,是分为两个墓圹下葬;鲁人祔葬的方式,是两副棺椁安葬在同一个墓圹里。鲁人的方式很好。"

王制第五

【原文】

王者之制禄爵,公侯伯子男,凡五等。诸侯之上大夫卿、下大夫、上士、中士、下士,凡五等。

天子之田方千里,公侯田方百里,伯七十里,子男五十里。不能五十里者,不合于天子,附于诸侯,曰附庸。天子之三公之田视公侯,天子之卿视伯,天子之大夫视子男,天子之元士视附庸。

制农田百亩。百亩之分,上农夫食九人,其次食八人,其次食七人,其次食六人,下农夫食五人。庶人在官者,其禄以是为差也。

诸侯之下士视上农夫,禄足以代其耕也;中士倍下士,上士倍中士,下大夫倍上士;卿,四大夫禄。君,十卿禄。次国之卿,三大夫禄;君,十卿禄。小国之卿,倍大夫禄,君十卿禄。

次国之上卿,位当大国之中,中当其下,下当其上大夫。小国之上卿,位当大国之下卿,中当其上大夫,下当其下大夫。其有中士、下士者,数各居其上之三分。

凡四海之内九州,州方千里。州建百里之国三十,七十里之国六十,五十里之国百有二十,凡二百一十国。名山大泽不以封,其余以为附庸、间田。八州,州二百一十国。

天子之县内,方百里之国九,七十里之国二十有一,五十里之国六十有三,凡九十三国。名山大泽不以盼。其余以禄士,以为间田。

凡九州,千七百七十三国,天子之元士、诸侯之附庸,不与。

天子百里之内以共官,千里之内以为御。

千里之外设方伯。五国以为属,属有长;十国以为连,连有帅;三十国以为卒,卒有正;二百一十国以为州,州有伯。八州八伯,五十六正,百六十八帅,三百三十六长。八伯各以其属属于天子之老二人,分天下以为左右,曰二伯。

千里之内曰甸。千里之外曰采,曰流。

天子三公、九卿、二十七大夫、八十一元士。大国三卿,皆命于天子,下大夫五人,上士二十七人。次国三卿,二卿命于天子,一卿命于其君,下大夫五人,上士二十七人。小国二卿,皆命于其君,下大夫五人,上士二十七人。

天子使其大夫为三监,监于方伯之国,国三人。

天子之县内诸侯,禄也;外诸侯,嗣也。

制三公一命卷,若有加,则赐也,不过九命;次国之君不过七命,小国之君不过五命,大国之卿不过三命,下卿再命,小国之卿与下大夫一命。

凡官民材,必先论之,论辨然后使之,任事然后爵之,位定然后禄之。

爵人于朝,与士共之。刑人于市,与众弃之。是故公家不畜刑人,大夫弗养,士遇之途弗与言也。屏之四方,唯其所之,不及以政,亦弗故生也。

诸侯之于天子也,比年一小聘,三年一大聘,五年一朝。

天子五年一巡守。岁二月,东巡守,至于岱宗,柴而望祀山川。觐诸侯,问百年者,就见之。命大师陈诗,以观民风。命市纳贾,以观民之所好恶,志淫好辟。命典礼考时月,定日,同律、礼、乐、制度、衣服,正之。山川神祇有不举者为不敬,不敬者君削以地;宗庙有不顺者为不孝,不孝者君绌以爵;变礼易乐者为不从,不从者君流;革制度衣服者为畔,畔者君讨。有功德于民者,加地进律。

五月,南巡守,至于南岳,如东巡守之礼。八月,西巡守,至于西岳,如南巡守之礼。十有一月,北巡守,至于北岳,如西巡守之礼。归,假于祖祢,用特。

天子将出,类乎上帝,宜乎社,造乎祢。诸侯将出,宜乎社,造乎祢。

天子无事与诸侯相见曰朝。考礼,正刑,一德,以尊于天子。天子赐诸侯乐,则以柷将之;赐伯、子、男乐,则以鼗将之。诸侯,赐弓矢然后征,赐铁钺然后杀,赐圭瓒然后为鬯,未赐圭瓒,则资鬯于天子。

天子命之教,然后为学。小学在公宫南之左,大学在郊。天子曰辟雍,诸侯曰頖宫。

天子将出征,类乎上帝,宜乎社,造乎祢,祃于所征之地。受命于祖,受成于学。出征,执有罪,反,释奠于学,以讯馘告。

天子诸侯无事,则岁三田:一为干豆,二为宾客,三为充君之庖。无事而不田曰不敬,田不以礼曰暴天物。天子不合围,诸侯不掩群。天子杀则下大绥,诸侯杀则下小绥,大夫杀则止佐车,佐车止则百姓田猎。獭祭鱼,然后虞人入泽梁;豺祭兽,然后田猎;鸠化为鹰,然后设罻罗;草木零落,然后入山林。昆虫未蛰,不以火田。不麛,不卵,不杀胎,不殀夭,不覆巢。

冢宰制国用,必于岁之杪。五穀皆入,然后制国用。用地小大,视年之丰耗。以三十年之通制国用,量入以为出。

祭用数之仂。丧三年不祭,唯祭天地社稷为越绋而行事。丧用三年之仂。丧祭,用不足曰暴,有馀曰浩。祭,丰年不奢,凶年不俭。

国无九年之蓄,曰不足;无六年之蓄,曰急;无三年之蓄,曰国非其国也。

三年耕,必有一年之食。九年耕,必有三年之食。以三十年之通,虽有凶旱水溢,民无菜色,然后天子食,日举以乐。

天子七日而殡,七月而葬。诸侯五日而殡,五月而葬。大夫、士、庶人三日而殡,三月而葬。

三年之丧,自天子达。

庶人县封,葬不为雨止,不封不树。丧不贰事,自天子达于庶人。丧从死者,祭从生者。支子不祭。

天子七庙,三昭三穆,与大祖之庙而七。诸侯五庙,二昭二穆,与大祖之庙而五。大夫三庙,一昭一穆,与大祖之庙而三。士一庙。庶人祭于寝。

天子诸侯宗庙之祭,春曰礿,夏曰禘,秋曰尝,冬曰烝。

天子祭天地,诸侯祭社稷,大夫祭五祀。

天子祭天下名山大川:五岳视三公,四渎视诸侯。诸侯祭名山大川之在其地者。天子诸侯祭因国之在其地而无主后者。

天子犆礿,祫禘、祫尝、祫烝。诸侯礿则不禘,禘则不尝,尝则不烝,烝则不礿。诸侯礿犆,禘一犆一祫,尝祫,烝祫。

天子社稷皆大牢。诸侯社稷皆少牢。大夫、士宗庙之祭,有田则祭,无田则荐。庶人春荐韭,夏荐麦,秋荐黍,冬荐稻;韭以卵,麦以鱼,黍以豚,稻以雁。祭天地之牛角茧栗,宗庙之牛角握,宾客之牛角尺。诸侯无故不杀牛,大夫无故不杀羊,士无故不杀犬豕,庶人无故不食珍。

庶羞不逾牲。燕衣不逾祭服。寝不逾庙。

古者公田藉而不税;市,廛而不税;关,讥而不征。林麓川泽,以时入而不禁。夫圭田无征。

用民之力岁不过三日。

田里不粥,墓地不请。

司空执度度地,居民山川沮泽,时四时,量地远近,兴事任力。

凡使民,任老者之事,食壮者之食。

凡居民材,必因天地寒暖燥湿、广谷大川异制,民生其间者异俗,刚柔、轻重、迟速异齐,五味异和,器械异制,衣服异宜。修其教,不易其俗;齐其政,不易其宜。

中国戎夷,五方之民,皆有性也,不可推移。东方曰夷,被发文身,有不火食者矣。南方曰蛮,雕题交趾,有不火食者矣。西方曰戎,被发衣皮,有不粒食者矣。北方曰狄,衣羽毛穴居,有不粒食者矣。中国、夷、蛮、戎、狄,皆有安居、和味、宜服、利用、备器。

五方之民,言语不通,嗜欲不同。达其志,通其欲:东方曰寄,南方曰象,西方曰狄鞮,北方曰译。

凡居民,量地以制邑,度地以居民。地、邑、民居,必参相得也。无旷土,无游民,食节事时,民咸安其居,乐事劝功,尊君亲上,然后兴学。

司徒修六礼以节民性,明七教以兴民德,齐八政以防淫,一道德以同俗,养耆老以致孝,恤孤独以逮不足,上贤以崇德,简不肖以绌恶。

命乡简不帅教者以告。耆老皆朝于庠。元日,习射上功,习乡上齿,大司徒帅国之俊士与执事焉。不变,命国之右乡简不帅教者移之左,命国之左乡简不帅教者移之右,如初

礼。不变,移之郊,如初礼。不变,移之遂,如初礼。不变,屏之远方,终身不齿。

命乡论秀士,升之司徒,曰选士。司徒论选士之秀者而升之学,曰俊士。升于司徒者不征于乡;升于学者不征于司徒,曰造士。

乐正崇四术,立四教,顺先王《诗》《书》《礼》《乐》以造士。春秋教以《礼》《乐》,冬夏教以《诗》《书》。王大子、王子、群后之大子、公卿大夫元士之适子、国之俊选,皆造焉。

凡入学以齿。将出学,小胥、大胥、小乐正简不帅教者以告于大乐正,大乐正告于王。

王命三公、九卿、大夫、元士皆入学。不变,王亲视学。不变,王三日不举,屏之远方,西方曰棘,东方曰寄,终身不齿。

大乐正论造士之秀者以告于王,而升诸司马,曰进士。

司马辨论官材,论进士之贤者以告于王,而定其论,论定然后官之,任官然后爵之,位定然后禄之。大夫废其事,终身不仕,死以士礼葬之。

有发,则命大司徒教士以车甲。

凡执技,论力,适四方,赢股肱,决射御。凡执技以事上者,祝、史、射、御、医、卜及百工。凡执技以事上者,不贰事,不移官,出乡不与士齿。仕于家者,出乡不与士齿。

司寇正刑明辟,以听狱讼,必三刺。有旨无简,不听。附从轻,赦从重。

凡制五刑,必即天论,邮罚丽于事。

凡听五刑之讼,必原父子之亲、立君臣之义以权之;意论轻重之序,慎测浅深之量以别之;悉其聪明,致其忠爱以尽之。

疑狱,氾与众共之;众疑,赦之。必察小大之比以成之。

成狱辞,史以狱成告于正,正听之,正以狱成告于大司寇,大司寇听之棘木之下。大司寇以狱之成告于王,王命三公参听之。三公以狱之成告于王,王三又,然后制刑。

凡作刑罚,轻无赦。刑者侀也,侀者成也,一成而不可变,故君子尽心焉。

析言破律,乱名改作,执左道以乱政,杀。作淫声、异服、奇技、奇器以疑众,杀。行伪而坚,言伪而辩,学非而博,顺非而泽以疑众,杀。假于鬼神、时日、卜筮以疑众,杀。此四诛者,不以听。

凡执禁以齐众,不赦过。

有圭璧金璋,不粥于市。命服命车,不粥于市。宗庙之器,不粥于市。牺牲不粥于市。戎器不粥于市。用器不中度,不粥于市。兵车不中度,不粥于市。布帛精粗不中数,幅广狭不中量,不粥于市。奸色乱正色,不粥于市。锦文、珠玉成器,不粥于市。衣服饮食,不粥于市。五谷不时,果实未熟,不粥于市。木不中伐,不粥于市。禽兽鱼鳖不中杀,不粥于市。

关执禁以讥,禁异服,识异言。

大史典礼,执简记,奉讳恶。

天子齐戒受谏。

司会以岁之成质于天子,冢宰齐戒受质。大乐正、大司寇、市三官,以其成从质于

天子。

大司徒、大司马、大司空齐戒受质。百官各以其成质于三官，大司徒、大司马、大司空以百官之成质于天子，百官齐戒受质。然后休老劳农，成岁事，制国用。凡养老，有虞氏以燕礼，夏后氏以飨礼，殷人以食礼，周人修而兼用之。五十养于乡。六十养于国。七十养于学，达于诸侯。八十拜君命，一坐再至，瞽亦如之。九十使人受。

五十异粻，六十宿肉，七十贰膳，八十常珍，九十饮食不离寝，膳饮从于游可也。

六十岁制，七十时制，八十月制，九十日修；唯绞、紟、衾、冒，死而后制。

五十始衰，六十非肉不饱，七十非帛不暖，八十非人不暖，九十虽得人不暖矣。

五十杖于家，六十杖于乡，七十杖于国，八十杖于朝，九十者天子欲有问焉，则就其室，以珍从。

七十不俟朝，八十月告存，九十日有秩。

五十不从力政，六十不与服戎，七十不与宾客之事，八十齐丧之事弗及也。

五十而爵，六十不亲学，七十致政，唯衰麻为丧。

有虞氏养国老于上庠，养庶老于下庠。夏后氏养国老于东序，养庶老于西序。殷人养国老于右学，养庶老于左学。周人养国老于东胶，养庶老于虞庠，虞庠在国之（西）〔四〕郊。

有虞氏皇而祭，深衣而养老。夏后氏收而祭，燕衣而养老。殷人冔而祭，缟衣而养老。周人冕而祭，玄衣而养老。

凡三王养老皆引年。八十者一子不从政。九十者其家不从政。废疾非人不养者一人不从政。父母之丧，三年不从政。齐衰、大功之丧，三月不从政。将徙于诸侯，三月不从政。自诸侯来徙家，期不从政。

少而无父者谓之孤，老而无子者谓之独，老而无妻者谓之矜，老而无夫者谓之寡。此四者，天民之穷而无告者也，皆有常饩。

瘖、聋、跛、躃、断者、侏儒，百工各以其器食之。

道路，男子由右，妇人由左，车从中央。

父之齿随行，兄之齿雁行，朋友不相逾。

轻任并，重任分，斑白者不提挈。

君子耆老不徒行，庶人耆老不徒食。

大夫祭器不假。祭器未成，不造燕器。

方一里者为田九百亩。方十里者为方一里者百，为田九万亩。方百里者为方十里者百，为田九十亿亩。方千里者为方百里者百，为田九万亿亩。

自恒山至于南河，千里而近。自南河至于江，千里而近。自江至于衡山，千里而遥。自东河至于东海，千里而遥。自东河至于西河，千里而近。自西河至于流沙，千里而遥。西不尽流沙，南不尽衡山，东不尽东海，北不尽恒山，凡四海之内，断长补短，方三千里，为田八十万亿一万亿亩。方百里者，为田九十亿亩。山陵、林麓、川泽、沟渎、城郭、宫室、途

巷,三分去一,其余六十亿亩。

古者以周尺八尺为步,今以周尺六尺四寸为步。古者百亩,当今东田百四十六亩三十步。古者百里,当今百二十一里六十步四尺二寸二分。

方千里者,为方百里者百。封方百里者三十国,其余方百里者七十。又封方七十里者六十,为方百里者二十九,方十里者四十。其余方百里者四十,方十里者六十。又封方五十里者百二十,为方百里者三十。其余方百里者十,方十里者六十。名山大泽不以封。其余以为附庸闲田。诸侯之有功者,取于闲田以禄之。其有削地者,归之闲田。

天子之县内方千里者,为方百里者百。封方百里者九,其余方百里者九十一。又封方七十里者二十一,为方百里者十,方十里者二十九。其余方百里者八十,方十里者七十一。又封方五十里者六十三,为方百里者十五,方十里者七十五。其余方百里者六十四,方十里者九十六。

诸侯之下士禄食九人,中士食十八人,上士食三十六人,下大夫食七十二人,卿食二百八十八人,君食二千八百八十人。次国之卿食二百一十六人,君食二千一百六十人。小国之卿食百四十四人,君食千四百四十人。次国之卿,命于其君者,如小国之卿。天子之大夫为三监,监于诸侯之国者,其禄视诸侯之卿,其爵视次国之君,其禄取之于方伯之地。方伯为朝天子,皆有汤沐之邑于天子之县内,视元士。

诸侯世子世国,大夫不世爵,使以德,爵以功。未赐爵,视天子之元士,以君其国。诸侯之大夫,不世爵禄。

六礼:冠、昏、丧、祭、乡、相见。

七教:父子、兄弟、夫妇、君臣、长幼、朋友、宾客。

八政:饮食、衣服、事为、异别、度、量、数、制。

【译文】

天子为臣下制定俸禄和爵位,分为公、侯、伯、子、男五等。诸侯为臣属制定俸禄和爵位,也分为上大夫卿、下大夫、上士、中士、下士五等。天子的禄田一千里见方,公、侯的禄田一百里见方,伯的禄田七十里见方,子、男的禄田五十里见方。禄田不足五十里见方的小诸侯,不朝会于天子,而附属于诸侯,叫附庸。天子的三公——太师、太傅、太保的禄田比照公、侯,天子的卿的禄田比照伯,天子的大夫的禄田比照子、男,天子的上士的禄田比照附庸。

分配土地的规定:每个农户受田一百亩。百亩之田按土质肥瘠分成三等,上农夫每一百亩田养活九人,稍次一些的养活八人;中农夫每一百亩田养活七人,稍次一些的养活六人;下农夫每一百亩养活五人。在官府当差的平民,他们的俸禄也参照这个等差受田。诸侯的下士的俸禄比照上农夫,使他们的俸禄能够抵得上他们耕种所得的收获;中士的俸禄是下士的两倍;上士是中士的两倍;下大夫是上士的两倍。大国的卿的俸禄是大夫的四倍;国君的俸禄是卿的十倍。中等诸侯国的卿的俸禄是大夫的三倍;国君的俸禄是

卿的十倍。小国的卿的俸禄是大夫的两倍,国君的俸禄是卿的十倍。中等诸侯国的上卿,其爵位相当于大国的中卿;中卿相当于大国的下卿;下卿相当于大国的上大夫。小国的上卿,相当于大国的下卿;中卿相当于大国的上大夫;下卿相当于大国的下大夫。

天下一共有九个州,每个州一千里见方。每州之内分封一百里见方的大诸侯国三十个,七十里见方的中等诸侯国六十个,五十里见方的小诸侯国一百二十个,一共二百一十个诸侯国。名山大泽不分封给诸侯。剩余之地就作为附庸,或者闲置备用。这样的州一共八个,每个州都是二百一十个诸侯国。天子王畿所在的州,只分封一百里见方的大国九个,七十里见方的中等诸侯国二十一个,五十里见方的小诸侯国六十三个,一共是九十三个国。名山大泽不分给诸侯。剩余的地作为士的禄田或闲置备用。九个州一共有一千七百七十三个国,而天子的上士的封地、诸侯的附庸都不算在里边。

天子百里见方的王城之内,所入赋税用作官府的各项开销。王城之外的千里见方之地,所入赋税用作王宫的日用开销。千里见方的王畿以外的各个州,每州设一长,称为方伯。一州之中,五个诸侯国为一属,设一属长;十个诸侯国为一连,设一连帅;三十个诸侯国为一卒,设一卒正;二百一十个诸侯国为一州,设一方伯。八州有八个方伯,五十六个卒正,一百六十个连帅,三百三十六个属长。八个方伯各人统辖自己州内的诸侯而又受天子的二老统领。二老分管左右各四州,称做二伯。千里见方的王畿也可统称为甸;王畿以外的地方,近的叫作采,远的叫作流。

天子的官属,有三公,九卿,二十七大夫,八十一上士。大诸侯国的官属,有三卿,都由天子直接任命,五个下大夫,二十七个上士。中等诸侯国的官属,有三卿,其中两个是由天子直接任命的,一个是国君任命的,五个下大夫,二十七个上士。小诸侯国的官属,有三卿,其中一个是由天子直接任命的,其余二个是国君任命的,五个下大夫,二十七个上士。至于天子、诸侯的中士和下士,其数量各为上级官员的三倍。

天子任命的他的大夫做三监,到各个方伯的封地去监察方伯的政务。每个方伯的封地派遣三人。天子畿内的诸侯封地,是作为禄田分给的,不能世袭;而王畿外的诸侯封地是可以世袭的。命服的规定:三公加赐一命可以穿衮衣;如再遇恩宠,只特赐器物而不加命数,因不能超过九命。中等诸侯的国君不得超过七命,小诸侯国的国君不得超过五命。大诸侯国的卿,不得超过三命;下卿不得超过二命。小诸侯国的卿和下大夫都是一命。

凡是选用平民中有才能的人做官,必定要先考察他,考察明白之后再试用;若能胜任其事,再授予相应的爵位;爵位既定,然后给予相应的俸禄。在朝廷上铨定一个人的爵位;让朝士共同参加,以示公正无私;在闹市上处决犯人,让众人都厌弃他,以示刑法严明。所以公卿的家里不使用受过刑的人,大夫也不收留受过刑的人,士在路上碰到受过刑的人也不和他答话。把受过刑的人流放到边远地区,随便他们到哪儿去,国家也不向他们征役,就是不要他们活在世上的意思。

诸侯对天子,每年派大夫去聘问一次,每三年派卿去聘问一次,每五年诸侯亲自朝见一次。

天子每隔五年出外巡察一次。巡察的那一年二月出发,先到东岳泰山,在山上燔柴祭天,又望祀当地的大山大川,接受东方各诸侯的觐见,登门拜访问候当地年近百岁的老人。命令诸侯国掌管音乐的太师进呈当地的民歌民谣,从而考察人民的风化习俗。命令管理市场的官员进呈当地的物价,从而了解人民喜爱和嫌弃的物品,如果民风不正,那么人民喜欢的都是邪辟之物。命令掌管礼典的官员,校定当地的季节、月份、日期,并对音律、五礼六乐、各种制度和衣服式样等进行订正。山川及各种神灵没有全部祭祀就是不敬,有不敬的,国君就被削减封地。宗庙排列和祭祀不按顺序就是不孝,有不孝的,国君就被降低爵位。随便改换礼乐就是不服从,有不服从的,国君就要被流放驱逐。擅自变革制度服饰就是反叛,有反叛的,国君就要被讨伐。对人民有功德的国君,就给他加封土地或进级。

五月向南巡察,到达南岳衡山,所行礼节与在东岳一样。八月向西巡察,到达西岳华山,所行礼节与在南岳一样。十一月向北巡察,到达北岳恒山,所行礼节与在西岳一样。巡察结束回宫后,到各祖庙和父庙祭祀告归,用特牲。

天子将外出,要祭祀上帝、社稷、宗庙。诸侯将外出,要祭祀社稷和宗庙。天子不是为了征伐之事而与诸侯相见统称为"朝"。朝,可以考校礼仪,订正刑法,统一道德规范,使诸侯尊崇天子。天子把成套的乐器赏赐给诸侯时,用柷作为代表物授予诸侯。天子赏给伯、子、男乐器时,用鼗鼓为代表物授予被赐者。诸侯被天子赏赐了弓矢后,才有权力征伐;被赏赐了铁钺,才有权力刑杀;被赏赐了圭瓒,才能自己酿造鬯酒,如果没有被赏赐圭瓒,就等待天子资助鬯酒。

天子命令办教育,然后才设立学校。小学设在王宫的东南,大学设在郊外。天子的大学叫辟雍,诸侯的大学叫頖宫。

天子将出征,先祭祀上帝、社稷、宗庙;开战前在阵地上祭祀造军法的人,以壮军威。出发前在祖庙中接受祖先的征伐命令,到大学里听取先师的计谋。出征就是要捉拿那些有罪的人。征伐回来后,再到大学里设奠祭祀先师,报告捕获的俘虏和杀死敌人的数目。

天子、诸侯在没有战争的时候,每年田猎三次。首先为祭祀准备供品,再次为招待宾客准备菜肴,第三才是为充实天子、诸侯日常膳食所用。没有特殊的情况而不举行田猎就是不敬;田猎时不按规定杀戮野兽就是损害天物。田猎的规定:天子不能把四面都包围起来打猎,诸侯不能把整群的野兽杀光。天子猎取后便放下指挥的大旗,诸侯猎取后放下指挥的小旗,大夫猎取后就命令副车停止追赶,副车停下后,百姓开始打猎。正月以后,渔人才可到川泽里捕鱼。九月以后,才能举行田猎。八月以后,才能张网捕飞鸟。秋后草木黄落,才能进入山林采伐。昆虫未蛰居地下之前,不能放火烧野草而猎取野兽。田猎时不能捕杀幼兽,不取鸟卵,不杀怀胎的母兽,不杀小兽,不掀翻鸟巢。

大宰编制下一年的国家开支总预算,必定在年终进行。因为要等五谷入库之后才能编制预算。根据国土大小和年成好坏,用三十年收入的平均数作依据制定预算,根据收入的多少预算开支。祭祀所用,占每年收入的十分之一。遇有父母之丧,服丧的三年中

不祭宗庙,只有祭天地、社稷不受丧事的限制,照常举行,所以丧事的开支也可以用三年收入的平均数的十分之一。丧事和祭祀的开支超出预算的就叫"暴",用后有余叫作"浩"。祭祀不能因丰年而奢华,不能因荒年而节俭。

一个国家没有九年的积蓄,可以说是不富足;没有六年的积蓄,可以说是拮据;没有三年的积蓄,就不像个国家了。耕种三年,必定有一年的余粮;耕种九年,必定有三年的余粮。以三十年的平均收入来制定预算,即使遇到饥荒水旱等灾害,老百姓也不会挨饿,达到这样的水平后,天子的膳食,可以每天宰杀牲畜,吃饭时也可以奏乐了。

天子死后七天入殓,第七个月入葬。诸侯死后五天入殓,第五个月入葬。大夫、士及平民死后三天入殓,第三个月入葬。为父母守丧三年,从天子到平民都是一样。平民下葬时,用绳索把棺柩悬吊入坑内,埋葬之事不因下雨而停止,墓穴之上不堆土为坟,也不种树。服丧期间不做别的事情,从天子到平民都一样。丧事的规格根据死者的爵位而定,而祭祀的规格要根据主持祭祀者的爵位而定。不是嫡长子就不能主持祭祀。

天子设立七庙:文王世室、高祖、祖父三个昭庙,武王世室、曾祖、父三个穆庙,加上一个太祖庙,共七庙。诸侯为祖宗立五庙:高祖、祖父二个昭庙,曾祖、父二个穆庙,加上太祖庙,共五庙。大夫为祖宗立三庙;一个昭庙,一个穆庙,加上太祖庙,共三庙。士只设一庙。平民无庙,祭祀祖宗就在居室内进行。

天子、诸侯宗庙四时祭:春祭叫礿,夏祭叫禘,秋祭叫尝,冬祭叫烝。天子祭祀天神、地祇及其他大小神灵;诸侯祭祀土神、谷神及其他神灵;大夫祭祀门神、灶神、行神、户神、中霤神等五种小神。天子祭祀天下的名山大川,祭祀五岳用享三公的九献礼,祭祀四渎用享诸侯的七献礼。诸侯只祭祀在自己封地内的名山大川。天子、诸侯都要祭祀境内已经灭亡而又没有后嗣的古国先君。天子的春祭是分别遍祭各庙,夏祭、秋祭、冬祭都是合祭。诸侯每年只举行三次时祭,如举行春礿,就不举行夏禘;举行夏禘就不举行秋尝;举行秋尝就不举行冬烝;举行冬烝就不举行春礿。诸侯的春礿是分别遍祭各庙,夏祭则一年分别遍祭各庙,一年合祭群庙,秋祭和冬祭都是合祭群庙。

天子祭祀土神和谷神用牛、羊、猪三牲。诸侯祭祀土神和谷神用羊、猪二牲。大夫和士祭祀宗庙,有封地的用祭礼,没有封地的用荐礼。平民祭祀祖宗的荐礼:春天荐祭韭菜,夏天荐祭麦,秋天荐祭黍,冬天荐祭稻。韭菜配以鸡蛋,麦配以鱼,黍配以小猪,稻配以鹅。祭祀天神地神用小牛,牛角只能有蚕茧或栗子大小;祭祀宗庙用中牛,牛角可以有一握粗;宴享宾客用大牛,牛角一尺多长也行。如果不是为了祭祀,诸侯不能杀牛作膳食;大夫不能杀羊作膳食;士不能杀狗或猪作膳食;平民不能吃时鲜美味。平常吃的菜肴不能比祭祀用的牲牢好,平常穿的衣服不能比祭祀的礼服好,平常居住的房屋不能比宗庙好。

古时候,农夫都助耕公田,不另缴田租。市场上,商贩缴纳地皮税后,不再缴所得税。物品出入关口,只稽查是否违禁,而不抽关税。在规定的时限内进入山林川泽采伐渔猎,就不加禁止。余夫耕种卿大夫的圭田也不必缴税。分派平民服劳役,每人每年不超过三

天。公家分配的农田和宅地不准买卖。国家有公共墓地,不得申请另处安葬。

司空掌管用度测量土地安置人民,观测山陵、河川、低湿地、沼泽的地势,测定四季的气候寒暖。测量土地的远近,建造城邑,分派劳役。凡役使人民,按老年人能担任的标准分派任务,而按青壮年的标准分发给养。凡是储备用以安置人民的物品,必须根据居住地的气候寒暖和地势高下决定。如大峡谷两边与大河两岸的气候和地势不一样,两地人民的风俗就不同:性格的刚柔、身体的轻重、行动的快慢都不一样,口味各有偏爱,器具形制各异,衣服式样质料各有所宜。对人民重在教化,不必改变他们的风俗;重在统一刑政,不必改变他们原有的习俗。

中原和四周边远地区的人民,各有不同的生活习性,而且不能改变。住在东方的叫夷人,他们把头发剪短,身上刺着花纹,其中有不吃熟食的人。住在南方的叫蛮人,他们额头上刺着花纹,走路时两脚拇趾相对而行,其中有不吃熟食的人。住在西方的叫戎人,他们披散着头发,用兽皮做衣服,其中有不以五谷为食的人。住在北方的叫狄人,他们用羽毛连缀成衣,住在洞穴中,其中有不以五谷为食的人。中原、东夷、南蛮、西戎、北狄的人民,都有安逸的住处,偏爱的口味,舒适的服饰,便利的工具,完备的器物。东西南北中五方的人民,虽然言语不通,嗜好不同,但当他们要表达心意、互相交流的时候,有懂得双方语言的人帮助沟通。这种人,在东夷叫寄,在南蛮叫象,在西戎叫狄鞮,在北狄叫译。

凡安置人民,必须根据土地大小确定城邑的规格,决定安置人民的数量,使土地多少、城邑大小、人民多少三者互相配合得当,做到没有空闲的土地,没有无业的游民。人民的食用有节制,农事、役事按季节进行,人民就会安居乐业,勉于功事,尊敬君长,然后兴办学校教育他们。

司徒掌管修订六礼,用来节制人民的性情;颁明七教,用来提高人民的道德;统一八政,以防僭越;提倡统一的道德规范,以造成共同的社会风尚,赡养老人,以促进人民的孝心;怜恤孤独,救济他们的不足;尊重有贤德的人,以提倡崇尚德行;检举邪恶的人,以摒弃罪恶。

命令六乡的长官纠举不听教诲的人,向司徒汇报。司徒选定一个吉日,把乡里德高望重的老年人召集到乡里的学校中,演习乡射礼而尊重射箭本领好的人;演习乡饮酒礼而尊重年龄大的人。大司徒率领国学的大学生来帮忙。经过这样的感化教育而不改恶习,就命令右乡纠举出不听教诲的人,把他们迁到左乡;命令左乡纠举出不听教诲的人,把他们迁到右乡,接受同样的感化教育。如若仍不改,就把他们迁到乡外的郊地,再接受同样的感化教育。如果还不悔改,就从郊地迁到更远的遂地,用同样的方法教育,几经教育仍不悔改,就放逐出境,终身不复录用。

命令六乡的长官考察乡里德才出众的人,把他们举荐给司徒。被举荐的人叫选士。司徒再修考察并选出其中的优秀者,推举入国学。进入国学的人叫俊士。凡由乡里举荐给司徒的人,就不承担乡里的劳役;进入国学的人就不承担司徒分派的国家劳役,这种人叫造士。

乐正尊崇四种教育途径,因而设立四门课程,即用先王传下来的《诗》《书》《礼》《乐》培养人才,春秋二季教授《礼》《乐》,冬夏二季教授《诗》《书》。天子的太子和庶子、三公和诸侯的嫡长子、卿大夫和上士的嫡长子,以及挑选出来的俊士和选士,都到国学里接受教育。进入国学以后,就以年龄大小排座次,不以地位高低。大学即将毕业的时候,小胥、大胥和小乐正纠举国学中不遵守教法的贵族子弟,向大乐正汇报,大乐正再向天子汇报。天子召集三公、九卿、大夫、上士等官员到国学中演习射礼和饮酒礼,来感化被纠举者。如果没有改变,天子就亲自视察国家督促他们。如果还不改变,天子为这事三天不杀牲盛宴,把他们流放到远方去,向西流放的为棘,向东流放的为寄,终身不再录用。

大乐正考察评定国学毕业的优秀学生,汇报给天子,并荐举给司马。被荐举的学生称进士。司马再辨察审定进士的德才,把特别优秀的报给天子,对进士的才能做出结论。根据结论委派官职试用,能胜任其职的,就给予爵位,爵位确定之后再发给俸禄。

大夫因不称职而被废黜的,终身不得再出仕做官,死后用士一级的丧礼。国家有兵戎之事征发兵役时,就派大司徒教练士卒乘车穿甲等事。凡是依靠技艺为官府服务的人,只考查他们的技能。要派他们到各地去时,就裸露四肢,比赛射箭、驾车等技能,以挑选合适的人选。凡是依靠技艺为官府或主人服务的人,有祝、史、射、御、医、卜以及各种工匠。凡依靠技艺为官府或主人服务的人,不能兼做别的事,也不能改行。他们离开家乡外出,不能跟士人论辈分年龄。大夫的家臣,离开家乡出外,也不能跟士人论辈分年龄。

司寇的职责是正定刑法,明断罪行,受理诉讼。审断诉讼时,一定要向群臣、群吏、民众三方面征求意见。如果只有犯罪动机而无犯罪事实的,概不受理。量刑时,可轻可重者则从轻;赦免时,原判较重的先赦。凡是判定五等刑罚,一定要合乎天理,使刑罚与罪行相当。凡是受理五刑诉讼时,一定要根据父子之亲、君臣之义来衡量,再按罪行轻重确定刑罚。考虑论定罪行大小,谨慎地拟定刑罚轻重,从而区别各种诉讼。根据耳闻目睹的材料,本于忠君爱亲的心情,悉心推究罪案。遇有疑而不决的案子,就与民众共同审理,如果民众也不能定夺,那就赦免当事者。总之,一定要做到明察案情,依法量刑。

判决书拟好之后,负责审判记录的书吏就把它交给六乡中审理狱讼的官员——正。正再审理一遍,然后转交大司寇。大司寇在外朝公开审理,并向天子报告,天子命令三公参与审理。三公把审理的结果向天子报告,天子又命令要赦免三种人,如果不在赦免之列,就公布刑罚。凡是被判定要受刑罚的人,罪行再轻也不能赦免。所谓刑,就是定型的意思。所谓定型,就是不可更改的意思。正因为判定之后不能更改,所以君子都尽心尽力地审理各种案件。

断章取义曲解法律,变换名称而擅改规格,用邪道扰乱政令的人,处以死刑。作靡靡之音、奇装异服、怪诞之技、怪异器物而蛊惑民心的人,处以死刑。行为诈伪而顽固不化且影响恶劣、言辞虚伪而能迷惑听众、所学不是正道而旁征博引、明知故犯而掩过饰非,从而迷惑民众的人,处以死刑。借助鬼神、时日和卜筮欺骗民众的人,处以死刑。对这四

种该杀的人,不再受理他们的申诉。凡是推行禁令,要使民众一律遵守,即使是过失犯禁,也不赦免。

圭、璧、琮、璋为尊贵之物,不准在市场上买卖。天子赏赐的命服命车,不准在市场上买卖。宗庙中的祭祀器具,不准在市场上买卖。用于祭祀的牲畜,不准在市场上买卖。军队所用的武器,不准在市场上买卖。农具和饮食器具不合规格的,不准在市场上买卖。兵车不合规格的,不准在市场上买卖。布帛的丝缕精粗不合规定、宽度不合尺寸的,不准在市场上买卖。掺有杂色的颜料,不准在市场上买卖。有纹彩的布帛、珠玉和精美的器物,不准在市场上买卖。华美的服装以及珍馐饮食,不准在市场上买卖,未成材的树,不准在市场上买卖。幼小的和有孕的禽兽鱼鳖,不准在市场上买卖。各处关卡要执行禁止严格稽查,禁止奇装异服,识别各地的方言。

太史主管一切礼仪,执掌各种典籍,记录违避的名字、忌日、灾异等。天子听受太史的劝谏之前要斋戒。司会于每年年终将一年的收支总报表呈请天子考核。太宰斋戒后佐天子接受报表。大司乐、大司寇和管理市场的官将各自的报表附于司会的报表之后呈请天子考核。大司徒、大司马、大司空斋戒后接受报表进行考核,他们所统领的百官也把各自的情况上报给这三个大官考核。大司徒、大司马、大司空把考核的结果向天子报告。百官斋戒后听候天子宣布考核结果,然后举行养老的宴会,举行蜡祭慰劳农夫。到这时,一年的农事都已完成,可以编制下一年的预算了。

养老之礼,有虞氏用燕礼,夏后氏用飨礼,殷代用食礼,周代遵循古法而三礼兼用。五十岁就能参加乡里的养老宴,六十岁能参加国家在小学举行的养老宴,七十岁以上能参加大学里的养老宴。这种规定从天子到诸侯国都适用。八十岁的老人拜受君命时只要跪下去磕头两次就可以了,盲人拜受君命也可这样,九十岁的老人可以让别人代拜君命。五十岁以上可以吃与壮年人不同的细粮,六十岁以上可以有预备的肉食,七十岁以上可有两份膳食,八十岁以上可以常吃时鲜珍馐,九十岁以上可以在寝室里就餐,出游时也可让人随带食物。

人到六十岁,就开始置备需一年时间才能做好的丧葬用品,七十岁以后开始置备一个季度能做好的丧葬用品,八十岁以后开始置备一个月能做好的丧葬用品,九十岁以后就置备一天能做好的丧葬用品,只有装殓尸体用的绞、衿、衾、冒等,到死后才制作。人到五十岁以后就开始衰老,六十岁以后没有肉食就营养不足,七十岁以后没有丝绵就不得温暖,八十岁以后没人陪睡就不暖和,九十岁以后即使有人陪睡也不觉暖和了。五十岁以后可以在家中用手杖,六十岁以后可以在乡里挂手杖走路,七十岁以后可以在国中挂手杖走路,八十岁以后可以挂手杖上朝,九十岁以后,天子若有事询问,就派人到家里请教,并且要带时鲜珍品为见面礼。七十岁以后,朝见天子时可以提早退出,八十岁以后,天子每月派人问候安康,九十岁以后,天子每天派人送膳食到家里。五十岁以后不服劳役,六十岁以后不参与征战,七十岁以后不参与会见宾客,八十岁以后不参与祭祀,不为人服丧。五十岁后得到封爵,六十岁后不亲自向别人求教,七十岁后辞官告老,遇到丧事

只服丧服，不参加丧事仪式。

有虞氏的时代，在上庠宴飨国老，在下庠宴飨庶老。夏后氏在东序宴飨国老，在西序宴飨庶老。殷代在右学宴飨国老，在左学宴飨庶老。周代在东胶宴飨国老，在虞庠宴飨庶老，虞庠在王城的西郊。有虞氏的时代，祭祀时戴"皇"，养老时穿深衣。夏代祭祀时戴"收"，养老时穿燕衣。殷代祭祀时戴"冔"，养老时穿纯白的深衣。周代祭祀时戴"冕"，养老时穿玄衣白裳。

夏、殷、周三代的天子，都根据户籍核定年龄，确定参加养老会的人员。家有八十岁的老人，可以有一人不应力役之征。家有九十岁的老人，全家都可不应力役征召。家中有需人照顾生活的残疾人，可以有一人不应力役征召。父母死丧，服丧三年间不应力役征召。遇到齐衰、大功丧服，三个月不应征召。将从天子王畿移居诸侯国的家庭，临行前三个月不应征召。从诸侯国迁居王畿的家庭，来后一年内不应征召。

年幼而无父的人叫作孤，年老而无子孙的人叫作独，老而无妻的人叫作鳏，老而无夫的人叫作寡。这四种人是世上生活困难而又无处告求的人，要经常分发粮饷。哑巴、聋子、瘸子、不能走路的人、四肢断残的人、特别矮小的人，也在抚恤的范围内。各种工匠都凭自己制造器物的技艺而取得粮饷。

在道路上，男子靠右走，妇女靠左走。车辆在路中央行驶，遇到与自己父亲年龄差不多的行人，就跟在他后面走；遇到比自己年龄略大的行人，可以稍后一些并排而行；与朋友同行，不能超越争先。老人挑着轻担子，年轻人应把他的担子并到自己的担子上；老少都是重担，年轻人应帮老人分担一些；不要让头发花白的老人提着东西走路。有官爵的老人出行必有车，不徒步行走；年老的平民吃饭必有肉。大夫以上都自备祭器，不向别人借用，所以祭器没有备齐之前，就不造日常用器。

一里见方的土地，折合为九百亩。十里见方的土地，有一百个十里见方，折合为九百万亩。千里见方的土地，有一百个百里见方，折合为九亿亩。从北面的恒山向南到黄河，有将近千里。从黄河向南到长江，有将近千里。从长江向南到衡山，有一千多里。从东黄河向东到东海，有一千多里。从东黄河向西到西黄河，不足千里。从西黄河向西到西域沙漠地带，有一千多里。西域沙漠不是西边的尽头，衡山不是南边的尽头，东海不是东边的尽头，恒山不是北边的尽头，这样，把多出来的地方填补不足的地方，四海之内的土地，有三千里见方，折合为八十一亿亩。百里见方的土地本应有田九百万亩，而山脉、森林、江河湖泊、沟渠水道、城镇乡村、纵横道路等约占三分之一，所以只剩下六百万亩可耕地。

古时候的一步是周尺八尺，现在汉代的一步是周尺六尺四寸，所以古时候的一百亩相当于现在汉代东方齐鲁的一百四十六亩余三十平方步；古时候的一百里相当于现在汉代的一百二十里余六十步四尺二寸二分。

千里见方的州，有一百个一百里见方的区域。分封出三十个百里见方的诸侯国，余下七十个百里见方的地方。再分封出六十个七十里见方的诸侯国，折合为二十九个方百

里又四十个方十里,剩下四十个方百里又六十个方十里。又分封出一百二十个五十里见方的诸侯国,折合为三十个百里见方之地,还剩下十个方百里又六十个方十里的土地。名山大泽不分封给诸侯。剩下的土地或者作为附庸小国,或者作为闲田。诸侯有功,就从闲田中拿出土地作为奖赏;诸侯有罪,被削减的土地则并入闲田。

天子的王畿千里见方,也就是一百个百里见方。分封出九个百里见方的诸侯国,余下九十一个百里见方的土地。再分封出二十一个七十里见方的诸侯国,折合为十个方百里又二十九个方十里,剩下八十个方百里又七十一个方十里的土地。再分封出六十三个五十里见方的诸侯国,折合为十五个方百里又七十五个方十里,最后剩下六十四个方百里又九十六个方十里的土地。

诸侯的下士所得俸禄可以养活九人,中士的俸禄可以养活十八人,上士的俸禄可以养活三十六人,下大夫的俸禄可以养活七十二人。大诸侯国的卿,所得俸禄可以养活二百八十八人,国君的俸禄可以养活二千八百八十人。中等诸侯国的卿,所得俸禄可以养活二百十六人,国君的俸禄可以养活二千一百六十人。小诸侯国的卿,所得俸禄可以养活一百四十四人,国君的俸禄可以养活一千四百四十人。中等诸侯国的由国君所任命的卿,所得俸禄与小诸侯国中由天子任命的卿一样多。

天子的大夫被派到诸侯国去做三监的,他们的俸禄比照大国的卿,他们的爵位比照中等诸侯国的国君,俸禄从各方诸侯之长那儿支取。各方的诸侯之长为着朝见天子,在天子的王畿内有专供斋戒沐浴的土地。汤沐邑的大小与天子的上士的禄地一样。天子王畿外的诸侯,他的嫡长子可以世袭君位。天子的大夫的爵位不能世袭,有德行才让他们当大夫,有功劳才赐给爵位。诸侯的嫡长子继位时如果没有被赐爵位,地位相当于天子的上士,他以这种身份统治他的国家。诸侯的大夫的爵位和俸禄都不能世袭。

六礼,是冠礼、婚礼、丧礼、祭祀礼、乡饮酒礼和相见礼。七教,是父子、兄弟、夫妇、君臣、长幼、朋友、宾客之间的关系。八政,是饮食、衣服、工艺的法式,器物的品类,以及长度、重量的标准,数码的进位制,器用、布帛的规格。

月令第六

【原文】

孟春之月:日在营室,昏参中,旦尾中。其日甲乙。其帝大皞,其神句芒。其虫鳞。其音角,律中大蔟。其数八。其味酸,其臭膻。其祀户,祭先脾。

东风解冻,蛰虫始振,鱼上冰,獭祭鱼,鸿雁来。

天子居青阳左个;乘鸾路,驾仓龙,载青旂,衣青衣,服仓玉,食麦与羊,其器疏以达。

是月也,以立春。先立春三日,太史谒之天子,曰:"某日立春,盛德在木。"天子乃齐。

立春之日,天子亲帅三公、九卿、诸侯、大夫,以迎春于东郊。还反,赏公卿、诸侯、大夫于朝。命相布德和令,行庆施惠,下及兆民,庆赐遂行,毋有不当。乃命大史,守典奉法,司天日月星辰之行,宿离不贷,毋失经纪,以初为常。

是月也:天子乃以元日祈谷于上帝。乃择元辰,天子亲载耒耜,措之(于参)〔参于〕保介之御间;帅三公、九卿、诸侯、大夫,躬耕帝藉。天子三推,(三)公五推,卿、诸侯九推;反,执爵于大寝,三公、九卿、诸侯、大夫皆御,命曰"劳酒"。

是月也,天气下降,地气上腾,天地和同,草木萌动。王命布农事,命田舍东郊,皆修封疆,审端(经)〔径〕术。善相丘陵、阪险、原隰、土地所宜、五谷所殖,以教道民。必躬亲之。田事既饬,先定准直,农乃不惑。

是月也,命乐正入学习舞,乃修祭典。命祀山林川泽,牺牲毋用牝。禁止伐木,毋覆巢,毋杀孩虫、胎夭、飞鸟,毋麛毋卵。毋聚大众,毋置城郭。掩骼埋胔。

是月也,不可以称兵,称兵必天殃。兵戎不起,不可从我始。毋变天之道,毋绝地之理,毋乱人之纪。

孟春行夏令,则〔风〕雨(水)不时,草木蚤落,国时有恐。行秋令,则其民大疫,猋风暴雨总至,藜莠蓬蒿并兴。行冬令,则水潦为败,雪霜大挚,首种不入。

仲春之月:日在奎,昏弧中;旦建星中。其日甲乙。其帝大皞,其神句芒。其虫鳞。其音角,律中夹钟。其数八。其味酸,其臭膻。其祀户,祭先脾。

始雨水。桃始华。仓庚鸣,鹰化为鸠。

天子居青阳大庙,乘鸾路,驾仓龙,载青旂,衣青衣,服仓玉,食麦与羊。其器疏以达。

是月也,安萌牙。养幼少,存诸孤。择元日,命民社。命有司,省囹圄,去桎梏,毋肆掠,止狱讼。

是月也,玄鸟至。至之日,以大牢祠于高禖,天子亲往。后妃帅九嫔御。乃礼天子所御,带以弓韣,授以弓矢,于高禖之前。

是月也,日夜分,雷乃发声,始电。蛰虫咸动,启户始出。先雷三日,奋(木)铎以令兆民,曰:"雷将发声,有不戒其容止者,生子不备,必有凶灾!"日夜分,则同度量,钧衡石,角斗甬,正权概。

是月也,耕者少舍,乃修阖扇,寝庙毕备。毋作大事,以妨农(之)事。

是月也,毋竭川泽,毋漉陂池,毋焚山林。天子乃鲜羔开冰,先荐寝庙。上丁,命乐正习舞,释菜;天子乃帅三公、九卿、诸侯、大夫,亲往视之。仲丁,又命乐正入学习(舞)〔乐〕。

是月也,祀不用牺牲,用圭璧,更皮币。

仲春行秋令,则其国大水,寒气总至,寇戎来征。行冬令,则阳气不胜,麦乃不熟,民多相掠。行夏令,则国乃大旱,暖气早来,虫螟为害。

季春之月,日在胃,昏七星中,旦牵牛中。其日甲乙。其帝大皞,其神句芒。其虫鳞。其音角,律中姑洗。其数八。其味酸,其臭膻。其祀户,祭先脾。

桐始华,田鼠化为(驾)〔鴽〕,虹始见,萍始生。

天子居青阳右个,乘鸾路,驾仓龙,载青旂;衣青衣,服仓玉;食麦与羊。其器疏以达。

是月也,天子乃荐鞠衣于先帝。命舟牧覆舟,五覆五反,乃告舟备具于天子焉。天子始乘舟。荐鲔于寝庙,乃为麦祈实。

是月也,生气方盛,阳气发泄,句者毕出,萌者尽达。不可以内。天子布德行惠,命有司发仓廪,赐贫穷,振乏绝;开府库,出币帛,周天下;勉诸侯,聘名士,礼贤者。

是月也,命司空曰:"时雨将降,下水上腾。循行国邑,周视原野,修利堤防,道达沟渎,开通道路,毋有障塞。田猎罝罘,罗罔毕翳,餧兽之药,毋出九门。"

是月也,命野虞无伐桑柘。鸣鸠拂其羽,戴胜降于桑。具曲植籧筐。后妃齐戒,亲东乡躬桑,禁妇女毋观,省妇使,以劝蚕事。蚕事既登,分茧称丝效功,以共郊庙之服,无有敢惰。

是月也,命工师令百工审五库之量:金、铁,皮、革、筋,角、齿,羽、箭、干,脂、胶、丹、漆,毋或不良。百工咸理,监工日号:"毋悖于时,毋或作为淫巧,以荡上心!"

是月之末,择吉日,大合乐。天子乃率三公、九卿、诸侯、大夫亲往视之。

是月也,乃合累牛腾马、游牝于牧。牺牲驹犊,举书其数。命国难,九门磔攘,以毕春气。

季春行冬令,则寒气时发,草木皆肃,国有大恐。行夏令,则民多疾疫,时雨不降,山林不收。行秋令,则天多沉阴,淫雨蚤降,兵革并起。

孟夏之月:日在毕,昏翼中,旦婺女中。其日丙丁。其帝炎帝,其神祝融。其虫羽。其音徵,律中中吕。其数七。其味苦,其臭焦。其祀灶,祭先肺。

蝼蝈鸣,蚯蚓出,王瓜生,苦菜秀。

天子居明堂左个,乘朱路,驾赤骝,载赤旂,衣朱衣,服赤玉,食菽与鸡,其器高以粗。

是月也,以立夏。先立夏三日,太史谒之天子曰:"某日立夏,盛德在火。"天子乃齐。立夏之日,天子亲帅三公、九卿、大夫以迎夏于南郊。还反,行赏,封诸侯。庆赐遂行,无不欣悦。乃命乐师,习合礼乐,命太尉,赞桀俊,遂贤良,举长大,行爵出禄,必当其位。

是月也,继长增高,毋有坏堕。毋起土功,毋发大众,毋伐大树。

是月也,天子始缔。命野虞出行田原,为天子劳农劝民,毋或失时。命司徒巡行县鄙,命农勉作,毋休于都。

是月也,驱兽,毋害五谷,毋大田猎。农乃登麦,天子乃以彘尝麦,先荐寝庙。

是月也,聚畜百药。靡草死,麦秋至。断薄刑,决小罪,出轻系。蚕事(既)毕,后妃献茧。乃收茧税,以桑为均,贵贱长幼如一,以给郊庙之服。

是月也,天子饮酎,用礼乐。

孟夏行秋令,则苦雨数来,五谷不滋,四鄙入保。行冬令,则草木蚤枯,后乃大水,败其城郭。行春令,则(蝗虫)〔虫蝗〕为灾,暴风来格,秀草不实。

仲夏之月,日在东井;昏亢中,旦危中。其日丙丁。其帝炎帝,其神祝融。其虫羽。

其音徵,律中蕤宾。其数七。其味苦,其臭焦。其祀灶,祭先肺。

小暑至,螳螂生,(鵙)〔鹦〕始鸣,反舌无声。

天子居明堂太庙,乘朱路,驾赤骝,载赤旂;衣朱衣,服赤玉,食菽与鸡。其器高以粗。养壮佼。

是月也,命乐师修鞀鞞鼓,均琴瑟管箫,执干戚戈羽,调竽笙篪簧,饬钟磬柷敔。命有司为民祈祀山川百源,大雩帝,用盛乐。乃命百县,雩祀百辟卿士有益于民者,以祈穀实。农乃登黍。

是月也,天子乃以雏尝黍,羞以含桃,先荐寝庙。令民毋艾蓝以染。毋烧灰,毋暴布。门闾毋闭,关市毋索。挺重囚,益其食。游牝别群,则絷腾驹,班马政。

是月也,日长至。阴阳争,死生分。君子齐戒,处必掩身,毋躁;止声色,毋或进;薄滋味,毋致和;节耆欲,定心气。百官静事毋(刑)〔径〕,以定晏阴之所成。鹿角解,蝉始鸣,半夏生,木堇荣。

是月也,毋用火南方。可以居高明,可以远眺望,可以升山陵,可以处台榭。

仲夏行冬令,则雹冻伤穀,道路不通,暴兵来至。行春令,则五穀晚孰,百螣时起,其国乃饥。行秋令,则草木零落,果实早成,民殃于疫。

季夏之月,日在柳;昏火中,旦奎中。其日丙丁。其帝炎帝,其神祝融。其虫羽。其音徵,律中林钟。其数七。其味苦,其臭焦。其祀灶,祭先肺。

温风始至,蟋蟀居壁,鹰乃学习,腐草为萤。

天子居明堂右个,乘朱路,驾赤骝,载赤旂;衣朱衣,服赤玉,食菽与鸡,其器高以粗。命渔师伐蛟、取鼍、登龟、取鼋。命泽人纳材苇。

是月也,命四监,大合百县之秩刍,以养牺牲。令民无不咸出其力,以共皇天上帝、名山大川、四方之神,以祠宗庙社稷之灵,以为民祈福。

是月也,命妇官染采,黼黻文章必以法故,无或差贷。黑黄仓赤,莫不质良,毋敢诈伪。以给郊庙祭祀之服,以为旗章,以别贵贱等(给)〔级〕之度。

是月也,树木方盛,乃命虞人入山行木,毋有斩伐。不可以兴土功,不可以合诸侯,不可以起兵动众。毋举大事,以摇养气。毋发令而待,以妨神农之事也。水潦盛昌,神农将持功,举大事则有天殃。

是月也,土润溽暑,大雨时行,烧薙行水,利以杀草,如以热汤。可以粪田畴,可以美土疆。

季夏行春令,则穀实鲜落,国多风咳,民乃迁徙。行秋令,则丘隰水潦,禾稼不孰,乃多女灾。行冬令,则风寒不时,鹰隼蚤鸷,四鄙入保。

中央土:其日戊己。其帝黄帝,其神后土。其虫倮。其音宫,律中黄钟之宫。其数五。其味甘,其臭香。其祀中霤,祭先心。

天子居大庙大室,乘大路,驾黄骝,载黄旂,衣黄衣,服黄玉;食稷与牛。其器圜以闳。

孟秋之月,日在翼;昏建星中,旦毕中。其日庚辛。其帝少暤,其神蓐收。其虫毛。

其音商,律中夷则。其数九。其味辛,其臭腥。其祀门,祭先肝。

凉风至,白露降,寒蝉鸣,鹰乃祭鸟,用始行戮。

天子居总章左个,乘戎路,驾白骆,载白旂,衣白衣,服白玉,食麻与犬。其器廉以深。

是月也,以立秋。先立秋三日,太史谒之天子曰:"某日立秋,盛德在金。"天子乃齐。立秋之日,天子亲帅三公、九卿、诸侯、大夫以迎秋于西郊;还反,赏军帅武人于朝。天子乃命将帅选士厉兵,简练桀俊,专任有功以征不义,诘诛暴慢以明好恶,顺彼远方。

是月也,命有司修法制,缮囹圄,具桎梏,禁止奸,慎罪邪,务搏执。命理瞻伤、察创、视折、审断,决狱讼,必端平,戮有罪,严断刑。天地始肃,不可以赢。

是月也,农乃登谷。天子尝新,先荐寝庙。命百官始收敛。完堤防,谨壅塞,以备水潦。修宫室,坏墙垣,补城郭。

是月也,毋以封诸侯、立大官。毋以割地、行大使、出大币。

孟秋行冬令,则阴气大胜,介虫败谷,戎兵乃来。行春令,则其国乃旱,阳气复还,五谷无实。行夏令,则国多火灾,寒热不节,民多疟疾。

仲秋之月:日在角,昏牵牛中,旦觜觿中。其日庚辛。其帝少皞,其神蓐收。其虫毛。其音商,律中南吕。其数九。其味辛,其臭腥。其祀门,祭先肝。

盲风至,鸿雁来,玄鸟归,群鸟养羞。

天子居总章大庙;乘戎路,驾白骆,载白旂;衣白衣,服白玉;食麻与犬。其器廉以深。

是月也,养衰老,授几杖,行糜粥饮食。乃命司服,具饬衣裳,文绣有恒,制有小大,度有(长)短〔长〕。衣服有量,必循其故。冠带有常。乃命有司申严百刑,斩杀必当,毋或枉桡,枉桡不当,反受其殃。

是月也,乃命宰祝循行牺牲,视全具;案刍豢,瞻肥瘠;察物色,必比类;量小大,视长短,皆中度。五者备当,上帝其飨。天子乃难,以达秋气;以犬尝麻,先荐寝庙。

是月也,可以筑城郭,建都邑,穿窦窖,修囷仓。乃命有司趣民收敛,务畜菜,多积聚。乃劝种麦,毋或失时,其有失时,行罪无疑。

是月也,日夜分,雷〔乃〕始收(声),蛰虫坏户;杀气浸盛,阳气日衰,水始涸。日夜分,则同度量,平权衡,正钧石,角斗甬。

是月也,易关市,来商旅,纳货贿,以便民事。四方来集,远乡皆至,则财不匮,上无乏用,百事乃遂。凡举大事,毋逆(大)〔天〕数,必顺其时,慎因其类。

仲秋行春令,则秋雨不降,草木生荣,国乃有恐;行夏令,则其国乃旱,蛰虫不藏,五谷复生;行冬令,则风灾数起,收雷先行,草木蚤死。

季秋之月,日在房,昏虚中,旦柳中。其日庚辛。其帝少皞,其神蓐收。其虫毛。其音商,律中无射。其数九。其味辛,其臭腥。其祀门,祭先肝。

鸿雁来,宾爵入大水为蛤,鞠有黄华,豺乃祭兽戮禽。

天子居总章右个;乘戎路,驾白骆,载白旂;衣白衣,服白玉;食麻与犬。其器廉以深。

是月也,申严号令,命百官贵贱无不务内,以会天地之藏,无有宣出;乃命冢宰:农事

备收,举五穀之要,藏帝藉之收于神仓,祇敬必饬。

是月也,霜始降,则百工休。乃命有司曰:"寒气总至,民力不堪,其皆入室!"上丁,命乐正入学习吹。

是月也,大飨帝,尝,牺牲告备于天子。合诸侯,制百县,为来岁受朔日与诸侯所税于民轻重之法、贡职之数,以远近土地所宜为度,以给郊庙之事,无有所私。

是月也,天子乃教于田猎,以习五戎,班马政;命仆及七驺咸驾,载旌旐,授车以级,整设于屏外。司徒搢扑;北面〔以〕誓之。天子乃厉饰,执弓挟矢以猎;命主祠祭禽于四方。

是月也,草木黄落,乃伐薪为炭。蛰虫咸俯在(内)〔穴〕,皆墐其户。乃趣狱刑,毋留有罪。收禄秩之不当、供养之不宜者。

是月也,天子乃以犬尝稻,先荐寝庙。

季秋行夏令,则其国大水,冬藏殃败,民多鼽嚏;行冬令,则国多盗贼,边竟不宁,土地分裂;行春令,则暖风来至,民气解惰,师兴不居。

孟冬之月,日在尾,昏危中,旦七星中。其日壬癸。其帝颛顼,其神玄冥。其虫介。其音羽,律中应钟。其数六。其味咸,其臭朽。其祀行,祭先肾。

水始冰,地始冻,雉入大水为蜃,虹藏不见。

天子居玄堂左个;乘玄路,驾铁骊,载玄旐;衣黑衣,服玄玉;食黍与彘。其器闳以奄。

是月也,以立冬。先立冬三日,大史谒之天子曰:"某日立冬,盛德在水。"天子乃齐。立冬之日,天子亲帅三公、九卿、大夫以迎冬于北郊;还反,赏死事,恤孤寡。

是月也,命大史衅龟策占兆,审卦吉凶。是察阿党,则罪无有掩蔽。

是月也,天子始裘。命有司曰:"天气上腾,地气下降,天地不通,闭塞而成冬。"命百官谨盖藏。命司徒循行积聚,无有不敛。坏城郭,戒门闾,修键闭,慎管龠,固封疆,备边境;完要塞,谨关梁,塞徯径。饬丧纪,辨衣裳;审棺椁之薄厚,(茔)〔营〕丘垄之(大)小〔大〕、高卑、(厚)薄〔厚〕之度,贵贱之等级。

是月也,命工师效功,陈祭器,案度程。毋或作为淫巧以荡上心;必功致为上。物勒工名,以考其诚。功有不当,必行其罪,以穷其情。

是月也,大饮烝。天子乃祈来年于天宗,大割祠于公社及门闾。腊先祖五祀。劳农以休息之。天子乃命将帅讲武,习射御,角力。

是月也,乃命水虞渔师,取水泉池泽之赋。毋或敢侵削众庶兆民,以为天子取怨于下,其有若此者,行罪无赦。

孟冬行春令,则冻闭不密,地气上泄,民多流亡。行夏令,则国多暴风,方冬不寒,蛰虫复出。行秋令,则雪霜不时,小兵时起,土地侵削。

仲冬之月:日在斗,昏东壁中,旦轸中。其日壬癸。其帝颛顼,其神玄冥。其虫介。其音羽,律中黄钟。其数六。其味咸,其臭朽。其祀行。祭先肾。

冰益壮,地始坼,鹖旦不鸣,虎始交。

天子居玄堂大庙;乘玄路,驾铁骊,载玄旐;衣黑衣,服玄玉;食黍与彘。其器闳以奄。

饬死事。命有司曰:土事毋作,慎毋发盖,毋发室屋及起大众,以固而闭。地气(沮)〔且〕泄,是谓发天地之房,诸蛰则死,民必疾疫,又随以丧。命之曰畅月。

是月也,命奄尹申宫令,审门(间)〔闱〕,谨房室,必重闭。省妇事,毋得淫,虽有贵戚近习,毋有不禁。乃命大酋:秫稻必齐,麹蘖必时,湛炽必洁,水泉必香,陶器必良,火齐必得。兼用六物,大酋监之。毋有差贷。天子命有司祈祀四海、大川、名源、渊泽、井泉。

是月也,农有不收藏积聚者,马牛畜兽有放佚者,取之不诘。山林薮泽,有能取蔬食、田猎禽兽者,野虞教道之;其有相侵夺者,罪之不赦。

是月也,日短至,阴阳争,诸生荡。君子齐戒,处必掩身。身欲宁,去声色,禁耆欲,安形性,事欲静,以待阴阳之所定。芸始生,荔挺出,蚯蚓结,麋角解,水泉动。日短至,则伐木取竹箭。

是月也,可以罢官之无事、去器之无用者,涂阙廷门闾,筑囹圄,此〔所〕以助天地之闭藏也。

仲冬行夏令,则其国乃旱,氛雾冥冥,雷乃发声;行秋令,则天时雨汁,瓜瓠不成,国有大兵;行春令,则蝗虫为败,水泉咸竭,民多疥疠。

季冬之月,日在婺女,昏娄中,旦氐中。其日壬癸。其帝颛顼,其神玄冥。其虫介。其音羽,律中大吕。其数六。其味咸,其臭朽。其祀行,祭先肾。

雁北乡,鹊始巢,雉雊,鸡乳。

天子居玄堂右个:乘玄路,驾铁骊,载玄旂;衣黑衣,服玄玉;食黍与彘。其器闳以奄。命有司大难,旁磔,出土牛,以送寒气。征鸟厉疾。乃毕山川之祀,及帝之大臣、天之神祇。

是月也,命渔师始渔,天子亲往。乃尝鱼,先荐寝庙。冰方盛,水泽腹坚。命取冰,冰以入。令告民出五种。命农计耦耕事,修耒耜,具田器。命乐师大合吹而罢。乃命四监收秩薪柴,以共郊庙及百祀之薪燎。

是月也,日穷于次,月穷于纪,星回于天,数将几终,岁且更始。专而农民,毋有所使。天子乃与公卿、大夫共饬国典,论时令,以待来岁之宜。乃命大史次诸侯之列,赋之牺牲,以共皇天上帝社稷之飨。乃命同姓之邦,共寝庙之刍豢;命宰历卿大夫至于庶民土田之数,而赋牺牲,以共山林名川之祀。凡在天下九州之民者,无不咸献其力,以共皇天上帝、社稷寝庙、山林名川之祀。

季冬行秋令,则白露蚤降,介虫为妖,四鄙入保;行春令,则胎夭多伤,国多固疾,命之曰"逆";行夏令,则水潦败国,时雪不降,冰冻消释。

【译文】

初春正月:太阳运行于室星的位置,黄昏时,参星位于南天正中;拂晓,尾星位于南天正中。春季的日子是甲乙,于五行属木。主管的帝是木德的太皞,辅佐的神是木官句芒。动物与木相配的是有鳞的鱼族。五音与木相配的是"角",与正月相应的是十二律中的太

蔟。与木相配的数是八。五味是酸,气味是膻。五祀中祭祀"户"神,祭品中以五行属木的脾为上。

开始刮东风,冰逐渐融化,深藏土中的虫豸开始复苏动弹,鱼从水深处浮到冰下,水獭陈放鱼于岸边,好像在祭祀,大雁从南方来。

正月天子居住于明堂东部青阳的北室,乘的是有鸾铃的车子,驾的是青色的大马,车上插的是青色的绘有龙纹的旗,穿的是青色的衣服,冠饰和所佩的玉都是青色的,食品是麦和羊。使用的器物,镂刻的花纹粗疏,而且是由直线组成的图案。

这个月的节气,是立春。在立春前三天,太史向天子禀告,说:"某一天是立春,木德当令。"天子开始斋戒。到了立春这一天,天子亲自率领三公、诸侯、大夫,到东郊举行迎春之礼。回朝后,在朝中赏赐公卿、诸侯、大夫。命令三公发布教令、禁令,实行奖励和赈济,下及于庶民,对所有褒奖和赏赐的,都做得很恰当。于是命令太史掌管六典、执行八法;又命令太史观察日月星辰的运行,其度数位置,要做到没有错误,一切和往常一样。

在这个月里,天子于第一个辛日祭祀上帝,祈求五谷丰登。又于亥这个吉日,天子放置耒耜在自己的车上,放置的位置在穿甲衣的车右和御者中间,并率领三公九卿诸侯大夫,亲自耕种籍田,天子起土三次,公起土五次,卿和诸侯起土九次。回宫后,在大寝举杯宴饮,三公九卿诸侯大夫全部参加陪侍,这次宴饮称为"劳酒"。

在这个月里,天气往下降,地气往上升,天地的气和合混同,草木就开始萌芽生长。天子下令布置春耕之事,命令田官住到东郊,令农夫都整治疆界,审察修整小路和沟渠。认真视察山地、坡地、高而平的地、低湿地,各种地适宜种植的作物,以及种植的方法,将这些教导给农民。田官一定要亲去作这些事。田事都已整饬完备,都因事先订立了标准,农事才进行得有条不紊。

这个月,命令乐官之长到太学教练舞蹈。修订祭祀的典则。下令祭祀山林川泽,祭牲不用母畜。禁止砍伐树木,不要毁鸟窠,不要杀害幼虫,已怀胎的母畜,刚出母体的小兽,刚会飞的小鸟,不要伤害小兽及各种鸟蛋。不要举行群众集会,不要修建城廓。掩埋枯骨尸体。在这个月,不可用兵作战,用兵作战,一定会遭到天的惩罚。要解甲休兵,更不可由我方发动战争。这样做是为了不改变天道,不破坏地理,不扰乱人的纲纪。

春季正月,如果施行夏天的政令,就会造成该下雨时不下雨,草木过早地凋零,城市中经常有惊恐之事发生。如果施行了秋天的政令,人民就流行大瘟疫,旋风暴雨一起到来,蒺藜、莠草、蓬蒿等野草生长茂盛。如果施行冬天的政令,就会出现毁灭性的洪涝灾害,庄稼受到大雪霜冻等伤害,第一茬作物无法种入土中。

仲春二月:太阳运行于奎星的位置;黄昏时,弧星位于南天的正中;拂晓,建星位于南天的正中。春季的日子是甲乙,于五行属木。主管的帝是木德的太皞,辅佐的神是木官句芒。动物与木相配的是有鳞的鱼族。五音与木相配的是"角",与二月相应的是十二律中的夹钟。与木相配的数是八。五味是酸,气味是膻。五祀中祭祀"户"神,祭品以五行属木的脾为上。

开始下雨,桃树开始开花,黄鹂鸟开始鸣叫,老鹰变成布谷鸟。

天子居住于明堂东部青阳的中室,乘的是有鸾铃的车子,驾的是青色的大马,车上插的是青色的绘有龙纹的旗,穿的是青色的衣服,冠饰和所佩的玉都是青色的,食品是麦和羊。使用的器物,镂刻的花纹粗疏,而且是由直线组成的图案。

这个月,不要损害植物发芽。加强对幼儿小孩的养育,慰问抚恤孤儿。于第一个"甲"日,命令人民祭祀土神。命令官吏,释放牢狱中罪轻的囚犯,去掉罪人的手铐脚镣,死刑处决后不陈尸示众,禁止对罪犯拷打,调解诉讼之事。

这个月,燕子飞回。在燕子来的日子,用太牢祭祀禖神,天子亲自去致祭。后妃率领天子后宫侍从同去。向怀孕的嫔妃行礼,在禖神前给她们佩带弓套、弓箭。

这个月,昼夜一样长,有了雷声,开始闪电。冬天躲藏在泥土中的动物全部开始活动,钻出河穴,回到地面。于春分前三天,摇动木铎向广大人民发布教令,说:"将要开始打雷,有人不注意节制房事,生下的儿子就要有生理缺陷,自身也一定会有灾祸。"昼夜一样长,校正度量衡器具,平正衡器,不使有轻重之差;校斗斛,不使有大小之别;验证秤锤和平斗木。

这个月,从事农耕的有短期间息,要抓紧整修一下门户,庙门和寝门都要完整无缺。不要兴兵和搞大规模的劳役,以免妨碍农耕之事。

这个月,不要将河泽中的水放完,不要让蓄水池干竭,不要焚烧山林。天子用羔羊祭祀司寒之神,并开窖取冰,进献寝庙。于本月上旬丁日,命乐官之长教练舞蹈,并行释菜礼,天子率领三公九卿诸侯大夫,亲自到太学去观看。中旬的丁日,又命乐官之长到太学中去教练音乐和舞蹈。这个月,祭祀不用牲,用圭璧和皮帛。

仲春二月,如果行施秋天的政令,国家就会发生大水,寒气就会突然到来,有外寇来征伐。如行施冬天的政令,阳气就会经受不住阴气的袭击,麦子不能成熟,人民出现掠夺的事。如施行夏天的政令,国家就会出现大旱,炎热的气候提前来到,螟虫为害。

暮春三月:太阳运行于胃星的位置;黄昏时,星宿位于南天的正中;拂晓,牵牛星位于南天的正中。春季的日子是甲乙,于五行属木。主管的帝是木德的太皞,辅佐的神是木官句芒。动物与木相配的是有鳞的鱼族。五音与木相配的是"角",与三月相应的是十二律中的姑洗。与木相配的数是八。五味是酸,气味是膻。五祀中祭祀"户"神,祭品以五行属木的脾为上。

梧桐开始开花,田鼠变化为鹌鹑一类的鸟,虹开始出现,水中开始生浮萍。

这个月,天子居住在明堂东部青阳的南室,乘的是有鸾铃的车子,驾的是青色的大马,车上插的是青色的绘有龙纹的旗,穿的是青色的衣服,冠饰和所佩的玉都是青色的,食品是麦和羊。使用的器物,镂刻的花纹粗疏,而且是由直线组成的图案。

这个月,天子向太皞等古帝献上黄色的礼服。命令主管船只的人将船翻转过来检查,翻过来检查五遍,才向天子报告舟船准备停当。天子乘舟,向宗庙进献时鲜的鲔鱼,祈求麦子丰收。

这个月,生气正旺盛,阳气发散,拳曲的芽全部都长出来,直的芽也全部破土而出。本月不宜聚敛收藏。天子要广施恩泽和惠爱,命令官员,打开谷仓,赐予贫穷的人,救济有困难的人;打开物库,拿出布帛等财物,周济天下困难者。勉励诸侯对名士进行慰问,礼待贤德的人。

这个月,天子对司空下命令说:"多雨的时候就将到,地下水开始上涌。要亲自巡视都城,对郊区的广大田野都要普遍进行考察,修理加固堤防,疏通沟渠,修通道路,沟渠和道路都不要有阻塞。打猎用的捕兽的网、捕鸟的网、长柄的网和射猎用的隐蔽工具,毒害野兽的毒药,一概不能出各个城门。"

这个月,给主管田野山林的官下命令:禁止砍伐桑树、柘树。斑鸠拍打着翅膀飞向高空,戴胜鸟飞来停在桑树上,准备好养蚕的蚕箔、蚕箔架、圆的方的采桑筐。后妃都要斋戒,亲自往城东采桑,禁止妇女打扮,减轻妇女劳役,使她们尽力于蚕桑之事。告戒养蚕的人,蚕事完毕后,要将各人收获的蚕茧分开缫,缫成的丝都要过秤,以评定各人的劳绩,蚕丝为供制作祭服之用,不得有所怠慢。

这个月,指令百工之长下命百工,审察五库物资的质量:即铜铁、皮革、牛筋、兽角、象牙、羽毛、箭杆、油脂、胶、朱砂、油漆等库,不可混入次品。百工开始制造,监工的工师每日都要号令:"不要违背时令节气,不要造作过分奇巧的产品,以至动荡天子的心。"

这个月的月底,选择吉日,举行大规模的歌舞。天子带领三公九卿诸侯大夫等亲自去观看。

这个月,把公牛公马与放在外面的牝牛、牝马进行交配。可用作祭祀用的牲畜以及小马、小牛,全部都登记数目。命令国都居民举行驱逐疫鬼的仪式,在国城九门外行磔牲之祭,消除灾害,制止春季不正之气。

暮春时,如果施行冬季的政令,就会引起寒气时时出现,草木的叶子干枯衰落,国内百姓震恐。如果施行夏季的政令,就会导致人民多病,时疫流行,下雨的时节不下雨,山地和高地的庄稼没有收成。如果施行秋季的政令,就会导致多阴沉沉的天气,秋雨连绵的现象提前来到,战乱四起。

初夏四月:太阳运行于毕星的位置;黄昏时,翼星位于南天的正中;拂晓,婺星位于南天的正中。夏季的日子是丙丁,于五行属火。主管的帝是火德的炎帝,辅佐的神是火官祝融。动物与火相配的是有翅的羽族。五音与火相配的是"徵",与四月相应的是十二律中的中吕。与火相配的数是七。五味是苦,气味是焦。五祀中祭祀"灶"神,祭品中以五行属火的肺为上。

蛤蟆开始鸣叫,蚯蚓从土里钻出,草䖥出土生长,苦菜开花。

这个月,天子居住在明堂南部的东侧室,乘的是朱红色的车子,驾的是赤色的马,车上插的是赤色的绘有龙纹的旗帜,穿的是朱红色的衣服,冠饰和佩玉都是赤色的,食品是豆类和鸡,使用的器物,高而粗大。

这个月,为立夏节气。在立夏前三天,太史向天子禀告说:"某一天是立夏,火德当

令。"天子于是斋戒。立夏这一天,天子亲自率领三公九卿大夫,到南郊举行迎夏之礼。回朝后,进行奖赏,分封诸侯。所有该褒奖和赏赐的统统兑现,没有不感到喜悦的。于是命令乐师,将礼仪和音乐配合起来练习。命令太尉,擢拔才能突出的人,晋升道德品质优异的人,选用身体魁伟的人,颁行爵等,给予俸禄,都与功德相切合。

这个月,要促进草木茁壮生长,不要进行毁坏和糟蹋。不要大兴土木,不要征发人民大众,不要砍伐大树。

这个月,天子开始穿细葛布的夏服。命令主管田野山林的官离开城邑,下到各处田间,代表天子慰劳农夫、鼓励民众,务使所有的人都不要延误农活的时令节气。命令司徒,巡视县鄙,令农夫努力耕作,不可仍留在城邑休息。

这个月,要驱赶野兽,务使不要糟蹋谷物,不要举行大规模的打猎。农官进献新麦,天子于是用猪肉配食,尝新麦。尝新前,先进献祖庙。

这个月,要聚集储存各种药品。荠草枯死,麦子成熟的时节到来。减轻刑罚,审理和释放轻罪。蚕桑之事结束,后妃们献蚕茧。并向妇女征收蚕税,以分配桑树的多少作为标准,无论高贵贫贱、年长年幼都遵照统一标准。以征收的蚕茧,制作祭天祭祖的祭服。这个月,天子饮用醇酒,按礼仪规定,配合音乐与群臣共饮。

初夏四月,如果施行秋季的政令,就会造成多雨成灾,五谷不能生长,边境的人民都进入城堡。如果施行冬季的政令,就会造成草木早枯,又有洪水灾害,冲毁了城郭。如果施行春季的政令,就会有蝗虫为灾,暴风袭来,植物虽然开花,却不结籽。

仲夏五月:太阳运行于东井星的位置,黄昏时,亢星位于南天的正中,拂晓,危星位于南天的正中。夏季的日子是丙丁,于五行属火。主管的帝是火德的炎帝,辅佐的神是火官祝融。动物与火相配的是有翅的羽族。五音与火相配的是"徵",与五月相应的是十二律中的蕤宾。与火相配的数是七。五味是苦,气味是焦。五祀中祭祀"灶"神,祭品中以五行属火的肺为上。

小暑的节气到来,螳螂出生,伯劳鸟开始鸣叫,百舌鸟的叫声听不到了。

这个月,天子居住在明堂南部的中室大庙,乘的是朱红色的车子,驾的是赤色的马,车上插的是赤色的绘有龙纹的旗帜,穿的是朱红色的衣服,冠饰和佩玉都是赤色的,食品是豆类和鸡,使用的器物,高而粗大。

这个月,收养身强多力之士。命令主管音乐的官吏,检查修理鼗鞞鼓等乐器,调节琴瑟管箫等乐器,拿起武舞的舞具干戚戈和文舞的舞具羽练习,又调谐竽笙篪等簧乐器,整饬钟磬柷敔等击打乐器。命令有关官员祭祀名山大河及各条河流的发源地,又举行求雨的雩祭,雩祭时,种种乐器和武舞文舞一齐登场。于是下命令给各县长官,也举行雩祭求雨,并祭祀有功勋的前代公卿,祈求谷物有好的收成。农官进献黍子。这个月,天子以雏鸡为佐食来尝黍,向天子进献樱桃。在尝新前,都要先进献于祖庙。

命令百姓,不要割蓝草用来染布。不要烧灰,不要晒布。里门不关闭,关卡和市中不进行搜索。减轻刑罚,增加罪犯的饮食。放牧牝马要与公马分开,要把公马系住,颁布关

于养马的政令。

这个月，白天是一年中最长的。阳气阴气相争，万物有生有死，即在此时分别。君子要静处斋戒，平日家居时要处于深邃的室屋中，不要急躁好动；停止声色之事，不要嫔妃进御；吃清淡的食品，不要将食品调和得美味香郁；节制各种嗜欲，平心静气。百官减少事务，不要施用刑罚，以待阴气的安定和成事。这个月，鹿角脱落，蝉开始叫，半夏长出苗，木堇开花。

这个月，不要在南方用火。可以居住在高爽明亮的楼观之上，可以登高远眺，可以登山，可以居住在台榭之上。

仲夏之时，如果施行冬季的政令，就会有冰雹冻伤谷物，道路不畅通，盗贼到来。如果施行春季的政令，就会造成五谷推迟成熟，各种害虫都出现，国家就要遭到饥荒。如果施行秋季的政令，就会造成草木凋零，植物提前结实，人民遭到时疫流行的灾祸。

季夏六月：太阳运行于柳星的位置；黄昏时，火星位于南天的正中；拂晓，奎星位于南天的正中。夏季的日子是丙丁，于五行属火。主管的帝是火德的炎帝，辅佐的神是火官祝融。动物与火相配的是有翅的羽族。五音与火相配的是"徵"，与六月相应的是十二律中的林钟。与火相配的数是七。五味是苦，气味是焦。五祀中祭祀"灶"神，祭品中以五行属火的肺为上。

温湿的风开始到来，蟋蟀居处其洞穴之壁，雏鹰开始练习搏击，腐烂的草变为萤火虫。

这个月，天子居住在明堂南部的西室，乘的是朱红色的车子，驾的是赤色的马，车上插的是赤色的绘有龙纹的旗帜，穿的是朱红色的衣服，冠饰和佩玉都是赤色的，食品是豆类和鸡，使用的器物，高而且大。

命令主管水产的官吏斫杀蛟、捕取鼍、敬献上龟和鼋。命令主管湖塘的官吏缴纳蒲苇。这个月，命令主管山林川泽的官吏全部汇集各乡邑应上缴的牧草，用来饲养牺牲。命令全体人民出力割牧草，用来饲养供祭祀皇天上帝、名山大川、四方之神，及祭祀祖宗、土神、谷神的牺牲，为替人民祈求福利。

这个月命令染人染五色丝，染制黼黻文章各种花纹，一定严格按照过去的成法工序，不可有差误。所染的黑黄苍赤等各种颜色，没有不质地优良的，不敢有欺骗假冒，因为所染的布帛要供制作祭天祭祖的祭服，用来制作各种旗帜标识的，这些都是用来分别贵贱等级高低的。

这个月，树木生长正旺盛，于是命令主管山林的官吏，进山巡视护林，不许有人砍伐。不可以大兴土木，不可以会合诸侯，不可以兴师动众。不要发动大规模的徭役，因而分散生养之气。不要发布违背时令的命令，这样会妨害农业生产。雨水充足，土神将于此时成就农事，如果发动大规模的徭役，天会降下灾祸。

这个月，土地潮湿地温很高，经常下大雨，齐根割草，再将干草烧掉又经水浸泡，对于消灭杂草十分有利，譬如用开水来浇一样。这样，可以使田地肥沃，可以改善板结的

土地。

季夏六月，如果施行春季的政令，就会发生谷类的颗粒未熟就脱落，国内因风寒而咳嗽的人很多，人民纷纷迁居搬家。如果施行秋季的政令，就会发生无论高地和洼地都遭水灾。各种粮食作物不能成熟，妇女们流产的增多。如果施行冬季的政令，寒风不依节气提前到来，鹰隼等猛禽提早搏击，四境受侵扰，人民退居城堡。

一年之中，于五行属土。中央的日子是戊己，主管的帝是黄帝，辅佐的神是土官后土。与土相配的动物是无羽毛鳞甲的倮类。与它相配的五音是"宫"，相应的律是黄钟之宫。与土相配的数是五。五味是甘甜，气味是香。五祀中祭祀中霤，祭品中以五行属土的心为上。

天子居住在明堂中心的大室，乘的是大辂车，驾车的是黄马，车上插的是黄色的绘有龙纹图案的旗帜，穿黄色的衣服，冠饰和佩玉都是黄色的，吃的是谷子和牛肉。用的器具，是圆形的，而且宏大。

孟秋七月：太阳运行于翼星的位置；黄昏时，建星位于南天正中；拂晓，毕星位于南天正中。秋季的日子是庚辛，于五行属金。主管的帝是金德的少暤，辅佐的神是金官蓐收。与金相配的动物是长毛之兽。与金相配的五音是"商"，与本月相应的是十二律中的夷则。与金相配的数是九。五味是辛，气味是腥。五祀中祭祀"门"神，祭品中以五行属金的肝为上。

开始刮西南风，有了露水，寒蝉开始鸣叫，鹰祭鸟，开始对犯人杀戮处决。

天子居住在明堂西部总章的南室，乘的是兵车，驾的是白马，车上插的是白色的绘有龙纹的旗，穿的是白色的衣服，冠饰和所佩的玉都是白色的，食品是麻籽和狗肉。使用的器物，有棱角而且深。

这个月的节气，是立秋。在立秋前三天，太史向天子禀告说："某日是立秋，金德当令。"天子于是斋戒。到立秋这一天，天子率领三公九卿诸侯大夫等人，于西郊行迎秋之礼。回朝后，天子在朝堂奖赏将军和武士。天子给帅们下命令：挑选士兵、磨砺兵器，简选杰出的人材加以训练，任用有战功的人，去征讨不义的人，对暴虐人民、不敬天子的人问罪诛戮，藉此分别善恶，使远方的人归顺。

这个月，命令官吏修习法令制度、修理监狱、制作刑具，禁止奸恶，严厉打击邪恶之徒，务必逮捕归案。命令法官：亲自察看罪犯肢体伤、创、折、断等情况；对案件的判决，一定要做到公正准确；对须判杀戮的罪犯，应十分严肃地量刑。天地开始对万物肃杀，不可以太宽大。

这个月，农官献上谷子，天子品尝新谷，先奉献给祖庙。命令百官开始收获官田庄稼。完善堤防，仔细检查河道有无阻塞，以防备水潦灾害。修缮宫殿室屋，填补弥合屋墙和围墙，修补内城外城。

这个月，不要分封诸侯和委任大官。不要赏赐土地给有功的人，不要派遣使节和赐予大量币帛礼品。

孟秋七月,如果施行冬季的政令,就会造成阴气压倒阳气,介壳类动物毁坏谷物,敌军来侵扰。如果施行春季的政令,就会给国家带来旱情,阳气重新回归,使五谷不能结实。如果施行夏季的政令,国内多火灾,天气冷热无常,人民多患疟疾。

仲秋八月:太阳运行于角星的位置;黄昏时,牵牛星位于南天正中;拂晓,觜觿星位于南天正中。秋季的日子,五行属金。主管的帝是金德的少皞,辅佐的神是金官蓐收。与金相配的动物是长毛之兽。与金相配的五音是"商",与本月相应的是十二律中的南吕。与金相配的数是九。五味是辛,气味是腥。五祀中祭祀"门"神,祭品中以五行属金的肝为上。

开始刮大风,鸿雁从北来,燕子回归南方,群鸟藏食物过冬。

天子居住在明堂西部总章的中室,乘的是兵车,驾的是白马,车上插的是白色的绘有龙纹的旗,穿的是白色的衣服,冠饰和所佩的玉都是白色的,食品是麻籽和狗肉。使用的器物,有棱角而且深。

这个月,加强对衰弱老人的护养,给他们凭几和扶杖,赐粥供他们饮食。命令司服,制备祭衣祭裳,祭服的文绣都按照常制,礼服的大小、长短,衣服的数量,都要遵照过去的,冠和带子也都有常制。命令有关官员,重申严肃对待各种刑罚,特别是对判斩杀的,一定要做到十分恰当,不要有宽严的偏差,倘有冤屈不恰当的,执法的一定要遭到灾殃。

这个月,命令太宰、太祝巡视祭祀用的牲畜,察看牲口是否完好无损;喂养牲口的草和料是否充足,观察牲口的肥瘦;察看毛色,一定要切合各类祭祀的需要,衡量牺牲的大小、长短,都要符合祭祀的规定。以上五个方面都切合标准,上帝才来飨。天子举行傩祭,用以引导秋气通畅舒发。用狗肉来尝新收获的麻籽,在尝新前,要先敬献给祖庙。

这个月,可以修筑城郭,修建都邑,挖掘地窖;修建各种粮仓。下令给官吏,催促人民收获庄稼,务必贮藏各种干菜,尽量多积蓄以备荒。鼓励多种麦子,不要错过节气,如有错过节气,要实行处罚,毫不迟疑。

这个月,昼夜的时间一样长,雷声消失,蛰伏越冬的动物在洞口培土,肃杀之气渐渐旺盛,而阳气一天天衰退,河水开始干涸。当日夜等分之时,要校正统一度量衡的各种器具;平正秤锤秤杆,校正斗斛等,不使有大小差异。

这个月,对关市要减轻征税,使外地的客商来,运入各种货物,藉以方便人民。四面八方的客商都云集而来,穷乡僻壤的人都来交易,这样各种物资就不会匮缺,国君的财富充足,兴办各种事情没有不成功的。凡是国家有大的举动,一定不要违背自然界的规律,必然顺应时令,千万要根据时令的要求行施合乎其类的事。

仲秋八月,如果施行春季的政令,就会造成该降的秋雨不下,草木又重新开花,国内发生惊慌之事。如果施行夏季的政令,国家就发生旱灾,藏入地下过冬的动物不进入地穴藏身,各种作物又重新生长。如果施行冬季的政令,就会发生多次风灾,雷声提前消失,草木提早枯死。

季秋九月:太阳运行于房星的位置;黄昏时,虚星位于南天正中;拂晓,柳星位于南天

正中。秋季的日子,五行属金。主管的帝是金德的少皞,辅佐的神是金官蓐收。与金相配的动物是长毛的兽。与金相配的五音是"商",与本月相应的是十二律中的无射。与金相配的数是九。五味是辛,气味是腥。五祀中祭祀"门"神,祭品中以五行属金的肝为上。

大雁继续从北往南飞,雀进入大海变化为蛤蜊,菊开黄花,豺捕杀野兽,陈放着如同祭祀。

天子居住在明堂西部总章的北室,乘的是兵车,驾的是白马,车上插的是白色的绘有龙纹的旗,穿的是白色的衣服,冠饰和所佩的玉都是白色的,食品是麻籽和狗肉。使用的器物,有棱角而且深。

这个月,再一次严明各种号令。命令百官卿大夫和士们统统从事收割聚敛的工作,以便合于天地进入收藏的时期,不要再有宣泄疏散的行动。又命令冢宰,农作物全部收获,收入都要有账簿登记,籍田的收获贮藏于神仓之中,态度十分严肃认真,存放务求整饬严密。

这个月,开始下霜,各种工匠都停工休息。并对官吏下命令说:"寒气很快就要到来,百姓们将受不了寒冷,让他们都从野外的庐舍中搬回家里。"在本月的第一个丁日,命令乐官到太学去教练吹奏管乐。

这个月,天子要遍祀五帝,祭祀宗庙,要向天子禀告牺牲等已全部准备好。下令各诸侯及直属的乡邑,授予下一年的历法、各诸侯国向人民征收税收多少的法令,及向天子贡奉的数目。这些数目的确定,是根据诸侯国离京城的远近和土地适宜种植某种作物为标准,以供祭祀天地祭祀祖庙的需要,不能留作己用。

这个月,天子举行田猎,教民战阵,训练五种兵器的运用,并颁布乘马的政令。命令御者和管理车马的人,将车统统驾好,车上插好旌和旐等旗帜,按等级地位分配车辆,然后将车辆人众按一定的队形排列在军门的屏外,司徒腰际插着刑杖,面北宣布戒律。天子穿着戎服,执着弓矢射猎。猎毕,命令主管祭祀的官员,将猎获的禽兽用来祭祀四方之神。

这个月,草枯黄,树叶落,于是砍伐柴木烧炭。在土穴中越冬的动物全部藏于洞穴,并用土封塞洞口。督促结案和处决囚犯,不要留下没有判决的罪人。俸禄和官爵有不合适的,凡不应由官府供给衣食的,均核实收回取消。这个月,天子食狗肉来品尝新收的稻谷,在尝新前,要先献给祖庙。

季秋九月,如果施行夏季的政令,这个国家就会发大水,冬天窖藏的东西都要败坏,百姓患鼻塞伤风的病人增多。如果施行冬季的政令,国内盗贼增多,边境地区不安定,土地被侵占。如果施行春季的政令,温暖的风就会刮来,百姓的情绪懈怠,爆发战争,人民无法安居。

孟冬十月,太阳运行于尾星的位置;黄昏时,危星位于南天正中;拂晓,七星位于南天正中。冬季的日子是壬癸,五行属水。主管的帝是水德的颛顼,辅佐的神是水官玄冥。与水相配的动物是介壳类。与水相配的五音是"羽",与本月相应的是十二律中的应钟。

与水相配的数是六。五味是咸，气味是腐味。五祀中祭祀"行"神，祭品中以五行属水的肾为上。

水开始结冰，地开始上冻，野鸡潜入大水化为大蛤，天空中的虹不再出现。

天子居住在明堂北部玄堂的西室，乘的是黑色的车，驾车的是黑马，车上插的是黑色的绘有龙纹的旗，穿的是黑色的衣服，冠饰和佩玉都是黑色的，食品是黍米和猪肉。用的器具，中间大而口小。

这个月，有立冬节气。在立冬前三天，太史向天子禀告说："某一天是立冬，水德当令。"天子于是斋戒。到立冬这一天，天子亲自率领三公九卿大夫到北郊行迎冬之礼。回朝后，奖赏死于国事的人，对死者所遗的孤儿寡妇进行抚恤。

这个月，命令太史杀牲用血涂龟甲蓍草，通过占卜、算卦得知吉凶。查察是否有阿谀奉承、结党营私的人，使得犯有这些错误的人，无法掩饰。

这个月，天子开始穿裘皮衣服。命令官吏说："阳气上升，阴气下沉，天地阴阳互不交往，各自闭藏阻塞而形成冬季。"命令百官们对收藏的物品都要小心盖藏。命令司徒巡查堆积在外的禾稼、柴草，要全部入库收藏起来。加固城郭，城门和里门要加强戒备，修理门锁，要谨慎保管钥匙，巩固封疆，加强边防，缮修要塞，严防关卡桥梁，堵塞小路。整饬丧事的各种制度，明辨给死者装殓时所穿衣裳的多少，审察内棺外椁的厚薄，营造坟墓封土的大小高低厚薄的尺寸等，务使切合各人贵贱的等级。

这个月，命令百工之长检查劳动成果，将所做的祭器陈列起来，检察祭器样式是否合于法度。检查有没有制作过分细巧华丽的器物，因而使君上产生奢侈的想法，一定要以做工精致为上等。器物上都要刻上工匠的名字，以便将来查考有无偷工减料，如发现工艺不合要求，一定要对制作者进行处罚，并且追究他为什么要这样干。

这个月，举行大饮，并于俎中放置全牲。天子祭祀日月星辰以祈求明年的丰收，大量杀牲祭祀社神及门、里门之神。以猎物祭祀祖先及门户中雷灶行等五祀。慰劳农夫并且让他们休息。天子命令将帅们讲习武事，练习射箭驭车，相互较量勇力。

这个月，命令掌管水利及水产的官员，收缴池泽的赋税，如果有人侵扰盘剥百姓，以此人民归怨天子，如有这种情况，一定加以处罪，决不宽贷。

孟冬十月，如果施行春季的政令，就会土地封冻不结实，地里的水气往上散发，有很多人民外出流亡。如果施行夏季的政令，国内暴风增多，冬季不寒冷，进入地下过冬的动物又从地下钻出。如果施行秋季的政令，造成不及时下雪降霜，经常有小规模的战争，国土被人侵占。

仲冬十一月，太阳运行于斗星的位置；黄昏时，东壁星位于南天正中；拂晓，轸星位于南天正中。冬季的日子是壬癸，五行属水。主管的帝是水德的颛顼，辅佐的神是水官玄冥。与水相配的动物是介壳类。与水相配的五音是"羽"，与本月相应的是十二律中的黄钟。与水相配的数是六。五味是成，气味是腐味。五祀中祭祀"行"神，祭品中以五行属水的肾为上。

冰增厚,地开始被冻裂,鹖旦鸟夜里不再鸣叫,老虎开始交配。

天子居住在明堂北部玄堂的中室,乘的是黑色的车,驾车的是黑马,车上插的是黑色的绘有龙纹的旗,穿的是黑色的衣服,冠饰及佩玉都是黑色的,食品是黍米和猪肉。用的器具,中间大而口小。

警戒战士,要树立为国而死的思想。命令有关官员说:"不能兴办土建工程,千万不要揭掉苫盖的东西,不要揭掉房顶进行修理,不要兴办动用大批劳力之事,藉以坚固自然界的闭藏。"如地气因遭受破坏而泄散,这种情况称为揭了天地的房顶,各种藏匿于土中过冬的动物就会冻死,人民一定会染上各种疾病,而且导致死亡。这个月被称之为"畅月"。

这个月,命令阉人之长重申宫中的法令,审视各处门户小心各处房屋,内外的门都要紧闭。减省妇女的劳作,禁止妇女制作过分细巧靡丽之物,即使是皇亲国戚、左右亲近的人,毫无例外一律禁止。命令酒官之长:造酒的黏稷和稻谷一定都要纯净,酒曲要及时,浸泡米和炊蒸一定要做到清洁,用的水一定是香甜的,使用的瓦器一定是精良的,火候一定要适当。酿好酒,一定要做到以上六件事,酒官之长负责监察,务使不要有差错。天子命令官吏祭祀四海,江河、大河的源头、湖泽、井泉等神以求福。

这个月,农夫如有不收藏积聚的禾稼,或有将马牛等家畜随便散放的,有人拿走了,官府不加追问。山林泽畔,有能去采摘草木果实及打猎射鸟的,主管的官员加以引导指教,其间如有掠夺侵占他人劳动成果的,定加处罚,决不宽恕。

这个月,是一年中白天最短的,阴气阳气互相消长之时,各种生物开始萌动。君子斋戒,居于深邃之处,身体要安静少动,摒除声色,禁绝一切嗜好欲念,安定性情,遇事要冷静,以静待阴阳的消长。芸草开始萌生,荔挺草开始长芽,蚯蚓在土中屈曲身体活动,麋鹿的角脱落,干涸的水泉开始涓涓流动。白天最短,宜于伐木和砍大小竹子。

这个月,可以免去冗散无事的官员,去掉没有用处的器物,用土填补台阙、门间、修筑监狱,通过这些事来帮助天地闭藏之气。

仲冬十二月,如果施行夏季的政令,就会使国家遭到旱灾,浓雾使天空昏暗,冬天出现雷声。如果施行秋季的政令,就会出现雨雪交加,瓠瓜等不能成熟,国内将发生大的战争。如果施行春季的政令,就会发生蝗虫毁坏庄稼,河水泉水都干涸,百姓多生疥疮等皮肤病。

季冬十二月:太阳运行于婺女星的位置;黄昏时,娄星位于南天正中;拂晓,氐星位于南天正中。冬季的日子壬癸,五行属水。主管的帝是水德的颛顼,辅佐的神是水官玄冥。与水相配的动物是介壳类。与水相配的五音是"羽",与本月相应的是十二律中的大吕,与水相配的数是六。五味是咸,气味是腐味。五祀中祭祀"行"神,祭品中以五行属水的肾为上。

雁从南向北飞,鹊开始筑窠,野鸡发出叫声,鸡开始下蛋,鹰鸟凶猛迅捷。

天子居住在明堂北部玄堂的东室,乘的是黑色的车,驾车的是黑马,车上插的是黑色

的绘有龙纹的旗,穿的是黑色的衣服,冠饰及佩玉都是黑色的,食品是黍米和猪肉。用的器具,中间大而口小。

命令官员举行大规模的傩祭,在国门旁磔牲以祭神,制作泥牛送寒气。对列入祭祀的山川之神,五帝之佐神,一切天神、地神都祭祀完毕。

这个月,命令渔官开始捕鱼,天子亲自到捕鱼的地方,并品尝鲜鱼,在品尝前,先敬献给祖庙。冰正厚,无论是流动的水,还是不流动的水泽都冻得又厚又结实,命令凿取冰块,并且将冰贮入冰窖。出令农官告示百姓,从库中将五谷的种子取出,命令农官组合耦耕之事,修理耒耜,并将一切耕种的农具都准备好。命令乐官在学校里举行一次大合奏,然后结束全年的学习。又命令四监大夫征收常例薪柴,以便供应祭祀天地祖庙的蒸炊祭品和照明之用。

这个月,太阳于十二次运行完毕,月亮与太阳在十二次相会合也完毕,二十八宿等星在天空回旋了一周,一年的日子接近结束,将要辞旧迎新开始新的一年。让农民专心务农,不要对他们有所派遣和徭役。天子和公卿大夫等,共同整顿完善国家的典章制度,讨论各个季节的行事,以切合新一年的具体情况。又命令太史,编排各诸侯国大小的等第,确定应贡牺牲的数额,以供祭祀上帝、土神、谷神之需,又命同姓的诸侯国,供给对祖庙祭祀所需的牺牲。命令小宰编制自卿大夫至平民所占土地的数额,按占地多少来确定应贡献牺牲的数额,用以供给对山林、名川的祭祀所需。凡是生活在中国九州之内的人,无一例外地都要贡献他们的力量,用来供给祭祀上帝、土神、谷神、祖庙、山林、名川之神所需的牺牲。

季冬十二月,如果施行秋季的政令,就会产生白露提前出现,龟鳖等兴妖害人,四面边境的人民要进入城堡避敌。如果施行春季的政令,胎儿小产死亡的增加,国内久治不愈的病人增加,这种现象被称作反常。如果施行夏季的政令,就会出现大水毁坏国家设施,该下雪时不下雪,冰冻都融化。

曾子问第七

【原文】

曾子问曰:"君薨而世子生,如之何?"孔子曰:"卿、大夫、士,从摄主,北面于西阶南。大祝裨冕,执束帛,升自西阶,尽等,不升堂,命毋哭。祝声三,告曰:'某之子生,敢告。'升,奠币于殡东几上,哭降。众主人、卿、大夫、士,房中皆哭,不踊,尽一哀,反位。遂朝奠。小宰升,举币。

"三日,众主人、卿、大夫、士如初位,北面;大宰、大宗、大祝皆裨冕;少师奉子以衰,祝先,子从,宰、宗人从,入门,哭者止。子升自西阶,殡前北面。祝立于殡东南隅。祝声三,

曰：'某之子某，从执事，敢见。'子拜稽颡哭。祝、宰、宗人、众主人、卿、大夫、士，哭踊，三者三；降东反位。皆袒。子踊，房中亦踊，三者三；袭衰杖；亦出。大宰命祝、史以名遍告于五祀山川。"

曾子问曰："如已葬而世子生，则如之何？"孔子曰："大宰、大宗从大祝而告于祢。三月，乃名于祢，以名遍告及社稷、宗庙、山川。"

孔子曰："诸侯适天子，必告于祖，奠于祢。冕而出视朝，命祝史告于（社稷）宗庙、山川。乃命国家五官而后行，道而出。告者五日而遍，过是非礼也。凡告用牲币，反亦如之。

"诸侯相见，必告于祢。朝服而出视朝，命祝史告于五庙、所过山川。亦命国家五官道而出。反必亲告于祖祢。乃命祝史告至于前所告者，而后听朝而入。"

曾子问曰："并有丧，如之何？何先何后？"孔子曰："葬，先轻而后重；其奠也，先重而后轻：礼也。自启及葬不奠。行葬不哀次。反葬奠，而后辞于殡，遂修葬事。其虞也，先重而后轻，礼也。"孔子曰："宗子虽七十，无无主妇。非宗子，虽无主妇可也。"

曾子问曰："将冠子，冠者至，揖让而入，闻齐衰、大功之丧，如之何？"孔子曰："内丧则废，外丧则冠而不醴，彻馔而扫，即位而哭。如冠者未至，则废。如将冠子而未及期日，而有齐衰、大功、小功之丧，则因丧服而冠。""除丧不改冠乎？"孔子曰："天子赐诸侯、大夫冕弁服于大庙；归设奠，服赐服，于斯乎有冠醮，无冠醴。父没而冠，则已冠扫地而祭于祢，已祭而见伯父、叔父，而后飨冠者。"

曾子问曰："祭如之何则不行旅酬之事矣？"孔子曰："闻之：小祥者，主人练祭而不旅，奠酬于宾，宾弗举，礼也。昔者鲁昭公练而举酬行旅，非礼也。孝公大祥，奠酬弗举，亦非礼也。"

曾子问曰："大功之丧，可以与于馈奠之事乎？"孔子曰："岂大功耳！自斩衰以下皆可，礼也。"曾子曰："不以轻服而重相为乎？"孔子曰："非此之谓也。天子、诸侯之丧，斩衰者奠。大夫，齐衰者奠。士则朋友奠，不足则取于大功以下者，不足则反之。"曾子问曰："小功可以与于祭乎？"孔子曰："何必小功耳！自斩衰以下与祭，礼也。"曾子曰："不以轻丧而重祭乎？"孔子曰："天子诸侯之丧祭也，不斩衰者不与祭。大夫，齐衰者与祭。士祭不足，则取于兄弟大功以下者。"曾子问曰："相识有丧服，可以与于祭乎？"孔子曰："缌不祭，又何助于人？"

曾子问曰："废丧服，可以与于馈奠之事乎？"孔子曰："说衰与奠，非礼也。以摈相可也。"

曾子问曰："昏礼既纳币，有吉日，女之父母死，则如之何？"孔子曰："婿使人吊。如婿之父母死，则女之家亦使人吊。父丧称父，母丧称母。父母不在，则称伯父、世母。婿已葬，婿之伯父致命女氏曰：'某之子有父母之丧，不得嗣为兄弟，使某致命。'女氏许诺而弗敢嫁，礼也。婿免丧，女之父母使人请，婿弗取而后嫁之，礼也。女之父母死，婿亦如之。"

曾子问曰："亲迎，女在途，而婿之父母死，如之何？"孔子曰："女改服，布深衣，缟总，

以趋丧。女在途，而女之父母死，则女反。""如婿亲迎，女未至，而有齐衰、大功之丧，则如之何？"孔子曰："男不入，改服于外次。女入，改服于内次。然后即位而哭。"

曾子问曰："除丧则不复昏礼乎？"孔子曰："祭，过时不祭，礼也。又何反于初？"

孔子曰："嫁女之家，三夜不息烛，思相离也。取妇之家，三日不举乐，思嗣亲也。三月而庙见，称来妇也。择日而祭于祢，成妇之义也。"

曾子问曰："女未庙见而死，则如之何？"孔子曰："不迁于祖，不祔于皇姑，婿不杖，不菲，不次，归葬于女氏之党，示未成妇也。"曾子问曰："取女有吉日而女死，如之何？"孔子曰："婿齐衰而吊，既葬而除之。夫死亦如之。"

曾子问曰："丧有二孤，庙有二主，礼与？"孔子曰："天无二日，土无二王。尝禘郊社，尊无二上。未知其为礼也。昔者齐桓公亟举兵，作伪主以行；及反，藏诸祖庙。庙有二主，自桓公始也。丧之二孤：则昔者卫灵公适鲁，遭季桓子之丧，卫君请吊，哀公辞不得命；公为主，客入吊，康子立于门右，北面；公揖让，升自东阶，西乡；客升自西阶吊，公拜，兴哭，康子拜稽颡于位，有司弗辩也。今之二孤，自季康子之过也。"

曾子问曰："古者师行必以迁庙主行乎？"孔子曰："天子巡守，以迁庙主行，载于齐车，言必有尊也。今也取七庙之主以行，则失之矣。当七庙五庙无虚主。虚主者，唯天子崩、诸侯薨与去其国，与祫祭于祖，为无主耳。吾闻诸老聃曰：'天子崩，国君薨，则祝取群庙之主而藏诸祖庙，礼也。卒哭成事，而后主各反其庙。君去其国，大宰取群庙之主以从，礼也。祫祭于祖，则祝迎四庙之主。主出庙、入庙，必跸。'老聃云。"

曾子问曰："古者师行无迁主，则何主？"孔子曰："主命。"问曰："何谓也？"孔子曰："天子诸侯将出，必以币帛皮圭告于祖祢，遂奉以出。载于齐车以行，每舍奠焉，而后就舍。反必告，设奠；卒，敛币玉，藏诸两阶之间，乃出。盖贵命也。"

子游问曰："丧慈母如母，礼与？"孔子曰："非礼也。古者男子外有傅，内有慈母，君命所使教子也，何服之有？昔者鲁昭公少丧其母，有慈母良；及其死也，公弗忍也，欲丧之。有司以闻曰：'古之礼慈母无服。今也君为之服，是逆古之礼而乱国法也。若终行之，则有司将书之，以遗后世。无乃不可乎？'公曰：'古者天子练冠以燕居。'公弗忍也，遂练冠以丧慈母。丧慈母，自鲁昭公始也。"

曾子问曰："诸侯旅见天子，入门，不得终礼，废者幾？"孔子曰："四。""请问之。"曰："大庙火，日食，后之丧，雨沾服失容，则废。如诸侯皆在而日食，则从天子救日，各以其方色与其兵。大庙火，则从天子救火，不以方色与兵。"

曾子问曰："诸侯相见，揖让入门，不得终礼，废者幾？"孔子曰："六。""请问之。"曰："天子崩，大庙火，日食，后、夫人之丧，雨沾服失容，则废。"

曾子问曰："天子尝、禘、郊、社、五祀之祭，簠簋既陈，天子崩，后之丧，如之何？"孔子曰："废。"曾子问曰："当祭而日食、大庙火，其祭也如之何？"孔子曰："接祭而已矣。如牲至未杀，则废。天子崩，未殡，五祀之祭不行。既殡而祭，其祭也；尸入，三饭不侑、酳不酢而已矣。自启至于反哭，五祀之祭不行。已葬而祭，祝毕献而已。"

曾子问曰:"诸侯之祭社稷,俎豆既陈,闻天子崩、后之丧,君薨、夫人之丧,如之何?"孔子曰:"废。自薨比至于殡,自启至于反哭,奉帅天子。"

曾子问曰:"大夫之祭,鼎俎既陈,笾豆既设,不得成礼,废者几?"孔子曰:"九。""请问之。"曰:"天子崩,后之丧,君薨,夫人之丧,君之大庙火,日食,三年之丧,齐衰,大功,皆废。外丧自齐衰以下,行也。其齐衰之祭也,尸入,三饭不侑,酳不酢而已矣。大功,酢而已矣。小功,缌,室中之事而已矣。士之所以异者,缌不祭。所祭,于死者无服则祭。"

曾子问曰:"三年之丧,吊乎?"孔子曰:"三年之丧,练不群立,不旅行。君子礼以饰情,三年之丧而吊哭,不亦虚乎!"

曾子问曰:"大夫、士有私丧,可以除之矣;而有君服焉,其除之也如之何?"孔子曰:"有君丧服于身,不敢私服,又何除焉?于是乎有过时而弗除也。君之丧服除而后殷祭,礼也。"

曾子〔问〕曰:"父母之丧,弗除可乎?"孔子曰:"先王制礼,过时弗举,礼也。非弗能勿除也,患其过于制也,故君子过时不祭,礼也。"

曾子问曰:"君薨既殡,而臣有父母之丧,则如之何?"孔子曰:"归居于家,有殷事则之君所,朝夕否。"

曰:"君既启,而臣有父母之丧,则如之何?"孔子曰:"归哭而反送君。"曰:"君未殡,而臣有父母之丧,则如之何?"孔子曰:"归殡,反于君所,有殷事则归,朝夕否。大夫,室老行事;士则子孙行事。大夫内子有殷事,亦之君所,朝夕否。"

贱不诔贵,幼不诔长,礼也。唯天子,称天以诔之。诸侯相诔,非礼也。

曾子问曰:"君出疆,以三年之戒,以椑从;君薨,其入如之何?"孔子曰:"共殡服,则子麻弁绖、疏衰、菲、杖。入自阙,升自西阶。如小敛,则子免而从柩。入自门,升自阼阶。君、大夫、士一节也。"

曾子问曰:"君之丧既引,闻父母之丧,如之何?"孔子曰:"遂,既封而归,不俟子。"

曾子问曰:"父母之丧既引,及途,闻君薨,如之何?"孔子曰:"遂,既封,改服而往。"

曾子问曰:"宗子为士,庶子为大夫,其祭也如之何?"孔子曰:"以上牲祭于宗子之家,祝曰:'孝子某,为介子某,荐其常事。'若宗子有罪居于他国,庶子为大夫,其祭也,祝曰:'孝子某,使介子某,执其常事。'摄主不厌祭,不旅,不假,不绥祭,不配。布奠于宾,宾奠而不举。不归肉,其辞于宾曰:'宗兄(宗弟、宗子)在他国,使某辞。'"

曾子问曰:"宗子去在他国,庶子无爵而居者可以祭乎?"孔子曰:"祭哉!""请问其祭如之何?"孔子曰:"望墓而为坛,以时祭。若宗子死,告于墓,而后祭于家。宗子死,称名不言孝,身没而已。子游之徒有庶子祭者,以此若义也。今之祭者,不首其义,故诬于祭也。"

曾子问曰:"祭必有尸乎?若厌祭亦可乎?"孔子曰:"祭成丧者必有尸。尸必以孙,孙幼则使人抱之;无孙则取于同姓可也。祭殇必厌,盖弗成也。祭成丧而无尸,是殇之也。"

孔子曰:"有阴厌,有阳厌。"曾子问曰:"殇不祔祭,何谓阴厌阳厌?"孔子曰:"宗子为

殇而死，庶子弗为后也。其吉祭特牲。祭殇不举〔肺〕，无肵俎，无玄酒，不告利成，是谓阴厌。凡殇与无后者，祭于宗子之家，当室之白，尊于东房，是谓阳厌。"

曾子问曰："葬引〔既〕至于堩，日有食之，则有变乎？且不乎？"孔子曰："昔者吾从老聃助葬于巷党，及堩，日有食之。老聃曰：'丘！止柩就道右，止哭以听变。'既明，反而后行。曰：'礼也。'反葬而丘问之曰：'夫柩不可以反者也。日有食之，不知其已之迟数，则岂如行哉？'老聃曰：'诸侯朝天子，见日而行，逮日而舍奠。大夫使，见日而行，逮日而舍。夫柩不蚤出，不莫宿。见星而行者，唯罪人与奔父母之丧者乎！日有食之，安知其不见星也？且君子行礼，不以人之亲痁患。'吾闻诸老聃云。"

曾子问曰："为君使而卒于舍，礼曰'公馆复，私馆不复'；凡所使之国，有司所授舍，则公馆已，何谓'私馆不复'也？"孔子曰："善乎问之也！自卿、大夫、〔士〕之家曰私馆，公馆与公所为曰公馆。'公馆复'，此之谓也。"

曾子问曰："下殇，土周葬于园，遂舆机而往，途迩故也。今墓远，则其葬也如之何？"孔子曰："吾闻诸老聃曰：'昔者史佚有子而死，下殇也，墓远。召公谓之曰："何以不棺敛于宫中？"史佚曰："吾敢乎哉？"召公言于周公。周公曰："岂不可？"史佚行之。'下殇用棺衣棺，自史佚始也。"

曾子问曰："卿大夫将为尸于公，受宿矣，而有齐衰内丧，则如之何？"孔子曰："出舍于公馆以待事，礼也。"孔子曰："尸弁冕而出，卿、大夫、士皆下之，尸必式。必有前驱。"

子夏问曰："三年之丧，卒哭，金革之事无辟也者，礼与？初有司与？"孔子曰："夏后氏三年之丧，既殡而致事。殷人既葬而致事。〔周人卒哭而致事。〕《记》曰：'君子不夺人之亲，亦不可夺亲也。'此之谓乎！"

子夏曰："金革之事无辟也者，非与？"孔子曰："吾闻诸老聃曰：'昔者鲁公伯禽有为为之也。'今以三年之丧从其利者，吾弗知也！"

【译文】

曾子问道："国君死后灵柩停在殡宫，而世子出生，怎样行礼呢？"孔子回答说："世子出生的那天，卿、大夫、士都跟着摄主到殡宫，脸朝北方，站在西阶的南面。太祝身穿裨冕，双手端着束帛，登上西阶的最高一级，但不跨入堂内，命令不要哭泣，然后长喊三声，再向灵柩报告说：'夫人某氏已生世子，敢以禀告。'说完走上堂去，把束帛放在灵柩东西的供几上，接着哭泣一阵，然后下堂。众主人、卿、大夫、士以及房中的妇女都一齐哭泣，但不踊脚。众人尽情哭泣一次之后，都回到平常朝夕哭泣的位置。于是举行朝奠。礼毕，小宰走上堂，把供几上的束帛等供物拿起来埋在东西两阶之间。第三天，众主人和卿、大夫、士又都来到殡宫，站在前天站的位置，面向北。太宰、太宗和太祝都穿裨冕，少师抱着世子和世子的孝服。太祝走在最前面，少师抱着世子跟从太祝，太宰和太宗跟着世子。进门后，众人停止哭泣，少师抱着世子从西阶登堂，走到灵柩前，面向北站立。太祝站在殡的东南角，先长喊三声，再向灵柩报告说：'夫人某氏所生世子，让执事陪同着来

拜见。'少师便抱着世子向灵柩稽颡再拜,并哭泣。太祝、太宰、宗人、众主人和卿、大夫、士也跟着哭泣跺脚,三哭三跺脚,如此重复三次。少师抱着世子下堂,回到东面的原定位置上。众人都袒露左臂。少师抱着世子跺脚时,房中的妇女也跟着跺脚,都是三哭三跺脚,重复三次。接着给孝子披上孝服,让他握着哭丧棒,举行朝奠。礼毕退出,太宰命令祝和史,把世子的名字遍告五祀及山川诸神。"

曾子问道:"如果国君的灵柩已入葬而世子出生,怎样行礼呢?"孔子答道:"太宰、太宗跟着太祝到殡宫向死者的神主禀告。再过三个月,又去拜见神主,并给世子取名,然后把世子的名字遍告社稷、宗庙及山川诸神。"

孔子说:"诸侯将去朝见天子,必须备礼祭告各祖庙和父庙,穿着冕服出来上朝,命令祝、史向社稷、宗庙、山川诸神祭告,把国中事务托付给五大夫后再出发。出发时,还要举行道祭。各种祭告必须在五天内结束,超过五天,就不合礼。凡是举行告祭,都用牲币,外出返回的告归祭祀也一样。诸侯外出相互聘问,也必须告祭父庙,然后穿着朝服上朝,命令祝、史祭告五庙和所要经过的山川,也把国中事务托付给五大夫。出发时,也举行道祭。返回时的告归祭祀,必须亲祭所有祖庙、父庙,再命祝、史向出发前曾祭告过的山川诸神告归,然后回到朝廷听理政事。"

曾子问道:"如果有两个亲人同月而死,怎么办呢? 操办丧事谁先谁后呢?"孔子说:"葬事,以恩轻者在先,恩重者在后;他们的祭奠,应先祭恩重的,后祭恩轻的。这样才合正礼。先葬者恩轻,从启殡到入葬之间不设奠,灵柩直接移至墓地,不在门外举行踊袭受吊。葬毕回来后,设奠,决定恩重者的启殡日期,然后把日期告知宾客,于是为恩重者举行葬礼。葬后的虞祭,必须先祭恩重者,后祭恩轻者,这样才合正礼。"

孔子说:"宗子即使到七十岁,也不能没有主妇;如不是宗子,即使没有主妇也可。"

曾子问道:"将要为儿子举行加冠礼,参加冠礼的宾客都已经来,并且已把他们请到行礼的庙中,这时突然遇到有齐衰或大功丧服关系的亲属的丧事,怎么办呢?"孔子说:"如果死者是与自己同一宗庙的族亲,那就废止加冠礼;如果不是同一宗庙的族亲,那就继续行加冠礼,但要省去用醴酒祝贺新加冠人的仪节,礼毕把陈设的物品器具都收走,再把庙中打扫一下,然后站到相应的位置上为死者哭泣。假如参加冠礼的宾客还没有来,那就废止加冠礼。假如将要为儿子举行加冠礼,但还没有到选定的日子,却先遇到齐衰或大功或小功丧服关系的丧事,那么将要加冠的儿子照样按亲属关系穿戴丧服,到时给他加丧冠。"

曾子接着问道:"加丧冠的人在除丧之后是否要补行加冠礼呢?"孔子说:"天子在太庙赐给未冠的诸侯、大夫冕服、弁服,诸侯、大夫回到家庙设奠祭告祖宗,然后就穿戴起受赐的冠服。在那样的情况下也只用清酒宴饮宾客,而不用醴酒。据此推论,似乎不必补行冠礼。至于父亲死后而行加冠礼的,要在冠礼三加之后撤除行礼器物,打扫庙堂,改行祭告父庙之礼,祭后去拜见伯父、叔父,然后再设宴酬谢参加冠礼的宾客。"

曾子问道:"祭祀在什么情况下才不举行'旅酬'呢?"孔子说:"我听说过的。小祥的

199

时候,主人服练冠练服祭祀死者,不应行旅酬,主人回敬宾的酒,宾接过就放下来,不举起来劝别人,这是合乎正礼的。从前,鲁昭公练祭的时候行旅酬,这是失礼的。鲁昭公在大祥时不举杯旅酬,这也不合礼。"

曾子问道:"自己有大功丧服,可以穿着丧服去参加别人的祭奠吗?"孔子说:"岂止大功可以! 从斩衰以下都可以参加祭奠,这样做是合乎正礼的。"曾子又问:"这不是看轻自己的丧服而注重别人的祭奠吗?"孔子说:"不能这样说。比如天子、诸侯死了,服斩衰的臣下要去祭奠;大夫死了,服齐衰的家臣要去祭奠;士死了,服大功的朋友要去祭奠。如果人数不够,才由服大功以下丧服的人补足;如果还不够,就让每个人多做几件事。"

曾子问道:"有小功丧服的人可以参加出殡以后的祭祀吗?"孔子回答说:"何止小功能参加? 从斩衰以下参加祭祀是正礼。"曾子又问:"这不是看轻丧服而注重祭祀吗?"孔子说:"天子、诸侯的丧祭,不是斩衰丧服的人还没资格参加呢;大夫的祭祀,只有服齐衰的人才能参加;士的祭祀,只有人数不足时,才让兄弟大功以下的人参加。"

曾子问道:"相识的人之间,一方有丧服在身,可以参加另一方的丧祭吗?"孔子回答说:"只要有丧服,哪怕是最轻的缌麻丧服,都不能去祭祀自己的宗庙,又怎么能去帮助别人举行丧祭呢?"曾子又问道:"除去丧服后,可以参加别人的丧奠吗?"孔子说:"刚除丧服就去参加别人的丧奠,这是不合礼的,但去协助别人是可以的。"

曾子问道:"婚礼已经进行到送过聘礼,又有了迎娶的日期,女方的父或母死了,该怎么办呢?"孔子回答说:"男方要派人去吊丧。假如男方的父或母死了,女方也要派人吊丧,如果是男方的父亲死,女方就以父亲的名义吊丧;如果是母亲死亡,女方就以母亲的名义吊丧。如果女方的父母已亡,就用伯父伯母的名义吊丧。男方在死者埋葬之后,由男方的伯父出面向女方致意,说:'某人的儿子因为有父(或母)的丧服在身,不能和府上结亲,特地派我来说明。'女家同意,但不把女儿另嫁他人,这是正礼。到了男方除丧以后,女方的父母请人重提婚事,如果男方不准备娶过去了,女家便把女儿另嫁他人,这也是合礼的。如果女方的父或母死亡,男方也要这样。"

曾子问道:"结婚的那天,新娘已经上路,突然接到新郎的父亲或母亲的讣告,怎么办呢?"孔子说:"新娘就换掉新装改穿深衣去吊丧。如果新娘在半路上听到自己父母的讣告,就返回娘家。"曾子又问:"假如新郎亲自去接新娘,新娘未到男家,而新郎有齐衰或大功的亲属之丧,该怎么办呢?"孔子说:"新郎不入大门,在外次换上丧服;新娘则进入大门内在内次换上丧服;然后站到哭位上哀哭。"曾子问道:"这样的情况到除丧后是否要重新举行婚礼呢?"孔子说:"祭祀,过了日期就不补祭,这是合乎礼的;婚礼为什么要补办呢?"

孔子说:"嫁女的人家,一连三夜不熄灯就寝,表示想到女儿就要离别了。娶媳妇的人家三天不击鼓奏乐,表示是为了接续后代才娶媳妇的。男方在父母死后成亲的,结婚三个月后,新娘要备礼到庙中拜见公婆的亡灵,祭告时新娘称'来妇'。选取吉日祭告父庙后,才正式成为这家的媳妇。这就是庙见礼的意义。"曾子问道:"如果新娘未行庙见礼就死去,怎么办呢?"孔子说:"她的灵柩不要移到男方祖庙中去朝祖宗,她的神主也不放在皇姑的后面,她的丈夫也不为她执丧杖、穿丧鞋、居丧庐。把她葬在她娘家的墓地,表示她没有成为男家的媳妇。"

　　曾子问道:"已经选好迎娶的日期,而女的死了,怎么办呢?"孔子说:"男的要服齐衰丧服去吊丧,等到她下葬之后就可除去丧服。如果有吉日之后男的死了,女的也应如此。"

　　曾子问道:"丧事有二丧主,庙中同一人有两个神主,符合礼吗?"孔子说:"天上没有两个太阳,地上没有两个天子,尝禘郊社所祭祀的鬼神,也只有一个是最尊贵的。我没听说过这是合礼的。从前齐桓公经常出兵征伐,做了个假神主带着同行。到了征伐回来以后,又把假神主也供在祖庙中。一庙之中有两个神主,是从齐桓公开始的。至于丧事有二主的由来,那是先前卫灵公到鲁国来,正好遇上鲁国大夫季桓子的丧事,卫灵公要吊丧,鲁哀公推辞不了。于是哀公做丧主,灵公做客人吊丧。季桓子的儿子康子站在大门西面,面向北;哀公揖请客人升堂,自己从东阶上升堂,面向西站立;客人从西阶升堂吊丧,哀公拜客人后,站起来哭泣,而季康子也站在自己的位置上向客人行稽颡礼,当时司仪也没加纠正。现在丧事有两个丧主,是从季康子那次违礼开始的。"

　　曾子问道:"古代天子诸侯出师,必定带着迁庙主同行吗?"孔子说:"天子出外巡守,把迁庙主装在斋车上带着同行,表示有所尊崇。而现在呢,却把七个庙主全部带着外出征伐,就错了。天子七庙,诸侯五庙,不该空着没有神主。庙中没有神主的情况,只有在天子驾崩的时候,诸侯死亡或被迫离开自己国家的时候才会出现;再就是在太祖庙中合祭群庙神主的时候,其他庙中也无神主。我听老聃说过:天子驾崩,诸侯死亡,太祝把各庙的神主都集中到太祖庙中,这是礼的规定。等到下葬后举行了卒哭的祭祀,又把各庙神主送回各自庙中。诸侯离开本国,由太宰带着各庙神主跟随同行,这也是礼的规定。在太祖庙中合祭祖先,就让太祝到父庙、祖庙、曾祖庙、高祖庙去迎请神主。神主出庙入庙时,必须清除道路,禁止闲人通行。这都是老聃说的。"

　　曾子接着问:"古代诸侯出师,如果没有迁庙主,用哪一个神主呢? 孔子说:"那就不用神主而用神主的命令。"曾子问:"什么是神主的命令呢?"孔子说:"天子、诸侯将要出征,必须用币帛皮圭等礼物祭告祖庙、父庙,祭告完毕,就捧着这些币玉出来,装载在斋车上同行。每到一个休息的地方,都要祭奠那币玉之后才休息。回来的时候也要祭祀祖先告归,祭奠完毕,把那些币玉埋在东西两台阶之间,然后走出来。这样做大概就是尊重祖先的命令吧!"

　　子游问道:"天子诸侯死了慈母就像死了生母一样示哀,合乎礼吗?"孔子说:"不合乎礼。从古到今,君王的儿子在外面有师傅,在家有慈母,他们是奉君王命令教育孩子的,孩子与他们哪有什么丧服关系呢? 先前,鲁孝公年幼时死了母亲,他的慈母待他很好。等到慈母死,孝公忍心不下,要为她服孝。掌管礼典的官听到后,对孝公说:'古代礼法,慈母死,不为她服丧,你现在要为挲母服丧,这是违背古礼而扰乱国家法令啊! 如果你要坚持这样做,那么礼官就要记载下来流传后世,大概不能这样做吧?'孝公说:'没有关系,

古时候天子为生母服丧平常是戴练冠的。'"孝公不忍心不服丧，于是为慈母戴练冠服丧。诸侯为慈母服丧，是从鲁孝公开始的。"

　　曾子问道："众多诸侯一同朝见天子，已经进入行礼的太庙门，但不能行礼完毕，中途而废的情况有几种？"孔子说："共有四种。"曾子说："请问是哪四种？"孔子说："就是太庙失火，出现日食，王后死亡，大雨淋湿衣服不能保持仪容，这四种情况下就停止行礼。如果所有的诸侯都来朝见天子而遇到日食，那就跟从天子去救太阳，诸侯们要穿上自己国家所在方位的颜色的衣服，拿着相应方位的兵器。如果是太庙失火，就跟着天子去救火，对衣服颜色和兵器没有要求。"

　　曾子又问："诸侯互相聘问，主国已把来宾请入大庙门，但不能行礼完毕，中途而废的有几种情况？"孔子说："共有六种。"曾子说："请问是哪六种？"孔子说："那就是天子驾崩，诸侯的太庙失火，出现日食，王后或诸侯的夫人突然死亡，大雨淋湿衣服不能保持仪容，遇到这六种情况就中止行礼。"

子游

　　曾子问道："天子准备举行尝、禘、郊、社、五祀的祭祀，所有的供品都已陈设齐备，忽然听到天子或王后死亡的消息，该怎么办呢？"孔子说："那就废止祭祀。"曾子又问："如果正在祭祀的时候出现了日食，或者太庙失火，又该怎么办呢？"孔子说："那就简捷地祭祀，尽快结束。如果牲口牵来还未杀，就废止祭祀。天子驾崩，灵柩未入殡宫之前，不可以祭五祀；棺柩在殡宫期间，可以祭祀，但祭祀的程序要简省，尸被请入座后，吃三把饭后告饱就不再劝食，酳尸后，尸也不回敬主人，祭祀就算结束了。从启殡到葬后反哭期间，不能祭五祀，反哭之后虽可祭祀，但只进行到向太祝敬酒为止。"

　　曾子问道："诸侯准备举行祭祀社稷等礼时，供品都已陈设好，忽然听到天子驾崩，或是王后、国君及夫人死亡的讣告，怎么办呢？"孔子说："那就不举行祭祀。从死日到入殡，从启殡到反哭期间，都遵从天子遇丧时的祭法。"

　　曾子问道："大夫将要举行宗庙祭祀，鼎俎笾豆等祭品都已陈列好的时候，遇到哪几种情况就停止祭祀呢？"孔子回答说："共有九种。"曾子问："请问是哪九种呢？"孔子说："那就是天子驾崩，王后死亡，国君逝世，国君夫人死亡，国君的太庙失火，日食，父母死亡，伯叔父母死亡，堂兄弟死亡，这九种情况下都应停止祭祀。如果遇到的不是同宗庙的外丧，只要是齐衰以下，都可继续祭祀。遇齐衰关系的外丧，而继续举行的祭祀，尸入室以后，三饭告饱，就不再劝饭；献酒酳尸，尸饮完不回敬主人，祭祀即告结束。遇大功关系的外丧而继续举行的祭祀，进行到'尸回敬主人'这一节为止。遇到小功或缌麻关系的亲戚，外丧而继续举行的祭祀，可以把室中进行的节目都行完为止。士与大夫不同的地方是，即使遇到有缌麻丧服关系的丧事，都不能举行祭祀，但是如果所祭祀的祖先与死亡的

人没有丧服关系，那可以照常举行祭祀。"

　　曾子问道："自己身上有服期三年的丧服，可以给别人吊丧吗？"孔子说："有三年丧服的人，即使服满一年到举行小祥祭祀的时候，也不与众人立在一起，或一起行路。有地位的人遵从礼仪就是为了表达自己的感情，自己有三年的丧服不守丧，而赶着去为别人吊丧哭泣，那种吊丧哭泣不也是虚假的吗？"

　　曾子问道："大夫和士为自己亲属服丧，到了可以除丧的时候，又遇到国君死亡，必须为国君服丧，这时怎样除去私丧呢？"孔子说："做臣子的有国君的丧服在身，就不敢再为自己的亲属服丧，还除什么丧呢？所以，在这种情况下有过了丧期而不脱去丧服的，为国君所服丧服除去以后，才能为自己的亲属举行小祥大祥等盛大的祭祀，这是正礼。"曾子又问："为父母服丧，丧期满而不除丧服可以吗？"孔子说："先王制定的礼仪，过了时限就不举行，这是合礼的；不是说非除不可，而是担心超过礼的规定，所以君子不举行错过了时间的祭祀，这就是遵守礼法。"

　　曾子问道："国君死，灵柩已入殡宫，臣子遇到父母的丧事，该怎么办呢？"孔子说："臣子应该回家料理父母的丧事，并守丧。每逢初一、十五就到国君的殡宫参加祭奠，每天早晚的祭奠可以不去。"曾子又问："国君的灵柩已启殡，准备入葬，这时臣子的父母死了，臣子该怎么办呢？"孔子说："应先回家为父母哭泣致哀，然后再赶去为国君送葬。"曾子又问："如果国君刚死，尚未入殡，而臣子的父母死了，臣子该怎么办呢？"孔子说："应该回家料理丧事，父母入殡后再返回为国君守丧。每逢初一、十五就回家去祭奠，每天早晚不必回去祭奠。早晚的祭奠，大夫家里，由他的总管代祭；士的家里，由子孙代祭。大夫的嫡妻每逢初一、十五也要到国君的殡宫参加祭奠，每天早晚不要去。"

　　地位低的人不能为尊贵的人写诔文，晚辈不能为长辈作诔文，这是礼法所规定。只有天子死后，臣子祭告上帝，以上帝的名义作诔文。诸侯的地位相等，诸侯为诸侯作诔文是失礼的，应由天子作诔。

　　曾子问道："国君到国界外面去都要预备不测的后事，要随带内棺。如果真的死了，棺柩怎样运回来呢？"孔子说："供应随从人员的殡服，国君的儿子要头戴麻弁加麻绖，身穿齐衰丧服，脚穿草鞋，手拿丧棒，迎接灵柩。灵柩从打坏的墙的阙口进入，从堂的西阶抬上殡宫。如果尸体是小敛后运回来的，他的儿子就用布条结住头发，跟着棺柩从大门进来。灵柩从堂的东阶抬上殡宫。国君、大夫、士，遇到这样的情况，都用一样的仪节。"

　　曾子问道："国君的灵柩已经从祖庙中拉出，臣子忽然听到父母之丧，该怎么办？"孔子说："应该把国君的灵柩送到墓地，等到灵柩入土之后再回去料理丧事，不必等国君的儿子同回。"曾子又问："父母的灵柩已经拉出，在运往墓地的途中，听到国君之丧，该怎么办？"孔子说："也应把灵柩送到墓地，等入土之后，改换服装去宫中奔丧。"

　　曾子问道："宗子的爵位是士，而庶子是大夫，庶子祭祀祖先时该用什么等级呢？"孔子说："用大夫的礼，备少牢到宗子家去祭祀，但祝词要说：'孝子某某为介子某某向祖先进献通常的祭奠。'如果宗子有罪而避居在别国，庶子是大夫，祭祀的时候，祝词就该说：

‘孝子某某让介子某某来代行祭奠。’凡是代理主人的祭祀不用厌祭。不旅酬，尸不向代主人祝福，代主人不绥祭，祝在请神时不说以某妃配食某氏。代主人向宾劝酒时，宾不把酒端起来行旅酬，祭祀结束不向来宾分送祭肉，只对宾客说：‘我的宗兄（宗弟）是宗子，如今在别的国家，所以派我代主祭祀，特向众位致意。’”

曾子问道：“宗子离开本国而住在别国，住在本国而没有爵位的庶子，可以代替宗子祭祀祖先吗？”孔子说：“可以祭祀。”曾子说：“请问怎么祭祀呢？”孔子说：“朝着祖先墓地方向筑土坛，一年四季按时祭祀。如果宗子已经死了，就要先到祖先墓上去禀告，然后再在家里祭祀，宗子死后，祭祀的祝词中就不用‘孝’字而只称宗子的名字，这种称呼沿用到庶子死亡为止。子游的学生中，有人以庶子的身份代祭时，就用这种礼法。如今庶子的祭祀，不推求古礼的意义，所以祭祀时都随意乱来。”

曾子问曰：“祭祀一定是有尸吗？像厌祭那样也可以吗？”孔子说：“祭祀成年死者必须有尸。尸一定是死者的孙子辈充当，如果孙子年龄太小，就让人抱着他。假如死者无嫡孙，选一个同姓的孙子辈做尸也可以，祭祀未成年死者，就没有尸，用厌祭，因为他尚未成年。如果祭祀成年死者没有尸，那就是待他当作殇了。”

孔子说：“祭殇有阴厌，也有阳厌。”曾子问道：“祭殇不用尸，是不完备的祭礼，怎么会有阴厌阳厌之分呢？”孔子说：“宗子未成年而死，庶子不能做他的后嗣。举行卒哭祔庙等吉祭时，用一条牛；祭祀不用尸，所以没有举肺脊、献肵俎的节目，也不用玄酒，祝不向神报告供品进献完毕，这就是阴厌。凡是一般未成年而死的，以及死而没有子嗣的人，对他们祭祀都是在宗子的家庙里。祭品摆在室内西北角透光处，而酒尊设在东房内。这就是阳厌。”

曾子问道：“灵柩出葬，已在途中，忽然遇到日食，是改变葬礼呢？还是不改变呢？”孔子说：“从前我跟着老聃在巷党帮人家出葬，柩车在途中时，碰到日食，老聃就喊道：‘孔丘，快叫柩车停下来，靠在路右边，叫大家停止哭泣，等待天象变了，再向前走。’后来，太阳重新出来之后，柩车才继续前进。老聃说：‘这样做是合乎礼的。’到送葬回来，我问老聃：‘灵柩既已出殡，是不能再返回去的，而日食现象，谁也不知道它结束得是快还是慢，还不如继续前进好吧？’老聃说：‘诸侯去朝见天子，早晨太阳出来才上路，傍晚太阳未下山就歇宿，祭奠行主。大夫出使，也是日出才行，日未落就歇宿。灵柩出葬，不能起早出门，不能天黑才止宿。披星戴月地赶路，只有逃犯和奔父母之丧的人才这样！遇到日食，不见阳光，怎么知道天上没有星星呢，如果继续前进，岂不与夜行一样吗？况且有德行的人行礼，不能让别人的父母遭灾祸。’我听到老聃是这样说的。”

曾子问道：“奉国君的命令出使别国，死在馆舍里，礼书上说：‘死在公家的馆舍里可以招魂，死在私人馆舍就不招魂。’凡是出使到别的国家，由负责接待的人安排馆舍，那就都是公家的馆舍。那么礼书所说‘死在私人馆舍不招魂’是指什么呢？”孔子说：“你这个问题问得好！卿大夫以下的家庙都叫私馆，国君的宗庙和国君指定的馆舍都叫公馆。所谓‘死于公馆可以招魂’是指这些馆舍。”

　　曾子问道："八岁到十一岁的小孩死后，在菜园中挖个坑，坑中四周用砖砌上，再用'机'把尸体抬到那儿大敛入葬，这是因为路途很近的原因。假如离得很远，葬法该怎样呢？"孔子说："我听老聃说过：'从前史佚有个儿子死了，也是下殇，葬得很远，召公对史佚说：'为什么不在家里大敛入棺后再入葬呢？'史佚说：'我不敢那样做。'召公就去问周公，周公说：'那有什么不可以的呢？'于是史佚就照召公的话做了。下殇在家大敛入棺再出葬的事，是从史佚开始的。"

　　曾子问道："卿大夫即将要做国君祭祀的尸，已经接受了邀请并斋戒了，突然遇到自己家族中有服齐衰的丧事，该怎么办呢？"孔子说："那就离开家，住到国君的馆舍里去等待国君的祭祀，这是合乎礼法的。"孔子又说："做尸的人冠戴而出家门，卿大夫碰见他，都要下车致敬，做尸的人必须倚靠着车轼答礼。做尸的人出门，前面必定要有开道的人。"

　　子夏问道："为父母守丧的人，到了卒哭之后，接到参加征战的命令就不能推辞，这是礼的规定呢？还是从前主管的人规定的呢？"孔子说："为父母守丧，在夏代是父母入殡后就告假守丧。在殷代是父母入葬后告假，到周代是卒哭之后告假。古《记》上说：'有德行的人不剥夺别人对父母的哀情，也不剥夺自己的哀情'，说的就是这个吧。"子夏接着问："这么说来，卒哭之后不能辞避战争征召，是不合礼的了？"孔子说："我听老聃说过：从前鲁国的伯禽曾在特定情况下，卒哭之后兴兵讨伐过。但现在许多人在守丧期间，为了私利而从事战争，我就不知道合礼性何在了。"

文王世子第八

【原文】

　　文王之为世子，朝于王季日三。鸡初鸣而衣服，至于寝门外，问内竖之御者曰："今日安否何如？"内竖曰："安。"文王乃喜。及日中又至，亦如之。及莫又至，亦如之。其有不安节，则内竖以告文王，文王色忧，行不能正履。王季复膳，然后亦复初。

　　食上，必在视寒暖之节。食下，问所膳，命膳宰曰："末有原。"应曰："诺！"然后退。

　　武王帅而行之，不敢有加焉。文王有疾，武王不说冠带而养。文王一饭，亦一饭；文王再饭，亦再饭。旬有二日乃间。

　　文王谓武王曰："女何梦矣？"武王对曰："梦帝与我九龄。"文王曰："女以为何也？"武王曰："西方有九国焉，君王其终抚诸。"文王曰："非也。古者谓'年龄'，齿亦龄也。我百，尔九十，吾与尔三焉。"文王九十七乃终，武王九十三而终。

　　成王幼，不能莅阼。周公相，践阼而治；抗世子法于伯禽，欲令成王之知父子、君臣、长幼之道也。成王有过，则挞伯禽，所以示成王世子之道也。

　　——文王之为世子也

凡学世子及学士,必时。春夏学干戈,秋冬学羽龠,皆于东序。小乐正学干,大胥赞之;龠师学戈,龠师丞赞之。胥鼓《南》。春诵夏弦,大师诏之。瞽宗秋学礼,执礼者诏之。冬读《书》,典书者诏之。礼在瞽宗,《书》在上庠。

凡祭与养老乞言、合语之礼,皆小乐正诏之于东序。大乐正学舞干戚、语说、命乞言,皆大乐正授数。大司成论说在东序。

凡侍坐于大司成者,远近间三席,可以问。终则负墙。列事未尽,不问。

凡学,春官释奠于其先师,秋、冬亦如之。凡始立学者,必释奠于先圣先师,及行事必以币。凡释奠者,必有合也,有国故则否。

凡大合乐,必遂养老。

凡语于郊者,必取贤敛才焉,或以德进,或以事举,或以言扬。曲艺皆誓之,以待又语。三而一有焉,乃进其等,以其序;谓之郊人,远之于成均,以及取爵于上尊也。

始立学者,既兴器用币,然后释菜,不舞不授器;乃退,俟于东序,一献,无介语。可也。

——教世子。

凡三王教世子必以礼乐。乐所以修内也,礼所以修外也。礼乐交错于中,发形于外,是故其成也怿,恭敬而温文。立大傅、少傅以养之,欲其知父子、君臣之道也。大傅审父子、君臣之道以示之。少傅奉世子以观大傅之德行而审喻之。大傅在前,少傅在后,入则有保,出则有师,是以教喻而德成也。师也者,教之以事而喻诸德者也。保也者,慎其身以辅翼之,而归诸道者也。《记》曰:“虞、夏、商、周,有师保,有疑丞。设四辅及三公,不必备,唯其人。”语使能也。君子曰:“德,德成而教尊,教尊而官正,官正而国治,君子谓也。”

仲尼曰:“昔者周公摄政,践阼而治,抗世子法于伯禽,所以善成王也。闻之曰:‘为人臣者,杀其身,有益于君,则为之。’况于其身以善其君乎?周公优为之。是故知为人子,然后可以为人父;知为人臣,然后可以为人君;知事人,然后能使人。成王幼,不能莅阼,以为世子,则无为也。是故抗世子法于伯禽,使之与成王居,欲令成王之知父子、君臣、长幼之义也。

“君之于世子也,亲则父也,尊则君也。有父之亲,有君之尊,然后兼天下而有之。是故养世子不可不慎也。行一物而三善皆得者,唯世子而已,其齿于学之谓也。故世子齿于学,国人观之曰:‘将君我而与我齿让,何也?’曰:‘有父在则礼然。’然而众知父子之道矣。其二曰:‘将君我而与我齿让,何也?’曰:‘有君在则礼然。’然而众著于君臣之义也。其三曰:‘将君我而与我齿让,何也?’曰:‘长长也。’然而众知长幼之节矣。故父在斯为子,君在斯谓之臣,居子与臣之节,所以尊君亲亲也。故学之为父子焉,学之为君臣焉,学之为长幼焉。父子、君臣、长幼之道得而国治。语曰:‘乐正司业,父师司成。一有元良,万国以贞。’世子之谓也。”

——周公践阼

庶子之正于公族者,教之以孝弟、睦友、子爱,明父子之义、长幼之序。其朝于公,内

朝则东面北上，臣有贵者以齿；其在外朝，则以官，司士为之。其在宗庙之中，则如外朝之位，宗人授事，以爵以官。其登馂、献、受爵，则以上嗣。

庶子治之，虽有三命，不逾父兄。其公大事，则以其丧服之精粗为序，虽于公族之丧亦如之，以次主人。若公与族燕，则异姓为宾，膳宰为主人；公与父兄齿。族食，世降一等。

其在军，则守于公祢。公若有出疆之政，庶子以公族之无事者守于公宫，正室守大庙，诸父守（贵宫）贵室，诸子诸孙守下宫下室。

五庙之孙，祖庙未毁，虽为庶人，冠、取妻必告，死必赴，练、祥则告。族之相为也，宜吊不吊，宜免不免，有司罚之。至于赗赙承含，皆有正焉。

公族其有死罪，则磬于甸人。其刑罪，则纤剸，亦告于甸人。公族无宫刑。狱成，有司讞于公，其死罪，则曰："某之罪在大辟。"其刑罪，则曰："某之罪在小辟。"公曰："宥之。"有司又曰："在辟。"公又曰："宥之。"有司又曰："在辟。"及三宥，不对，走出，致刑于甸人。公又使人追之，曰："虽然，必赦之。"有司对曰："无及也。"反命于公。公素服不举，为之变；如其伦之丧，无服，亲哭之。

公族朝于内朝，内亲也。虽有贵者以齿，明父子也。外朝以官，体异姓也。宗庙之中，以爵为位，崇德也。宗人授事以官，尊贤也。登馂、受爵以上嗣，尊祖之道也。丧纪以服之轻重为序，不夺人亲也。公与族燕则以齿，而孝弟之道达矣。其族食世降一等，亲亲之杀也。战则守于公祢，孝爱之深也。正室守大庙，尊宗室，而君臣之道著矣。诸父诸兄守贵室，子弟守下室，而让道达矣。

五庙之孙，祖庙未毁，虽及庶人，冠、取妻必告，死必赴，不忘亲也。亲未绝而列于庶人，贱无能也。敬吊、临、赗、赙，睦友之道也。古者庶子之官治，而邦国有伦；邦国有伦，而众乡方矣。公族之罪，虽亲不以犯有司，正术也，所以体百姓也。刑于隐者，不与国人虑兄弟也。弗吊，弗为服，哭于异姓之庙，为忝祖，远之也。素服居外，不听乐，私丧之也，骨肉之亲无绝也。公族无宫刑，不翦其类也。

天子视学，大昕鼓征，所以警众也。众至，然后天子至，乃命有司行事，兴秩节，祭先师先圣焉。有司卒事反命，始之养也。适东序，释奠于先老，遂设三老、五更、群老之席位焉。适馔省醴，养老之珍具，遂发咏焉；退，修之以孝养也。反，登歌《清庙》；既歌而语，以成之也，言父子、君臣、长幼之道，合德音之致：礼之大者也。下管《象》，舞《大武》，大合众以事，达有神，兴有德也。正君臣之位、贵贱之等焉，而上下之义行矣。有司告以乐阕，王乃命公、侯、伯、子、男及群吏曰："反，养老（幼）于东序。"终之以仁也。

是故圣人之记事也，虑之以大，爱之以敬，行之以礼，修之以孝养，纪之以义，终之以仁。是故古之人一举事，而众皆知其德之备也。古之君子举大事必慎其终始，而众安得不喻焉？《兑命》曰："念终始典于学。"

《世子》之《记》曰："朝夕至于大寝之门外，问于内竖曰：'今日安否何如？'内竖曰：'今日安。'世子乃有喜色。其有不安节，则内竖以告世子，世子色忧不满容；内竖言'复

初'然后亦复初。朝夕之食上,世子必在视寒暖之节;食下,问所膳羞,必知所进,以命膳宰,然后退。若内竖言疾,则世子亲齐、玄而养。膳宰之馔,必敬视之;疾之药,必亲尝之。尝馔善,则世子亦能食;尝馔寡,世子亦不能饱。以至于复初,然后亦复初。"

【译文】

周文王在做太子的时候,向父亲请安,每日三次。鸡叫头遍就穿好衣服,到寝门外,问宫中小臣中的值日者,说:"今天父王身体情况怎样?"值日的小臣回答说:"身体大安。"文王就高兴。等到中午又来到父王居处,像早上一样向小臣打听父王的身体情况。到了黄昏又一次到父王居处,像早上一样请安。如父王和平日的生活有不同,宫中小臣禀告文王,文王马上露出忧虑的表情,行走时都不能正常的迈步。父王恢复正常的饮食,文王才回复到平时的样子。每当饭菜送上来时,文王一定亲自察看饭菜冷热是否适度;食毕,饭菜撤下,一定问吃了些什么。命令膳宰说:"所食之余,不要再进。"膳宰答应说:"是。"文王然后才离开。

周武王遵循父亲文王的样子去做,不敢有什么增加。文王有了疾病,武王不脱冠、不解带一直守在身边看护。文王吃一口饭,他也吃一口饭,文王吃两口饭,他也吃两口饭,一直到十二天后,文王病愈为止。

文王问武王说:"你做过什么梦吗?"武王回答说:"梦见上帝给我九龄。"文王又问道:"你认为这个梦有什么暗示吗?"武王说:"西部地区有九个国家,君王您大概最终都将占有吧。"文王说:"不对,古代称一年为一龄,一个人的年齿也叫作龄,我活一百岁,你大概只有九十岁,我送给你三年。"结果文王九十七岁寿终,武王活到九十三岁寿终。

成王年幼,不能即位治政,周公旦任宰相,代行天子职责,治理天下。举出太子应遵守的法规,要求伯禽履行,目的是要让成王懂得父子君臣长幼之间的种种伦理;如成王有了过错,就鞭打伯禽,以此向成王示意做太子的道理。——"文王为世子。"

太学对太子及学士进行教育,一定要根据季节的不同。春季夏季教以干戈为舞具的武舞,秋季冬季教以羽籥为舞具的文舞。教舞蹈都在太学的东序中进行。小乐正来教执干舞,大胥帮助他;篇师教执戈舞,籥师丞帮助他。胥击鼓伴舞,用的是《南》的乐曲。春天诵读歌词,夏天演奏琴瑟等乐器,这两项都由乐官太师来教的。秋天在太学中的瞽宗进行礼的教育,由主持礼仪的官员来教导。冬季读书,由主管书籍的官员对他们进行教导。教礼在太学中的瞽宗,读书在太学中的上庠。

一切祭祀的礼节和养老乞言、合语的礼节,都由小乐正在太学的东序中进行教导。大乐正教以干戚为舞具的舞蹈;合语、乞言,由大乐正指定学习的篇目,由大司成评说,都在东序进行。凡是陪侍大司成坐的,他们之间的距离要间隔三张坐席。可以向大司成提问,问完了就要退到靠墙的位置上。如大司成谈论事情还没有结束,不能打断话提问。

一切学校,在春季由掌教的官员举行释奠礼,祭先师。秋季冬季也行释奠礼。如诸侯国始创建学校,一定以释奠礼祭祀先圣和先师。在行释奠礼时用币帛。凡行释奠礼,

都有乐有舞,如国家有战争灾荒等事故,则不用舞乐。凡遇举行大规模的舞乐之时,同时举行养老之礼。

凡是到乡学对学士进行考课评议的人,一定进行选取贤德和收罗人才的工作。有的因品德优异获得录取,有的因熟悉世务懂得吏治而获得录取,有的因善于言辞应对而获得录取。对于懂得医卜等技艺的人都对他们一一加以勉励,要他们不要放松对技艺的学习提高,以便等待另一次考课评议,他们中如说三件事有一件事可取,就晋升等第,并称他们为"郊人",这些人与大学学生还有区别。若天子在成均中设宴,"郊人"亦可以在堂上的酒樽中取酒,参加旅酬,以示对他们的鼓励。

诸侯国初建学校,要衅用器,又用币帛祭祀先圣先师告以器成。然后举行释菜的祭祀,既不用舞蹈,就不授给作为舞具的器物。祭祀结束,大家从虞庠退出,在太学的东序招待宾客,只对宾客行一献之礼,可以不用"介"和行酒时大家论说的仪式。——"教世子"。

三代的王教育太子,必定用礼乐。乐,是用来提高人的内心世界的美;礼,使人外在的表情、态度、动作合乎礼仪的规范。礼的教育由外及内,乐的教育由内及外,都交互在心中扎根,然后显示于仪表,因而他的成长不用强迫和责罚,养成了恭敬温和文雅的气质。立太傅、少傅等职来影响教导太子,使他懂得父子君臣之间的道理。做太傅的要明辨父子君臣的道理,而且亲身示范;做少傅的侍奉太子,让他去观察太傅的种种德行,并能解释给太子听。太傅在前少傅在后,不离前后;回宫有保氏守在旁边,出门有师氏在身边,随时随地进行教导说明,从而养成了好的品德。师氏的职责,是教导太子应做些什么,并阐明各种德行。保氏的职责,是保护他的身体,并使太子的思想行为合于道德的规范。古书《记》中说:"虞夏商周各代,在太子周围设立师、保、疑、丞等官职。设立四辅和三公,但不一定要全部设立,主要是看有没有合适的人选。"这话是说要任用胜任的人。君子说:"太子要有德行。因为有了好的德行,教育就会受到尊崇,教育受到尊崇,为官的就正直,百官正直,国家就能治理好,这是指太子将来要为国君而言的。"

仲尼说:"昔日周公代成王执政,登君主之位,治理天下。拿太子法要求伯禽履行,用以使成王获得好的品德。听人说:'做一个臣子,牺牲自己生命,而对国君有好处的,就要去做。'何况仅是变通一下身份,而能使君主品德得以完善的事呢!所以周公乐于去作这件事。"只有能做一个好的儿子,然后能做一个好的父亲;知道做一个好的臣下,然后能做一个好的君主;了解如何为人服务,然后才能使唤他人服务。成王是因为年幼,不能登位执政;他做世子,履行世子法又缺乏对象。所以要求伯禽履行世子法,让他和成王住在一起,使成王了解到父子、君臣、长幼之间所应有的正确关系。君主和太子的关系,既有父子之亲,又有君臣之尊。太子能真正做到有父与子的亲爱,君与臣的尊严,然后才可以统治天下,所以对太子的教育不能不慎重啊。

做一件事同时获得三个方面的好效果,只有太子才具有的啊!这是指在学校中能对年长的同学谦让这件事说的。太子在学校中做到不依尊卑,而以年龄大小为序,国人看

到后,说:"将来他要做我们的君上,而现在和我们以长幼为序,这样谦让为什么呢?"有人说:"因为他有父亲在,礼应如此。"这样就使人民懂得父子关系的道理了。其二,人们说:"将来他要做我们的君上,而现在和我们以长幼为序,这样谦让为什么呢?"有人说:"因为有国君在,礼应如此。"这样就使人民明白了君臣之道了。其三,人们说:"将来他要做我们的君上,而现在和我们以长幼为序,这样谦让为什么呢?"有人说:"这是尊敬年长者。"这样就使人民懂得了长幼之间的礼节了。父在,太子的身份是儿子;君在,太子的身份是臣下,必须遵守儿子和臣下应有的礼节,即对国君尊敬,对父母孝顺。所以要教导他父子之道,教导他君臣之道,教导他长幼之道。懂得了父子、君臣、长幼之道,国家就太平了。古人有这样一句话:"乐正是主管太子诗书的教育,大师是主管太子的品德教育。培养一个品德善良的人,天下万国都得以走上正道。"这一个人就是指太子而言的。——"周公践阼"。

庶子的政务是管理国君同姓及卿大夫的子弟,教育他们孝悌、睦友、慈爱等伦理道德,使他们明了父子之间的道德规范,长幼之间的礼节。国君的族人朝见国君,如在内朝,则面向东以北为上位,朝见的臣子,不依高低贵贱而按年龄大小为序,由庶子具体负责。即使有三命的卿,他的位置也不能超过父兄长辈。如在外朝朝见,那就以官爵的高低列位,负责班位的是司士。如在宗庙之中,班位的序次和外朝的位次一样,由宗人分派祭祀的事务,根据爵位的高低和所任的官职。至于登堂分食祭品及向尸献酒,或接受尸的献酒,则由嫡长子承担。

如国君有丧事,班列的次序以丧服的精粗为先后的标准,一切同族人办丧事班列的次序也都是这样,以主人为排头:其后按亲疏的关系一个一个往下排。如国君和同族人饮宴,异姓的人才算是宾客,膳宰代表主人向客人献酒,在排坐次时,国君与同族的父老兄弟们统一按年龄大小为序。同族人参加国君的饮宴次数,则视世系的亲疏,亲的次数多,疏的次数少。

庶子在军中,就守卫在行主旁边。国君如离开本国去朝觐会同,庶子分派国君同族中不随行的和无具体职务的人,担任守卫国君宫廷宗庙:卿大夫的适子守卫太祖庙,叔父伯父守卫国君路寝,让子侄辈和孙辈守卫亲庙和燕寝。

同一高祖子孙,当祖庙还存在,即使已沦为平民,举行冠礼、结婚等事,一定要向国君禀告,有死丧一定讣告,练祥等祭祀也禀告。同族人之间互相往来,如应该吊问而不去吊问,应该戴丧冠而不戴丧冠,主管官员庶子都要处罚他们。至于给丧家赠车马、财帛、珠玉等,庶子都使他们遵循礼的规定。

与国君同族的人犯了死罪,就交给甸人将他缢死。如判处膑、墨、劓、刖等刑的,也到甸人处行刑。对待国君同族人不判决用宫刑。罪案判决后,官员向国君报告判决书。族人犯的是死罪,报告时就说某人所犯的罪属于大辟;族人所犯的是用刑罚的罪,就说某人所犯的罪属于小辟;国君说:"宽减些吧。"有关官员说:"他罪有应得。"国君又说:"宽减些吧。"有关官员再一次说:"他罪有应得。"等到国君第三次要求从宽,官员不回答就跑出

去,将犯人送到甸人处行刑。国君派人追上他说:"即使如此,我要求宽减。"官员说:"已经晚了。"并回头向国君报告已经用刑。国君穿素服,不举盛馔,为之改变日常的礼节。至于赗赠之类,并按照亲疏的等第,但不穿丧服,亲自哭于异姓之庙。

　　同族的人朝见国君在内朝,因为这是族内的亲属。即使有地位高贵的,仍按年齿为序,用以显明父辈子辈的关系。在外朝以官位高低为序,这是表示与异姓为一体。在宗庙之中,以爵位的高低来站位,这是为了尊崇品德高尚的人。负责祭祀的宗人分派事务时以官阶的高低为先后,这样做是为了尊贤。登堂分食祭品,接受尸的献酒,都由嫡长子,这是体现尊祖的道理。丧事以丧服的轻重为序,这是不超越亲疏的关系。国君和同族人宴饮以年齿坐席,这是表示孝弟之道。与同族人燕饮的次数随世系的远近区分等级,体现了对亲属远近有等差。作战时守卫行主,表现出对祖上孝爱之情。以适子守卫太庙,这是尊崇宗室,君臣之道从而得以显明。叔父堂兄守卫国君的正寝,晚辈子弟们守卫国君其他居室,这是表明了谦让之道。

　　同一高祖的子孙,如祖庙仍然存在,即使已沦为平民,行冠礼、结婚一定要禀告国君,死丧一定发讣告给国君,这是表示不忘记亲属关系。与国君的亲属关系还没有断绝,但已降为平民,这表示国君鄙夷无能的人。同族之人有死丧,国君亲临吊问并赠送车马财帛助葬,这表示与同族人和睦友好。古代只要庶子这个官职称职,这样国内人与人的关系就非常顺当,国内人与人的关系顺当,众人都趋向于礼义了。国君同族人有罪,即使是至亲不能因此干扰司法的工作,这是正确贯彻法令,并且以此说明本族的人和其他百姓在法律面前都是一样的。行刑于甸人之处,这是不使异姓之人一起来忧虑国君的同族兄弟间的事。不到受死刑的家中吊问,不为他穿丧服,并且哭于异姓的宗庙,因为他玷辱了祖宗,不将他当作同族人看待。国君穿白色的衣服,居住在外寝,不听音乐,暗中以丧礼对待被处死的同族人,因为骨肉的至亲关系并没有断绝。对国君同族人不处以宫刑,是为了不断绝他的后代。

　　天子视察太学这一天,一大早就摇鼓召集学士,这是要大家早起来。众人都到齐后,然后天子才到场,就命官员开始行事,举行常规的礼仪,先祭先师、先圣。官员报告祭奠完毕,天子乃至行养老礼之东序。天子到东序,用释奠之礼祭祀先代的老人,紧接着就铺设三老、五更及群老的坐席。天子亲自去看为养老准备的各种菜肴、酒,以及各种珍美食品,乐队唱歌迎宾,举行养老之礼。当老人们反席坐定,乐队登堂唱《清庙》之歌,歌毕,诸老人互相评说,充分发挥诗的含意。所谈论的都是关于父子、君臣、长幼关系的各种道理,都符合乐曲的意旨。这是养老之礼中最重要的一节。

　　接着,堂下用管乐器吹奏《象》乐曲,跳着《大武》的舞蹈。这是发扬了文王武王的精神,推行了他们的德行。从而正确树立君臣之位、贵贱之间的差等,这样上下之间的行为准则就能很好地贯彻了。官员报告歌舞结束,天子于是命令参加的公侯伯子男及群吏说:"回去后都要在东序举行养老之礼。"这样以天子仁爱之心结束这一养老之礼。

　　圣人之所以记载养老这件事,这体现他考虑这是治国的大事,以敬老体现爱,一切行

为都符合礼仪,以孝养为修身之本,记述的都合于义,最后以仁爱结束这一典礼。所以古人举行一次大的典礼,使众人都知道他德行的完美无缺;古代的君子,举行大的典礼,从起始到结尾都一定十分敬慎,这样,众人怎能不明白这件事的意义呢!《尚书·说命》中说:"时刻想到终和始都常在受教育。"

《世子之记》说:太子早晚到国君正寝的门外,向宫里的侍候小臣打听,问:"今日父王身体如何?"宫中小臣回答说:"今日安康。"太子听后面露喜色。父王如有不安适,宫中小臣将这情况告诉太子,太子面带愁容。宫中小臣说已恢复正常,然后太子亦恢复正常。早晚奉食时,太子一定亲自察看饭菜冷热是否适度,食毕饭菜搬下来,要打听父王吃了哪些菜肴,一定要知道下顿所送的菜肴,向膳宰嘱咐后,然后才离去。如果宫中小臣说父王有了疾病,太子斋戒,服玄端,亲自侍奉,对于膳宰所做的饭菜,一定认真去察看。治病的药,太子一定亲自尝过后再给父王吃。父王吃的饭菜比以前多,太子也跟着多吃;父王吃的饭菜比以前少,太子也跟着少吃,一直到父王恢复正常,然后太子恢复正常的服饰。

礼运第九

【原文】

昔者仲尼与于蜡宾,事毕,出游于观之上,喟然而叹。仲尼之叹,盖叹鲁也。

言偃在侧曰:"君子何叹?"孔子曰:"大道之行也,与三代之英,丘未之逮也,而有志焉。大道之行也,天下为公,选贤与能,讲信修睦,故人不独亲其亲,不独子其子,使老有所终,壮有所用,幼有所长,矜寡孤独废疾者,皆有所养。男有分,女有归。货,恶其弃于地也,不必藏于己;力,恶其不出于身也,不必为己。是故谋闭而不兴,盗窃乱贼而不作,故外户而不闭。是谓大同。"

"今大道既隐,天下为家,各亲其亲,各子其子,货力为己,大人世及以为礼。城郭沟池以为固,礼义以为纪;以正君臣,以笃父子,以睦兄弟,以和夫妇,以设制度,以立田里,以贤勇知。以功为己,故谋用是作,而兵由此起。禹、汤、文、武、成王、周公,由此其选也。此六君子者,未有不谨于礼者也。以著其义,以考其信,著有过,刑仁讲让,示民有常。如有不由此者,在势者去,众以为殃。是谓小康。"

言偃复问曰:"如此乎,礼之急也?"孔子曰:"夫礼,先王以承天之道,以治人之情,故失之者死,得之者生。《诗》曰:'相鼠有体,人而无礼!人而无礼,胡不遄死!'是故夫礼,必本于天,殽于地,列于鬼神,达于丧、祭、射、(御)〔乡〕、冠、昏、朝、聘。故圣人以礼示之,故天下国家可得而正也。"

言偃复问曰:"夫子之极言礼也,可得而闻与?"孔子曰:"我欲观夏道,是故之杞,而不足征也;吾得《夏时》焉。我欲观殷道,是故之宋,而不足征也,吾得《坤乾》焉。《坤乾》之

义,《夏时》之等,吾以是观之。夫礼之初,始诸饮食。其燔黍捭豚,汙尊而抔饮,蒉桴而土鼓,犹若可以致其敬于鬼神。及其死也,升屋而号,告曰:"皋,某复!'然后饭腥而苴孰。故天望而地藏也,体魄则降,知气在上。故死者北首,生者南乡。皆从其初。昔者先王未有宫室,冬则居营窟,夏则居橧巢。未有火化,食草木之实,鸟兽之肉,饮其血,茹其毛。未有(麻)丝〔麻〕,衣其羽皮。后圣有作,然后修火之利,范金,合土,以为台榭宫室牖户。以炮以燔,以亨以炙,以为醴酪。治其(麻)丝〔麻〕,以为布帛,以养生送死,以事鬼神上帝。皆从其朔。故玄酒在室,醴酏在户,粢醍在堂,澄酒在下,陈其牺牲,备其鼎俎,列其琴瑟管磬钟鼓,修其祝嘏,以降上神与其先祖,以正君臣,以笃父子,以睦兄弟,以齐上下,夫妇有所。是谓承天之祜。作其祝号,玄酒以祭,荐其血毛,腥其俎,孰其殽;与其越席,疏布以幂;衣其浣帛;醴酏以献,荐其燔炙。君与夫人交献,以嘉魂魄,是谓合莫。然后退而合亨,体其犬、豕、牛、羊,实其簠、簋、笾、豆、铏、羹。祝以孝告,嘏以慈告,是谓大祥。此礼之大成也。"

孔子曰:"呜呼哀哉!我观周道,幽、厉伤之,吾舍鲁何适矣!鲁之郊禘,非礼也,周公其衰矣!

"杞之郊也,禹也;宋之郊也,契也。是天子之事守也。故天子祭天地,诸侯祭社稷,祝嘏莫敢易其常古,是谓大假。

"祝嘏辞说,藏于宗祝巫史,非礼也,是谓幽国。醆斝及尸君,非礼也,是谓僭君。冕弁兵革,藏于私家,非礼也,是谓胁君。大夫具官,祭器不假,声乐皆具,非礼也,是谓乱国。故仕于公曰臣,仕于家曰仆。三年之丧与新有昏者,期不使。以衰裳入朝,与家仆杂居齐齿,非礼也,是谓君与臣同国。故天子有田以处其子孙,诸侯有国以处其子孙,大夫有采〔地〕以处其子孙,是谓制度。故天子适诸侯,必舍其祖庙,而不以礼籍入,是谓天子坏法乱纪。诸侯非问疾吊丧而入诸臣之家,是谓君臣为谑。是故礼者,君之大柄也,所以别嫌明微、傧鬼神、考制度、别仁义,所以治政安君也。故政不正,则君位危;君位危,则大臣倍,小臣窃。刑肃而俗敝,则法无常;法无常而礼无列,礼无列则士不事也。刑肃而俗敝,则民弗归也。是谓疵国。

"故政者君之所以藏身也。是故夫政必本于天,殽以降命。命降于社之谓殽地,降于祖庙之谓仁义,降于山川之谓兴作,降于五祀之谓制度。此圣人所以藏身之固也。

"故圣人参于天地,并于鬼神,以治政也。处其所存,礼之序也;玩其所乐,民之治也。故天生时而地生财,人其父生而师教之。四者君以正用之。故君者立于无过之地也。

"故君者,所明也,非明人者也。君者,所养也,非养人者也。君者,所事也,非事人者也。故君明人则有过,养人则不足,事人则失位。故百姓则君以自治也,养君以自安也,事君以自显也。故礼达而分定,故人皆爱其死而患其生。故用人之知去其诈,用人之勇去其怒,用人之仁去其贪。故国有患,君死社稷,谓之义;大夫死宗庙,谓之变。

"故圣人耐以天下为一家,以中国为一人者,非意之也,必知其情,辟于其义,明于其利,达于其患。然后能为之。何谓人情?喜,怒,哀,惧,爱,恶,欲,七者弗学而能。何谓

人义？父慈，子孝，兄良，弟弟，夫义，妇听，长惠，幼顺，君仁，臣忠，十者谓之人义。讲信修睦，谓之人利。争夺相杀，谓之人患。故圣人之所以治人七情，修十义，讲信修睦，尚辞让，去争夺，舍礼何以治之？饮食男女，人之大欲存焉。死亡贫苦，人之大恶存焉。故欲、恶者，心之大端也。人藏其心，不可测度也。美恶皆在其心，不见其色也，欲一以穷之，舍礼何以哉？

"故人者，其天地之德、阴阳之交、鬼神之会、五行之秀气也。故天秉阳，垂日星，地秉阴，窍于山川，播五行于四时，和而后月生也。是以三五而盈，三五而阙。五行之动，迭相竭也。五行、四时、十二月，还相为本也。五声、六律、十二管，还相为宫也。五味、六和、十二食，还相为（质）〔滑〕也。五色、六章、十二衣，还相为质也。故人者，天地之心也，五行之端也，食味、别声、被色而生者也。

"故圣人作则，必以天地为本，以阴阳为端，以四时为柄，以日星为纪，月以为量，鬼神以为徒，五行以为质，礼义以为器，人情以为田，四灵以为畜。以天地为本，故物可举也。以阴阳为端，故情可睹也。以四时为柄，故事可劝也。以日星为纪，故事可列也。月以为量，故功有艺也。鬼神以为徒，故事有守也。五行以为质，故事可复也。礼义以为器，故事行有考也。人情以为田，故人以为奥也。四灵以为畜，故饮食有由也。

"何谓四灵？麟、凤、龟、龙，谓之四灵。故龙以为畜，故鱼鲔不淰；凤以为畜，故鸟不（獝）〔裔〕；麟以为畜，故兽不狘；龟以为畜，故人情不失。

"故先王秉蓍龟，列祭祀，瘗缯，宣祝嘏辞说，设制度。故国有礼，官有御，事有职，礼有序。故先王患礼之不达于下也，故祭帝于郊，所以定天位也；祀社于国，所以列地利也；祖庙，所以本仁也；山川，所以傧鬼神也；五祀，所以本事也。故宗祝在庙，三公在朝，三老在学，王前巫而后史，卜筮瞽侑皆在左右，王中心无为也，以守至正。故礼行于郊，而百神受职焉；礼行于社，而百货可极焉；礼行于祖庙，而孝慈服焉；礼行于五祀，而正法则焉。故自郊社、祖庙、山川、五祀，义之修而礼之藏也。

"是故夫礼，必本于大一，分而为天地，转而为阴阳，变而为四时，列而为鬼神。其降曰命，其官于天也。夫礼必本于天，动而之地，列而之事，变而从时，协于分艺。其居人也曰养，其行之以货力、辞让、饮食、冠昏、丧祭、射（御）〔乡〕、朝聘。故礼义也者，人之大端也。所以讲信修睦，而固人之肌肤之会、筋骸之束也；所以养生、送死、事鬼神之大端也；所以达天道、顺人情之大窦也。故唯圣人为知礼之不可以已也。故坏国、丧家、亡人，必先去其礼。

"故礼之于人也，犹酒之有蘖也，君子以厚，小人以薄。故圣王修义之柄、礼之序，以治人情。故人情者，圣王之田也，修礼以耕之，陈义以种之，讲学以耨之，本仁以聚之，播乐以安之。故礼也者，义之实也；协诸义而协，则礼虽先王未之有，可以义起也。义者，艺之分、仁之节也。协于艺，讲于仁，得之者强。仁者，义之本也，顺之体也，得之者尊。故治国不以礼，犹无耜而耕也；为礼不本于义，犹耕而弗种也；为义而不讲之以学，犹种而弗耨也；讲之以学而不合之以仁，犹耨而弗获也；合之以仁而不安之以乐，犹获而弗食也；安

之以乐而不达于顺，犹食而弗肥也。四体既正，肤革充盈，人之肥也；父子笃，兄弟睦，夫妇和，家之肥也；大臣法，小臣廉，官职相序，君臣相正，国之肥也；天子以德为车，以乐为御，诸侯以礼相与，大夫以法相序，士以信相考，百姓以睦相守，天下之肥也。是谓大顺。大顺者，所以养生、送死、事鬼神之常也。故事大积焉而不苑，并行而不缪，细行而不失；深而通，茂而有间，连而不相及也，动而不相害也：此顺之至也。故明于顺，然后能守危也。故礼之不同也，不丰也，不杀也，所以持情而合危也。

"故圣王所以顺，山者不使居川，不使渚者居中原，而弗敝也。用水、火、金、木、饮食必时。合男女，颁爵位，必当年德。用民必顺。故无水旱昆虫之灾，民无凶饥妖孽之疾。故天不爱其道，地不爱其宝，人不爱其情。故天降膏露，地出醴泉，山出器车，河出马图，凤皇麒麟皆在郊椷，龟龙在宫沼，其余鸟兽之卵胎皆可俯而窥也。则是无故，先王能修礼以达义、体信以达顺故。此顺之实也。"

【译文】

从前孔子参与蜡祭的宾，祭事完毕后，出来到观楼上游览，不禁发出叹息。孔子的叹息，大盖是哀叹那时的鲁国。言偃在一旁问道："君子为什么还要叹息？"孔子说："大道施行的时代，以及三代英杰执政的时代，我都没能赶上，但我有志于他们那样的业绩。大道施行的时代，天下为人们共有。选择有贤德的人、推举有才能的人治理国家。讲究诚信，维护和睦。所以人们不仅仅敬奉自己的双亲，也不仅仅慈爱自己的子女，而是使老年人都能安度晚年，壮年人都能发挥作用、幼年人都能健康成长，鳏寡、孤独者和残废人都能得到抚养。男子各有其职分，女子都能出嫁成家。开发货财，只是由于不愿让它遗弃在地上，并非一定是为自己收藏；出力劳作，只是不愿让自己身上的力气无处施展，并非一定是为自己谋利。因此奸谋机诈不会兴起，盗窃和暴力行为也不会出现，家家门户对外开着，不必锁闭。这就叫'大同'社会。如今大道已经衰微，天下为一家所占有。人们各自敬奉自己的双亲，各自慈爱自己的子女。开发货财，出力劳作，都是为自己。诸侯以父子兄弟世代相传作为礼法，还修建了城廓沟池来卫护自己。把礼义作为纲纪，用以确定君臣之间的名分，加重父子之间的慈孝，融洽兄弟之间的友情，调和夫妻之间的恩爱，设立少长贵贱之间的各项制度，划分田地和居宅，推崇勇气和智慧。建立事功都是为了自己，于是谋算欺诈兴起了，刀兵武力由此产生了。禹、汤、文、武、成王、周公便是在这时出现的一些杰出人物。这六位君子没有一个不是谨慎地按照礼来办事的，他们按照礼来明确大义，考察诚信，指明过错，效法仁爱，讲求辞让，向人民展示做人的常道。如果有不照此去做的人，即使有势位也要被罢黜，众人就会视他为祸害。这样的社会就叫作'小康'社会。"

言偃又问道："礼难道真是如此紧要吗？"孔子说："礼，是先王用来遵循天道，治理人的性情的。所以离开了礼就要死，得到了礼才能生。《诗经》上说：'老鼠尚且有形体，人类怎能没有礼！做人如果没有礼，何不赶紧就去死！'所以这个礼，必定是本源于天，效法

于地,参验于鬼神,贯彻于丧、祭、射、乡、冠、婚、朝、聘等各项仪式之中。圣人用礼来昭示天下,所以天下国家才能治理得好。"

言偃又问道:"先生这样极言礼的重要,是否可以让我知道礼的具体情况呢?"孔子说:"我想考察夏代的礼,所以到杞国去,但那里的情况已不足验证;在那里我只得到一部《夏时》。我想考察殷代的礼,所以到宋国去,但那里的情况也已经不足以验证,在那里我只得到一部《坤乾》。《坤乾》的义理,《夏时》的次序,我就是根据这些材料去考察从前的礼的。礼的初期,是从饮食开始的。上古时候,人们在火石上烤谷物和小猪,在地上掏个窟窿当作盛酒之器,用手捧着喝,用土抟成鼓槌,筑起土堆充作鼓,这样也似乎可以向鬼神表达敬意。到了人死的时候,登上屋顶招魂,说:'啊!某某人你回来呀!'然后在死人嘴里放进生米,又用草苇裹着烧熟的鱼肉,为死者送行。向着天上招魂,又把死人埋在地里。躯体虽然下降入地,而灵魂却在天上飞翔。北方为阴,南方为阳,所以死者头向北,活人面朝南。所有这些礼仪,都是遵从远古的礼仪。从前先王没有宫殿和居室,冬天就居住在用土垒成的洞穴里,夏天就居住在用柴木搭成的巢巢中。还没有学会用火煮食物,生吃草木的果实和鸟兽的肉,连血也喝下去,毛也吞下去。还没有学会纺织丝麻,就穿戴鸟兽的皮毛。后来有圣人起来,然后才知道利用火的好处,用火来铸造金属、烧制泥土,建造了台榭宫室门窗,又用火烧烤烹煮食物,酿制甜酒和乳酪。又学会了纺织丝麻,制成麻布和丝绸,用来供养活人,葬送死者,敬奉鬼神和上帝。所有这些也都是从古时候传下来的。所以,祭祀时玄酒放在室内,醴和酏放在门旁,粢醍放在堂上,澄酒放在堂下。陈列着牺牲,准备好鼎俎,排列琴、瑟、管、磬、钟、鼓,拟定祝嘏之辞,用以迎接上天之神和祖先之灵的降临,并通过祭祀仪式明确君臣之位,加深父子之情,融洽兄弟关系,调剂上下感情,使夫妇各得其所。这样的祭祀,便可以说是承受到天赐之福了。制定祝辞的名号,然后先用玄酒祭神,将所杀牲畜的血毛献上,再献上盛放着牲畜生肉的俎,又献上煮得半熟的牲畜的骨体。祭祀的人踏在蒲席上,用粗布覆盖酒樽,身穿澣帛,进献醴酒和战酒,奉上烤肉和烤肝。主人和主妇交替向神进献祭祀,使祖先的灵魂得享欢乐,这就叫人与鬼神在冥冥之中会合。祭祀完毕后将祭品取下合在一处重新煮熟,然后区分犬猪牛羊的骨体,分别放入籩、笾、笾、豆、铡羹,以招待宾客和兄弟。祝辞要代表人向神表达孝敬之意,嘏辞则要表达神对人的慈爱之心。这就叫大吉大祥。这就是礼的圆满完成。"

孔子说:"真可悲哀啊!我想考察周代之礼,而周礼已经被幽王、厉王损坏了。我除开鲁国,又能到什么地方去考察呢?但是鲁国举行郊天、禘祖的仪式,都是不符合周礼的。周公制定的礼,看来真是衰微了。杞国郊天、禘禹,宋国郊天、禘契,那是因为它们是夏商两代天子的后裔,所以能保留着天子的职事。只有天子才可以祭天地,诸侯只能祭祀自己国土上的社神与稷神。祝辞和嘏辞不敢随意改变过去的常式,这才叫大吉大祥。若是祝辞、嘏辞藏在宗伯太祝、巫官史官家里,这就不合礼仪,这就叫昏暗之国。一般诸侯国用盏斝两种酒器来献尸,也不合礼仪,这就叫作僭越之君。冕冠皮弁和兵器装备藏在大夫私人的家中,也不合礼仪,这就叫威胁国君。大夫家中设立各项官职,自备了整套

祭器和乐器，不必外借，这也不合礼仪，这样的国家就叫作乱国。在国君朝廷上任职的叫作'臣'，在大夫家中任职的叫作'仆'。臣仆若是遇到父母之丧，或者是新婚者，在一年之内不服役受差遣。穿着丧服到朝廷上去，或是与家中仆人杂居一处，不分上下，这也都是不合礼仪的，这就叫君与臣共同占有国家。所以天子有田来安置他的子孙，诸侯有国家来安置他的子孙，大夫有采邑来安置他的子孙，这就叫制度。天子到诸侯国去，一定是住宿在诸侯的祖庙里，但是进去的时候如果不遵照礼籍的有关规定，不顾及该国的各项忌讳，那就叫作天子败坏法纪。诸侯若不是问候疾病，吊唁死丧，就随便进入大臣家中，就叫作君臣互相戏谑。所以说礼是国君应该掌握的关键，是用来区别嫌疑，明察毫微，接待鬼神，考正制度，决定赏罚的，是用来治理政事，稳定君权的。所以政事如果不以礼为准则，君主的地位就危险了。君位危险，大臣就要背叛，小臣就要盗窃。这时即使刑罚严肃，而世风却败坏了，这样就会法令无常。法令无常，礼节也就跟着混乱起来。礼节混乱，士人就无法行事，刑罚严酷而世风败坏，民众就不会归顺。这样的国家就叫作疵病之国了。政事，是国君用来安身的东西，所以国君的政事一定要以天为本，效法着天道来发布政令。发布于社神之祭的政令，叫作效法于地；发布于祖庙祭祀的政令，称之为仁义；发布于山川之祭的政令，叫作'兴作'；发布于'五祀'之祭的政令，就叫作'制度'。像这样施行政治，圣人用以安身的地位就稳固了。所以圣人参验于天地，仿效于鬼神，以此来治理政事。依照着天地鬼神存在的次第，便有了礼的秩序；玩味天地鬼神的喜乐，便知道民众如何治理。天有四时，地生财货；人有父母生养，有师长教育。这四个方面已经具备，人君只需恰当地运用它们。这样人君也就站在不会出差错的地位上了。所以，人君是供人效法的人，而不是效法别人的人。人君是被人供养的人，而不是供养别人的人。人君是被人服侍的人，而不是服侍别人的人。人君效法别人，就一定会有过错；供养别人，则不可能满足众人的需求；服侍别人，就要失去地位。而百姓却是效法人君来约束自己，供养人君来安定自己，服侍人君来使自己得到显贵。这样才能使礼教通达，名分确定，人人都乐于为人君献出自己的生命而耻于苟且求生。所以人君用别人的智慧，但要剔除其巧诈；用别人的勇敢，但要剔除其中的怒气；用别人的仁爱，但要剔除其贪心。当国家有患难时，人君为社稷而死，称之为合宜；大夫为宗庙而死，称之为正当。圣人所以能够把天下治理得像一家，把国中治理得像一个人，并不是凭主观臆想，而是必须懂得'人情'，通晓'人义'，明白'人利'，看清'人患'，这样才能做得到。什么叫作'人情'？喜、怒、哀、惧、爱、恶、欲，这七种不学就会的情感就是'人情'。什么叫作'人义'？父亲慈爱，儿子孝敬，兄长和悦，幼弟恭顺，丈夫守义，妻子顺从，长者惠下，幼者顺上，君主仁慈，臣子忠诚，这十个方面就是'人义'。讲究信用，维持和睦，就叫作'人利'。彼此争夺，互相残杀，就叫作'人患'。圣人用来治理七种'人情'，维护十种'人义'，讲究信用，维护和睦，崇尚礼让，消除争夺的方法，除了礼，还能用什么呢？饮食男女，是人的大欲之所在；死亡贫苦，则是人的大恶之所在。欲和恶两者就是人们心理上的大端。人们隐藏自己的心思，使别人不能猜测。美好和丑恶都藏在心中，不表现在外貌上。人君要想完

全掌握人们心中的好恶之情，除了礼，还能用什么方法呢？人，是天地造化的功德，是阴阳相交，鬼神相合的产物，是五行的精萃之气。天持阳气，垂示日月星辰的光芒；地持阴气，借山河为孔穴而吞吐呼吸。分布五行于春夏秋冬四季，四季节气调和而有十二月。所以月亮在一月之中十五日由缺而圆，十五日由圆而缺。五行的运转，依次互为终结。五行四季十二月，依次交替为本始；五声、六律、十二管，依次交替为宫声；五味、六和、十二食，依次交替为主味；五色、六章、十二衣，依次交替为主色。所以说，人是天地的心灵，是五行万物之首，品尝美味，辨别声音，披服彩色而生活着。圣人起来了，就以天地为本源，以阴阳为两端，以四季为权衡，以日星为纲纪，以月份为限量，以鬼神为徒属，以五行为材质，以礼义为工具，以人情为田地，以‘四灵’为养畜。以天地为本源，所以万物都能包罗；以阴阳为两端，所以情伪可以考察，以四季为权衡，所以农事得以劝勉；以日星为纲纪，所以事功可以有条理；以月份为度量，所以功业就有准则；以鬼神为徒属，所以职事不会失守；以五行为材质，所以工作可以循环；以礼义为工具，所以行为可以考核；以人情为田地，所以人成为主体；以四灵为养畜，所以饮食有来源。什么叫作‘四灵’？麟、凤、龟、龙，叫作‘四灵’。畜养了龙，群鱼就不会乱窜了；畜养了凤，群鸟就不会乱飞了；畜养了麟，群兽就不会乱逃了；畜养了龟，用来占卜人事，就不会有差错了。所以先王手持蓍草和龟甲，安排祭礼的事，埋币帛以祀神，宣读祝嘏辞说，建立制度，于是国家有礼仪，百官各治其事，百事各有职守，礼仪各有次序。先王担忧礼教不能普及于民众，于是祭天帝于郊，用来确定天的至尊地位；祭祀土神于国中，用来显示地给予人类的利益；祭祀祖庙，用来推行以孝为本的仁道；祭祀山川，用来接遇鬼神；举行‘五祀’，用来追本各项事功及制度之源。宗祝在宗庙，三公在朝廷，三老在学校。王者前有巫官，后有史官，卜筮之人和乐师谏官跟随在左右，王者处于中央，心思无需多用，只需恪守中正之道而已。像这样，礼施行于郊祀，天上众神就会各司其职；礼施行于社祭，各项财货资源就能为人们所用；礼施行于祖庙，孝慈之道就能被人们接受；礼施行于"五祀"，各种制度法则就会端正。所以郊、社、祖庙、山川、五祀等项祭祀，包含着丰富的意义，是各种礼仪的根本。礼的依据必定本于太一，太一分化而成为天地，运转而成为阴阳，递变而形成四时，陈列而显现为鬼神，下降到人事，便是君主的政教命令，这就是取法于天。所以礼必定以天理为本源，运转而落实到现实世界，分列为具体事项，其变化以四时为法则，符合自然的准则。体现在人身上便是理性之‘义’，借助财货物力和辞让精神来推行，具体表现为饮食、冠、婚、丧、祭、射、乡、朝、聘等项礼仪。所以说礼义是人之所以为人的根本。是用来讲求信用、维护和睦、坚固人的肌肤、约束人的筋骨的；是用来养生送死、敬奉鬼神的基本手段；是用来贯通天道和人情的根本通道。只有圣人知道礼是不能废止的，那些国破、家亡、身败名裂的人，一定是由于毁弃了礼。所以礼对于人来说，好比酿酒一定要曲。但君子品德醇厚，如浓酒；小人品德浅薄，如薄酒。因而圣人操持着‘义’的标准，制定礼的次序，来治理人情。人情就好比是圣王的田地，圣王用礼来耕耘，用‘义’来播种，用讲学的手段来养护，用仁爱的心理来收获，用音乐来使人安心接受。所以礼是义的果实，符合义就是适宜

的。因此即使在先王时代还没有的礼仪，也可以依据'义'来创制。义是区分是非的标准，又是衡量仁的尺度。符合标准的，符合仁义的，做得到就会强大。仁又是义的根源，是顺应天理人情的体现，得到了仁就会受到尊敬。治理国家不依靠礼，就好比没有用农具就去耕田；制礼而不以义为根本，就好比耕田而不播种；有了义而不学习，就好比播了种而不去锄草；学习了但不用仁来统一，就好比虽然锄了草却没有收获；统一于仁而不通过音乐来使人安心接受，就好比虽有收获却不食用；有音乐使人安心接受但不能达到"顺"的境界，就好比虽然食用，却没有使人身体健壮。四肢安然，皮肉丰满，这是个人的健壮；父子情笃，兄弟友爱，夫妻和睦，这是一家的健壮；大臣守法，小臣廉洁，官职合理安排，君臣相互督促，这是一国的健壮；天子把德行当作车辆，把乐教作为手段来驾驭，诸侯按照礼仪互相交往，大夫依照法度排列次序，士人根据信用考察功绩、百姓友好和睦共同生活，这就是天下的健壮。这也就是'大顺'的境界。'大顺'是用来养生、送死、敬奉鬼神的常道。达到了'大顺'，万物聚积也不会淤塞，诸事并起也不会错乱，细小行为不会有过失，深奥之理也会通达，茂密纷繁却能有条不紊，互相联系却又不相干扰，一同动作却不互相妨害。这便是'顺'的至上境界。明白了'顺'的含义，然后才会谨慎戒惧，守住君主的高位。礼因等级差别而有不同，该俭约的不能增添，该繁缛的不得减损。这样才可以既维持情理，又调和矛盾。圣王制礼都是因顺着天理人情，惯于山居的人不使他在水边生活，惯于水居的人不使他在中原生活，这样，人民就不会感到疲敝困乏。使用水、火、金、木以及饮食，必定按照时节。男女相配，一定按照年龄。颁发爵位，一定依据德行。使用人民一定顺应自然规律。这样就不会遭受水涝干旱螟蝗侵扰的灾害，也不会遭受凶年饥岁妖孽作怪的祸患。因此天不隐藏其道，地不隐藏其宝，人不隐藏其智慧。所以天降下甘露，地流出醴泉，山中生产物资制成器物车辆，河里有龙马背着图书出现，凤凰和麒麟也来到郊野，灵龟和神龙也可以养在官池中，其他鸟兽的幼子胎儿也任人窥视而不受惊吓。这种太平景象的实现，只是由于先王能够通过修礼来贯彻'义'的精神，以诚信的态度来顺循天理人情，因此这才是'顺'的实质。"

礼器第十

【原文】

礼器，是故大备；大备，盛德也。

礼，释回，增美质；措则正，施则行。其在人也，如竹箭之有筠也，如松柏之有心也。二者居天下之大端矣，故贯四时而不改柯易叶。故君子有礼，则外谐而内无怨。故物无不怀仁，鬼神飨德。

先王之立礼也，有本有文。忠信，礼之本也；义理，礼之文也。无本不立，无文不行。

礼也者,合于天时,设于地财,顺于鬼神,合于人心,理万物者也。是故天时有生也,地理有宜也,人官有能也,物曲有利也。故天不生,地不养,君子不以为礼,鬼神弗飨也。居山以鱼鳖为礼,居泽以鹿豕为礼,君子谓之不知礼。故必举其定国之数,以为礼之大经;礼之大伦,以地广狭;礼之薄厚,与年之上下。是故年虽大杀,众不匡惧,则上之制礼也节矣。

礼,时为大,顺次之,体次之,宜次之,称次之。尧授舜,舜授禹,汤放桀,武王伐纣,时也。《诗》云:"匪革其犹,聿追来孝。"天地之祭,宗庙之事,父子之道,君臣之义,伦也。社稷山川之事,鬼神之祭,体也。丧祭之用,宾客之交,义也。羔豚而祭,百官皆足;大牢而祭,不必有馀:此之谓称也。

诸侯以龟为宝,以圭为瑞;家不宝龟、不藏圭、不台门,言有称也。

礼有以多为贵者:天子七庙,诸侯五,大夫三,士一。天子之豆二十有六,诸公十有六,诸侯十有二,上大夫八,下大夫六。诸侯七介七牢,大夫五介五牢。天子之席五重,诸侯之席三重,大夫再重。天子崩,七月而葬,五重八翣;诸侯五月而葬,三重六翣;大夫三月而葬,再重四翣。此以多为贵也。

有以少为贵者:天子无介,祭天特牲。天子适诸侯,诸侯膳以犊。诸侯相朝,灌用郁鬯,无笾豆之荐。大夫聘礼以脯醢。天子一食,诸侯再,大夫、士三,食力无数。大路繁缨一就,次路繁缨(七)〔五〕就。圭璋特,琥璜爵。鬼神之祭单席。诸侯视朝,大夫特,士旅之。此以少为贵也。

有以大为贵者:宫室之量,器皿之度,棺椁之厚,丘封之大,此以大为贵也。

有以小为贵者:宗庙之祭,贵者献以爵,贱者献以散;尊者举觯,卑者举角。五献之尊,门外缶,门内壶,君尊瓦甒。此以小为贵也。

有以高为贵者:天子之堂九尺,诸侯七尺,大夫五尺,士三尺。天子、诸侯台门。此以高为贵也。

有以下为贵者:至敬不坛,扫地而祭;天子、诸侯之尊废禁,大夫、士棜禁。此以下为贵也。

礼有以文为贵者:天子龙衮,诸侯黼,大夫黻,士玄衣纁裳。天子之冕朱绿藻,十有二旒,诸侯九,上大夫七,下大夫五,士三。此以文为贵也。

有以素为贵者:至敬无文,父党无容,大圭不琢。大羹不和,大路素而越席。牺尊疏布幂。樿杓。此以素为贵也。

孔子曰:"礼不可不省也。"礼,不同、不丰、不杀,此之谓也。盖言称也。

礼之以多为贵者,以其外心者也。德发扬,诩万物,大理物博。如此则得不以多为贵乎?故君子乐其发也。礼之以少为贵者,以其内心者也。德产之致也精微,观天下之物无可以称其德者。如此则得不以少为贵乎?是故君子慎其独也。古之圣人,内之为尊,外之为乐;少之为贵,多之为美。是故先王之制礼也,不可多也,不可寡也,唯其称也。

是故君子大牢而祭,谓之礼;匹士大牢而祭,谓之攘。管仲镂簋、朱纮,山节、藻棁,君

子以为滥矣。晏平仲祀其先人,豚肩不掩豆,浣衣濯冠以朝,君子以为隘矣。是故君子之行礼也,不可不慎也。众之纪也,纪散而众乱。孔子曰:"'我战则克,祭则受福。'盖得其道矣。"

君子曰:"祭祀不祈,不麾蚤,不乐葆大。不善嘉事。牲不及肥大。荐不美多品。"

孔子曰:"臧文仲安知礼?夏父弗綦逆祀,而弗止也。燔柴于奥。夫奥者,老妇之祭也,盛于盆,尊于瓶。"

礼也者,犹体也。体不备,君子谓之不成人。设之不当,犹不备也。礼有大,有小,有显,有微。大者不可损,小者不可益,显者不可掩,微者不可大也。故经礼三百,曲礼三千,其致一也,未有入室而不由户者。

君子之于礼也,有所竭情尽慎,致其敬而诚若;有美而文而诚若。君子之于礼也,有直而行也,有曲而杀也,有经而等也,有顺而讨也,有㩧而播也,有推而进也,有放而文也。有放而不致也,有顺而摭也。三代之礼,一也,民共由之。或素或青,夏造殷因。

(夏立尸而卒祭。殷坐尸;)周坐尸,诏侑(武)〔无〕方,其礼亦然。其道一也。(夏立尸而卒祭,殷坐尸,)周旅酬六尸。曾子曰:"周礼其犹醵与?"

君子曰:礼之近人情者,非其至者也。郊血,大飨腥,三献爓,一献孰。是故君子之于礼也,非作而致其情,此有由始也。是故七介以相见也,不然则已悫;三辞三让而至,不然则已蹙。故鲁人将有事于上帝,必先有事于頖宫;晋人将有事于河,必先有事于恶池;齐人将有事于泰山,必先有事于配林。三月系,七日戒,三日宿,慎之至也。故礼有摈诏,乐有相步,温之至也。

礼也者,反本(修)〔循〕古,不忘其初者也。故凶事不诏,朝事以乐;醴酒之用,玄酒之尚;割刀之用,鸾刀之贵;莞簟之安,而稿鞂之设。是故先王之制礼也,必有主也,故可述而多学也。

君子曰:"无节于内者,观物弗之察矣;欲察物而不由礼,弗之得矣。"故作事不以礼,弗之敬矣;出言不以礼,弗之信矣。故曰:礼也者,物之致也。

是故昔先王之制礼也,因其财物而致其义焉尔。故作大事必顺天时,为朝夕必放于日月。为高必因丘陵,为下必因川泽。是故天时雨泽,君子达亹焉。

是故昔先王尚有德,尊有道,任有能,举贤而置之,聚众而誓之。是故因天事天,因地事地,因名山升中于天,因吉土以飨帝于郊。升中于天,而凤皇降,龟龙假;飨帝于郊,而风雨节,寒暑时。是故圣人南面而立,而天下大治。

天道至教,圣人至德。庙堂之上,罍尊在阼,牺尊在西。庙堂之下,县鼓在西,应鼓在东。君在阼,夫人在房。大明生于东,月生于西。此阴阳之分,夫妇之位也。君西酌牺象,夫人东酌罍尊,礼交动乎上,乐交应乎下,和之至也。

礼也者,反其所自生;乐也者,乐其所自成。是故先王之制礼也以节事,修乐以道志。故观其礼乐,而治乱可知也。蘧伯玉曰:"君子之人达。"故观其器而知其工之巧,观其发而知其人之知。故曰:君子慎其所以与人者。

大庙之内敬矣！君亲牵牲，大夫赞币而从。君亲制祭，夫人荐盎。君亲割牲，夫人荐酒。卿大夫从君，命妇从夫人，洞洞乎其敬也！属属乎其忠也，勿勿乎其欲其飨之也。纳牲诏于庭，血毛诏于室，羹定诏于堂。三诏皆不同位，盖道求而未之得也。设祭于堂，为祊乎外。故曰："于彼乎？于此乎？"

一献质，三献文，五献察，七献神。

大飨其王事与？三牲鱼腊，四海九州之美味也；笾豆之荐，四时之和气也。内金，示和也；束帛加璧，尊德也。龟为前列，先知也；金次之，见情也。丹、漆、丝、纩、竹、箭，与众共财也。其馀无常货，各以其国之所有，则致远物也。其出也，《肆夏》而送之，盖重礼也。

祀帝于郊，敬之至也；宗庙之祭，仁之至也；丧礼，忠之至也；备服器，仁之至也；宾客之用币，义之至也。故君子欲观仁义之道，礼其本也。

君子曰："甘受和，白受采；忠信之人，可以学礼。苟无忠信之人，则礼不虚道。是以得其人之为贵也。"

孔子曰："诵诗三百，不足以一献。一献之礼，不足以大飨。大飨之礼，不足以大旅。大旅具矣，不足以飨帝。""毋轻议礼！"

子路为季氏宰。季氏祭，逮暗而祭；日不足，继之以烛。虽有强力之容，肃敬之心，皆倦怠矣。有司跛倚以临祭，其为不敬大矣！他日祭，子路与。室事交乎户，堂事交乎阶。质明而始行事，晏朝而退。孔子闻之曰："谁谓由也而不知礼乎？"

【译文】

礼的功用充分发展，礼才能至于完备；而礼的完备，正是德行完善的表现。礼可以去除邪恶，增进人的本质之美；用之于身，可以使人正直；运用于事，则无所不达。礼对于人来说，好比竹箭有了皮，可以修饰其外；又好比松柏有了心，可以坚固其内。这外内两个方面，正是天下万物的大本。有了大本，所以就能历经春夏秋冬而不改变其枝叶的茂盛。君子如果有了礼，就能与外界和谐相处，而内心也无所怨恨。于是天下万物都把仁爱之名赠送给他，连鬼神也来歆飨他的美德。

先王制定礼，既有根本原则，又有外表的文采。忠信，是礼的根本；义理，是礼的文采。没有根本，礼不能成立；没有文采，礼无法施行。礼，符合天时，配合地利，顺应鬼神，符合人心，使万物各明其理。四时有不同的生物，土地有不同的物产，人体各有不同的官能，万物有不同的用途。凡是天不生、地不长的东西，君子是不会用来行礼的，因为鬼神也不会享用。居住在山中，却用产于水里的鱼鳖来行礼；居住在水滨，却用产于山里的鹿豕来行礼——这样做，君子认为是不知礼。所以一定要根据国内物产的多少，制定礼的法度。礼的大体，要视一国土地的广狭而定；礼的厚薄，要依据一年收成的好坏而定。这样，即使在年成很不好的时候，民众也不会忧虑畏惧。这样做，在上的人制定礼制就是有分寸的。

制礼的原则：首先要适应时代，其次要顺乎伦常，再次要适合于对象，再次要合于事

宜,再次要与身份相称。尧传位给舜,舜传位给禹;商汤放逐夏桀,武王讨伐商纣,这些都是适应不同的时代。《诗经》上说:"并非急于施用谋略,而是追怀先人的功业,显示自己的孝心。"意思就是说迫于时势,不得不这样做。王者祭祀天地,宗庙里祭祀祖先,父子之间的道德,君臣之间的大义,这些就是礼所顺应的伦常。对社稷、山川、鬼神的祭祀,要适合不同的对象。丧葬祭祀及宾客交往所需的费用,必须合于事宜。大夫及士的祭祀,仅用一只羔羊,一头小猪,看似微薄,却也足够参加祭祀的人分享;天子诸侯的祭祀,用牛、羊、豕三牲,看似丰盛,但也不会多余浪费,这便是与身份相称!诸侯可以收藏龟甲和圭璧,当作吉祥宝物,而大夫家中却不可收藏龟甲、圭璧,也不可像天子、诸侯那样筑起台门。这就是说礼与身份要相称。

礼仪有的是以多为尊贵。如天子有七所祖庙,诸侯有五所,大夫有三所,士只有一所。又如,天子的豆馔,有二十六个,公爵有十六个,诸侯有十二个,上大夫有八个,下大夫有六个。诸侯出聘,带有七个副员,主国馈以七大牢;大夫奉诸侯之命出聘则只带六个副员,主国馈六大牢。天子的坐席有五层,诸侯的坐席有三层,大夫只有两层。天子去世,七个月以后才下葬,葬时,茵和抗木各用五重,翣用八个。诸侯去世,五个月后便下葬,葬时用三重、六翣。大夫去世,三个月便下葬,葬时,用两重、四翣。这就是以多为尊贵。

但也有以少为尊贵的:如天子出巡,不设副员。最隆重的祭天仪式,却只用一头牛。天子来到诸侯国,诸侯也只用一头牛犊招待。又如诸侯相互朝聘,只用郁鬯相献,不摆设笾豆;而大夫来聘,却用脯醢款待。又如用餐时,天子一食便告饱,诸侯则两食,大夫和士三食,而从事体力劳动的下等人则可以不计数。祭天所用的大车,只用一圈繁缨来装饰马匹;而平常杂事所用的车马却用七圈,圭璋是玉中最贵重的,因而进献时可以单独进献;而次一等的琥璜,则需在进爵时一道进献。祭祀鬼神却只用一层席。又如诸侯临朝时,对大夫须个别地行拜见之礼,而对士则向众人行一次拜见之礼。这些都是以少为尊贵。

礼仪有的是以大为尊贵的。比如宫室的规模,器皿的规格,棺椁的厚薄,坟丘的大小,这些都以大为尊贵。但也有以小为尊贵的。如宗庙祭祀时,贵者用很小的爵来献尸,贱者却用很大的散;尸入以后,尊者举起较小的觯,卑者举起较大的角。"五献"放置酒器的方法,是把最大的盛酒器缶置于门外,较大的壶置于门内,而君侯与宾用的是较小的瓦觯,置于堂上。这些就是以小为尊贵。

礼仪有的是以高为尊贵的。如天子的堂阶高九尺,诸侯的七尺,大夫的五尺,士的只有三尺。只有天子和诸侯才可以筑起高高的台门。这些就是以高为尊贵。但也有的以低为尊贵。如郊祀祭天燔柴是致敬的礼仪,但却并不登坛,只是在坛下扫地而祭。天子诸侯放置酒樽不用禁,而大夫和士却把酒器置于不同高度的案架上。这些都是以低为尊贵的。

礼仪有的以文饰为尊贵。如天子的礼服绘有龙纹,诸侯礼服以黼为饰,大夫礼服以

黻为饰,而士只穿上黑下绛的衣服。天子的冕有朱绿二色的花纹,又用十二条旒来装饰。诸侯则有九条旒,上大夫七条,下大夫五条,士三条。这些都是以文饰为尊贵的,但也有以朴素为尊贵的。如祭天时袭裘服而不见文采,在父亲面前不必讲究繁文缛节。上等的圭玉不加雕琢,上等的羹汤不加调料,祭天的大车朴素无华,只铺着蒲席,牺尊用粗布覆盖,杓是用白色的木料制成的,这些都是以朴素为尊贵的。

孔子说:"礼不可不加审察。各种礼不可混同,不可增添,也不可减少。"这就是说要做到相称。礼仪中以多为贵的,是因为那些是关于心外之物的。王者的德行发扬于外,普施于万物,治理天下,使万物丰盛。像这样,难道能不以多为尊贵吗?所以君子乐于发扬于外啊!礼仪中以少为贵的,是因为那些是关系到内心之德的。德的产生是极其细致精微的,看天下之物虽多,但没有一样是可以和内心的德相比的。要表达内心之德,怎能不以少为尊贵呢?所以君子要慎审自己内心的虔诚。古代的圣人,既尊重内心的诚德,又喜爱外在的文饰;既重视少的真诚,又赞美多的展示。所以先王制礼,该少的不可多,该多的不可少,只求达到相称。

所以卿大夫用太牢祭祀,是合于礼的;而士若是用太牢来祭祀,就等于是盗窃。管仲在他的祭器上雕刻精美的花纹,冠冕上配以天子才用的红色系带,又在斗拱上刻山,短柱上刻藻。君子认为他这种过分的行为超出了大夫之礼。而晏平仲在祭祀祖先时,只用一只小猪腿,小得盖不满碗,而且穿着洗过多次的旧衣帽去上朝。君子认为他的行为过于节俭,也是不合于礼。所以君子行礼不可不慎重,因为礼是众人的纲纪。纲纪涣散,众人就乱了。孔子说:"我战则得胜,祭则得福。"大概就是因为他懂得礼要相称的道理。

君子认为:"祭祀时不可把祈求福佑当作目的,不可求早求快。仪式的规模不可一味求大,不可特别偏爱喜庆礼仪。牲的规格并非越肥大越好,供品的种类也不是越多越好。"孔子说:"臧文仲哪里懂得礼啊?夏父弗綦颠倒祭祀的次序,他也不制止。而且在灶神面前进行燔柴之祭。祭灶神是老妇人的事,只需用盆来盛供品,用瓶来盛酒浆就可以了。"

礼,就好比是人的身体,身体不完备,君子就称之为不完善的人。礼安排得不适当,那就与不完善的人一样。礼仪有的是大礼,有的是小礼,有的礼的意义是明显的,有的礼是微妙的。该大的礼不可缩小,该小的礼不可扩大;明显的不必掩盖,微妙的不必张扬。礼的纲要有三百,礼的细目有三千,而最终都要归结到一个诚字。这就像人要进屋,不可不经过门一样。君子对于礼,是竭尽情感和诚心的,表达内心的敬意是出于诚,完成外在的美好文饰也是出于诚。君子对于礼,有的直接顺着自己的情感而实行,有的则要克制自己才能实行,有的是不分贵贱一律等同的,有的却是从尊到卑、顺次减损的,有的是除其上者而及于下者的,有的却是自下而上、逐级推进的,有的是向上仿效而更加文饰的,有的却是向上仿效、但不可以达到的,还有的是下级顺次拾取上级的礼仪的。

夏商周三代的礼,本质上是一样的,为民众所共同遵循。而形式上,有的以素白色为贵,有的以青黑色为贵。夏代开始创立,殷代有所因循。如夏代的尸无事时站着,直到祭

祀结束。殷代则无事有事，尸总是坐着。周代的尸也是坐着，至于告尸、劝尸无常规，三代也是这样，因为所依据的道理是相同的。周代还把六庙之尸聚集到太庙，一起互相酬酢。所以曾子说："周代的礼，就像众人凑钱喝酒吧！"

君子认为：礼仪中与现在人情相近的内容，倒反而不是至上的礼。比如祭天用血，大飨用生肉，"三献"用半生不熟的肉，一献才用熟肉。所以君子对于礼，并不只为表达情感的需要而随意创作，而是从古代有所继承的。诸侯相见，一定要有七名"介"来协助宾方行礼，不这样就显得太简单直率了。相见时，主客要三请三让，然后才进入府中，不这样就显得太急迫了。所以鲁国人将要祭上帝，一定先在泮宫里禀告；晋国人将要祭黄河，必定先祭较小的滹沱河；齐国人将要祭泰山，必定先祭较小的配林。祭祀前三个月，就要把牲畜系在牢中做好准备，前七天便开始半斋戒状态，前三天实行严格斋戒。真是极其谨慎啊！行礼，必须有司仪，乐师必须有人扶持引路，真是极其温文尔雅、从容不迫啊！

所谓礼，是要使人返回人的本心，追念远古，不忘自己的祖先。所以凶丧之事，不必诏告，人们自然会哀痛；朝廷聚会，演奏音乐，人们自然欢乐。现在人们饮用的是甘甜的醴酒，但祭祀时却尊尚古人的清水酒；有锋利的快刀可以使用，而祭祀时却以古人粗笨的鸾刀为贵；有了舒服的莞簟之席，而祭祀时却用古人的草垫子。这就是追念远古，不忘祖先的表示。所以先王制礼，一定是有着源于本心或继承先古的意思，后人也可以追述而学习。君子说："内心没有礼的标准，观察事物就不明了了。观察事物不通过礼是不行的，做事不按照礼是不恭敬的，说话不符合礼是不可信的。所以说，礼是一切事物的准则。"

所以过去先王制礼，是顺着自然物质来表达礼的意义的。举行祭祀一定符合天时；朝日和夕月的安排，必然根据日月的运行。就好比筑高必须凭借丘陵，掘地必须凭借河泽。所以当天时调和、雨露滋润的时候，君子也就更加勤勉。所以过去先王崇尚有德的人，尊敬有道的人，重用有能的人，举拔贤人，安置职位。把众人聚集起来，宣誓告诫。于是借天生之物以祭天，借地产之物以祭地。登上名山，举行封禅之礼，选择吉地，郊祀天帝。登山封禅，于是凤凰来仪，龟龙皆至；郊祀天帝，于是风调雨顺，寒暑得时；这样，圣人只要南面而立，天下也就太平了。

天道是礼教的最高法则，而圣人则具有最高的德行。庙堂之上，疊尊置于东阶，牺尊象尊置于西阶。庙堂之下，大鼓置于西面，小鼓置于东面。国君站在东阶，夫人立在东房。这就象征着太阳从东方升起，新月在西方出现。这便是阴阳的区别，夫妇的位置。然后国君来到西阶从牺尊象尊中酌酒，而夫人则来到东阶从疊尊中酌酒。当堂上在进行象征阴阳交动的礼仪时，堂下东西两边的鼓乐也交相呼应。这真是和谐到极点啊！

制礼就要追溯产生礼的本源，作乐则是表达对礼教完成的喜悦。先王制礼，用来节制人们的行为；而修乐则是要引导人们的情志。所以观察一国的礼乐，便可以知道其治乱的情况。蘧伯玉说："君子是达观明察的。"所以观察器物，便能知道工匠的巧拙；观察其外在的表现，便能知道那个人的内在智慧。所以说：君子对于用来跟人交接的礼乐，一定要十分谨慎。

太庙之内是多么恭敬！君王亲自将牲牵入，大夫协助国君持着币帛跟随在后。君王亲自制祭，夫人献上盎齐之酒。然后君王又亲自割取牲体，夫人再次献酒。卿大夫们跟随着国君，命妇们跟随着夫人，诚心而又恭敬，专心而又忠诚，十分勤勉地一献再献，希望祖先们来歆享。牵牲入庙时，在庭中向神禀告；荐血毛时，在室内察告；荐熟食时，在堂上禀告。三次禀告不在同一个地方，表示求神而不敢肯定神在哪里。正祭设在堂上，而祊祭却设在门外，好像是在问："神在哪里啊？神在这里吗？"一献之礼还比较质朴粗略，三献则稍加文饰，五献就更加显盛，七献之礼就好像神真的在眼前了。

太祖庙中的大飨之礼只有天子才能举行吧！祭祀用的三牲鱼腊，收集了四海五洲的美味；笾豆中盛放的供品，包罗了四季和气的产物。四方诸侯的贡金，显示着天子和诸侯们的和睦融洽；贡献的币帛加上玉璧，表示对于美德的尊重；贡品排列的次序以龟在最前，因为龟可以占卜吉凶，预知未来；金放在第二位，因为金可以用来照见物情。再次是丹砂、油漆、蚕丝、绵絮、竹箭，表示天子与民众同享这些日用财物。其余贡品则没有固定品种，都是各国就其所有而贡献的特产，显示着天子能够招致远方之物。诸侯礼毕而出，便奏起《陔夏》为他们送别，显示礼节的隆重。在郊外祭祀天帝，体现着最高的崇敬；宗庙祭祀，体现着极端的仁爱；丧礼，体现着极端的忠心；服器的完备，表现了对死者极大的孝敬；宾客前来赠送币帛，体现了极高的道义。所以，君子要观察仁义之道，礼就是根本的依据。

君子说："甘味可以用来调和五味，白色可以用来绘上五色；忠信的人，才可以学礼。如果没有忠信的人，那么礼也不会凭空实行。所以得到可以实行礼的人是十分可贵的。"孔子说："纵使能诵读《诗三百》，但却未必能承担一献之礼。懂得了一献之礼，却还不足以承担大飨之礼。懂得了大飨之礼，却还不足以承担大旅之礼。懂得了大旅之礼，却还不足以祭祀上帝。所以切不可轻率地议论礼。"

子路做季桓子的家宰。过去季氏举行庙祭，天未亮就开始，忙了一天还没完，又点起蜡烛继续干。即使是身强力壮，有虔诚恭敬之心的人，也都疲惫不堪了。以至于管事的人拖着腿歪歪倒倒地执掌祭事，简直是不大敬啊！后来有一次子路参与庙祭，室事在门口交接，堂事在阶下交接。天亮开始祭祀，傍晚便结束，孔子听到这件事，说道："谁能说子路不懂得礼呢？"

郊特牲第十一

【原文】

郊特牲，而社稷大牢。天子适诸侯，诸侯膳用犊。诸侯适天子，天子赐之礼大牢。贵诚之义也，故天子牲孕弗食也，祭帝弗用也。

大路繁缨一就,先路三就,次路五就。

郊血,大飨腥,三献爓,一献孰。至敬不飨味,而贵气臭也。诸侯为宾,灌用郁鬯。灌用臭也,大飨尚腵脩而已矣。

大飨,君三重席而酢焉。三献之介,君专席而酢焉。此降尊以就卑也。

飨(禘)〔礿〕有乐,而食尝无乐,阴阳之义也。凡饮,养阳气也。凡食,养阴气也。故春(禘)〔礿〕而秋尝,春飨孤子,秋食耆老,其义一也,而食尝无乐。饮,养阳气也,故有乐。食,养阴气也,故无声。凡声,阳也。

鼎俎奇而笾豆偶,阴阳之义也。笾豆之实,水土之品也,不敢用亵味而贵多品,所以交于旦明之义也。

宾入大门而奏《肆夏》,示易以敬也。卒爵而乐阕,孔子屡叹之。奠酬而工升歌,发德也。歌者在上,匏竹在下,贵人声也。乐由阳来者也,礼由阴作者也,阴阳和而万物得。

旅币无方,所以别土地之宜,而节远迩之期也。龟为前列,先知也。以钟次之,以和居参之也。虎豹之皮,示服猛也。束帛加璧,往德也。

庭燎之百,由齐桓公始也。大夫之奏《肆夏》也,由赵文子始也。

朝觐,大夫之私觌非礼也。大夫执圭而使,所以申信也;不敢私觌,所以致敬也。而庭实私觌,何为乎诸侯之庭?为人臣者无外交,不敢贰君也。

大夫而飨君,非礼也。大夫强而君杀之,义也(由三桓始也)。天子无客礼,莫敢为主焉。君适其臣,升自阼阶,不敢有其室也。

觐礼,天子不下堂而见诸侯。下堂而见诸侯,天子之失礼也,由夷王以下。

诸侯之宫县,而祭以白牡,击玉磬,朱干设钖,冕而舞《大武》,乘大路,诸侯之僭礼也。台门而旅树,反坫,绣黼丹朱中衣,大夫之僭礼也。

故天子微,诸侯僭;大夫强,诸侯胁;于此相贵以等,相觌以货,相赂以利,而天下之礼乱矣。诸侯不敢祖天子,大夫不敢祖诸侯,而公庙之设于私家,非礼也,由三桓始也。

天子存二代之后,犹尊贤也。尊贤不过二代。

诸侯不臣寓公,故古者寓公不继世。

君之南乡,答阳之义也。臣之北面,答君也。大夫之臣不稽首,非尊家臣,以辟君也。

大夫有献弗亲,君有赐不面拜,为君之答己也。

乡人禓。孔子朝服立于阼,存室神也。

孔子曰:"射之以乐也,何以听?何以射?"孔子曰:"士,使之射,不能则辞以疾。县弧之义也。"

孔子曰:"三日齐,一日用之,犹恐不敬。二日伐鼓,何居?"

孔子曰:"绎之于库门内,祊之于东方,朝市之于西方,失之矣。"

社祭土而主阴气也,君南乡于北墉下,答阴之义也。日用甲,用日之始也。天子大社,必受霜露风雨,以达天地之气也。是故丧国之社屋之,不受天阳也;薄社北牖,使阴明也。

社,所以神地之道也。地载万物,天垂象。取财于地,取法于天,是以尊天而亲地也,故教民美报焉。家主中霤,而国主社,示本也。唯为社事,单出里;唯为社田,国人毕作;唯社,丘乘共粢盛:所以报本反始也。

季春出火,为焚也。然后简其车赋而历其卒伍,而君亲誓社,以习军旅,左之右之,坐之起之,以观其习变也。而流示之禽,而盐诸利,以观其不犯命也。求服其志,不贪其得。故以战则克,以祭则受福。

天子适四方,先柴。

郊之祭也,迎长日之至也,大报天而主日也。兆于南郊,就阳位也。扫地而祭,于其质也。器用陶匏,以象天地之性也。于郊,故谓之郊。牲用骍,尚赤也;用犊,贵诚也。

郊之用辛也。周之始郊,日以至。

卜郊,受命于祖庙,作龟于祢宫,尊祖亲考之义也。卜之日,王立于泽,亲听誓命,受教谏之义也。献命库门之内,戒百官也。大庙之命,戒百姓也。

祭之日,王皮弁以听祭报,示民严上也。丧者不哭,不敢凶服,泛扫反道,乡为田烛。弗命而民听上。

祭之日,王被衮以象天;戴冕璪十有二旒,则天数也;乘素车,贵其质也;旂十有二旒,龙章而设日月,以象天也。天垂象,圣人则之,郊所以明天道也。

帝牛不吉,以为稷牛。帝牛必在涤三月,稷牛唯具,所以别事天神与人鬼也。

万物本乎天,人本乎祖,此所以配上帝也。郊之祭也,大报本反始也。

天子大蜡八。伊耆氏始为蜡。蜡也者,索也;岁十二月,合聚万物而索飨之也。蜡之祭也,主先啬而祭司啬。祭百种,以报啬也。

飨农及邮表畷、禽兽,仁之至,义之尽也。古之君子,使之必报之。迎猫,为其食田鼠也。迎虎,为其食田豕也。迎而祭之也。

祭坊与水庸,事也。曰:"土反其宅,水归其壑,昆虫毋作,草木归其泽。"

皮弁素服而祭。素服,以送终也。葛带榛杖,丧杀也。蜡之祭,仁之至,义之尽也。黄衣黄冠而祭,息田夫也。野夫黄冠。黄冠,草服也。

大罗氏,天子之掌鸟兽者也。诸侯贡属焉,草笠而至,尊野服也。罗氏致鹿与女,而诏客告也,以戒诸侯曰:"好田、好女者亡其国。"

天子树瓜华,不敛藏之种也。八蜡,以记四方。四方年不顺成,八蜡不通,以谨民财也。顺成之方,其蜡乃通,以移民也。既蜡而收,民息已,故既蜡君子不兴功。

恒豆之菹,水草之和气也;其醢,陆产之物也。加豆,陆产也;其醢,水物也。笾豆之荐,水土之品也,不敢用常亵味而贵多品,所以交于神明之义也,非食味之道也。

先王之荐可食也,而不可耆也。卷冕路车,可陈也,而不可好也。《武》,壮而不可乐也。宗庙之威,而不可安也。宗庙之器,可用也,而不可便其利也。所以交于神明者,不可以同于所安乐之义也。

酒醴之美,玄酒明水之尚,贵五味之本也。黼黻文绣之美,疏布之尚,反女功之始也。

莞簟之安,而蒲越、稾鞂之尚,明之也。大羹不和,贵其质也。大圭不琢,美其质也。丹漆雕几之美,素车之乘,尊其朴也。贵其质而已矣,所以交于神明者,不可同于所安亵之甚也,如是而后宜。

鼎俎奇而笾豆偶,阴阳之义也。黄目,郁气之上尊也。黄者,中也;目者,气之清明者也;言酌于中而清明于外也。

祭天,扫地而祭焉,于其质而已矣。醯醢之美,而煎盐之尚,贵天产也。割刀之用,而鸾刀之贵,贵其义也,声和而后断也。

冠义:始冠之,缁布之冠也。大古冠布,齐则缁之。其緌也,孔子曰:"吾未之闻也。"冠而敝之可也。适子冠于阼,以著代也;醮于客位,加有成也;三加弥尊,喻其志也;冠而字之,敬其名也。委貌,周道也。章甫,殷道也。毋追,夏后氏之道也。周弁,殷冔,夏收,三王共皮弁素积。

无大夫冠礼,而有其昏礼。古者五十而后爵,何大夫冠礼之有? 诸侯之有冠礼,夏之末造也。

天子之元子,士也。天下无生而贵者也。继世以立诸侯,象贤也。以官爵人,德之杀也。

死而谥,今也。古者生无爵,死无谥。

礼之所尊,尊其义也。失其义,陈其数,祝史之事也。故其数可陈也,其义难知也;知其义而敬守之,天子之所以治天下也。

天地合,而后万物兴焉。夫昏礼,万世之始也。取于异姓,所以附远厚别也。

币必诚,辞无不腆,告之以直信。信,事人也。信,妇德也。壹与之齐,终身不改,故夫死不嫁。

男子亲迎,男先于女,刚柔之义也。天先乎地,君先乎臣,其义一也。

执挚以相见,敬章别也。男女有别,然后父子亲;父子亲,然后义生;义生,然后礼作;礼作,然后万物安。无别无义,禽兽之道也。

婿亲御授绥,亲之也。亲之也者,亲之也。敬而亲之,先王之所以得天下也。出乎大门而先,男帅女,女从男,夫妇之义由此始也。

妇人,从人者也,幼从父兄,嫁从夫,夫死从子。夫也者,夫也。夫也者,以知帅人者也。玄冕齐戒,鬼神阴阳也。将以为社稷主,为先祖后,而可以不致敬乎?

共牢而食,同尊卑也;故妇人无爵,从夫之爵,坐以夫之齿。器用陶匏,尚礼然也。三王作牢,用陶匏。

厥明(妇盥馈),舅姑卒食。妇馂馀,私之也。舅姑降自西阶,妇降自阼阶,授之室也。

昏礼不用乐,幽阴之义也。乐,阳气也。昏礼不贺,人之序也。

有虞氏之祭也,尚用气。血、腥、爓,祭用气也。殷人尚声:臭味未成,涤荡其声;乐三阕,然后出迎牲。声音之号,所以诏告于天地之间也。周人尚臭:灌用鬯臭,郁合鬯,臭阴达于渊泉。灌以圭璋,用玉气也;既灌,然后迎牲,致阴气也。萧合黍稷,臭阳达于墙屋,

故既奠,然后焫萧合(膻)〔馨〕芗。凡祭,慎诸此。魂气归于天,形魄归于地,故祭求诸阴阳之义也。殷人先求诸阳。周人先求诸阴。

诏祝于室,坐尸于堂,用牲于庭,升首于室。直祭祝于主,索祭祝于祊。不知神之所在,于彼乎? 于此乎? 或诸远人乎? 祭于祊,尚曰求诸远者与?

祊之为言倞也。肵之为言敬也。富也者,福也。首也者,直也。相,飨之也。嘏,长也,大也。尸,陈也。毛、血,告幽全之物也;告幽全之物者,贵纯之道也。血祭,盛气也。祭肺肝心,贵气主也。祭黍稷加肺,祭齐加明水,报阴也。取膟膋燔燎,升首,报阳也。明水涗齐,贵新也。凡涗,新之也。其谓之明水也。由主人之絜著此水也。

君再拜稽首,肉袒亲割,敬之至也。敬之至也,服也。拜,服也。稽首,服之甚也。肉袒,服之尽也。

祭称“孝孙孝子”,以其义称也;称“曾孙某”,谓国家也。祭祀之相,主人自致其敬、尽其嘉,而无与让也。腥、肆、焫、腍祭,岂知神之所飨也? 主人自尽其敬而已矣。

举斝角,诏妥尸。古者尸无事则立,有事而后坐也。尸,神象也。祝,将命也。

缩酌用茅,明酌也。醆酒涗于清,汁献涗于醆酒,犹明、清与醆酒于旧泽之酒也。

祭有祈焉,有报焉,有由辟焉。

齐之玄也,以阴幽思也,故君子三日齐,必见其所祭者。

【译文】

郊祀祭天时用一头牛,而祭祀土神和谷神时要用牛、羊、猪三牲。天子到诸侯国,诸侯供膳只用一头小牛。而诸侯朝见天子,天子设宴则用牛、羊、猪三牲。这是因为尊重真诚之心的缘故。所以天子不吃怀孕的牲畜,祭祀上帝也不用怀孕的牲畜。

祭祀所乘用的车是大路,驾车的马,只有一条马缨;其次是先路,驾车的马有三条马缨;再次是次路,驾车的马则有五条马缨。

郊祀祭天用牲血,宗庙大祭供奉生肉,祭祀土神和谷神用半熟的肉,只有祭祀小神才用熟肴。表达最崇高的敬意,不必用佳美的滋味,而以食物的强烈气味为贵。诸侯朝见天子,天子敬以郁鬯,因为郁鬯有香气;行飨礼时,最先上的菜是有姜桂香味的干肉。

诸侯之间互相聘问,举行大飨礼时,国君互相敬酒,可以坐在三重席上。如果向来聘的副使敬酒,就要把三重席减为单席。这是降低自己的身份以接近身份较低的对方。

春夏举行飨礼、祭祀祖先时,都有音乐伴奏,而秋冬举行食礼、祭祀祖先时,都不用音乐。这是因为它们所属阴阳不同。凡是饮酒,都是为了保养阳气;凡是吃饭,则是为了扶持阴气。所以春夏举行禘祭,秋冬举行尝祭;春天用飨礼招待孤子,秋天用食礼招待耆老,也是因为其时所属阴阳不同。为什么飨礼和禘祭有音乐而食礼和尝祭没有音乐呢? 饮酒为增强阳气,所以用音乐助兴。而吃饭为了养护阴气,就不宜有乐声了,凡是乐声都属阳。

祭祀和宴会上所用的鼎和俎的数目都是单数的,而笾和豆的数目都是双数的,这也

是取"阴""阳"相配之义。笾和豆里边盛的食物,都是生长在水中或陆地上的东西。祭祀不敢用味美可口品类繁多的食品,因为祭祀的食物是用来供奉神灵的。

举行飨、宴时,宾走进大门,就开始奏《肆夏》的乐章,这是表示主人和善有敬意。到主人把杯中的酒饮完,乐曲正好奏完。孔子对这种礼乐配合的情况,曾多次赞叹。主人斟好酒准备劝众宾客同饮时,歌唱的人便登堂歌唱,这是颂扬主人的德行。唱歌的人在堂上,伴奏的乐工在堂下,这是尊重人声的缘故。乐曲是有声音可以听见的,属阳;而礼仪是人的德行的外部表现,属阴。所以人的礼仪行止要与乐曲的节拍一致,这就是阴阳配合协调,阴阳配合协调,才能使万物得宜。

四方各国诸侯朝聘所贡的众多礼物,其品种没有具体规定,视各国所产物品而定,各国的朝聘次数也要根据距离远近而定。把礼物陈列在庭中时,要把龟甲放在最前面,因为它能卜知未来。所贡的金属放在龟甲的后面,因为金属铸钟可以协调礼仪,所以放在龟甲和其他礼物的中间。礼物中的虎皮和豹皮,是表示天子威德能降服凶猛。用束帛加上璧玉为礼物,这是表示朝聘有德之君。

诸侯僭用天子的礼仪,在大门内设一百支火炬,这是从齐桓公开始的。大夫僭用诸侯之礼,行礼时奏《肆夏》,这是从晋国的赵文子开始的。诸侯相朝,随从的大夫以私人的名义拜访主国国君,这是不合礼的。如果大夫奉命为使者出聘,带着玉圭拜见主国国君,是以玉圭证明自己是受君之命而出使的,这是合礼的。至于随从国君出使,不敢以自己的名义拜访主国国君,这是表示对自己国君的敬重。如果随从的大夫另外带了礼物作为庭实,又私下相见,那怎么能像个诸侯之庭呢? 作为国君的臣子,就不能有私自的外交。这是为臣者不敢有贰心啊! 大夫宴请国君,这是不合礼制的。如果大夫的权势强于国君,国君可以杀掉大夫,这样做是合乎义的。天子之所以没有做客的礼仪,因为他至高无上,没有人敢自为主人而宴请天子。国君到他的臣子家里去,臣子应请国君从东侧的台阶登堂,以表示臣子不敢自以为是室的主人。古时诸侯进见天子的礼仪,天子不下堂迎接诸侯。天子下堂迎接诸侯,这是天子的失礼,这种失礼之事,是从周夷王开始的。

诸侯奏乐用宫悬,祭祀用纯白的公牛,乐器中有玉磬,手里拿着用黄金装饰的红色盾牌,戴着冕冠演"万舞",乘大辂之车,这些都是诸侯僭用天子礼仪的行为。大夫建造高门楼,门内又用屏风,行礼时在堂上设置反坫,穿着领子上有绣花的大红丝绸内衣,这是大夫僭用诸侯礼仪的行为。所以天子的权势衰微了,诸侯就会越礼自比天子;大夫的权势强盛了,诸侯的地位就受到威胁。到了这种地步的时候,诸侯、大夫们都无视天子而擅自加爵升等。互相往来则带着如同朝见天子的礼币,甚至互相勾结,行贿营私。天下礼法就完全被搅乱了。

天子的庶子被封为诸侯,不能设天子祖庙;诸侯的庶子被封为大夫,也不能设诸侯的祖庙。大夫立有诸侯的祖庙是不合礼法的,是从鲁国的三桓开始的。

天子保存前两个朝代天子的宗庙。准许他们的子孙依时祭祀,这是尊重前代的贤者。然而尊贤只限于前面两个朝代。诸侯不把流亡在外而来投靠的寓公当作自己的臣

子,但只有寓公本人能享受这样优待,所以古代寓公不能传世。

君王的座位朝南,是臣服于天的意思。群臣面向北朝见君主,是臣服于君主的意思。大夫的家臣向大夫行礼,只拜不叩头,这并不是尊重家臣,而是因为大夫向君王行叩头礼,就要违避别人也向自己行叩头礼。大夫向国君进献物品都派家臣送去;国君有赏赐,臣子也不须当面拜谢。这都是为了不让国君答拜。

乡里的人在庙中举行驱逐强鬼的祭祀,孔子穿着朝服站在东面的台阶上,使家神有所依附,不被惊扰。

孔子说:"举行射礼时有音乐来协调各人的仪容举止。如果没有音乐,射的人依据什么来节制自己呢? 大家都没有节制,还谈什么射礼呢?"孔子说:"作为一个男人,假如让他参加射礼,即使不会射,也只能推辞有病,不能说不会。因为男子生下来的时候曾经在门口挂过弓,表示自己长大了能射。"孔子说:"为了一天的祭祀而斋戒三天,还唯恐不虔诚。而三天斋戒中却有两天打鼓作乐,为什么呢?"

孔子说:"在库门之内举行绎祭,又到庙门的东面去请神;就像把朝市设在大市的西边,是失礼的。"

社祭是祭祀土神,土神是主宰地上阴气的。祭社时君王面向南,立在社坛的北围墙外边,其用意是要对着社坛的阴面。举行社祭的日期要用甲日,即每十天的第一天。天子的社坛叫"大社",上面没有遮盖,让它承受霜露风雨,使天气与地气相通。亡国的社坛,上面有屋顶,以隔断天上的阳气。殷代留下的亳社上有屋顶,只有北面开着窗子,以通阴明。祭社,是尊重土神的表示。大地能孕育万物,天上有日月星辰。人类根据天象而知四时变化,按时耕种,得到财物,所以要尊重天地。因而教导人民用美物祭祀土神作为报答。每家每户都要祭祀土神所依附的中霤,诸侯国则祭社,表示不忘大地之恩。每里有民社,民社有事,里中人都要出力帮忙。诸侯为祭社准备供品而举行田猎,国中人都要参加。天子祭祀大社,各地都要按"丘乘"为单位供应谷物作为粢盛。这样人人祭社,为的是报答大地的养育之恩,尊敬生产谷物的始祖。

仲春二月,用火焚烧田野杂草,举行田猎,以便检阅各地供应的兵车、战马及士兵的数量。国君亲临,宣布军法,告诫士兵,然后就操练军队。指挥军队或左或右,或进或退,或坐或起,从而观察士兵对各种动作的熟练程度。操练结束,命令士兵追猎禽兽,所获禽兽,大的用于祭社,小的归己所有。观察士兵在可以得到利益的情况下,能否执行命令,若有违背命令者,必罚。这样做是为了使士兵服从命令而不贪利。经过这样训练之后,若有战事则能取胜,祭祀鬼神也能得福。

天子到各地去巡狩,事先要燔柴祭天。在郊外举行祭天之礼,迎接夏至日到来,报答天的恩惠,用日作为祭的主体。郊祭在国都的南郊筑坛并划定界域,因为天帝是代表阳的,所以要到南面阳位祭祀。郊祭的正祭不在坛上举行,只要把地上打扫干净,这是用地本来的样子。祭祀用的器具,都是原始的瓦器,也是用其自然之性。祭天在郊外举行,所以祭天称"郊"。用黄赤色的小牛祭天,因为周代崇尚赤色。至于用小牛,那是因为祭祀

贵在诚实。

郊祭的日期要选用辛日,因为周代第一次举行郊祭是在冬至,那天正是辛日,后来就被继承下来了。选定郊祭的日期,还要用龟卜问凶吉,卜人在太祖庙里接受命令,然后到君王的父庙里占卜,表示尊重祖先的意思。卜人占卜那天,君王立在泽宫恭候卜问结果,这是取义于听从祖先的教诲或劝阻。日期选定后在王宫的库门内颁布郊祭之事,这是命令大小官员进行准备工作。又在大庙里发布命令,通知亲族准备。

郊祀的那一天,天子穿着皮弁服听取百官报告郊祭的准备情况,这样做是向人民显示天子恭敬行事。郊祭这一天,有丧事的人家也不能哭泣,更不能穿着丧服出门。凡是郊祭所经过的道路,都要打扫,并把路上表土层翻过来筑成新路;路两边的田野里都有点燃的火炬。这些都不要发布命令,人民就会办得很好。祭祀的时候,天子穿衮衣,衮衣象征天;戴着冕,冕前端有用玉珠装饰的十二条流苏,这是取法于十二月之数。天子郊祭乘的车子没有任何装饰,是取质朴之义。车上竖的旗帜有十二根飘带,旗帜上画着龙、太阳和月亮等,也是仿照天上日月星辰的,天有日月星辰,天子就依据天象来治理天下。举行郊祭,就是为了发扬天道。

如果原来准备用于祭上帝的牛,占卜后不吉利,就改用原来准备祭后稷的牛。祭上帝的牛一定要在打扫得干干净净的牛舍里饲养三个月,而祭后稷的牛只要毛色符合标准就行了,这就是祭天神和祭人鬼的区别。世间万物都是靠天而生,而世人又是从始祖繁衍而来的。所以祭天时配祭始祖。郊祭,就是体现"报本反始"之礼。

天子在年终时举行蜡祭,祭祀八神。蜡这种祭祀是从伊耆氏开始举行的。所谓"蜡",就是寻求各方之神而祭。周历的每年十二月,邀请万物之神聚集在一起而祭祀它们。蜡祭主要是祭祀先啬神农氏,也兼祭司啬后稷。祭祀百谷之神都是为了报答先啬和司啬,因为有了先啬、司啬,而后才有百谷的。祭祀时附带宴请田官之神、阡陌之神、田舍之神和禽兽之神,这是广报恩惠,尽仁尽义之举。古代仁义之人,对于有利于人的东西,都一定要报答它们的功劳。譬如迎请猫神,因为它曾帮助农民吃掉田鼠;迎请虎神,因为它曾帮助农民消灭了田里的野猪,所以要把它们请来并祭祀它们。至于祭祀堤岸与沟渠,因为它们对农业有功劳。蜡祭时的祝词说:"堤岸不要崩坏,洪水不要泛滥,虫儿不要为灾,草木都生长于薮泽。"

天子穿着皮弁素服参加蜡祭。用素服,表示送农事的结束;系葛带、执榛杖是表示略差于丧礼。天子举行这样的蜡祭,也是仁至义尽的表现,农夫在蜡祭时都穿黄衣戴黄冠,表示他们已结束了一年的农事。野草到冬天都枯黄了,所以农民的衣冠就用冬天的草黄色,表示结束农事。

大罗氏是天子设立的掌管捕捉鸟兽的官,所以诸侯进献给天子的物品都归属他掌管。蜡祭之日,诸侯都派遣使者戴着草笠来进献物品,特别尊重农夫的打扮。大罗氏收下了诸侯的贡物,便用鹿和亡国的女子给使者看,并要使者回去向诸侯转达天子的告诫:"如果沉溺于田猎和女色,将要亡国。"天子种植的瓜果等物,都是不能长久收藏的品种,

这是因为不能和人民争利。蜡祭八神也是用来记载四方各地收成好坏的。如果一地收成不好,就不举行这种祭祀,可节省人民的开支。只有收成好的地方举行蜡祭,让当地的人民欢乐一下。蜡祭之后就把谷物都收藏起来,让农民休养生息。所以在蜡祭之后,君子就不再征发人民出徒役了。

君王平时食用的豆中所盛的菹是用水中随着节气而生长的菜类制成的,醯则是用生长在陆地上的动物的肉类制成的。而正献之后加荐的食品恰恰相反,菹是用陆地上生长的菜类制成,醢是用水中动物制成的。祭祀时装盛在笾豆里的供品,也都是水中和土地上生长的。这些供品,不敢用常人可口的味道,也不能品类繁多,因为这些供品是用来供奉神明的,而不同于人的口味的。

祭祀祖先的供品,虽然也可以食用,但不是人所爱吃的。天子穿戴的衮冕,乘坐的辂车,平时只能陈设,而不能供玩好。大武之舞虽然雄壮,但平时不能用来取乐;宗庙的建筑很威武,但那是供奉祖先的地方,不能供人居住;宗庙祭器,只有祭祀行礼时才用,平时用不甚便利。这些东西都是用于祭祀神灵的,跟人们日常所用的不同。

醴酒的滋味醇美可口,但祭祀时却以玄酒、露水为上,这是看重五味之本,五味是从无味发展而来的。人们喜爱画绣的色彩,但祭祀却用又粗又稀的疏布覆盖鼎俎笾豆,这是追溯纺织的原始。生人的席位是下莞上簟,而祭祀时设置的神位,只用蒲草或庄稼的秸秆铺成,因为那是神所坐的。太羹不加任何佐料调和,是尊重它自身的味道。大圭不雕琢花纹,以其质朴为美,平常乘用的车辆,都要涂上红色,刷上油漆并雕刻或镶嵌成各种图案,而祭祀所乘的车辆,却不加任何装饰,这是以质朴为尊,以无装饰为贵。凡是用于神灵的物品,都不能像人们日常所用的东西那样讲究装饰华丽,因为神灵和祖先都是重视质朴的。只有按照神灵的习惯去祭祀,才是最适宜的。

祭祀的鼎俎用单数,而笾豆用双数,这是取阴阳相配之义。有一种叫作"黄目"的酒樽,是用来装盛郁鬯酒的。它是最尊贵的酒器,外面有用黄金刻镂的眼睛形状。黄色代表中央,眼睛代表清明的天地之气,这是说给樽中斟满香酒,四方就遍受清明之气。祭天的礼典,只要把地上打扫干净就可进行,也是取质朴之义。肉酱和醋是美味,而祭祀必先供奉煮炼的盐,因为盐是大自然的产物,比人工制作的物品尊贵。割取祭祀的牲肉,都用刀把上有小铃的鸾刀,这表示先有和谐的铃声而后割取。

冠礼的意义:举行加冠礼,先戴缁布冠。因为上古的时候,人们都是戴白麻布冠,到斋戒时才用缁布冠。现在先用缁布冠,也是尊重古制。古时候缁布冠的帽带有没有下垂部分呢? 孔子说:"我没有听说过。"缁布冠只是在行冠礼时用一下,行过礼之后就可以丢掉,因为后代人不再用了。嫡长子的加冠礼,要在堂前东侧的主阶上进行,这意味着他将来要继承主人之位。又把他请到堂西侧的宾客座位上,给他敬酒,这表示他已经是成人了,可以交际应酬了。在冠礼中,要给冠者戴三次帽子:第一次是缁布帽,第二次是皮弁,第三次是爵弁。这三种帽子一个比一个贵重,这是勉励他要不断上进,求取功名。行冠礼时,宾要给被加冠的人取个字,以后人们都称呼他的字,因为名是他父母取的,应当受

尊重。平常戴的帽子，周代叫"委貌"，殷代叫"章甫"，夏代叫"毋追"。祭祀时戴的帽子，周代叫"弁"，殷代叫"爵"，夏代叫"收"，但是三个朝代的天子祭祀时都是戴皮弁，穿白色有裥的裳。

大夫没有冠礼而有婚礼。因为古时候五十岁以后才有大夫的爵位，而冠礼是二十岁时就举行的，怎么会有大夫的冠礼呢？诸侯有冠礼，是到夏朝末年，诸侯可以世袭后才有的。天子的嫡长子，是王位的继承人，但也只是个士，所以加冠时也用士冠礼。天下没有生下来就尊贵的人。能够被封为诸侯的，都是保持着他先人的贤行的人。用官爵封赏，都是视其人的德行大小来决定官爵的高低。人死后都追加谥号，是现今的礼俗；古时候活着的时候没有封爵，死后也就不加谥号。

各种礼典所尊重的是它们所表达的特定意义。如果不明白它们的特定意义，而去摆设各类物品，那是祝史的事情。所以行礼按规定陈列各种物品是容易的，而要通晓它们所表达的意义就难了。深知礼的意义而恭敬地举行各种礼典，这就是天子用来治理天下的法术。

天地之气相合，而后生出万物。男女举行婚礼，才能衍生后代而传至万世。不同姓氏的男娶女嫁，是用来联系两个关系疏远的氏族和严格区分同姓的方法。男方送的聘礼必须实在，不得虚伪，言辞中不要有客套话，要把真实情况告诉对方。诚实，是做人的根本。诚实，也是妇女必备的德行。所以女子跟男子喝过交杯酒之后，终身不改，即使丈夫死了，也不能改嫁。结婚的时候，男子亲自到女家去迎接，男的在前面领着女的，这是刚柔相配的意思。天在地之前，君在臣之前，都是同样的道理。女婿到女家去迎亲，要带一只鹅作为拜见岳父的见面礼，在见过岳父之后才能见新娘，这是尊重男女之别。男女有分别，才有父子之情；有了父子之情，才有君臣之义；有了君臣之义，各种礼节才会出现；有了礼节，社会才能安定。如果男女无别，也就不会有道义礼节，那么就与禽兽一样了。

女婿从女家出来，自己先登车，然后把车上的拉手绳递给新娘。这样做是表示尊敬女方。所谓尊敬女方，就是相亲相爱的意思。尊敬而又亲近自己的妻室，继而把这种德行施及人民。这就是先前的贤明帝王能够得到天下的原因。从出女家的大门开始，男的走在前面引导女的，女的走在后面跟随着男的，这种夫唱妇随的关系就表现出来了。所谓"妇人"，是说她必须听从别人的，所以一个女子，年幼时听从父兄，出嫁后听从丈夫，丈夫死后就听从儿子。所谓"丈夫"，是说他应像"师傅"一样，师傅要用自己的才智去教导别人。

婚礼前，夫妇双方都要穿着祭祀的服装斋戒沐浴，要像祭祀鬼神那样恭敬。因为结婚之后就得主持祭祀社稷，为祖先传宗接代，怎么能不恭敬呢？夫妇同用一俎而食，这表示夫妇双方地位相等。所以妇人不受封爵，而跟着享受丈夫的爵位，排座次时都按丈夫的辈分和年龄入座。婚礼中所用饮食器具，都是原始的瓦器，遵照过去的礼法应该如此。因为夏、殷、周三代开始的时候，结婚所用饮食器具都是质朴的瓦器。婚礼的第二天清晨，新娘就要起床梳洗打扮，然后给公婆送早饭。公婆吃过之后，把剩余的食物赏给新

娘,新娘就把这些食物吃掉,这样做表示公婆的偏爱。公婆从西侧台阶下堂,新娘则从东侧的台阶下堂,这表示公婆把这个家交给媳妇了。婚礼不用音乐,因为婚礼是属于阴的,而音乐是属于阳的。举行婚礼,亲朋好友不必相贺,因为每个人都有这一过程。

虞舜时祭祀,特别崇尚生腥的气味。祭祀时先进献的供品是牲血、生肉和半熟的肉,这是崇尚生腥气味的缘故。殷代人的祭祀,崇尚声音,在未杀牲,尚无腥气、口味时,先演奏抑扬顿挫的音乐。等奏完三个乐章后,主祭人才到大门外把牲畜牵进来。用音乐的响声召唤天地之间的鬼神来受飨。周代人特别崇尚酒的香气,所以用香气浓烈的酒请鬼神来受祭。用郁金草浸过的酒,浇在束茅之上,香气可以直透到地下。灌酒用玉瓒,是要借助玉的洁润之气。行过灌礼后才到大门外迎牲,这样做都是为了招致地下阴气。焚烧裹上动物油脂并粘有黍稷的艾蒿,使焦香气味弥漫于墙屋之间,这是招致天上的阳气。所以在尸未入室之前,助祭的巫祝把酒和熟食陈设好,然后就把艾蒿加以脂和黍稷点燃,让它缓慢地燃烧,散发出焦香味来。凡是祭祀,都要特别注意这些仪式。

人死之后,灵魂升上天,而形体埋入地下,所以祭祀时,要上致阳气,下致阴气。殷代祭祀先求阳气于天,周代祭祀先求阴气于地。祭礼一般都在宗庙的室内告请神灵,在堂上北边给尸设立座位,在庭中宰杀牲畜,还要把牲畜的头送到室内供奉神灵。如果是正祭,只要直接祭祀神主;如果不知道要祭祀的众神灵在何处,就要在庙门旁边求请神灵并祭祀。因为不知道神灵在什么地方,或者有的在这儿,有的在那儿,有的在离人更远的地方,那么在庙门旁边告请众神,差不多可以说是连远方的神灵都请到了。这种祭祀之所以叫作"祊",就是把神灵请到亮处来祭祀的意思。盛放牲畜心、舌的方木盘叫"肵俎","肵"是表示尊敬的意思。所谓"福",就是齐全完备的意思。把牲畜的头送到室内去供奉神灵,因为牲首最尊,只有它才配得上飨神。劝尸多饮酒多食饭菜,就等于飨神。尸受祭后让祝给主人祝福,就叫作"嘏","嘏"是长的意思、大的意思。尸是主的意思。

祭祀用牲,要先进献血和毛,这两样是向神灵报告祭祀用的牲畜体质是否健壮,毛色是否齐纯的东西。用于祭祀的牲畜,最看重的是体质健壮,毛色齐纯。用牲血祭神,还有一个含义,就是血是生气最盛的东西。用肺、肝、心祭神,主要看重它们是产生血气的器官。用黍稷加肺祭神,用连浆带糟的酒掺和露水祭祀,是为了报答阴气。把肠上的脂肪裹在艾蒿上焚烧,用牲首供奉神灵,是为了报答阳气。用露水冲淡浊酒,是看重它的清洁透明。凡是酒加水冲淡,都是为了使酒变得清新。至于把露水称作"明水",是取义于主人心地洁净就像露水所显示的一样。

国君祭祀时行礼要再拜,俯首至地。脱去左臂衣服,宰杀牲畜,肢解牲体,这样做表示对神极虔诚尊敬。极其虔诚尊敬,意味着服从。行拜礼表示服从;又俯首至地,表示极端的尊敬服从;肉袒则表示内心也彻底服从。

祭宗庙时自称孝孙孝子,这是按照伦常的名义称呼的;祭祀天神地祇等外神时,就自称"曾孙某",这是代表国家对神的自称。祭祀时有助祭的"相"。虽然各种佳美供品是主人为了表达敬意而准备的,但"相"也应该像主人一样努力劝尸多多饮用。祭祀所供奉

的物品,有生腥的,有整块的牲体,有半生的肉,也有全熟的肉,怎么能知道神灵到底享用哪些呢? 所以主人只要准备齐全,全数进献,尽自己的敬意就行了。把尸迎入室内后,当尸举起他面前的酒杯时,担任"祝"的人就提示主人向尸行再拜稽首礼,请尸安坐。因为古时候祭祀,没有饮食之事时,尸是站立着的,如果有饮食之事,就要请尸坐下来。尸,代表神。担任祝的人,先把主人的话告诉神,然后代神向主人祝福,所以祝的职责就是传达话语。

醴酒最浑浊,要加入新酿造的清酒冲淡,再用茅束滤去酒糟,才能用于祭祀;盏酒要加入清酒冲淡,再除去酒糟;郁鬯酒要用盏酒冲和。这些古代的做法就像如今的清酒和盏酒都用多年的醇酒冲和一样。祭祀主要有三种:一是祈求鬼神降福的,二是报答恩惠的,三是祷告消灾除难的。祭祀前斋戒时的服装都用黑色,这是依顺鬼神所处幽暗之意,也表示人思念阴幽鬼神。所以有德的人斋戒三天,到祭祀时就好像能看到他所祭祀的鬼神。

内则第十二

【原文】

后王命冢宰,降德于众兆民。

子事父母:鸡初鸣,咸盥漱,栉、縰、笄、总、拂髦、冠、緌缨、端、韠、绅、搢笏。左右佩用,左佩纷帨、刀、砺、小觿、金燧,右佩玦、捍、管、遰、大觿、木燧。偪、屦、著綦。妇事舅姑,如事父母:鸡初鸣,咸盥漱,栉、縰、笄、总、衣绅;左佩纷帨、刀、砺、小觿、金燧,右佩箴、管、线、纩、施縏帙、大觿、木燧,衿缨,綦屦。以适父母、舅姑之所。

及所,下气怡声,问衣燠寒;疾痛苛痒,而敬抑搔之。出入则或先或后,而敬扶持之。进盥,少者奉槃,长者奉水,请沃盥;盥卒,授巾。问所欲而敬进之,柔色以温之。饘、酏、酒、醴、芼、羹、菽、麦、蕡、稻、黍、粱、秫,唯所欲。枣、栗、饴、蜜以甘之,堇、荁、枌、榆、免、薧、滫、瀡以滑之,脂、膏以膏之。父母、舅姑必尝之而后退。

男女未冠笄者,鸡初鸣,咸盥漱,栉、縰、拂髦;总角、衿缨,皆佩容臭,昧爽而朝,问"何食饮矣"、若已食则退,若未食则左长者视具。

凡内外,鸡初鸣,咸盥漱,衣服,敛枕簟,洒扫室堂及庭,布席,各从其事。孺子蚤寝晏起,唯所欲,食无时。由命士以上,父子皆异宫。昧爽而朝,慈以旨甘。日出而退,各从其事。日入而夕,慈以旨甘。

父母、舅姑将坐,奉席请何乡;将衽,长者奉席请何趾。少者执床与坐。御者举几,敛席与簟,县衾,箧枕,敛簟而襡之。

父母、舅姑之衣、衾、簟、席、枕、几,不传;杖、屦,祗敬之,勿敢近;敦、牟、卮、匜,非馂

莫敢用。与恒食饮，非馂，莫之敢饮食。父母在，朝夕恒食，子妇佐馂，既食恒馂。父没母存，冢子御食，群子妇佐馂如初。旨甘〔柔〕滑，孺子馂。

在父母、舅姑之所，有命之，应"唯"，敬对，进退周旋慎齐。升降出入揖游，不敢哕噫、嚏咳、欠伸、跛倚、睇视，不敢唾洟。寒不敢袭，痒不敢搔，不有敬事，不敢袒裼。不涉不撅。亵衣衾不见里。父母唾洟不见；冠带垢，和灰请漱；衣裳垢，和灰请浣；衣裳绽裂，纫箴请补缀。五日则燂汤请浴，三日具沐。其间面垢，燂潘请靧；足垢，燂汤请洗。少事长，贱事贵，共帅时。

男不言内，女不言外。非祭非丧，不相授器。其相授，则女受以篚。其无篚，则皆坐，奠之，而后取之。外内不共井，不共湢浴，不通寝席，不通乞假。男女不通衣裳。内言不出，外言不入。

男子入内，不啸不指；夜行以烛，无烛则止。女子出门，必拥蔽其面；夜行以烛，无烛则止。道路，男子由右，女子由左。

子妇孝者敬者，父母、舅姑之命勿逆勿怠。若饮食之，虽不者，必尝而待。加之衣服，虽不欲，必服而待。加之事，人（待）〔代〕之，已虽弗欲，姑与之，而姑使之，而后复之。子妇有勤劳之事，虽甚爱之，姑纵之，而宁数休之。

子妇未孝未敬，勿庸疾怨，姑教之。若不可教，而后怒之；不可怒，子放妇出，而不表礼焉。

父母有过，下气怡色，柔声以谏。谏若不入，起敬起孝，说则复谏；不说，与其得罪于乡党州闾，宁孰谏。父母怒，不说，而挞之流血，不敢疾怨，起敬起孝。

父母有婢子若庶子庶孙，甚爱之；虽父母没，没身敬之不衰。子有二妾，父母爱一人焉，子爱一人焉，由衣服饮食，由执事，毋敢视父母所爱，虽父母没不衰。子甚宜其妻，父母不说，出。子不宜其妻，父母曰："是善事我。"子行夫妇之礼焉，没身不衰。

父母虽没，将为善，思贻父母令名，必果。将为不善，思贻父母羞辱，必不果。

舅没则姑老，冢妇所祭祀宾客，每事必请于姑。介妇请于冢妇。舅姑使冢妇，毋怠、不友、无礼于介妇。舅姑若使介妇，毋敢敌耦于冢妇，不敢并行，不敢并命，不敢并坐。

凡妇不命适私室，不敢退。妇将有事，大小必请于舅姑。子妇无私货，无私蓄，无私器，不敢私假，不敢私与。妇或赐之饮食、衣服、布帛、佩帨、茝兰，则受而献诸舅姑；舅姑受之，则喜，如新受赐；若反赐之，则辞；不得命，如更受赐，藏以待乏。妇若有私亲兄弟，将与之，则必复请其故赐而后与之。

适子庶子，祗事宗子宗妇；虽贵富，不敢以贵富入宗子之家；虽众车徒舍于外，以寡约入。子弟犹归器、衣服、裘衾、车马，则必献其上，而后敢服用其次也；若非所献，则不敢以入于宗子之门，不敢以贵富加于父兄宗族。若富，则具二牲，献其贤者于宗子，夫妇皆齐而宗敬焉；终事，而后敢私祭。

饭：黍，稷，稻，粱，白黍，黄粱。稰，穛。

膳：膷，臐，膮，（醢）牛炙；醢，牛胾，醢，牛脍；羊炙，羊胾，醢，豕炙；醢，豕胾，芥酱，鱼

胳;雉,兔,鹑,鷃。

饮:重醴,稻醴,清糟;黍醴,清糟;粱醴,清糟。或以酏为醴,黍酏,浆,水,醷,滥。

酒:清,白。

羞:糗饵粉、〔瓷、〕(酏)〔飦〕。

食:蜗醢而苽食、雉羹、麦食、脯羹、鸡羹、析稌、犬羹、兔羹;和糁不蓼。濡豚,包苦实蓼;濡鸡,醢,酱,实蓼;濡鱼,卵酱实蓼;濡鳖,醢,酱,实蓼。腶脩,蚳醢;脯羹,兔醢;麋肤,鱼醢;鱼脍,芥酱;麋腥,醢,酱;桃诸,梅诸,卵盐。

凡食齐视春时,羹齐视夏时,酱齐视秋时,饮齐视冬时。凡和,春多酸,夏多苦,秋多辛,冬多咸,调以滑甘。牛宜稌;羊宜黍,豕宜稷,犬宜粱,雁宜麦,鱼宜苽。春宜羔豚,膳膏芗;夏宜腒鱐,膳膏臊;秋宜犊麑,膳膏腥;冬宜鲜羽,膳膏膻。牛脩,鹿脯,田豕脯,麋脯,麕脯,麇、鹿、田豕、麕皆有轩;雉、兔,皆有芼。爵、鷃、蜩、范。芝、栭、菱、椇、枣、栗、榛、柿、瓜、桃、李、梅、杏、(楂)〔柤〕、梨、姜、桂。

大夫燕食,有脍无脯,有脯无脍。士不贰羹胾。庶人耆老不徒食。

脍,春用葱,秋用芥。豚,春用韭,秋用蓼。脂用葱,膏用薤。三牲用藙。和用醯。兽用梅。鹑羹、鸡羹、鴽,酿之蓼。鲂鱮烝,雏烧,雉,芗无蓼。

不食雏鳖。狼去肠,狗去肾,狸去正脊,兔去尻,狐去首,豚去脑,鱼去乙,鳖去丑。

肉曰脱之,鱼曰作之,枣曰新之,栗曰撰之,桃曰胆之,柤、梨曰攒之。

牛夜鸣则庮,羊冷毛而毳,膻。狗赤股而躁,臊。鸟麃色而沙鸣,郁。豕望视而交睫,腥。马黑脊而般臂,漏。雏尾不盈握,弗食;舒雁翠,鹄鸮胖,舒凫翠,鸡肝,雁肾,鸧奥,鹿胃。

肉腥,细者为脍,大者为轩。或曰:麋鹿鱼为菹,麕为辟鸡,野豕为轩,兔为宛脾。切葱若薤,实诸醯以柔之。

羹食:自诸侯以下至于庶人,无等。大夫无秩膳。大夫七十而有阁。天子之阁,左达五,右达五。公、侯、伯于房中五。大夫于阁三。士于坫一。

凡养老,有虞氏以燕礼,夏后氏以飨礼,殷人以食礼,周人修而兼用之。凡五十养于乡,六十养于国,七十养于学,达于诸侯。八十拜君命,一坐再至,瞽亦如之;九十者使人受。五十异粻,六十宿肉,七十贰膳,八十常珍;九十饮食不违寝,膳饮从于游可也。六十岁制,七十时制,八十月制;九十日修,唯绞给衾冒死而后制。五十始衰,六十非肉不饱,七十非帛不暖,八十非人不暖,九十虽得人不暖矣。五十杖于家,六十杖于乡,七十杖于国,八十杖于朝;九十者,天子欲有问焉,则就其室,以珍从。七十不俟朝,八十月告存,九十日有秩。五十不从力政,六十不与服戎,七十不与宾客之事,八十齐、丧之事弗及也。五十而爵,六十不亲学,七十致政。凡自七十以上,唯衰麻为丧。凡三王养老,皆引年。八十者,一子不从政;九十者,其家不从政,瞽亦如之。凡父母在,子虽老不坐。有虞氏养国老于上庠,养庶老于下庠。夏后氏养国老于东序,养庶老于西序。殷人养国老于右学,养庶老于左学。周人养国老于东胶,养庶老于虞庠,虞庠在国之(西)〔四〕郊。有虞氏皇

而祭,深衣而养老。夏后氏收而祭,燕衣而养老。殷人冔而祭,缟衣而养老。周人冕而祭,玄衣而养老。

曾子曰:"孝子之养老也。乐其心,不违其志;乐其耳目,安其寝处,以其饮食(忠)〔中心〕养之。孝子之身终,终身也者,非终父母之身,终其身也。是故父母之所爱亦爱之,父母之所敬亦敬之,至于犬马尽然,而况于人乎?"

凡养老,五帝宪,三王有乞言。五帝宪,养气体而不乞言,有善则记之为惇史。三王亦宪,既养老而后乞言,亦微其礼,皆有惇史。

淳熬:煎醢加于陆稻上,沃之以膏,曰淳熬。淳毋:煎醢加于黍食上,沃之以膏,曰淳毋。炮:取豚若(将)〔牂〕,刲之刳之,实枣于其腹中,编萑以苴之,涂之以(谨)〔墐〕涂。炮之,涂皆干,擘之。濯手以摩之,去其皴。为稻粉糔溲之以为酏,以付豚;煎诸膏,膏必灭之;钜镬汤,以小鼎芗脯于其中,使其汤毋灭鼎。三日三夜毋绝火,而后调之以醯醢。

捣珍:取牛、羊、麋、鹿、麕之肉,必脄,每物与牛若一;捶,反侧之,去其饵,孰出之,去其皴,柔其肉。

渍:取牛肉必新杀者,薄切之必绝其理,湛诸美酒,期朝而食之以醢若醯、醷。

为熬:捶之,去其皴,编萑,布牛肉焉;屑桂与姜,以洒诸上而盐之,干而食之。施羊亦如之。施麋,施鹿,施麕,皆如牛羊。欲濡肉,则释而煎之以醢。欲干肉,则捶而食之。

糁:取牛、羊、豕之肉,三如一,小切之,与稻米,稻米二肉一,合以为饵煎之。

肝膋:取狗肝一,幪之以其膋,濡炙之,举焦其膋,不蓼。取稻米,举糔溲之,小切狼臅膏,以与稻米为(酏)〔餐〕。

礼始于谨夫妇。为宫室,辨外内。男子居外,女子居内,深宫固门,阍寺守之;男不入,女不出。男女不同椸(枷)。不敢县于夫之楎椸,不敢藏于夫之箧笥。不敢共湢浴。夫不在,敛枕箧簟席,襡器而藏之。少事长,贱事贵,咸如之。

夫妇之礼,唯及七十,同藏无间,故妾虽老,年未满五十,必与五日之御。将御者,齐、漱、浣,慎衣服,栉、縰、笄、总(角)、拂髦、衿缨、綦屦。虽婢妾,衣服饮食,必后长者。妻不在,妾御莫敢当夕。

妻将生子,及月辰,居侧室。夫使人日再问之,作而自问之,妻不敢见,使姆衣服而对。至于子生,夫复使人日再问之。夫齐,则不入侧室之门。子生,男子设弧于门左,女子设帨于门右。三日始负子,男射女否。

国君世子生,告于君。接以大牢,宰掌具。三日,卜士负之,吉者宿齐,朝服寝门外,诗负之。射人以桑弧蓬矢六,射天地四方。保受乃负之。宰醴负子,赐之束帛。卜士之妻,大夫之妾,使食子。

凡接子择日,冢子则大牢,庶人特豚,士特豕,大夫少牢,国君世子大牢。其非冢子,则皆降一等。

异为孺子室于宫中。择于诸母与可者,必求其宽裕、慈惠、温良、恭敬、慎而寡言者,使为子师;其次为慈母,其次为保母,皆居子室。他人无事不往。

三月之末，择日，翦发为鬐，男角女羁，否则男左女右。是日也，妻以子见于父，贵人则为衣服，由命士以下皆漱浣。男女夙兴，沐浴，衣服，具视朔食。夫入门，升自阼阶，立于阼，西乡；妻抱子出自房，当楣立，东面。姆先，相曰："母某敢用时日，祇见孺子。"夫对曰："钦有帅！"父执子之右手，咳而名之。妻对曰："记有成！"遂左还授师。子师辩告诸妇诸母名。妻遂适寝。夫告宰名。宰辩告诸男名。书曰"某年某月某日某生"而藏之。宰告闾史。闾史书为二，其一藏诸闾府，其一献诸州史。州史献诸州伯，州伯命藏诸州府。夫入，食如养礼。

世子生，则君沐浴，朝服，夫人亦如之，皆立于阼阶，西乡；世妇抱子，升自西阶；君名之，乃降。适子、庶子见于外寝，抚其首，咳而名之，礼帅初，无辞。

凡名子，不以日月，不以国，不以隐疾。大夫、士之子，不敢与世子同名。

妾将生子，及月辰，夫使人日一问之。子生三月之末，漱浣夙齐，见于内寝，礼之如始入室。君已食，彻焉，使之特馂。遂入御。

公庶子生，就侧室。三月之末，其母沐浴，朝服见于君，摈者以其子见。君所有赐，君名之。众子，则使有司名之。

庶人无侧室者，及月辰，夫出居群室。其问之也，与子见父之礼，无以异也。

凡父在，孙见于祖，祖亦名之；礼如子见父，无辞。

食子者三年而出，见于公宫，则劬。大夫之子有食母。士之妻自养其子。

由命士以上及大夫之子，旬而见。冢子，未食而见，必执其右手。适子、庶子，已食而见，必循其首。

子能食食，教以右手；能言，男"唯"女"俞"；男鞶革，女鞶丝。六年，教之数与方名。七年，男女不同席，不共食。八年，出入门户及即席饮食，必后长者；始教之让。九年，教之数日。十年，出就外傅，居宿于外，学书计；衣不帛襦袴；礼帅初，朝夕学幼仪，请肄简、谅。十有三年，学乐诵《诗》，舞《勺》。成童，舞《象》，学射御。二十而冠，始学礼，可以衣裘帛，舞《大夏》，惇行孝弟，博学不教，内而不出。三十而有室，始理男事，博学无方，孙友视志。四十始仕，方物出谋发虑，道合则服从，不可则去。五十命为大夫，服官政。七十致事。凡男拜，尚左手。

女子十年不出，姆教婉娩听从，执麻枲，治丝茧，织纴组紃，学女事，以共衣服。观于祭祀，纳酒浆、笾豆、菹醢，礼相助奠。十有五年而笄。二十而嫁，有故，二十三年而嫁。聘则为妻，奔则为妾。凡女拜，尚右手。

【译文】

天子命令冢宰向天下百姓发布教令。

儿子事奉父母，应该在早晨鸡初鸣时就都洗手漱口，梳理头发，用缯把头发裹成髻，用簪子固定好，再用丝带把它束起来，拂去髻上的尘土，戴好冠，系好冠带，让缕下垂，穿上玄端、蔽膝，系好大带，在带里插上笏。身子左右佩戴以下东西：左边佩纷帨、小刀、磨

241

刀石、小觿和金燧，右边佩玦、捍、笔管、刀鞘、大铺和木燧。打好绑腿，穿上鞋，系好鞋带。

儿媳妇事奉公婆，要和事奉父母一样。在早晨鸡初鸣时就都洗手漱口，梳理头发，用蜕把头发裹成髻，用簪子固定好，用丝带把它束起来。穿上玄端绡衣，系上绅带。左边佩上纷帨、小刀、磨刀石、小觿、金燧五种东西，右边佩上针、管、线、丝绵、大觿、木燧六种东西。针、管、线、丝绵都用小囊装起来。系上香囊、鞋带。这样穿戴好了以后，到父母公婆那里去。

到了父母公婆的住处，要低声下气地问寒问暖。如果他们身上疼痛或疥疮作痒，要恭恭敬敬地给他们按摩爬搔。他们进出走动时，儿子和媳妇要或前或后，恭恭敬敬地扶着他们。送水给他们洗手的时候，年龄小的捧着槃在下面等水，年龄大的捧着装水的匜，从上面浇。洗好以后递给他们拭巾。然后，请问他们想吃些什么，恭恭敬敬地送上去。厚粥、薄粥、酒、甜酒、菜、肉、豆、麦、子麻、稻、黍、粱、秫，这些食物完全由他们选择，并且用枣、栗、糖、蜜使食物甘甜，用新鲜的或干的堇、苕、粉、榆经过淘洗、拌和来使食物柔滑，用油脂拌和使食物香美。一定要等到父母公婆尝过食物以后，儿子和媳妇才能告退。

未成年的子女在鸡初鸣时都要洗手漱口，梳理头发，拂去髦上的灰尘，把头发扎成两个向上分开的发发髻，系上香囊，佩戴香物。在天将亮未亮时去问候父母，问他们吃了些什么。如果父母已经吃过了，那就告退；如果还没有吃，就协助兄嫂在旁边视膳。

全家上下人等，都要在鸡初鸣时起身洗漱，穿戴整齐，把枕席收起来，打扫房室、堂屋及庭院，铺设坐席，各人做自己分内的事。只有小孩子不必如此，早睡晚起，随他高兴，吃饭也没有固定的时间。

儿子是命士以上有官职的，那么父子分居。儿子必须在天将亮的时候来问候父母，恭敬地将好吃的东西进呈给父母吃。等到太阳已出，父母用完早膳以后才能告退，去从事自己的事。日落的时候，再来问候父母，并恭敬地送好吃的东西给父母吃。

父母公婆将坐，子辈捧着坐席请示父母公婆坐席安置的方向；父母公婆要更换卧处，子辈中年长者捧着卧席请示脚在哪个方向。在晨起时，由子辈中年少的拿着坐榻给他坐，侍者捧上小几让他凭靠。然后，把他们睡觉的席与簟收起来，把被子悬挂起来，枕头放进箱子里，又把簟包扎收藏好。

父母公婆的衣服、被子、簟席、枕头、小几等物不得随意转移到其他地方。对他们的手杖和鞋更应尊敬，不要去碰。他们用的敦、牟、卮、匜，子辈如果不是吃他们剩在里面的食物，就不能使用。他们的日常饮食之物，如果不是吃剩下的，子辈就不能去吃。

父母都在世的时候，日常早、晚吃饭都由儿子、媳妇在旁边劝告加餐，并在他们吃好以后把剩余的食物吃掉。如果父亲去世而母亲还在，则由嫡长子侍候母亲吃饭，其他的儿子、媳妇仍和以前一样在旁劝食并将母亲吃剩的食物吃完。吃剩食物中肥美甘甜柔滑的食品，则由小孩子吃掉。

在父母公婆面前，他们有什么吩咐，要立即答应说"唯"，然后回答。进退周旋的态度要严肃庄重；升降堂阶、出入门户时要俯身而行。在他们面前不能打呃、嘘气、打喷嚏、咳

嗽、打呵欠、伸懒腰，不能一脚站立或倚着其他东西，眼睛也不能斜视，不能吐唾沫、擤鼻涕。身上嫌冷不能当着他们的面加衣，身上痒不能当着他们的面搔。如果不是重要的事，就不能脱衣露臂。不是涉水，就不揭起衣服。内衣和被子不要把里子露出来。

父母的衣服上应该看不见唾沫和鼻涕。他们的冠带脏了，就用草木灰浸汁，用手搓洗；他们的衣服脏了，就用草木灰浸汁，用脚踏洗；衣裳破了，用针穿好线，为他们补缀。每五天就烧热水请他们洗澡，每三天就烧热水请他们洗头。这期间如果脸脏了，就烧热淘米水请他们洗；脚脏了，就烧热水请他们洗。

年少的事奉年长的，身份低贱的事奉身份高贵的，都遵循这样做。

男子在外不讲内庭的事，女子在内不讲门外的事。如果不是举行祭祀或办丧事，则男女之间不能直接互相传递物品。当传递物品时，女的要用竹筐来承接；如果没有竹筐，就要由递东西的人坐着把东西放在地上，然后接东西的人坐着从地上取走。内外不共用一口水井，不在同一个浴室洗澡，不共用寝席，不互相讨东西或借东西，男女不共衣裳。内庭讲的话不传到外面去，门外讲的话也不传入内庭。

男子进入内庭，不要呵叱人，不要用手指指点点。夜晚行走时要点烛照明，没有烛就不走动。女子出门，要把脸遮起来。夜晚行路要点烛照明，没有烛就不走动。走路，男子从右边走，女子从左边走。

儿子、媳妇孝敬父母公婆，不能对他们的吩咐有所违背或怠惰。如果父母公婆赐给食物，自己虽不爱吃，也一定要尝一下，再听吩咐；父母公婆赐给衣服，自己虽不想穿，也一定要穿上，再听吩咐；父母公婆交付事情给自己做，可是后来又叫其他人代做，这时自己心里虽然不愿意，但也姑且让给代替的人做，并且教他怎样做。等到代替自己的人休息了或者确实做不好，然后再自己动手做。

儿子、媳妇在干劳苦的工作，这时做父母公婆的虽然很爱他们，但也应让他们去做，宁可时时让他们休息一下。如果儿子媳妇不孝敬，也用不着生气埋怨，姑且先教育他们。如果无法教育，这才谴责他们。如果连谴责也不起作用，那就把儿子赶出去，把媳妇休回家，但也不对外人明说他们违背了礼义。

父母有过错，子女要低声下气，和颜悦色地劝谏。如果谏而不听，子女要对父母更加孝顺恭敬，看到父母心情高兴了，就再次去劝谏。如果父母对劝谏不高兴，在这种情况下，与其使父母因为有过错而得罪乡党州闾，宁可自己反复恳切地劝谏而得罪父母。如果父母发怒不高兴，把自己打得皮破血流，也不能怨恨父母，而要更加恭敬孝顺。

父母有十分宠爱的婢子或庶子、庶孙，即使父母去世了，子女仍旧要终身敬重他们。如果儿子有两个妾，父母爱其中的一人，儿子爱另一人，儿子所爱的那一个无论在衣服、饮食、干活方面，都不能和父母所爱的那一个相比。即使父母去世了，也仍旧如此。儿子很爱他的妻子，可是如果父母不喜欢，那就应该把她休了；如果儿子不喜欢他的妻子，可是父母说："她对我们服侍得很好。"那么儿子就必须终身以夫妇之礼对她。

父母虽然去世了，当子女将要做一件好事的时候，想到这会给父母带来好名声，就一

定要做成;将要做一件不好的事,想到这会给父母带来羞辱,就一定不做。

公公去世了,婆婆就要把家政传给冢妇。冢妇在祭祀及接待宾客时,凡事都要请示婆婆。其他媳妇则要请示冢妇。

公婆使唤冢妇,冢妇做事不能懈怠,不能对介妇不友爱,甚至无礼。公婆如果使唤介妇,介妇不能要求和冢妇匹敌,不能比肩而行,不能像冢妇一样命令他人,也不能和冢妇并肩而坐。

凡是媳妇,公婆不叫她们回自己的房间去,不能退下。媳妇有私事要处理,不论大小都一定要请示公婆。

儿子、媳妇没有属于自己的财物,没有属于自己的牲畜和用器。他们不能私自把东西借给人或送给人。

媳妇得到娘家亲戚赠送给她饮食、衣服、布帛、佩巾或茝兰等香草,媳妇就收下来献给公婆。公婆接受了,自己心里就很高兴,如同自己刚刚受到亲友的馈赠一样。如果公婆把东西转赐给自己,那就要推辞。实在推辞不了,就要像重新受到公婆赏赐一样接受下来,并且把这些东西收藏好,以备公婆缺乏时用。媳妇如果要赠送东西给娘家兄弟亲戚,那就要先向公婆禀明原因,公婆拿出东西赏赐自己,才能去送礼。

一家的适子、庶子对待全族的宗子、宗妇必须十分恭敬有礼。即使自己地位高贵、很有钱财,也决不能以自己的富贵到宗子的家里去炫耀。虽然车马随从很多,但必须把他们驻扎在门外,只带少量随从到宗子家去。子弟中若有人得到器物、衣服、裘衾、车马等赏赐,则一定先把其中质量好的献给宗子,然后自己才敢服用那些次等的。如果那些东西不是宗子的爵位所应当服用的,因而不能献,那自己也不可以服用这些东西到宗子家里去。不能以自己的富贵凌驾于父兄宗族之上。如果富裕,在祭祀的时候就用二牲。把二牲中好的献给宗子,夫妇都斋戒助祭,以表示对宗庙的敬意。等大宗祭祀完毕,然后才用较次的二牲去祭自己的父祖。

吃的饭有黄黍、稷、稻、白粱、白黍、黄粱六种,每种又有生获、熟获的区别。

吃的肉食有:牛肉、羊肉、猪肉、烤牛肉,这四种分盛四豆,放在第一行;肉酱、大块牛肉、肉酱、切细的牛肉,这四种分盛四豆,放在第二行;烤羊肉、大块羊肉、肉酱、烤猪肉,这四种为第三行;肉酱、大块猪肉、芥酱、切细的鱼肉四种为第四行。四行共十六豆,这是下大夫之礼。如果再加雉、兔、鹑、鹌四豆排在第五行,那就是上大夫之礼。

饮料有下列几种:凡醴酒有清与糟两种,用稻米酿的酒有清、有糟;用黍或粱酿的酒也各有清、有糟;其他有用稀粥代酒,如用黍煮的稀粥、酢浆、水、梅浆、凉粥等。

酒有清酒和白酒两种。

盛放在筐里的食物是糗饵、粉粢和酏。

人君燕食所用的食物有以下若干种:田螺酱、菰米饭、野鸡羹相配;麦饭、肉羹、鸡羹相配;淘净的米煮成的饭与犬羹、兔羹相配。这些羹要用米屑加进去煮成糊状,但不加蓼菜。在煮小猪的时候,用苦菜把它包起来,在肚子里塞进蓼;在煮鸡的时候,加入肉酱,肚

子里塞进蓼;煮鱼的时候,加入鱼子酱,在鱼肚子里塞进蓼;煮鳖的时候,加入肉酱,在鳖肚子里塞进蓼。吃殿脩的时候配以蚁卵制成的酱;吃牛羊猪肉羹时配以兔肉酱;吃切开的麋肉时配以鱼酱;吃鱼脍时配以芥子酱;吃生麋肉时配以肉酱;吃桃干梅干时则配以大盐。

调剂食品的温度,要根据食品的性质来决定:饭食宜温,羹汤宜热,酱类宜凉,饮料宜寒。调味时,春天多用酸味,夏天多用苦味,秋天多用辣味,冬天多用咸味。但四季都要加入滑脆甘甜的食物进行调配。

吃牛肉宜配稻,吃羊肉宜配黍,吃猪肉宜配稷,吃狗肉宜配粱,吃雁肉宜配麦,吃鱼宜配菰米。

春天宜食羔羊、小猪,用牛油来煎;夏天宜食干野鸡和干鱼,用狗油来煎;秋天宜食牛犊和小鹿,用鸡油来煎;冬天宜食鱼和雁,用羊油来煎。

人君燕食所用的美肴如:牛肉干、鹿脯、野猪脯、麋脯、麋脯,其中麋、鹿、野猪、麋还可以切成薄片。野鸡羹、兔羹则都加菜煮。还有雀、鹦、蝉、蜂、芝、栭、菱、椇、枣、栗、榛、柿、瓜、桃、李、梅、杏、楂、梨、姜、桂等物。

大夫朝夕常食,有了脍就不再吃脯,有了脯就不再吃脍。士朝夕常食不能有两种羹和菜。庶人中六十岁以上的老人朝夕常食一定有肉。

细切的生肉,春天和以葱,秋天和以芥子酱。煮小猪,春天用韭菜塞在它肚子里煮,秋天用蓼菜塞在它肚子里煮。凝固的脂肪用葱调味,油用薤调味。牛羊豕三牲用煎茱萸和醋调味,野兽类用梅调味。鹑羹、鸡羹及驾和蓼菜一起杂煮。鲂和鲔蒸来吃,小鸟放在火中烤熟了吃,野鸡或烧或蒸或煮羹,这三种动物调味时用芗,不用蓼。

不吃幼鳖,狼要把肠去掉,狗把肾去掉,狸把正脊去掉,兔子把屁股去掉,狐把头去掉,小猪把脑子去掉,鱼把肠子去掉,鳖把鳖窍去掉。

肉类要剔除筋膜骨头,这叫作"脱";鱼类要用手摇动,看它新鲜不新鲜,这叫作"作";枣类要擦拭,使之光洁,这叫作"新";栗子要把有虫的拣去,这叫作"撰";桃子要把表面的毛擦掉,这叫作"胆";楂、梨要一一钻看虫孔,这叫"攒"。

牛夜里叫,它的肉一定有恶臭;羊毛很稀少而又粘连在一起,它的肉就有羶味;狗的两股里面没有毛而又举动急躁,它的肉味臊恶;羽毛不润泽而又鸣声嘶哑的鸟,它的肉必定腐臭;猪的眼睛向高处、远处看,眼睫毛长而相交,它的肉中有许多星星点点的小息肉;黑脊梁而前胫毛色斑杂的马,它的肉臭如蝼蛄。

尾部还不满一握的小鸟不能吃。还有鹅尾、天鹅和猫头鹰的胁侧薄肉、鸭尾、鸡肝、鹅肾、鸨脾、鹿胃等等,都是不能吃的东西。

凡是生肉切碎杂煮而后食,细切就叫作脍;切成大片就叫轩。又有人说:麋、鹿、鱼粗切叫作菹;麋细切叫作辟鸡;野猪肉粗切叫作轩;兔肉细切叫宛脾。再把葱或薤切碎,和肉一起浸在醋中,可使肉变软。

羹与饭是日常主食,从诸侯到庶人日常都有羹与饭,没有差别。

大夫没有常置于左右以备食的佳肴,但七十岁以上的大夫就有专门存放食物的阁。天子的阁,在燕寝左边的夹室中有五个,右边夹室中也有五个。公、侯、伯每人五阁,放在燕寝的房中。大夫的阁有三个。士没有阁,只能在房内做一个坫存放食物。

凡人君养老之礼,有虞氏用燕礼,夏后氏用飨礼,殷代用食礼,周代遵循古法而三礼兼用。五十岁就能参加乡里的养老宴,六十岁就能参加国家在小学举行的养老宴,七十岁以上就能参加大学里的养老宴。这种规定从天子到诸侯国都适用。八十岁的老人拜受君命时只要跪下去磕头两次就可以了,盲人拜受君命也可这样。九十岁的老人可以让别人代拜君命。五十岁以上可以吃与壮年人不同的细粮,六十岁以上可以有预备的肉食,七十岁以上可有两份膳食,八十岁以上可以常吃时鲜珍馐,九十岁以上可以在寝室里就餐,出游时也可以让人随带食物。

人到六十岁,就开始置备需一年时间才能做好的丧葬用品,七十岁以后开始置备一个季度能做好的丧葬用品,八十岁以后开始置备一个月能做好的丧葬用品,九十岁以后就置备一天能做好的丧葬用品,只有装殓尸体用的绞、纼、衾、冒等,到死后才制作。人到五十岁以后就开始衰老,六十岁以后没有肉食就营养不足,七十岁以后没有丝绵就不得温暖,八十岁以后没人陪睡就不能暖和,九十岁以后即使有人陪睡也不觉得暖和了。五十岁以后可以在家中用手杖,六十岁以后可以在乡里拄手杖走路,七十岁以后可以在国中拄手杖走路,八十岁以后可以拄手杖上朝,九十岁以后,天子若有事询问,就派人到家里请教,并且要带时鲜珍品为礼物。七十岁以后,朝见天子时可以提早退出,八十岁以后,天子每月派人问候安康,九十岁以后,天子每天派人送膳食到家中。五十岁以后不服劳役,六十岁以后不参与征战,七十岁以后不参与会见宾客,八十岁以后不服齐衰以下的丧服。五十岁以后得到封爵,六十岁以后不亲自向别人求教,七十岁后辞官告老。凡是七十岁以上,遇到丧事只服丧服,不参加丧事仪式。

夏、殷、周三代的天子,都根据户籍核定年龄,确定参加养老会的人员。家有八十岁的老人,可以有一人不应力役之政;家有九十岁的老人,全家都可不应力役征召;家中有盲人也是如此。凡是家中有年老的父母健在,他们的儿子即使年纪也很大了,但在父母面前也不能坐着,必须立侍在旁。有虞氏的时代,在上庠宴飨国老,在下庠宴飨庶老;夏后氏在东序宴飨国老,在西序宴飨庶老;殷代在右学宴飨国老,在左学宴飨庶老;周代在东胶宴飨国老,在虞庠宴飨庶老,虞庠在王城的西郊。有虞氏的时代,祭祀时戴"皇",养老时穿深衣;夏代祭祀时戴"收",养老时穿燕衣;殷代祭祀时戴"冔",养老时穿纯白的深衣;周代祭祀时戴"冕",养老时穿玄衣白裳。

曾子说:"孝子养老,要使父母内心快乐,不违背他们的意愿;用礼乐使他们的耳目愉悦,使他们起居安适,在饮食方面更要发自内心照料,要直到孝子身终。所谓'终身'孝养父母,并不是说终父母的一生,而是终孝子自己一生。凡是父母所爱的,自己也爱;凡是父母所敬的,自己也敬。连对犬马也都如此,何况对于人呢。"

凡养老,五帝时代着重是效法他们的德行,三王时代除效法他们的德行外,又向他们

乞求善言。五帝效法老人的德行，为了颐养他们的身体，不向他们乞求善言。如果他们有好的德行就记录下来，成为敦厚之史。三王也效法他们的德行，而在恭敬地奉行养老之礼之后又向他们乞求善言，乞求善言时也并不坚持，不急切，以免影响老人养气养体。三王也都把老人的善言、德行记下来，成为敦厚之史。

用陆稻做饭，把煎醢加在饭上，再浇上油，这就是淳熬。用黍米做饭，把煎醢加在饭上，再浇上油，这就是淳毋。

"炮"的方法是：取小猪或公羊，杀死以后除去内脏，把枣子塞在腹腔内，编芦苇箔把它裹起来，涂上黏土，然后放在火上烤。等泥全部烤干了，用手把泥剥去，洗净手，把皮肉表面的薄膜搓掉。用米粉加水调成稀粥，敷在小猪身上，再放到小鼎里用油煎，油一定要淹没小猪。羊肉则切成薄片像脯一样，外面涂粥，放在油里煎。把盛有小猪或羊脯的小鼎放在大鼎的热水里，大鼎的水不能把小鼎淹没，用小火烧三天三夜。吃的时侯再加醋和肉酱调味。

捣珍制法是：取牛、羊、麋、鹿、麕的里脊肉，每种与牛肉分量一样多，反复拍打，把筋腱除去，煮熟以后取出，把肉膜去掉，再用醋和醢调拌。

渍的制法是：取新宰杀的牛，把牛肉切成薄片，切时一定要切断肉的纹理，在美酒里浸一天一夜，然后用醢或醋、梅浆拌了吃。

熬的制法是：把牛肉放在火上烤熟，然后捶捣去掉肉膜，把肉放在芦苇箔上，把桂和姜捣成屑洒在上面，用盐腌一下，晒干以后就可以吃了。用羊肉、麋、鹿、麕肉做熬也都一样。如果要吃浸软了的肉，就用水把它润泽一下，再用醢煎了吃。如果想吃干肉，那么捶捣一下就可以吃了。

糁食的制法是：取等量的牛、羊、猪肉各一份，切碎，与稻米粉拌和，稻米粉与肉的比例是二比一，合在一起做成糕，用油煎食。

肝膋的制法是：取一副狗肝，用它的肠脂把它包起来使肝濡润，放在火上烤。到外面包的背全部烤焦了，这时肝就烤熟了。吃的时候不用蓼。

取稻米粉加水调和，加入切碎的狼脂肪，一起做成饼。

慎重地对待夫妇关系，这是礼的开始。建造宫室，严分内外。男子常在外面的正寝，妇女常在里面的燕寝。深宫固门，有阍人、寺人负责看守。男子不到里面去，妇女不到外面来。

男女不共用衣架。妇女不把衣服挂在丈夫的衣架上，也不收藏在丈夫的衣箱里。妇女不和丈夫在同一个浴室洗澡。丈夫不在家，把他的枕头放到衣箱里，簟、席收起来，丈夫的其他器物也都收藏起来。年少的侍奉年长的，身份低贱的侍奉身份高贵的，都应如此。

夫妇之礼，只有到了七十岁时，才可以两个人一直同居共寝。所以妾即使年老了，只要还不满五十岁，就要每隔五天侍夜一次。将要侍夜的妻妾要斋戒，洗净内衣，穿戴好礼服，梳理好头发，系上香囊、鞋带。轮到正妻侍夜的日子，即使这天正妻不在家，妾也不能

到丈夫寝室中去侍夜。

　　妻将要生小孩，到了临产的月份，就由燕寝迁到侧室居住，丈夫每天派人问候两次。到了阵痛发作时，丈夫亲自去问候。这时妻子不能来见，由女师穿戴整齐去回答。小孩生下以后，丈夫又每天派人问候两次。如果妻子产时适值丈夫斋戒，丈夫就不到侧室去问候。

　　孩子生下来，如果是男孩，就在门的左边挂一张木弓；如果是女孩，就在门的右边挂一条佩巾。到了第三天才抱小孩出来。如果是男孩，就行射礼；如果是女孩就不用了。

　　国君的嫡长子出生了，要报告国君，在房间里陈设太牢来迎接他的降生，由膳宰负责。到了第三天，占卜，选择一个士抱小孩，占卜结果吉的那个士必须前一天就斋戒，穿上朝服，在路寝门外等候，然后把小孩接过来抱着。这时射人用桑木弓和六支蓬草做的箭向天地四方发射。然后，保姆接过小孩抱着，膳宰用一献之礼及五匹帛酬谢抱小孩的士。此外，还要通过占卜，选择一个士的妻或大夫的妾来担任小孩的乳母。

　　举行接子仪式，一定要选择三天之内的吉日。接天子的嫡长子用牛羊豕三牲，接庶人的嫡长子用一只小猪，接士的嫡长子用一只猪，接大夫的嫡长子用一只羊和一只猪，接国君的嫡长子用牛羊豕三牲。如果不是嫡长子，接子之礼就都降一等。

　　国君生子，要为小孩在宫中单独辟一室居住。从国君的众妾及妃嫔和傅姆中，选择性情宽厚慈惠、态度温良恭敬、为人谨慎寡言的人做小孩的老师。其次还要从这些人中挑选小孩的慈母和保姆。她们都和小孩住在一起，其他人无事，不到小孩居室去。

　　小孩出生第三个月之末，要选择吉日为小孩剪发，男孩剪成"角"，女孩剪成"羁"，否则男孩留左边，女孩留右边。这一天，妻子带着小孩去见孩子的父亲。如果是卿大夫，则夫妇都要制作新衣服。命士以下虽不制新衣，但也都要把衣服洗干净。男男女女都要一早起身，洗头洗澡，穿戴整齐。准备给夫妇吃的食物比照每月初一的规格。丈夫走入正寝的门，从东阶登，站在东阶上，面向西；妻子抱着小孩由东房出；站在楣的下方，面向东。

　　这时，保姆站在妻子的前侧，帮助她传话说："孩子的母亲某某，今天恭敬地把孩子抱给他的父亲看。"丈夫回答说："你要教导他恭敬地遵循善道。"父亲一手拉着孩子的右手，一手托着孩子的下额，给他取名。妻子回答说："我要谨记您的话，教育他将来有所成就。"妻子说完，就转身向左，把孩子交给老师。老师把小孩的名字逐一告诉在场的诸妇、诸母，然后妻子就到燕寝去。丈夫把小孩的名字告诉家宰，家宰再遍告在场的同宗男子，并在简策上写道："某年某月某日某生"，藏于家中。家宰又把小孩的生辰、名字告诉闾史，闾史记下来，一式二份。一份藏在闾府，一份献给州史。州史献给州长，州长命令收藏在州府里。丈夫进入燕寝，按照平时夫妇供养的常礼与妻子共同进食。

　　国君的嫡长子出世，在命名的那一天，国君要洗头洗澡，穿上朝服，夫人也一样，都站在正寝的东阶上，面向西。世妇抱着小孩由西阶上，在国君给他命名以后就下去。

　　如果是世子的同母弟弟或庶子生，国君就在外寝与他见面，用手抚摸他的头，托着他的下巴，给他取名。其他礼节与世子相同，但没有"钦有帅""记有成"等对答之辞。

　　凡是替孩子取名，不用"日""月"等字，不用国名，不用身上隐疾的名称。大夫、士的儿子不能取与世子相同的名字。

　　大夫或士的妾将要生小孩，到了临产的月份，丈夫派人每天问候一次。小孩生下满三个月的那一天，大家都要洗漱整洁，而且前一天就斋戒，在内寝相见，丈夫用妾刚刚来嫁时的礼节对待她。丈夫吃过了，把食物撤下，由她一个人吃剩下的食品。随后她就侍候丈夫过夜。

　　国君的妾生小孩，要到侧室去生。小孩生下满三个月的那一天，他的母亲要洗头洗澡，穿朝服，由傧者抱着小孩一起见君。如果国君对这个妾比较宠爱，那么这个小孩就由国君自己命名。其他众妾之子则由下属官员命名。

　　老百姓家中没有侧室的，在妻子到了临产月份以后，丈夫要离开寝室，住到其他房间去。至于他问候妻子的礼节以及小孩满三个月时带小孩出来见父亲的礼节，与大夫、士并无不同。

　　凡是父亲在世，那么刚出世的孙子去见祖父时，祖父也要给他取名，礼节和子见父一样，但没有应对之辞。

　　替国君哺育孩子的士妻或大夫之妾，在三年之后离开公宫回家。在回家之前到公宫告辞，这时国君要有所赏赐以表慰劳。大夫之子有乳母喂养，士妻则自己喂养小孩。

　　小孩满三个月行父子相见之礼，由命士以上直到大夫之子，都是在夫妇礼食以前进行。国君的世子是在国君与后夫人礼食之前相见，见面时国君一定拉着他的右手。世子之弟及庶子，则是在国君与后夫人或妾礼食之后再相见，见面时国君一定用手抚摸他的头。

　　小孩能吃饭了，要教他使用右手；小孩会讲话了，要教男孩说"唯"，女孩说"俞"。男孩的小囊用革做，女孩的小囊用缯做。

　　孩子到了六岁，教他识数和辨认东南西北。七岁开始，男孩、女孩不同在一张坐席上吃饭。八岁开始教他们学习礼让，出入门户以及坐到席位上吃饭，一定要让年长的人在先。九岁时，教他懂得朔、望以及用干支记日。十岁，男孩就离开内室，到外面跟着老师学习"六书""九数"，住宿也在外面；穿的短袄和套裤都不能用帛做；行礼动作都要遵循以前所学的那些礼节；早晚学习幼仪，学习教师所书写的课文和应对之辞。十三岁时学习音乐，诵读《诗经》，学会舞勺。到了十五岁就学舞象和射箭驾车。

　　二十岁时加冠，开始学礼。这时可以穿裘衣、帛衣，舞大夏之舞。要诚笃地孝顺父母，友爱兄弟，广博地学习各种知识，但尚不能教育别人，要努力地积累德行，但尚不能出而治事。三十岁时娶妻成家，这才开始料理成年男子的事务。这时要广博地学习，没有什么固定的学习内容。要与朋友和顺相处，并观察他们的志向。四十岁开始做官，根据事物自然之理而定计谋、出主意。如果君臣道义相合，那就在国君手下干事；如果不合，那就离开。五十岁为大夫，参与邦国大事。七十岁告老退休。凡男子行拜礼，左手在右手之上。

女孩到了十岁就不再外出。女师要教导她们言语婉顺、表情柔媚、服从长者，教她们绩麻、养蚕、纺丝、织造缯帛丝带等妇女之事，以供制作衣服。要让她们参观祭祀仪式，把酒、浆、笾、豆、菹、醢一一装好，按照礼节规定帮助长者安置祭品。女孩到了十五岁行笄礼，二十岁出嫁。如果这时遭父母之丧，就到二十三岁再嫁。如果男方是以礼聘问娶去的，那就是正妻；如果是不待礼聘就嫁给对方，那就叫奔，嫁过去只能做妾。凡是女子行拜礼，右手在左手上。

玉藻第十三

【原文】

天子玉藻，十有二旒，前后邃延，龙卷以祭。玄（端）〔冕〕而朝日于东门之外，听朔于南门之外，闰月则阖门左扉，立于其中。皮弁以日视朝，遂以食；日中而馂，奏而食；日少牢，朔月大牢；五饮：上水、浆、酒、醴、酏；卒食，玄端而居。动则左史书之，言则右史书之。御瞽几声之上下。年不顺成，则天子素服，乘素车，食无乐。

诸侯玄（端）〔冕〕以祭，裨冕以朝，皮弁以听朔于大庙，朝服以日视朝于内朝。朝，辨色始入；君日出而视之，退适路寝听政，使人视大夫；大夫退，然后适小寝，释服。又朝服以食，特牲三俎，祭肺。夕深衣，祭牢肉。朔月少牢，五俎四簋。子卯，稷食菜羹。夫人与君同庖。

君无故不杀牛，大夫无故不杀羊，士无故不杀犬、豕。君子远庖厨，凡有血气之类，弗身践也。至于八月不雨，君不举。年不顺成，君衣布搢本，关梁列而不租，山泽列而不赋，土功不兴，大夫不得造车马。

卜人定龟，史定墨，君定体。

君羔幦虎犆。大夫齐车，鹿幦豹犆，朝车。士齐车，鹿幦豹犆。

君子之居恒当户，寝恒东首。若有疾风、迅雷、甚雨，则必变，虽夜必兴，衣服冠而坐。

日五盥，沐稷而靧粱，栉用樿栉，髪晞用象栉，进禨进羞，工乃升歌。

浴用二巾，上绤下绤。出杅，履蒯席，连用汤；履蒲席，衣布晞身，乃屦，进饮。

将适公所，宿齐戒，居外寝，沐浴。史进象笏，书思对命。既服，习容观，玉声乃出。揖私朝，辉如也，登车则有光矣。

天子搢珽，方正于天下也。诸侯荼，前诎后直，让于天子也。大夫前诎后诎，无所不让也。

侍坐则必退席；不退，则必引而去君之党。登席不由前，为躐席。徒坐不尽席尺，读书、食则齐。豆，去席尺。

若赐之食，而君客之，则命之祭，然后祭。先饭，辩尝羞，饮而俟。若有尝羞者，则俟

君之食，然后食，饭饮而俟。君命之羞，羞近者。命之品尝之，然后唯所欲。凡尝远食，必顺近食。君未覆手，不敢飧。君既食，又饭飧。饭飧者，三饭也。君既彻，执饭与酱，乃出授从者。

凡侑食，不尽食，食于人不饱。唯水酱不祭，若祭，为已㑄卑。

君若赐之爵，则越席再拜稽首受，登席，祭之，饮卒爵，而俟君卒爵，然后授虚爵。

君子之饮酒也，受一爵而色洒如也，二爵而言言斯，礼已三爵而油油以退。退则坐取屦，隐辟而后屦，坐左纳右，坐右纳左。

凡尊，必上玄酒。唯君面尊。唯飨野人皆酒。大夫侧尊用棜，士侧尊用禁。

始冠，缁布冠，自诸侯下达，冠而敝之可也。玄冠朱组缨，天子之冠也。缁布冠缋緌，诸侯之冠也。玄冠丹组缨，诸侯之齐冠也。玄冠綦组缨，士之齐冠也。缟冠玄武，子姓之冠也。缟冠素纰，既祥之冠也。垂緌五寸，惰游之士也。玄冠缟武，不齿之服出。居冠属武。自天子下达，有事然后緌。五十不散送，亲没不髦，大帛不緌。玄冠紫緌，自鲁桓公始也。

朝玄端。夕深衣。深衣三袪，缝齐倍要，衽当旁，袂可以回肘。长、中继掩尺。袷二寸。袪尺二寸，缘广寸半。以帛里布，非礼也。士不衣织。无君者不贰采。衣正色，裳间色。非列采不入公门，振绤绤不入公门，表裘不入公门，袭裘不入公门。纩为茧，缊为袍，禅为絅，帛为褶。朝服之以缟也，自季康子始也。

孔子曰："朝服而朝，卒朔然后服之。"曰："国家未道，则不充其服焉。"唯君有黼裘以誓省，大裘非古也。

君衣狐白裘，锦衣以裼之。君之右虎裘，厥左狼裘。士不衣狐白。君子狐青裘豹褎，玄绡衣以裼之；麑裘青犴褎，绞衣以裼之；羔裘豹饰，缁衣以裼之；狐裘，黄衣以裼之。锦衣狐裘，诸侯之服也。犬羊之裘不裼。不文饰也，不裼。裘之裼也，见美也。吊则袭，不尽饰也。君在则裼，尽饰也。服之袭也，充美也。是故尸袭，执玉、龟，袭。无事则裼，弗敢充也。

笏：天子以球玉，诸侯以象，大夫以鱼（须）〔须〕文竹，士竹本象可也。见于天子，与射，无说笏。入大庙说笏，非古也。小功不说笏，当事免则说之。既搢必盥；虽有执于朝，弗有盥矣。凡有指画于君前，用笏；造受命于君前，则书于笏。笏毕用也，因饰焉。笏度：二尺有六寸，其中博三寸，其杀六分而去一。

〔天子素带朱里，终辟。〕而〔诸侯〕素带，终辟。大夫素带，辟垂。士练带，率下辟。居士锦带。弟子缟带。并纽约用组，〔三寸，长齐于带。绅长制：士三尺，有司二尺有五寸。子游曰："参分带下，绅居二焉。"绅、韠结三齐。大夫大带四寸。杂带：君朱绿，大夫玄华，士缁辟二寸，再缭四寸。凡带有率无箴功。肆束及带，勤者有事则收之，走则拥之。〕韠：君朱，大夫素，士爵韦；圜，杀，直，天子直，公侯前后方，大夫前方、后挫角，士前后正。韠下广二尺，上广一尺，长三尺，其颈五寸，肩、革带博二寸。（大夫大带四寸。杂带：君朱绿，大夫玄华，士缁辟二寸，再缭四寸。凡带有率无箴功。）一命缊韨幽衡，再命赤韨

幽衡，三命赤韨葱衡。（天子素带朱里，终辟。）

王后袆衣，夫人揄狄。（三寸，长齐于带。绅长制：士三尺，有司二尺有五寸，子游曰："参分带下，绅居二焉。"绅鞸结三齐。）君命屈狄，再命（袆）〔鞠〕衣，一命襢衣，士褖衣。唯世妇命于奠茧，其他则皆从男子。

凡侍于君，绅垂，足如履齐，颐霤，垂拱，视下而听上，视带以及袷，听乡任左。

凡君召以三节，二节以走，一节以趋。在官不俟屦，在外不俟车。

士于大夫，不敢拜迎，而拜送。士于尊者先拜，进面，答之拜则走。

士于君所言，大夫没矣则称谥若字，名士。与大夫言，名士，字大夫。

于大夫所，有公讳，无私讳。凡祭不讳，庙中不讳。教学临文不讳。

古之君子必佩玉。右徵角，左宫（月）〔羽〕趋以《采齐》，行以《肆夏》。周还中规，折还中矩。进则揖之，退则扬之，然后玉锵鸣也。故君子在车则闻鸾和之声，行则鸣佩玉，是以非辟之心无自入也。

君在不佩玉，左结佩，右设佩，居则设佩，朝则结佩，齐则绩结佩而爵鞸。凡带必有佩玉，唯丧否。佩玉有冲牙。

君子无故，玉不去身。君子于玉比德焉。天子佩白玉而玄组绶。公侯佩山玄玉而朱组绶。大夫佩水苍玉而（纯）〔缁〕组绶，世子佩瑜玉而綦组绶。士佩瓀玟而缊组绶。孔子佩象环五寸而綦组绶。

童子之节也：缁布衣，锦缘，锦绅并纽，锦束发，皆朱锦也。（肆束及带，勤者有事则收之，走则拥之。）童子不裘不帛，不屦绚，无缌服；听事不麻，无事则立主人之（北南）〔南，北〕面；见先生，从人而入。

侍食于先生、异爵者，后祭先饭。客祭，主人辞曰："不足祭也。"客飧，主人辞以疏。主人自置其酱，则客自彻之。一室之人，非宾客，一人彻。壹食之人，一人彻。凡燕食，妇人不彻。

食枣、桃、李，弗致于核。瓜祭上环，食中，弃所操。凡食果实者，后君子；火孰者，先君子。

有庆，非君赐，不贺。有忧者……（勤者有事则收之，走则拥之。）

孔子食于季氏，不辞，不食肉而飧。

君赐车马，乘以拜赐；衣服，服以拜赐。君未有命，弗敢即乘、服也。君赐，稽首，据掌，致诸地。酒肉之赐弗再拜。凡赐，君子与小人不同日。

凡献于君，大夫使宰，士亲，皆再拜稽首送之。膳于君，有荤、桃、茢，于大夫去茢，于士去荤，皆造于膳宰。大夫不亲拜，为君之答己也。

大夫拜赐而退。士待诺而退；又拜；弗答拜。大夫亲赐士，士拜受，又拜于其室，衣服弗服以拜。敌者不在，拜于其室。凡于尊者有献，而弗敢以闻。士于大夫不承贺。下大夫于上大夫承贺。亲在，行礼于人称父；人或赐之，则称父拜之。

礼不盛，服不充，故大裘不裼，乘路车不式。

父命呼，"唯"而不"诺"，手执业则投之，食在口则吐之，走而不趋。亲老，出不易方，复不过时；亲癠，色容不盛：此孝子之疏节也。父没而不能读父之书，手泽存焉尔。母没而杯圈不能饮焉，口泽之气存焉尔。

君入门，介拂阑；大夫，中枨与阑之间；士介拂枨。宾入不中门，不履阈。公事自阑西，私事自阑东。

君与尸行，接武；大夫，继武；士，中武。徐趋皆用是；疾趋则欲发，而手足毋移。圈豚行，不举足，齐如流，席上亦然。端行，颐霤如矢；弁行，剡剡起屦。执龟玉，举前曳踵，蹜蹜如也。

凡行容惕惕，庙中齐齐，朝廷济济翔翔。

君子之容舒迟，见所尊者齐遫。足容重，手容恭，目容端，口容止，声容静，头容直，气容肃，立容德，色容庄。坐如尸。燕居告温温。

凡祭，容貌颜色，如见所祭者。

丧容累累，色容颠颠，视容瞿瞿梅梅，言容茧茧。

戎容暨暨，言容诒诒，色容厉肃，视容清明。立容辨，卑毋谄；头颈必中，山立，时行；盛气颠实，扬休，玉色。

凡自称：天子曰"予一人"，伯曰"天子之力臣"。诸侯之于天子，曰"某土之守臣某"；其在边邑，曰"某屏之臣某"。其于敌以下，曰"寡人"。小国之君曰"孤"，摈者亦曰"孤"。上大夫曰"下臣"，摈者曰"寡君之老"。下大夫自名，摈者曰"寡大夫"。世子自名，摈者曰"寡君之适"。公子曰"臣孽"。士曰"传遽之臣"，于大夫曰"外私"。大夫私事使，私人摈则称名；公士摈，则曰"寡大夫""寡君之老"。大夫有所往，必与公士为宾也。

【译文】

天子戴着有玉旒的冕，前有十二旒，冕上的延前后都长出于冕；身上穿着画龙的衮衣祭祀。

在春分这一天，天子衮冕在东门之外行朝日之礼。每月初一，天子玄衣、玄冕在南门外的明堂里行听朔之礼。如果是闰月，那就把明堂门的左边的门关上，站在门中行听朔之礼。

天子平日戴着白鹿皮弁视朝，退朝以后吃早饭。到了中午，吃朝食剩下来的东西。每次吃饭都奏乐。天子平日每天是一羊一猪，每月初一这一天则要用牛羊豕三牲。天子的饮料有五种，以水为上，另外还有浆、酒、甜酒和粥汤。中午吃过以后，就换上玄端服休息闲居。

天子的一举一动都由左史记下来，他的言论都由右史记下来。天子身旁侍御的乐工察辨音乐之声的高下，以了解政令的得失。年成不好，天子就要穿素服，乘没有油漆的素车，吃饭时也不奏乐。

诸侯到宗庙祭祀祖先时，穿着玄冕之服；去朝见天子时，则服裨冕；到太庙行听朔礼

时,服皮弁服;平日在内朝视朝时服朝服。

群臣在天色微明可以辨色时开始入应门上朝。国君在日出时视朝,与群臣相见,然后退到路寝听政。国君派人去看大夫,如果大夫已将政事处理完毕退朝,那么国君就回到自己的燕寝,脱去朝服,换上玄端。

国君在朝食时,要换上朝服,吃的是猪、鱼、腊三俎,将食之前先祭肺。夕食时,穿深衣,将食之前先祭牢肉。每月初一则用羊、豕二牲,吃的是羊、豕鱼、腊、肤五俎和黍、稷各二簋。逢到子卯忌日,不杀牲,只吃饭食和菜羹。国君的夫人和国君同牢。

没有特别的缘故,国君不杀牛,大夫不杀羊,士不杀犬豕。君子要远离厨房,凡是有血有气的动物,决不自己动手宰杀。

如果八个月不下雨,国君吃饭就不杀牲。年成不好,国君要穿麻布之衣,插竹笏;在关口和桥梁处不收租税;禁止在山泽采伐渔猎,也不征赋税;不搞建筑。大夫也不许造新车。

凡是占卜,首先由卜师选定龟甲;烧灼以后,太史根据较粗的裂纹是否顺着所画的墨线来判定吉凶。国君则观看整个兆象的形体而判定其吉凶。

国君的斋车用羔皮覆轼,用虎皮镶边;大夫的斋车朝车、士的斋车都用鹿皮覆轼而用豹皮镶边。

君子居处总是对着门户,睡觉头总是向东。如果有烈风暴雷大雨,则心庄敬严肃,即使是夜里也一定起身,穿戴整齐,恭恭敬敬地坐着。

每天洗手五次。用淘稷的水洗头发,用淘粱的水洗脸。洗湿了的头发用白木梳梳理;头发干了有些发涩,用象牙梳来梳,然后喝一点酒,吃一点东西,这时乐工就升堂唱歌。洗澡要用两种浴巾,上身用细葛巾,下身用粗葛巾。出了浴盆以后,站在蒯草做的席子上,用热水冲洗双脚,再站到蒲席上;穿上麻布衣服以吸干身上的水。然后就穿上鞋,喝酒。

臣子将要去朝见国君,必须前一天就斋戒沐浴,居住于正寝,史呈上象笏,把想要回答国君的话写在上面。朝服穿戴已毕,要练习自己的仪容神态举止,使佩玉之声和行步举止的节拍相合,然后才出发。由于内心恭敬严肃,仪表又修饰整齐,所以在私朝作揖分手时显得精神饱满;到了登车时,就更是容光焕发了。

天子插的笏叫作珽,这是向天下人表示天子的端方正直;诸侯插的笏叫作荼,上面的两角是圆的,下面两角是方的,这是表示诸侯应让于天子;大夫的笏上下四角都是圆的,表示他处处都必须退让。

臣子陪侍国君坐,一定要把自己的坐席向侧后退一点。如果不好移席后退或者国君不让后退,就一定要向后坐,离开国君所坐之处。登席入座不应该由前面跨上去,而应该由后面上,否则就叫躐席。空坐的时候,身体离开席前缘一尺,在读书、进食时则要坐到靠近席前缘的地方。盛食物的豆放在距席一尺的地方。

国君赐给臣子吃饭,如果国君以客礼待臣,那么臣子应在得到国君的命令以后才祭。

臣子要先遍尝各种食品,然后喝一点饮料,等国君先食。

如果有膳宰尝食,则臣既不祭,也不尝,而是先喝一点饮料,等国君先吃,然后自己再吃。国君命令他吃菜,只吃靠近身前的;国君叫他遍尝菜肴,才一一品尝一下,然后根据自己的嗜好进食。凡是尝远处的食物,要从近处的食品顺序吃过去。

臣子陪侍国君吃饭,国君还未用手抹嘴,臣子不能用汤泡饭。在国君吃好以后,臣子才用汤浇饭吃,但也只吃三口。国君把食器撤下去以后,侍食的臣子才可以拿自己剩下的饭与酱出去给随从带回去。

凡是陪侍尊者吃饭,不能把食物吃光。凡是做客,都不要吃饱。在地位相当的人家吃饭,凡食物都应该先祭,只有水、浆不祭。如果水、浆也祭的话,那就太降低自己的身份了。

国君如果赐给侍宴的臣子喝酒,臣子就要越过自己的坐席,行再拜稽首礼,恭敬地接过来,然后回到自己的坐席,先祭而后饮。饮干以后,等国君也饮干,然后把空酒杯递给赞者。君子饮酒,饮第一杯时脸色庄重,饮第二杯时意气和悦,按礼,臣子侍君宴饮,饮酒止于三杯,三杯饮过,则和悦恭敬地退席。退的时候要坐着拿起脱下的鞋,到隐僻处穿起来。穿右脚鞋时跪左腿,穿左脚鞋时跪右腿。

凡是陈设酒樽,必以玄酒为上。在国君宴请臣下的时候,只有国君才能正对着酒樽。只有请乡野平民饮酒时,才全部用酒而不用玄酒。在大夫、士宴客的时候,酒樽不能正对着主人,而要放在旁侧的打或禁里,以表示主人与客人共有这一樽酒。

行冠礼时,第一次加的冠是缁布冠,从诸侯下至士都是如此。这种缁布冠在行冠礼后就不再戴,随它去敝弃。天子行冠礼时,第一次加的冠则是玄冠,而以朱红色的丝带为缨。诸侯虽是用缁布冠,但是配有杂采的缨缕。玄冠而用丹红色的丝带做缨,这是诸侯斋戒用的冠;玄冠而用青白色的帛做缨,这是士斋戒用的冠。用白色的生绢制冠而冠卷是玄色,这种上半示凶、下半示吉的冠,是孙子在祖父去世以后父亲丧服未除而自己已经除服时戴的。用白色的生绢制冠,用白绫做冠两边及冠卷下缘的镶边,这是孝子在大祥以后戴的冠。惰游者戴的冠和孝子大祥以后戴的冠一样,只是下垂的冠带只有五寸长。那些不服从教化而不再录用的人所戴的冠则是玄冠而以生绢做冠卷。闲居时戴的冠,把下垂的冠带分别固定在冠卷两侧,这是自天子下至平民都如此,到有事时才垂下来。满五十岁的人,有了丧事,不须散麻送葬。父母去世以后,做子女的就不要再戴髦了。用白缯制的素冠没有下垂的冠带。玄冠配上紫色的垂带,这是自鲁桓公开始的。

大夫、士在家朝食时服玄端,夕食时服深衣。深衣的大小尺寸是:腰的尺寸是袖口的三倍,下摆是腰的一倍。衣襟开在旁边,袖子的宽度是可以让手肘在里面回转自如。长衣、中衣与深衣规格相同,只是袖子再接长一尺。曲领宽二寸,袖口宽一尺二寸,镶边宽一寸半。如果外面的衣服是布的,里面的中衣却用帛制,那就不合于礼。

士不能用先染色而后织制的衣料做衣服。已离位的士大夫穿的衣和裳颜色应该一样。凡衣服的颜色应该用正色,裳的颜色用间色。穿同颜色的衣裳不可去见国君;外面

穿着绨、绤夏服，不可以去见国君；外面穿着裘衣不可以去见国君；用礼服遮住了裘衣外面的裼衣，也不能去朝见国君。

用新丝绵放在夹衣中的叫作茧，用旧丝绵放在夹衣中的叫作袍，有面无里的单衣叫作䌹，用帛做面和里的夹衣叫作褶。

用生绢制朝服，这是从季康子开始的。孔子说："国君和群臣在上朝时都应穿朝服。国君在听朔时穿皮弁服，听朔结束又换上朝服。"又说："如果国家未到政治清平的时候，那么国君就不用制备那么多的礼服了。"

只有国君有黼裘，在秋季打猎誓师时用，大裘是不合古制的。国君穿狐白裘的时候，要用锦衣罩在上面作为裼衣。国君右面的卫士穿虎皮裘，左面的卫士穿狼皮裘。士不能穿狐白裘。

大夫、士穿着青狐裘，用豹皮为袖口，加黑色绡衣作为裼衣。穿麛裘，用青豻皮为袖口。加苍黄色的裼衣。穿羔皮裘，以豹皮为袖口，加黑色的裼衣。穿狐裘，加黄色的裼衣。

狐裘，选自《三才图会》。

狐裘外加锦衣为裼衣，这是诸侯之服。犬羊之裘不加裼衣。凡不须文饰的情况下，都不需要露裼衣。在裘衣外面加裼衣，并且解开上服，把裼衣露出一部分来，是为了表现它的华美。在吊丧的时候要袭，这是因为吊丧不能表现文饰的缘故。在国君面前则要袒露裼衣，这是为了尽量表现文饰。袭是为了掩盖裼衣的华美。所以尸要袭，手中执玉或龟甲行礼时要袭。在行礼结束以后则要袒露出裼衣来，不能掩盖它的华美。

天子的笏用美玉制成，诸侯的笏以象牙制成，大夫的笏用竹制成而饰以鲛鱼之皮，士的笏用竹制成而以象牙镶在下部。

诸侯、士大夫在朝见天子的时候，在参加射礼的时候，笏都不可离身；到太庙中祭祀时也应带笏，不带笏是不合古制的。有小功之丧时也不脱笏，只有在进行殡殓时才可以不带笏。臣朝君时，把笏插进大带以后一定要洗手。洗过以后，到了朝廷上拿笏的时候就无须再洗了。

臣子凡有意见在国君面前指画陈说时，要用笏；到国君面前接受命令，则记在笏上。不管指画、记事都要用到的，所以后来就对它加以装饰，以区别尊卑。

笏的长度是二尺六寸，中间宽三寸。天子、诸侯的笏上部逐渐削减六分之一。大夫、士的笏则上、下两端都要逐渐削减六分之一。

天子的大带用熟绢制，衬里是朱红色的，而且全部镶边；诸侯的大带也用熟绢制，全部镶边，但没有朱红的衬里；大夫也用熟绢制大带，但只在身体两侧及下垂的绅这些部位

加镶边,腰后的部分就不加镶边;士的大带用缯制,两边用针线像编辫子一样交叉缝纫而无镶边,只有下垂的绅加上镶边;居士用锦制的大带;在校的学生用生绢制的大带。

大带围腰交结之处两端重合,用三寸宽的丝带把它结起来,丝带下垂的部分与绅相齐。绅长的规定是:士三尺,有司因为要便于趋走,所以只有二尺五寸。子游说:"绅带的长度,为带以下的三分之二。"绅、蔽膝以及下垂的丝带三样东西的长度都是三尺,下端相齐。

大夫的大带宽四寸。大带的镶边,国君在腰围部分用朱红色,绅用绿色;大夫外面用玄色,里面用黄色。士的大带在绅的部分内外都用缁色镶边,大带只有二寸宽,在腰部再绕一圈,也成为四寸宽。凡大带用针线交叉缝的部分,针线活都不须考究。遇到有事的时候,要把结大带剩余的丝带和绅握在手中,以便行动做事;遇到要趋走的时候,则要把它们拥在怀里。

韠的礼制是:国君用朱红色的革,大夫用素色的革,士用赤而微黑色的革。韠的外形在圆、杀、直三方面的规定是:天子的韠四角都是直的,没有圆、杀;公、侯的韠上下是方的;大夫的韠下端是方的,上端则裁成圆角;士的韠与国君相同,上下都是方的。韠下端宽二尺,上端宽一尺,长三尺,中间系带之处的"颈"宽五寸,两角及皮带的宽都是二寸。

一命之士用赤黄色的韍,黑色的玉衡;二命的大夫用赤色的韍,黑色的玉衡;三命的卿用赤色的韍,赤色的玉衡。

王后穿的衣服是袆衣,侯、伯的夫人穿揄狄,子、男的夫人如果得到王后的命令则可以穿屈狄。子男之国的卿的妻子穿黄色的鞠衣,大夫的妻子穿白色的襢衣,士的妻子穿黑色的褖衣。只有世妇在献茧给国君时,她可穿上褖衣;其他贵族妇女都根据自己丈夫的地位高低穿她们应穿的服装。

凡侍立于国君之旁,上身要前倾,使绅带下垂,脚好像踩着裳的下边一样,头微低,两颊下垂,两手交拱垂在下面,视线向下,而耳朵却注意倾听国君的讲话。视线应在国君的大带以上交领以下。听国君讲话时,要把头侧过来,用左耳听。

凡国君派使者召臣下,共有三符节。用二符节召,表示事情紧急,臣子在奔跑赴命;用一符节去召,表示事情不十分迫切,臣子要快步行走以赴命。臣子接到命令时,如果正在朝廷办事之处,那要不等穿鞋就去;如果不在朝廷办事之处,那就应不等驾车就去。

士在大夫来看自己的时候,不能迎出门外而拜,因为拜迎是身份相等的人之间的礼节;只在大夫走的时候再拜送客。士往见卿大夫时,卿大夫在门内等候。士在门外先拜,然后进门相见。若卿大夫在门内答拜。士要赶紧避门,不敢当礼。

士在国君处讲话,提到已故的大夫,就称他的谥号或字;提到已故的士,则直称其名。士在与大夫讲话时,提到活着的士时称名,提到活着的大夫时称字。士在大夫面前,只避本国先君的讳,而不避自己父母的讳。凡祭祀群神时不避讳,庙中祭祀祖宗,在祝辞中不避祖先的讳。在老师教学生的时候以及书写简策、诵读法律等时,都不避讳。

古时候的君子身上都佩玉,行走时右边的玉发出的声音合于徵和角,左边的玉发出

的声音合于宫和羽。在路寝门外至应门趋走时,与《采齐》之乐节相应;在路寝门内至堂上行走时,与《肆夏》之乐节相应。反身时所走的路线要成圆形,转弯时所走的路线要走直角。前进时身体略俯,像作揖一样,后退时身体微仰。这样,玉佩在行走时就发出铿锵的鸣声。君子乘车的时候,则听到鸾铃、和铃之声;步行的时候,则听到佩玉的鸣声,因此一切邪僻的意念就无从进入君子之心了。

士大夫在国君面前不佩玉。所谓"不佩玉",是把左边的佩玉用丝带结起来,右边的佩玉还是正常佩戴。在家闲居的时候则左右都佩玉,上朝时则结左佩。斋戒时穿爵色的韠,这时不但把玉用缤带结住,而且把缤带向上折收起来,使佩玉不能碰击发声。

从天子到士在革带上都系有佩玉,只有服丧时例外。佩玉中间一块是冲牙。君子没有特殊的原因,玉佩不离身,因为君子是以玉来象征德行的。

天子佩白玉,用玄色丝带为绶;公侯佩山玄色的玉,用朱红的丝带为绶;大夫佩水苍色的玉,用缁色丝带为绶;世子佩美玉,用杂采的丝带为绶;士佩瓀玟,用赤黄色的丝带为绶。孔子闲居时佩直径五寸的象牙环,用杂采丝带为绶。

童子的礼节:穿缁布深衣,用锦滚边,绅及大带围腰交结处也用锦滚边,束发用锦带。以上全都用朱红色的锦。童子不穿裘衣,不穿丝帛,鞋头上没有绚。如果有缌亲之丧,他不用穿丧服,到有丧事的人家帮忙干活,身上不加麻经。没有事的时候就站在主人之南,面向北。去见老师的时候,要跟着成人进去。

陪侍年龄长于自己的或爵位高于自己的人吃饭,要后祭而先尝食。客人祭的时候,主人要推辞说:"饭菜不丰盛,不值得祭。"在客人用汤浇饭吃时,主人要推辞说:"粗茶淡饭,不值得吃饱。"主人为表示敬客,自己动手陈设酱,那么吃过以后,客人要自己动手把它撤下去。同事而共居一室的人一起吃饭,其中并无宾主之分,吃过饭以后,由年纪轻的一个人撤去食具。因事而暂时聚在一起吃饭,吃完以后,也由其中年纪轻的人把食具撤下去。凡是平常朝食、夕食,妇女不动手撤食具,因为她们体弱无力。

吃枣、桃、李的时候,不把果核抛在地上。吃瓜的时候要先祭,祭时用有瓜蒂的一半,然后吃中间部分,而把手拿着的地方扔掉。凡吃果实,要在君子之后;凡吃熟食,为先尝食,要在君子之先。

家中有喜庆之事,如果国君没有赏赐,则自己家里也不互相拜贺。有忧伤之事的人家,……

孔子在季氏那里吃饭,开始的时候既不推辞,吃的时候又不吃肉就直接用饮料浇饭吃。

国君赐给臣下车马,在拜受之后,第二天要乘着所赐的车马再去拜谢;国君赐给臣下衣服,在拜受之后,第二天要穿着所赐的衣服再去拜谢。凡国君所赐,如果国君不命令他可以乘这驾车马、穿这件衣服,那么,他就只好把它们收起来,不敢使用。拜谢国君的赏赐时,要行稽首礼,左手按在右手上,头和手一起碰到地。如果赏赐的东西是酒肉,那就只在当时拜受,不需要第二天再登门拜谢。赏赐君子与赏赐小人不可以在同一天。

臣下凡献东西给国君，大夫派家臣去，士则亲自去，都是再拜行稽首礼，然后把礼物送去。送美味的食品给国君，要伴以荤、桃和苜帚；送给大夫，则减去苜帚；送给士，则再减去荤。送的东西都是请膳宰代受。

大夫不亲自拜献，为的是避免国君答拜自己。大夫去拜谢国君的赏赐时，只在国君门口请小臣进去通报，这样，大夫就可以走了。士则要在门口等到小臣出来说"国君知道了"，然后才能回去，临走的时候还要拜谢国君这个回音，而国君则不必答拜。

大夫赏赐东西给士，亲自送去，士拜谢接受，第二天又到大夫家中去拜谢。如果赏赐的是衣服，不用穿在身上去拜谢。身份相等的人来赠送东西，如果当时自己不在家，回家以后就一定要去登门拜谢。凡是献东西给尊者，不能直接说献给某人，只能说是赠给从者之类。士如果有喜庆之事，不敢接受大夫亲自来庆贺；下大夫可以接受上大夫亲自来庆贺。如果父亲健在，在庆、吊送别人礼的时候都要以父亲的名义；人家送给自己东西，也要以父亲的名义拜谢。

不是很隆重的盛礼，则裼。而盛礼则相反。所以天子行祭天大礼时，穿大裘则袭而不裼，乘玉路车经过门间时，也不俯身凭轼以示敬。

父亲喊叫自己的时候，要答应"唯"而不是"诺"，手头有事要立即停下来，嘴里有食物要立即吐出来，要迅速地奔过去而不是快步走过去。双亲年老，自己出门不改变原定的方向，回家也不超过预定的时间。双亲生病或者面有忧色，这就是孝子的疏略了。父亲去世了，自己不忍心翻阅父亲的书籍，因为上面有他手汗沾润的痕迹；母亲去世了，自己不忍心使用她用过的碗杯，因为上面有她口液沾润的痕迹。

两君相见时，来朝的国君从大门中央进入，上介紧靠着阗，大夫介在枨和阗之间，士介紧靠枨。邻国来聘的卿大夫进门时不能由正中，而应由稍偏东靠近阗的地方，脚不能踩门限。如果是公事，那就从阗的西边进入，这是用宾礼。如果是私事来见主国的国君，那就从阗的东边进入，这是用臣见君之礼。

在宗庙中，天子、诸侯与尸在行走时步子小，速度慢，后脚的脚印要压在前脚脚印的一半，这叫"接武"；大夫行走时步子稍大，速度稍快，后脚脚印和前脚脚印相连，这叫"继武"；士走时步子更大，速度更快，前后两脚之间相隔一足的距离，这叫"中武"。只要是徐趋，都用这种步伐走路。在疾趋的时候，脚跟抬起离地，这时要注意手足不要摇摆。在圈豚行的时候足不离地，衣裳下边像水流一样，在就席或离席时也应如此。端行时身体端直，头微前倾，两颊下垂如屋檐，走的路线要如箭一般直。在弁行时，脚离地，身体竦起。手中持有龟、玉等宝器的时候，走路要徐趋：足尖举起，足跟在地面上拖过去，足不速地，步伐碎小。

在道路上行走时身体姿势端正，步伐迅速；在宗庙中神态要恭敬诚恳；在朝廷里神态要庄敬严肃。君子的神态要闲雅，但在自己尊重的人面前要显得谦卑恭敬。举足要缓慢稳重，举手高而且正，目不斜视，口不妄动，不咳嗽，不低头，屏气敛息，站立时俨然有德的气象，面容庄重矜持，坐的时候像尸一样端正敬慎。闲居的时候，如果教育人或使唤人，

态度要温和。

凡祭祀时,祭者的容貌脸色要恭敬温和,就像看见所祭的鬼神那样。居丧者的身体形态要显得瘦弱疲惫,脸色显得很忧伤,眼神显得惊惧而又茫然,说话的声音低微无力。身着戎装的时候要显得刚毅果敢,教令严明。表情威严,眼神明察。站立的姿态应有谦卑的样子,但不能近于谄媚。站立时头颈一定保持正直。站在那儿要像一座山,毫不动摇,该移动的时候才移动。全身内气充盛,因而内美表现于外,脸色温润如玉。

天子自称为"予一人",州伯自称为"天子的力臣"。诸侯对于天子,自称"某个地方的守臣某";如果诸侯在边邑,则自称"某方的屏卫之臣某人";对于和自己身份相等及以下的人,则自称"寡人"。小国的国君自称"孤",摈者在代他传话时,也称"孤"。

上大夫在自己国君前自称"下臣某",如果出使他国,摈者代他传话时称他为"寡君之老";下大夫在自己国君前直接称自己的名,如果出使他国,摈者称他为"寡大夫";世子在父王面前称名,出使时摈者称他为"寡君之適子";诸侯的庶子在父王前自称"臣孽某"。

士在国君面前自称"传遽之臣",在他国大夫面前称"外私"。大夫为国君的私事而出使他国,以自己的家臣为摈相,摈者称大夫的名;如果是奉君命出使,由公士为摈相,传辞时称"寡大夫"或"寡君之老"。大夫奉命出使行聘礼,一定以公士为介。

明堂位第十四

【原文】

昔者周公朝诸侯于明堂之位,天子负斧依南乡而立。三公中阶之前,北面东上。诸侯之位,阼阶之东,西面北上。诸伯之国,西阶之西,东面北上。诸子之国,门东,北面东上。诸男之国,门西,北面东上。九夷之国,东门之外,西面北上。八蛮之国,南门之外,北面东上。六戎之国,西门之外,东面南上。五狄之国,北门之外,南面东上。九采之国,应门之外,北面东上。四塞,世告至。此周公明堂之位也。

明堂也者,明诸侯之尊卑也。

昔殷纣乱天下,脯鬼侯以飨诸侯,是以周公相武王以伐纣。武王崩,成王幼弱,周公践天子之位,以治天下。六年,朝诸侯于明堂,制礼作乐,颁度量,而天下大服。七年,致政于成王。成王以周公为有勋劳于天下,是以封周公于曲阜,地方七百里,革车千乘,命鲁公世世祀周公以天子之礼乐。

是以,鲁君孟春乘大路,载弧韣,旂十有二旒,日月之章,祀帝于郊,配以后稷,天子之礼也。季夏六月,以禘礼祀周公于太庙,牲用白牡,尊用牺、象、山罍,郁尊用黄目。灌用玉瓒大圭,荐用玉豆、雕篹,爵用玉戋仍雕。加以璧散、璧角。俎用梡、嶡。升歌《清庙》,下管《象》,朱干玉戚,冕而舞《大武》;皮弁素积,裼而舞《大夏》。昧,东夷之乐也;《任》,

南蛮之乐也。纳夷蛮之乐于太庙,言广鲁于天下也。君卷冕立于阼,夫人副袆立于房中。君肉袒迎牲于门,夫人荐豆笾。卿大夫赞君,命妇赞夫人;各扬其职。百官废职服大刑,而天下大服。是故夏礿、秋尝、冬烝、春社、秋省而遂大蜡,天子之祭也。

太庙,天子明堂;库门,天子皋门;雉门,天子应门。振木铎于朝,天子之政也。山节,藻棁,复庙,重檐,刮楹,达乡;反坫出尊,崇坫康圭;疏屏,天子之庙饰也。

鸾车,有虞氏之路也;钩车,夏后氏之路也;大路,殷路也。乘路,周路也。

有虞氏之旂,夏后氏之绥。殷之大白。周之大赤。

夏后氏骆马黑鬣,殷人白马黑首,周人黄马蕃鬣。夏后氏牲尚黑。殷白牡。周骍刚。

泰,有虞氏之尊也;山罍,夏后氏之尊也。著,殷尊也。牺、象,周尊也。

爵,夏后氏以琖,殷以斝,周以爵。

灌尊,夏后氏以鸡夷,殷以斝,周以黄目。其勺,夏后氏以龙勺,殷以疏勺,周以蒲勺。

土鼓、蒉桴、苇籥,伊耆氏之乐也。拊搏、玉磬、楷击、大琴、大瑟、中琴、小瑟,四代之乐器也。

鲁公之庙,文世室也。武公之庙,武世室也。

米廪,有虞氏之庠也;序,夏后氏之序也;瞽宗,殷学也;頖宫,周学也。

崇鼎、贯鼎、大璜、封父龟,天子之器也。越棘大弓,天子之戎器也。

夏后氏之(鼓)足〔鼓〕,殷楹鼓,周县鼓。垂之和钟,叔之离磬,女娲之笙簧。夏后氏之龙簨虡,殷之崇牙,周之璧翣。有虞氏之两敦,夏后氏之四琏,殷之六瑚,周之八簋。

俎,有虞氏以梡,夏后氏以嶡,殷以椇,周以房俎。

夏后氏以楬豆,殷玉豆,周献豆。

有虞氏服韨,夏后氏山,殷火,周龙章。

有虞氏祭首,夏后氏祭心,殷祭肝,周祭肺。夏后氏尚明水,殷尚醴,周尚酒。

有虞氏官五十,夏后氏官百,殷二百,周三百。

有虞氏之绥,夏后氏之绸练,殷之崇牙,周之璧翣。

凡四代之服、器、官,鲁兼用之。是故,鲁王礼也,天下传之久矣。君臣未尝相弑也,礼乐、刑法、政俗未尝相变也,天下以为有道之国。是故,天下资礼乐焉。

【译文】

过去周公在明堂接受诸侯朝见时的位置:天子背朝斧扆面向南站立。三公立于明堂南面中间台阶的前面,面向北,以东边为上位;侯爵的位置,在阼阶的东面,面向西,以北边为上位;伯爵的位置,在西面台阶之西,面向东,以北边为上位;子爵的位置在应门的东面,面向北,以东边为上位;男爵的位置在应门之西,面向北,以东边为上位;夷族诸部的君长,立于东门之外,面向西,以北边为上位;蛮族诸部的君长,立于南门之外,面向北,以东边为上位;戎族诸部的君长,立于西门之外,面向东以南边为上位;狄族诸部的君长,立于北门之外,面向南,以东边为上位;位于王畿千里之外的诸侯,立于应门之外,面向北,

以东边为上位。四方边塞地区的君长，每当新君即位时，才朝见。以上是周公所订明堂朝诸侯的列位。所以明堂，用以显示诸侯地位的尊卑。

从前殷的君主纣在全国实行暴政，杀了鬼国的国君，并将他的肉制成干肉，用来招待其他诸侯。因此周公辅助武王讨伐纣王。武王驾崩，成王年幼，周公登天子之位，治理天下。摄政的第六年，在明堂接受诸侯的朝拜，制定各种礼仪和乐曲，颁布标准的度量衡，全国上下都心悦诚服。摄政的第七年，归政于成王，成王因为周公治理天下有大功勋，所以封周公于曲阜，国土七百里见方，兵车千乘，命令鲁国的国君世世代代以天子的礼乐祭祀周公。

因以上原因，鲁国的国君在孟春正月乘大路的车子，车上的旗有带套的弧，旗上缀有十二旒，画有日月的图案，祭祀帝在东郊，并以后稷配祭，这些都是天子的礼仪。当季夏六月之时，行禘礼祭祀周公于太庙，祭祀用的是白色的公牛；盛酒的尊，有牛形的牺尊、象形的象尊，还有刻画着山云花纹的山罍；盛郁鬯酒的尊是黄彝。向尸献酒时，用有圭柄的玉瓒，祭时进献食品，用的是玉豆和有花纹的笾，君向尸献酒的爵，是雕饰花纹的盏。

诸臣献酒时，用璧玉装饰的散、角。俎用的是梡和嶡。登堂唱《清庙》乐曲，堂下吹奏着《武》的乐曲；舞者手执朱色的盾和玉斧等舞具，戴着冕跳《大武》舞；戴着皮弁，服白缯裳，祖开衣领跳着《大夏》舞；同时还演奏来自东夷的乐曲《昧》，演奏来自南蛮的乐曲《任》，鲁国能在太庙中用东夷、南蛮的音乐，这是显示鲁国的地位高于天下其他各国。

鲁国国君在祭祀周公时，穿起衮服戴上冕冠，站立在阼阶，夫人头上插上首饰，穿上袆服，站立在房中。鲁君祖上衣，到门口迎接祭祀用的牺牲，夫人献上放好祭品的豆笾等祭器。卿大夫辅佐鲁君，命妇辅佐夫人，各人都要承担自己的职责，如百官中有人荒废本职的，要处重刑，这样使全国人民都能服从。鲁国夏季有礿祭，秋季有尝祭，冬季有烝祭；春天向土神祈求丰收，秋天报答土神的恩典，接着举行对百神的蜡祭，这些都本属于天子的祭典。

鲁国太庙的形制与天子明堂相当：库门，相当于天子的皋门；雉门，相当于天子的应门。在朝中摇动木铎，发号施令，与天子发布政令相同。庙中有山形的斗拱，画有纹彩的短柱，两层的屋顶，双层的房檐，刮摩光滑的楹柱，高大显亮的窗；献酒还爵有坫，在酒尊南面，还有高的坫，置放玉圭；刻有云气虫兽的屏风，这些都是天子太庙才有的饰物。

车衡上挂鸾铃的鸾车，是有虞氏祭天所乘的车；车箱栏杆弯曲的钩车，是夏后氏祭天所乘的车；木路，是殷代祭天所乘的车；车上饰有金玉的玉路，是周代祭天所乘的车。有虞氏在旗杆头上饰以牦牛尾当作旗，夏后氏用黑旗，殷代用白旗，周代用赤旗。夏后氏驾车用的是黑鬣的白马，殷代君主驾车用的是黑头的白马，周代君主驾车用的是赤鬣的黄马。夏后氏祭牲用黑牛，殷君祭牲用白公牛，周君祭牲用赤色的公牛。

有虞氏的尊是泰；夏后氏的尊是山罍；殷代的尊是著；周代的尊有牛形的牺尊和象形的象尊。爵，夏后氏名琖，殷代名斝，周代名爵。行灌礼时用的酒尊，夏后氏用鸡彝，殷代用斝，周代用黄彝。酒勺，夏后氏的勺刻为龙头形状，殷代的勺通体刻有花纹，周代勺刻

为张口的凫头形。用土作成鼓,以土块作鼓棰,截苇作籥,这些是伊耆氏时代的乐器。拊搏、玉磬、柷敔、大琴、大瑟、中琴、小瑟,是虞夏殷周四代的乐器。

伯禽的庙,相当于文王的世室;敖的庙,相当于武王的世室。鲁国学校名米廪,源于有虞氏的庠;鲁国学校名序,源于夏代的序;鲁国的学校名瞽宗,源于殷代;鲁国学校名頖宫,源于周天子的学校。

崇国的宝鼎,贯国的宝鼎,夏代的大璜,封国的宝龟,都是天子所有的器物。越国的戟和大弓,是天子才有的兵器。夏代有足的鼓,殷代有柱的鼓,周代的悬鼓。舜时垂做的和钟,叔做的编磬,女娲做的笙簧。夏代龙形的簴虡,殷代簴上有齿形的大版,周代簴上加璧翣。这些也都是天子之器。

虞代祭祀时盛黍稷用两敦,夏用四琏,殷以六瑚,周代用八簋。俎的形制:虞代只有四足的棜,夏代在两足间有横木相连,名为嶡,殷代的俎两足间相连的横木作弯曲形,名为椇,周代的俎两足下又有跗,名为房俎。夏代的豆无饰物;殷代有玉装饰;周代的豆,不仅有玉装饰,还刻镂花纹。虞代的祭服有熟皮作的韨,夏代的韨上画有山形,殷代的韨又增画有火的图案,周代在韨上绘有龙的花纹。虞代饮食之祭用牲的头,夏代祭用牲的心,殷代祭用牲的肝,周代祭用牲的肺。夏代祭祀时尊崇用清水,殷代崇尚用甜酒祭祀,周代崇尚用清酒祭祀。

有虞氏有官五十人,夏后氏有官一百人,殷代有官二百人,周代有官三百人。虞代在丧葬时,旗杆上饰以牦牛尾;夏代以练缠绕旗杆,并且还有旒;殷代又在旗侧饰以齿形的刻缯;周代加用扇形的璧翣。

凡属于虞、夏、殷、周四个朝代的服饰、器物、祭祀所需执事官员,鲁国都可以取法应用。因为这样,鲁国所用的是天子的礼仪,这件事已家喻户晓,流传久远了。鲁国君臣之间没有发生过互相仇杀的事,礼乐、刑法、政令、习俗等从未发生过变革,全国公认鲁国是一个政权稳定、治理有方的国家。因此,其他国家都到鲁国来学习采用礼乐。

丧服小记第十五

【原文】

斩衰,括髮以麻。为母括髮以麻,免而以布。齐衰,恶笄、〔带〕以终丧。男子冠而妇人笄,男子免而妇人髽。其义:为男子则免,为妇人则髽。

苴杖,竹也。削杖,桐也。

祖父卒,而后为祖母后者三年。

为父母、长子稽颡。大夫吊之,虽缌必稽颡。妇人为夫与长子稽颡,其馀则否。

男主必使同姓。妇主必使异姓。

为父后者，为出母无服。

亲亲以三为五，以五为九，上杀，下杀，旁杀，而亲毕矣。

王者禘其祖之所自出，以其祖配之，而立四庙。庶子王亦如之。

别子为祖，继别为宗，继祢者为小宗。有五世而迁之宗，其继高祖者也，是故祖迁于上，宗易于下。尊祖故敬宗，敬宗所以尊祖祢也。庶子不祭祖者，明其宗也。

庶子不为长子斩，不继祖与祢故也。庶子不祭殇与无后者。殇与无后者从祖祔食。庶子不祭祢者，明其宗也。

亲亲，尊尊，长长，男女之有别，人道之大者也。

从服者，所从亡则已。属从者，所从虽没也，服。妾从女君而出，则不为女君之子服。

礼，不王不禘。

世子不降妻之父母。其为妻也，与大夫之适子同。

父为士，子为天子、诸侯，则祭以天子、诸侯；其尸服以士服。父为天子、诸侯，子为士，祭以士；其尸服以士服。

妇当丧而出，则除之。为父母丧：未练而出，则三年；既练而出，则已；未练而反，则期；既练而反，则遂之。

再期之丧，三年也。期之丧，二年也。九月、七月之丧，三时也。五月之丧，二时也。三月之丧，一时也。故期而祭，礼也；期而除丧，道也；祭不为除丧也。三年而后葬者，必再祭；其祭之间不同时，而除丧。大功者，主人之丧；有三年者，则必为之再祭。朋友，虞、祔而已。士妾有子而为之缌，无子则已。

生不及祖父母、诸父昆弟，而父税丧，己则否。（为君之父、母、妻、长子，君已除丧而后闻丧，则不税。）降而在缌、小功者，则税之。〔为君之父、母、妻、长子，君已除丧而后闻丧，则不税。〕近臣，君服斯服矣。其馀从而服，不从而税。君虽未知丧，臣服已。

虞杖不入于室，祔杖不升于堂。

为君母后者，君母卒，则不为君母之党服。

绖杀五分而去一。杖大如绖。

妾为君之长子，与女君同。

除丧者，先重者。易服者，易轻者。

无事不辟庙门。哭皆于其次。

复与书铭，自天子达于士，其辞一也。男子称名。妇人书姓与伯仲，如不知姓，则书氏。

斩衰之葛，与齐衰之麻同。齐衰之葛与大功之麻同。麻同，皆兼服之。

报葬者报虞，三月而后卒哭。

父母之丧偕，先葬者不虞、祔，待后事。其葬服斩衰。

大夫降其庶子。其孙不降其父。大夫不主士之丧。

为慈母之父母无服。夫为人后者，其妻为舅姑大功。

士祔于大夫，则易牲。

继父不同居也者，必尝同居，皆无主后。同财而祭其祖祢为同居，有主后者为异居。

哭朋友者，于门外之右，南面。

祔葬者，不筮宅。士、大夫不得祔于诸侯，祔于诸祖父之为士、大夫者，其妻祔于诸祖姑，妾祔于妾祖姑。亡则中一以上而祔，祔必以其昭穆。诸侯不得祔于天子，天子、诸侯、大夫可以祔于士。

为母之君母，母卒则不服。

宗子，母在为妻禫。

为慈母后者，为庶母可也，为祖庶母可也。为父、母、妻、长子禫。慈母与妾母，不世祭也。

丈夫冠而不为殇，妇人笄而不为殇。为殇后者，以其服服之。

久而不葬者，唯主丧者不除。其馀以麻终月数者，除丧则已。箭笄、〔带〕终丧三年。

齐衰三月，与大功同者绳屦。

练，筮日筮尸，视濯，皆要绖、杖、绳屦。有司告具而后去杖。筮日筮尸，有司告事毕而后杖，拜送宾。大祥，吉服而筮尸。

庶子在父之室，则为其母不禫。庶子不以杖即位。父不主庶子之丧，则孙以杖即位可也。父在，庶子为妻，以杖即位可也。

诸侯吊于异国之臣，则其君为主。诸侯吊，必皮弁锡衰。所吊虽已葬，主人必免。主人未丧服，则君亦不锡衰。

养有疾者不丧服，遂以主其丧。非养者入主人之丧，则不易己之丧服。养尊者必易服，养卑者否。

妾无妾祖姑者，易牲而祔于女君可也。

妇之丧，虞、卒哭，其夫若子主之，祔则舅主之。士不摄大夫，士摄大夫唯宗子。主人未除丧，有兄弟自他国至，则主人不免而为主。

陈器之道，多陈之而省纳之可也。省陈之而尽纳之可也。

奔兄弟之丧，先之墓而后之家，为位而哭。所知之丧，则哭于宫而后之墓。

父不为众子次于外。

与诸侯为兄弟者，服斩。

下殇小功，带澡麻不绝（本），诎而反以报之。

妇祔于祖姑，祖姑有三人，则祔于亲者。其妻为大夫而卒，而后其夫不为大夫，而祔于其妻，则不易牲；妻卒而后夫为大夫，而祔于其妻，则以大夫牲。

为父后者，为出母无服。无服也者，丧者不祭故也。

妇人不为主而杖者，姑在为夫杖。母为长子，削杖。女子子在室，为父母，其主丧者不杖，则子一人杖。

缌、小功，虞、卒器则免。既葬而不报虞，则虽主人皆冠，及虞则皆免。为兄弟既除丧

265

已,及其葬也,反服其服;报虞,卒哭则免,如不报虞则除之。远葬者,比反,哭者皆冠,及郊而后免,反哭。君吊,虽不当免时也,主人必免,不散麻;虽异国之君,免也,亲者皆免。

除殇之丧者,其祭也必玄。除成丧者,其祭也朝服缟冠。

奔父之丧,括髪于堂上,袒,降踊,袭绖于东方;奔母之丧,不括髪,袒于堂上,降踊,袭免于东方,绖。即位成踊,出门,哭止。三日而五哭三袒。

适妇不为舅后者,则姑为之小功。

【译文】

孝子为父亲服丧穿斩衰丧服,未成服前,用麻括发。母亲死,先用麻括发,然后改用麻布免。媳妇为公婆服丧穿齐衰丧服,用榛木的枝条作发笄,并系上麻带,一直到服丧结束才除掉。成年人平时的装束,男人有冠,妇女有笄。到服丧的时候,男子用"免",女子用"髽"。它们的具体含义是:作为男子就用"免",作为妇女就用"髽",以示区别。为父亲服丧用的哭丧棒叫苴杖,是竹子做的,为母亲服丧用的哭丧棒叫削杖,是桐木削成的。

祖父比祖母先死,到祖母死的时候,祖母的承重孙要为祖母服丧三年。父母亲去世的时候,长子对来吊唁的宾客要行稽颡礼。如果是大夫来吊丧,即使是服缌麻丧服的亲属,也都要行稽颡礼。妇人只在自己丈夫、长子死的时候才向人行稽颡礼,其他的丧事中都不行稽颡礼。如果死者没有后嗣,代理男丧主一定要请同姓的男子,代理女丧主一定要请异姓的妇人。作为父亲继承人的儿子,不为被父亲休弃的生母服丧。

有血缘关系的亲属中,与自己最亲近的,上有父,下有子,由这三代亲属关系扩展为五代,即上至祖父,下至孙子。由五代再扩展为九代,上至高祖,下至玄孙。丧服的轻重就是依据这亲疏关系安排的,由父亲向上逐代减损,由儿子向下逐代减损。至于非直系的族亲,血缘关系越远就减损越多,直到没有亲情为止。

天子祭宗庙行禘礼时,祭祀始祖所自出的天帝,让始祖配食。设立高祖、曾祖、祖父、父四亲庙。如果庶子继位,也是这样。诸侯的庶子,成为他的后代的始祖,叫作别子。别子的嫡长子直接承嗣别子,是大宗;而别子的庶子从父庙中分出来的,是小宗。传了五代以后就要迁易的,这就是从高祖分出来的小宗。所以上面的祖庙有变迁,后代的小宗也就有分化。尊崇祖先就要敬守宗法,敬守宗法就是尊重祖庙,所以庶子不祭祀祖庙,为的是使宗法严明;庶子不为自己的长子服斩衰丧服,因为庶子不是承嗣祖庙和父庙的人。庶子不祭祀未成年而死的人和没有后嗣的人。因为这两种人都附从在祖庙中受食,由宗子供祭。庶子不主祭父庙,因为父庙由长子主祭,为的是使宗法严明。敬重父母、尊崇祖先、服从兄长、男女有别,这些是人伦道义中最主要的东西。

凡从服的,如果所跟从的人已死,就不需要从服了。但如果是有间接亲属关系的从服,即使所跟从的人已死,仍要服丧。媵妾随着主妇被遗弃而离开夫家,就不必为主妇的儿子服丧。依照礼的规定,不是天子就不能举行禘礼。诸侯的嫡长子不因地位高贵而减轻为岳父母的丧服;如果是为自己的妻子服丧,所用丧服与大夫的适子为妻所服丧服相

同。父亲生前的爵位是士,而儿子却当了天子或诸侯,那就可以用天子或诸侯的祭礼祭祀父亲,但尸还是穿士的服饰。父亲是天子或诸侯,而儿子只是个士,就只能用士礼祭祀,尸的服饰也是士服。

　　媳妇在为公婆服丧期间被丈夫休弃后,就除去丧服;如果为自己的父母服丧,在练祭前被休弃,就和兄弟一样服丧三年;在练祭之后被休弃,因为已经除丧了,就不再为父母服丧。妇女被丈夫休弃后遇到父母死丧,在练祭之前又被召回,到练祭后才可除丧;已经举行了练祭才被召回,那就服丧三年。

　　服丧满二年,就算三年。服丧满一年,就算二年。服丧满九个月或七个月的,都算三个季节。服丧满五个月的,算两个季节。服丧满三个月的,算一个季节。所以服满一年或二年的时候,都要祭祀死者,这是依礼行事;祭祀后可以逐渐除去丧服,这是合乎道义的事,不能认为是因为要除丧服才祭祀的。如果有死后三年才安葬的,葬后一定要举行两次祭祀后才可除去丧服,而且这两次祭祀不能在同一个月内进行。如果为有大功丧服关系的堂兄弟主持丧事,死者还有妻子或年幼的子女,一定要在替他们举行了两次祥祭后才除去丧服。如果是为朋友主持丧事,只要在举行过虞祭和袝祭后就可以除了。凡是士,只为他的生过儿子的妾服缌麻丧服,如果是没有生过儿子的妾,就不为她服丧。

　　自己出生在外地,从未见过祖父母及叔伯父母和族中兄弟,当这些人的死讯传来而丧期已过,父亲要为他们追服最轻的丧服,而自己不必追服。如果降等后,仍需服缌麻或小功丧服,那就要追服。臣子出使在外,久留未归。听到国君的父母、嫡妻或长子的死讯后,如果这时国君已经除丧,那就不必追服丧服。跟随国君出外久而未归的近臣,听到王室的凶讯后,国君服丧,近臣也跟着服丧;其余的随行人员,在丧期之内就跟着服丧,过了丧期就不追服。国君外出不知道王室有死丧之事而未服丧,但留在国内的大小官员仍要按从服规定服丧。

　　从虞祭开始,不把丧棒带入寝室;从袝祭开始,不把丧棒带入庙堂。庶子过继给国君嫡妻做儿子的,养母死后,就不为养母的娘家亲族服丧。各种丧服绖带的递减,都以五分之一为度,丧棒的规格与腰绖相同。妾为丈夫的嫡长子所服丧服,

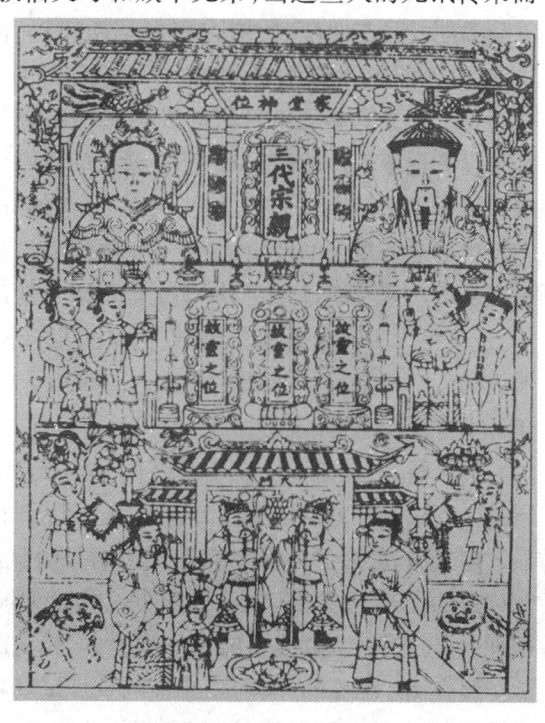

家堂神位,山东平度年画。

267

与嫡妻为长子所服丧服相同。除丧应先除重的,但重复遭丧时改换丧服要改换轻的。没有宾客吊丧,就不打开殡宫的门,平常的哀哭都在倚庐或垩室中。

为死者招魂时喊的名字,以及写在棺柩前的铭上的文字,从天子到士,都是一样的格式。男子称呼他的名,妇人称呼她的姓和排行,如果不知道她的姓,就称她的氏。斩衰丧服在卒哭后要改服的葛绖,其粗细与齐衰丧服在卒哭前所服的麻绖相同。齐衰丧服卒哭后所服的葛绖,其粗细与大功丧服卒哭前所服麻绖相同。葛绖、麻绖的宽度相同,所表示的丧服轻重也相同,所以遭双重丧事的人兼服麻绖与葛绖。提前入葬就要提前举行虞祭,但必须等到三个月之后才举行卒哭祭祀。如果父母同时死亡,应先埋葬母亲,但葬后不举行虞祭和祔祭,要等父亲入葬以后,再先为父后为母举行虞祭和祔祭。葬母时因父亲未葬,仍须服斩衰丧服。

大夫为他的庶子服丧要降为大功丧服,但庶子的儿子为父亲服丧不能降低等级。大夫不为士主持丧事。不为慈母的父母服丧。丈夫是过继给别人做后嗣的,妻子要为丈夫的亲生父母降服大功丧服。士死后,如果附于大夫的祖庙,要改用少牢举行祔祭。所谓不同居的继父,是指曾经同居过而后来分居的继父。继父既无堂兄弟又无亲生子,随母而来的儿子与继父住在一起,财产为二人共有,并能祭祀自己的祖庙、父庙,这才叫同居。如果继父有儿子或堂兄弟,那就叫异居。

为朋友吊丧哭泣时,应在寝门外西边,面向南哭泣。附葬于祖墓不占筮墓地吉凶。士、大夫不能附葬于曾经做过诸侯的祖父的墓旁,只能附葬在做过士或大夫的叔伯祖父墓旁;士、大夫的妻子也只能附葬在叔伯祖母的墓旁;士、大夫的妾附葬在妾祖母墓旁。如果没有适于附葬的祖父辈,那么就要间隔一代而附葬于高祖。附葬一定要按照昭穆次序。诸侯不能附葬于天子,但当过天子、诸侯或大夫的子孙可以附葬于当过士的祖父。

生母是外祖父的庶出之女,儿子要跟着母亲为外祖父的正妻服从服,但如母亲已死,就不从服。宗子的母亲在世,宗子也可以为他的正妻举行禫祭。妾的儿子为慈母服丧三年,也就可以为庶母服丧三年,也可以为祖庶母服丧三年。为亲生父母、为正妻、为长子服丧的人都在举行了禫祭后除丧。妾的儿子与慈母、庶母的丧服关系只限于本身,他的子孙不再祭祀慈母、庶母。

男子行冠礼之后死,就不算殇死;女子行笄礼之后死,也不算殇死。被立为殇死者后嗣的人要按丧服的规定为殇死者服丧。死后时间很久而不葬,只有主持丧事的人等到葬后才除丧服,其余的人都服麻到规定的月数就除丧,到出葬时也不再服丧。丧服用箭笄和麻带的女子,要服丧三年,到除丧时才除去箭笄和麻带。服期为三个月的齐衰丧服与服期为九个月的大功丧服有相同的地方,就是这两种丧服都穿用麻绳编成的鞋。

服丧满一年举行小祥祭,事前的筮日筮尸和检视洗涤的祭器时,主人都是腰系葛绖,手执丧棒,脚穿麻绳草鞋,等到有司报告准备就绪,可以开始时,主人才放下丧棒。筮日和筮尸时都有来宾参加,所以到有司报告占筮结束时,主人又拿起丧棒拜送宾客。服丧满二年后举行大祥祭时,主人要脱去丧服改穿朝服,举行筮日筮尸和视濯仪式。庶子如

与父亲同宅而居,不能为生母举行祔祭。父母死,朝夕哭泣时,庶子不能手执丧棒站在哭泣的位置上。父亲不为庶子主持丧事,由庶子的儿子主持,所以庶子的儿子可以手执丧棒站到朝夕哭泣的位置上。父亲在世,庶子为自己的妻子主持丧事,可以带着丧棒站到自己的位置上。

诸侯到别的国家的大臣家去吊丧,主国的国君要代做丧主。诸侯吊丧时,要在皮弁上加一个麻绳圈,穿细麻布做的衣服。这时,即使死者已经入葬,丧家的主人也要用麻束发。假如诸侯在死者未殡之前去吊丧,丧主还没穿丧服,诸侯也就不穿细麻布衣服。侍奉病人的人,即使遇到丧事也不穿丧服,等到病人死了,就为他主持丧事。已有丧服在身的人,为别人主持丧事,不改换原来的丧服。奉养长辈病人,一定要换掉丧服;服侍小辈病人就不必换掉丧服。

妾如果没有妾祖姑,在妾死后就改用特牲祔于嫡祖姑。妻妾的虞祭和卒哭祭由她的丈夫或儿子主持,祔祭则要由丈夫的父亲主持。士,不能代替主持大夫的丧事,只有宗子可以以士的身份代替主持大夫的丧事。主人没有除丧之前,倘有兄弟辈的从国外来奔丧,主人接待他时可以不用麻束发。

陈列陪葬器物的原则是:宾客馈赠的器物要尽数陈列,但可以不全放入墓中;自家自备的器物不必全部陈列出来,但可以全部放入墓中。死者入葬后,从别国来为兄弟奔丧的人,应先到坟墓上哭吊,然后到殡宫站在规定的位置上哭泣;如果是为朋友奔丧的人,就先到殡宫哭泣。再到坟墓上哭吊。庶子死,父亲不为他在中门外设倚庐守丧。诸侯的兄弟要为诸侯服斩衰丧服。为下殇服丧只用小功丧服,经带用沤制过的麻,不把根去掉,腰带系结后,把多余部分的下端反屈过来搭在腰带上。

媳妇死后附葬于丈夫的祖母之墓,如果有几个祖母,应该附葬于关系最亲的祖母。妻子是在丈夫做大夫的时候死的,而丈夫后来又不是大夫,那么合葬的祔祭礼就不改换祭牲,仍用一只猪;如果丈夫在妻子死后才做大夫的,那他死后与妻子合葬的祔祭要用大夫的祔祭礼,用少牢。留在父亲身边做继承人的儿子,不为已被父亲休弃的生母服丧。其所以不服丧,因为生母已成为别家人,不当祭祀。妇人不做丧主但仍要拿丧棒的情况是:夫之母在世而丈夫死,妻子要用丧棒;母亲为长子服丧时要用桐木削成的丧棒;女儿出嫁前父母死亡,又无兄弟做丧主,别的亲属代做丧主但不用丧棒,那么长女要用丧棒。

服缌麻和小功丧服的亲属,到虞祭和卒哭祭时要戴免。葬后不随即举行虞祭的,即使是丧主也可以和其他亲属一样戴冠,等到举行虞祭时再全体去冠戴免。为兄弟服丧的人,有的在死者入葬前已经除去丧服,但到下葬的时候,还要穿上原先的丧服。葬后随即举行虞祭和卒哭祭,要戴免;如果不随即举行虞祭,就把丧服除掉。死者葬在郊外远处,亲属送葬及送葬回来的路上都戴冠,走到城与郊的交界处,才去冠戴免,回到庙中哭泣。国君来吊丧,即使是不该戴免的时候,丧主也要戴免、系麻腰经,腰带的末梢不下垂。即使是别国的国君来吊丧,全体亲属都要戴免。为未成年而死的人服丧,到除丧的祭祀时穿戴黑色的衣冠;为成年人服丧,在除丧的祭祀时穿黑色朝服,戴白色的冠。

　　父亲死，从别国来奔丧的儿子，到家后应在堂上用麻把头发束起来，脱衣露出左臂，走下台阶，边哭边跺脚，然后在庭东边把衣服穿起来，系上麻绖。如果是为母亲奔丧，就不束头发，而在堂上脱衣露出左臂，走下台阶，边哭边跺脚，然后在庭东边穿好衣服，用麻布条束住头发，系好腰带，走到哭位上边哭边跺脚，但出了殡宫门就停止哭泣。孝子为父母奔丧，头三天内哭踊五次，脱衣露臂三次。嫡长子如果有废疾或无子，就不能做父亲的继承人，那么他的妻子死后，丈夫的母亲只为她服小功丧服。

大传第十六

【原文】

　　礼，不王不禘。王者禘其祖之所自出，以其祖配之。诸侯及其大祖。大夫、士有大事，省于其君，干祫及其高祖。

　　牧之野，武王之大事也。既事而退，柴于上帝，祈于社，设奠于牧室；遂率天下诸侯，执豆笾，逡奔走，追王大王亶父、王季历、文王昌，不以卑临尊也。

　　上治祖祢，尊尊也。下治子孙，亲亲也。旁治昆弟，合族以食，序以昭缪，别之以礼义，人道竭矣。

　　圣人南面而听天下，所且先者五，民不与焉。一曰治亲，二曰报功，三曰举贤，四曰使能，五曰存爱。五者一得于天下，民无不足、无不赡者。五者一物纰缪，民莫得其死。圣人南面而治天下，必自人道始矣。立权度量，考文章，改正朔，易服色，殊徽号，异器械，别衣服，此其所得与民变革者也。其不可得变革者则有矣：亲亲也，尊尊也，长长也，男女有别，此其不可得与民变革者也。

　　同姓从宗，合族属。异姓主名，治际会。名著而男女有别。

　　其夫属乎父道者，妻皆母道也。其夫属乎子道者，妻皆妇道也。谓弟之妻妇者，是嫂亦可谓之母乎？名者，人治之大者也，可无慎乎！

　　四世而缌，服之穷也。五世祖免，杀同姓也。六世，亲属竭矣。其庶姓别于上，而戚单于下，昏姻可以通乎？系之以姓而弗别，缀之以食而弗殊，虽百世而昏姻不通者，周道然也。

　　服术有六：一曰亲亲，二曰尊尊，三曰名，四曰出入，五曰长幼，六曰从服。从服有六：有属从，有徒从，有从有服而无服，有从无服而有服，有从重而轻，有从轻而重。自仁率亲，等而上之至于祖，名曰轻。自义率祖，顺而下之至于祢，名曰重。一轻一重，其义然也。

　　君有合族之道，族人不得以其戚戚君，位也。

　　庶子不祭，明其宗也。庶子不得为长子三年，不继祖也。别子为祖，继别为宗，继祢

者为小宗。有百世不迁之宗,有五世则迁之宗。百世不迁者,别子之后也。宗其继别子(之所自出)者,百世不迁者也。宗其继高祖者,五世则迁者也。尊祖故敬宗,敬宗,尊祖之义也。

有小宗而无大宗者,有大宗而无小宗者,有无宗亦莫之宗者,公子是也。公子有宗道。公子之公,为其士大夫之庶者,宗其士大夫之适者,公子之宗道也。

绝族无移服。亲者属也。自仁率亲,等而上之至于祖。自义率祖,顺而下之至于祢。是故人道亲亲也,亲亲故尊祖,尊祖故敬宗,敬宗故收族,收族故宗庙严,宗庙严故重社稷,重社稷故爱百姓,爱百姓故刑罚中,刑罚中故庶民安,庶民安故财用足,财用足故百志成,百志成故礼俗刑,礼俗刑然后乐。《诗》云:"不显不承,无斁于人斯。"此之谓也。

【译文】

礼的规定,不是天子就不能举行禘祭。天子大祭宗庙时,以禘始祖所受命的天帝,而让始祖配食。诸侯大祭宗庙时,只能祭太祖以下的祖先。大夫、士在合祭祖先时,礼数应比诸侯省,追祭祖宗也只能上及高祖。

周武王在牧野战胜商纣,是武王建立周朝的一件大事。战争结束后,燔柴祭告上帝,祭告土神,在牧野的馆内祭祀行主以告知祖先。接着又带领各地诸侯,端着祭祀供品,匆匆忙忙地返回祖庙,追认古公亶父、季历、西伯昌为王,这样就避免了后辈的爵位高于前辈。正确排列宗庙的位次,是为了尊崇祖先;正确排列子孙后代的次序,是为了亲近自己的血统;从旁又排列亲兄弟、堂兄弟的关系,在宗庙内会食同族的人,以父昭子穆的次序排列座次,制订彼此相应的礼节。这样,人道伦常就都体现出来了。

圣人执掌政权治理天下,必须首先注意五件事,而治理人民的事还不在其中。第一是治理好自己的家族,第二是报答有功的人,第三是选拔有德行的人,第四是任用才能出众的人,第五是访察并举用有仁爱之心的人。这五件事如果都能做到,那人民就没有不满意的,也没有不富足的;这五件事,如果哪一件有差错,那人民就不能很好生活。所以圣明的君王治理天下,一定要从人道伦常做起。制定重量、长度、容积的标准,考订各种礼法,改订历法,变易所崇尚的颜色,区别旌旗上各种徽号,区别各种礼器及军械的用途,区分吉凶服制,这些事情都是可以随着时代的不同,与人民一起变换更改的。但是,也有不能因时而改变的,如亲近亲属,尊崇祖先,敬奉长者,严格男女之间的界限,这些就是不能让人民随意变换更改的。

同姓的男子随着各自的宗子,组成一个氏族单位。从外族嫁过来的女子,依靠称呼确定名分,族中举行集会时,依据名分排列座次。名分确定之后,男女就有区别了。丈夫属于父辈的,其妻就属母辈;丈夫是子辈,其妻就属媳妇辈。如果称呼弟弟的妻子为媳妇,那么难道可以称呼嫂嫂为母亲吗? 所以,名分是人伦中最重要的事情,不可不特别慎重。

为出自同一高祖而相隔四代的族人服丧,只穿缌麻丧服,丧服关系只到这一代为止。

相隔五代的人之丧,只要脱衣露出左臂,用麻布条束住头发表示哀悼,所用的礼比同族的人轻。相隔六代的人,虽同姓,可以说族亲关系已经没有了。这些同姓的人,从高祖以上,已不认为同族;从玄孙以下,已无丧服。这种同姓的人可以通婚吗?这些人用老祖宗的姓联系起来没有分别,在宗庙聚会时也排在同一个辈分上,所以凡同姓者,即使相隔百代,也不能通婚,周代的规定就是这样。

丧服的原则有六项:第一是为有血缘关系的亲人服丧,如子为父母等;第二是为尊贵者服丧,如臣为君;第三是为有名分关系的异姓服丧,如为叔母、伯母等;第四是为族中已嫁及未嫁的女子服丧有不同;第五是为成年人服丧和为未成年人服丧有不同;第六是从服。从服又可分为六种情况:第一是因亲属关系而跟着服丧的,如为母亲的娘家亲属服丧;第二是因徒属关系而跟着服丧的,如臣子为君主的家属服丧;第三是本应有从服而不服丧的,如国君的庶子,怕犯国君的禁忌,就不为岳父母服丧;第四是本无从服而又跟着服丧的,如国君的庶子不为他的母党之亲服丧,但他的妻子仍要服丧;第五是本应跟着服重服而服轻服的,如妻为父母服重服,而夫为岳父母服轻服;第六是本服轻而从服重的,如庶子为生母只服轻服,而妻子反而服重服。

如果用对自己的恩情深浅来分别亲疏关系,那就得沿着父亲往上推,到了远祖,恩情就最轻。如果从道义上看,就应沿着远祖往下推,直至父庙,愈早的祖先义愈重。这样,远祖的恩情虽轻,但在道义上最重要;父母的恩情虽重,但道义上较轻。丧服的轻重就是根据这两方面的道理制订的。国君有统领全族的权力,族中人不能用亲属关系而把国君当作亲属看待,这是他的尊贵地位所决定的。

庶子不主祭祖庙,为的是严明宗法。庶子不能为长子服丧三年,因为庶子不继承始祖庙。国君的庶子有了封地,成为别子,他的子孙以他为始祖,别子的嫡长子继承别子,这就是大宗;别子的庶子只能继承父庙,成为小宗。这些宗,有一直继承下去百代不迁易的,也有超过五代就要迁易的。百代不迁易的,就是别子的嫡长子所继承的一支。继承别子的宗,就是百世不迁易的大宗;只能继承高祖的宗,超过五代就要迁易,是小宗。尊崇祖先就要敬守宗法;敬守宗法,是尊崇祖先最合宜的道德行为。

第一是只有小宗而没有大宗的,第二是只有大宗而没有小宗的,第三是既无人可宗,又无人来宗。诸侯公子的宗法是有三种情况的。诸侯的公子有宗法的,是继位当国君的嫡长子立一个嫡亲弟弟作为其余当士和大夫的异母弟的宗子。这就是公子的宗法。亲属关系断绝,就没有丧服关系了,只有有亲属关系的人,才统属于同一个宗。

如果用对自己的恩情来分别亲疏关系,那就得沿着父母往上推至远祖,但如果从道义上看,就应沿着远祖往下推至父庙,所以人的天性是亲近自己的亲人。亲近亲人就会尊崇祖先;尊崇祖先就会敬守宗法;敬守宗法就会团结族人;团结族人,宗庙之中就严整有序;宗庙严整有序,就会敬重社稷之神;敬重社稷之神就能和同姓氏族友好相待;同姓氏族友好相待,刑罚就能公正合理;刑罚公正合理,人民就能安居乐业。人民安居乐业,各种财用就丰足;财用丰足,一切愿望都能实现;愿望实现了,各种礼仪就有一定规范;礼

仪有规范，万民都能欢乐。《清庙》诗中有这样的话："文王的功绩伟大而光辉，广泛地流传下来，后人永远敬重他。"说的正是这个意思啊！

少仪第十七

【原文】

闻始见君子者，辞曰："某固愿闻名于将命者。"不得阶主。敌者，曰："某固愿见。"

罕见曰闻名。亟见曰朝夕。瞽曰闻名。适有丧者曰比。童子曰听事。适公卿之丧，则曰听役于司徒。

君将适他，臣如致金玉货贝于君，则曰"致马资于有司"。敌者，曰"赠从者"。

臣致襚于君，则曰"致废衣于贾人"。敌者，曰"襚"。亲者兄弟，不以襚进。

臣为君丧，纳货贝于君，则曰"纳甸于有司"。

赗马入庙门。赙马与其币、大白兵车，不入庙门。赗者既致命，坐委之，摈者举之，主人无亲受也。

受立，授立，不坐。性之直者，则有之矣。

始入而辞，曰："辞矣。"即席，曰："可矣。"排阖说屦于户内者，一人而已矣。有尊长在则否。

问品味，曰："子亟食于某乎？"问道艺，曰："子习于某乎？子善于某乎？"

不疑在躬。不度民械。不愿于大家。不訾重器。

泛扫曰扫。扫席前曰拚。拚席不以鬣。执箕膺擖。

不贰问。问卜筮，曰："义与？志与？"义则可问。志则否。

尊长于己逾等，不敢问其年。燕见不将命。遇于道，见则面，不请所之。丧俟事，不特吊。侍坐弗使：不执琴瑟，不画地，手无容，不翣也。寝则坐而将命。侍射则约矢，侍投则拥矢，胜则洗而以请，客亦如之；不角，不擢马。

执君之乘车则坐。仆者右带剑，负良绥，申之面，拖诸幦。以散绥升。执辔然后步。

请见不请退。朝廷曰退。燕游曰归。师役曰罢。

侍坐于君子，君子欠伸、运笏、泽剑首、还屦、问日之蚤莫，虽请退可也。

事君者量而后入，不入而后量。凡乞假于人，为人从事者亦然。然，故上无怨，而下远罪也。

不窥密。不旁狎。不道旧故。不戏色。

为人臣下者，有谏而无讪，有亡而无疾。颂而无谄，谏而无骄。怠则张而相之，废则扫而更之，谓之社稷之役。

毋拔来。毋报往。毋渎神。毋循枉。毋测未至。士依于德，游于艺。工依于法，游

于说。毋訾衣服成器。毋身质言语。

言语之美，穆穆皇皇。朝廷之美，济济翔翔。祭祀之美，齐齐皇皇。车马之美，匪匪翼翼。鸾和之美，肃肃雍雍。

问国君之子长幼，长，则曰："能从社稷之事矣。"幼，则曰："能御。""未能御。"问大夫之子长幼，长，则曰："能从乐人之事矣。"幼，则曰："能正于乐人。""未能正于乐人。"问士之子长幼，长，则曰："能耕矣。"幼，则曰："能负薪。""未能负薪。"

执玉，执龟策，不趋。堂上不趋，城上不趋。武车不式，介者不拜。

妇人吉事，虽有君赐，肃拜。为尸坐则不手拜，肃拜。为丧主则不手拜。

葛绖而麻带。

取俎进俎，不坐。执虚如执盈，入虚如有人。

凡祭于室中，堂上无跣。燕则有之。

未尝，不食新。

仆于君子，君子升下则授绥，始乘则式。君子下行，然后还立。乘贰车则式，佐车则否。贰车者，诸侯七乘，上大夫五乘，下大夫三乘。有贰车者之乘马（服车），不齿，观君子之衣服、服剑、乘马、〔服车〕，弗贾。

其以乘壶酒、束脩、一犬赐人若献人，则陈酒、执脩以将命，亦曰"乘壶酒、束脩、一犬"。其以鼎肉，则执以将命。其禽，加于一双，则执一双以将命，委其馀。犬则执绁。守犬、田犬，则授摈者；既受，乃问犬名。牛则执纼，马则执靮，皆右之；臣则左之。车则说绥，执以将命。甲若有以前之，则执以将命；无以前之，则袒橐奉胄。器则执盖。弓则以左手屈韣执拊。剑则启椟盖袭之，加夫襓与剑焉。笏、书、脩、苞苴、弓、茵、席、枕、〔颖〕、几、（颖）杖、琴、瑟、戈有刃者椟、策、籥，其执之，皆尚左手。刀却刃，授颖；削授拊。凡有刺刃者，以授人则辟刃。

乘兵车，出先刃，入后刃。军尚左，卒尚右。

宾客主恭，祭祀主敬，丧事主哀，会同主诩。

军旅思险，隐情以虞。

燕侍食于君子，则先饭而后已。毋放饭，毋流歠。小饭而亟之。数噍，毋为口容。客自彻，辞焉，则止。

客爵居左，其饮居右。介爵，酢爵，僎爵，皆居右。

羞濡鱼者，进尾。冬右腴，夏右鳍。祭膴。

凡齐，执之以右，居之于左。赞币自左，诏辞自右。

酌尸之仆，如君之仆。其在车，则左执辔，右受爵，祭左右轨范，乃饮。

凡羞有俎者，则于俎内祭。君子不食圂腴。小子走而不趋。举爵则坐祭立饮。凡洗必盥。牛羊之肺，离而不提心。凡羞有（湆）〔湇〕者，不以齐。为君子择葱薤，则绝其本末。羞首者，进喙祭耳。尊者，以酌者之左为上尊。尊壶者面其鼻。饮酒者、禨者、醮者，有折俎不坐。未步爵，不尝羞。牛与羊、鱼之腥，聂而切之为脍。麋鹿为菹，野豕为轩，皆

聂而不切。麋为辟鸡，兔为宛脾，皆聂而切之。切葱若薤，实之醯以柔之。其有折俎者，取祭反之，不坐；燔亦如之。尸则坐。

衣服在躬而不知其名，为罔。

其未有烛而〔有〕后至者，则以在者告；道瞽亦然。凡饮酒，为献主者，执烛抱燋，客作而辞，然后以授人。执烛不让，不辞，不歌。

洗，盥，执食饮者，勿气。有问焉，则辟咡而对。

为人祭曰致福，为己祭而致膳于君子曰膳，祔练曰告。凡膳告于君子，主人展之，以授使者于阼阶之南，南面再拜稽首送；反命，主人又再拜稽首。其礼：大牢，则以牛左肩臂臑，折九个；少牢，则以羊左肩七个；特豕，则以豕左肩五个。

国家靡敝，则车不雕几，甲不组縢，食器不刻镂，君子不履丝屦，马不常秣。

【译文】

听说第一次去求见君子时，应该这样说："某人非常希望将名字通报您的传达。"不能径直说要见主人。如果自己的地位与求见者相等，就说："我很想见到您的传达。"

平时少见面的，求见时就说："某人很希望将名字通报您的传达。"如果经常与对方见面，就说："某人常常麻烦您通报。"如果是盲人求见，说："某人希望将名字通报您的传达。"

到有丧事的人家去，应该说："我希望和您的传达一同效劳。"未成年的小孩则说："我来听命做事。"去参加公卿的丧礼，则说："我来听候司徒的吩咐。"

国君将到其他地方去，臣下如果要赠送金玉财物宝贝给国君，应该说："送一点养马的费用给有司。"如果送给与自己身份相等的人，就说："这点东西送给您的随行人员。"

臣下送敛衣给国君，应该说："我来送一些废衣给贾人。"如果死者与自己地位相等，那就说："我来送敛衣。"如果与死者的关系是大功以上的兄弟之亲，那就直接把敛衣送去，无须通过传话的人。

臣下为国君的丧事赠送财货宝贝，应该说："这是交纳给有司的田野之物。"送给死者马，可以进入祖庙大门；而赠给生者办丧事的马及币帛、插有太白旗的兵车，都不能入祖庙大门。

赠赗币的人在说明来意以后，坐着将所赠财物陈放于地，由接待宾客的人从地上拿起来，主人是不亲自接受的。

一般都是站着接受人家之物，站着送物给人家，不坐着授受。如果是个生来身材高大的人，那就得坐着接受或呈送礼品，这也是有的。

在宾客入门的时候，摈者要告诉主人："请您向客人致谦让之辞。"及至宾主升堂，各自就席的时候，摈者就说："各位请坐，不须辞让。"如果坐席铺设在室内，在宾主推开门入室时，只有地位最尊或年龄最长的一个人可以把鞋脱在室内席侧，其他都脱在户外。如果室内原来已经有尊长，则后来的人就得全部把鞋脱在户外。

　　宾主之间如果询问对方的口味嗜好，要说："您常常吃某种食品吗?"询问对方的学问、技能时要说："您熟悉某一方面的学问吗?""您擅长某种技能吗?"

　　对自己的一言一行都有充足的自信，不猜度人家家里兵械的多少，不羡慕富贵人家的财产，不说人家的珍宝之器不好。

　　室内室外都扫叫作"扫"，只扫坐席前面叫"拚"。扫席子不用扫地的帚，拿畚箕时要把箕舌对着自己的胸口。

　　在问卜的时候，不可因为占卜的结果不合己意而再一次占卜。在有人占卜的时候，要问他："你所求卜的是正事呢，还是个人的私事?"如果是正事，就可以再问下去;如果是私事，就不要再问。

　　地位低、年纪轻的人对于辈分比自己高的尊长，不能询问他的年龄。私下去见他时，不要让摈者进去传话。在路上遇到尊长，如果尊长看见了，就上前请安，但不要询问他到哪儿去。尊长有丧事，要等主人朝夕哭的时候才去吊唁，不是时候不单独去吊丧。在陪侍尊长坐的时候，没有尊长的吩咐就不要拿起琴瑟来弹奏。不要无故画地。不要玩弄自己的手指。也不摇扇子。当尊长寝卧的时候，要坐着为尊长传话。当陪侍尊长射箭时，要一次将四支箭取在手中;当陪侍尊长行投壶礼时，则必须把四支箭都握在手上。在射箭和投壶时，如果自己赢了，那就洗爵斟酒，到尊长席前请他喝下这杯罚酒;如果是客人输了，那么主人也应该这样做。位卑年幼者请尊长喝罚酒，不能使用罚酒专用的酒杯"角"，而应用平常献酬用的爵。位卑年幼者在投壶中如果得了二马，也不能撤取尊长的一马以凑成自己的三马。

　　当国君不在车上时，驾车人手执马缰，坐在中间。驾车人把剑佩在身体右边，把国君登车时拉的绳子从自己左腋下穿过，加在左肩上，再绕过后背入右腋下，绳子的末端垂在自己面前，再搭在轼幭上。他自己拉着散绥登车，执马鞭，分马缰，然后试车。

　　位卑的人对于尊者可以请求见面，但既见面之后，不主动请求离开。从朝廷下来叫作"退"，燕饮后回家叫作"归"，军队或劳役结束回家叫作"罢"。

　　陪侍君子座谈的时候，如果他打呵欠，伸懒腰，转弄笏极，抚摩剑柄，拨转鞋头，或者问时间早晚，这时就应该请求退出。

　　事奉国君的人，要先衡量一下是否可以事奉，不要做了官然后才考虑。凡是向别人借贷，或者承担别人的什么事情，也都应如此。这样事君，国君对自己无所怨恨，自己也能远离罪责。

　　不窥视人家隐秘之处，不随便与人亲热，不讲别人以前的过失，不要有嬉笑侮慢的神态。

　　做臣子的对国君只能当面劝谏，而不能背后讪谤;劝而不听，可以离开，却不可怨恨。国君有德应当称颂，但不能变成谄媚;国君有过应当劝谏，但不能生骄慢之心。国君怠惰时要鼓励他，帮助他;如果国政已经败坏，则要扫除弊政，更创新政。能够这样，那就叫作社稷之臣。

凡做一件事,不要仓促动手,又随意放弃。对神不能渎慢,不要再犯以前的错误。对于未来的事不要妄加猜测。士应当以道德为依归,遨游于六艺。工匠应当以规矩尺度为依据,努力学习有关道理。不要诋毁别人的衣服重器。对于可疑的传闻,不要妄加证实。

言语之美,要语气和静安详,辞旨显豁;朝廷之美,要动作整齐,威仪厚重宽舒;祭祀之美,在于诚恳恭敬,心系鬼神;车马之美,在于行列整齐,齐步前进;车上鸾铃与和铃之美,在于其鸣声的庄重和谐。

人问国君之子的年龄,如果已经长大,国君就回答说:"他已经能够参与社稷之事了。"如果年纪还轻,就回答说:"已经能驾车了。"或者说:"还不能驾车。"人问大夫之子的年龄,如果已经长大,大夫就回答说:"他已经学会音乐了。"如果年龄还小,就说:"已经能够接受大司乐的教育了。"或者说:"还不能去跟着乐人学习。"人问士之子的年龄,如果已经长大,士就回答说:"已经能耕种了。"如果年龄还小,就说:"已经能背柴禾了。"或者说:"还不能背柴禾。"

手中拿着珪璋等玉器或者龟甲蓍草等卜筮用物,不能快步走;在堂上以及在城上的时候也不能快步走。在兵车上的时候不行轼礼,身穿甲胄时不下拜。

妇女在行吉礼时,即使是拜谢国君赏赐,都是肃拜。作尸坐着时,也不手拜,而用肃拜。如果为丧主,也不手拜,而是稽颡。

妇人在卒哭以后,头上改戴葛绖,但腰间仍用麻绖。

祭祀时,从俎上取肉或者把肉放到俎上去时,不用坐下。手里拿着空器皿时,要像拿着装满了东西的器皿一样谨慎,进入空房间时要像进入有人的房间一样恭敬。

凡在室中或堂上进行祭祀,都不能脱鞋。行燕礼到无算爵的时候,则把鞋脱于堂下而后升堂。

在把新鲜食物荐祭行尝礼之前,不可先食。

为尊长驾车,驾车人在尊长登车或下车时,都要把绥交给他。尊长尚未上车之前,驾车人要低首凭轼,等候他上车。尊长下车步行了,驾车人才能把车转到旁边停下来等候。

乘贰车要行轼礼,乘佐车则不必行轼礼。贰车,诸侯七辆,上大夫五辆,下大夫三辆。对于贰车,不要评论马的老幼。观看尊长的衣服、佩剑、乘马及车子时,不要议论其价值贵贱。

如果以四壶酒、十条干肉、一只菜狗赐给人,或者以这些东西献给尊者,都是把酒和狗放在门外而手持干肉进去传达辞命,说:"送来四壶酒、十条干肉、一只狗。"如果赠送已经解割、可置于鼎的肉,那就拿着肉进去传达辞命。如果赠送的是禽鸟,数量在一双以上,则只拿着一双进去传达辞命,其余的都放在门外。赠狗的时候,要牵着系狗的绳子。如果是看家狗、猎狗,则主人拜受以后,就交给傧者,傧者接过来以后就询问狗的名字。如果赠送牛、马,也要牵着缰绳,都用右手牵。如果所献的是俘虏,那就用左手抓住他。

如果赠车,则把车上的绥解下,拿着绥去传达辞命。赠送甲胄时,如果有其他礼品,就先送去传达辞命;如果没有,就把囊打开,露出甲,而捧着头盔去传达辞命。送有盖的

器物时,拿着盖子进去传达辞命。送弓时则把弓衣褪下,左手抓着中央把手。送剑时就打开剑匣的盖,把匣盖合在剑匣底下,然后把剑衣垫在匣内,剑放在剑衣上。凡赠送笋、书、干肉、鱼肉、弓、褥、席、枕头、警枕、小儿、手杖、琴、瑟、用木盒装着的有刃的戈、蓍草、蓄等物给人,在拿的时候都以左手为敬。送刀给人时,要把刀刃向后,把刀环递给人。送曲刀给人时,则把刀把递给人。凡有锋刃的东西,在给人时都不要把锋刃正对着人。

在兵车上的人,出城时刀刃向前,入城时刀刃向后。军队中的行列,将军以左为上,士卒以右为上。

接待宾客,主人要谦恭有礼;举行祭祀,主人要内心诚敬;丧事以内心悲哀为主;诸侯会同时要表现敏勇的精神。行军作战,要时时想到各种危险,要对自己方面的军情严加保密而经常测度对方的情况。

平时陪侍尊长吃饭,要在尊长之前开始吃,而在尊长之后吃完。不要把手上的剩饭拂到盛饭的器皿中去,不要大口大口地喝汤。吃饭要小口小口地吃而很快地咽下去。食物在口中要多咀嚼,但不要留在口中,鼓腮、咂嘴。客人想自己收拾食具,这时主人要加以劝阻,客人也就不动手。

主人酬宾的爵放在宾的左边;主人初献之爵,宾将举饮,所以放在右边。主人献给介的爵、宾回敬主人的爵以及主人献给来观礼者的爵,都放在各自的右边。

日常吃鲜鱼,要把鱼尾放在前。冬天上鱼时把鱼肚在右,夏天则鱼脊在右。祭祀则用鱼块。

使用盐、梅等调味品,用右手拿着,而把羹菜等放在左边。

相礼者为国君授予币帛时,从国君的左边出;在为国君传达诏令辞命时,由国君的右边出。

给替尸驾车的人斟酒,其礼节与给替国君驾车的人斟酒相同。如果驾车人在车上,就左手拿着缰绳。右手接过酒杯,先用酒祭左右车毂头,以及车轼前面,然后饮酒。

凡上食时有用俎盛食物的,就在俎内祭。君子不吃猪、犬的肠胃。未成年的弟子在举行各种礼节时,只能奔走供役使,而不能趋步;如果得到酒将饮,就先坐祭,然后站起来喝掉。凡洗酒杯之前一定先洗手。牛羊的肺切开时,中央留一点不切断,到吃的时候再用手拉断,先祭后食。凡是上有煮肉汁的食物,就不再加盐梅之类的调味品,为君子择葱、薤的时候,要把根、梢都去掉。凡上牲头,要把嘴部对着尊者。尊者如果要祭,就先割下牲耳来祭。

设酒尊者以斟酒人的左方为上尊。陈设酒壶者要使壶嘴朝外向着人。行燕礼以及洗过头以后饮酒、敬冠者酒,凡在有折俎的时候,都不能坐着饮酒。折俎撤下,才能坐饮。在旅酬和无算爵之前,不吃菜肴。

生的牛、羊、鱼肉,先切成片,再细切成脍。麋、鹿肉切得粗、野猪肉切成大片,都不再细切。麕肉细切叫"辟鸡",兔肉细切叫"宛脾",都是先切成片而后再细切。再把葱或薤切碎,和肉一起浸在醋中,使肉变软。

如果有盛着解割了牲体的俎,宾客就从俎中取肺而祭,祭后又放回俎内。取祭与放回时都不坐。取炙肉祭也是如此。在做这些事时,尸坐着。

衣服穿在身上,却不知道它的制度、等级,这就是无知。

在宴集时,如果天色已暗而尚未点烛,这时又有人后至,则主人应当把在座的人一一告诉后来的人。作盲人向导时也是这样。凡饮酒时作献主的人,拿来已经点燃的烛和引火的火炬,这时客人要站起来表示谢意,主人然后把烛和火炬交给仆人。手中拿着点燃的烛时,不和客人互相谦让,不辞谢,不唱歌。

为尊长洗爵以及拿食物、饮料时,不要使自己的气息直冲爵或食物。如果尊长有所询问,则要把嘴巴偏向一侧回话。

代人主祭,把胙肉送人时,应该说:"把祭祀之福送给您。"如果是自己祭祀,则应该说:"送点美味给您尝尝。"如果是祔、练等丧祭,则说:"我刚刚举行了祔(或练)祭,特来禀告。"凡是送胙肉给国君,主人要亲自检查所送的物品。在阼阶南面交给使者,并且面向南再拜稽首送使者出发。使者完成任务回来,主人又在阼阶南面堂下,面向南再拜稽首,接受使者复命。所送礼品:如果祭祀时用大牢,那就送牛的左肩、臂、臑共九段;如果祭祀时用少牢,就羊的左肩,斫为七段;如果祭祀时只用一只猪,那就送猪的左肩,斫为五段。

当国家在战乱饥馑凋敝之时,车子不要雕刻、油漆,铠甲不要用丝组缘饰,日常用的食器不雕刻花纹,君子不穿丝鞋,马不经常喂谷物。

学记第十八

【原文】

发虑宪,求善良,足以谀闻,不足以动众。就贤体远,足以动众,未足以化民。君子如欲化民成俗,其必由学乎!

玉不琢,不成器;人不学,不知道。是故古之王者建国君民,教学为先。《兑命》曰:"念终始,典于学。"其此之谓乎!

虽有嘉肴,弗食,不知其旨也;虽有至道,弗学,不知其善也。是故学然后知不足,教然后知困。知不足,然后能自反也;知困,然后能自强也。故曰:教学相长也。《兑命》曰:"学学半。"其此之谓乎。

古之教者,家有塾,党有庠,术有序,国有学。比年入学,中年考校。一年视离经辨志,三年视敬业乐群,五年视博习亲师,七年视论学取友,谓之小成。九年知类通达,强立而不反,谓之大成。夫然后足以化民易俗,近者说服而远者怀之,此大学之道也。《记》曰:"蛾子时术之。"其此之谓乎。

　　大学始教，皮弁祭菜，示敬道也。《宵雅》肆三，官其始也。入学鼓箧，孙其业也。夏、楚二物，收其威也。未卜禘不视学，游其志也。时观而弗语，存其心也。幼者听而弗问，学不躐等也。此七者，教之大伦也。《记》曰："凡学，官先事，士先志。"其此之谓乎。

　　大学之教也，时教必有正业，退息必有居学。不学操缦，不能安弦；不学博依，不能安《诗》；不学杂服，不能安礼；不兴其艺，不能乐学。故君子之于学也，藏焉，修焉，息焉，游焉。夫然，故安其学而亲其师，乐其友而信其道，是以虽离师辅而不反。《兑命》曰："敬孙务时敏，厥修乃来。"其此之谓乎！

　　今之教者，呻其佔毕，多其讯言，及于数进，而不顾其安，使人不由其诚，教人不尽其材。其施之也悖，其求之也佛。夫然，故隐其学而疾其师，苦其难而不知其益也，虽终其业，其去之必速。教之不刑，其此之由乎！

　　大学之法，禁于未发之谓豫，当其可之谓时，不陵节而施之谓孙，相观而善之谓摩。此四者，教之所由兴也。

　　发然后禁，则扞格而不胜；时过然后学，则勤苦而难成；杂施而不孙，则坏乱而不修；独学而无友，则孤陋而寡闻；燕朋逆其师；燕辟废其学。此六者，教之所由废也。

　　君子既知教之所由兴，又知教之所由废，然后可以为人师也。故君子之教喻也，道而弗牵，强而弗抑，开而弗达。道而弗牵则和，强而弗抑则易，开而弗达则思。和易以思，可谓善喻矣。

　　学者有四失，教者必知之。人之学也，或失则多，或失则寡，或失则易，或失则止。此四者，心之莫同也。知其心，然后能救其失也。教也者，长善而救其失者也。善歌者，使人继其声；善教者，使人继其志。其言也约而达，微而臧，罕譬而喻，可谓继志矣。

　　君子知至学之难易，而知其美恶，然后能博喻，能博喻然后能为师；能为师然后能为长，能为长然后能为君。故师也者，所以学为君也。是故择师不可不慎也。《记》曰："三王四代唯其师。"此之谓乎！

　　凡学之道，严师为难。师严然后道尊。道尊然后民知敬学。是故君之所不臣于其臣者二：当其为尸，则弗臣也；当其为师，则弗臣也。大学之礼，虽诏于天子，无北面，所以尊师也。

　　善学者，师逸而功倍，又从而庸之。不善学者，师勤而功半，又从而怨之。善问者，如攻坚木，先其易者，后其节目，及其久也，相说以解；不善问者反此。善待问者，如撞钟，叩之以小者则小鸣，叩之以大者则大鸣，待其从容，然后尽其声。不善答问者反此。此皆进学之道也。

　　记问之学，不足以为人师。必也其听语乎！力不能问，然后语之；语之而不知，虽舍之可也。

　　良冶之子必学为裘；良弓之子必学为箕；始驾马者反之，车在马前。君子察于此三者，可以有志于学矣。

　　古之学者，比物丑类。鼓无当于五声，五声弗得不和；水无当于五色，五色弗得不章；

学无当于五官，五官弗得不治；师无当于五服，五服弗得不亲。

君子曰："大德不官，大道不器，大信不约，大时不齐。察于此四者，可以有志于学矣。"三王之祭川也，皆先河而后海，或源也，或委也，此之谓务本。

【译文】

多思考问题，广为招求善良之人，这样做只能使自己小有名声，却还不足以感动群众。亲近贤人，体察疏远之士的内心，这样做能够感动群众，却不足以转变民心，改变风俗。君子如果想转变民心、形成良好的风俗，恐怕一定要从教育入手吧！

美玉不经过雕琢，不会成为有用的器物；人不经过学习，就不会懂得道理。因此，古代的帝王建立国家、统治人民，都把教学放在最前面。《尚书·兑命》说："要自始至终常常想着学习。"就是这个意思吧！

虽然有好的菜肴，但不吃就不会知道它的美味；虽然有极高明的道理，但不学就不会知道它好在何处。所以只有通过学习，然后才能了解自己的不足；只有通过教别人，才能知道自己哪些问题没有弄通、感到困辱。知道了自己的不足之处，然后才能反过来要求自己加强学习；感到了困辱，然后才能自我勉励，发愤图强。所以说，教和学是相互促进的。《兑命》说："教别人，相当于自己学习功效的一半。"大概就是这个意思吧。

古时教学，二十五家则有塾，一党则有庠，一遂则有序，一国则有学。每年都有入学的人，每隔一年考核其学习情况。入学第一年结束时，考察他给经文断句的能力，辨别经文之主旨何在；第三年考察他是否专心学业、是否乐于和同学相处；第五年考察他是否广博学习、亲近师长；第七年考察他能否在学术上有自己的见解，能否选择有益的人作朋友。如果能做到这些，这就叫作"小成"。第九年考察他能否触类旁通、遇事有定见、不为外物所左右。如果能做到这些，就叫"大成"。这样才能教化人民、改变风俗，使近处的人心悦诚服而远方的人都来归顺。这就是大学教育人的步骤。古书记载说："小蚂蚁时时向大蚂蚁学习衔泥。"说的就是这个意思吧。

天子、诸侯在学生刚入大学的时候，派负责官员穿皮弁服，用蘋、藻一类的物品祭先圣先师，以向学生显示对道艺的尊敬。在祭先圣、先师时，让学生练习歌唱《小雅》中的《鹿鸣》《四牡》《皇皇者华》三首诗，以使他们入学之初就明白为官之道。学生入学时，先击鼓把他们召集到一起，然后打开书箱拿出书籍等物，要他们谦逊谨慎地对待学业。榎和楚两样东西是用来笞罚学生的，使他们有所畏惧，整顿威仪。在卜禘以前，天子、诸侯不去视察学校，考查学生，目的是让学生有较充足的时间按自己的志向努力学习。教师时时观察学生学习，发现学生有疑难问题时，先不讲给他听，让学生多思考。年幼的学生只听老师的讲解而不随便提问题，学习不逾越一定进度。这七条，是教学的大道理。古代的记载说："凡是学习，如果学做官，就先教给他与职务有关的事；如果学做士，就先教给他学士应有的志向。"就是说的这个意思吧。

大学的教学，要顺着时序。所教的都有正常的科目，在休息时，也一定有课外温习项

目。如不练习指法，琴瑟就弹不好；不多学譬喻，诗就写不好；不学洒扫应对等细碎的事，行礼就行不好；不能喜欢学习技艺，学习正业的兴趣也就高不了。所以君子心里常常想着学业，每天学而不辍，休息时也在学，闲游时也在学，无论何时何刻，不离学习。正因为这样，所以他能安于学习，亲近老师，乐于和同学相处，对自己所学的道理有深刻的信念。因此，即使离开了老师、朋友，也不会违反自己所信奉的道理。《兑命》说："敬重所学的道，恭顺地对待学业，时时刻刻不停止努力，那么，所修的学业就一定成功。"就是说的这个意思吧。

如今教人的人，只是看着简册念，讲解多而快，进度太快而不考虑学生能否接受，不是诚心地教育学生，不考虑学生才能的高低而因材施教。他们教育学生既违背了情理，学生求学也就不可能顺利。因此，学生就厌恶学习、憎恶老师，只感到学习的困难而不知道学习的益处。即使最后勉强完成了学业，也一定很快就会忘记。教育的不成功，就是由于这个原因吧！

大学的教育方法，在学生不正当的欲望发生之前就加以禁止，这就叫作防患未然；抓住最合适的时机进行教育，这就叫作合乎时宜；不超越正常的顺序进行教育，这就叫作循序渐进；学生互相观摩，学习他人的长处，这就叫作切磋琢磨。这四条是教育成功的方法。

在学生不正当的欲望已经发生以后再去禁止，这就和学生的想法抵触格格不入，因而不起作用；适宜的学习时期已经过去了，才来学习，则学起来很费力而又不易取得成就；教育时不按部就班、循序渐进，而是杂乱无章，则学生的学业就会搞得杂乱以致无法收拾；单独学习而没有朋友一起切磋琢磨，就会学识浅陋，见闻不广；与不好的朋友相交往，就会导致不听师训；宠幸女子小人，就会导致荒废学业。这六条是教育失败的原因。

君子只有既明白了教育成功的方法，又明白了教育失败的原因，然后才可以做老师。所以君子在教育学生的时候，只加引导，而不是拉着逼他前进；对学生要多加鼓励，而不是使他沮丧压抑；讲解时在于启发，不把全部讲尽。只引导而不强逼，则师生之间就感情融洽；多鼓励而不是压抑，则学生学习时就会感到比较容易；只启发而不详尽讲解，则学生就用心思考。能做到这三点，就可称得上是善于教育人了。

学习的人会犯四种过失，做老师的一定要知道。人在学习的时候，有的一味贪多，有的不肯多读书，有的见异思迁，有的浅尝辄止。这四种情况的产生，是人心不同的缘故。做教师的一定要先了解学生的心理，然后才能加以补救。所谓教育，就是培养、发扬学生的优点而挽救他们的过失。

善于唱歌的人，能使听众跟在他后面唱起来；善于教学的人，能使学生能举一反三。他讲话辞简而意明，所讲的道理幽深而解说精妙，讲时比喻虽少却使人易懂。这样就能够使学生举一反三了。

君子知道求学的深浅次第，又知道学生资质的高低，然后才能够采用多种教学方法。能做到这一点，才能够做老师；能做老师，才能做官长；能做官长，才能做国君。学生跟着

老师学习,也就是学习做国君的德行,因此选择老师不能不慎重。古代记载说:"虞、夏、商、周三王四代无不以择师为重。"就是这个意思吧。

在学习中最难做到的是尊敬老师。老师受到尊重,那么他所传的道艺才能受到尊重;道艺受到尊重,然后人民才会把学习看得很重要。因此,国君不以对待臣子的态度来对待臣子的情形只有两种:一是当臣子在祭祀中担任尸的时候,一是当臣子做自己老师的时候。按照大学里的礼节,即使是对天子讲课,老师也不面朝北。这就是为了表示对老师的尊重。

善于学习的人,老师很轻松而教学效果却双倍,并且把功劳归于老师;不善于学习的人,老师很辛勤而教学效果却只有一半,并且还怨恨老师。善于提问题的人,就像砍伐坚硬的木头,先从容易的地方开始,而把较硬的节疤留在后面,时间一久,那些节疤也就脱落分解了;不善于提问的人则与此相反。善于回答人家问题的人就像撞钟一样,轻轻地敲打,钟声就小;用力敲打,钟声就大;打钟的人一定要从容不迫有间歇,然后钟声才会余音悠扬。不善答问的人则与此相反。这些都是增进学问的方法。

只会记诵书本而没有领会,这种人不能做人家的老师。做老师的一定要根据学生的问题加以解答。如果学生不会提问,那老师应讲给他听。如果讲给他听了他还是不懂,那就暂时不再讲了。

好的铁匠的儿子,一定会用零碎的兽皮补缀成裘衣;好的弓匠的儿子,一定会把柳条弯屈编成畚箕;刚开始学驾车的小马,一定要先把它系在车的后面,让它跟在老马后面逐步适应。君子观察这三件事,就可以立定学习的志向了。

古代的学者以同类事物相比方。鼓的声音并不相当于五声中的哪一声,但是当乐器演奏时,没有鼓则五声就没有和谐的节奏;水的颜色并不相当于五色中的哪一色,但是当绘画的时候,没有水则五色就不鲜明;有学问并不等于就可以做官,可是做官的如果没有学问就做不好工作;老师并不相当于五服中的哪一种亲属,但是五服之亲如果没有老师的教诲,则他们之间的感情就不亲密。

君子说:"具有伟大德行的圣人,并不专门担任某一种官职;作为宇宙万物的大道,并不局限于一种事物;最大的诚信不需要订立盟约;天之四时虽不相同,却运转不停,是最准确的守时。一个人明白了这四种情况,就有志于学之本了。"夏、商、周三代天子在祭川的时候,都是先祭河,后祭海,这是因为河是海的源头,海是河的末尾。这就叫务本。

乐记第十九

【原文】

凡音之起,由人心生也。人心之动,物使之然也。感于物而动,故形于声。声相应,故生变。变成方,谓之音。比音而乐之,及干戚羽旄谓之乐。

　　乐者,音之所由生也,其本在人心之感于物也。是故其哀心感者,其声噍以杀;其乐心感者,其声啴以缓;其喜心感者,其声发以散;其怒心感者,其声粗以厉;其敬心感者,其声直以廉;其爱心感者,其声和以柔。六者,非性也,感于物而后动,是故先王慎所以感之者。故礼以道其志,乐以和其声,政以一其行,刑以防其奸:礼乐刑政,其极一也,所以同民心而出治道也。

　　凡音者,生人心者也。情动于中,故形于声。声成文,谓之音。是故治世之音安以乐,其政和。乱世之音怨以怒,其政乖。亡国之音哀以思,其民困。声音之道,与政通矣。

　　宫为君,商为臣,角为民,徵为事,羽为物,五者不乱,则无怗懘之音矣。宫乱则荒,其君骄;商乱则陂,其官坏;角乱则忧,其民怨;徵乱则哀,其事勤;羽乱则危,其材匮。五者皆乱,迭相陵,谓之慢,如此则国之灭亡无日矣。

　　郑、卫之音,乱世之音也,比于慢矣。桑间濮上之音,亡国之音也,其政散,其民流,诬上行私而不可止也。

　　凡音者,生于人心者也;乐者,通伦理者也。是故知声而不知音者,禽兽是也;知音而不知乐者,众庶是也。唯君子为能知乐。是故审声以知音,审音以知乐,审乐以知政,而治道备矣。是故不知声者不可与言音,不知音者不可与言乐;知乐,则几于礼矣。礼乐皆得,谓之有德。德者,得也。是故乐之隆,非极音也;食飨之礼,非致味也;《清庙》之瑟,朱弦而疏越,一倡而三叹,有遗音者矣;大飨之礼,尚玄酒而俎腥鱼,大羹不和,有遗味者矣。是故先王之制礼乐也,非以极口腹耳目之欲也,将以教民平好恶而反人道之正也。

　　人生而静,天之性也;感于物而动,性之欲也。物至知知,然后好恶形焉。好恶无节于内,知诱于外,不能反躬,天理灭矣。夫物之感人无穷,而人之好恶无节,则是物至而人化物也。人化物也者,灭天理而穷人欲者也。于是有悖逆诈伪之心,有淫泆作乱之事。是故,强者胁弱,众者暴寡,知者诈愚,勇者苦怯,疾病不养,老幼孤独不得其所,此大乱之道也。是故先王之制礼乐,人为之节。衰麻哭泣,所以节丧纪也;钟鼓干戚,所以和安乐也;昏姻冠笄,所以别男女也;射乡食飨,所以正交接也。礼节民心,乐和民声,政以行之,刑以防之。礼乐刑政,四达而不悖,则王道备矣。

　　乐者为同,礼者为异。同则相亲,异则相敬。乐胜则流,礼胜则离。合情饰貌者,礼乐之事也。礼义立,则贵贱等矣;乐文同,则上下和矣。好恶著,则贤不肖别矣。刑禁暴,爵举贤,则政均矣。仁以爱之,义以正之,如此则民治行矣。

　　乐由中出,礼自外作。乐由中出,故静;礼自外作,故文。大乐必易,大礼必简。乐至则无怨,礼至则不争。揖让而治天下者,礼乐之谓也。暴民不作,诸侯宾服,兵革不试,五刑不用,百姓无患,天子不怒,如此则乐达矣。合父子之亲,明长幼之序,以敬四海之内,天子如此,则礼行矣。

　　大乐与天地同和,大礼与天地同节。和故百物不失。节故祀天祭地。明则有礼乐,幽则有鬼神。如此,则四海之内合敬同爱矣。礼者,殊事合敬者也;乐者,异文合爱者也。礼乐之情同,故明王以相沿也,故事与时并,名与功偕。

故钟鼓管磬，羽钥干戚，乐之器也；屈伸俯仰，缀兆舒疾，乐之文也。簠簋俎豆，制度文章，礼之器也；升降上下，周还裼袭，礼之文也。故知礼乐之情者能作，识礼乐之文者能述。作者之谓圣，述者之谓明。明圣者，述作之谓也。

乐者，天地之和也。礼者，天地之序也。和，故百物皆化；序，故群物皆别。乐由天作，礼以地制。过制则乱，过作则暴。明于天地，然后能兴礼乐也。

论伦无患，乐之情也；欣喜欢爱，乐之官也。中正无邪，礼之质也；庄敬恭顺，礼之制也。若夫礼乐之施于金石，越于声音，用于宗庙社稷，事乎山川鬼神，则此所与民同也。

王者功成作乐，治定制礼。其功大者其乐备，其治辩者其礼具。干戚之舞非备乐也，孰亨而祀非达礼也。五帝殊时，不相沿乐；三王异世，不相袭礼。乐极则忧，礼粗则偏矣。及夫敦乐而无忧，礼备而不偏者，其唯大圣乎。

天高地下，万物散殊，而礼制行矣。流而不息，合同而化，而乐兴焉。春作夏长，仁也；秋敛冬藏，义也。仁近于乐，义近于礼。乐者敦和，率神而从天；礼者别宜，居鬼而从地。故圣人作乐以应天，制礼以配地。礼乐明备，天地官矣。

天尊地卑，君臣定矣。卑高已陈，贵贱位矣。动静有常，小大殊矣。方以类聚，物以群分，则性命不同矣。在天成象，在地成形，如此，则礼者天地之别也。地气上齐，天气下降，阴阳相摩，天地相荡，鼓之以雷霆，奋之以风雨，动之以四时，煖之以日月，而百化兴焉。如此，则乐者天地之和也。化不时则不生，男女无辨则乱升，天地之情也。

及夫礼乐之极乎天而蟠乎地，行乎阴阳而通乎鬼神，穷高极远而测深厚。乐著大始，而礼居成物。著不息者天也，著不动者地也。一动一静者，天地之间也。故圣人曰礼乐云。

昔者，舜作五弦之琴以歌《南风》，夔始制乐以赏诸侯。故天子之为乐也，以赏诸侯之有德者也。德盛而教尊，五谷时孰，然后赏之以乐。故其治民劳者，其舞行缀远；其治民逸者，其舞行缀短。故观其舞，知其德；闻其谥，知其行也。

《大章》，章之也。《咸池》，备矣。《韶》，继也。《夏》，大也。殷周之乐，尽矣。

天地之道，寒暑不时则疾，风雨不节则饥。教者，民之寒暑也，教不时则伤世。事者，民之风雨也，事不节则无功。然则先王之为乐也，以法治也，善则行象德矣。

夫豢豕为酒，非以为祸也，而狱讼益繁，则酒之流生祸也。是故先王因为酒礼。一献之礼，宾主百拜，终日饮酒而不得醉焉，此先王之所以备酒祸也。故酒食者所以合欢也，乐者所以象德也，礼者所以缀淫也。是故先王有大事，必有礼以哀之；有大福，必有礼以乐之。哀乐之分，皆以礼终。乐也者，圣人之所乐也，而可以善民心。其感人深，其移风易俗，故先王著其教焉。

夫民有血气心知之性，而无哀乐喜怒之常，应感起物而动，然后心术形焉。是故志微、噍杀之音作，而民思忧。啴谐、慢易、繁文、简节之音作，而民康乐。粗厉、猛起、奋末、广贲之音作，而民刚毅。廉直、劲正、庄诚之音作，而民肃敬。宽裕、肉好、顺成、和动之音作，而民慈爱。流辟、邪散、狄成、涤滥之音作，而民淫乱。是故，先王本之情性，稽之度

数,制之礼义,合生气之和,道五常之行,使之阳而不散,阴而不密,刚气不怒,柔气不慑。四畅交于中而发作于外,皆安其位而不相夺也。然后立之学等,广其节奏,省其文采,以绳德厚。律小大之称,比终始之序,以象事行,使亲疏、贵贱、长幼、男女之理皆形见于乐。故曰:"乐观其深矣。"

土敝则草木不长,水烦则鱼鳖不大,气衰则生物不遂,世乱则礼慝而乐淫。是故其声哀而不庄,乐而不安,慢易以犯节,流湎以忘本,广则容奸,狭则思欲,感条畅之气,而灭平和之德,是以君子贱之也。

凡奸声感人而逆气应之,逆气成象而淫乐兴焉。正声感人而顺气逆之,顺气成象而和乐兴焉。倡和有应,回邪曲直各归其分,而万物之理各以类相动也。是故君子反情以和其志,比类以成其行,奸声乱色不留聪明,淫乐慝礼不接心术,惰慢邪辟之气不设于身体,使耳、目、鼻、口、心知、百体皆由顺正,以行其义。然后发以声音;而文以琴瑟,动以干戚,饰以羽旄,从以箫管。奋至德之光,动四气之和,以著万物之理。是故清明象天,广大象地,终始象四时,周还象风雨。五色成文而不乱,八风从律而不奸,百度得数而有常,小大相成,终始相生。倡和清浊,迭相为经。故乐行而伦清,耳目聪明,血气和平,移风易俗,天下皆宁。故曰:"乐者,乐也。"君子乐得其道,小人乐得其欲。以道制欲,则乐而不乱;以欲忘道,则惑而不乐。

是故君子反情以和其志,广乐以成其教。乐行,而民乡方,可以观德矣。德者,性之端也;乐者,德之华也。金石丝竹,乐之器也。诗,言其志也;歌,咏其声也;舞,动其容也。三者本于心,然后乐器从之。是故情深而文明,气盛而化神。和顺积中而英华发外,唯乐不可以为伪。

乐者,心之动也。声者,乐之象也。文采节奏,声之饰也。君子动其本,乐其象,然后治其饰。是故先鼓以警戒,三步以见方,再始以著往,复乱以饬归,奋疾而不拔,极幽而不隐。独乐其志,不厌其道;备举其道,不私其欲。是故情见而义立,乐终而德尊,君子以好善,小人以听过。故曰:"生民之道,乐为大焉。"

乐也者,施也;礼也者,报也。乐,乐其所自生,而礼反其所自始。乐章德,礼报情反始也。所谓大辂者,天子之车也;龙旂九旒,天子之旌也;青黑缘者,天子之宝龟也;从之以牛羊之群,则所以赠诸侯也。

乐也者,情之不可变者也。礼也者,理之不可易者也。乐统同,礼辨异。礼乐之说,管乎人情矣。

穷本知变,乐之情也。著诚去伪,礼之经也。礼乐偩天地之情,达神明之德,降兴上下之神,而凝是精粗之体,领父子君臣之节。是故大人举礼乐,则天地将为昭焉。天地诉合,阴阳相得,煦妪覆育万物;然后草木茂,区萌达,羽翼奋,角骼生,蛰虫昭苏,羽者妪伏,毛者孕鬻,胎生者不殰,而卵生者不殈,则乐之道归焉耳。

乐者,非谓黄钟、大吕、弦歌、干扬也,乐之末节也,故童者舞之。铺筵席,陈尊俎,列笾豆,以升降为礼者,礼之末节也,故有司掌之。乐师辨乎声诗,故北面而弦。宗祝辨乎

宗庙之礼,故后尸。商祝辨乎丧礼,故后主人。是故德成而上,艺成而下,行成而先,事成而后。是故先王有上有下,有先有后,然后可以有制于天下也。

魏文侯问于子夏曰:"吾端冕而听古乐,则唯恐卧。听郑、卫之音,则不知倦。敢问古乐之如彼何也? 新乐之如此何也?"

子夏对曰:"今夫古乐:进旅退旅,和正以广;弦匏笙簧,会守拊鼓;始奏以文,复乱以武;治乱以相,讯疾以雅;君子于是语,于是道古,修身及家,平均天下。此古乐之发也。今夫新乐:进俯退俯,奸声以滥,溺而不止;及优侏儒,(猱)〔獶〕杂子女,不知父子;乐终不可以语,不可以道古。此新乐之发也。今君之所问者乐也,所好者音也。夫乐者,与音相近而不同。"

文侯曰:"敢问何如?"

子夏对曰:"夫古者天地顺而四时当,民有德而五谷昌,疾疢不作而无妖祥,此之谓大当。然后圣人作,为父子君臣,以为纪纲。纪纲既正,天下大定。天下大定,然后正六律,和五声,弦歌《诗·颂》。此之谓德音。德音之谓乐。《诗》云:'莫其德音,其德克明。克明克类,克长克君,王此大邦。克顺克俾,俾于文王。其德靡悔,既受帝祉,施于孙子。'此之谓也。今君之所好者,其溺音乎!"

文侯曰:"敢问溺音何从出也?"

子夏对曰:"郑音好滥淫志,宋音燕女溺志,卫音趋数烦志,齐音敖辟乔志,此四者,皆淫于色而害于德,是以祭祀弗用也。《诗》云:'肃雍和鸣,先祖是听。'夫肃肃,敬也;雍雍,和也。夫敬以和,何事不行? 为人君者,谨其所好恶而已矣。君好之,则臣为之。上行之,则民从之。《诗》云:'诱民孔易。'此之谓也。然后圣人作,为鼗、鼓、椌、楬、埙、篪,此六者,德音之音也。然后钟、磬、竽、瑟以和之,干、戚、旄、狄以舞之,此所以祭先王之庙也,所以献酬酳酢也。所以官序贵贱、各得其宜也,所以示后世有尊卑长幼之序也。

"钟声铿,铿以立号,号以立横,横以立武。君子听钟声,则思武臣。石声磬,磬以立辨,辨以致死。君子听磬声,则思死封疆之臣。丝声哀,哀以立廉,廉以立志。君子听琴瑟之声,则思志义之臣。竹声滥,滥以立会,会以聚众。君子听竽笙箫管之声,则思畜聚之臣。鼓鼙之声讙,讙以立动,动以进众。君子听鼓鼙之声,则思将帅之臣。君子之听音,非听其铿锵而已也,彼亦有所合之也。"

宾牟贾侍坐于孔子。孔子与之言及乐。曰:"夫《武》之备戒之已久,何也?"对曰:"病不得其众也。""咏叹之,淫液之,何也?"对曰:"恐不逮事也。""发扬蹈厉之已蚤,何也?"对曰:"及时事也。""《武》,坐致右,宪左,何也?"对曰:"非《武》坐也。""声淫及商,何也?"对曰:"非《武》音也。"子曰:"若非《武》音,则何音也?"对曰:"有司失其传也。若非有司失其传,则武王之志荒矣。"子曰:"唯。丘之闻诸苌弘,亦若吾子之言是也。"

宾牟贾起,免席而请曰:"夫《武》之备戒之已久,则既闻命矣。敢问迟之迟而又久,何也?"

子曰:"居,吾语女。夫乐者,象成者也。揔干而山立,武王之事也。发扬蹈厉,大公

之志也。《武》乱皆坐,周召之治也。且夫《武》始而北出,再成而灭商,三成而南,四成而南国是疆;五成而分〔陕〕,周公左,召公右;六成复缀以崇天子。夹振之而驷伐,盛威于中国也;分夹而进,事蚤济也;久立于缀,以待诸侯之至也。且女独未闻牧野之语乎?武王克殷,(反)〔及〕商,未及下车,而封黄帝之后于蓟,封帝尧之后于祝,封帝舜之后于陈;下车而封夏后氏之后于杞,投殷之后于宋,封王子比干之墓,释箕子之囚,使之行商容而复其位;庶民弛政,庶士倍禄;济河而西,马散之华山之阳而弗复乘,牛散之桃林之野而弗复服,车甲衅而藏之府库而弗复用,倒载干戈,包之以虎皮,将帅之士使为诸侯,名之曰'建櫜'。然后天下知武王之不复用兵也。散军而郊射:左射,《狸首》;右射,《驺虞》;而贯革之射息也。裨冕,搢笏,而虎贲之士说剑也。祀乎明堂,而民知孝。朝觐,然后诸侯知所以臣。耕藉,然后诸侯知所以敬。五者天下之大教也。食三老五更于大学,天子袒而割牲,执酱而馈,执爵而酳,冕而总干,所以教诸侯之弟也。若此,则周道四达,礼乐交通,则夫《武》之迟久,不亦宜乎!"

君子曰:礼乐不可斯须去身。致乐以治心,则易直子谅之心油然生矣。易直子谅之心生则乐,乐则安,安则久,久则天,天则神,天则不言而信,神则不怒而威:致乐以治心者也。致礼以治躬则庄敬,庄敬则严威。心中斯须不和不乐,而鄙诈之心入之矣。外貌斯须不庄不敬,而易慢之心入之矣。故乐也者,动于内者也;礼也者,动于外者也。乐极和,礼极顺,内和而外顺,则民瞻其颜色而弗与争也。望其容貌而民不生易(侵)(慢)〕焉。故德辉动于内,而民莫不承听;理发诸外,而民莫不承顺。故曰:致礼乐之道,举而错之天下,无难矣。

乐也者,动于内者也。礼也者,动于外者也。故礼主其减,乐主其盈。礼减而进,以进为文;乐盈而反,以反为文。礼减而不进则销,乐盈而不反则放。故礼有报,而乐有反。礼得其报则乐,乐得其反则安。礼之报,乐之反,其义一也。

夫乐者,乐也,人情之所不能免也。乐必发于声音,形于动静,人之道也。声音、动静,性术之变,尽于此矣。故人不耐无乐,乐不耐无形;形而不为道,不耐无乱。先王耻其乱,故制《雅》《颂》之声以道之,使其声足乐而不流,使其文足论而不息,使其曲直、繁(瘠)〔省〕、廉肉、节奏足以感动人之善心而已矣,不使放心邪气得接焉。是先王立乐之方也。

是故乐在宗庙之中,君臣上下同听之,则莫不和敬;在族长乡里之中,长幼同听之,则莫不和顺;在闺门之内,父子兄弟同听之,则莫不和亲。故乐者,审一以定和,比物以饰节,节奏合以成文,所以合和父子君臣、附亲万民也。是先王立乐之方也。

故听其《雅》《颂》之声,志意得广焉;执其干戚,习其俯仰诎伸,容貌得庄焉;行其缀兆,要其节奏,行列得正焉,进退得齐焉。故乐者,天地之(命)〔齐〕,中和之纪,人情之所不能免也。

夫乐者,先王之所以饰喜也;军旅铁钺者,先王之所以饰怒也。故先王之喜怒,皆得其侪焉:喜则天下和之,怒则暴乱者畏之。先王之道,礼乐可谓盛矣!

子赣见师乙而问焉,曰:"赐闻声歌各有宜也。如赐者宜何歌也?"

师乙曰:"乙,贱工也,何足以问所宜? 请诵其所闻,而吾子自执焉。(爱者,宜歌《商》。故《商》者,五帝之遗声也。)宽而静、柔而正者,宜歌《颂》。广大而静、疏达而信者,宜歌《大雅》。恭俭而好礼者,宜歌《小雅》。正直而静、廉而谦者,宜歌《风》。肆直而慈爱〔者,宜歌《商》。温良而能断者,宜歌《齐》。夫歌者,直己而陈德也,动己而天地应焉,四时和焉,星辰理焉,万物育焉。故《商》者,五帝之遗声也〕;(商之遗声也。)商人识之,故谓之《商》。《齐》者,三代之遗声也;齐人识之,故谓之《齐》。明乎《商》之音者,临事而屡断。明乎《齐》之音者,见利而让。临事而屡断,勇也。见利而让,义也。有勇有义,非歌孰能保此? 故歌者上如抗,下如队;曲如折,止如槁木;倨中矩,句中钩;累累乎端如贯珠。故歌之为言也,长言之也。说之,故言之;言之不足,故长言之;长言之不足,故嗟叹之;嗟叹之不足,故不知手之舞之、足之蹈之也。"

——子贡问乐

【译文】

大凡声音的兴起,都是从人心中发生的;而人心的活动,是由于受到外物的触发。人心有感于外物而产生活动,因而表现于声响;不同的声音互相配合,因而产生变化;变化形成一定的规律,就称之为音律。排比音律成为曲调,并配以干戚和羽旄,这便叫作"乐"。

乐,是声音从中产生的东西;而其根本则在于人心对外物的感受。心中有哀伤的感受,发出的声音便焦急而衰弱。心中有了快乐的感受,声音便宽松舒缓。心中有了喜悦的感受,声音便焕发而流畅。心中有了愤怒的感受,声音便粗暴而严厉。心中有了恭敬的感受,声音便正直而端方。心中有了爱慕的感受,声音便温和而柔顺。这六种声音,并非天性如此,而是受到外物的感触而产生的活动。所以先王十分重视用来感动人心的事物。所以用礼义来引导人们的志向,用音乐来调和人们的声音,用政令来统一人们的行动,用刑罚来防备人们的奸邪。礼、乐、刑、政,最终目的是一个,就是用来统一民心,走上治国的正道。

凡是音乐,都产生于人心。感情发动于心中,于是表现于声音,声音按规律变化成文,便称之为音乐。所以太平社会的音乐安详而欢乐,其政治便是和谐的。混乱社会的音乐怨恨而恼怒,其政治便是紊乱的。亡国的音乐哀伤而忧思,其人民的生活也是困苦的。所以音乐的原理与政治是相通的。五音之中,宫好比君,商好比臣,角好比民,徵好比事,羽好比物。五音不混乱,便不会有不和谐的声音。

宫音混乱便显得荒淫,好比国君骄横。商音混乱便显得倾斜,好比官吏腐败。角音混乱便显得忧伤,好比民众有怨恨。徵音混乱便显得衰竭,好比工作劳累。羽音混乱便显得危急,好比资财匮乏。如果五音都混乱,互相交替凌越,就叫作散慢之音。像这样,就离国家的灭亡没有多少日子了。郑、卫的音乐,是混乱社会的音乐,接近于上面所说的

散慢之音。桑间、濮上的音乐,是亡国的音乐,反映出政事涣散,人民流亡,做官的人欺上瞒下、徇私枉法,而且无法禁止。

凡是音乐,都是从人心中产生的。所谓"乐",是和伦理相通的。所以只知声音而不知音调的,便是禽兽。只知音调而不懂音乐的,便是众多的庶人。只有君子才能懂得音乐。所以,由审察声音进而懂得音调,由审察音乐进而懂得政治,这样治国的方法也就完备了。所以,不知道声音的人,不可以跟他谈音调;不知道音调的人,不可以跟他谈"乐"。懂得了"乐",也就接近于懂得礼了。礼乐两者都有所得,就叫作"有德"。德,也就是"得"的意思。

所以,隆重的乐,并不在于最高妙之音乐;大的宴飨的礼节,并不在于罗致各种美味。演唱《清庙》之诗时所用的瑟,配以朱弦,疏通底孔,发生迟缓凝重的朴素之音,一人领唱,和唱的只有三人,并非把高妙之音包括无遗。大飨的礼仪,推重上古的玄酒,俎上放着生肉生鱼,大羹不用调料,可见并非把一切美味搜罗尽致。所以先王制定礼乐,并非用以满足人们口腹和耳目的欲望,而是用来教导民众爱憎分明,回到做人的正道上来。

人生来是宁静的,这是人的天性。感受到外物便有所触动,这也是人性的本能。外物到来,心智就会有知觉,然后便表现为爱好和厌恶。心中对爱好和厌恶没有节制,心智受到外物的引诱,又不能时常自我反省,这样天理就要灭绝了。外物给予人的感受是没有穷尽的。若是人的好恶没有节制,那么外物一来,人就随物而变化了。人随物化,也就是灭绝天理,放纵人欲。于是便会有犯上作乱、欺诈虚伪的心思,出现情欲泛滥,胡作非为的事情。于是,强大的人就要胁迫弱小的人,多数人就要欺凌少数人,聪明人就要欺骗愚钝的人,勇敢的人就要迫害怯弱的人。生病的人得不到照看,孤寡老幼无所依靠,这便是天下大乱的由来。

所以先王制定礼乐,作为人们的节制。丧服、哭泣的规格,用来节制人们的丧事。钟鼓干戚等乐舞器具,用来调和人们的享受。婚姻和冠笄的礼仪,用来区别男女的不同。大射、乡饮酒、食、飨的礼仪,用来调整人们的交往。用礼来节制民众的心志,用乐来调和民众的声音,用行政力量加以推行,用刑罚手段加以防范。礼、乐、刑、政四个方面,互相沟通而不矛盾,这样王道就完备了。

乐的作用是调和同一,礼的作用是区别差异。能同一便相互亲近,有差异便相互尊敬。乐超过了限度,就会流于散慢不恭敬;礼超过了限度,就会造成隔离不亲近。调和感情,检束仪容,便是礼乐所做的事情。礼仪确立了,贵贱便有了等级。乐章调和了,上下便能和睦相处。好恶的标准明确了,贤与不肖就容易区别。用刑罚禁止暴乱,用赏爵举拔贤能,政事就公平了。用仁来爱护民众,用义来纠正邪恶,像这样,治理民众的方法就得以施行了。

乐是从内心发出的,礼则表现于外表。乐从内心发出,所以能使心情宁静。礼表现于外表,所以能使动作有所修饰。盛大的音乐一定是平易的,隆重的礼仪一定是简朴的。乐教通行,心中就没有怨恨;礼教通行,人们就不会争斗。古代圣王所以能用谦恭礼让的

态度治理天下，就是运用了礼乐。暴民不敢作乱，诸侯都来朝拜顺服，不必使用武力，不必施加刑罚，百姓自然没有灾患，天子不须显示威怒。这样便是乐教推行了。使父子关系密切，长幼秩序分明，以此推广到四海之内。天子如果能这样做，这便是礼教推行了。

盛大的音乐与天地调和一致，隆重的礼仪与天地同一秩序。能调和一致，所以万物各得其所；有秩序，所以着重祭祀天地。人间有礼乐，阴间有鬼神。这样，四海之内就能互相尊敬，互相亲爱了。礼虽有不同的仪式，却都能表达恭敬；乐虽有不同的声律，却都能表达亲爱。礼乐的实质总是相同的，所以圣明的君王都继承这一实质。只是行礼的具体方法应当与不同的时事相应；乐曲的具体名目应当与王者的功绩相称而已。

所以钟鼓管磬，羽籥干戚，是乐的器具；屈伸俯仰，步伐快慢，是乐的表现形式。簠簋、俎豆、规格、文饰是礼的器具，升降、上下、周旋、裼袭，是礼的表现形式，所以懂得礼乐本质的人，才能创制礼乐；了解礼乐形式的人，才能传授礼乐。能创制的称之为"圣"，能传授的称之为"明"。"明"和"圣"，就是说的传授和创制。

乐，体现着天地的和谐；礼，体现着天地的秩序。因为和谐，所以万事万物都能生长变化；因为有秩序，所以万事万物又各有区别。乐依照天的规律制作，礼依照地的规律制作。礼的制作超越了秩序，就会出现混乱；乐的制作破坏了和谐，就会显得粗暴。只有明白天地的规律，然后才能制作礼乐。歌辞和乐曲都没有危害，是乐的实情；使人高兴喜欢，是乐的功能。公平正直没有邪念，是礼的实质，使人庄重、恭敬，是礼的作用。至于使礼乐借助钟磬，发出声音，运用于宗庙社稷，用来祭祀山川鬼神，这便是与民众共同使用了。

王者大功告成才作乐，政治安定才制礼。功劳巨大，他的乐也就完善；治理全面，他的礼也就齐备。只有干戚之舞，不能算完备的乐；用熟食祭祀，不能算至上的礼。五帝不同时，因而不沿用相同的音乐。三王不同代，因而不继承同样的礼仪。乐走向极端便会使人忧虑，礼没有限度就会出现偏邪。至于能够使乐隆重却不产生忧虑，使礼完备却不出现偏邪的，大概只有大圣人吧！

天在上，地在下，万物各不相同，礼就是按照这种差异制定的。天地之气流动不停，调和万物一同进化，乐就是依据这种规律兴起的。春生夏长，体现着仁的精神；秋收冬藏，体现着义的精神。仁接近于乐，义接近于礼。乐的作用是增进和同，跟随着神而归属于天；礼的作用是辨别差异，跟随着鬼而归属于地；所以圣人作乐来顺应天，制礼来配合地。礼乐明确而完备，也就是天地各自发挥其职能了。

天尊在上，地卑在下，君臣关系就依此确定了。高山低泽已经分布，贵贱的位置也就确定了。运动和静止有一定的常态，大与小也就区分开来了。动物按照类别聚集，植物按照群属区分，各自不同的天性就显示出来了。在天上有日月星辰之象，在地上有万物的不同形态，礼就是这样体现着天地之间的各种区别。地气上升，天气下降，阴阳互相摩擦，天地互相激荡，雷霆来鼓动，风雨来振奋，四时来运转，日月来照耀。万物化育生长。乐也就是这样体现着天地间的和谐。化育不合时节，就不会生长；男女不加区别，混乱就

会产生。这是天地间的常情。

至于礼乐，上达于天，下布于地，随着阴阳之气流行，跟鬼神相通，一切最高最远最深之处无不到达。乐显示创始万物的天，礼依托着完成万物的地。显示着不停运动的是天，显示着凝聚静止的是地。一动一静，就生成了天地间的一切。所以圣人所说的礼乐就是这样。

从前舜制作了五弦琴，用来演奏《南风》之歌；夔开始创作音乐，用来奖赏诸侯。所以天子制作音乐，是为了奖赏诸侯中有德行的人。诸侯品德完善、政教严明，不失农时，五谷丰登，这样天子才把乐赏给他。所以那些治国不好，使得民众劳苦的诸侯，他的舞队人数也就少；而那些治国较好，使得民众安逸的诸侯，他的舞队人数也就较多。所以观察他的舞，就能知道他的品德如何；好比听到他的谥号，就能知道他的行为如何。《大章》，便是表彰尧的德行。《咸池》，便是歌颂黄帝德政的全面。《韶》，便是歌颂舜能继承尧的品德。《夏》，便是歌颂禹能发扬光大尧舜之德。殷周两代的音乐，是十分详尽的了。

宴饮，明陈洪绶绘。

天地的规律，寒暑不适时就出现疾病，风雨没有节制就会发生饥荒。教化，就好比民众的寒暑，教化不适时，就会伤害世风。劳作，好比民众的风雨，劳作没有节制，就不会有功效。所以先王制作乐，也就是效法天地来治理国家，做得好，民众的行动就会表现出高尚的道德。人们养猪酿酒，本来不是为了惹祸，然而诉讼纠纷却日益增多，这就是饮酒过度引出的祸患。所以先王制定了酒礼，光是"一献"的礼，就要求宾主互相多次拜谢，这样即使整天饮酒也不会醉倒，这就是先王用来防备饮酒惹祸的方法。

所以酒食是用来使大家欢聚的，乐是用来表现道德的，礼是用来制止淫乱的。所以先王有死丧的大事，必定有礼节来表现悲哀；有吉庆的大喜，也必定有礼节来表达欢乐。悲哀和欢乐的程度，都以礼来限制。乐，是圣人所喜爱的，它可以改善民众之心。它深深地感动人，用它来改变社会风气比较容易，所以先王注重乐的教化。

人具有血气和心知的本性，但喜怒哀乐的情感却没有不变的常态。人心受外物的感应而动作，然后内心情感才表现出来。所以发出细微急促的音乐，人的情感就忧伤；发出宽和平缓、乐音丰富而节奏简略的音乐，人的情感就安闲愉悦；发出粗犷猛烈、奋发宽广的音乐，人的情感就刚强坚毅；发出清明、正直、端庄、诚实的音乐，人的情感就严肃恭敬；

发出宽舒、圆润、流畅、柔和的音乐，人的情感就慈祥仁爱。发出邪辟、散乱、拖沓、泛滥的音乐，人的情感就淫邪紊乱。

所以先王以人的性情为根本出发点，审核音律的度数，制定礼义，配合天地之气的和谐，遵循五行的规律，使其阳气奋发而不流散，阴气收敛而不闭塞，刚气坚强而不暴怒，柔气和顺而不畏缩。四个方面通畅交融于内部，表现于外表，各得其所而不互相妨害。然后制定进学的级别，逐渐增益音乐的节奏，审察音乐的文采，用以衡量道德仁厚。配合音律的大小高低，排列五音的先后次序，用来表现人伦关系。使亲疏、贵贱、长幼、男女之间的伦理关系都表现于音乐。所以说：通过对音乐的观察，可以看到很深刻的道理。

土地贫瘠，草木就不生长；水流不安定，鱼鳖就长不大；天地之气衰竭，生物就不能生长成熟；社会混乱，礼制就会偏邪，音乐就会淫纵。因此这时的音乐，悲哀却不庄重，喜悦却不安详，散漫简易，破坏节奏，放纵不拘，离开了根本。这时宽缓的音乐包含着邪念，短促的音乐挑逗着淫欲，感发出人们的放荡之气，而减少人们的平和之德。因此，君子鄙视这种音乐。

凡是奸邪的声音感染了人，心中逆乱之气就与之呼应，逆乱之气表现于外，淫邪的音乐就产生了。纯正的声音感染了人，心中顺服之气就与之呼应，顺服之气表现于外，调和的音乐就产生了。一唱一和互相呼应，邪正曲直各自归属于一定的分类。万物的原理，就是按照各自的类别互相触动。所以君子回到人的本性来调和人们的志向，比照善恶的类别来促成人们的行为。奸邪的声音、淫乱的颜色，不听不看。荒淫的音乐、邪恶的礼仪，心里不去感受。惰慢歪邪的习气，不沾染到身上。使耳、目、鼻、口、思想以至整个身体，都随着正气、依照道义而行动。然后发作为声音，用琴瑟来伴奏，用干戚来舞动，用羽旄来装饰，用箫管来配合。焕发出至上道德的光彩，调动起四气的和谐，表明万物的原理。所以这种音乐，清明就像天，广大就像地，终始循环就像一年四季，周旋流动就像风雨。好像五色配成文采而毫不混乱，八风配合律吕而不相干扰。各种度数都有常规。十二律互相配合，轮流为宫音。有唱有和有清有浊，互相交替形成条理。所以这样的音乐流行能使伦理清楚，使人耳聪目明，心平气和，能改变社会风俗，使天下都安宁。所以说：音乐就是快乐。君子快乐是因为找到了正道，小人快乐是因为满足了欲望。用正道来控制欲望，这样快乐就不会导致淫乱；为了欲望而忘记正道，就会陷入迷惑而得不到真正的快乐。所以君子回到人的本性来调和志向，推广音乐来完成教化，乐教完成，人民也就走上了正道，所以从音乐可以观察到德行。所谓德，是人性的发端。而音乐，则是由德开放出来的花朵。金石丝竹，则是奏乐的工具。诗，表达人们的志向；歌，唱出人们的心声；舞，体现人们的仪容动态。三者都是从人心中发出，然后以乐器相配合。所以情感深厚，文理鲜明；气氛浓烈，变化如神。和顺的品德积聚在心中，才能使音乐的美妙光华表现于外。只有音乐所表现的快乐是不好伪装的。

乐，是心灵的感动；声音，是乐的表现形式；施律节奏，是对声音的修饰。君子从心灵的感动出发，喜爱音乐的形式，然后加以整理修饰。所以《大武》之乐的表演，先敲鼓叫众

人心中做好准备,再走三步表示将要舞蹈。开始重复一次,再往下进行;结束曲也重复一次,舞者才退下。舞者步伐迅疾,但不乱套离谱,音乐极其幽深,但却不隐晦。既能独自满足个人的意志,又不厌弃其中包含的道理;全面地体现了仁义之道,因而不至于私自放纵情欲。这种音乐既表现了情感,又树立了道义。乐舞结束,武王的德性也就得到了尊重。君子听了这样的音乐,更加爱好善德;小人听了这样的音乐,也可以用来防备自己的过错。所以说:治民的方法,乐是最重要的。

乐,是一种施与;礼,则是一种报答。乐。用来表现对王者功业的喜爱;礼,用来追念王者祖先的恩情。乐表彰功德,礼报答恩情、追念始祖。称作"大辂"的,那是天子的车子;龙旗有九旒,那是天子的旌旗;有青黑色边缘的龟甲,那是天子的宝龟。再加上成群的牛羊,那便是天子赐给有功诸侯的礼物。

乐,表达人的不可改变的情感;礼,体现了永恒不变的伦理。乐调和同一,礼辨别差异。礼乐的学说,贯通了全部人情。追究心灵的本源而了解其变化,这是乐的真情;表明诚实的精神而消除虚伪的态度,这是礼的纲领。礼乐依顺天地的规律,贯彻神明的德行,调动上下的精神,形成大小不同的仪式,调整父子君臣之间的规矩。所以伟大的人物施行礼乐,天地也将要为之大放光明。天地之间,阴阳二气蒸发,互相配合,温润覆载,养育万物。这样草木就茂盛了,萌芽就出土了,鸟类就奋飞了,兽类就生长了,蛰伏的虫子也复苏了。飞禽在孵卵,走兽怀了胎。胎生的不会流产,卵生的不会蛋破。乐的道理,也就归于这样一种境界。

乐,并不就是说的黄钟大吕、奏乐跳舞,这只不过是乐的次要部分,所以由儿童来充当舞者。铺设筵席,陈列祭器,依上下进退的动作来行礼,这也是礼的次要部分,所以只需由司仪小官执掌。乐师只能辨别声律和诗句,所以只能在堂下面朝北弹琴。宗祝只不过了解宗庙的具体仪式,所以只能站在尸的后面。商祝只懂得丧葬的礼仪,所以只能站在主人后面。所以,能懂得礼乐的道德意义的属上乘,而只是在礼乐的具体仪式和技能上有所成就的则属下乘。德行的完善是首要的,而具体事务的完成是次要的。所以先王有上有下,有主有次,这样才能制作礼乐,推行于天下。

魏文侯问子夏说:"我要是穿戴礼服礼帽听古乐,就怕很快就要睡着了;而要是去听郑、卫之音,则不知疲倦。请问古乐使我那样,是何原因? 新乐叫我如此,又作何解释呢?"

子夏回答说:"所谓古乐,表演时进退整齐,和平宽广。各种管弦乐器,等领乐的拊和鼓敲响后才一齐演奏。开始以鼓声领起,结尾以金铙收束。用相来调整结束的音乐,用雅来控制音乐的速度。君子说明此乐舞的深刻意义,或称道古代圣王的业绩。用以修养自身、影响到家庭,以至于治国平天下。这是古乐的表现。而所谓新乐,表演杂乱不齐,淫邪的声音泛滥,使人沉溺而难以自拔,甚至还加上倡优侏儒丑态百出的表演,男女混杂,父子不分,音乐终了,无法说明什么道理,也不能讲述古代圣王的业绩。这就是新乐的表现。现在你问的是'乐',而你喜好的却是'音'。所谓'乐'和'音'虽然相似,但却是

不同的!"

文侯问:"请问乐与音究竟是怎样不同呢?"子夏回答说:"古时候,天地正常,四时风调雨顺,人民有德行,五谷丰盛,疾病灾祸不发生,反常现象不出现,这就叫作天下太平。这时就有圣人起来,制定了君臣父子的名分,作为人们的纲常。纲常确定了,天下就安定了。天下安定,然后再制定六律,调和五声,演奏乐器来歌唱,创作诗篇来赞颂。这样的音乐,就叫作德音;德音才能称作'乐'。《诗经》上说:'德音多么淡漠,德行多么光明。光明而合伦类,能够担任君长,统治伟大国家;恭顺而能择善,传到文王时代,德行无所遗憾。接受天帝福佑,传给子孙万代。'这就是说的德音啊!而你所喜好的大概是那种令人沉湎的'溺音'吧。"

文侯又问:"请问溺音是从何而来的呢?"子夏说:"郑国的音乐轻佻放纵,使人心淫荡;宋国的音乐缠绵纤柔,使人心沉湎;卫国的音乐节奏急促,使人心烦躁;齐国的音乐傲慢邪辟,使人心骄横。这四种音乐都使人沉溺于声色而有害于德行,所以祭祀时不采用。"

《诗》上说:"肃雍和鸣之音,先祖才愿意听。"肃肃,是恭敬的意思;雍雍,是温和的意思,恭敬而又温和,还有什么事情做不成呢?作为人君,只要对自己的好恶十分谨慎就行了。人君所喜爱的,大臣就会去做;上面流行的,民众就会跟从。《诗》上说:"诱导民众,十分容易。"就是说的这个啊。然后圣人起来,制作鞉、鼓、控、楬、埙、篪等六种乐器,这六种乐器发出的声音都是符合"德音"的要求的,然后再用钟磬竽瑟来调和,用干戚旄狄来舞蹈,这样的音乐,才可以用来祭祀先王的宗庙,用来配合宴饮宾客的各种礼仪,用来排列官职贵贱的等级,使他们各得其所,用来告知后人,应该有尊卑长幼的次序。

钟的声音铿锵响亮,可以用作号令。号令能使人振奋,振奋就能建立武功。所以君子听到钟声,就想到勇武之臣。石磬的声音坚定有力,可以树立正义,有了正义就不怕死。所以君子听到石磬的声音,就想起死守疆土的将士。丝弦的声音哀恸,哀恸能使人廉明正直,廉明正直就能确立志向。所以君子听到琴瑟的声音,就想起有志有节的忠臣。竹管的声音传播广泛,传播广泛就能会合,能会合就能招集众人。所以君子听到竽笙箫管的声音,就想起能够安抚团结众人的大臣。鼓鼙的声音喧闹,喧闹就使人激动,激动就能促使众人前进,所以君子听到鼓鼙的声音,就想起带兵打仗的将领。总之,君子听音乐,不只是听那铿锵的声音而已,他们都能从中体会到某种契合于心的含义。

宾牟贾陪伴孔子坐着,孔子跟他谈到乐舞的问题。孔子问他:"《武》乐表演开始前长时间击鼓作准备,这是为什么?"宾牟贾说:"象征武王开始伐纣时担心得不到众人的支持。""《武》的音乐声调漫长留连不绝,这是为什么?"答道:"这是象征武王担心时机不成熟,干不成大事。""舞蹈一开始就奋发威武地手舞足蹈,这是为什么?"答道:"这是象征抓住时机及时行动。""《武》舞跪姿右膝着地。左膝不着地,这是为什么?"答道:"那不是《武》舞的跪法吧!""《武》乐包含着象征杀伐的商声,这是为什么?"答道:"那不是《武》乐的声音吧!"孔子说:"如果不是《武》乐的声音,那又是什么声音呢?"宾牟贾回答道:

"恐怕是乐官传授有差错,如果不是乐官传授有差错,那就是武王的心思迷乱了。"孔子说:"我从苌弘那儿听来的,也如同你所说的一样,是这样的。"

宾牟贾立起身来,离开坐席向孔子请教道:"关于《武》舞开始前戒备已久的问题,我已经听说过了。那么请问《武》乐为什么表演的时间这么长呢?"孔子说:"你坐下,我告诉你。乐,是用来象征那已完成的功业。手持盾牌长久地站立不动,象征着武王将要有大事;奋发威武,手舞足蹈,象征太公以武力讨伐殷纣的意志;到《武》的尾声时一齐跪下,象征周公召公在战争结束后实行文治。《武》乐开始第一段,舞者向北行进,象征武王出兵北方;第二段象征消灭了殷商。第三段向南行进,第四段象征南方各国被征服,成为周朝的疆土。第五段舞者分为两列,象征周公召公一左一右辅佐天子。第六段恢复原先的舞位,象征对天子的尊崇。两队舞者振动铃铎,向四面出击,象征天子的威力震撼中国。分队前进,象征战事及早完成。舞者长久地站在舞位上,那是象征周武王等待诸侯的到来。再说,你难道没有听说过关于武王在牧野讨伐殷纣王的故事吗?武王打败了殷王来到商都,还没来得及下车,就把黄帝的后代封于蓟,把帝尧的后代封于祝,把帝舜的后代封于陈,下了车又把夏的后代封于杞,把殷的后代安置在宋,还修整了王子比干的墓,释放了箕子,并让他去探视商容,恢复他的官职。于是民众解除了苛政,士人增加了俸禄。然后渡过黄河回到西边,把战马放到华山南面,不再用来拉战车;牛也放到桃林的郊野,不再为战争服役。兵车铠甲收藏到仓库里,不再使用。盾和矛都倒着放好,包上虎皮。带兵的将领,都封为诸侯。当时叫作'建橐'。这样,天下人都知道武王不再使用武力了。解散了军队。举行了郊射之礼,行礼时,左边唱《狸首》之诗,右边唱《驺虞》之诗。战场上那种穿透铠甲的射箭停止了。穿上礼服,戴上礼帽,插上笏版,武士身上的剑就解除了。在明堂祭祀祖先,民众就知道孝悌了。定期朝见天子,诸侯就知道怎样为臣了。天子亲自耕种籍田,诸侯就知道恭敬了。这五个方面,是天下最大的教化措施。在大学中供养三老五更,天子袒开衣襟亲自宰割牲肉,捧着佐餐的酱给老人进食,又捧上酒爵请他们漱口,还头戴冠冕手执盾牌为他们起舞。这就是教导诸侯要尊敬长者的悌道。像这样,周朝的道德教化便传遍四方,礼和乐交相配合。由此看来,《武》乐表演时间长,不是很应该的吗?"

君子说:礼乐是人们不可片刻离开的。运用乐来陶冶内心,平和正直慈爱诚实的心情就自然产生了。有了这样的心情就会快乐,快乐就能平安,平安就能长久,长久就能上通于天,上通于天就能与神交会。天不必说话,就能使人相信,神不须发怒就使人敬畏。这就是运用乐来陶冶内心。而运用礼来修治自己的容貌仪表,就会使人庄重恭敬。庄重恭敬就会有威严。心中如有片刻不平和、不快乐,卑鄙奸诈的心思就会侵入。外貌有片刻不庄重、不恭敬,轻率怠慢的念头就会出现。所以乐是发动于内心,礼是作用于外表。乐极其平和,礼极其恭顺。内心平和外表恭顺,那么民众看到他这样的脸色,也就不会跟他争执了;看到他的容貌,民众也就不会产生轻率怠慢的行为了。所以道德的光辉发动于内,民众就没有人会不听他的命令;'礼的准则表现在外表,民众就没有人会不顺从他

的领导。所以说:运用礼乐教化,推行于全天下,一切都没有困难了。

乐,是发动于内心的;礼,是作用于外表的。礼的意义在于减损;乐的意义在于充盈。因为礼教人克制、减损,做起来比较困难,所以要加以鼓励;以努力去做为美。而乐使人抒发、充盈,做起来比较容易,所以要有所控制,以有所控制为美。礼是减损的,如果不鼓励,就会渐渐消亡。乐是充盈的,如果不控制就会走向放纵。所以礼应该有鼓励,乐应该有控制。礼有了鼓励人们就乐于实行,乐有了控制,人的情感才会安稳。对礼的鼓励、对乐的控制,道理是相通的。

乐就是快乐,是人情不能缺少的。乐必定是发自声音,表现于动作,这是人性的通常道理。声音和动作,人的各种心情和心理变化,全部在这上面表现出来。所以人不能没有快乐,快乐不能没有表现形式,表现出来不加引导就不会乱。先王以乱为羞耻,所以制定《雅》《颂》那样的音乐来引导,使声音足以表达快乐而又不至于流湎,使乐章足以表达义理而又不至于平息,使音乐的曲直、繁简、节奏等等都足以感动人的善心,不让放荡之心、邪恶之念接触人的情感,这就是先王制定音乐的目的。

所以音乐演奏在宗庙之中,君臣上下一同来听,大家无不平和恭敬;在乡邻之间演奏,长幼老少一同来听,大家无不和睦顺畅;在家门里演奏,父子兄弟一同来听,大家无不和谐亲热。所以这音乐,审定一个基音,调和众音,用各种乐器来配合节奏,节奏合在一起便成为乐章,这样就可以用来调和君臣父子的关系,使天下的民众团结亲爱,这是先王制定音乐的目的。所以听了《雅》《颂》一类的音乐,心胸就变得宽广了;拿起干戚,演习那俯仰屈伸的动作,容貌就变得庄严了;按照舞步行走,配合着节奏,行列就端正了,一进一退的动作也就整齐了。所以音乐仿佛是天地的命令,是协调一切关系的纲纪,是人情不可缺少的东西。

乐,是先王用来表达喜悦的;军队和武器,是先王用来表达威怒的。所以先王的喜悦和威怒,都有与之相配的东西来表达。表达喜悦则整个天下都和睦,显示威怒则暴乱的人都敬畏。先王治天下的道理,在礼乐中可以说是充分地表现出来了。

子赣会见师乙,向他请教说:"我听说唱歌要适合各人的性格,像我这样的人,适合唱什么歌呢?"师乙说:"我只是个低贱的乐工,哪配回答你适合唱什么歌的问题?我只能说说我所听到的说法,由你自己判断吧。宽厚宁静、柔和正直的人适合唱《颂》;豁达安静、开通诚信的人适合唱《大雅》;恭敬谨慎、喜好礼节的人适合唱《小雅》;正直清静、廉洁谦让的人适合唱《风》;坦率耿直、慈祥仁爱的人适合唱《商》;温厚易良、敢于决断的人适合唱《齐》。歌声直接表达自己、展示自己的品德,触动了自己,天地就会有感应,四时就会协调配合,星辰运行就会有条不紊,万物就会生长发育。《商》是五帝遗留下来的声音,商人还记着它,所以称之为《商》。《齐》是三代遗留下来的声音,齐人还记着它,所以称之为《齐》。精通《商》音的人,遇事总是能决断;精通《齐》音的人,见利总是能谦让。遇事能决断,就是勇;见利能谦让,就是义。有勇有义,离开了音乐,怎么能保持下去呢?歌声的旋律,向上高亢有力,向下深沉厚重;变化时好像突然折断,休止时好像一段枯木;平直

时符合矩尺,曲折时好像环钩,连绵不断头绪分明好像一串珍珠。唱歌其实也是一种语言,只是把语言的音调拉长罢了。心中喜悦就要用语言来表达,语言不够用,就拉长其音调,拉长音调不够,就发出咏叹,咏叹不够,就不知不觉地手舞足蹈起来了。"

——以上是"子贡问乐"。

杂记上第二十

【原文】

诸侯行而死于馆,则其复如于其国。如于道,则升其乘车之左毂,以其绥复,其辅有裧,缁布裳帷,素锦以为屋,而行。至于庙门,不毁墙,遂入适所殡,唯辅为说于庙门外。

大夫、士死于道,则升其乘车之左毂,以其绥复。如于馆死,则其复如于家。大夫以布为辅而行,至于家而说辅,载以輲车;入自门,至于阼阶下而说车;举自阼阶,升适所殡。士辅,苇席以为屋,蒲席以为裳帷。

凡讣于其君,曰:"君之臣某死。"父、母、妻、长子,曰:"君之臣某之某死。"君,讣于他国之君,曰:"寡君不禄,敢告于执事。"夫人,曰:"寡小君不禄。"大子之丧,曰:"寡君之适子某死。"

大夫,讣于同国适者,曰:"某不禄。"讣于士,亦曰:"某不禄。"讣于他国之君,曰:"君之外臣寡大夫某死。"讣于适者,曰:"吾子之外私寡大夫某不禄,使某实。"讣于士,亦曰:"吾子之外私寡大夫某不禄,使某实。"

士,讣于同国大夫,曰:"某死。"讣于士,亦曰:"某死。"讣于他国之君,曰:"君之外臣某死。"讣于大夫,曰:"吾子之外私某死。"讣于士,亦曰:"吾子之外私某死。"

大夫次于公馆以终丧。士练而归。士次于公馆。大夫居庐,士居垩室。

大夫为其父母兄弟之未为大夫者之丧服如士服。士为其父母兄弟之为大夫者之丧服如士服。大夫之适子,服大夫之服。大夫之庶子为大夫,则为其父母服大夫服,其位与未为大夫者齿。士之子为大夫,则其父母弗能主也,使其子主之,无子则为之置后。

大夫卜宅与葬日,有司麻衣、布衰、布带,因丧屦,缁布冠不蕤;占者皮弁。如筮,则〔筮〕史练冠、长衣以筮,占者朝服。

大夫之丧,既荐马,荐马者哭踊出,乃包奠而读书。

大夫之丧,大宗人相,小宗人命龟,卜人作龟。

(内子以鞠衣、褒衣、素沙,下大夫以襢衣;其馀如士。)复:诸侯,以褒衣、冕服、爵弁服;夫人,税衣揄狄,狄税素沙;〔内子,以鞠衣、褒衣、素沙;下大夫,以襢衣;其馀如士。〕复西上。

大夫不揄绞,属于池下。

大夫附于士。士不附于大夫,附于大夫之昆弟,无昆弟则。从其昭穆;虽王父母在亦然。

妇附于其夫之所附之妃,无妃则亦从其昭穆之妃。妾附于妾祖姑,无妾祖姑则亦从其昭穆之妾。

男子附于王父则配,女子附于王母则不配。

公子附于公子。

君薨,大子号称子,待犹君也。

有三年之练冠,则以大功之麻易之,唯杖、屦不易。

有父母之丧,尚功衰,而附兄弟之殇,则练冠附于殇,称"阳童某甫";不名,神也。

凡异居,始闻兄弟之丧,唯以哭对可也。其始麻,散带绖。未服麻而奔丧,及主人之未成绖也,疏者与主人皆成之,亲者终其麻带绖之日数。

主妾之丧,则自祔至于练、祥,皆使其子主之。其殡、祭不于正室。君不抚仆妾。

女君死,则妾为女君之党服。摄女君,则不为先女君之党服。

闻兄弟之丧,大功以上,见丧者之乡而哭。适兄弟之送葬者弗及遇主人于道,则遂之于墓。凡主兄弟之丧,虽疏亦虞之。

凡丧服未毕,有吊者,则为位而哭,拜,踊。

大夫之哭大夫,弁绖。大夫与殡,亦弁绖。

大夫有私丧之葛,则于其兄弟之轻丧则弁绖。

为长子杖,则其子不以杖即位。为妻,父母在,不杖,不稽颡;母在,不稽颡。稽颡者,其赠也拜。

违诸侯,之大夫,不反服。违大夫,之诸侯,不反服。

丧冠条属,以别吉凶。三年之练冠,亦条属、右缝。小功以下,左。缌冠繰缨。大功以上散带。

朝服十五升,去其半,而缌加灰,锡也。

诸侯相襚,以后路与冕服。先路与褒衣不以襚。

遣车视牢具。

疏布辑,四面有章,置于四隅。

载粻,有子曰:"非礼也。"丧奠,脯醢而已。

祭称"孝子孝孙"。丧称"哀子哀孙"。

端衰,丧车,皆无等。

大白冠,缁布之冠,皆不蕤。委武,玄、缟而后蕤。

大夫冕而祭于公,弁而祭于(已)〔己〕。士弁而祭于公,冠而祭于(已)〔己〕。士弁而亲迎,然则士弁而祭于(已)〔己〕可也。

畅,臼以椈,杵以梧。枇以桑,长三尺,或曰五尺。毕用桑,长三尺,刊其柄与末。

率带,诸侯、大夫皆五采,士二采。

醴者,稻醴也。瓮、瓾、筲,衡。实见间,而后折入。

重,既虞而埋之。

凡妇人,从其夫之爵位。

小敛,大敛,启,皆辩拜。

朝夕哭,不帷。无柩者,不帷。

君若载而后吊之,则主人东面而拜,门右北面而踊,出待,反而后奠。

子羔之袭也,茧衣裳与税衣纁袡为一,素端一,皮弁一,爵弁一,玄冕一。曾子曰:"不袭妇服。"

为君使而死,公馆复,私馆不复。公馆者,公宫与公所为也。私馆者,自卿大夫以下之家也。

公七踊,大夫五踊。妇人居间。士三踊。妇人皆居间。

公袭卷衣一,玄端一,朝服一,素积一,纁裳一,爵弁二,玄冕一,襃衣一,朱绿带,申加大带于上。

小敛,环绖,公、大夫、士一也。

公视大敛,公升,商祝铺席,乃敛。

鲁人之赠也,三玄二纁,广尺,长终幅。

吊者即位于门西,东面。其介在其东南,北面西上,西于门。主孤西面。相者受命曰:"孤某使某请事。"客曰:"寡君使某。如何不淑!"相者入告,出曰:"孤某须矣。"吊者入,主人升堂西面,吊者升自西阶,东面致命曰:"寡君闻君之丧,寡君使某。如何不淑!"子拜稽颡。吊者降,〔出〕反位。

含者执币将命曰:"寡君使某含。"相者入告,出曰:"孤某须矣。"含者入,升堂致命,再拜稽颡。含者坐委于殡东南,有苇席;既葬,蒲席。降,出反位。宰(夫)朝服即丧屦,升自西阶,西面坐取璧,降自西阶以东。

襚者曰:"寡君使某襚。"相者入告,出曰:"孤某须矣。"襚者执冕服,左执领,右执要;入,升堂致命曰:"寡君使某襚。"子拜稽颡。委衣于殡东;襚者降,受爵弁服(而)〔于〕门内霤,将命;子拜稽颡如初。受皮弁服于中庭,自西阶受朝服,自堂受玄端,将命;子拜稽颡皆如初。襚者降,出反位。宰夫五人,举以东,降自西阶,其举亦西面。

上介赗,执圭将命曰:"寡君使某赗。"相者入告,反命曰:"孤某须矣。"陈乘黄、大路于中庭,北辀;执圭将命,客使自下由路西。子拜稽颡。坐委于殡东南隅。宰举以东。

凡将命,乡殡将命。子拜稽颡。西面而坐委之。宰举璧与圭,宰夫举襚,升自西阶,西面坐取之,降自西阶。

赗者出,反位于门外。上客临,曰:"寡君有宗庙之事,不得承事,使一介老某相执绋。"相者反命曰:"孤某须矣。"临者入门右,介者皆从之,立其左,东上。宗人纳宾,升,受命于君,降曰:"孤敢辞吾子之辱。请吾子之复位。"客对曰:"寡君命某,毋敢视宾客。敢辞。"宗人反命曰:"孤敢固辞吾子之辱,请吾子之复位!"客对曰:"寡君命某,毋敢

视宾客。敢固辞!"宗人反命曰:"孤敢固辞吾子之辱,请吾子之复位!"客对曰:"寡君命使臣某,毋敢视宾客,是以敢固辞。固辞不获命,敢不敬从!"客立于门西,介立于其左,东上。孤降自阼阶拜之,升哭,与客拾踊三。客出。送于门外,拜稽颡。

其国有君丧,不敢受吊。

外宗房中南面。小臣铺席。商祝铺绞紟衾。士盥于盘北。举迁尸于敛上。卒敛,宰告。子冯之踊,夫人东面坐冯之,兴踊。

士丧有与天子同者三:其终夜燎,及乘人,专道而行。

【译文】

诸侯出行,死在别国的宾馆里,举行的招魂仪式和死在自己国内一样;假如是死在半路上,招魂的人就站到国君所乘车的左轮轴头,拿着车上所竖旌旗顶端的飘带招魂。载尸车的篷盖四周有下垂的缘边,用褐色布作四周帷幕,内部用白锦作小帐。这一切都装饰齐备后再把尸车送回家。到家时,不必在外墙上打洞,载尸车直接从大门进入,停在殡的地方,再将车的篷盖卸下来放到大门外。

大夫、士出行,死在半路上,招魂的人站在死者所乘车左轮轴头,拿着车上所竖旌旗顶端的飘带招魂;如果死在别国的宾馆里,招魂仪式和死在家里一样。大夫死,载尸的车子用布拉起篷顶后再上路。到达自家门口时,卸下篷顶,把尸体移到輲车上,从大门进去,到东阶下,撤去輲车,把尸体从车阶上抬到停尸的地方。士所用的载尸的车子也要有篷盖,用芦席作小帐,用蒲席作裳帷。

大夫、士死了,凡是向自己的国君报丧,应当说:"君的臣子某某死。"如果是大夫、士的父、母、妻室或长子死,报丧时应当说:"君的臣子某某家中某某死。"国君死,向别国君王报丧时应说:"寡君不禄,敢向执事禀告。"如果国君夫人死,报丧时就说:"寡小君不禄。"太子死,报丧时就说:"寡君的适子某某死。"

大夫死了,在国内报丧时,如果是地位相等的人,应说:"某某不禄。"向士报丧,也说:"某某不禄。"向别国的国君报丧,应说:"君的外臣寡大夫某某死。"向别国的大夫报丧,说:"您的国外好友寡大夫某某不禄,派我来报丧。"向别国的士报丧,也说:"您的国外好友寡大夫某某不禄,派我来报丧。"

士死,向本国大夫报丧,应说:"某某死了。"向本国的士报丧,也说:"某某死了。"向别国国君报丧,应说:"君的外臣某某死。"向别国大夫报丧,应说:"您的国外好友某某死了。"向别国的士报丧,也说:"您的国外好友某某死。"

遇到国君死丧,大夫要在国君客馆的次舍中守丧至丧期结束,士只要守丧到练祭就可以回去,在国君客馆中守丧,大夫住在倚庐中,士住在垩室中。

身为大夫的人,给他没有做过大夫的父母或兄弟服丧,只依士礼服丧。身为士的人,给做过大夫的父母或兄弟服丧,也只能依士礼服丧。大夫的嫡长子,可以按大夫礼服丧。大夫的庶子如果也是大夫,可以依大夫礼为父母服丧;但哭泣的位置只能与没有当大夫

的人同列。士的儿子当了大夫之后，他的父母就不能为他主持丧事，而应由他的儿子主持。假如他没有儿子，就要为他立一个承嗣的人。

大夫死后，用龟卜的方式选择墓地和下葬的日期，这时候掌事的人穿着缀有布衰的白布深衣，腰扎布带，脚穿绳屦，头戴没有缨带的便帽；占者戴皮弁。如果是用筮选择葬地与日期，筮史就戴白练布帽，穿素色深衣行筮，占者穿朝服。

大夫的丧礼，朝祖、遣奠完毕，将马牵进庙门后，牵马的人就哀哭跺脚。柩车既出庙门，于是包裹大遣奠所用的牲体，宣读附葬物品的清单。大夫的丧事，大宗人佐助主人行礼，小宗人把要占卜的事告诉龟甲，卜人再占卜。

招魂用的衣服：诸侯用天子赏赐的衣服、冕服和爵弁服。夫人用彩饰有翟雉的褖衣，褖衣是由白纱裹子。内子用鞠衣和白纱裹子的赐衣。下大夫用没有文彩的礼服，其余的人都和士一样用黑色褖衣。招魂的位置以西为上。大夫的丧车不用飘动的揄绞，应该把它压在"池"的下面。

大夫死后，他的神主可以排在当过士的祖父后面，而士死后，他的神主却不能排在当过大夫的祖父后面，只能排在当过士的叔伯祖父后面。如果没有这样的叔伯祖父，就应该依昭穆顺序祔于高祖。即使祖父母还在世，也是这样。媳妇应祔于她丈夫所祔的祖先的配偶祖姑，如果没有祖姑可祔，也应按昭穆顺序祔于高祖之妃。妾祔于祖父之妾，如祖父无妾，也应按昭穆顺序祔于祖辈之妾或高祖之妾。男子祔于祖父时要同时配祭祖母，未嫁女子祔于祖母时不配祭祖父。国居的庶子只能祔于祖辈的庶子。国君死的当年，太子只称子，但他的地位和国君一样。

原来有父母三年丧服，在小祥后改用练冠以后，又遇大功丧服，只要改戴麻绖就行了，唯有为父母服丧用的丧棒和丧屦不变。为父母服丧，身上还有大功孝服，而遇到未成年兄弟的祔祭时，仍然戴练冠。为殇死者举行祔祭时，称"阳童字某某"，不呼他的名，是因为把他看作鬼神了。

凡是分居两地的兄弟，刚听到兄弟死的讣告时，只用哀哭来对答报丧人，是可以的。此时为兄弟披孝，腰带的多余部分要散垂着。如果没有披麻就回去奔丧，到家时丧主还没有成服绞腰绖时，亲属关系较远的，就和丧主一起成服；关系亲近的，要披麻散带到规定的期限再成服。

妾被扶为继室后而死，丈夫亲自为她主持祔祭，而练祭和大祥，都让她的儿子主持，但是殡和丧祭都不在正室。丈夫不抚摸仆妾的尸体哭泣。主妇死后，妾仍要为主妇的娘家人服丧，但妾被扶为继室后，就不为原先的主妇娘家人服丧。

听到兄弟的讣告而去奔丧，有大功丧服关系以上的亲属，在望见死者所住的地方就要开始哭泣。去给兄弟送葬而没有赶得上，即使在路上遇到主人已葬毕返回，自己也要到墓地去哭吊。凡是为兄弟主持丧事的人，即使亲属关系很疏远，也要为死者举行虞祭。

只要丧服在身，服期未完，遇有来吊丧的人，都要站在规定的位置上哭泣，拜宾，成踊。大夫哭吊大夫时，在爵弁上加环绖，大夫参加入殡仪式时，也在爵弁上加环绖。大夫

有妻子之丧,但已到换成葛衣之后,遇到亲属关系较远的兄弟死丧,也可以在爵弁上加环绖去吊丧。

父亲为长子服丧时持丧棒,长子的儿子就不能拿着丧棒即孝子之位。为妻服丧,父母俱在时,不能拿丧棒,也不得行稽颡礼;仅有母亲在世,可以拿丧棒而不稽颡,只有拜谢来赠的人时才稽颡。离开诸侯,到大夫家做事的人,不再为诸侯服丧;离开大夫而成为诸侯之臣的人,不再为大夫服丧。

丧冠的沿边和缨是用同一条绳子做成的,以此来区别吉凶。服三年的丧服到小祥后用的练冠,也是用一条绳子作沿边又作缨,但帽顶的摺缝向右。只有小功以下才向左,缌麻丧冠用缫麻布作缨。大功以上的腰带,系结之外的部分散垂着。朝服所用布有一千二百根经线,抽去一半经线就是缌麻所用布;如果再加灰练治滑润,就是锡衰所用布。

诸侯相互赠送殓葬的衣物,可以用随行的副车和礼服。自己乘坐的车和天子赏赐的衣服,不能用来赠送死者。送葬用的遣车数量要看包奠的多少而定。遣车用粗布做篷顶,四面也用粗布遮掩起来,放在棺椁的四角。遣车上载有谷物,有子说:"这不合礼制。丧时设奠的供品,仅仅用干肉片和肉酱罢了。"平常祭祀时自称"孝子"或"孝孙",但在丧事中,要自称"哀子"或"哀孙"。

端衰和衰车,都没有等级差别。土白色的布帽和黑褐色的布帽,帽缨下都没有下垂的穗子。有帽沿的黑帽和白帽才有帽带穗子。大夫戴着冕去参加国君的祭祀,而在家祭祀就戴弁。士戴着弁去参加国君的祭祀,而在家里祭祀只戴平常戴的冠。士结婚那天戴着弁去接新娘,那么他戴着弁在家里祭祀也是可以的。

捣鬯的臼用柏木制成,杵用梧木制成。捞牲体的大匕用桑木制成,长三尺,有人说长五尺。捞牲体的木枕也用桑木制成,长三尺,柄部与枕尖要砍削。纁带,诸侯、大夫都用五种色彩装饰,士只用二种色彩装饰。随葬的醴要用稻米酿的。瓮、瓶筲和搁置的木架,都放在棺饰与棺柩之间,然后把椁盖板放入坑中盖好。重木在虞祭之后埋掉。

凡是妇人的丧礼,都依照她丈夫的爵位而定等级高低。小敛、大敛、启殡时,主人都要遍拜来宾。早晚在灵堂哭泣时,不用布幕遮殡。棺柩已殡就不再用帷幕。国君如果在棺柩已经装载在柩车上的时候来吊丧,主人要先站在西侧的宾位向东拜谢,再到门内右边向北哭踊。送国君时,主人先出门等待,送走国君之后返回庭中设奠祭。子羔死,小敛时用的衣服有:丝绵衣裳和滚红边的黑衣合为一套,素端一套,皮弁一套,爵弁一套,玄冕一套。曾子说:"不该用那滚红边的妇人衣服。"

替国君出使而死在公家的客馆里,就举行招魂仪式;如果死在私人的客馆里就不举行招魂仪式。所谓公家的客馆里,是指国君的客馆和国君指定的客馆。所谓私人的客馆,是指卿大夫以下的私宅。从始死到入殡,诸侯丧,哭踊七次,大夫丧,哭踊五次,士丧,哭踊三次。妇人哭踊在男子之后而在来宾之前。

诸侯死,小敛所用衣有衮衣一套,玄端一套,朝服一套,纁裳一条,爵弁二套,玄冕一套,褒衣一套,用朱绿带系结,再加上大带。小敛时主人头戴环绖,这是公、大夫、士都一

样的。国君来察看大敛,升堂之后,商祝才铺敛席,开始行大敛。鲁国人用币送死者入墓,是用三块黑色的和两块绛色的布,每块只有一尺宽,二尺二寸长,这不符合礼的规定。

列国诸侯派来吊丧的使者站在大门外西侧,面向东;随行人员都依次排列在他东南方,面向北,以西方为上位,但所有人员都要在门西不能直当着门口。主人站在庭中东阶下,面向西。相者接受主人的吩咐,出门对来使说:"嗣子某某派我某某来请问行何事。"使者说:"敝国主君派我们来转达他的哀悼。"相者入门告知主人,又走出门对吊者说:"嗣子某某已在里边恭候。"吊者入门。主人从东阶升堂,面向西立。吊者从西阶升堂,面向东立,向主人表达来意:"敝国主君听到您遭大丧,特派我某某来向您转达他的哀悼之意。"主人拜谢磕头至地。吊者下堂,出门,返回原位。

致含的人端着璧向相者转述国君的吩咐,说:"敝国主君派我某某来致含礼。"相者进去告知主人后,又出来,说:"嗣子某某已在恭候。"含者入门,走到堂上,面对着殡致词。主人拜谢磕头。含者跪下,将璧玉放在殡东南方的苇席上。如果棺柩已葬,苇席换成蒲席。然后下堂,出门,返回原位。丧家的宰官身穿朝服,换上绳屦,从西阶上堂,面向西,跪下拿起璧,再从西阶下堂向东走。

致襚的人向相者说:"敝国主君派我某某来送襚。"相者入门告知主人,然后出门向襚者说:"嗣子某某已在里边恭候。"襚者拿起冕服,左手持衣领,右手持衣腰,入门,从西阶走上堂向殡致词:"敝国主君派我来送襚。"主人拜谢磕头至地。襚者把冕服放在殡东,然后下堂,走到门内屋檐正中处接过贾人递过来的爵弁服,走上堂致词。主人拜谢磕头至地和前次一样。襚者把爵弁服放在殡东,又到中庭接过皮弁,登堂致词委衣,再到西阶上接过朝服、登堂致词委衣,最后就在堂上接过玄端,致词委衣。每襚一衣,主人都拜谢磕头至地。襚者从西阶下堂,出门,返回原位。丧家的宰夫五人,身穿朝服,换上绳屦,从西阶上堂,取衣下堂向东走。下堂要从西阶,取衣时面也向西。

副使致赗,手里捧着圭向相者说:"敝国主君派我来致赗。"相者入门告知主人,又返回门外传达主人的话,说:"嗣子已在里面恭候。"于是副使命令自己的助手把四匹黄马和一辆大辂车陈设到庭院中间,车辕向北。副使捧圭登堂向主人致词,陈设车马的人牵着马站在大辂的西面。主人拜谢磕头至地。副使跪下把圭放在殡东南角。丧家的宰官上堂取圭,下堂向东走。通例:凡是致词时,客人都面向着殡致词,丧主拜谢磕头至地,然后客人走到殡东面向西跪下,放下礼物。丧家的宰官取璧和圭、宰夫取襚衣,都从西阶升堂,面向西跪下取物,再从西阶下堂。

致赗的副使出门,返回原来的位置。正使接着行临哭礼,先对相者说:"敝国主君因要守护宗庙,不能亲来帮助料理丧事,所以派我这个老臣某某来协助牵引柩车。"相者入告主人,又出来对正使说:"嗣子某某已在恭候了。"于是正使入门,站在门内东侧,随行人员都跟着进门,依次站在正使的左边,以东边为上位。丧家的宗人迎进这些客人后,升堂听受主人的命令,再下堂对客人说:"嗣子不敢当你们厚意,请你们站到西侧宾位上。"正使对答说:"敝国主君命令我们不要把自己当作宾客,我们冒昧地辞谢主人盛情。"宗人请

示主人,又对正使说:"嗣子冒昧地坚决不敢当你们的厚意,请你们站到宾位上。"正使再答:"敝国主君命令我们不要把自己当作宾客,我们冒昧地辞谢主人的盛情。"宗人又请示主人,然后对正使说:"嗣子还是冒昧地坚决不敢当你们的厚意,请你们站到宾位上。"正使答:"敝国主君命令我们这些出使的,不要把自己当作宾客,因此我们坚决推辞。坚决推辞却得不到允许,我们岂敢不听从吩咐?"于是正使站到大门西侧,随行人员仍站在他的左边,以东面为上。主人从东阶下堂,拜谢正使,然后主人从东阶,客人从西阶升堂哀哭,并轮流顿足而哭各三次。客人出门时,主人送到门外,又拜谢磕头至地。一个国家有国君的丧事,所有的臣子就都不敢接受别国宾客的吊丧。

同宗的妇女站在房中,面向南。近臣在堂上当东阶的地方铺好席条,商祝在席上依次铺设大敛绞、单被、夹被、大敛衣。丧祝的属下士在盘北洗手,把尸体抬起来移到铺好的大敛衣上。大敛完毕,诸侯的总管向世子报告,世子跪到尸旁抱尸哭泣,并站起来跺脚。夫人在尸西,面向东跪下,抱尸哭泣,然后站起来跺脚。

士的丧事中,有三处是与天子的丧事相同的:一是出殡的夜里通宵设置火炬照明;二是枢车用人拉而不用马;三是枢车独占一条道路而行。

杂记下第二十一

【原文】

有父之丧,如未没丧而母死,其除父之丧也,服其除服;卒事,反丧服。虽诸父、昆弟之丧,如当父母之丧,其除诸父、昆弟之丧也,皆服其除丧之服;卒事,反丧服。如三年之丧,则既颖,其练、祥皆行。王父死,未练、祥而孙又死,犹是附于王父也。

有殡,闻外丧,哭之他室。入奠,卒奠出,改服即位,如始即位之礼。

大夫、士将与祭于公,既视濯而父母死,则犹是与祭也,次于异宫;既祭,释服出公门外,哭而归。其它如奔丧之礼,如未视濯,则使人告,告者反而后哭。如诸父、昆弟、姑、姊妹之丧,则既宿则与祭;卒事,出公门,释服而后归。其它如奔丧之礼。如同宫,则次于异宫。

曾子问曰:"卿大夫将为尸于公,受宿矣,而有齐衰内丧,则如之何?"孔子曰:"出舍乎公宫以待事,礼也。"孔子曰:"尸弁冕而出,卿、大夫、士皆下之。尸必式,必有前驱。"

父母之丧,将祭,而昆弟死,既殡而祭。如同宫,则虽臣妾,葬而后祭。祭,主人之升、降、散等,执事者亦散等;虽虞、附亦然。

自诸侯达诸士,小祥之祭,主人之酢也哜之,众宾、兄弟则皆啐之。大祥,主人啐之,众宾、兄弟皆饮之可也。

凡侍祭丧者,告宾祭荐而不食。

子贡问丧,子曰:"敬为上,哀次之,瘠为下。颜色称其情,戚容称其服。"

请问兄弟之丧。子曰:"兄弟之丧,则存乎书策矣。君子不夺人之丧,亦不可夺丧也。"

孔子曰:"少连、大连善居丧,三日不怠,三月不解,期悲哀,三年忧,东夷之子也!"

三年之丧,言而不语,对而不问,庐垩室之中,不与人坐焉。在垩室之中,非时见乎母也,不入门。疏衰皆居垩室,不庐。庐,严者也。

妻视叔父母。姑、姊妹视兄弟。长、中、下殇视成人。

亲丧外除。兄弟之丧内除。

视君之母与妻,比之兄弟。发诸颜色者,亦不饮食也。

免丧之外,行于道路,见似目瞿,闻名心瞿,吊死而问疾,颜色戚容必有以异于人也。如此而后可以服三年之丧,其馀则直道而行之是也。

祥,主人之除也。于夕为期,朝服。祥,因其故服。

子游曰:"既祥,虽不当缟者,必缟然后反服。"

当祖,大夫至,虽当踊,绝踊而拜之;反改成踊,乃袭。于士,既事成踊,袭,而后拜之,不改成踊。

上大夫之虞也,少牢;卒哭成事,附,皆大牢。下大夫之虞也,特牲;卒哭成事,附,皆少牢。

祝称"卜葬虞"。子孙曰"哀",夫曰"乃",兄弟曰"某卜葬其兄弟曰伯子某"。

古者贵贱皆杖。叔孙武叔朝,见轮人以其杖关毂而輠轮者,于是有爵而后杖也。

凿巾以饭,公羊贾为之也。

冒者何也?所以掩形也。自袭以至小敛,不设冒则形,是以袭而(后)设冒也。

或问于曾子曰:"夫既遣而包其馀,犹既食而裹其馀与?君子既食则裹其馀乎?"曾子曰:"吾子不见大飨乎?夫大飨,既飨,卷三牲之俎归于宾馆。父母而宾客之,所以为哀也。子不见大飨乎?"

……非为人丧,问与?赐与?

三年之丧,以其丧拜。非三年之丧,以吉拜。

三年之丧,如或遗之酒肉,则受之必三辞,主人衰绖而受之;如君命,则不敢辞,受而荐之。丧者不遗人。人遗之,虽酒肉,受也。从父昆弟以下,既卒哭,遗人可也。

县子曰:三年之丧如斩,期之丧如剡。

(期之丧,十一月而练,十三月而祥,十五月而禫。)三年之丧,虽功衰,不吊,自诸侯达诸士。如有服而将往哭之,则服其服而往。〔期之丧,十一月而练,十三月而祥,十五月而禫,〕练则吊。既葬,大功,吊,哭而退,不听事焉。期之丧,未葬,吊于乡人,哭而退,不听事焉;功衰,吊,待事不执事;小功缌,执事,不与于礼。

相趋也,出宫而退。相揖也,哀次而退。相问也,既封而退。相见也,反哭而退。朋友,虞(附)而退。

吊，非从主人也。四十者执绋。乡人，五十者从反哭，四十者待盈坎。

丧食虽恶，必充饥。饥而废事，非礼也。饱而忘哀，亦非礼也。视不明，听不聪，行不正，不知哀，君子病之。故有疾饮酒食肉，五十不致毁，六十不毁，七十饮酒食肉，皆为疑死。

有服，人召之食，不往。大功以下，既葬，适人。人食之，其党也，食之；非其党，弗食也。

功衰，食菜果，饮水浆；无盐酪，不能食食，盐酪可也。

孔子曰："身有疡则浴，首有创则沐，病则饮酒食肉。毁瘠为病，君子弗为也。毁而死，君子谓之无子。"

非从柩与反哭，无免于堩。

凡丧，小功以上，非虞、附、练、祥，无沐浴。疏衰之丧，既葬，人请见之则见，不请见人。小功，请见人可也。大功，不以执挚。唯父母之丧，不辟涕泣而见人。

三年之丧，祥而从政。期之丧，卒哭而从政。九月之丧，既葬而从政。小功缌之丧，既殡而从政。

曾申问于曾子曰："哭父母有常声乎？"曰："中路婴儿失其母焉，何常声之有？"

卒哭而讳。

王父母、兄弟、世父、叔父、姑、姊妹，子与父同讳。

母之讳，宫中讳。妻之讳，不举诸其侧。与从祖昆弟同名，则讳。

以丧冠者，虽三年之丧可也。既冠于次，入，哭、踊三者三，乃出。

大功之末，可以冠子，可以嫁子。父（小）〔大〕功之末可以冠子，可以嫁子，可以取妇。己虽小功，既卒哭，可以冠、取妻；下殇之小功则不可。

凡弁绖，其衰侈袂。

父有服，宫中子不与于乐。母有服，声闻焉，不举乐。妻有服，不举乐于其侧。大功将至，辟琴瑟。小功至，不绝乐。

姑、姊妹，其夫死，而夫党无兄弟，使夫之族人主丧；妻之党，虽亲弗主。夫若无族矣，则前后家、东西家；无有，则里尹主之。或曰：主之而附于夫之党。

麻者不绅。执玉不麻。麻不加于采。

国禁哭则止，朝夕之奠即位自因也。

童子哭不偯，不踊，不杖，不菲，不庐。

孔子曰："伯母、叔母疏衰，踊不绝地。姑、姊妹之大功，踊绝于地。如知此者，由文矣哉！由文矣哉！"

世柳之母死，相者由左。世柳死，其徒由右相。由右相，世柳之徒为之也。

天子饭九贝，诸侯七，大夫五，士三。

士三月而葬，是月也卒哭。大夫三月而葬，五月而卒哭。诸侯五月而葬，七月而卒哭。士三虞，大夫五，诸侯七。

诸侯使人吊、（其次）含、襚、赗、临，皆同日而毕事者也。其次如此也。

卿大夫疾，君问之无算。士，壹问之。君于卿大夫，比葬不食肉，比卒哭不举乐；为士，比殡不举乐。

升正枢，诸侯，执绋五百人，四绋皆衔枚；司马执铎，左八人，右八人；匠人执羽葆御枢。大夫之丧，其升正枢也，执引者三百人，执铎者左右各四人，御枢以茅。

孔子曰："管仲镂簋而朱纮，旅树而反坫，山节而藻梲，贤大夫也，而难为上也。晏平仲祀其先人，豚肩不掩豆，贤大夫也，而难为下也。君子上不僭上，下不偪下。"

妇人非三年之丧，不逾封而吊。如三年之丧，则君夫人归。夫人：其归也，以诸侯之吊礼；其待之也，若待诸侯然。夫人至，入自闱门，升自侧阶，君在阼；其他如奔丧礼然。

嫂不抚叔，叔不抚嫂。

君子有三患：未之闻，患弗得闻也；既闻之，患弗得学也；既学之，患弗能行也。君子有五耻：居其位，无其言，君子耻之；有其言，无其行，君子耻之；既得之而又失之，君子耻之；地有馀而民不足，君子耻之；众寡均而倍焉，君子耻之。

孔子曰："凶年则乘驽马，祀以下牲。"

恤由之丧，哀公使孺悲之孔子，学士丧礼。《士丧礼》于是乎书。

子贡观于蜡。孔子曰："赐也乐乎？"对曰："一国之人皆若狂，赐未知其乐也。"子曰："百日之蜡，一日之泽，非尔所知也。张而不弛，文、武弗能也。弛而不张，文、武弗为也。一张一弛，文、武之道也。"

孟献子曰："正月日至，可以有事于上帝。七月日至，可以有事于祖。"七月而禘，献子为之也。

夫人之不命于天子，自鲁昭公始也。

外宗为君、夫人，犹内宗也。

厩焚。孔子拜乡人为火来者。拜之，士壹，大夫再。亦相吊之道也。

孔子曰："管仲遇盗，取二人焉，上以为公臣，曰：'其所与游，辟也。可人也。'管仲死，桓公使为之服。（官）〔宦〕于大夫者之为之服也，自管仲始也，有君命焉尔也。"

过而举君之讳，则起。与君之讳同，则称字。

内乱不与焉。外患弗辟也。

《赞大行》曰：圭，公九寸，侯、伯七寸，子、男五寸；博三寸，厚半寸，剡上左右各寸半，玉也。藻，三采六等。

哀公问子羔曰："子之食奚当？"对曰："文公之下执事也。"

成庙则衅之，其礼：祝、宗人、宰夫、雍人皆爵弁纯衣，雍人拭羊，宗人视之，宰夫北面于碑南，东上。雍人举羊升屋，自中；中屋南面，刲羊，血流于前，乃降。门、夹室，皆用鸡，先门而后夹室。其衈皆于屋下。割鸡：门，当门；夹室，中室。有司皆乡室而立，门则有司当门北面。既事，宗人告事毕，乃皆退。反命于君曰："衅某庙事毕。"反命于寝，君南乡于门内，朝服。既反命，乃退。路寝成，则考之而不衅。衅屋者，交神明之道也。凡宗庙之

器,其名者成,则衅之以豭豚。

诸侯出夫人,夫人比至于其国,以夫人之礼行;至,以夫人入。使者将命曰:"寡君不敏,不能从而事社稷宗庙,使使臣某敢告于执事。"主人对曰:"寡君固前辞不教矣。寡君敢不敬须以俟命!"有司官陈器皿,主人有司亦官受之。

妻出,夫使人致之曰:"某不敏,不能从而共粢盛,使某也敢告于侍者。"主人对曰:"某之子不肖,不敢辟诛,敢不敬须以俟命!"使者退,主人拜送之。如舅在则称舅,舅没则称兄,无兄则称夫。主人之辞曰:"某之子不肖。"如姑、姊妹,亦皆称之。

孔子曰:"吾食于少施氏而饱,少施氏食我以礼。吾祭,作而辞曰:'疏食不足祭也。'吾飧,作而辞曰:'疏食也,不敢以伤吾子。'"

纳币一束,束五两,两五寻。

妇见舅姑,兄弟、(姑)姊妹皆立于堂下,西面北上,是见已。见诸父,各就其寝。

女虽未许嫁,年二十而笄,礼之。妇人执其礼。燕则鬈首。

韠长三尺,下广二尺,上广一尺。会去上五寸。纰以爵韦六寸,不至下五寸。纯以素。紃以五采。

【译文】

有父亲的丧服在身,如果丧期未满而母亲又死,那么在为父亲举行大祥祭的时候,应改服除丧的服装。大祥祭结束后,再继续为母穿丧服。即使在为叔伯父母和兄弟服丧期间,遇到父母之丧要服双重丧服,在为叔伯兄弟除丧时,都要改服除丧的服装。事毕之后再穿上为父母所服丧服。如果同时遇到两个三年的丧服,那么在后一个丧事的虞祭卒哭之后,前一个丧事的小祥和大祥,都要按上面的方法进行。祖父死后还没有举行练祭和大祥祭,而孙子又死了,孙子的灵位还是附在祖父后面。

父母死,灵柩在殡,又听到居于别处的亲属的死讯,应当到别的房间中去哭泣。第二天早晨先到殡宫设奠祭父母,奠祭完毕后出殡宫,换去原来的丧服到另外的房间去即位哭泣新死的人,仪节就和刚遭丧即位时一样。

大夫、士将要参加公家的祭祀典礼,在检视祭器的洗涤之后,而遭父母之丧,那还是要参加祭祀,但应该住在另外的地方,不和家人住一起。祭祀结束后,脱去祭服再出公门,沿途哀哭回家。其余的仪节和奔丧礼一样。如果还没有举行检视祭器的仪式而遇到父母之丧,就应派人向公家报告,等到报告的人回来之后,才能哀哭,如果遇到伯父、叔父或兄弟、姑、姊妹死丧,只要是在宿宾斋戒之后,都要参加祭祀,祭祀结束后,走出公门再脱去祭服回家。其余的仪节也和奔丧礼一样。如果死者与自己同住在一处,祭前也要住到别的地方去。

曾子问道:"卿大夫即将要做国君祭祀的尸,已经接受了邀请并斋戒了,突然遇到自己家族中有服齐衰的丧事,该怎么办呢?"孔子说:"那就离开家,住到国君的客馆里去等待祭祀,这是合乎礼法的。"孔子又说:"做尸的人冠戴而出家门,卿大夫碰见他,都要下车

致敬,做尸的人必须倚靠着车轼作为答礼。做尸的人出门,前面必定要有开道的人。"

父母的丧事,到了即将举行小祥或大祥的时候,又遇到兄弟死丧,要等兄弟的灵柩入殡之后,再为父母举行小祥祭或大祥祭。如果后死的人与父母同住在一起,即使后死的人是臣妾,也要等把他埋葬之后才能为父母举行小祥祭或大祥祭。遇到上面的情况,举行祥祭时,主人上下台阶要用"历阶"步法,协助祭祀的人也用"历阶"步法,即使是举行虞祭和祔祭时也是如此。

从诸侯到士,举行小祥祭时,主人接过宾长回敬的酒,只用嘴唇沾一下。众宾和兄弟接过主人进献的酒,都只喝一小口。到大祥祭时,主人对宾长回敬的酒可以喝一小口。众宾和兄弟对主人的献酒,全喝完是可以的。在祥祭时,凡是司仪告知宾客祭荐时,宾客只祭荐而不食。

子贡问怎样为父母守丧。孔子说:"诚心守丧是最重要的,有哀伤的表情则在其次,哀伤得枯槁憔悴是最不可取的。守丧时,脸色要和哀情相称,悲伤的仪容要和所服丧服相称。"子贡又问怎样为兄弟守丧。孔子说:"为兄弟守丧的礼节,书本上都有记载了。有德行的人既不剥夺他人守丧的礼节,也不减省自己的守丧礼节。"孔子说:"少连和大连二人都很懂守丧的礼节。父母刚死的三天内,各种礼节都不怠慢;三月之内,哭奠等事不松懈,周年之内经常哀哭,除丧之前还都有忧伤的表情。他们是东夷地方的人,也能如此懂礼。"

为父母守丧三年,和别人讲话时只谈自己的丧事而不论及其他,只回答别人的问话而不向别人提问。在倚庐与垩室之中,不和别人坐在一起。住在垩室中的人,如果不是因为依时节拜见母亲,就不进家门。服齐衰丧服的人都住在垩室中不住倚庐。倚庐是最哀敬严肃的地方。为妻守丧,可以比照为叔父母;为姑、姊妹守丧,可以比照为兄弟;为长殇、中殇、下殇守丧,可以比照为成人。为父母亲守丧,丧期已尽而哀情不尽;为兄弟服丧,哀情随丧期而尽。为国君的母亲或妻子服丧,可以比照为兄弟服丧。食后会影响脸部哀容的食物,不要吃喝。除去丧服之后,走在路上见到有与死去的亲人相像的人或听到与死去的亲人相同的名字,心中都会突然感到惊骇;到人家去吊丧或探视病人,仪容要哀戚,显得和一般人不同。只有做到这些,才能真正服三年的大丧。为其他人服丧,只是按丧礼规定的程序直行其事罢了。

大祥祭,主人除丧服的仪节是:前一天傍晚穿上朝服宣布大祥祭的日期。大祥祭时就穿着朝服。子游说:"大祥祭以后,有宾客来吊时,主人虽然已不穿素缟麻衣了,也必须穿上素缟麻衣接受来宾吊丧,完事之后再穿原来的衣服。"小敛和大敛,主人袒露左臂跺脚哭泣,这时如果有大夫来吊丧,主人即使正在哭泣跺脚,也要停下来先出门拜大夫,拜完后返回原位重新哭泣跺脚后,再穿上衣服。如果是士来吊,那就等敛事完毕跺脚哭泣之后,穿上衣服再去拜谢他,拜后不再哭踊。

上大夫死后的虞祭用羊豕二牲,卒哭和祔祭都用牛、羊、豕三牲。下大夫死后的虞祭用一豕,卒哭和祔祭都用羊、豕二牲。在卜葬日和虞祭时用的祝词:子、孙自称"哀子或哀

孙某某"，夫自称"乃夫某某"，兄弟自称"某某"。如果是为兄弟卜葬，就称死者为"伯子某某"。

古时候，无论地位高低，走路都可以用手杖。有一次叔孙武叔上朝，看见制作车轮的匠人用手杖穿在轴孔中转动车轮，从这以后就有了得到爵位后才能用手杖的规定。用中间有孔的布巾盖在尸面上再饭含是大夫用的礼，而公羊贾是士人，也这样做了，冒是什么东西呢，就是用来遮掩尸体形状的布袋。从尸体沐浴后穿了衣服到小敛之前，假使不用"冒"套起来，那可怕的形状仍然会露出来，所以尸体穿了衣服后就用"冒"套起来。

有人问曾子说："大遗奠之后又把陈设的牲体包裹起来送入墓中，这不像吃饱之后还把剩下的酒菜都带走吗？难道有德行的人吃过之后还要把剩下的都带走吗？"曾子说："你没有见过国君大宴宾客吧？大宴之后还把吃剩的牛羊猪肉包卷好送到宾馆去。父母将葬就像宾客一样，就用这种方法来表达哀情。你大概没有见过大宴吧？"

守丧时对于不是为了丧事而来的馈赠和赏赐怎么办呢，如果是为父母守丧的人，接受时用丧拜，不是为父母守丧的人用吉拜。为父母守丧时，如果有人馈送酒肉，接受时先要再三推辞，推辞不掉，主人便穿着丧服接受下来。如果是国君的赏赐，就不敢推辞，接受下来供祭父母。守丧的人不能给别人送东西，而别人可以送东西给他，所以即使是酒肉，也可以收下来。如果是叔伯兄弟以下的丧事，在卒哭之后，馈赠别人是可以的。

县子说："遇到三年的丧事，哀痛如刀斩；期年的丧事，哀痛如刀割。"有三年的丧服，即使到练祭后换成大功布做的丧服的时候，也不出外吊丧，这是从诸侯到士都一样的。如果遇到五服之内的亲属死，要去哭吊的时候，要换成自己应该服的丧服再去。期年的丧期，第十一个月举行练祭，第十三个月举行大祥祭，第十五个月举行禫祭。练祭之后，服一年丧服的人可以出外吊丧。入葬之后，服大功丧服的人可以出外吊丧，但哭泣后就退出来，不等待其他仪节进行。服一年丧服的人，在自己的亲人未葬之前，到同乡人家中吊丧，也是哭泣后就退出来，不等待其他仪节进行。身有功衰而出外吊丧的人，虽然可以等候丧事进行，但不去帮忙。服小功和缌麻丧服的人出外吊丧，虽然可以帮忙，但不参加行礼。

吊丧在丧家所停留的时间：如本无交往而慕名往吊的人，等到灵柩出了门就可退出。有过点头之交的人去吊丧，等到灵柩过了门外的倚庐或垩室再退出。曾经相互馈赠过物品的人，等到灵柩入墓坑后再退出。行过相见礼的人，葬后要随主人回家反哭后才退出。交情很深的朋友，要到虞祭之后才退出。吊丧，不只是跟随主人走走，而要帮着干事，所以四十岁以下的吊丧者都要帮着牵引柩车。到同乡人家去吊丧，五十岁的人在灵柩入坑后随着主人还家反哭，四十岁的人要留在墓地帮助填土筑墓。

守丧的人吃的饭食虽然粗恶，但必须能够充饥。如果饿得不能行礼，那就是失礼了。但因温饱而忘记悲哀，也是失礼。守丧时眼睛看不清，耳朵听不清，行走不稳，就不知道哀伤了，这是有道德的人所担心的，因此守丧时有病，就可以喝酒吃肉。守丧时，五十岁的人不要因哀伤而变得很憔悴，六十岁的人可以不显出憔悴，七十岁的人可以照常喝酒

吃肉,这些都是因为担心死去。有丧服在身的人,别人邀请吃饭也不能去。如果是大功以下的丧服,到了死者入葬之后,可以走访亲友;人家请他吃饭,如果是自己的亲属,就接受,不是自己的亲属就不接受。为父母守丧的人到了练祭之后可以吃菜肴果物,喝水浆,但不能食用醯酱之类的食物。在有病吃不下饭的时候,可以用醯酱。孔子说:"守丧的人身上有疮就要洗澡,头上有疮就要洗头,有病就喝酒吃肉。过分哀伤憔悴而病倒,有德行的人是不这样做的。如果憔悴而死,有德行的人就认为那是没有尽孝道。"

如果不是送葬和葬后返家的时候,服丧的人都不要戴着"免"走在道路上。凡是守丧的人,从小功以上,不遇到虞、祔、练、祥等祭祀,都不洗头洗澡。服齐衰丧服的人,在亲人入葬后,别人来求见时就出来接见,但不能去求见别人。服小功丧服的人可以求见别人。服大功丧服的人去求见别人时不能带见面礼。只有遇到父母的丧事时,可以带着眼泪接待别人。守三年丧的人,在大祥之后才服徭役。守一年丧的人,在卒哭之后才服徭役。守九月丧的人,在葬后才服徭役。守五月以下丧的人,灵柩入殡后才服徭役。

曾申问曾子说:"哭父母有规定的哭法吗?"曾子说:"就像婴儿在半路上找不到母亲时哭泣一样,哪有什么规定的哭法呢?"

从卒哭祭祀开始,就避免直称死者的名。父亲应避讳已死去的祖父母、兄弟、伯父。叔父、姑及姊妹的名。儿子与父亲所避讳的名相同。母亲为其亲避讳的人名,全家人在家中都不要直呼其名。妻室为其亲所避讳的名,只要不在她们身旁直呼其名。如果母亲和妻室所避讳的人名中有和自己的从祖兄弟同名的,那在别的地方也要避讳直称。

即将行冠礼而遇到丧事,就穿着丧服加冠,即使是三年的丧服也是可以的。在丧次加冠后,就到灵堂里哭踊,每哭三踊,连哭三次,才出灵堂。服大功丧服的人在即将除丧服的时候,可以给儿子举行冠礼,可以嫁女儿。父亲在即将除小功丧服的时候,可以为儿子举行冠礼,可以嫁女儿,可以娶儿媳。自身虽有小功丧服,在卒哭之后,也可以行加冠礼和娶妻。只有为下殇服小功丧服的人,卒哭之后不能行冠礼和娶妻。

凡是吊丧的人都戴有麻绖的弁帽,穿的丧服袖口特大。父亲有丧服,在家中子女就不能奏乐。母亲有丧服,在她能听到的范围内不弹奏音乐。妻有丧服,就不能在她身旁弹奏音乐。有大功丧服的人即将来访,要把乐器收起来。有小功丧服的来访时,可以不停止奏乐。

姑、姊妹无子,而丈夫已死,她的丈夫又无兄弟,她们死后就要请他的族人主持丧事,而妻子的娘家人虽然是骨肉至亲也不主丧。如果夫家连族人也没有,就要请前后左右的邻居主丧。如果没有邻居,就请地方官主丧。也有人说,妻子的娘家人可以主丧,但神主仍要附在丈夫的祖母后面。

穿麻衣丧服的人不用大带,执玉行礼的人不穿麻衣丧服,麻衣丧服不能套在吉服上面。国家有大祭祀禁止哭泣,遭丧的人家要停止哭泣,早晚设奠时,只是站在原来的位置上。儿童在丧期中,哭声不必拉长,也不踩脚,不拿丧棒,不穿绳屦,不住倚庐。孔子说:"为伯母叔母服齐衰丧服,哭踊时足尖不离地。但为姑、姊妹服大功丧服,哭踊时脚要离

地跺足。如果能够知道这些区别的人，就能依礼文行礼了！就能依礼文行礼了！"世柳的母亲死时，协助行礼的人站在左边。世柳死时，他的门徒却都站在右边协助行礼。站在右边协助行礼，是世柳的门徒做出来的。

清光绪皇帝大婚图中的嫁妆队伍（局部），清人绘。

天子死后，饭含用九个贝壳，诸侯用七个，大夫用五个，士用三个。士死后第三个月入葬，当月举行卒哭祭祀。大夫死后第三个月入葬，第五个月举行卒哭祭祀。诸侯死后第五个月入葬，第七个月举行卒哭祭祀。士葬后有三次虞祭，大夫有五次，诸侯有七次。诸侯派使者吊、含、禭、赗、临，这些事都在同一天内做完，它们的次序就是如此。卿大夫有疾，国君探望无次数，士有病，国君只探望一次。国君对于卿大夫的丧事，到入葬的那天不吃肉，到卒哭的那天不奏音乐。对于士的丧事，只到殡的那天不奏音乐。

灵柩出殡后朝祖庙，从西阶升堂，放在两楹正中。诸侯出葬，牵引柩车用五百人，分别拉四根大绳，拉柩车的人嘴里都衔着枚。司马手里拿着铃铎指挥，柩车左边八人，右边八人。匠人手里举着羽葆，指挥牵引柩车的人。大夫死丧，在升柩正柩时，有三百人帮拉柩车。执铎的人左右各四个，指挥牵引柩车的人手中拿的棍子上绑有白茅。

孔子说："管仲用雕花的簋、朱红的帽带，竖屏风，设反爵的坫，榑栌上雕刻，短柱上绘花，他虽然是个有才能的大夫，但做他的国君却很难。晏平仲祭祀祖先，所用的小猪蹄膀不够装满豆，他虽然也是个能干的大夫，但做他的下级却很难。有德行的人既要不僭上，又要不逼下。

妇人如果不是遇到父母之丧，就不越境到别国去吊丧。如果遇到父母的丧事，国君夫人也可回娘家。国君夫人回去的礼节，与诸侯出吊的礼节一样。娘家人接待也像接待诸侯一样。夫人从侧门进去，从边阶升堂。主君站在东阶上而不下堂迎接。其他仪节都和奔丧礼一样。嫂子不抚着小叔子的尸体哀哭，小叔子也不抚着嫂子的尸体哀哭。

有德行的人有三种忧虑：第一是对自己没有听说过的知识，忧虑不能听到；第二是对

自己已听说过的知识,忧虑不能学会;第三是对自己已学会的知识,忧虑不能用起来。有德行的人又有五种羞耻:第一是身居官职但拿不出自己的主见,会感到羞耻;第二是虽有主见却不实施,会感到羞耻;第三是已经得到的东西又失掉了,会感到羞耻;第四是所管辖的土地很多而人民逃散,地有余而民不足,会感到羞耻;第五是役用人数彼此相等,而他人的功绩倍多于自己,会感到羞耻。

孔子说:"收成不好的年份,只能骑最不好的马,祭祀用的牲牢也比平常降低一级规格。"恤由死的时候,鲁哀公派孺悲到孔子那儿去学士丧礼,《士丧礼》从此以后才记载下来,子贡观看年终的蜡祭后,孔子问他说:"你觉得他们快乐吗?"子贡说:"全国的人都像发了狂似的,我不能理解他们的快乐。"孔子说:"他们一年到头辛苦,只有这一天受国君的恩泽才能这样,你是不能理解他们的快乐的。一直紧张而没有松弛,即使文王、武王也吃不消;一直松弛而没有紧张,文王、武王也不愿意这样干;有紧张又有松弛,是文王、武王治理天下的办法。"

孟献子曾说:"周时正月冬至。可以郊祀上帝。七月夏至,可以祭祀宗庙。"七月里举行禘祭,是孟献子这样做的。国君的夫人没有受过天子的赐命,是从鲁昭公开始的。外姓嫁来的命妇为国君、夫人服丧,要与本姓的妇女一样。

孔子的马棚遭火灾,乡里有人来慰问,孔子拜谢他们时,向士行一拜,向大夫行两拜,也是用吊丧的礼节。孔子说:"从前管仲遇到一群小偷,就从他们中间选择了两个人,推荐给齐桓公做臣子,并说:'这两人是因为与邪僻的人交游才做小偷的,但却是可以被造就的人。'到管仲死的时候,齐桓公让这两人为管仲服丧。给大夫当差的人为大夫服丧,是从管仲开始的,因为有国君的命令才这样做的。"

由于一时疏忽而说出应该避讳的国君名字,要站起身来表示歉意。自己的名与应避讳的君名相同时,自称就改称自己的字。卿大夫对于国内的暴乱若不能制止,就不应参与其事;对于外部侵略不能躲避。瓒:大行人又把它叫作圭,公所执的圭长九寸,侯伯所执的七寸,子男所执的五寸,但都是宽度三寸,厚半寸,上端每边各削去半寸,这些圭都是以玉制成的。垫圭的布上装饰的彩带有红白青三种颜色,根据彩带的多少分为六等。鲁哀公问子羔:"你的祖先开始做官时拿多少俸禄?"子羔回答说:"从卫文公时开始做低级办事员。"

诸侯有新庙建成都要举行衅庙的仪式。衅庙的礼节是:祝宗人、宰夫、雍人等,都头戴爵弁,身穿玄衣缥裳。雍人先把羊洗刷干净,送交宗人检视,宰夫面向北站在拴牲畜的石柱南面,其余人员依次站在他西面。雍人扛起羊从前檐正中登上屋顶,站在屋脊正中,面向南,然后杀羊,让羊血从屋脊向前檐流,血流完后,雍人再下来。衅门和夹室都是用鸡血,叫衁。先衁门而后衁夹室。都是在屋下行衁礼。衁门时对着门杀鸡,衁夹室时在夹室中央杀鸡。衁夹室时,宰夫、宗人、祝要面向夹室而立,衁门时则面向门。衁礼完毕,宗人向宰夫报告事情已经完毕,于是全体退出,去向国君回报说:"某庙的衁礼已经完毕。"向国君回报在国君住的地方进行,国君穿着朝服,面向南站在寝门内。回报完毕才

退出。国君的正寝建成之后就摆设盛宴庆祝而不用衅礼。衅庙,是和鬼神交接的礼节。凡是祭祀宗庙的器具,只要是比较重要的,作成之后都要用小公猪来衅。

诸侯休弃夫人,在把她送回娘家的路上,仍用夫人的礼仪,进入娘家所在国时也用夫人的礼仪。负责遣送的使者在向主国国君致词时说:"敝国主君不聪明,没有能力使她跟随着祭祀社稷和宗庙。派遣使者某某,冒昧地向您的左右报告这件事。"主国国君派人对答说:"敝国主君本来在纳采时就拒绝过这桩婚事,因为她没有受过多少教育,敝国主君岂敢不恭敬地等待着你们主君的吩咐。"于是跟随来的人就按规定把以前的陪嫁陈设出来,主国的接待人员也依礼接受。

士大夫休弃妻子,丈夫派入把她送到娘家,对娘家人说:"某某不聪明,没能力使她跟随着祭祀祖宗,派我来冒昧地告诉你家的侍从。"主人对答说:"我的女儿不贤惠,我不敢逃避责任,岂敢不恭敬地等待吩咐。"使者离开时,主人仍以礼拜谢送别。使者传话时,如果被遣回的妇人有公公,就用公公的名义说:"某之子不敏";没有公公就用伯兄的名义说:"某之弟不敏";没有伯兄就只好用丈夫的名义说:"某不敏"。娘家人的对话是:"某之子不肖"。如果是姑、姊妹被遣回,就说"某之姑不肖""某之姊不肖"或"某之妹不肖"。

孔子说:"我在少施氏家做客能吃得很饱,因为少施氏能依礼招待我。我祭食时,他便起身辞谢说:'粗疏的食物用不着祭食。'我开始吃饭时,他又起身辞谢说:'这样粗疏的食物,真不敢拿出来损您的胃口。'"

定婚的聘礼用一束帛,一束就是五两,每两长四丈。新媳妇拜见公婆的时候,丈夫的兄弟和姑姊妹都站在堂下,面向西,以北首为上位,这样就算和他们行过见面礼了。拜见丈夫的伯父叔父,要分别到他们的住处去。女子即使还没有许嫁,到二十岁时就一定得加笄,为她行笄礼,由一般的妇人主持。虽已加笄,但平常在家仍梳成双角髻,表示还没有许嫁。

韦的形制:长三尺,下边宽二尺,上边宽一尺。上边系腰的"会"距上端五寸,两旁的滚边"纰"用爵韦,宽六寸,空出下端五寸不用纰。下滚边的"纯"用白绢,嵌在四周滚边缝中的"纲"用五色彩带。

丧大记第二十二

【原文】

疾病,外内皆扫。君、大夫彻县,士去琴瑟。寝东首于北牖下。废床,彻亵衣,加新衣,体一人。男女改服。属纩以俟绝气。男子不死于妇人之手,妇人不死于男子之手。

君、夫人卒于路寝。大夫、世妇卒于适寝。内子未命,则死于下室,迁尸于寝。〔士〕

士之妻皆死于寝。

复，有林麓则虞人设阶，无林麓则狄人设阶。

小臣复。复者朝服。君，以卷。夫人，以屈狄。大夫，以玄赪。世妇，以襢衣。士，以爵弁。士妻，以税衣。皆升自东荣，中屋履危，北面三号。卷衣投于前，司服受之，降自西北荣。

其为宾，则公馆复，私馆不复。其在野，则升其乘车之左毂而复。

复衣，不以衣尸，不以敛。妇人复，不以袡。

凡复，男子称名，妇人称字。

唯哭先复。复而后行死事。

始卒，主人啼，兄弟哭，妇人哭踊。

既正尸，子坐于东方，卿、大夫、父兄、子姓立于东方。有司庶士哭于堂下，北面。夫人坐于西方。内命妇、姑、姊妹、子姓立于西方。外命妇率外宗哭于堂上，北面。

大夫之丧，主人坐于东方，主妇坐于西方。其有命夫、命妇则坐，无则皆立。士之丧，主人、父兄、子姓皆坐于东方，主妇、姑、姊妹、子姓皆坐于西方。凡哭尸于室者，主人二手承衾而哭。

君之丧未小敛，为寄公、国宾出。大夫之丧未小敛，为君命出。士之丧，于大夫，不当敛则出。

凡主人之出也，徒跣，扱衽，拊心，降自西阶。君拜寄公、国宾于位。大夫于君命，迎于寝门外；使者升堂致命，主人拜于下。士于大夫亲吊，则与之哭，不逆于门外。

夫人为寄公夫人出。命妇为夫人之命出。士妻不当敛，则为命妇出。

小敛，主人即位于户内，主妇东面，乃敛。卒敛，主人冯之踊，主妇亦如之。主人袒，说髦，括发以麻。妇人髽，带麻于房中。

彻帷，男女奉尸夷于堂，降拜。

君拜寄公、国宾、大夫、士，拜卿、大夫于位，于士旁三拜。夫人亦拜寄公夫人于堂上。大夫内子、士妻特拜命妇，泛拜众宾于堂上。

主人即位，袭带经、踊。母之丧，即位而免。乃奠。吊者袭裘，加武，带经，与主人拾踊。

君丧，虞人出木、角，狄人出壶，雍人出鼎，司马县之。乃官代哭。大夫，官代哭，不县壶。士，代哭，不以官。君，堂上二烛，下二烛。大夫，堂上一烛，下二烛。士，堂上一烛，下一烛。

宾出彻帷。

哭尸于堂上，主人在东方，由外来者在西方，诸妇南乡。

妇人迎客，送客不下堂，下堂不哭。男子出寝门见人，不哭。

其无女主，则男主拜女宾于寝门内。其无男主，则女主拜男宾于阼阶下。子幼，则以衰抱之，人为之拜。为后者不在，则有爵者辞，无爵者人为之拜。在竟内则俟之，在竟外

则殡葬可也。丧有无后，无无主。

君之丧三日，子、夫人杖。五日，既殡，授大夫、世妇杖；子、大夫，寝门之外杖，寝门之内辑之；夫人、世妇，在其次则杖，即位则使人执之；子有王命则去杖，国君之命则辑杖，听卜、有事于尸则去杖；大夫于君所则辑杖，于大夫所则杖。

大夫之丧，三日之朝既殡，主人、主妇、室老皆杖。大夫有君命则去杖，大夫之命则辑杖。内子为夫人之命去杖，为世妇之命授人杖。

士之丧，二日而殡。三日之朝，主人杖，妇人皆杖。于君命、夫人之命，如大夫。于大夫、世妇之命，如大夫。

子皆杖，不以即位。大夫、士，哭殡则杖，哭柩则辑杖。弃杖者，断而弃之于隐者。

（君设大盘，造冰焉。大夫设夷盘，造冰焉。士并瓦盘，无冰。设床襢第，有枕。含一床，袭一床，迁尸于堂又一床，皆有枕席：君、大夫、士一也。）

始死，迁尸于床。帡用敛衾，去死衣。小臣楔齿用角柶，缀足用燕几。君、大夫、士一也。

管人汲，不说绠，屈之。尽阶，不升堂。授御者，御者入浴。小臣四人抗衾，御者二人浴。浴水用盆，沃水用枓。浴用绤巾，挋用浴衣，如它日。小臣爪足。浴馀水弃于坎。其母之丧，则内御者抗衾而浴。

管人汲，授御者。御者差沐于堂上，君沐粱，大夫沐稷，士沐粱。甸人为垼于西墙下，陶人出重鬲，管人受沐，乃煮之。甸人取所彻庙之西北厞薪，用爨之。管人授御者沐，乃沐。沐用瓦盘，挋用巾，如它日。小臣爪手翦须。（濡）〔澳〕濯弃于坎。

〔君设大盘，造冰焉。大夫设夷盘，造冰焉。士并瓦盘，无冰。设床襢第，有枕。含一床，袭一床，迁尸于堂又一床，皆有枕席：君、大夫、士一也。〕

君之丧，子、大夫、公子、众士皆三日不食。子、大夫、公子、〔众士〕食粥，纳财，朝一溢米，莫一溢米，食之无算。士，疏食水饮，食之无算。夫人、世妇、诸妻皆疏食水饮，食之无算。大夫之丧，主人、室老、子姓皆食粥，众士疏食水饮，妻妾疏食水饮。士亦如之。

既葬，主人疏食水饮，不食菜果，妇人亦如之：君、大夫、士一也。练而食菜果，祥而食肉。

食粥于盛不盥，食于篹者盥。食菜以醯酱。始食肉者，先食干肉。始饮酒者，先饮醴酒。

期之丧，三不食。食，疏食水饮，不食菜果。三月既葬，食肉饮酒。期，终丧不食肉，不饮酒，父在为母，为妻。九月之丧，食饮犹期之丧也。食肉饮酒，不与人乐之。

五月、三月之丧，壹不食，再不食，可也。比葬，食肉饮酒，不与人乐之。叔母、世母、故主、宗子，食肉饮酒。不能食粥，羹之以菜可也。有疾，食肉饮酒可也。

五十不成丧。七十唯衰麻在身。

既葬，若君食之，则食之。大夫、父之友食之，则食之矣。不辟粱肉，若有酒醴则辞。

小敛于户内，大敛于阼。君以簟席，大夫以蒲席，士以苇席。

小敛:布绞,缩者一,横者三。君锦衾,大夫缟衾,士缁衾,皆一。衣十有九称。君陈衣于序东,大夫、士陈衣于房中,皆西领北上。绞、紟不在列。

大敛:布绞,缩者三,横者五;布紟,二衾。君、大夫、士一也。君陈衣于庭,百称,北领西上。大夫陈衣于序东,五十称,西领南上。士陈衣于序东,三十称,西领南上。绞、紟如朝服。绞一幅为三,不辟。紟五幅,无纮。

小敛之衣,祭服不倒。

君无襚。大夫、士毕主人之祭服。亲戚之衣,受之,不以即陈。小敛,君、大夫、士皆用复衣复衾。大敛,君、大夫、士祭服无算,君褶衣褶衾,大夫、士犹小敛也。

袍必有表,不禅;衣必有裳。谓之一称。

凡陈衣者实之箧,取衣者亦以箧。升降者自西阶。凡陈衣不诎,非列采不入,缔、绤、纻不入。

凡敛者袒,迁尸者袭。

君之丧,大(胥)〔祝〕是敛,众(胥)〔祝〕佐之。大夫之丧,大(胥)〔祝〕侍之,众(胥)〔祝〕是敛。士之丧,(胥)〔祝〕为侍,士是敛。

小敛大敛,祭服不倒,皆左衽,结绞不纽。

敛者既敛必哭。士与(其)〔共〕执事则敛,敛焉则为之壹不食。凡敛者六人。

君锦冒黼杀,缀旁七。大夫玄冒黼杀,缀旁五。士缁冒赪杀,缀旁三。凡冒,质长与手齐,杀三尺,自小敛以往用夷衾。夷衾质杀之裁犹冒也。

君将大敛,子弁绖即位于序端,卿、大夫即位于堂廉楹西,北面东上,父兄堂下北面,夫人、命妇尸西、东面,外宗房中南面。小臣铺席,商祝铺绞、紟、衾、衣,士盥于盘上,士举迁尸于敛上。卒敛,宰告,子冯之踊,夫人东面亦如之。

大夫之丧,将大敛,既铺绞、紟、衾、衣;君至;主人迎,先入(门)右。巫止(于门外)。君释菜。祝先入,升堂,君即位于序端,卿、大夫即位于堂廉楹西,北面东上,主人房外南面,主妇尸西东面。迁尸,卒敛,宰告,主人降,北面于堂下。君抚之,主人拜稽颡。君降,升主人冯之,命主妇冯之。

士之丧,将大敛,君不在,其馀礼犹大夫也。

铺绞、紟,踊。铺衾,踊。铺衣,踊。迁尸,踊。敛衣,踊。敛衾,踊。敛绞、紟,踊。

君抚大夫,抚内命妇。大夫抚室老,抚姪娣。

君、大夫冯父、母、妻、长子,不冯庶子。士冯父、母、妻、长子、庶子。庶子有子,则父母不冯其尸。凡冯尸者,父母先,妻子后。

君于臣抚之。父母于子执之。子于父母冯之。妇于舅姑奉之。舅姑于妇抚之。妻于夫拘之。夫于妻、于昆弟,执之。

冯尸不当君所。凡冯尸,兴必踊。

父母之丧,居倚庐,不涂,寝苫枕块,非丧事不言。君为庐,宫之。大夫、士,襢之。既葬,柱楣涂庐,不于显者;君、大夫、士皆宫之。

凡非适子者,自未葬,以于隐者为庐。

既葬,与人立,君言王事,不言国事;大夫、士言公事,不言家事。

君,既葬,王政入于国;既卒哭,而服王事。大夫、士既葬,公政入于家;既卒哭,弁绖、带,金革之事无辟也。

既练,居垩室,不与人居。君谋国政,大夫、士谋家事。既祥,黝垩。祥而外无哭者,禫而内无哭者,乐作矣故也。

禫而从御,吉祭而复寝。

期居庐,终丧不御于内者,父在为母、为妻齐衰期者,大功布衰九月者,皆三月不御于内。妇人不居庐,不寝苫;丧父母,既练而归;期、九月者,既葬而归。公之丧,大夫俟练,士卒哭而归。

大夫、士,父母之丧,既练而归;朔月忌日,则归哭于宗室。诸父、兄弟之丧,既卒哭而归。

父不次于子,兄不次于弟。

君于大夫、世妇,大敛焉;为之赐,则小敛焉。于外命妇,既加盖而君至。于士,既殡而往;为之赐,大敛焉。夫人于世妇,大敛焉;为之赐,小敛焉。于诸妻,为之赐,大敛焉。于大夫、外命妇,既殡而往。

大夫、士既殡,而君往焉,使人戒之。主人具殷奠之礼,俟于门外;见马首,先入门右。巫止于门外。祝代之先。君释菜于门内。祝先升自阼阶,负墉南面。君即位于阼,小臣二人执戈立于前,二人立于后。摈者进,主人拜稽颡。君称言,视祝而踊。主人踊。大夫则奠可也;士则出俟于门外,命之反奠,乃反奠。卒奠,主人先俟于门外。君退,主人送于门外,拜稽颡。

君于大夫疾,三问之;在殡,三往焉。士疾,壹问之;在殡,壹往焉。

君吊,则复殡服。

夫人吊于大夫、士,主人出迎于门外。见马首,先入门右。夫人入,升堂即位。主妇降自西阶,拜稽颡于下。夫人视世子而踊,奠如君至之礼。夫人退,主妇送于门内,拜稽颡;主人送于大门之外,不拜。

大夫君,不迎于门外,入即位于堂下。主人北面,众主人南面,妇人即位于房中。若有君命、命夫命妇之命、四邻宾客,其君后主人而拜。

君吊,见尸柩而后踊。

大夫、士,若君不戒而往,不具殷奠,君退必奠。

君大棺八寸,属六寸,椑四寸。上大夫大棺八寸,属六寸。下大夫大棺六寸,属四寸。士棺六寸。

君里棺用朱(绿)〔裼〕,用杂金镮。大夫里棺用玄(绿)〔裼〕,用牛骨镮。士不(绿)〔裼〕。

君盖用漆,三衽三束。大夫盖用漆,二衽二束。士盖不用漆,二衽二束。

君、大夫鬈爪实于(绿)〔祿〕中。士埋之。

君殡用辒,欑至于上,毕涂屋。大夫殡以帱,欑置于西序,涂不暨于棺。士殡见衽,涂上帷之。

熬,君四种八筐,大夫三种六筐,士二种四筐,加鱼、腊焉。

饰棺:君龙帷、三池、振容、黼荒,火三列,黻三列,素锦褚,加伪荒;纁纽六,齐五采,五贝;黼翣二,黻翣二,画翣二,皆戴圭;鱼跃拂池。君纁戴六,纁披六。大夫画帷,二池,不振容,画荒,火三列,黻三列,素锦褚;纁纽二,玄纽二,齐三采,三贝;黻翣二,画翣二,皆戴绥;鱼跃拂池。大夫戴,前纁后玄,披亦如之。士布帷,布荒,一池,揄绞;纁纽二,缁纽二,齐三采,一贝,画翣二,皆戴绥。士戴,前纁后缁,二披用纁。

君葬用(辒)〔輁〕,四绰二碑,御棺用羽葆。大夫葬用(辒)〔輁〕,二绰二碑,御棺用茅。士葬用(国)〔輁〕车,二绰无碑,比出宫,御棺用功布。

凡封,用绰,去碑负引。君封以衡,大夫、士以咸。君命毋哗,以鼓封。大夫命毋哭。士哭者相止也。

君松椁。大夫柏椁。士杂木椁。

棺椁之间,君容柷,大夫容壶,士容瓺。

君里椁、虞筐。大夫不里椁。士不虞筐。

【译文】

病危之后,寝室内外都要打扫干净。诸侯、大夫要把乐器撤去,士把琴瑟收藏起来。病人睡在正寝的北墙下,头朝东,不用床,只用席条铺在地上。为病人脱去身上的衣服,换上新做的衣服,四肢都有一人抓住摇动,以防痉挛。主人主妇也都换成深衣。在病人的口鼻前放些丝绵,用来观察等待他断气。男子不死在妇女的手里,妇女也不死在男子的手里。诸侯的夫人应死在丈夫的正寝里,大夫的正妻应死在丈夫的正寝里。卿大夫如果没有在太庙中受过爵命,他们的妻子只能死在她自己的寝室里,死后把尸体移到丈夫的正寝里。士的妻,不管有无爵命,都应死在丈夫的正寝里。

诸侯死,举行招魂仪式时,封邑内有山林,就由虞人安放登屋的梯子,如果没有山林,就由狄人安放梯子。由平日服侍的近臣招魂,招魂的人身穿朝服。用以招魂的衣服:公爵的诸侯用衮衣,诸侯的夫人用屈狄礼服,大夫用玄衣赤裳,大夫的妻用展衣礼服,士用爵弁服,士妻用褖衣。招魂的人从东南屋檐角上屋,走到屋脊中央,而朝北长喊三声,将招魂的衣服卷起来向前檐扔下,司服在檐下接住。招魂的人从西北屋檐角下来。

到国外聘问时死亡的人,如果死在别国的公家馆舍里,就举行招魂仪式;如果死在卿大夫的家庙里,就不招魂;如果死在野外路途中,招魂的人就站在死者所乘车的轴头招魂。招魂用的衣服,不再穿到死尸身上,也不用来做敛衣。为妇女招魂用的衣服,不能用她出嫁时穿的绛色滚边的上衣。招魂时,死者是男,就喊他的名;死者是女,就喊她的字。只有哭泣可以在招魂之前开始,招魂之后才能办丧事。

死者刚断气的时候,他的儿子们都像婴儿一样呜咽啼哭,兄弟们号啕大哭,妇女则边哭边跺脚。等到死尸移到南墙窗下放正之后就需排定哭位:诸侯的丧事,世子跪在尸体之东,卿大夫、父辈及同辈的亲属以及男性子孙都站在尸东、世子的后面。帮助办理丧事的官和众士站在堂下,面朝北哭泣。诸侯的夫人跪在尸体之西、世妇、姑姑、姊妹、女性子孙都站在尸西、夫人的后面,卿大夫的妻领着同宗的妇女站在堂上,面朝北哭泣。

大夫之丧,其哭位是:嫡长子跪在尸东,嫡长妇跪在尸西;来哭泣的士及士妻,有爵命的就跪着哭,没有爵命的就站着哭。士死丧,其哭位是:嫡长子、父辈及同辈的亲属、男性子孙都跪在尸东,嫡长妇、姑、姊妹、女性子孙都跪在尸西。凡是在寝室里哭泣时,嫡长子都要用两只手托着覆盖死尸的被子。

诸侯的丧事,在没有小殓之前,遇有失地而寄居本国的诸侯和在本国做客的诸侯来吊丧,丧主要出房迎接。大夫的丧事,在没有小殓以前遇有国君派来吊丧和送礼的使者,丧主要出房迎接。士的丧事中,当大夫来吊丧时,只要不是正在小殓,丧主就要出房迎接。丧主出房时,赤脚不穿鞋,衣襟下摆扱在腰里,双手捶胸,从西阶下堂。诸侯之丧,丧主在庭中向寄公、国宾所站的方位而拜。大夫之丧,丧主在寝门外迎接国君派来的使者,使者到堂上转达国君的旨意时,在堂下拜谢。士对于亲自来吊问的大夫,只在西阶下面对着大夫哭泣,不到大门外迎接。国君的夫人出房迎接来吊问的寄公夫人。大夫的命妇出房迎接国君夫人派来的吊问使者。士的妻除了正在小殓的时候,都要出房迎接来吊的命妇。

将要小殓时,主人就位,在室门之内偏东,面向西;主妇在门内偏西,面向东,于是进行小殓。小殓结束,主人抚尸哭泣跺脚,主妇也是这样。然后主人袒露左臂,脱去髻,用麻括发;主妇到房东房内改髻为髽,并系上麻腰带。撤去幕帷,主人主妇帮着把尸体抬到堂上放好,然后下堂拜宾客。国君拜寄居本国的诸侯和来做客的诸侯。大夫和士,到来吊问的卿和大夫的面前一个一个拜谢;拜士,只朝他们站的方位笼统地拜三拜。国君的夫人在堂上一个一个向寄公的夫人拜谢;大夫的夫人和士妻,在堂上向命妇一个一个拜谢,对士妻也是笼统地拜三拜。

主人站在东阶下的位置上,穿好左臂的衣服,然后系上腰带和首绖,哭泣跺脚。如果是母亲的丧事,主人站在位置上,将"括发"改成"免",其他事情与父丧一样。于是设小殓奠。从这时开始,来吊丧的人要袭裘,帽子的冠圈上加环绖,哭泣时跟在主人主妇后面跺脚。国君的丧事,虞人供应木柴和角制水杓,狄人提供漏壶,雍人提供烧水的鼎,司马负责悬挂漏壶,并安排属下轮流号哭。大夫的丧事,有属下轮流号哭,但不用漏壶计时。士的丧事,有轮流哭泣的人,但不是他的属下。国君的丧事,堂上有两根火炬,堂下也有两根火炬。大夫的丧事,堂上一根,堂下两根。士的丧事,堂上一根,堂下一根。

宾客出门,撤去堂上帷幕。在堂上对着死尸哭泣,主人在东方,来吊丧的宾客在四方,妇人都在北方面朝南。妇人迎送客人不下堂,即使有事下堂就不哭泣;男子出寝门见到人也不哭泣。拜谢吊丧宾客,如果没有主妇,男主人就站在寝门内向女宾代拜;如果没

有男主人,女主人就在东阶下向男宾代拜。如果做丧主的儿子很幼小,就用丧衰裹住抱着,让别人代拜。如果做丧主的后代不在家,遇到有爵命的人来吊丧,就向他说明而不拜,如果吊丧者没有爵命,就由别人代拜。丧主不在家而在国内的,要等他回来主持丧事;如果在国外,由别人代替主持丧事,棺柩入殡、出葬之事也不必等他回来。总之,丧事可以没有子孙主持,但不可以没有主丧的人。

诸侯的丧事,死后第三天,孝子和诸侯的夫人开始用丧棒。第五天,棺柩入殡以后,发给大夫及世妇丧棒。庶子和大夫,在殡宫门外可以用丧棒拄地,到殡宫门内就只能提在手中不拄地;诸侯的夫人和大夫的世妇,在守丧的地方可以以丧棒拄地,走上哭位时就让别人代拿着;嫡长子在接待天子派来吊禭的使者时要将丧棒丢开,接待其他诸侯的使者时就将丧棒提着,听取卜筮和用尸的祭祀时就把哭丧棒丢开。大夫在嗣君居丧的地方应将哭丧棒提着,在夫人居丧的地方可以拄地行走。大夫的丧事,死后第三天早晨,在棺柩入殡以后,主人、主妇和年老的家臣都开始用丧棒。继位的大夫在接待国君派来的使者时丢开丧棒,接待来吊丧的大夫时就提着不拄地。卿大夫的妻子在接待国君夫人派来的使者时丢开丧棒,接待来吊丧的世妇时,让别人代拿着。士的丧事,死了两天就入殡,第三天早晨,主人用丧棒,妇人也用丧棒。他们在接待国君及夫人派来的使者时,和大夫一样,将哭丧棒丢开;接待大夫及世妇派来的使者时,也和大夫一样。庶子也都用丧棒,但不带着它走上哭位。大夫和士在殡宫哭泣时可以杖拄地,启殡后对着棺柩哭泣时就提着不拄地。到除丧时就把丧棒折断,丢弃在隐蔽的地方。

诸侯的尸床下有大盘,盛冰于其中。大夫的尸床下有夷盘,盛冰于其中。士的尸床下用两只瓦盘相并,里边装水而不用冰。尸床上只用竹编的垫子不铺席,有枕头。饭含的时候用一张床,为尸体穿衣时换一张床,尸体抬到堂上再换一张床。这些事,在诸侯、大夫和士的丧礼中都一样。

死者断气之后,就把死尸搬到室中南窗下的尸床上,用大殓时的裹尸被盖住,脱掉断气时的衣服。近臣用角柶撑开尸口的上下牙,用燕几的腿卡住双足。这些也是诸侯、大夫、士都一样。

管人从井中汲水,不解开井瓶的绳子,而是屈绕在手中,捧着井瓶上台阶,走到最高一级但不跨入堂内,把水交给御者。御者捧起水进屋为死尸洗澡。四个近臣各拉一个被角把盖尸被抬高,两个御者给死尸洗身子。尸床下用盆承水,用枓子将水浇在尸身上。擦洗用细葛巾,揩干身子用浴衣,就像生前洗澡一样。近臣给尸剪足趾甲。洗过的水倒在两阶之间的小坑里。如果是母亲死,那么举被子和擦洗等事都由女奴婢进行。

管人从井中汲水交给御者,御者在堂上用水淘米取泔水,诸侯用粱米的泔水,大夫用稷米的泔水,士也用粱米的泔水。甸人在庭中西墙下垒一个土灶,陶人供应烧煮的鬲。管人接过御者准备好的洗头水,放到土灶上烧煮;甸人用从寝室西北角隐蔽处拆来的柴草烧火。煮好之后,管人将洗头水递给御者,御者为死尸洗头。用瓦盘承洗头水,揩干头发用布巾,就像生前洗头一样。近臣为死尸修剪指甲和胡须。用过的洗头水也倒入两阶

之间的小坑内。

诸侯的丧事，世子、大夫、庶子和众士在开头三天都不吃东西。三天以后，世子、大夫和庶子只吃稀饭，每天所食的谷物数量，早上一溢米，晚上一溢米，但不规定顿数。众士吃糙米饭喝水，不规定顿数。诸侯的夫人、大夫的世妇、众士之妻也都是吃糙米饭喝水，也不规定顿数。大夫的丧事，丧主、老家臣及子孙辈都吃稀饭，众士吃糙米饭喝水，妻妾也是吃糙米饭喝水。士的丧事也是如此。

死者出葬之后，丧主开始吃糙米饭喝水，不吃蔬菜和果品。为诸侯、大夫、士守丧的人都一样。守丧满一年小祥祭之后开始吃蔬菜和果品，守丧满两年大祥之后才开始吃肉。吃盛在碗里的粥不需洗手，从饭篮里用手抓饭吃就要洗手。吃蔬菜可以用醋、酱腌渍。开始吃肉的人，只能先吃干肉；开始饮酒的人，先喝甜酒。

服一整年齐衰丧服的人，只在开始时停食三顿；其后开始吃东西，吃糙米饭喝水，不能吃蔬菜和果品；到三个月葬后，可以吃肉饮酒。一年的丧服，在服丧期间自始至终不能吃肉、不能饮酒的人，是指那些父亲在世时为母亲，以及为妻子服丧的人。服九个月大功丧服的人，饮食规定与服齐衰一年的人相同。在葬后吃肉饮酒时，不能与别人在一起作乐。五个月的小功丧服、三个月的缌麻丧服，停食一顿或停食两顿都可以。从守丧开始到死者出葬期间，可以吃肉饮酒，但不能边吃边与人作乐。为叔母、伯母、以前的国君、宗子等人守丧时可以吃肉喝酒。规定只能吃粥的守丧期，如果吃不下粥，可用菜羹佐餐；如果生病，可以吃肉饮酒。五十岁以上的人服丧，不必事事都按规定，七十岁以上的人遇丧事，只要披麻戴孝就行了，饮食没有限制。死者出葬之后，如果国君赐给食物，就接受下来吃。如果是大夫或父亲的生前好友送来食物，也可以收下来吃。送来的食物中即使有精美的粱米或肉，也不必避忌，但如有烧酒、甜酒，应当辞谢不收。

小殓在寝室门内进行，大殓在当东阶的堂上进行。小殓、大殓用的席条，诸侯用细篾席，大夫用蒲席，士用芦席。小殓用的布绞，纵一幅，横三幅。诸侯用丝质的锦被，大夫用白色绸被，士用黑色布被，都是一条，小殓用十九套衣服。诸侯的小殓衣陈列在东堂，大夫、士的小殓衣陈列在房中，都是衣领在西，从北面向南排列。小殓绞和单被不在十九套之中。大殓用布绞，布绞纵三条，横五条；并用一条单被，两条夹被。这些是诸侯、大夫、士都一样的。诸侯的大殓衣陈列于庭中，用一百套，衣领在北，从西向东排列。大夫的大殓衣陈列在东堂，用五十套，衣领在西，从南向北排列。士的大殓衣陈列在东堂，用三十套，衣领在西，从南向北排列。大殓用的绞和单被的质料与朝服一样。大殓绞用的布条是一幅布分为三条，每条的两端不再裁开。单被用五幅布拼缝，没有缝在被头的丝带。为死者裹小殓衣时，祭服不能倒放。

诸侯小殓时不用宾客送的衣被。大夫和士要把自家的祭服用完。亲属赠给死者的衣服，收下来不必陈列。小殓时，诸侯、大夫、士都是用铺有丝絮的棉衣棉被。大殓时，诸侯、大夫、士所用祭服没有规定，尽其所有；诸侯用夹衣夹被，大夫、士与小殓一样。作为殓衣的袍子必须配上罩衣，不能单独一件袍子；上衣必须配有下裳，这样才叫作一称。陈

列殓衣都要装在箱子里,从陈列处取衣也是连箱子拿走,拿衣服的人从西阶上下堂。陈列的衣服不能折叠,平摆在箱子上,衣服不是正统的色彩不陈列,细缔布、粗葛布以及苎麻布做的衣服也不陈列。

凡是为死者小殓、大殓的人都袒露左臂,殓后穿好衣服再搬动死尸。诸侯的丧事,大祝亲自装殓,众祝在旁边做助手。大夫的丧事,大祝到场监察殓事,众祝动手装殓。士的丧事,祝到场监察殓事,他的属下动手装殓。小殓、大殓,祭服不倒放,所有的殓衣都是右襟在左襟之上。系绞都是死结不用活结。装殓死者的人在装殓完毕之后必须哭泣。丧祝属下的士参与丧事的就帮助装殓,帮助装殓就要为此停食一顿。参加装殓的一共六个人。

诸侯用的冒,上半截是织锦的,下半截画有斧头图案,旁边有七对结带。大夫用的冒,上半截为玄色,下半截画有斧头图案,旁边有五对结带。士用的冒,上半截黑色,下半截浅红色,旁边有三对结带。凡是韬尸的冒,上截的质长度与手齐,下截的杀长三尺。死尸从小敛以后用夷衾覆盖,夷衾的布料及颜色、图案、长度和冒一样。

诸侯的丧事,将要大殓时,世子戴皮弁加环绖,走到东序南端的位置上,面向西;卿大夫走到堂南边侧,东楹之西的位置,面向北,从东向西排列;父辈和同辈的亲属在堂下庭中,面向北;夫人、命妇在死尸西,面向东;同宗的妇女站在西房中,面向南。近臣在堂上当东阶的地方铺好席条。商祝先铺大敛绞,再依次铺设单被、夹被、大殓衣。丧祝的属士在盘上洗手,把死尸抬到铺设的衣服上。大殓完毕,诸侯的总管向世子报告,世子跪到尸旁抱尸哭泣并站起来踩脚,夫人在尸西,面向东,也是如此。凭尸完毕,才将尸体放入棺内。

大夫的丧事,将要举行大殓,已经铺好绞、单被、夹被和殓衣时,国君来了,主人就到大门外迎接。主人先进门,站在西边等国君进门,跟随国君来的巫就停在门外。国君先祭门神,祝在国君之前进门,走上堂,国君站到中堂东墙南端;卿大夫站到堂南边侧,东楹之西,面向北,从东向西排列;主人站在房外,面向南;主妇站在尸西,面向东。然后把死尸抬到殓衣上,大殓完毕,诸侯向国君报告,主人下堂,面朝北站在堂下。国君抚摸一下死尸,主人跪下行拜稽颡礼。国君下堂后,命令主人升堂凭尸,又命令主妇凭尸。士的丧事,将要举行大殓时,国君不亲临视殓,其他礼节都和大夫一样。

主人、主妇在大殓时,铺绞和单被,要踩脚;铺夹被,要踩脚;铺大殓衣,要踩脚;抬尸体,要踩脚;给尸体殓衣,要踩脚;包裹夹被,要踩脚;捆扎绞和单被,要踩脚。诸侯抚摸大夫的尸衣,抚摸世妇的尸衣。大夫抚摸老家臣的尸衣,抚摸媵妾蛭娣的尸衣。诸侯和大夫对父、母、嫡妻、长子要抱尸哭泣,但不抱住庶子的尸体哭泣。士对父、母、妻、长子、庶子,都抱住尸体哭泣。庶子有儿子,他的父母就不抱尸哭泣。凡是抱住尸体哭泣,父母先哭,然后轮到妻和子。凡凭尸的方式:国君对臣下是抚摸尸衣;父母对儿子是紧抓着尸衣;儿子对父母是抱住尸衣;媳妇对公婆是双手捧住尸衣;公婆对媳妇是抚摸尸衣;妻对丈夫是牵拉尸衣;丈夫对妻、对兄弟是紧抓住尸衣。凡凭尸,亲属不能抓住国君抚摸过的

地方。凡凭尸,站起来的时候都要跺脚。

　　为父母守丧的人,住在靠墙倚搭的茅棚里,不用泥土涂抹,睡在稻草编的席条上,用土块做枕头,不说与丧事无关的话。诸侯住的倚庐外用布帷遮隔,如宫墙。大夫、士居住的倚庐外没有遮隔,敞露着。死者出葬以后,把倚庐着地的一边用短柱和横木撑高,并涂上泥土,但有门的一边不涂。这时候,诸侯、大夫、士住的倚庐都可以用布帷围起来。凡不是嫡长子,守丧的地方,从死者没下葬之前,就在隐蔽的地方搭设茅棚。死者下葬以后,守丧者有事可与别人站在一起。诸侯只能谈及天子的事情,而不谈自己国家的事情;大夫和士只说国事,不谈家事。

　　诸侯死而下葬以后,天子的政令可下达到这个侯国,卒哭之后,就要听从天子征召。大夫、士死而下葬之后,国君的政令可下达到封地;卒哭之后,守丧者虽然还有丧冠和葛绖、葛带在身,但对征战的召令是不能逃避的。为父母守丧,练祭以后住到用土坯垒砌而不粉饰的小屋里,不与别的人一起居住。国君可以谋划国事,大夫、士可以谋划家事。大祥祭之后,可将殡宫的地面整治成黑色,将墙壁刷白。大祥祭以后,殡宫门外就无哭泣的人;禫祭以后,殡宫之内就无哭泣的人,因为演奏音乐也可以了。禫祭以后可以让妻妾服侍;禫祭之月如逢到四时的吉祭,就回到自己的寝室里居住。

　　服丧一年而住倚庐,并且在守丧期间自始至终不让妇女侍寝的规定,只限于父亲健在时为母亲以及丈夫为妻子服齐衰一年的人。服用大功布做成的丧服,服期为九个月的人,都是开始三个月内不让妇人侍寝。妇人守丧不住倚庐,不睡草编的席条。妇人遇到自己父母的丧事,就在娘家举行了小祥祭后回夫家;如果娘家是一年或九个月的丧服,那就在出葬之后回夫家。为国君守丧,异姓之大夫等到小祥祭之后回家,士等到卒哭之后回家。大夫、士如果是庶子,在嫡长子家为父母守丧,等到小祥祭后可以回家,但逢到每月初一,或是父母的忌日,都要到嫡长子的家里去哭泣。为伯父、叔父、哥哥守丧,到卒哭之后就可回家。父亲不在庶子家里搭棚守丧,哥哥不在弟弟家里搭棚守丧。

　　国君在大夫、世妇举行大殓时到场;如果另加恩宠,就连小殓时也到场。对大夫的命妇,在棺材加盖后,国君才到场。对士,通常是入殡之后国君才去;如果另加恩宠,就在大殓时到场。国君的夫人在世妇大殓时到场,如果另加恩宠,就连小殓时也到场。对其他妻妾,只有在另加恩宠时才参加她们的大殓。对大夫和大夫的命妇,在入殡之后才去。

　　大夫、士死而入殡之后,国君要去吊丧,就先让人去通知丧家。丧主备办大奠之礼,在大门外等候。看到国君所乘车的马头时,主人就先进门,站在西边。随来的巫停在门外,祝代替巫在前面领路。国君进门祭祀门神。祝先从东阶上堂,背靠着北墙面朝南站立。国君走到东阶上方的位置,两个近臣手里拿着戈站在国君前面,另外两个站在后面。摈者将主人领到堂下,向国君行拜稽颡礼。国君说些慰问的话,并根据祝的示意跺脚,主人也哭泣跺脚。这时,如果丧家是大夫,就可以供奠死者。如果是士,丧主就到门外去等着拜送国君,国君命他返回设奠他才返回设奠。供奠完毕,丧主先到门外等候。国君离开时,主人送到门外,行拜稽颡礼。

大夫死前生病期间，国君去探望三次；死及入殡后，再去三次。士生病期间，国君去探望一次，死及入殡后，再去一次。入殡后，国君去吊丧，死者亲属都要恢复入殡时的丧服。国君夫人去给大夫、士吊丧，主人要出大门迎接，看见夫人所乘车的马头后，就进门站在西边。夫人进门，从东阶上堂站在东阶上方的位置上。主妇从西阶下堂，到东阶下行拜稽颡礼。夫人根据女祝的示意踊脚。丧家设奠供死者与国君来吊丧的礼节一样。夫人离开时，主妇送到门口，不出门，行拜稽颡礼；主人送到大门外边，但不拜。

大夫的家臣死后，大夫去吊丧，丧主不到大门外迎接。大夫进门走到堂下东阶前的位置，面朝西。丧主站在他南边，面朝北，其他儿子站在丧主的北面，面朝南，妇女都在房中就位。大夫吊丧时，如果有国君的使者、命夫命妇的使者，或是四邻宾客来吊丧，大夫就叫丧主站在身后，自己代为拜谢。国君吊丧，见到死尸或棺柩才踊脚。大夫、士在国君来吊丧前没有得到通知，因此没有备办丰盛的大奠之礼，到国君离开以后，一定要备办奠礼。

诸侯最外层的大棺厚八寸，第二层的属厚六寸，第三层的椑厚四寸。上大夫最外层的大棺厚八寸，里边的属厚六寸。下大夫最外层的大棺厚六寸，里边的属厚四寸。士只有一层棺，厚六寸。诸侯最里层的棺的内壁用大红色的缣作衬里，杂用金钉、银钉、铜钉钉在棺内壁。大夫里边一层棺的内壁用玄色的缣作衬里，用牛骨钉钉住。士的棺内壁没有衬里。诸侯的棺盖与棺壁之间用漆填缝，两侧各有三个小腰榫头连接，再用三道革带捆紧。大夫的棺盖和棺壁之间用漆填缝，两侧各有两个小腰榫头连接，再用两道革带捆紧。诸侯和大夫的乱头发及指甲放在棺内衬里中。士的乱头发和指甲埋在两阶间的小坑中。

诸侯的殡是将棺柩放在辁车上，四面用木料垒起来，上面堆成屋顶形状，整个屋都用泥涂抹。大夫的殡，将棺柩放在西墙下，用棺衣罩在棺上，三面用木料垒起来，上部斜倚于西墙，涂抹时，自棺以下不涂。士的殡，将棺浅埋在地下，但地面上看得见小腰榫头，棺上铺木，用泥涂抹。殡都用布帷围起来。炒熟的谷物，诸侯用四种，分装八筐；大夫用三种，分装六筐；士用二种，分装四筐。每只筐上都放上干鱼、干肉。

出葬时装饰棺柩：诸侯用画有龙的帷帐，三面有折边的竹帘，折边下悬挂绞缯。棺柩上方是边缘有斧文的荒幕，荒幕中央画有三列火文、三列"亞"字文。白锦做的棺罩，棺罩的外面是帷帐和荒幕。帷和荒用六对绛色的纽带连结。荒幕中央有个葫芦顶，葫芦顶上有五条彩绳披散下来，每条彩绳上有五个贝壳。两面画有斧文的翣，两面画有"亞"字文的翣，两面画有云气的翣，翣的两上角都装饰着圭。竹帘的折边上悬挂着小铜鱼，柩车行进时铜鱼就跳跃不停。诸侯用六条绛色带子将棺柩与柩车捆在一起，还有六条伸出棺饰外的披。

大夫的棺饰，四周用画有云气的帷帐，两边有折边的竹帘，折边下不悬挂绞缯。棺柩上方是边缘画有云气的荒幕，荒幕中央画有三列火文，三列"亞"字文。白锦做的棺罩。帷荒用两对绛色的和两对玄色的纽带连结。荒幕顶上的葫芦有三条彩绳披散下来，每条

彩绳上穿三个贝壳。两面画有"亞"字文的翣,两面画有云气的翣,翣的两上角都用五彩羽毛作装饰。竹帘的折边上挂着小铜鱼,柩车行进时就跳跃不停。大夫用来捆扎柩车的戴,前面是绛色,后面是玄色,牵持棺柩的披也是前面绛色,后面玄色。士的棺饰,用白布帷帐白布荒幕,方格竹帘只有前面折边,绞缯蒙在折边上。连结帷与荒的纽带两对是绛色,两对是黑色。荒幕顶部的葫芦有三条彩绳披散下来,每条彩绳只有一个贝壳。只有两面画有云气的翣,翣的两上角都用五彩羽毛作装饰。士用来捆扎柩车的带子是前面绛色,后面黑色,伸出来的二条披都是绛色。

诸侯出葬用辌车载柩,下棺入圹时用四根绳索,竖两根大木做碑,指挥柩车用羽葆。大夫出葬用辌车载柩,下棺时用两根绳索,竖两根大木做碑,指挥柩车用白茅。士出葬用辌车载柩,下棺时用两根绳索,没有碑,柩车出了宫门后,才用扎有大功布的木棒指挥。凡是下棺入圹,将绳索穿过碑上端的孔,拉绳索的人背对着碑向离开碑的方向牵拉,使棺徐徐下圹。诸侯下棺时,用一根大木头穿在束棺的革带下,四根绳索分别在木头两端。大夫、士下棺时,绳索直接扣在束棺的革带上。诸侯下棺时,指挥的人命令大家不要喧哗,听着鼓点拉绳下棺。大夫下棺时,就命令不要哭泣。士下棺时,正在哭泣的人要互相劝止。

诸侯用松木椁,大夫用柏木椁,士用杂木椁。棺椁之间的空隙,诸侯可以放得下瓿,大夫可以放得下壶,士可以放得下祝。诸侯的椁内壁有衬里,并有虞筐。大夫的椁不加衬里,士的椁没有虞筐。

祭法第二十三

【原文】

祭法:有虞氏禘黄帝而郊喾,祖颛顼而宗尧。夏后氏亦禘黄帝而郊鲧,祖颛顼而宗禹。殷人禘喾而郊冥,祖契而宗汤。周人禘喾而郊稷,祖文王而宗武王。

燔柴于泰坛,祭天也;瘗埋于泰折,祭地也。用骍犊。埋少牢于泰昭,祭时也。相近于坎坛,祭寒暑也。王宫,祭日也;夜明,祭月也;幽宗,祭星也;雩宗,祭水旱也;四坎坛,祭四方也。山林、川谷、丘陵,能出云,为风雨,见怪物,皆曰神。有天下者,祭百神。诸侯,在其地则祭之,亡其地则不祭。

大凡生于天地之间者皆曰命,其万物死皆曰折,人死曰鬼,此五代之所不变也。七代之所以更立者,禘、郊、宗、祖,其余不变也。

天下有王,分地建国,置都立邑,设庙、祧、坛、墠而祭之,乃为亲疏多少之数。是故王立七庙、一坛、一墠。曰考庙,曰王考庙,曰皇考庙,曰显考庙,曰祖考庙,皆月祭之。远庙为祧,有二祧,享尝乃止。去祧为坛,去坛为墠。坛、墠,有祷焉祭之,无祷乃止。去墠曰

鬼。诸侯立五庙、一坛、一墠。曰考庙,曰王考庙,曰皇考庙,皆月祭之;显考庙、祖考庙,享尝乃止。去祖为坛,去坛为墠。坛、墠有祷焉祭之,无祷乃止。去墠为鬼。大夫立三庙、二坛。曰考庙,曰王考庙,曰皇考庙,享尝乃止。显考、祖考无庙,有祷焉,为坛祭之。去坛为鬼。适士二庙、一坛。曰考庙,曰王考庙,享尝乃止。显考无庙,有祷焉,为坛祭之。去坛为鬼。官师一庙,曰考庙,王考无庙而祭之。去王考为鬼。庶士庶人无庙,死曰鬼。

王为群姓立社,曰大社。王自为立社,曰王社。诸侯为百姓立社,曰国社。诸侯自为立社,曰侯社。大夫以下,成群立社,曰置社。

王为群姓立七祀,曰司命,曰中霤,曰国门,曰国行,曰泰厉,曰户,曰灶。王自为立七祀。诸侯为国立五祀,曰司命,曰中霤,曰国门,曰国行,曰公厉。诸侯自为立五祀。大夫立三祀,曰族厉,曰门,曰行。适士立二祀,曰门,曰行。庶士庶人,立一祀,或立户,或立灶。

王下祭殇五:适子、适孙、适曾孙、适玄孙、适来孙。诸侯下祭三,大夫下祭二,适士及庶人,祭子而止。

夫圣王之制祭祀也:法施于民则祀之,以死勤事则祀之,以劳定国则祀之,能御大菑则祀之,能捍大患则祀之。是故厉山氏之有天下也,其子曰农,能殖百谷;夏之衰也,周弃继之,故祀以为稷。共工氏之霸九州也,其子曰后土,能平九州,故祀以为社。帝喾能序星辰以著众,尧能赏均刑法以义终,舜勤众事而野死,鲧障洪水而殛死,禹能修鲧之功,黄帝正名百物以明民共财,颛顼能修之,契为司徒而民成,冥勤其官而水死,汤以宽治民而除其虐,文王以文治,武王以武功去民之菑。此皆有功烈于民者也。及夫日月星辰,民所瞻仰也;山林、川谷、丘陵,民所取财用也。非此族也,不在祀典。

【译文】

祭祀之法:有虞氏禘祭配以黄帝,郊祭配以帝喾;宗庙之祭祖颛顼,宗帝尧。夏后氏,禘祭配以黄帝,而郊祭则以鲧配食;宗庙之祭,祖颛顼,宗禹。殷代人禘祭配以帝喾,郊祭配以冥;宗庙之祭,祖契,宗汤。周代人禘祭配以帝喾,而郊祭则配以稷;宗庙之祭,祖文王,宗武王。

烧柴于泰坛之上,是祭天的礼仪。埋祭品于方丘之下,是祭地的礼仪。用赤色的小牛,把羊豕埋在泰昭坛下,是祭四时之神。在坎坛相迎,是祭寒暑之神。"王宫"之坛是用来祭日的,"夜明"之坛是用来祭月的,"幽宗"之坛是用来祭星的,"雩宗"之坛是用来祭水旱之神的,"四坎坛"是用来祭四方之神的。四方的山林、河谷、丘陵,能吞云吐雾、兴风作雨,表现出种种怪异现象,这都叫作神。统治天下的天子可以祭祀天下众神,诸侯只祭在自己国土上的神,国土上没有的神就不祭。

凡是生长在天地之间的,都叫作"命"。万物的死亡叫作"折"。而人的死亡叫作"鬼"。这是五代以来都没有改变的。七代以来,有所更改的只是禘、郊、宗、祖等祭祀的

对象不同,其他却没有什么改变。

天下有了统一的王,于是划分土地,建立诸侯国,设置都邑,还设立庙、祧、坛、墠来祭祀祖先。按照远近亲疏,安排祭祀次数的多少和祭祀规模的大小。所以帝王有七个庙、一坛、一墠。七庙中的父庙、祖父庙、曾祖庙、高祖庙以及始祖的庙,都是每月祭祀。高祖以上的远祖的庙,叫作祧,祧分为昭穆两个。只是在每年四季各祭祀一次。祧中的远祖迁出,则在坛上祭祀,更远的祖先则从坛上迁出,在墠上祭祀。坛、墠只是在有特殊祈祷的时候才祭祀,没有祈祷则不祭。从墠上迁出的更远的祖先,就泛称之为鬼,不再祭祀了。

诸侯设立五庙、一坛、一墠。五庙中父庙、祖父庙、曾祖庙是每月祭祀。高祖庙和始祖庙每季祭祀。高祖以上的祖先在坛上祭祀,再往上的在墠上祭祀。坛、墠只在有祈祷时祭祀,没有祈祷就不祭。再往上的则为鬼。大夫设立三庙和二坛。三庙是父庙、祖父庙和曾祖庙,四季各祭一次。高祖、始祖没有庙,只在有祈祷的时候在坛上祭祀。再往上的则为鬼。适士有二庙一坛:父庙、祖父庙,四季各祭一次。曾祖无庙,有祈祷时,在坛上祭祀。再往上则为鬼。官师只有一个父庙,祖父没有庙,但可以在父庙里祭祀。再往上的称之为鬼,不须祭祀。普通的士和庶民没有庙,死了即为鬼。

帝王为天下百姓所立的社,叫作大社。帝王为自己立的社叫作王社。诸侯为国内百姓立的社,叫作国社。诸侯为自家立的社叫作侯社,大夫以下的人按居住地共同立社,叫作置社。帝王还为天下百姓设立了"七祀",祭祀司命、中霤、国门、国行、泰厉、户、灶等神。帝王也为自己设立上述七祀。诸侯为国内的百姓设立"五祀",祭祀司命、中霤、国门、国行、公厉等神。诸侯也为自己设立这"五祀"。大夫则设立"三祀",祭族厉、门、行。适士设立"二祀",祭门和行。普通的士和庶民只设立一祀。或祭户,或祭灶。

对未成年而死的子孙,帝王可以往下祭到五代,即嫡子、嫡孙、嫡曾孙、嫡玄孙、嫡来孙。诸侯往下祭三代,大夫往下祭两代。适士和庶人只祭到适子为止。

圣王制定祭祀:凡是为民众树立典范的便祭祀,凡是为公众献身的便祭祀,凡是为安邦定国立下功劳的便祭祀,凡是能抵御大灾害的便祭祀,凡是能制止大祸患的便祭祀。所以,在厉山氏统治天下的时候,他有个儿子叫农,能教导人民种植百谷。到了夏代衰亡的时候,周人的祖先弃又继承了农的事业,后人就祭祀他们,称之为稷神。共工氏争霸九州的时候,他有个儿子叫后土,能平治九州,后人就祭祀他,称他为社神。帝喾能计算星辰的运行,为民众制定计时的方法。尧能尽平刑法,爱护百姓。舜为国家效力,而死在苍悟之野。鲧治洪水,大功未成而被处死。他的儿子禹能继承父亲未完成的事业。黄帝能确定各种事物的名称,明确众人的身份,共同开发财物。而颛顼能继承黄帝。契担任司徒,完成了民众的教化。冥担任水官而以身殉职。汤能以宽厚之道治民,除去暴君。文王运用文治,武王建立武功,为人民扫除灾害。这些都是有功于人民的人,所以死后受到人们的祭祀。此外如日月星辰,供人民仰望;山林、川谷、丘陵,是人民获取生活资源的地方,所以也应该祭祀。不属于上述种类的,便不在祭祀范围之内了。

祭义第二十四

【原文】

祭不欲数，数则烦，烦则不敬。祭不欲疏，疏则怠，怠则忘。是故君子合诸天道，春禘秋尝。

〔秋，〕霜露既降，君子履之，必有凄怆之心，非其寒之谓也。春，雨露既濡，君子履之，必有怵惕之心，如将见之。乐以迎来，哀以送往，故禘有乐而尝无乐。

致齐于内，散齐于外，齐之日，思其居处，思其笑语，思其志意，思其所乐，思其所嗜。齐三日，乃见其所为齐者。祭之日，入室，僾然必有见乎其位；周还出户，肃然必有闻乎其容声；出户而听，忾然必有闻乎其叹息之声。是故先王之孝也，色不忘乎目，声不绝乎耳，心志嗜欲不忘乎心；致爱则存，致悫则著，著存不忘乎心，夫安得不敬乎？

君子生则敬养，死则敬享，思终身弗辱也。君子有终身之丧，忌日之谓也。忌日不用，非不祥也，言夫日志有所至，而不敢尽其私也。

唯圣人为能飨帝，孝子为能飨亲。飨者乡也，乡之，然后能飨焉。是故孝子临尸而不怍。君牵牲，夫人奠盎；君献尸，夫人荐豆；卿大夫相君，命妇相夫人。齐齐乎其敬也，愉愉乎其忠也，勿勿诸其欲其飨之也！

文王之祭也，事死者如事生，思死者如不欲生，忌日必哀，称讳如见亲。祀之忠也，如见亲之所爱，如欲色然，其文王与！《诗》云："明发不寐，有怀二人。"文王之（诗）〔谓〕也。祭之明日，"明发不寐"，飨而致之，又从而思之。祭之日，乐与哀半，飨之必乐，已至必哀。

仲尼尝，奉荐而进，其亲也悫，其行也趋趋以数。已祭，子赣问曰："子之言'祭，济济漆漆然'，今子之祭，无济济漆漆，何也？"子曰："济济者，容也，远也；漆漆者，容也，自反也。容以远，若容以自反也，夫何神明之及交？夫何济济漆漆之有乎？反馈乐成，荐其荐俎，序其礼乐，备其百官，君子致其济济漆漆，夫何慌惚之有乎？夫言岂一端而已，夫各有所当也。"

孝子将祭，虑事不可以不豫；比时具物，不可以不备；虚中以治之。宫室既修，墙屋既设，百物既备，夫妇齐戒，沐浴；盛服，奉承而进之，洞洞乎，属属乎，如弗胜，如将失之，其孝敬之心至也与！荐其荐俎，序其礼乐，备其百官，奉承而进之，于是谕其志意，以其慌惚以与神明交，庶或飨之，庶或飨之！孝子之志也！

孝子之祭也，尽其悫而悫焉，尽其信而信焉，尽其敬而敬焉，尽其礼而不过失焉。进退必敬，如亲听命，则或使之也。孝子之祭可知也：其立之也，敬以诎；其进之也，敬以愉；其荐之也，敬以欲，退而立，如将受命；已彻而退，敬齐之色不绝于面：孝子之祭也！立而不诎，固也；进而不愉，疏也；荐而不欲，不爱也；退立而不如受命，敖也；已彻而退，无敬齐

之色,而忘本也:如是而祭,失之矣。

孝子之有深爱者,必有和气;有和气者,必有愉色;有愉色者,必有婉容。孝子如执玉,如奉盈,洞洞属属然如弗胜,如将失之。严威俨恪,非所以事亲也,成人之道也。

先王之所以治天下者五:贵有德,贵贵,贵老,敬长,慈幼。此五者,先王之所以定天下也。贵有德,何为也?为其近于道也。贵贵,为其近于君也。贵老,为其近于亲也。敬长,为其近于兄也。慈幼,为其近于子也。是故至孝近乎王,至弟近乎霸。至孝近乎王,虽天子必有父。至弟近乎霸,虽诸侯必有兄。先王之教,因而弗改,所以领天下国家也。

子曰:"立爱自亲始,教民睦也。立敬自长始,教民顺也。教以慈睦,而民贵有亲。教以敬长,而民贵用命。孝以事亲,顺以听命,错诸天下,无所不行。"

郊之祭也,丧者不敢哭,凶服者不敢入国门,敬之至也。

祭之日,君牵牲,穆答君,卿、大夫序从。既入庙门,丽于碑;卿、大夫袒,而毛牛尚耳;鸾刀以刲,取膟膋,乃退;燔祭、祭腥而退,敬之至也。

郊之祭,大报天而主日,配以月。夏后氏祭其闇,殷人祭其阳。周人祭日,以朝及闇。祭日于坛,祭月于坎,以别幽明,以制上下。祭日于东,祭月于西,以别外内,以端其位。日出于东,月生于西,阴阳长短,终始相巡,以致天下之和。

天下之礼,致反始也,致鬼神也,致和用也,致义也,致让也。致反始,以厚其本也。致鬼神,以尊上也。致物用,以立民纪也。致义,则上下不悖逆矣。致让,以去争也。合此五者以治天下之礼也,虽有奇邪而不治者,则微矣。

宰我曰:"吾闻鬼神之名,不知其所谓。"

子曰:"气也者,神之盛也。魄也者,鬼之盛也。合鬼与神,教之至也。"

"众生必死,死必归土,此之谓鬼。骨肉毙于下,阴为野土。其气发扬于上,为昭明焄蒿凄怆,此百物之精也,神之著也。因物之精,制为之极,明命鬼神,以为黔首则,百众以畏,万民以服。圣人以是为未足也,筑为宫室,设为宗祧,以别亲疏远迩;教民反古复始,不忘其所由生也。众之服自此,故听且速也。二端既立,报以二礼:建设朝事,燔燎(膻)〔馨〕芗,(见)〔覸〕以萧光,以报气也。此教众反始也。荐黍稷,羞肝肺首心,(见间)〔覸〕以侠甒,加以郁鬯,以报魄也。教民相爱,上下用情,礼之至也。"

"君子反古复始,不忘其所由生也,是以致其敬,发其情,竭力从事以报其亲,不敢弗尽也。是故昔者天子为藉千亩,冕而朱纮,躬秉耒;诸侯为藉百亩,冕而青纮,躬秉耒。以事天地、山川、社稷、先古,以为醴酪齐盛于是乎取之,敬之至也。"

"古者天子诸侯必有养兽之官,及岁时,齐戒沐浴而躬朝之,牺牷祭牲必于是取之,敬之至也。君召牛,纳而视之,择其毛而卜之吉,然后养之。君皮弁素积,朔月、月半君巡牲,所以致力,孝之至也。"

"古者大子诸侯必有公桑蚕室,近川而为之,筑宫仞有三尺,棘墙而外闭之。及大昕之朝,君皮弁素积,卜三宫之夫人、世妇之吉者,使入蚕于蚕室,奉种浴于川,桑于公桑,风戾以食之。岁既单矣,世妇卒蚕,奉茧以示于君,遂献茧于夫人。夫人曰:'此所以为君服

与！'遂副袆而受之，因少牢以礼之。古之献茧者，其率用此与？及良日，夫人缫，三盆手，遂布于三宫夫人、世妇之吉者，使缫。遂朱绿之，玄黄之，以为黼黻文章。服既成，君服以祀先王先公，敬之至也。"

君子曰："礼乐不可斯须去身"。致乐以治心，则易、直、子、谅之心油然生矣。易、直、子、谅之心生则乐，乐则安，安则久，久则天，天则神。天则不言而信，神则不怒而威，致乐以治心者也。致礼以治躬则庄敬，庄敬则严威。心中斯须不和不乐，而鄙诈之心入之矣。外貌斯须不庄不敬，而慢易之心入之矣。故乐也者，动于内者也；礼也者，动于外者也。乐极和，礼极顺，内和而外顺，则民瞻其颜色而不与争也，望其容貌而众不生慢易焉。故德辉动乎内，而民莫不承听；理发乎外，而众莫不承顺。故曰："致礼乐之道，而天下塞焉，举而错之无难矣。"

乐也者，动于内者也；礼也者，动于外者也。故礼主其减，乐主其盈。礼减而进，以进为文；乐盈而反，以反为文。礼减而不进则销，乐盈而不反则放，故礼有报而乐有反。礼得其报则乐，乐得其反则安。礼之报，乐之反，其义一也。

曾子曰："孝有三，大孝尊亲，其次弗辱，其下能养。"公明仪问于曾子曰："夫子可以为孝乎？"曾子曰："是何言与！是何言与！君子之所谓孝者，先意承志，谕父母于道。参直养者也！安能为孝乎？"

曾子曰："身也者，父母之遗体也。行父母之遗体，敢不敬乎？居处不庄，非孝也；事君不忠，非孝也；莅官不敬，非孝也；朋友不信，非孝也；战陈无勇，非孝也。五者不遂，灾及于亲，敢不敬乎？亨孰膻芗，尝而荐之，非孝也，养也。君子之所谓孝也者，国人称愿然，曰：'幸哉有子如此。'所谓孝也已。众之本教曰孝，其行曰养。养可能也，敬为难；敬可能也，安为难；安可能也，卒为难。父母既没，慎行其身，不遗父母恶名，可谓能终矣。仁者，仁此者也；礼者，履此者也；义者，宜此者也；信者，信此者也；强者，强此者也。乐自顺此生，刑自反此作。"

曾子曰："夫孝，置之而塞乎天地，溥之而横乎四海，施诸后世而无朝夕，推而放诸东海而准，推而放诸西海而准，推而放诸南海而准，推而放诸北海而准。《诗》云：'自西自东，自南自北，无思不服。'此之谓也。"

曾子曰："树木以时伐焉，禽兽以时杀焉。夫子曰：'断一树，杀一兽，不以其时，非孝也。'孝有三：小孝用力，中孝用劳，大孝不匮。思慈爱忘劳，可谓用力矣。尊仁安义，可谓用劳矣。博施备物，可谓不匮矣。父母爱之，嘉而弗忘；父母恶之，惧而无怨。父母有过，谏而不逆；父母既没，必求仁者之粟以祀之。此之谓礼终。"

乐正子春下堂而伤其足，数月不出，犹有忧色。门弟子曰："夫子之足瘳矣，数月不出，犹有忧色，何也？"乐正子春曰："善如尔之问也！善如尔之问也！吾闻诸曾子，曾子闻诸夫子曰：'天之所生，地之所养，无人为大。父母全而生之，子全而归之，可谓孝矣。不亏其体，不辱其身，可谓全矣。故君子顷步而弗敢忘孝也。'今予忘孝之道，予是以有忧色也。一举足而不敢忘父母，一出言而不敢忘父母。一举足而不敢忘父母，是故道而不径，

舟而不游,不敢以先父母之遗体行殆。一出言而不敢忘父母,是故恶言不出于口,忿言不反于身,不辱其身,不羞其亲,可谓孝矣。"

昔者有虞氏贵德而尚齿,夏后氏贵爵而尚齿,殷人贵富而尚齿,周人贵亲而尚齿。虞、夏、殷、周,天下之盛王也,未有遗年者。年之贵乎天下久矣,次乎事亲也。是故朝廷同爵则尚齿:七十杖于朝,君问则席;八十不俟朝,君问则就之:而弟达乎朝廷矣。行肩而不并,不错则随,见老者则车徒辟,斑白者不以其任行乎道路,而弟达乎道路矣。居乡以齿,而老穷不遗,强不犯弱,众不暴寡,而弟达乎州巷矣。古之道,五十不为甸徒,颁禽隆诸长者,而弟达乎蒐狩矣。军旅什伍,同爵则尚齿,而弟达乎军旅矣。孝弟发诸朝廷,行乎道路,至乎州巷,放乎蒐狩,(修)〔循〕乎军旅,众以义死之而弗敢犯也。

祀乎明堂,所以教诸侯之孝也。食三老五更于大学,所以教诸侯之弟也。祀先贤于西学,所以教诸侯之德也。耕藉,所以教诸侯之养也。朝觐,所以教诸侯之臣也。五者天下之大教也。

食三老五更于大学,天子袒而割牲,执酱而馈,执爵而酳,冕而摠干,所以教诸侯之弟也。是故乡里有齿而老穷不遗,强不犯弱,众不暴寡,此由大学来者也。天子设四学,当入学而大子齿。

天子巡守,诸侯待于竟,天子先见百年者。八十九十者东行,西行者弗敢过;西行,东行者弗敢过。欲言政者,君就之可也。

壹命齿于乡里,再命齿于族,三命不齿。族有七十者,弗敢先。七十者不有大故不入朝;若有大故而入,君必与之揖让,而后及爵者。

天子有善,让德于天。诸侯有善,归诸天子。卿大夫有善,荐于诸侯。士、庶人有善,本诸父母,(存)〔荐〕诸长老。禄爵庆赏,成诸宗庙,所以示顺也。

昔者圣人(建)〔达〕阴阳天地之情,立以为《易》。易抱龟南面。天子卷冕北面,虽有明知之心,必进断其志焉,示不敢专,以尊天也;善则称人,过则称己,教不伐,以尊贤也。

孝子将祭祀,必有齐庄之心以虑事,以具服物,以修宫室,以治百事。及祭之日,颜色必温,行必恐,如惧不及爱然。其奠之也,容貌必温,身必诎,如语焉而未之然。宿者皆出,其立卑静以正,如将弗见然。及祭之后,陶陶遂遂,如将复入然。是故悫善不违身,耳目不违心,思虑不违亲;结诸心,形诸色,而术省之。孝子之志也。

建国之神位,右社稷而左宗庙。

【译文】

祭祀不可太频繁,太频繁就倦烦,倦烦就失去了敬意;但祭祀又不可太疏阔,太疏阔就怠慢,怠慢了就要遗忘。所以君子按照天道运行的规律,春天举行禘祭,秋天举行尝祭。秋天霜露覆盖大地,君子踏上这霜露,心中产生凄怆的感情。这倒并非因为天气的寒冷,而是想起了死去的亲人。春天雨露滋润大地,君子踏上这雨露,必然会有所震动,疑惑将会见到死去的亲人。人们以喜悦的心情迎接春天到来,以哀伤的心情送别秋天归

去,所以禘祭奏乐而尝祭不奏乐。

祭祀之前必须进行斋戒。致斋三天必须昼夜居于室内,散斋的七天则可以出外。在致斋的日子里要时时思念死者生前的起居、谈笑、思想、爱好、口味等等情形。致斋三天之后,眼前就好像真的见到所要祭祀的祖先了。到了祭祀的那一天,进入室内,隐隐约约似乎看见祖先容貌;转身出门,心中一惊,似乎真的听见了祖先说话声;出门再听,似乎还可听见祖先的喟然叹息声,所以先王是那样的孝敬。以至于祖先的容颜时刻在眼前,祖先的声音时刻不离耳,祖先的思想爱好时刻记在心上。对祖先的爱戴达到极点,所以祖先总是活在心上;虔诚之心达到极点,所以祖先的形象赫然出现在眼前。祖先的存在和形象时时不离心头,怎能不恭敬呢?

君子在父母生前尽心奉养,父母死后则诚心祭享。终身都想着不可辱没父母。君子终身要为父母服丧,这就是指每年父母的忌日。忌日里不做其他事情,并非这个日子本身是个不吉祥的日子,而是说在这个日子里,对父母的思念到了极点。不敢再为自己做私事了。只有圣人才能使上帝来飨用他的祭祀,也只有孝子才能使父母来飨用他的祭祀。因为"飨"就有"向"的意思,只有诚心向往,鬼神才会来飨。所以孝子在尸前站立,不会有不和悦的颜色。诸侯祭祀时,国君亲自牵牲,夫人献上盎齐之酒。杀牲后,国君亲自以血毛献尸,夫人也献上盛放在豆中的祭品。大夫们协助国君,有封号的妇人们协助夫人。整齐而又恭敬,和悦而又诚心,非常勤勉地忙碌着,希望鬼神来飨用。

文王祭祀时,事奉死者就好像事奉活人,思念死者好像不想活了。每到忌日,一定十分哀伤,提到父母的名讳,就好像看见了父母。文王祭祀时心中是多么忠诚啊,就好像见到父母生前所喜爱的东西一样,又好像世俗之人喜好美色一般,也只有文王才能这样吧!《诗》上说:"天明尚未眠,心中想双亲。"这就是写文王的诗啊!正祭的第二天,直到天亮还没有入睡。进献祭品请双亲来飨用,又因此更加思念双亲。祭祀的日子里,又是喜悦又是哀伤。迎接双亲来飨时,心中十分喜悦;双亲既来之后,想到马上又要离去,心中就又十分哀伤。

孔子在尝祭时,亲自捧着祭品献尸,老实忠厚的样子,走得很快,步子急促。祭祀之后,子贡问道:"您曾说祭祀时君子应该仪态从容,神情矜持,而您今天祭祀却不是这样,这是为什么呢?"孔子说:"仪态从容,是一种疏远的表现;神情矜持,是自我专注的表现。疏远而又注重自我,怎么与神明交接呢? 在这时怎么还能仪态从容,神情矜持呢? 而当国君祭祀,我们作为宾客去参加时,反馈之礼完毕,奏起了音乐,荐上了牲体,按照礼乐的次序,大夫百官济济一堂,这时君子便可以仪态从容,神情矜持,这时怎么能像与神明交接时那样恍恍惚惚呢? 说话岂能一概而论? 应当针对各不相同的情况呀。"

孝子将要祭祀,考虑事情不可不预先准备。到了祭祀时,一切器物不可不准备齐全,而且要心无杂念地去做这些准备。宫室修理一新,墙屋整饰停当,各种物品都准备好。然后主人夫妇就穿上礼服斋戒沐浴。捧着供品献尸,神情是那样虔诚恭敬,小心谨慎,好像承受不了手中供品的重量,好像担心会从手中失落,其孝敬之心真是达到极点了吧!

荐上牲体,奏起了音乐,百官宾客也按照礼节来协助。这时便通过祝词表达主人的心意,恍惚中仿佛真在和神灵交接,希望神灵来飨用! 希望神灵来飨用! 这便是孝子的心意。孝子的祭祀,能尽心于诚笃,因而行动也无不诚笃,尽心于相信,因而鬼神如在眼前;尽心于恭敬,因而举止也无不恭敬;尽心于礼仪,因而礼节没有过失。一进一退,都一定恭恭敬敬,好像真的在父母跟前,听命于父母的使唤。

从孝子的祭祀,可以知道他的心情。他站立时,恭敬地弯曲着腰;走上前时,恭敬地面带喜悦;献上祭品时,恭敬地满怀希望。退下来站定后,好像还将上前听候吩咐。直到撤掉祭品退下来时,恭敬庄重的神色仍未从脸上消失。相反,如果祭祀的时候,孝子站在那儿不弯腰,那就显得太鄙陋了;上前时脸上不愉快,那就和鬼神疏远了;献上供品时并不怀着鬼神来飨的希望,那就说明对祖先不是真心爱戴;退下来后并不像还要听候吩咐的样子,那就是傲慢的表现;撤掉祭品退下来,便失去了恭敬的神气,那就是忘记了祖先。像这样的祭祀,便失去了意义。孝子对父母有深深的爱戴,必然表现出和悦之色;有和悦之气,必然有愉快的神色;有愉快的神色,必然有温顺的容止。孝子祭祀时好像手上捧着一块玉,又好像是捧着一碗水,虔诚而又专心,仿佛自己力不胜任,生怕从手中落下。相反,那种威严肃穆、一本正经的样子,不是孝子用来事奉父母的态度,那只是大人对小辈的态度。

先王用来治理天下的有五条原则:重视有德的人,重视有地位的人,尊重年老的人,敬重长辈,爱护幼辈。这五条就是先王用来定天下的。重视有德的人,是为了什么呢?因为有德的人接近天道。重视有地位的人,是因为他近似于君王。尊重老年人是因为他近似于父母。敬重长辈,是因为他近似于兄长。爱护幼辈,是因为他近似于子女。因此,孝的极点,也就接近于王道;悌的极点,也就接近于霸道。孝的极点接近王道,是因为即使是称王的天子也一定孝其父母;悌的极点接近霸道,是因为即使是称霸的诸侯也一定敬其兄弟。先王的礼教,就是遵循上述原则而不加改变,所以能够领导天下国家。

孔子说:"建立仁爱之心,应从孝顺父母开始,用以教导人民慈爱和睦。建立恭敬之心,应从尊敬兄长开始,用以教导人民顺从命令。教导人民慈爱和睦,人民就会以事奉双亲为美德;教导人民尊敬兄长,人民都会以顺从命令为光荣。以'孝'心来事奉双亲,以'顺'的态度来听从命令,这个方法放到天下任何地方,都不会行不通的。"

举行郊祀祭天时,有丧事的人也不敢哭,穿丧服的人连国门也不敢进。这是对天帝极其恭敬啊! 祭祀的日子,国君亲自牵牲,他的儿子辈在对面协助他,卿大夫依次跟随。进了庙门,便把牲系在石碑上。卿大夫袒开左臂,动手杀牲。先取下告尸用的牛毛,以耳部的毛为最好。用弯刀割牛,取出血和肠子间的脂肪。然后卿大夫就退下去,再等到生肉和熟肉相继献上去之后,国君才退下去,真是极其恭敬啊!

郊天之祭,是为了报答天上的众神,但以日神为主,以月神配祭。夏代人在黄昏祭日,商代人在中午祭日,周代人祭日,则从早晨到黄昏。祭日是在坛上,祭月是在坑中,以此区别幽暗和光明,划定上与下。祭日面向东,祭月面向西,以此来区分内与外,端正各

自的位置。旭日从东方升起,新月在西天出现,日月一阴一阳,昼夜长短不断变化,终而又始,循环反复,使得天下和谐。

天下的礼有五项作用:追怀初始,沟通鬼神,开发物资,树立道义,提倡谦让。追怀初始,不忘本,用以增厚根基;沟通鬼神,使人懂得要尊重在上者;开发资源,建立人民的生活保障;树立道义,使上下的人不至于背叛作乱;提倡辞让,消除人与人之间的争夺。如能结合这五个方面的作用来运用天下的礼,那么即使还有奇异邪恶不听从治理的人,也一定只是极少数了。

宰我说:"我听到鬼神这个名称,但不知它指的是什么。"孔子说:"气,便是由神的充盛而产生的;魄,便是由鬼的充盛而产生的。把鬼与神合起来祭祀,这是达到礼教的目的。一切有生命的东西都是要死的。死后其体魄必然归土,这就叫作鬼。骨肉在地下烂掉变成田野里的土,而它的气却升腾而上,焕发出光芒,蒸发出气味,使人悚然有所触动。这就是众生物的精灵,神的显示。圣人根据万物的精灵制定了极其尊严的称呼,明确命名为鬼神,用来作为老百姓的法则。于是众人因此而敬畏,万民因此而顺服。圣人认为这样做还不够,于是又筑起宫室,设立宗祧,以区别鬼神的亲疏远近,教导人民怀古寻根,纪念祖先,不要忘记自己是从哪里来的。民众由此而服从教化,并且很快地听从命令。鬼神二者的地位已经确立,就用两种礼仪来报答鬼神。一是行朝践之礼,烧烤肉类和谷物,让它们的香气和萧蒿燃烧的烟火一齐上升,这是用来报答'气',也就是'神'的,可以教导民众追怀初始。二是献上黍稷,以及牲的肝、肺、头、心,夹以两瓶郁鬯之酒,这是用来报答'魄',也就是'鬼'的,可以教导民众相亲相爱。这样对上对下都尽了情,礼也就十分完善了。君子追古寻根,不忘自己是从哪里来的,所以要向鬼神表达自己的敬意和感情,竭力工作,来报答亲人,不敢不尽心尽力。所以从前天子也有一千亩籍田,戴起系有红帽带的冠冕,亲自拿起农具去耕种。诸侯也有一百亩籍田,戴起系有绿帽带的冠冕,亲自拿起农具去耕种。所收的谷物用来事奉天地山川、社稷之神和列祖列宗。祭祀所用的醴酪齐盛,就是从他们籍田里收获而来的。这是多么恭敬啊!古代天子诸侯都设有养兽的官,每年到一定的时候,天子诸侯斋戒沐浴,然后亲自去察看所养的牲口。祭祀所用的牲畜就是从这里取来的。这真是十分恭敬啊!君主事先派人把牛牵来,由他亲自察看,选择毛色,进行占卜,得到吉利之兆,然后加以特别饲养。君主还穿上朝服,于每月初一、十五去巡视这些牲畜,表示他是很尽力的。这是多么孝敬啊!古代天子诸侯都有公家的桑园和养蚕的宫室,临近河边建造。筑起的宫室有一丈高,外面布满荆棘的围墙。每年到了三月初一的早晨,君主穿上朝服,通过占卜在三宫夫人和命妇中挑选有吉兆的人到蚕室去养蚕。她们捧着蚕种到河里去漂洗,到公家桑园去采桑,让风吹干桑叶上的露水,然后用来喂蚕。等到春季已尽,命妇们蚕事结束,奉上新结的蚕茧让君主过目,随后把蚕茧献给君主的夫人,夫人就说:'这是用来给君王做衣服的吧?'于是穿着礼服把蚕茧收下,并用一羊一豕来招待献茧的命妇。古代献茧的礼节,大概都是这样,以后再选定吉祥的日子开始缲丝。先由夫人三次把手伸入泡着蚕茧的盆里。抽出丝头,然后把蚕茧

分发给有吉兆的贵族妇人去缫丝。此后还要用红、绿、黑、黄等颜色,染上黼黻花纹。制成礼服后,君王便穿着这样的礼服祭祀先王先公。这真是恭敬到极点了啊!"

君子说:礼乐是人们不可片刻离开的。推广乐来治理内心,平和正直慈爱诚实的心情就自然产生了。有了这样的心情就会快乐,快乐就能平安,平安就能长久,长久就能上通于天,上通于天就能与神交会。天不必说话,就能使人相信;神不须发怒,就使人敬畏。这就是运用乐来治理内心。运用礼来修治自己的容貌仪表,就会使人庄重恭敬。庄重恭敬就会有威严。心中如有片刻不平和不快乐,卑鄙奸诈的心思就会侵入。外貌有片刻不庄重不恭敬,轻率怠慢的念头就会出现。所以乐是发动于内心,礼是作用于外表。乐极其平和,礼极其恭顺。内心平和,外表恭顺,那么民众看到他这样的脸色,也就不会跟他争执了;看到他的容貌,众人也就不会产生轻率怠慢的作风了。

所以道德的光辉发动于内,民众就没有人会不听他的命令。礼的准则表现在外表,民众就没有人会不顺从他的领导。所以说:运用礼乐教化,使之充满天下,治理国家就不难了。乐,是发动于内心的;礼,是作用于外表的。礼的意义在于减损;乐的意义在于充盈,因为礼教人克制、减损,做起来比较困难,所以要加以鼓励,以努力去做为美。而乐使人抒发、充盈,做起来比较容易,所以要有所控制,以有所控制为美。礼是减损的,如果不鼓励,就会渐渐消亡。乐是充盈的,如果不控制就会走向放纵。所以礼应该有鼓励,乐应该有控制。礼有了鼓励人们就乐于实行;乐有了控制人的情感才会安稳。对礼的鼓励,对乐的控制,道理是相通的。

曾子说:"孝可分为三等:上等是尊敬父母,次等是不使父母羞辱,下等是只能赡养父母。"公明仪问曾子道:"你可以算是行孝道了吧?"曾子说:"哪儿的话!哪儿的话!君子的孝,应该能在父母的意志没有表示之前就预先知道,并且按照父母的意志去做。同时又能晓谕父母,使他们的意志合于正道。我只不过做到赡养父母罢了。怎能算是孝呢?"

曾子说:"身体是父母的遗物,用父母的遗物来行动,敢不慎重吗?日常起居不庄重,不是孝;为君主做事不忠诚,不是孝;做官不慎重,不是孝;与朋友交往不讲信用,不是孝;打仗不勇敢,不是孝。这五个方面不能做到,也就等于给父母带来了祸殃,能不慎重吗?如果只是在祭祀的日子里,煮一点牲肉黍稷奉献一下,那也不能算作'孝',只能叫作'养'。君子所说的孝子是全国人都称赞羡慕他,好像在说:'有这样的儿子多幸运啊!'像这样才算是孝。教化民众的根本是孝,而行动则是从养开始。养是容易的,有敬意则不容易了;有敬意能做到,不带勉强则不容易;能做到不带勉强,终身孝敬则不容易。父母去世之后,依然十分小心自身的行为,不使父母蒙上恶名,这样可以算是终身孝敬了。仁,就是要以孝为本;礼,就是要实践孝;义,就是行动要合乎孝;信,就是要用行动证实孝;强,就是要勉力做到孝。欢乐是由于顺着孝道而产生的,刑罚是由于违反孝道而招致的。"

曾子说:"孝道精神树立起来,可以充满天地,散布开来,可以流行四海,传播到后代必将永远存在。推广到东海是正确的;推广到西海是正确的;推广到南海是正确的;推广

到北海也是正确的。《诗》上说：'从西到东，从南到北，无不遵从。'就是说的这个情况。"

曾子说："树木要在适当的时节去砍伐，禽兽也要在适当的时节去捕杀。夫子说过："砍一棵树，杀一头兽，如果不适时，便是不孝。'孝有三等：小孝出力气，中孝建功业，大孝无所欠缺。能思念父母的慈爱，因而忘掉自己的劳苦，就可以算是出力气了；能尊尚仁德，安然地按照正道行事，就可以建立功业，为父母争光了；如果德泽普施于天下，使天下万物丰盛，以此来祭祀父母，那便是无所欠缺了。父母喜爱他，他便很高兴地记在心上；父母厌恶他，他于是戒惧谨慎，但却没有一点怨恨。父母有过错，他婉言规劝却不违逆。父母死后，他一定以自己劳动的收获来祭祀。这样，孝的礼节才算终结。"

乐正子春一次从堂上下来扭伤了足，于是他一连几个月不出门，脸上带着忧虑的神色。他的弟子说："您的足已经好了，您一连数月不出门，现在脸上还有忧虑的神色，这是为什么呢？"

乐正子春说："你问得很好！你问得很好！我曾听曾子说过，而曾子又是听孔子说的："天所生、地所养的一切生物，没有比人更伟大的。'父母把我们完整地生下来，我们也要使自己完整地还给他，这样才算是孝。不损伤自己的肉体，不辱没自己的人格，这样才算是完整的。所以君子哪怕是走半步路，也不敢忘记孝。而我一时竟忘了孝道，以至于伤了足，所以我很忧虑。君子每抬一次足都不敢忘记父母，每说一句话都不敢忘记父母。每抬一次足都不敢忘记父母，所以总是走大路而从不抄捷径，总是乘舟而从不游水，不敢用父母给我的身体去冒险。每说一句话都不敢忘记父母，所以从来不口吐恶言，自然也就不会招惹别人的辱骂；我自身不受侮辱，也不会给父母带来羞耻，这样可以算是孝了。"

从前虞舜的时代，重视道德，同时尊重年长的人。夏代则重视官爵，同时也尊重年长的人。殷代重视财富，同时也尊重年长的人。周代重视亲属关系，同时也尊重年长的人。虞、夏、殷、周四代，是天下王道全盛的时代，这四代都没有忽视对年长者的尊重。可见天下对年长者的尊重是由来已久，这仅次于孝敬父母。所以在朝廷上，官爵相同的人则以年长者为上，七十岁可以拄着手杖上朝，君王如有问，就要给他设坐席。八十岁的人上朝，行了朝见礼之后不必等朝事结束就可以先回去。君王如有所问，则亲自到他府上去。这就是悌道行于朝廷。在道路上行走，不同年龄的人不能并肩而行，不是斜错雁行，就是跟随在后。见到老年人，不论车辆行人都要让路；头发斑白的人，不可以让他背负重物在路上走。这就是悌道行于道路。居住在同一乡中，也应以年长的人为尊，即使是贫穷的老人也不可遗弃。不可以强凌弱，以众欺寡。这样悌道就行于乡间了。古代有规定，五十岁以上的人在田猎时就不充当徒役了。而分配猎获的禽兽，则长者多分。这样悌道就行于田猎之中了。军队的编制，官阶相同的人以年长者居上，这样悌道又行于军队中了。孝悌之道从朝廷开始，实行到道路上，传播到乡党间，田猎的时候也照样实行，军队里也遵守，大家都愿死守孝悌之道，而不敢违背。

在明堂举行大祭，用以教导诸侯实行孝道；在大学里宴请"三老五更"，用以教导诸侯实行悌道；在西学里祭祀前代贤人，用以教导诸侯树立贤德；天子亲自耕种籍田，用以教

导诸侯供奉祖先;安排朝觐之礼,用以教导诸侯臣服于天子。这五个方面,是天下最重要的教育。

在大学供养三老五更,天子祖开衣襟亲自割牲,捧着酱给老人进食,又捧上酒爵请他们漱口,还戴上冠冕,手执盾牌,为他们起舞。这就是教导诸侯要尊敬长者的悌道。于是乡邻里都按年龄排列上下,老人中的贫穷者也不会被遗漏。强不凌弱,众不欺寡。这种风尚就是从天子的大学里传下来的。天子设置了四处学校,到了年龄入学,即使是太子也和同学们一起按长幼排列位置。

天子巡狩,诸侯要在边境上迎候。天子到了一国,要先会见百岁老人。八十九十的老人行走在大路的一侧,即使在大路另一侧的行人,也不敢超越而行。老人如果要发表政见,君主应亲自登门就教。乡间饮酒时排列座次,有一命官爵的人,仍然要和乡里人一道按年龄排次序。二命的人,在自己的族人中还须按年龄排次序。三命的人,不必按年龄排次序了,但遇到自己族中七十岁以上的人还是不敢越前的。七十以上的人没有大事是不用上朝的;如有大事上朝,君主应该先跟他拜揖谦让一番,然后才顾及爵位高的人。

天子有善行,应该把功德归之于天;诸侯有善行,要归功于天子;卿大夫有善行,要进献于诸侯;士、庶人有善行,要归功于父母的养育和长辈的教诲。颁发爵禄,施行奖赏,都是在宗庙里举行,表示归功于祖先,对祖先表达敬顺之意。从前圣人依照阴阳、天、地的情况制定了"易"。掌卜筮的人抱着用来占卜的龟南面而立,天子却穿着冕服北面而立,恭听神的意旨。即使天子有聪明智慧,也要请神来做出决断,表示自己不敢自专,而是尊重天意。有善绩,则归功于他人;有过错,则归咎于自己。教导民众不要骄傲自夸,而要尊重贤人。

孝子将要祭祀时,必定怀着谨慎而庄重的心情来考虑事情,准备祭服和祭品,修整宫室,处理各项事务。到祭祀的日子,脸色必须很温和,但走路却很紧张,好像担心见不到亲人的样子。祭奠的时候,面容一定要温和,身体要前屈,口中好像要说话而没有说出的样子。助祭的宾客都已出去时,孝子还沉默地躬身站在那儿,好像没有看见别人出去。祭祀结束后,孝子神情恍惚地跟着出来,又好像随时还要再进去的样子。孝子的忠厚善良时时表现在身上,耳目的功能完全受心情的支配,心中的思虑总不能离开亲人。这种感情郁结在心中,流露于外表,回忆和深思着,这就是孝子的心情啊!

设立国家的神位,社神稷神的庙在右边,列祖列宗的庙在左边。

祭统第二十五

【原文】

凡治人之道,莫急于礼。礼有五经,莫重于祭。夫祭者,非物自外至者也;自中出生

于心也。心怵而奉之以礼,是故唯贤者能尽祭之义。

贤者之祭也,必受其福,非世所谓福也。福者备也,备者百顺之名也。无所不顺者(谓)之〔谓〕备,言内尽于己,而外顺于道也。忠臣以事其君,孝子以事其亲,其本一也。上则顺于鬼神,外则顺于君长,内则以孝于亲,如此之谓备。唯贤者能备,能备然后能祭。是故贤者之祭也,致其诚信与其忠敬,奉之以物,道之以礼,安之以乐,参之以时,明荐之而已矣。不求其为,此孝子之心也。

祭者,所以追养继孝也。孝者畜也。顺于道,不逆于伦,是之谓畜。是故孝子之事亲也有三道焉:生则养,没则丧,丧毕则祭。养则观其顺也,丧则观其哀也,祭则观其敬而时也。尽此三道者,孝子之行也。

既内自尽,又外求助,昏礼是也。故国君取夫人之辞曰:"请君之玉女,与寡人共有敝邑,事宗庙社稷。"此求助之本也。

夫祭也者,必夫妇亲之,所以备外内之官也。官备则具备。水草之菹,陆产之醢,小物备矣。三牲之俎,八簋之实,美物备矣。昆虫之异,草木之实,阴阳之物备矣。凡天之所生、地之所长,苟可荐者,莫不咸在,示尽物也。外则尽物,内则尽志,此祭之心也。是故天子亲耕于南郊,以共齐盛;王后蚕于北郊,以共纯服;诸侯耕于东郊,亦以共齐盛;夫人蚕于北郊,以共冕服。天子、诸侯非莫耕也,王后、夫人非莫蚕也,身致其诚信,诚信之谓尽,尽之谓敬,敬尽然后可以事神明,此祭之道也。及时将祭,君子乃齐。齐之为言齐也,齐不齐以致齐者也。是以君子非有大事也,非有恭敬也,则不齐;不齐则于物无防也,嗜欲无止也。及其将齐也,防其邪物,讫其嗜欲,耳不听乐,故《记》曰:"齐者不乐。"言不敢散其志也。心不苟虑,必依于道。手足不苟动,必依于礼。是故君子之齐也,专致其精明之德也,故散齐七日以定之,致齐三日以齐之。定之之谓齐,齐者精明之至也,然后可以交于神明也。

是故先期旬有一日,宫宰宿夫人,夫人亦散齐七日,致齐三日。君致齐于外,夫人致齐于内,然后会于大庙。君纯冕立于阼,夫人副袆立于东房。君执圭瓒祼尸,大宗执璋瓒亚祼。及迎牲,君执纼,卿大夫从,士执刍;宗妇执盎从夫人,荐涗水;君执鸾刀,羞哜;夫人荐豆。此之谓夫妇亲之。

及入舞,君执干戚就舞位。君为东上,冕而揔干,率其群臣,以乐皇尸。是故天子之祭也,与天下乐之;诸侯之祭也,与竟内乐之。冕而揔干,率其群臣,以乐皇尸,此与竟内乐之之义也。

夫祭有三重焉:献之属莫重于祼,声莫重于升歌,舞莫重于《武宿夜》,此周道也。凡三道者,所以假于外,而以增君子之志也,故与志进退,志轻则亦轻,志重则亦重。轻其志而求外之重也,虽圣人弗能得也,是故君子之祭也,必身自尽也,所以明重也。道之以礼,以奉三重而荐诸皇尸,此圣人之道也。

夫祭有馂,馂者祭之末也,不可不知也。是故古之人有言曰:"善终者如始,馂其是已。"是故古之君子曰:"尸亦馂鬼神之馀也,惠术也,可以观政矣。"是故尸谡,君与卿四人

馂;君起,大夫六人馂,臣馂君之馀也;大夫起,士八人馂,贱馂贵之馀也;士起,各执其具以出,陈于堂下,百官(进)〔馂〕,彻之,下馂上之馀也。凡馂之道,每变以众,所以别贵贱之等,而兴施惠之象也,是故以四簋黍见其(修)〔遍〕于庙中也。庙中者,竟内之象也。祭者泽之大者也。是故上有大泽,则惠必及下,顾上先下后耳,非上积重而下有冻馁之民也。是故上有大泽,则民夫人待于下流,知惠之必将至也,由馂见之矣。故曰:"可以观政矣。"

夫祭之为物大矣,其兴物备矣,顺以备者也,其教之本与!是故君子之教也,外则教之以尊其君长,内则教之以孝于其亲,是故明君在上,则诸臣服从;崇事宗庙社稷,则子孙顺孝。尽其道,端其义,而教生焉。是故君子之事君也,必身行之;所不安于上,则不以使下;所恶于下,则不以事上。非诸人,行诸己,非教之道也。是故君子之教也,必由其本,顺之至也,祭其是与!故曰:祭者教之本也已。

夫祭有十伦焉:见事鬼神之道焉,见君臣之义焉,见父子之伦焉,见贵贱之等焉,见亲疏之杀焉,见爵赏之施焉,见夫妇之别焉,见政事之均焉,见长幼之序焉,见上下之际焉。此之谓十伦。

铺筵设同几,为依神也。诏祝于室,而出于祊,此交神明之道也。

君迎牲而不迎尸,别嫌也。尸在庙门外则疑于臣,在庙中则全于君。君在庙门外则疑于君,入庙门则全于臣、全于子。是故不出者,明君臣之义也。

夫祭之道,孙为王父尸。所使为尸者,于祭者子行也;父北面而事之,所以明子事父之道也。此父子之伦也。

尸饮五,君洗玉爵献卿。尸饮七,以瑶爵献大夫。尸饮九,以散爵献士及群有司,(皆以齿)明尊卑之等也。

夫祭有昭穆。昭穆者,所以别父子、远近、长幼、亲疏之序而无乱也。是故有事于大庙,则群昭群穆咸在而不失其伦。此之谓亲疏之杀也。

古者明君爵有德而禄有功,必赐爵禄于大庙,示不敢专也。故祭之日,一献,君降立于阼阶之南,南乡,所命北面,史由君右执策命之;再拜稽首受书以归,而舍奠于其庙。此爵赏之施也。

君卷冕立于阼,夫人副袆立于东房。夫人荐豆执校。执醴授之,执镫。尸酢,夫人执柄;夫人(授)〔受〕尸执足。夫妇相授受,不相袭处,酢必易爵,明夫妇之别也。

凡为俎者,以骨为主。骨有贵贱。殷人贵髀。周人贵肩,凡前贵于后。俎者,所以明祭之必有惠也。是故贵者取贵骨,贱者取贱骨,贵者不重,贱者不虚,示均也。惠均则政行,政行则事成,事成则功立。功之所以立者,不可不知也。俎者,所以明惠之必均也。善为政者如此。故曰:见政事之均焉。

凡赐爵,昭为一,穆为一,昭与昭齿,穆与穆齿。凡群有司皆以齿。此之谓长幼有序。

夫祭有畀辉、胞、翟、阍者,惠下之道也。唯有德之君为能行此,明足以见之,仁足以与之。畀之为言与也,能以其馀畀其下者也。辉者,甲吏之贱者也;胞者,肉吏之贱者也;

翟者,乐吏之贱者也;阍者,守门之贱者也,古者不使刑人守门。此四守者,吏之至贱者也。尸又至尊,以至尊既祭之末,而不忘至贱,而以其馀畀之,是故明君在上,则竟内之民无冻馁者矣。此之谓上下之际。

凡祭有四时,春祭曰礿,夏祭曰禘,秋祭曰尝,冬祭曰烝。礿、禘,阳义也。尝、烝,阴义也。禘者阳之盛也,尝者阴之盛也。故曰"莫重于禘、尝"。古者于禘也发爵赐服,顺阳义也;于尝也,出田邑,发秋政,顺阴义也。故《记》曰:"尝之日,发公室,示赏也。"草艾则墨,未发秋政,则民弗敢〔艾〕草也。故曰:禘、尝之义大矣,治国之本也,不可不知也。明其义者君也,能其事者臣也。不明其义,君人不全。不能其事,为臣不全。

夫义者,所以济志也,诸德之发也。是故其德盛者其志厚,其志厚者其义章,其义章者其祭也敬;祭敬,则竟内之子孙莫敢不敬矣。是故君子之祭也,必身亲莅之,有故则使人可也。虽使人也,君不失其义者,君明其义故也。其德薄者其志轻,疑于其义而求祭,使之必敬也弗可得已;祭而不敬,何以为民父母矣?

夫鼎有铭,铭者自名也,自名以称扬其先祖之美,而明著之后世者也。为先祖者,莫不有美焉,莫不有恶焉,铭之义,称美而不称恶,此孝子孝孙之心也,唯贤者能之。铭者,论譔其先祖之有德善、功烈、勋劳、庆赏、声名,列于天下,而酌之祭器,自成其名焉,以祀其先祖者也。显扬先祖,所以崇孝也。身比焉,顺也。明示后世,教也。

夫铭者,壹称而上下皆得焉耳矣。是故君子之观于铭也,既美其所称,又美其所为。为之者,明足以见之,仁足以与之,知足以利之,可谓贤矣。贤而勿伐,可谓恭矣。

故卫孔悝之鼎铭曰:"六月丁亥,公假于大庙,公曰:'叔舅!乃祖庄叔左右成公。成公乃命庄叔随难于汉阳,即宫于宗周,奔走无射。启右献公。献公乃命成叔纂乃祖服。乃考文叔,兴旧耆欲,作率庆士,躬恤卫国;其勤公家,夙夜不解,民咸曰:"休哉!"'公曰:'叔舅!予女铭,若纂乃考服!'悝拜稽首曰:'对扬以辟之勤大命。'施于烝彝鼎。"此卫孔悝之鼎铭也。古之君子论譔其先祖之美,而明著之后世者也,以比其身,以重其国家如此。子孙之守宗庙社稷者,其先祖无美而称之,是诬也;有善而弗知,不明也;知而弗传,不仁也。此三者,君子之所耻也。

昔者周公旦有勋劳于天下,周公既没,成王、康王追念周公之所以勋劳者,而欲尊鲁,故赐之以重祭,外祭则郊、社是也,内祭则大尝禘是也。

夫大尝禘,升歌《清庙》,下而管《象》,朱干玉戚以舞《大武》,八佾以舞《大夏》,此天子之乐也。康周公,故以赐鲁也。子孙纂之,至于今不废,所以明周公之德,而又以重其国也。

【译文】

一切治理人民的措施,没有比礼更重要的。礼共有五大类。其中没有比祭礼更重要的。所谓祭礼,并非由外在的因素迫使人这样做,而是发自人们内心的一种行动。内心有所感动,于是通过礼来表达。所以只有内心真诚的贤者,才能最充分地表达祭的意义。

　　贤者的祭祀，一定会得到鬼神所赐的福，但却不是世俗之人所说的福。贤者的福，就是"备"的意思。所谓"备"，就是事事都顺于道理，没有一事是不顺当的，这就叫作"备"。对己尽心尽性，对外顺应大道。忠臣事奉君主，孝子事奉双亲，其根本都归结为"顺"。对上则顺于鬼神，对外则顺于君长，对内则孝敬双亲，这样就叫作"备"。只有贤者才能做到备，能做到备，才能进行祭祀。所以贤者的祭祀，就是竭尽自己的诚信忠敬之心，奉献礼物，进行礼仪，用音乐来协调，按照不同的时令，虔诚而净洁地荐献，如此而已，并不一心祈求神的福佑。这便是孝子的心。

　　祭祀，是为了继续在父母生前自己未完成的供养和孝敬。是一贯的孝敬之情积蓄于心中的表现。顺应于道德，不违背伦理，这就是孝的积蓄。所以孝子对父母的事奉包括三项内容：一是生前要供养，二是死后要服丧，三是丧期结束就要开始祭祀。供养的时候要看是否顺从，服丧的时候要看是否哀伤，祭祀则要看是否恭敬、是否按时。尽心做到这三项，便是孝子的行动。

　　既已竭尽自己的内心，又需求助于外。婚娶便是求助于外。所以国君娶夫人的时候，致辞说："请把您的玉女嫁给我，和我共同占有敝国，共同事奉宗庙和社稷。"这就说出了求助的根本目的。因为祭祀一定要夫妇一道亲自参加，这样内外的职分才算齐备。职分齐备了然后各项祭祀物品也要齐备。水产之物制成的菹，陆产之物制成的醢，这些小物品齐备了。俎上放的三牲，簋里盛的黍稷，这些美物备齐了。一些可食的昆虫和草木的果实，四季阴阳和气的物产也备齐了。凡是天下生的，地上长的，只要可以用来荐献的，无不都在这里，这就表示穷尽一切物品了。

　　在外能穷尽物品，在内能竭尽虔诚，这便是祭祀的用心。所以天子亲自在南郊耕种籍田，为祭祀供奉粢盛，王后亲自在北郊养蚕，为祭祀供祭服。诸侯也在东郊耕种，供奉粢盛；诸侯夫人在北郊养蚕，供祭服。天子和诸侯，并非没有人替他们耕田；王后和夫人，并非没有人替她们养蚕。他们是为了表达自己的诚信。有了诚信才算是尽心，尽了心才算是恭敬。尽心而又恭敬才能事奉神明。这便是祭祀之道。

　　到了将要祭祀的时候，君子便开始斋戒。斋戒也就是整齐的意思，调整心身达到整齐专一。君子没有大事，不须恭敬的时候，是不斋戒的。不斋戒的时候，对于外物也不必防范，嗜欲也不必加以限制。到了将要斋戒的时候，则要防范邪物，遏制嗜欲，耳朵也不听音乐。所以古书中说："斋者不乐"，就是说斋戒的时候不敢分散心思。心中无杂念，只想着合于道的事情；手足不随意乱动，只做着合于礼的事情。所以君子的斋戒，就是要专心致志表达精明的德性。所以要先用七天的"散斋"，稳定心思，再用三天的"致斋"来调整。稳定心思就是"齐"，也就是斋戒。

　　斋戒，是精明的极点。这样才可以与神明交接。所以在祭祀前十一天，宫宰就要告诫夫人开始斋戒。夫人也要散斋七天，致斋三天。君王致斋在外，夫人致斋在内。到了祭祀时，才在大庙相会。君穿戴纯冕立在东阶，夫人也穿戴副袆立在东房。君先用圭瓒给尸斟上郁鬯，然后大宗伯再执璋瓒给尸斟第二遍酒。到了迎牲入庙的时候，君王要亲

自牵绳，卿大夫则跟随在后，士则拿来刍草。宗妇捧着盎齐酒跟随夫人之后，荐上浣水。君王亲自操鸾刀，割下牲的肺肝献给尸品尝。夫人则荐上豆馈。这就是夫妇一道亲自参加祭祀。

到了舞乐开始时，君王便执着干戚走上跳舞的位置，站在东边的上方，头戴冠冕，手握盾牌，率领他的群臣起舞，供代表祖先的皇尸娱乐。所以天子的祭祀，是与天下人一道欢乐；诸侯的祭祀，是与国境内的人一道欢乐。诸侯祭祀时也要头戴冠冕，手握盾牌，率领群臣起舞，供皇尸娱乐。这就是与境内的人一道欢乐的意思。

祭祀中有三项内容特别重要：荐献祭品，以"祼"礼为最重要；声乐以"升歌"最重要；舞蹈以《武宿夜》之舞最重要。周代的礼是这样的。这三项重要内容，是借助外物来加强君子的意志。所以礼仪是随着君子的意志而升降变动的。意志轻率，礼仪也就轻率，意志庄重，礼仪也就庄重。如果意志轻率却要求外在的礼仪庄重，即使是圣人也做不到的。所以君子的祭祀，一定要自己竭尽诚心，才能表现得庄重。遵循礼的要求，奉行三项重要内容，以此荐献于皇尸，这便是圣人祭祀的道理。

祭祀中还有"馂"的仪式。"馂"是在祭祀的结束，但也不可不了解，因为古人有句话叫作"善终者如始"。"馂"正是这样一个善终。古代的君子说："尸也是吃的鬼神剩下的祭品，这便是一种施惠的方法，从中可以观察到政治意义。"所以，当祭祀结束，尸起身离开后，君王和四位卿便去吃尸剩下的祭品。君吃毕后，大夫六人再去"馂"，也就是臣吃君剩下的食品。大夫吃毕起身后，士八人再去"馂"，也就是贱者吃贵者剩下的食品。士吃毕起身，便各自端着食具出来，把剩下的食品陈放在堂下，这时参加祭祀的众执事便上去"馂"，吃完了再撤掉。这就是在下位的人吃上位的人剩下的食品。

馂的方法，是每变一次，馂的人数就增加一次，以此来区别贵贱等级，并作为由上而下施加恩惠的象征。所以从这四个饭器，就可以看出恩惠已经遍施于庙中，而庙中，正可以作为整个国家的象征。举行祭祀，是因为上面有大恩泽。上面有大恩泽，恩惠就一定会施及下面，只是从上而下、先上后下而已。并非上面积聚很多财富，下面却有受冻挨饿的民众。所以上面有大恩泽，民众就会一个个在下面等待，相信恩惠一定会到来。这就是从"馂"的仪式中看出的，所以说："从中可以观察到政治意义。"

祭祀的意义是重大的，荐献物品是那样地完备。而正是因为顺于道，才能达到这样的完备。这大概也就是教化的根本吧。所以君子的教化，对外则教人尊敬君长，对内则教人孝顺父母。所以圣明的君主在上，大臣们就都能服从；重视宗庙社稷的祭祀，子孙就会孝顺。如果能尽心于此道，端正上下之义，教化也就开始了。所以君子事奉君主，必须亲身实行。上面做的事情，使自己感到不安的，就不要对下面这样做；下面做的事情使自己感到嫌恶的，自己也不要对上面这样做。如果批评别人这样做不好，而自己又这样去做，这就不是教化的方法了。所以君子的教化，一定要从自己这个根本做起，才能做到无所不顺。祭祀大概就是这样的。所以说："祭祀是教化的根本。"

祭祀有十种意义：一是体现服事鬼神的方法，二是体现君臣之间的名分，三是体现父

子之间的伦理,四是体现贵贱的等级,五是体现亲疏的差别,六是体现爵赏的施行,七是体现夫妇的区别,八是体现政事的均平,九是体现长幼的次序,十是体现上下的联系。这就是祭祀的十种意义。

铺设筵席,设置同几,让鬼神依靠;在室内向神诏告祝辞,又在门外举行绎祭,这些就是与神明交接的方法。祭祀时,国君走出庙门去迎牲,但却不出去迎尸,这是为了避开嫌疑。因为尸在庙门外,仍然是充当臣子,而到了庙里则完全是君父了。同样,国君在庙门外,其身份仍然是君,而进了庙则完全是臣,完全是子了。所以国君不出来迎尸,这就是为了明确君臣的名分。

祭祀的方法,通常由孙子充当代表祖父的尸。这样,用来担任尸的人,对于主祭的人来说其实就是儿子辈。父亲站在臣子的位上事奉担任尸的儿子。用这种方式,使儿子明白应该怎样事奉父亲。这便是体现父子间的伦常关系。祭祀行九献之礼时,尸饮酒五次。君便洗了玉爵向卿献酒。尸饮酒七次,君便用瑶爵向大夫献酒。尸饮酒九次,君便用散爵向士和众执事献酒。这便是体现了尊卑的等级。祭祀时按照昭穆的顺序。安排昭穆就是为了区别父子、远近、长幼、亲疏的次序,使之不产生混乱。所以在太庙举行大祭时,众多辈分的人和神都在场,却不会乱了伦常秩序,这便是体现了亲疏的差别。

古代圣明的君主给有德的人封爵,给有功的人进禄,这种庆赏仪式都是在太庙中进行的,表示自己不敢擅自赏赐爵禄。所以有时顺便就在祭祀的日子里进行。在一献之礼行过之后,君主就下来站在东阶上,面朝南,接受爵禄的人面朝北,掌管册书的史在君王的右边,把封爵进禄的册书授给他。受爵禄的人再拜稽首之后,就把册书拿回去,在自家的宗庙里举行释奠之礼,诏告祖先。这就是施行爵赏的礼仪。祭礼时,君主穿戴礼服礼帽站立于东房。夫人荐豆时,握着豆的中间部位,而执醴者把豆授给夫人时却是拿着豆的底盘。尸向夫人回敬酒时,手持爵的柄,而夫人接受爵的时候却应握住爵的脚。夫妇之间互相传授物品,不能拿着同一个部位。回敬酒的时候一定要换一只酒爵。这就是要明确夫妇之间的区别。

分配俎案上的牲体,主要依据骨头的部位。骨头也有贵贱。殷人以后腿上部的髀为贵。周人却以前腿上部的肩为贵,周人都以前面的骨头比后面的贵。分配俎食,是用以体现祭祀时上面一定会对下面有所恩惠,所以分配时,尊贵者取贵骨,卑贱者拿贱骨。尊贵者不会分得更多,卑贱者也不致落空,以此表示公平。恩惠施行得公平,政令就能得到执行;政令执行,事情就能办成;事情办成就能建立功业。这是使功业得以建立的事,不可不知道。分配俎食是用以显示恩惠均平的,善于施行政治的人也是这样的。所以说:“这里可以体现政事的均平。”太庙祭祀后聚集众人,赐助祭者饮酒,昭辈在一边,穆辈在一边。昭辈的人再按年龄排列,穆辈的人也再按年龄排列。参加助祭的诸位执事也都按年龄安排次序。这就是体现了长幼的次序。

祭祀结束时有“畀”的仪式,也即将剩余祭品赐给煇、胞、翟、阍等当差的人,这是施惠于下级的方法。只有有德的君主才会这样做,因为他的明智足以使他认识到施惠于下的重要，他的仁爱之心又足以使他能够这样做。"畀"就是给的意思，也即能够把剩余之物给予下人。辉，是皮甲工中下等的；胞，是屠夫中下等的；翟，是乐工中下等的；阍，是守门人中下等的，那时还不用受过刑的人守门。这四种人是当差的人中最低贱的，而尸却是最尊贵的，在祭祀了最尊贵的之后，不忘记最低贱的，并把剩下的祭品给与他们。所以圣明的君主在上，国内民众是不会有受冻挨饿的人的，这就是体现上下之间的关系。

祭祀也有四季的不同，春祭叫礿，夏祭叫禘，秋祭叫尝，冬祭叫烝。礿和禘，体现阳的意义；尝和烝，体现阴的意义。而禘又是阳气的极盛，尝则是阴气的极盛。所以说："没有比禘、尝更重要的。"古代在禘祭的时候，颁发爵位，赏赐车服，这就是顺着阳的意义；而在尝祭的时候，便出外田猎，平明刑罚，这就是顺着阴的意义。所以书上记载说："在禘、尝的日子里，拿出公室之物施行尝赐，到了割草的季节，便开始施行墨刑。"刑罚尚未开始实行，民众便不敢割草。

所以说禘、尝的意义十分重大，是治国之本，不可不懂得。懂得禘、尝的意义的才是君主，能办好禘、尝的具体事宜的才是臣子。不懂其意义，作为君主就有所不足；不能行其事，作为臣子就有所不足。所谓明白意义，是用来使内心志向得以实现，各种品德得以显露。所以品德丰盛的人，志向也就笃厚；志向笃厚，意义就会十分显著；意义显著，祭祀也就恭敬；祭祀恭敬，那么国境之内的子孙就没有人会不恭敬。所以君子祭祀，通常一定要亲自参加；如果有特殊缘故不能参加，也可以使人代替。但虽然使人代替，君主却并没有失去祭祀的意义，这就是因为他心里懂得这个意义。若是品德浅薄的人，志向也一定轻浮不实，对祭祀的意义也一定是不理解。像这样去祭祀，想做到恭敬也是不可能的。祭祀都不能恭敬，还凭什么去为民父母呢？

祭祀用的鼎上通常都有铭文。所谓铭文，就是要自己立名。自己立名，来颂扬先祖的美德，使之明白显著地传给后人。作为先祖，都是既有美德，也会有恶行的，而铭的意义，在于只赞扬美德，不表现恶行，这是出于孝子孝孙的好心，只有贤者才会这样做的。撰写铭文，是要论述、记载先祖的美德、功绩、勋劳、奖赏和名声，使之公布于天下，并斟酌其要点，镂刻在祭器上，同时附上自己的名字，用来祭祀先祖。显扬先祖的德行，是崇尚孝道；附上自己的名字，也是名正言顺；展示给后代的人看，则是教育后代。制作铭文真是一举多得，使祖先和后代都得到益处。所以君子观看铭文，既赞美铭文中所称道的祖先业绩，同时也赞美制作铭文这件事本身。制作铭文的人，有明察的眼光能看到祖先的美德，有仁爱之心来参与制作铭文这件事，又有智慧能利用这件事使自己和后人得益，真可以算是有贤德了，有贤德而又不自夸，真可以算是谦恭了。

卫国大夫孔悝的鼎铭上说："六月丁亥，卫庄公来到太庙，他对孔悝说：'叔舅！你的祖先庄叔曾辅佐卫成公。成公命庄叔跟随他一起避难到汉阳，又一起住进宗周的宫室。那时庄叔跟随成公到处奔走，但毫不厌倦。他的德行又开导了成叔，成叔又辅佐献公归国即位。献公于是命成叔继承庄叔职位。你的父亲文叔，能振兴祖先的遗志，起来带领众卿士，努力为卫国效劳，他为公家服务，日夜不休息，受到众人一致赞扬。'卫庄公又说：

'叔舅！我给你这篇铭文，你继承你父亲的职位吧！'于是孔悝下拜叩头道：'高声回答我主：我将发扬祖先的功德，努力执行您的命令，并把它刻在烝彝鼎上。'"这就是卫国孔悝的鼎铭，古代的君子，论述祖先的美德，使之昭著于后世，同时附上自己的名，尊重自己的国家，就如这篇铭文一样。继承了祖先的宗庙社稷的子孙，如果祖先没有美德而妄加称赞，便是欺骗；祖先有善行却不知道，那便是不明察；知道祖先的美德却不作宣扬，那便是不仁。这三者，是君子感到羞耻的。

从前周公旦为周朝的天下建立了大功勋。周公旦死后，成王、康王两代天子追念周公所建立的功勋，想通过尊重鲁国来纪念他。于是特准鲁国举行像天子那样隆重的祭祀。于是鲁国在外可以郊天祭地，在宗庙内可以举行大规模的尝祭、禘祭。大规模尝祭禘祭，登堂时要唱《清庙》诗，堂下用管乐吹奏《象》之舞曲。还有人拿着红色的盾牌和玉做的斧钺跳起《大武》之舞，又用八列舞队跳起《大夏》之舞。这都是天子的乐舞，为了褒扬周公，就赐给了鲁国。周公的子孙在鲁国把这些礼仪继承了下来，直到如今还没有废止，这是为了显扬周公的功德，同时也使鲁国得到了极大的尊重。

经解第二十六

【原文】

孔子曰："入其国，其教可知也。其为人也，温柔敦厚，《诗》教也；疏通知远，《书》教也；广博易良，《乐》教也；絜静精微，《易》教也；恭俭庄敬，《礼》教也；属辞比事，《春秋》教也。故《诗》之失愚，《书》之失诬，《乐》之失奢，《易》之失贼，《礼》之失烦，《春秋》之失乱。其为人也，温柔敦厚而不愚，则深于《诗》者也；疏通知远而不诬，则深于《书》者也；广博易良而不奢，则深于《乐》者也；絜静精微而不贼，则深于《易》者也；恭俭庄敬而不烦，则深于《礼》者也；属辞比事而不乱，则深于《春秋》者也。"

天子者，与天地参，故德配天地，兼利万物，与日月并明，明照四海而不遗微小。其在朝廷则道仁圣、礼义之序，燕处则听《雅》《颂》之音，行步则有环佩之声，升车则有鸾和之音。居处有礼，进退有度，百官得其宜，万事得其序。《诗》云："淑人君子，其仪不忒。其仪不忒，正是四国。"此之谓也。

发号出令而民说谓之和，上下相亲谓之仁，民不求所欲而得之谓之信，除去天地之害谓之义。义与信，和与仁，霸、王之器也。有治民之意而无其器，则不成。礼之于正国也，犹衡之于轻重也，绳墨之于曲直也，规矩之于方圆也。故衡诚县，不可欺以轻重；绳墨诚陈，不可欺以曲直；规矩诚设，不可欺以方圆；君子审礼，不可诬以奸诈。是故，隆礼、由礼，谓之有方之士；不隆礼、不由礼，谓之无方之民。敬让之道也。故以奉宗庙则敬，以入朝廷则贵贱有位，以处室家则父子亲、兄弟和，以处乡里则长幼有序。孔子曰："安上治

民,莫善于礼。"此之谓也。

故朝觐之礼,所以明君臣之义也。聘问之礼,所以使诸侯相尊敬也。丧祭之礼,所以明臣子之恩也。乡饮酒之礼,所以明长幼之序也。昏姻之礼,所以明男女之别也。夫礼,禁乱之所由生,犹坊止水之所自来也。故以旧坊为无所用而坏之者,必有水败;以旧礼为无所用而去之者,必有乱患。

故昏姻之礼废,则夫妇之道苦,而淫辟之罪多矣。乡饮酒之礼废,则长幼之序失,而争斗之狱繁矣。丧祭之礼废,则臣子之恩薄,而倍死忘生者众矣。聘觐之礼废,则君臣之位失,诸侯之行恶,而倍畔侵陵之败起矣。故礼之教化也微,其止邪也于未形,使人日徙善远罪而不自知也,是以先王隆之也。《易》曰:"君子慎始。差若豪氂,缪以千里。"此之谓也。

【译文】

孔子说:"进入一个国家,就可以知道这个国家教化的情况。如那里的人们温和柔顺,纯朴忠厚,那就是受了《诗》的教化。如果是开明通达,博古通今,那就是受了《书》的教化。如果是心胸舒畅,轻松和善,那就是受到了《乐》的教化。如果是清静精明,细致入微,那就是受了《易》的教化。如果是谦恭辞让、庄重严肃,那就是受了《礼》的教化。如果是善于辞令,议论是非,那就是受了《春秋》的教化。《诗》的弊端在于使人愚钝,《书》的弊端在于浮夸不实,《乐》的弊端在于使人奢侈,《易》的弊端在于伤害正道,《礼》的弊端在于纷繁琐碎,《春秋》的弊端在于造成混乱。如果为人温和柔顺、纯朴忠厚而又不愚钝,那就是深刻地理解了《诗》;开明通达、博古通今而又不浮夸,那就是深刻地理解了《书》;心胸舒畅、轻松和善而又不奢侈,那就是深刻地理解了《乐》;清静精明、细致入微而又不害正道,那就是深刻地理解了《易》;谦恭辞让、庄重严肃而又不烦琐,那就是深刻地理解了《礼》;善于辞令、议论是非而又不混乱,那就是深刻地理解了《春秋》。"

天子是与天、地并列为三,他的光辉可以与日月齐明,光芒照耀四海,无微不至。他在朝廷上,说的是仁圣礼义的道理;休息时,听的是雅、颂的音乐;走路时,则伴随着玉佩的声音节奏;上车,则伴随着车铃的声音节奏。一举一动,都合礼仪;一进一退,皆有法度。手下百官,安排适当;身边百事,有条不乱。《诗经》上说:"善良的君子,礼仪无差错。礼仪无差错,四方都安定",就是说的这种情况啊。天子发号施令,而能使人民感到喜悦,就叫作"和"。在上在下的人相亲相爱,就叫作"仁"。人民不必主动提出要求,就能得到满足,就叫作"信",消灭天地间害人的东西,就叫作"义"。"义"与"信","和"与"仁"是实现霸王之业的必要条件。只有治民的心意,而没有治民的条件,事情是做不成的。

用礼来治国,就好比用秤来称轻重,用绳墨来量曲直,用规矩来画方圆。如果把秤认真悬起,是轻是重就骗不了人了;把绳墨认真拉起,是曲是直就瞒不了人了;把规矩认真用起,是方是圆就一目了然了。君子如果能认真地依照着礼来治国,就不会被奸邪的伎俩所欺骗了。所以重视礼、遵循礼,就叫作有道之士;不重视礼,不遵循礼,就叫作无道之

民。礼也就是叫人遵循恭敬辞让的道德。在宗庙里奉行礼，必然虔诚恭敬。在朝廷上奉行礼，必然使尊贵的人和卑贱的人都安心于自己的职位。在家庭里奉行礼，必然使父子亲密、兄弟和睦。在乡邻里奉行礼，必然使长辈和幼辈不会乱了次序。孔子说："要想安定君主的地位，治理民众，没有比用礼更好的了。"这就是说的这个道理。

制定朝觐之礼，是为了明确君臣之间的大义；制定聘问之礼，是为了使诸侯互相尊敬，制定丧礼祭礼，是为了表示臣和子对君、父之恩的报答。制定乡饮酒之礼，是为了明确长辈和幼辈之间的秩序。制定婚姻之礼，是为了明确男女之间的区别。这些礼，都是为了禁绝祸乱产生的根由，就好像提防可以阻止洪水的到来一样。如果认为从前的提防已经没有用处而把它毁掉，那就一定会发生水灾；如果认为古代的礼仪已经没有用处而把它废掉，那就一定会产生祸患。废掉婚姻之礼，做夫妻就十分困难，奸淫不轨的罪行就会很多。废掉乡饮酒之礼，长辈幼辈就会不分上下，争吵斗殴的案件就会增多。废掉丧礼、祭礼，臣子对君父的恩情就会淡薄，背叛死者、忘记祖先的人就会很多。废掉朝觐、聘问之礼，君臣之间就乱了上下的位置，诸侯的行为就会十分恶劣，于是互相背叛、互相侵害的祸乱就会产生。

所以礼的教化，是在不知不觉中进行的，它能在邪恶尚未形成的时候就将其制止。它能使人一天一天走向善德，远离罪过，而自己却不知道。因此，先王特别重视礼。《易》书上说："君子对于事情的开始，要十分谨慎，因为开始差了毫厘，到以后就要错之千里了。"这就是说的这个道理。

哀公问第二十七

【原文】

哀公问于孔子曰："大礼何如？君子之言礼何其尊也？"孔子曰："丘也小人，不足以知礼。"君曰："否！吾子言之也。"孔子曰："丘闻之，民之所由生，礼为大。非礼无以节事天地之神也，非礼无以辨君臣、上下、长幼之位也，非礼无以别男女、父子、兄弟之亲，昏姻疏数之交也。君子以此之为尊敬然。然后以其所能教百姓，不废其会节。有成事，然后治其雕镂、文章、黼黻以嗣。其顺之，然后言其丧算，备其鼎俎，设其豕腊，修其宗庙，岁时以敬祭祀，以序宗族。即安其居，节丑其衣服，卑其宫室，车不雕几，器不刻镂，食不贰味，以与民同利。昔之君子之行礼者如此。"

公曰："今之君子胡莫之行也？"孔子曰："今之君子，好实无厌，淫德不倦，荒怠敖慢，固民是尽，午其众以伐有道，求得当欲不以其所。昔之用民者由前，今之用民者由后，今之君子莫为礼也。"

孔子侍坐于哀公。哀公曰："敢问人道谁为大？"孔子愀然作色而对曰："君之及此言

也,百姓之德也! 固臣敢无辞而对? 人道,政为大。"

公曰:"敢问何谓为政?"孔子对曰:"政者正也。君为正,则百姓从政矣。君之所为,百姓之所从也。君所不为,百姓何从?"公曰:"敢问为政如之何?"孔子对曰:"夫妇别,父子亲,君臣严。三者正,则庶物从之矣。"公曰:"寡人虽无似也,愿闻所以行三言之道,可得闻乎?"孔子对曰:"古之为政,爱人为大。所以治爱人,礼为大。所以治礼,敬为大。敬之至矣,大昏为大。大昏至矣! 大昏既至,冕而亲迎,亲之也。亲之也者,亲之也。是故,君子兴敬为亲;舍敬,是遗亲也。弗爱不亲,弗敬不正。爱与敬,其政之本与?"

公曰:"寡人愿有言。然,冕而亲迎,不已重乎?"孔子愀然作色而对曰:"合二姓之好,以继先圣之后,以为天地宗庙社稷之主,君何谓已重乎?"公曰:"寡人固! 不固,焉得闻此言也? 寡人欲问,不得其辞,请少进!"孔子曰:"天地不合,万物不生。大昏,万世之嗣也,君何谓已重焉!"

孔子遂言曰:"内以治宗庙之礼,足以配天地之神明;出以治直言之礼,足以立上下之敬。物耻,足以振之;国耻,足以兴之。为政先礼,礼,其政之本与?"

孔子遂言曰:"昔三代明王之政,必敬其妻子也,有道。妻也者,亲之主也,敢不敬与? 子也者,亲之后也,敢不敬与? 君子无不敬也,敬身为大。身也者,亲之枝也,敢不敬与? 不能敬其身,是伤其亲。伤其亲,是伤其本。伤其本,枝从而亡。三者,百姓之象也。身以及身,子以及子,妃以及妃,君行此三者,则忾乎天下矣,大王之道也。如此,则国家顺矣。"

公曰:"敢问何谓敬身?"孔子对曰:"君子过言,则民作辞;过动则民作则。君子言不过辞,动不过则,百姓不命而敬恭。如是,则能敬其身;能敬其身,则能成其亲矣。"

公曰:"敢问何谓成亲?"孔子对曰:"君子也者,人之成名也。百姓归之名,谓之君子之子。是使其亲为君子也,是为成其亲之名也已!"

孔子遂言曰:"古之为政,爱人为大。不能爱人,不能有其身。不能有其身,不能安土。不能安土,不能乐天。不能乐天,不能成其身。"

公曰:"敢问何谓成身?"孔子对曰:"不过乎物。"公曰:"敢问君子何贵乎天道也?"孔子对曰:"贵其'不已'。如日月东西相从而不已也,是天道也。不闭其久,是天道也。无为而物成,是天道也。已成而明,是天道也。"

公曰:"寡人蠢愚,冥烦,子志之心也!"孔子蹴然辟席而对曰:"仁人不过乎物,孝子不过乎物。是故,仁人之事亲也如事天。事天如事亲,是故孝子成身。"公曰:"寡人既闻此言也,无如后罪何!"孔子对曰:"君之及此言也,是臣之福也。"

【译文】

哀公问孔子道:"大礼究竟是怎样的呢? 君子说到礼,为什么是那么的尊重呢?"孔子说:"我孔丘只是个小人物,还不配议论礼。"哀公说:"不! 先生还是说说吧!"

孔子于是说道:"我听说人民生活所遵循的原则,以礼为最重要。没有礼,就不能恰

当地事奉天地间的神明；没有礼，就无法分辨君臣、上下、长幼的地位；没有礼就不能区别男女、父子、兄弟之间的不同感情，以及婚姻、亲疏等人际交往关系。正因为如此，所以君子才对礼特别尊敬呀。然后君子就要尽自己的能力来教化民众，使他们不失时节地进行各种礼仪活动。有了成效之后，再雕刻祭器，制作服饰，来区别尊卑上下的等级。人民顺从之后，再制定服丧的期限，准备好祭祀用的器具和供品，修建宗庙，按时举行恭敬的祭祀，并借以排列宗族里长幼亲疏的次序。于是君子自己也安心地随民众一道居住，穿起俭朴的衣服，住进低小的房屋，车子上不雕饰花边，祭器上不刻镂图纹，饮食也很简单。以这种方式来和民众同甘共苦。从前君子实行礼教，就是这样的。"

哀公又问道："现在的君子，为什么不那样实行了呢？"孔子说："今天的君主喜好财富，贪得无厌，淫乐无度，懒惰傲慢，非把民众的财力耗尽不可。违背众人的心愿，侵害有道的人，只求满足自己的欲望而不择手段。从前君主是照我前面所说的那一套做的。而现在君主却是照刚才所说的这一套做的。如今的君主，没有肯实行礼教的了。"

孔子陪坐在哀公身旁。哀公说："请问人伦之道，什么最重要呢？"孔子马上露出严肃庄重的面容说："您能问及这个问题，那便是百姓有福了。臣岂敢不认真回答呢？人伦之道，最重要的便是政治。"哀公问："请问什么是政治呢？"孔子回答："所谓'政'，也就是'正'。君主若能做到正，百姓就会服从你的统治了。国君的行为，便是百姓所效法的榜样；国君不做的事，百姓又怎么会去效法呢？"

哀公说："请问怎样施行政治呢？"孔子说："夫妻有分际，父子有恩情，君臣相敬重，这三者做得端正，那么其他一切事情也就都好办了。"哀公说："寡人虽不肖，愿领教如何做到这三点的方法，是否可以呢？"孔子说："古人施行政治，首要的是做到爱人；要做到爱人，首要的是礼；要治礼，首先是要恭敬；恭敬的表现，首先在于大婚之礼。大婚之礼是极其重要的。大婚到来的时候，君主要穿上礼服亲自去迎接，是要表示对于对方的亲爱。向对方表示亲爱，也是希望得到对方的亲爱。所以君子以恭敬的态度迎亲；如果舍弃恭敬的态度，也就会失掉对方的亲爱。没有爱，关系就不亲密，不恭敬，行为就不端正。所以仁爱和恭敬，大概就是政治的根本吧！"

哀公说："我想问一句，像您说的这样，君主要穿了礼服亲自去迎亲，是否太隆重了？"孔子严肃地回答："两姓结为婚姻，为前代圣主传宗接代，成为天地宗庙社稷的主人，这么大的事，您怎么能说太隆重了呢？"哀公说："我太愚钝了，不愚钝，也不会来向您请教。我想提问，又找不到适当的词语，请您还是接着说吧！"孔子说："天地不配合，万物就不能生育。大婚，就是为千秋万世生育后代呀，您怎么能说太隆重了呢？"

孔子进一步说道："君主和夫人，在内，治理宗庙祭祀，功德足以和天地神明相配；出外，发布朝政命令，足以使上上下下都能恭敬听命。这样内外都有了礼，臣子有失职之事，可以纠正；国君有错误，可以复兴。所以说施行政治要以礼为先，礼是政治的根本。"孔子又说道："从前夏商周三代圣明天子执政的时候，都很尊重他们的妻和子，这是有道理的。所谓'妻'，是祭祀父母时的主妇，敢不尊敬吗？所谓'子'，是父母的后代，敢不尊

敬吗？君子对一切都应该尊敬，而尤其以尊敬自己为重要。因为自己的身体是直接从父母这个根本上长出来的枝干，敢不尊敬吗？不能尊敬自己，也就是伤害了父母。伤害父母，就是伤害了根本。伤害了根本，枝干也就要跟着灭亡。自身和妻、子三者，也是百姓的象征。由自身要推想到百姓，由自己的儿子要推想到百姓的儿子，由自己的妻子，要推想到百姓的妻子。君子如能实行这三点，礼就会遍行于天下，过去周太王就是这样做的。能这样做，国家就安定了。"

哀公说："请问什么叫尊敬自身呢？"孔子答道："君子说错的话，民众也会模仿；君子做错的事，民众也会当作法则。君子如果能不说错话，不做错事，那么民众不须命令，就会恭敬服从了。这样就是尊敬自身。尊敬自身，实际上也是成就了父母。"哀公说："请问成就父母又怎么讲呢？"孔子答道："所谓'君子'，是人的美名。百姓如果能把美名送给他，称他为'君子之子'，那么也就是使他的父母成为'君子'了，这就是成就了父母的美名。"孔子又接着说道："古代的行政，以爱人最为重要。不能爱人，别人也就不会爱他，他就不能保住自身。不能保住自身，也就不能保住国土，不能保住国土，就要埋怨老天。埋怨老天，便不能成就自身了。"

哀公说："请问什么叫成就自身呢？"孔子答道："做任何事都没有过失，便是成就了自身。"哀公又说："请问君子为什么要崇拜天道呢？"孔子答道："这是崇拜它的永恒没有止境。比如日月东升西落永远不会停止，这就是天道。畅通无阻、天长地久，这就是天道。在无为之中生成了万物，这就是天道。天生成的一切又是那么明明白白，这也是天道。"哀公说："我真是愚蠢顽固得很，还请先生多多指教。"孔子赶紧离开坐席严肃地回答道："仁人做事没有过失，孝子做事没有过失。所以仁人事奉父母像事奉天一样，事奉天又像事奉父母一样，所以孝子能成就自己的名声。"哀公说："我已经听了您这番高论，可是以后做事还是有过失，将怎么办呢？"孔子答道："您能担心将来的过失，这就是我们臣下的福气了。"

仲尼燕居第二十八

【原文】

仲尼燕居，子张、子贡、言游侍，纵言至于礼。子曰："居，女三人者，吾语女礼，使女以礼周流，无不遍也。"

子贡越席而对曰："敢问何如？"子曰："敬而不中礼，谓之野；恭而不中礼，谓之给；勇而不中礼，谓之逆。"子曰："给夺慈仁。"

子曰："师，尔过；而商也，不及。子产犹众人之母也，能食之，不能教也。"子贡越席而对曰："敢问将何以为此中者也？"子曰："礼乎礼！夫礼所以制中也。"

子贡退，言游进曰："敢问礼也者，领恶而全好者与？"子曰："然。""然则何如？"子曰："郊社之义，所以仁鬼神也；尝禘之礼，所以仁昭穆也；馈奠之礼，所以仁死丧也；射乡之礼，所以仁乡党也；食飨之礼，所以仁宾客也。"子曰："明乎郊社之义，尝禘之礼，治国其如指诸掌而已乎！是故以之居处有礼，故长幼辨也；以之闺门之内有礼，故三族和也；以之朝廷有礼，故官爵序也；以之田猎有礼，故戎事闲也；以之军族有礼，故武功成也。是故宫室得其度，量鼎得其象，味得其时，乐得其节，车得其式，鬼神得其飨，丧纪得其哀，辨说得其党，官得其体，政事得其施，加于身而错于前，凡众之动得其宜。"

子曰："礼者何也？即事之治也。君子有其事，必有其治。治国而无礼，譬犹瞽之无相与？伥伥乎其何之？譬如终夜有求于幽室之中，非烛何见？若无礼，则手足无所错，耳目无所加，进退揖让无所制。是故以之居处，长幼失其别，闺门三族失其和，朝廷官爵失其序，田猎戎事失其策，军旅武功失其制，宫室失其度，量鼎失其象，味失其时；乐失其节，车失其式，鬼神失其飨，丧纪失其哀，辨说失其党，官失其体，政事失其施，加于身而错于前，凡众之动失其宜。如此则无以祖洽于众也。"

子曰："慎听之！女三人者。吾语女：礼犹有九焉，大飨有四焉。苟知此矣，虽在畎亩之中，事之，圣人已。两君相见，揖让而入门，入门而县兴。揖让而升堂，升堂而乐阕。下管《象》，《武》《夏》龠序兴。陈其荐俎，序其礼乐，备其百官。如此，而后君子知仁焉。行中规，还中矩，和鸾中《采齐》，客出以《雍》，彻以《振羽》。是故君子无物而不在礼矣。入门而金作，示情也。升歌《清庙》，示德也。下而管《象》，示事也。是故古之君子，不必亲相与言也，以礼乐相示而已。"

子曰："礼也者，理也。乐也者，节也。君子无理不动，无节不作。不能《诗》，于礼缪；不能乐，于礼素；薄于德，于礼虚。"

子曰："制度在礼，文为在礼，行之，其在人乎？"子贡越席而对曰："敢问夔其穷与？"子曰："古之人与？古之人也。达于礼而不达于乐，谓之素；达于乐而不达于礼，谓之偏。夫夔，达于乐而不达于礼，是以传于此名也，古之人也。"

子张问政，子曰："师乎！前，吾语女乎！君子明于礼乐，举而错之而已。"子张复问。子曰："师，尔以为必铺几筵，升降酌献酬酢，然后谓之礼乎？尔以为必行缀兆，兴羽龠，作钟鼓，然后谓之乐乎？言而履之，礼也。行而乐之，乐也。君子力此二者以南面而立，夫是以天下大平也。诸侯朝，万物服体，而百官莫敢不承事矣。礼之所兴，众之所治也；礼之所废，众之所乱也。目巧之室，则有奥阼，席则有上下，车则有左右，行则有随，立则有序，古之义也。室而无奥阼，则乱于堂室也。席而无上下，则乱于席上也。车而无左右，则乱于车也。行而无随，则乱于途也。立而无序，则乱于位也。昔圣帝、明王、诸侯，辨贵贱、长幼、远近、男女、外内，莫敢相逾越，皆由此途出也。"

三子者，既得闻此言也于夫子，昭然若发矇矣。

　　孔子坐着休息，子张、子贡、子游三人陪伴着老师，闲谈中谈到了礼。孔子于是说："坐下吧，你们三个人，我来跟你们说说礼，使你们能把礼到处运用，无所不至。"子贡马上离开坐席答应道："请问那会是怎样的呢？"孔子说："诚敬而不中于礼，就叫作粗野；恭顺而不中于礼，就叫作伪巧；勇敢而不中于礼，就叫作倔强。"孔子又说："伪巧容易给人仁慈的假象。"孔子又接着说："子张，你有时会做得过分，而子夏则往往做得不够。子产好像是民众的母亲，只会喂养，不会教育。"子贡又离开坐席问道："怎样才能做到恰到好处的'中'呢？"孔子说："礼啊礼，就是这个礼决定中与不中的。"

　　子贡退下来，子游又上前问道："请问所谓礼，就是治理邪恶、保全美德的吗？"孔子说："是这样。""是这样，又该怎样治理邪恶，保全美德呢？"孔子说："郊天祭地的意义，就是对鬼神表示仁爱；秋尝夏禘之礼，就是对祖先表示仁爱；馈奠之礼，就是对死者表示仁爱；乡射乡饮酒之礼，是对同乡邻里表示仁爱；食飨之礼，是对宾客表示仁爱。"

　　孔子说："如能明白郊天祭地的道理，懂得秋尝夏禘的意义，那么，对于治理国家的事就了如指掌了。所以，日常起居有了礼，长幼就有了分辨；家庭内部有了礼，一家三代就能和睦；朝廷上有了礼，官职和爵位就有了秩序；田猎时有了礼，军事演习就能熟练；军队里有了礼，就能建立战功。于是宫室都符合尺度，量具和祭器都符合法象，五味调和合于时节，音乐合于节拍，车辆合乎规范，鬼神各自得到享祀，丧葬的安排能表达适当的悲哀，辩论谈话有伦有类，百官各掌其职责，政事也能顺利施行。将礼运用于自身的行动和眼前一切事情，一切就都能做得恰到好处了。"

　　孔子说："礼是什么呢？礼就是治理事情的方法。君子办事，一定要懂得治理的方法。治理国家而没有礼，就好像盲人没人扶助，茫然失去了方向，不知往哪儿走。又好比黑夜在暗室里摸索，没有蜡烛能看见什么呢？如果没有礼，手脚就不知往哪儿放，耳目也不知怎么使用，进退揖让都没有规矩。这样一来，日常起居就分不出长幼上下，家庭内部就会三代不和，朝廷之上官爵也乱了套，田猎练武失去了指挥，军队打仗失去了控制，宫室没有尺度，量具和祭器不符合法度，五味不能按时节调和，奏乐也不合节拍，车辆也不合规范，鬼神没有供品，服丧不能表达悲哀，谈话不伦不类，百官失职，政事不行，自身的举动和眼前的事情，一切都不适宜。像这样就没有办法领导民众协调一致地行动了。"

　　孔子说："小心听着吧！你们三个。我对你们说：礼一共有九项之多，就其中的大飨之礼，也可再分为四项。如果有人懂了此礼，即使他是个种田人，照礼而行，他就是圣人了。当两位国君相见时，互相作揖谦让，然后进入大门。一进大门，马上钟鼓齐鸣，两人又互相作揖谦让着登上大堂。登上大堂钟鼓之声也停下了。这时大堂下又有管乐奏起《象》的乐曲，大武和夏籥的舞一个接一个进行。陈列鼎俎供品，按照礼乐安排仪式，百官执事一应俱全。像这样君子就可以从这些礼仪中看到仁爱的精神。行动周旋，都很合规矩，连车上的铃也合着《采齐》乐曲的节奏。客人出去时，奏起《雍》曲以送别，撤去供品

时则奏起《振羽》之曲。所以君子没有一件事不符合礼节。进门时钟鼓齐鸣,是表示欢迎之情。登堂时演唱歌颂文王的《清庙》之诗,是表示崇高道德。堂下吹起《象》的乐曲,是表示将有大事。所以,古代两君相见,不必用言语交谈,用礼乐就可以互相传达意思了。"

孔子说:"所谓礼,就是条理;所谓乐,就是调节。君子没有条理就不能行动,不加调节也做不成事。如果不懂得赋诗言志,礼节上就会出差错。如果不能用音乐来配合,礼就显得质朴枯燥了。如果道德浅薄,那么礼就只是空洞的形式了。"孔子又说:"各项制度,是由礼规定了的;仪式的行为方式,也是由礼规定了的。但要实行起来,还得要靠人。"子贡又离开坐席问道:"照您前面所说的,是不是夔也不能算通于礼了呢?"孔子说:"你问的夔不是指古代的人吗?他是古代的人啊。精通礼而不精通音乐,叫作质朴;精通音乐而不精通礼,就叫作偏颇。夔大概是只精通音乐,礼却不太精通,所以只传下来一个精通音乐的名声。不过他毕竟是古代的人啊!"

子张问到政治的事。孔子说:"子张,你上前来,我对你说。君子如果懂得了礼乐,只需把它放到政治上去运用就行了。"子张又向孔子提问。孔子说:"子张,你以为必须摆下案几,铺下筵席,上下走动,献酒进馔,举杯酬酢,这样才算是礼吗?你以为必须排下队列,挥舞羽籥,敲钟鸣鼓,这样才叫作乐吗?其实,说的话能切实施行,这就是礼;行的事能使人感到快乐,这就是乐。君子努力做到这两点,那么只要在天子的位置上南面而立,就能使天下太平。诸侯都来朝拜,万事都很得体,百官没有人敢不忠于职守的。

"礼教兴起,百姓就会服从治理;如礼教毁坏,民众就要犯上作乱。从前只凭眼力测量建造的房屋,也都有堂奥和台阶之分,坐席则要分上下,乘车则要分左右,走路则要前后相随,站立也要讲究次序。这都是古代就有的道理。如房屋不分堂奥和台阶,堂屋就要混乱;坐席不分上下,坐次就要混乱;乘车不分左右,车上就要混乱;走路不分前后,路上就要混乱;站立不分次序,位置就要混乱。从前圣明的帝王和诸侯,都要分辨贵贱、长幼、远近、男女、内外的界限,不得互相超越,都是根据这个道理来的。"三位弟子听了孔子这一席话,心中豁然开朗,好像瞎子重见光明。

孔子闲居第二十九

【原文】

孔子闲居,子夏侍。子夏曰:"敢问《诗》云'凯弟君子,民之父母',何如斯可谓'民之父母'矣?"孔子曰:"夫'民之父母'乎,必达于礼乐之原,以致'五至'而行'三无'以横于天下,四方有败,必先知之。此之谓'民之父母'矣。"

子夏曰:"'民之父母'既得而闻之矣,敢问何谓'五至'?"孔子曰:"志之所至,《诗》亦至焉。《诗》之所至,礼亦至焉。礼之所至,乐亦至焉。乐之所至,哀亦至焉。哀乐相生,

是故正明目而视之，不可得而见也；倾耳而听之，不可得而闻也；志气塞乎天地。此之谓‘五至’。”

子夏曰：“‘五至’既得而闻之矣，敢问何谓‘三无’？”孔子曰：“无声之乐，无体之礼，无服之丧，此之谓‘三无’。”

子夏曰：“‘三无’既得略而闻之矣，敢问何诗近之？”孔子曰：“‘夙夜其命宥密’，无声之乐也；‘威仪逮逮，不可选也’，无体之礼也；‘凡民有丧，匍匐救之’，无服之丧也。”

子夏曰：“言则大矣，美矣，盛矣！言尽于此而已乎？”孔子曰：“何为其然也？君子之服之也，犹有五起焉。”子夏曰：“何如？”孔子曰：“无声之乐，气志不违；无体之礼，威仪迟迟；无服之丧，内恕孔悲。无声之乐，气志既得；无体之礼，威仪翼翼；无服之丧，施及四国。无声之乐，气志既从；无体之礼，上下和同；无服之丧，以畜万邦。无声之乐，日闻四方；无体之礼，日就月将；无服之丧，纯德孔明。无声之乐，气志既起；无体之礼，施及四海；无服之丧，施于孙子。”

子夏曰：“三王之德，参于天地。敢问何如斯可谓参（于）天地矣？”孔子曰：“奉‘三无私’以劳天下。”子夏曰：“敢问何谓‘三无私’？”孔子曰：“天无私覆，地无私载，日月无私照。奉斯三者以劳天下，此之谓‘三无私’。其在《诗》曰：‘帝命不违，至于汤齐。汤降不迟，圣敬日齐。昭假迟迟，上帝是祗，帝命式于九围。’是汤之德也。天有四时，春秋冬夏，风雨霜露，无非教也。地载神气，神气风霆，风霆流形，庶物露生，无非教也。清明在躬，气志如神。嗜欲将至，有开必先。天降时雨，山川出云。其在《诗》曰：‘嵩高惟岳，峻极于天。惟岳降神，生甫及申。惟申及甫，惟周之翰。四国于蕃，四方于宣。’此文武之德也。三代之王也，必先〔其〕令闻。《诗》云：‘明明天子，令闻不已。’三代之德也。‘弛其文德，协此四国。’大王之德也。”

子夏蹶然而起，负墙而立，曰：“弟子敢不承乎！”

【译文】

孔子闲坐着休息，子夏在一旁陪伴。子夏说：“请问先生，《诗》上说：‘凯弟君子，民之父母。’怎样才可以称民之父母呢？”孔子说：“民之父母吗？他必须懂得礼乐的根源，达到‘五至’，实行‘三无’，并用来普及于天下。任何地方出现灾祸，定能预先知道。这样就可以称作民之父母了。”

子夏说：“关于民之父母已经听了您的解释，但您说的‘五至’又是什么呢？”孔子说：“意志所到之处，诗也就产生了。诗所到之处，礼也就产生了。礼所到之处，乐也就产生了。乐所到之处，哀也就产生了。因为哀乐是互相引发的。这种道理，即使擦亮了眼睛，也不可能看见；即使竖起耳朵，也不可能听到。而意志是充满于天地之间的。这就叫作‘五至’。”

子夏又说：“关于五至已经听了您的解释，但请问所谓‘三无’又是什么呢？”孔子说：“无声的音乐，无形的礼仪，以及不穿丧服的丧事。”子夏说：“三无的大概意思我已经明白

了,但请问什么诗句跟这三无的意思比较近似呢?"孔子说:"'日夜秉承天命,宽和而又宁静',这就近似于无声的乐。'仪表威严宽和,没有挑剔之处',这就近似于无形的礼。'看见人家有灾难,千方百计去救援',这就近似于不穿丧服的服丧。"

子夏说:"您的话说得真是伟大、完美、充分了!要说的道理都在这里了吗?"孔子说:"哪能这样说呢?君子要实行这'三无',还可以从五个方面来阐明它的含义。无声的音乐,不违背心志;无形的礼仪,从容不迫;无服的丧事,由自己内心推广到他人。无声的音乐,表达了心志;无形的礼仪,恭敬谨慎;无服的丧事,推广到四方之国。无声的音乐,使心志顺从;无形的礼仪,使上下融洽;无服的丧事,可以容纳万国。无声的音乐,一天天传播到四方;无形的礼仪,一天天成长扩大;无服的丧事,使纯洁的道德日益昭著。无声的音乐,奋发了心志;无形的礼仪,普及到四海,无服的丧事,传播到子孙后代。"

子夏说:"三王的德行,与天地并列。请问怎样才能与天地并列呢?"孔子说:"用三无私的精神来治天下。"子夏问:"请问什么叫作三无私呢?"孔子说:"天覆盖天下没有偏私,地承受万物没有偏私,日月普照天下没有偏私。用这三种精神来治天下,就叫作三无私。这才是《诗》里所谓:'帝命不违背,汤王登了位;降世正适时,圣明又谨慎;光明照永久,恭敬事上帝。上帝命汤王,一统大九州。'这就是商汤的德行,天有春夏秋冬四季,普降风雨霜露以滋润万物。这就是圣人施行教化所仿效的法则,地承受着神妙之气,变化出风雷,风雷到处流动,万物露出了生机。这也就是圣人施行教化所仿效的法则。清彻明净的德行在圣人身上,因而他的意志也有神一样的功能。心中将要有所作为,一定先有征兆出现,好像天将要下雨时,山川里便吐出云气。这在《诗》里面就有这样的诗句:'巍巍五岳,直耸云天。降下神灵:甫侯申伯。周室栋梁,国家屏障。周王恩德,四方宣扬。'这就是说的文王、武王的德行啊!三代的圣王,都是在未做王之前就有了美好的名声。《诗》上说:'光明的天子,美名永无止。'这就是说的三代圣王的德行。'施行文德教化,融洽四方之国。'这就是说的周太王的德行。"

子夏听到这里,跃然站起来,背靠墙恭敬地站立着,说道:"弟子岂敢不承受先生这番教导!"

坊记第三十

【原文】

子言之:"君子之道,辟则坊与!坊民之所不足者也。大为之坊,民犹逾之,故君子礼以坊德,刑以坊淫,命以坊欲。"

子云:"小人贫斯约,富斯骄;约斯盗,骄斯乱。礼者,因人之情而为之节文,以为民坊者也。故圣人之制富贵也,使民富不足以骄,贫不至于约,贵不慊于上,故乱益亡。"

子云："贫而好乐，富而好礼，众而以宁者，天下其几矣。《诗》云：'民之贪乱，宁为荼毒。'故制国不过千乘，都城不过百雉，家富不过百乘。以此坊民，诸侯犹有畔者。"

子云："夫礼者，所以章疑别微，以为民坊者也。故贵贱有等，衣服有别，朝廷有位，则民有所让。"

子云："天无二日，土无二王，家无二主，尊无二上，示民有君臣之别也，《春秋》不称楚越之王丧。礼：君不称天，大夫不称君，恐民之惑也。《诗》云：'相彼盍旦，尚犹患之。'"

子云："君不与同姓同车，与异姓同车不同服，示民不嫌也。以此坊民，民犹得同姓以弑其君。"

子云："君子辞贵不辞贱，辞富不辞贫，则乱益亡。故君子与其使食浮于人也，宁使人浮于食。"

子云："觞酒豆肉，让而受恶，民犹犯齿。衽席之上，让而坐下，民犹犯贵。朝廷之位，让而就贱，民犹犯君。《诗》云：'民之无良，相怨一方；受爵不让，至于已斯亡。'"

子云："君子贵人而贱己，先人而后己，则民作让。故称人之君曰君，自称其君曰寡君。"

子云："利禄先死者而后生者，则民不偝；先亡者而后存者，则民可以托。《诗》云：'先君之思，以畜寡人。'以此坊民，民犹偝死而号无告。"

子云："有国家者，贵人而贱禄，则民兴让；尚技而贱车，则民兴艺。故君子约言，小人先言。"

子云："上酌民言，则下天上施。上不酌民言，则犯也；下不天上施，则乱也。故君子信让以莅百姓，则民之报礼重。《诗》云：'先民有言，询于刍荛。'"

子云："善则称人，过则称己，则民不争。善则称人，过则称己，则怨益亡。《诗》云：'尔卜尔筮，履无咎言。'"

子云："善则称人，过则称己，则民让善。《诗》云：'考卜惟王，度是镐京。惟龟正之，武王成之。'"

子云："善则称君，过则称己，则民作忠。《君陈》曰：'尔有嘉谋嘉猷，入告尔君于内。女乃顺之于外，曰："此谋此猷，惟我君之德。"於乎！是惟良显哉！'"

子云："善则称亲，过则称己，则民作孝。《大誓》曰：'予克纣，非予武，惟朕文考无罪。纣克予，非朕文考有罪，惟予小子无良。'"

子云："君子弛其亲之过，而敬其美。《论语》曰："三年无改于父之道，可谓孝矣。"高宗云："三年其惟不言，言乃谨。""

子云："从命不（忿）〔怠〕，微谏不倦，劳而不怨，可谓孝矣。《诗》云：'孝子不匮。'"

子云："睦于父母之党，可谓孝矣，故君子因睦以合族。《诗》云：'此令兄弟，绰绰有裕。不令兄弟，交相为瘉。'"

子云："于父之执，可以乘其车，不可以衣其衣。君子以广孝也。"

子云："小人皆能养其亲，君子不敬，何以辨？"

子云："父子不同位，以厚敬也。《书》云：'厥辟不辟，忝厥祖。'"

子云："父母在，不称老。言孝不言慈。闺门之内，戏而不叹。君子以此坊民，民犹〔有〕薄于孝而厚于慈。"

子云："长民者，朝廷敬老则民作孝。"

子云："祭祀之有尸也，宗庙之有主也，示民有事也。修宗庙，敬祀事，教民追孝也。以此坊民，民犹忘其亲。"

子云："敬则用祭器。故君子不以菲废礼，不以美没礼。故食礼，主人亲馈则客祭，主人不亲馈则客不祭。故君子苟无礼，虽美不食焉。《易》曰：'东邻杀牛，不如西邻之禴祭，实受其福。'《诗》云：'既醉以酒，既饱以德。'以此示民，民犹争利而忘义。"

子云："七日戒，三日齐；承一人焉以为尸，过之者趋走；以教敬也。醴酒在室，醍酒在堂，澄酒在下，示〔民〕不淫也。尸饮三，众宾饮一，示民有上下也。因其酒肉，聚其宗族，以教民睦也。故堂上观乎室，堂下观乎上。《诗》云：'礼仪卒度，笑语卒获。'"

子云："宾礼每进以让，丧礼每加以远。浴于中霤，饭于牖下，小敛于户内，大敛于阼，殡于客位，祖于庭，葬于墓，所以示远也。殷人吊于圹，周人吊于家，示民不偝也。"

子云："死，民之卒事也，吾从周。以此坊民，诸侯犹有薨而不葬者。"

子云："升自客阶，受吊于宾位，教民追孝也。未没丧，不称君，示民不争也。故鲁《春秋》记晋丧曰：'杀其君之子奚齐，及其君卓。'以此坊民，子犹有弑其父者。"

子云："孝以事君，弟以事长，示民不贰也。故君子有君不谋仕，唯卜之日称二君。丧父三年，丧君三年，示民不疑也。父母在，不敢有其身，不敢私其财，示民有上下也。故天子四海之内无客礼，莫敢为主焉。故君适其臣，升自阼阶，即位于堂，示民不敢有其室也。父母在，馈献不及车马，示民不敢专也。以此坊民，民犹忘其亲而贰其君。"

子云："礼之先币帛也，欲民之先事而后禄也。先财而后礼，则民利。无辞而行情，则民争。故君子于有馈者，弗能见，则不视其馈。《易》曰：'不耕获，不菑畬，凶。'以此坊民，民犹贵禄而贱行。"

子云："君子不尽利以遗民。《诗》云：'彼有遗秉，此有不敛穧，伊寡妇之利。'故君子仕则不稼，田则不渔，食时不力珍，大夫不坐羊，士不坐犬。《诗》云：'采葑采菲，无以下体。德音莫违，及尔同死。'以此坊民，民犹忘义而争利以亡其身。"

子云："夫礼，坊民所淫，章民之别，使民无嫌，以为民纪者也。故男女无媒不交，无币不相见，恐男女之无别也。以此坊民，民犹有自献其身。《诗》云：'伐柯如之何？匪斧不克。取妻如之何？匪媒不得。''蓻麻如之何？横从其亩。取妻如之何？必告父母。'"

子云："取妻不取同姓，以厚别也。故买妾不知其姓，则卜之。以此坊民，鲁《春秋》犹去夫人之姓曰'吴'，其死曰'孟子卒'。"

子云："礼，非祭，男女不交爵。以此坊民，阳侯犹杀缪侯而窃其夫人。故大飨废夫人之礼。"

子云："寡妇之子，不有见焉，则弗友也，君子以辟远也。故朋友之交，主人不在，不有

大故，则不入其门。以此坊民，民犹以色厚于德。”

子云：“好德如好色。诸侯不下渔色。故君子远色以为民纪，故男女授受不亲。御妇人则进左手。姑、姊、妹、女子子已嫁而反，男子不与同席而坐。寡妇不夜哭。妇人疾，问之，不问其疾。以此坊民，民犹淫泆而乱于族。”

子云；“昏礼：婿亲迎，见于舅姑，舅姑承子以授婿，恐事之违也。以此坊民，妇犹有不至者。”

【译文】

孔子说：“君子的治民之道，就好比是提防吧！用来防备民众的过失。即使严密地设置提防，民众也还是有越规的。所以君子用礼来防备道德的过失，用刑罚来制裁淫邪的行为，用法令来防范人欲的泛滥。”

孔子说：“小人贫穷便感到窘迫，富裕便会有骄横之气。感到窘迫就会去盗窃，有骄横之气就要犯上作乱。礼就是顺应人之常情而设立制度仪文，作为人民的规范。所以圣人制定富贵的限度，使民众富裕而不致骄横，贫穷而不至于窘迫，有了一定地位而不至于对上级不满。所以犯上作乱的事就日益减少了。”

孔子说：“贫穷而能自得其乐，富贵而能爱好礼让；家族人多势众而能安守本分，这样的人世上是极少的。《诗》上说：‘民众一心想作乱，宁可忍受苦与毒。’所以按照制度，诸侯国的兵车不得超过一千乘。都城的规模不得超过百雉。大夫家的兵车不得超过一百乘。用这种制度来对他们加以防范。然而即使这样，诸侯还是有叛乱的。”

孔子说：“礼是用来裁决断定那些疑惑不定、隐约不明的事情，用来防范民众的。有了礼，贵贱就有了等级，衣服就有了区别，朝廷就有了区分上下的爵位，民众也就会互相谦让。”

孔子说：“天上不会有两个太阳，地上不能有两个君王，一家不能有两个主人，至尊的地位只能有一个。这就是向民众显示君臣的区别。《春秋》不记载自称为王的楚、越国君的丧葬之事。礼规定诸侯不得像天子那样称为‘天’，大夫不能像诸侯那样称为‘君’，这就是担心民众对上下关系产生迷惑。《诗》中说：‘看那盍旦鸟儿叫，人们尚且讨厌它。’更何况那些企图僭越的人呢？”

孔子说：“国君不跟同姓的人同乘一辆车，跟不同姓的同乘一辆车时要穿着不同的衣服。作出标志避免嫌疑。用这样的方法来防备民众，民众还是有同姓杀害君王的。”

孔子说：“君子辞让显贵而不逃避卑贱，辞让财富而不逃避贫穷。所以作乱的事就日益减少了。君子与其使俸禄超出人的才能，不如使人的才能超过所受的俸禄。”

孔子说：“分配酒肉，应该反复辞让，然后接受粗陋的一份；即使这样，民众仍然会冒犯长者。安排座次，应该再三辞让，然后坐在下方；即使这样，民众仍然会冒犯尊贵者。朝廷的爵位，应该再三辞让，然后接受卑贱的爵位；即使这样，民众仍然会冒犯君主。《诗》上说：‘民众的行为不善良，互相怨恨各执一端，接受爵禄不肯辞让，到了最后一齐

灭亡。’”

　　孔子说：“君子尊重他人而贬低自己，让他人在前面而自己居后，这样民众就学会了谦让。所以称别人的君主为‘君’，而称自己的国君为‘寡君’。”

　　孔子说：“利益和荣誉，应该先给予死者，后给予生者。这样民众就不会背弃死者；先给予远方的人，后给予在国中的人，这样民众才感到国君可以信托。《诗》上说：‘你应该思念死去的先君，赡养我这未亡人。’虽然用这样的方法来防范民众，而民众仍然会背弃死者，使得活着的老弱之人悲呼哀号无处诉苦。”

　　孔子说：“治理国家的人，重视人的品德，对有德的人，不吝啬封以爵禄；那么民众就会盛兴礼让。崇尚人的技能，对有能的人，不吝啬赐以车服；那么民众就会学习技艺。所以君子是少说话，多干事；小人则是事还没做，就先说大话。”

　　孔子说：“在上位的人斟酌听取民众的意愿，民众就会把上面施行的政治看得像天意一样。在上位的人不听取民众的意愿，民众就要犯上；民众不把上面的政治看得像天意，就要作乱。所以君子以信用和礼让来统治百姓，民众也会重重地以礼相报。《诗》上说：‘先人有遗训，在上者要咨询及于樵夫。’”

　　孔子说：“有善行则归功于他人，有过错则归咎于自己，这样民众就不会发生争执。有善行则归功于他人，有过错则归咎于自己，这样怨恨就会日益减少。《诗》上说：‘你占卜，你算卦，卦体上面无坏话。’”

　　孔子说：“有善行则归功于他人，有过错则归咎于自己。这样民众就会在荣誉面前谦让。《诗》上说：‘武王考察占卜，决定建都镐京；龟能正其吉兆，武王完成大事。’这便是归功于他人。”

　　孔子说：“有善行则归功于君主，有过错则归咎于自己，民众就会激发忠君之心。《君陈》篇说：‘你有好主意好方法，进去告诉你的君主，然后你再到外面去施行，’并且说：‘这主意、这办法，都是我们君主的功德。啊！只有我们善良的君主才能这样光明伟大啊！’这便是归功于君主。”

　　孔子说：“有善行则归功于父母，有过错则归咎于自己。这样民众便会提倡孝道。《大誓》上说：‘如果我打败了商纣，那并不是我的武功，而是由于我的父亲本来没有过错，如果商纣打败了我，那并不是我父亲有过错，而是我没有善良的德行。’”

　　孔子说：“君子忘掉父母的过错，而敬重父母的美德。”《论语》上说：“三年不改变父亲生前的主张，可以算是孝了。”所以高宗“在父亲死后三年不发表言论。一旦发表言论，天下都感到欢乐”。孔子说：“服从父母的命令，不怠慢，即使父母有过错，也只能慢慢地温和地劝谏。为父母担当劳苦而毫无怨言，这样就可称得上是孝了。《诗》上说：‘孝子的孝心是无穷的。’”

　　孔子说：“与父母同辈的人和睦相处，才可以称作孝。所以君子以和睦的态度聚合宗族里的人一道燕食。《诗》上说：‘兄弟互相友善，大家轻松融洽；不友善的兄弟，则互相说坏话。’”孔子说：“对于和父亲同辈的人，可以乘他的车子，但不能穿他的衣服。这就是把

对父亲的孝敬推广到父亲的同辈。"

孔子说："小人也都能供养父母，如果君子也只是供养而不是孝敬，怎么能同小人区别开来呢？"

孔子说："父亲和儿子不能处在尊卑相同的位置上，这是为了强调敬重父亲的尊严。《书》上说：'做君主却没有君主的尊严，便是污辱了祖先。'"孔子说："父母健在，儿子不应该称老，只能谈对父母的孝敬，不要企求父母对自己的慈爱。在家庭里只应该以游戏使父母愉快，而不应该在父母面前唉声叹气。君子用这样的教导来防范民众，民众还是缺乏孝敬之心而贪图父母的慈爱。"

孔子说："作为民众的君主，如果能在朝廷上敬重老人，那么民众也会盛行孝敬的风气。"孔子说："祭祀时有'尸'，宗庙里立有神位，是为了向民众显示事奉的对象。修建宗庙，恭敬地进行祭祀，是为了教导民众继续对死者的孝心。即使像这样教导民众，民众还是有忘记死去的父母的。"

孔子说："为了表示对宾客的尊敬，才在宴飨时使用祭器。君子不因为物品菲薄而废弃礼仪，也不因为物品丰盛华美而超出礼仪。按照食礼，主人亲自进酒食，客才行祭食之礼，主人不亲自进酒食，客就不行祭食之礼。所以如果不符合礼仪，即使是华美的物品也不去吃。《易》上说：'东邻虽然杀了牛，却不如西邻举行禴祭能切实得到神的福佑。'《诗》上说：'既醉饮了美酒，又感受到恩德。'以此来指导民众，民众还是会争夺利益而忘记礼义。"

孔子说："七天散斋，三天致斋，来事奉一个人，待他当作'尸'，从他面前经过的人都要快步行走。这都是教导人们要恭敬。醴酒放在室内，醍酒放在堂上，澄酒放在堂下，这是为了指示人民不要贪图浓味。尸饮酒三次，众宾客才饮一次，这是为了显示要有上下尊卑的区别。借着祭祀的酒肉，聚集宗族里的人会餐，是为了教导民众和睦相处。所以堂上的人看着室内的人，作为榜样；堂下的人看着堂上的人作为榜样。《诗》上说：'礼仪都合法度，谈笑也很得体。'"

孔子说："迎宾之礼，每进一步都更加谦让。丧葬之礼，每行一礼，死者就更加远离而去。初死时，浴尸是在室中，饭尸是在窗下，小敛在门内，大敛就到了堂上东阶，停柩又到了堂上西阶，祖奠到宗庙中庭，最后下葬到墓穴。这就是显示死者一步步地远去了。殷人只是到墓穴上去吊丧，而周人则在家中吊丧，这是为了教导民众不能背弃死者。"孔子说："死，是人最终的一件事，我是赞同周人的丧葬之礼的。用这样的礼仪来教导民众，诸侯居然还有死了不如期而葬的情况。"

孔子说："送葬回来后，儿子从西阶登堂，在宾位上接受吊唁。这是要教导民众继续对死者的孝心。丧期未终了，不得称为'君'，这是启示民众不要与父亲争位。所以《春秋》记载晋国的丧事时说：'里克杀了他的国君的儿子奚齐以及国君卓。'用这样的方法来防范民众，民众还是有弑杀父亲的。"

孔子说："用孝道事奉君主，用悌道事奉首长，这是指示人民不得怀有二心。所以君

主的儿子在君主健在时不谋求官职,避免与君主争位的嫌疑。只有在代替君主进行占卜时,才可以自称君主之副位。为父亲服丧三年,为君主服丧也是三年,这是向人民显示君主的尊严是不可怀疑的。父母健在,儿子不敢专有自己的身体,不敢私自聚积财产,这是向人民显示有上下的区别。天子在四海之内没有做客的礼节,因为没有人敢做他的主人。所以君主到臣子家里,要从主人的台阶登堂,在堂上就位。这是向人民显示臣子不能专有自己的宫室。父母健在,儿子不可以用车马等贵重财物赠送他人,这是向人民显示儿子不能专有财产。即使用这些教诲来防范民众,民众还是有忘记父母,对君主怀有二心的。"

孔子说:"先行相见之礼,然后馈赠币帛,这样是希望人民先做事然后再求利禄。若是先送财物,然后才行礼,民众就会争夺。所以君子对于送礼物的人,如果不能行相见之礼,则礼物看也不必看了。《易》上说:'不耕种就有收获,不开荒而有了良田,这是不吉利的。'用这样的教导来防范民众,民众还是重视利禄,轻视道德行为。"

孔子说:"君子不把所有利益全部搜刮干净,而是遗留一点给人民。《诗》上说:'那里有一把遗漏的禾,这里有几颗未收的穗,让孤儿寡妇也得点利。'君子做了官就不同时又种田,种田的,就不同时又打鱼。吃食不要求山珍海味。大夫不可无故杀羊,士不可无故杀狗。《诗》上说:'采葑又采菲,不要连根拔;好话莫违背,和你同生死。'用这样的教导来防范民众,民众还是会忘记道义,争夺利益,以至于丢了性命。"

孔子说:"礼可以用来防备民众淫乱。标明男女之区别,避免发生嫌疑,从而成为民众的法纪。男女之间没有媒人,不得建立联系;没有定婚的礼物,不得互相见面。这就是害怕男女之间没有界限。虽然像这样防备民众,民众还是有私自以身相许的。《诗》上说:'怎样才能砍柴? 没有斧头不行;怎样才能娶妻? 没有媒人不行;怎样才能种麻? 先要整理田亩;怎样才能娶妻? 必先告诉父母。'"

孔子说:"娶妻不娶同姓的人,以此强调血缘的区别。如果是买妾,不知道她的姓,则应该通过占卜决定是否适宜。用这种方法防范民众,鲁昭公居然还娶同姓吴国女人为妻,以至于鲁国《春秋》记载她的死,不称其姓,只说'孟子卒'。"孔子说:"礼规定,不是祭祀的时候,男女不得在一起交杯敬酒。用这样的方法来防范民众,阳侯居然还杀了缪侯,占有了他的夫人,所以后来就废止了夫人参加大飨的礼节。"

孔子说:"对于寡妇的儿子,如果不是见他确实很有才能,就不要跟他交朋友。这是因为君子应该远远地避开嫌疑。朋友之间交往,如果主人不在家,又不是遇到死人、失火之类的大事,就不要进人家的门。像这样来防范民众,民众还是把色看得比德更重。"

孔子说:"喜好美德,应该像喜好美色一样。诸侯不应该在自己的臣民中挑选美女为妻妾,君子远离美色,为民众做出榜样。所以男女不得亲自授受东西。男子给妇人驾车,应该以左手上前。姑、姊妹及女儿等已经出嫁,回娘家时,娘家的男子就不可跟她们坐在一张席上。寡妇不得在夜间哭泣。妇人有病,男人去慰问时,不得问是什么病。用这样的礼节来防备民众,民众仍然奸淫放纵,干出败坏伦常的事情。"

孔子说："按照婚礼，娶亲时女婿要亲自到女方家里去迎接，见到岳父岳母，岳父岳母要亲自把女儿交给女婿，而且还担心女儿不能顺从丈夫。用这种方法来防范民众，还是有一些女子不肯跟随男子回去的。"

中庸第三十一

【原文】

天命之谓性，率性之谓道，修道之谓教。道也者，不可须臾离也，可离非道也。是故君子戒慎乎其所不睹，恐惧乎其所不闻。莫见乎隐，莫显乎微，故君子慎其独也。喜怒哀乐之未发，谓之中；发而皆中节，谓之和。中也者，天下之大本也；和也者，天下之达道也。致中和，天地位焉，万物育焉。

仲尼曰："君子中庸，小人反中庸。君子之中庸也，君子而时中；小人之中庸也，小人而无忌惮也。"

子曰："中庸其至矣乎！民鲜能久矣！"

子曰："道之不行也，我知之矣：知者过之，愚者不及也。道之不明也，我知之矣：贤者过之，不肖者不及也。人莫不饮食也，鲜能知味也。"

子曰："道其不行矣夫。"

子曰："舜其大知也与！舜好问而好察迩言，隐恶而扬善，执其两端，用其中于民，其斯以为舜乎！"

子曰："人皆曰'予知'，驱而纳诸罟擭陷阱之中，而莫之知辟也。人皆曰'予知'，择乎中庸而不能期月守也。"

子曰："回之为人也，择乎中庸，得一善，则拳拳服膺而弗失之矣。"

子曰："天下国家可均也，爵禄可辞也，白刃可蹈也，中庸不可能也。"

子路问强。子曰："南方之强与？北方之强与？抑而强与？宽柔以教，不报无道，南方之强也，君子居之。衽金革，死而不厌，北方之强也，而强者居之。故君子和而不流，强哉矫！中立而不倚，强哉矫！国有道，不变塞焉，强哉矫！国无道，至死不变，强哉矫！"

子曰："素隐行怪，后世有述焉，吾弗为之矣。君子遵道而行，半途而废，吾弗能已矣。君子依乎中庸，遁世不见知而不悔，唯圣者能之。君子之道费而隐。夫妇之愚，可以与知焉，及其至也，虽圣人亦有所不知焉。夫妇之不肖，可以能行焉，及其至也，虽圣人亦有所不知焉。天地之大也，人犹有所憾。故君子语大，天下莫能载焉；语小，天下莫能破焉。《诗》云：'鸢飞戾天，鱼跃于渊。'言其上下察也。君子之道，造端乎夫妇，及其至也，察乎天地。"

子曰："道不远人。人之为道而远人，不可以为道。《诗》云：'伐柯伐柯，其则不远。'

执柯以伐柯,睨而视之,犹以为远。故君子以人治人,改而止。忠恕违道不远,施诸己而不愿,亦勿施于人。君子之道四,丘未能一焉:所求乎子以事父,未能也;所求乎臣以事君,未能也;所求乎弟以事兄,未能也;所求乎朋友先施之,未能也。庸德之行,庸言之谨,有所不足,不敢不勉,有余不敢尽。言顾行,行顾言,君子胡不慥慥尔?"君子素其位而行,不愿乎其外。素富贵,行乎富贵;素贫贱,行乎贫贱;素夷狄,行乎夷狄;素患难,行乎患难。君子无入而不自得焉。在上位,不陵下;在下位,不援上。正己而不求于人,则无怨。上不怨天,下不尤人。故君子居易以俟命,小人行险以侥幸。"

子曰:"射有似乎君子,失诸正鹄,反求诸其身。君子之道,辟如行远必自迩,辟如登高必自卑。《诗》曰:'妻子好合,如鼓瑟琴。兄弟既翕,和乐且耽。宜尔室家,乐尔妻帑。'"子曰:"父母其顺矣乎!"

子曰:"鬼神之为德,其盛矣乎!视之而弗见,听之而弗闻,体物而不可遗。使天下之人齐明盛服,以承祭祀,洋洋乎!如在其上,如在其左右。《诗》曰:'神之格思,不可度思!矧可射思。'夫微之显,诚之不可掩如此夫!"

子曰:"舜其大孝也与!德为圣人,尊为天子,富有四海之内。宗庙飨之,子孙保之。故大德必得其位,必得其禄,必得其名,必得其寿。故天之生物,必因其材而笃焉。故栽者培之,倾者覆之。《诗》曰:'嘉乐君子,宪宪令德。宜民宜人,受禄于天。保佑命之,自天申之。'故大德者必受命。"

子曰:"无忧者其惟文王乎!以王季为父,以武王为子;父作之,子述之。武王缵大王、王季、文王之绪,壹戎衣而有天下。身不失天下之显名,尊为天子,富有四海之内,宗庙飨之,子孙保之。武王末受命,周公成文、武之德,追王大王、王季,上祀先公以天子之礼。斯礼也,达乎诸侯大夫,及士庶人。父为大夫,子为士,葬以大夫,祭以士。父为士,子为大夫,葬以士,祭以大夫。期之丧,达乎大夫。三年之丧,达乎天子。父母之丧,无贵贱一也。"

子曰:"武王、周公,其达孝矣乎!夫孝者;善继人之志,善述人之事者也。春秋修其祖庙,陈其宗器,设其裳衣,荐其时食。宗庙之礼,所以序昭穆也;序爵,所以辨贵贱也;序事,所以辨贤也;旅酬下为上,所以逮贱也;燕毛,所以序齿也。践其位,行其礼,奏其乐,敬其所尊,爱其所亲,事死如事生,事亡如事存,孝之至也。郊社之礼,所以事上帝也。宗庙之礼,所以祀乎其先也。明乎郊社之礼、禘尝之义,治国其如示诸掌乎!"

哀公问政。子曰:"文武之政,布在方策。其人存,则其政举;其人亡,则其政息。人道敏政,地道敏树。夫政也者,蒲卢也。故为政在人,取人以身,修身以道,修道以仁。仁者,人也,亲亲为大;义者,宜也,尊贤为大。亲亲之杀,尊贤之等,礼所生也。(在下位不获乎上,民不可得而治矣。)故君子不可以不修身。思修身,不可以不事亲;思事亲,不可以不知人;思知人,不可以不知天。"

"天下之达道五,所以行之者三。曰:君臣也,父子也,夫妇也,昆弟也,朋友之交也,五者天下之达道也。知,仁,勇,三者天下之达德也,所以行之者(一)也。或生而知之,或

学而知之，或困而知之，及其知之一也。或安而行之，或利而行之，或勉强而行之，及其成功一也。"子曰："好学近乎知，力行近乎仁，知耻近乎勇。知斯三者，则知所以修身；知所以修身，则知所以治人；知所以治人，则知所以治天下国家矣。"

"凡为天下国家有九经，曰：修身也，尊贤也，亲亲也，敬大臣也，体群臣也，子庶民也，来百工也，柔远人也，怀诸侯也。修身则道立，尊贤则不惑，亲亲则诸父昆弟不怨，敬大臣则不眩，体群臣则士之报礼重，子庶民则百姓劝，来百工则财用足，柔远人则四方归之，怀诸侯则天下畏之。齐明盛服，非礼不动，所以修身也。去谗远色，贱货而贵德，所以劝贤也。尊其位，重其禄，同其好恶，所以劝亲亲也。官盛任使，所以劝大臣也。忠信重禄，所以劝士也。时使薄敛，所以劝百姓也。日省月试，既（廪）〔禀〕称事，所以劝百工也。送往迎来，嘉善而矜不能，所以柔远人也。继绝世，举废国，治乱持危，朝聘以时，厚往而薄来，所以怀诸侯也。凡为天下国家有九经，所以行之者一也。"

"凡事豫则立，不豫则废。言前定则不跲，事前定则不困，行前定则不疚，道前定则不穷。"

"在下位不获乎上，民不可得而治矣。获乎上有道：不信乎朋友，不获乎上矣。信乎朋友有道：不顺乎亲，不信乎朋友矣。顺乎亲有道：反诸身不诚，不顺乎亲矣；诚身有道：不明乎善，不诚乎身矣。诚者，天之道也；诚之者，人之道也。诚者不勉而中，不思而得，从容中道，圣人也。诚之者，择善而固执之者也。"

"博学之，审问之，慎思之，明辨之，笃行之。有弗学，学之弗能弗措也；有弗问，问之弗知弗措也；有弗思，思之弗得弗措也；有弗辨，辨之弗明弗措也。有弗行，行之弗笃弗措也。人一能之，己百之；人十能之，己千之。果能此道矣，虽愚必明，虽柔必强。"

"自诚明，谓之性；自明诚，谓之教。诚则明矣，明则诚矣。唯天下至诚，为能尽其性；能尽其性，则能尽人之性；能尽人之性，则能尽物之性；能尽物之性，则可以赞天地之化育；可以赞天地之化育，则可以与天地参矣。"

"其次致曲，曲能有诚，诚则形，形则著，著则明，明则动，动则变，变则化。唯天下至诚为能化。"

"至诚之道，可以前知。国家将兴，必有祯祥；国家将亡，必有妖孽。见乎蓍龟，动乎四体。祸福将至：善，必先知之；不善，必先知之。故至诚如神。"

"诚者自成也，而道自道也。诚者物之终始，不诚无物。是故君子诚之为贵。诚者，非自成己而已也，所以成物也。成己，仁也；成物，知也。性之德也，合外内之道也，故时措之宜也。

"故至诚无息。不息则久，久则（征）〔彻〕，（征）〔彻〕则悠远，悠远则博厚，博厚则高明。博厚，所以载物也；高明，所以覆物也；悠久，所以成物也。博厚配地，高明配天，悠久无疆。如此者，不见而章，不动而变，无为而成。天地之道，可一言而尽也：其为物不贰，则其生物不测。天地之道：博也，厚也，高也，明也，悠也，久也。"

"今夫天，斯昭昭之多，及其无穷也，日月星辰系焉，万物覆焉。今夫地，一撮土之多，

及其广厚，载华岳而不重，振河海而不泄，万物载焉。今夫山，一卷石之多，及其广大，草木生之，禽兽居之，宝藏兴焉。今夫水，一勺之多，及其不测，鼋鼍蛟龙鱼鳖生焉，货财殖焉。《诗》曰：'维天之命，於穆不已！' 盖曰天之所以为天也。'於乎不显，文王之德之纯！' 盖曰文王之所以为文也，纯亦不已。"

"大哉圣人之道！洋洋乎！发育万物，峻极于天。优优大哉！礼仪三百，威仪三千，待其人然后行。故曰：苟不至德，至道不凝焉。故君子尊德性而道问学，致广大而尽精微，极高明而道中庸。温故而知新，敦厚以崇礼。是故居上不骄，为下不倍。国有道其言足以兴，国无道其默足以容。《诗》曰：'既明且哲，以保其身。' 其此之谓与？"

子曰："愚而好自用，贱而好自专，生乎今之世，反古之道。如此者，灾及其身者也。"非天子，不议礼，不制度，不考文。今天下车同轨，书同文，行同伦。虽有其位，苟无其德，不敢作礼乐焉；虽有其德，苟无其位，亦不敢作礼乐焉。

子曰："吾说夏礼，杞不足征也；吾学殷礼，有宋存焉；吾学周礼，今用之，吾从周。"

"王天下有三重焉，其寡过矣乎！上焉者，虽善无征，无征不信，不信民弗从。下焉者，虽善不尊，不尊不信，不信民弗从。故君子之道，本诸身，征诸庶民，考诸三王而不缪，（建）〔达〕诸天地而不悖，质诸鬼神而无疑，百世以俟圣人而不惑。质诸鬼神而无疑，知天也；百世以俟圣人而不惑，知人也。是故君子动而世为天下道，行而世为天下法，言而世为天下则。远之则有望，近之则不厌。《诗》曰：'在彼无恶，在此无射。庶几夙夜，以永终誉。' 君子未有不如此而蚤有誉于天下者也。"

仲尼祖述尧、舜，宪章文、武，上律天时，下袭水土。辟如天地之无不持载，无不覆帱，辟如四时之错行，如日月之代明。万物并育而不相害，道并行而不相悖。小德川流，大德敦化。此天地之所以为大也！

唯天下至圣，为能聪明睿知，足以有临也；宽裕温柔，足以有容也；发强刚毅，足以有执也；齐庄中正，足以有敬也；文理密察，足以有别也。溥博渊泉，而时出之。溥博如天，渊泉如渊。见而民莫不敬，言而民莫不信，行而民莫不说。是以声名洋溢乎中国，施及蛮貊。舟车所至，人力所通，天之所覆，地之所载，日月所照，霜露所队，凡有血气者，莫不尊亲，故曰配天。

唯天下至诚，为能经纶天下之大经，立天下之大本，知天地之化育。夫焉有所倚？肫肫其仁！渊渊其渊！浩浩其天！苟不固聪明圣知达天德者，其孰能知之？

《诗》曰"衣锦尚䌹"。恶其文之著也。故君子之道，暗然而日章；小人之道，的然而日亡。君子之道，淡而不厌，简而文，温而理，知远之近，知风之自，知微之显，可与入德矣。《诗》云："潜虽伏矣，亦孔之昭！"故君子内省不疚，无恶于志。君子之所不可及者，其唯人之所不见乎！《诗》云："相在尔室，尚不愧于屋漏。"故君子不动而敬，不言而信。《诗》曰："奏假无言，时靡有争。"是故君子不赏而民劝，不怒而民威于铁钺。《诗》曰："不显惟德，百辟其刑之。"是故君子笃恭而天下平。《诗》云："予怀明德，不大声以色。"子曰："声色之于以化民，末也。"《诗》曰"德輶如毛"。毛犹有伦。"上天之载，无声无臭"。

至矣!

【译文】

人的自然禀赋叫作"性",顺着本性行事叫作"道",按照"道"的原则修养叫作"教"。

"道"是不可以片刻离开的,如果可以离开,那就不是"道"了。所以,品德高尚的人在没有人看见的地方也是谨慎的,在没有人听见的地方也是有所戒惧的。越是隐蔽的地方越是明显,越是细微的地方越是显著。所以,品德高尚的人在一人独处的时候也是谨慎的。喜怒哀乐没有表现出来的时候,叫作"中";表现出来以后符合节度,叫作"和"。"中",是人人都有的本性;"和",是大家遵循的原则,达到"中和"的境界,天地便各在其位了,万物便生长繁育了。

仲尼说:"君子中庸,小人违背中庸。君子之所以中庸,是因为君子随时做到适中,无过无不及;小人之所以违背中庸,是因为小人肆无忌惮,专走极端。"

孔子说:"中庸大概是最高的德行了吧!大家缺乏它已经很久了!"

孔子说:"中庸之道不能实行的原因,我知道了:聪明的人自以为是,认识过了头;愚蠢的人智力不及,不能理解它。中庸之道不能弘扬的原因,我知道了:贤能的人做得太过分;不贤的人根本做不到。就像人们每天都要吃喝,但却很少有人能够真正品尝滋味。"

孔子说:"舜可真是具有大智慧的人啊!他喜欢向人问问题,又善于分析别人浅近话语里的含义。隐藏人家的坏处,宣扬人家的好处。过与不及两端的意见他都掌握,采纳适中的用于老百姓。这就是舜之所以为舜的地方吧!"

孔子说:"人人都说自己聪明,可是被驱赶到罗网陷阱中去却不知躲避。人人都说自己聪明,可是选择了中庸之道却连一个月时间也不能坚持。"

孔子说:"颜回就是这样一个人,他选择了中庸之道,得到了它的好处,就牢牢地把它放在心上,再也不让它失去。"

孔子说:"天下国家可以治理,官爵俸禄可以放弃,雪白的刀刃可以践踏而过,中庸却不容易做到。"子路问什么是强。孔子说:"南方的强呢?北方的强呢?还是你认为的强呢?用宽容柔和的精神去教育人,人家对我蛮横无理也不报复,这是南方的强,品德高尚的人具有这种强。用兵器甲盾当枕席,死而后已,这是北方的强,勇武好斗的人就具有这种强。所以,品德高尚的人和顺而不随波逐流,这才是真强啊!保持中立而不偏不倚,这才是真强啊!国家政治清平时不改变志向,这才是真强啊!国家政治黑暗时坚持操守,宁死不变,这才是真强啊!"

孔子说:"寻找隐僻的歪歪道理,做些怪诞的事情来欺世盗名,后世也许会有人来记述他,为他立传,但我是绝不会这样做的。有些品德不错的人按照中庸之道去做,但是半途而废,不能坚持下去,而我是绝不会停止的。真正的君子遵循中庸之道,即使一生默默无闻不被人知道也不后悔。这只有圣人才能做得到。"

君子的道广大而又精微。普通男女虽然愚昧,也可以知道君子的道;但它的最高深

境界,即便是圣人也有弄不清楚的地方,普通男女虽然不贤明,也可以实行君子的道,但,它的最高深境界,即便是圣人也有做不到的地方。大地如此之大,但人们仍有不满足的地方。所以,君子说到"大",就大得连整个天下都载不下;君子说到"小",就小得连一点儿也分不开。《诗经》说:"鸢鸟飞向天空,鱼儿跳跃深水。"这是说上下分明。君子的道,开始于普通男女,但它的最高深境界却昭著于整个天地。

孔子说:"道并不排斥人。如果有人实行道却排斥他人,那就不可以实行道了。"

"《诗经》说:'砍削斧柄,砍削斧柄,斧柄的式样就在眼前。'握着斧柄砍削斧柄,应该说不会有什么差异,但如果你斜眼一看,还是会发现差异很大。所以,君子总是根据不同人的情况采取不同的办法治理,只要他能改正错误实行道就行。"

"一个人做到忠恕,离道也就差不远了。什么叫忠恕呢?自己不愿意的事,也不要施加给别人。"

"君子的道有四项,我孔丘连其中的一项也没有能够做到:作为一个儿子应该对父亲做到的,我没有能够做到;作为一个臣民应该对君王做到的,我没有能够做到;作为一个弟弟应该对哥哥做到的,我没有能够做到;作为一个朋友应该先做到的,我没有能够做到。平常的德行努力实践,平常的言谈尽量谨慎。德行的实践有不足的地方,不敢不勉励自己努力;言谈却不敢放肆而无所顾忌。说话符合自己的行为,行为符合自己说过的话,这样的君子怎么会不忠厚诚实呢?"

君子安于现在所处的地位去做应做的事,不生非分之想。

处于富贵的地位,就做富贵人应做的事;处于贫贱的状况,就做贫贱人应做的事;处于边远地区,就做边远地区应做的事;处于患难之中,就做在患难之中应做的事。君子无论处于什么情况下都是安然自得的。

处于上位,不欺侮在下位的人;处于下位,不攀援在上位的人。端正自己而不苟求别人,这样就不会有什么抱怨了。上不抱怨天,下不抱怨人。

所以,君子安居现状来等待天命,小人却铤而走险妄图获得非分的东西。孔子说:"君子立身处世就像射箭一样,射不中,不怪靶子不正,只怪自己箭术不行。"

君子实行中庸之道,就像走远路一样,必定要从近处开始;就像登高山一样,必定要从低处起步。《诗经》说:"妻子儿女感情和睦,就像弹琴鼓瑟一样。兄弟关系融洽,和顺又快乐。使你的家庭美满,保你的妻儿幸福。"孔子赞叹说:"这样,父母也就称心如意了啊!"

孔子说:"鬼神的德行可真是大得很啊!看它也看不见,听它也听不到,但它却体现在万物之中使人无法离开它。天下的人都斋戒净心,穿着庄重整齐的服装去祭祀它,无所不在啊!好像就在你的头上,好像就在你左右。《诗经》说:'神的降临,不可揣测,怎么能够怠慢不敬呢?从隐微到显著,真实的东西就是这样不可掩盖!"

孔子说:"舜该是个最孝顺的人了吧?德行方面是圣人,地位上是尊贵的天子,财富拥有整个天下,宗庙里祭祀他,子子孙孙都保持他的功业。所以,有大德的人必定得到他

应得的地位，必定得到他应得的财富，必定得到他应得的名声，必定得到他应得的长寿。所以，上天生养万物，必定根据它们的资质而厚待它们。能成材的得到培育，不能成材的就遭到淘汰。《诗经》说：'高尚优雅的君子，有光明美好的德行，让人民安居乐业，享受上天赐予的福禄。上天保佑他，任用他，给他以重大的使命。'所以，有大德的人必定会承受天命。"

鲁哀公询问政事。孔子说："周文王、周武王的政事都记载在典籍上。他们在世，这些政事就实施；他们去世，这些政事也就废弛了。治理人的途径是勤于政事；治理地的途径是多种树木。说起来，政事就像芦苇一样，完全取决于用什么人。要得到适用的人在于修养自己，修养自己在于遵循大道，遵循大道要从仁义做起。仁就是爱人，亲爱亲族是最大的仁。义就是事事做得适宜，尊重贤人是最大的义。至于说亲爱亲族要分亲疏，尊重贤人要有等级，这都是礼的要求。所以，君子不能不修养自己。要修养自己，不能不侍奉亲族；要侍奉亲族，不能不了解他人；要了解他人，不能不知道天理。"

天下人共有的伦常关系有五项，用来处理这五项伦常关系的德行有三种。君臣、父子、夫妇、兄弟、朋友之间的交往，这五项是天下人共有的伦常关系；智、仁、勇，这三种是用来处理这五项伦常关系的德行。至于这三种德行的实施，道理都是一样的。比如说，有的人生来就知道它们，有的人通过学习才知道它们，有的人要遇到困难后才知道它们，但只要他们最终都知道了，也就是一样的了。又比如说，有的人自觉自愿地去实行它们，有的人为了某种好处才去实行它们，有的人勉勉强强地去实行，但只要他们最终都实行起来了，也就是一样的了。孔子说："喜欢学习就接近了智，努力实行就接近了仁，知道羞耻就接近了勇。知道这三点，就知道怎样修养自己，知道怎样修养自己，就知道怎样管理他人，知道怎样管理他人，就知道怎样治理天下和国家了。"

治理天下和国家有九条原则。那就是：修养自身，尊崇贤人，亲爱亲族，敬重大臣，体恤群臣，爱民如子，招纳工匠，优待远客，安抚诸侯。修养自身就能确立正道；尊崇贤人就不会思想困惑；亲爱亲族就不会惹得叔伯兄弟怨恨；敬重大臣就不会遇事无措；体恤群臣，士人们就会竭力报效；爱民如子，老百姓就会忠心耿耿；招纳工匠，财物就会充足；优待远客，四方百姓就会归顺；安抚诸侯，天下的人都会敬畏了。像斋戒那样净心虔诚，穿着庄重整齐的服装，不符合礼仪的事坚决不做，这是为了修养自身；驱除小人，疏远女色，看轻财物而重视德行，这是为了尊崇贤人；提高亲族的地位，给他们以丰厚的俸禄，与他们爱憎相一致，这是为了亲爱亲族；让众多的官员供他们使用，这是为了敬重大臣；真心诚意地任用他们，并给他们以较多的俸禄，这是为了体恤群臣；使用民役不误农时，少收赋税，这是为了爱民如子；经常视察考核，按劳付酬，这是为了招纳工匠；来时欢迎，去时欢送，嘉奖有才能的人，救济有困难的人，这是为了优待远客；延续绝后的家族，复兴灭亡的国家，治理祸乱，扶持危难，按时接受朝见，赠送丰厚，纳贡菲薄，这是为了安抚诸侯。总而言之，治理天下和国家有九条原则，但实行这些原则的道理都是一样的。

任何事情，事先有预备就会成功，没有预备就会失败。说话先有预备，就不会中断；

做事先有预备，就不会受挫；行为先有预备，就不会后悔；道路预先选定，就不会走投无路。

在下位的人，如果得不到在上位的人信任，就不可能治理好平民百姓。得到在上位的人信任有办法：得不到朋友的信任就得不到在上位的人信任；得到朋友的信任有办法：不孝顺父母就得不到朋友的信任；孝顺父母有办法：自己不真诚就不能孝顺父母；使自己真诚有办法：不明白什么是善就不能够使自己真诚。

真诚是上天的原则，追求真诚是做人的原则。天生真诚的人，不用勉强就能做到，不用思考就能拥有，自然而然地符合上天的原则，这样的人是圣人。努力做到真诚，就要选择美好的目标执着追求：广泛学习，详细询问，周密思考，明确辨别，切实实行。要么不学，学了没有学会绝不罢休；要么不问，问了没有懂得绝不罢休；要么不想，想了没有想通绝不罢休；要么不分辨，分辨了没有明确绝不罢休；要么不实行，实行了没有成效绝不罢休。别人用一分努力就能做到的，我用一百分的努力去做；别人用十分的努力做到的，我用一千分的努力去做。如果真能够做到这样，虽然愚笨也一定可以聪明起来，虽然柔弱也一定可以刚强起来。

由真诚而自然明白道理，这叫作天性；由明白道理后做到真诚，这叫做人为的教育。真诚也就会自然明白道理，明白道理后也就会做到真诚。

只有天下极端真诚的人能充分发挥他的本性；能充分发挥他的本性，就能充分发挥众人的本性；能充分发挥众人的本性，就能充分发挥万物的本性；能充分发挥万物的本性，就可以帮助天地培育生命；能帮助大地培育生命，就可以与天地并列为三了。

比圣人次一等的贤人致力于某一方面，致力于某一方面也能做到真诚。做到了真诚就会表现出来，表现出来就会逐渐显著，显著了就会发扬光大，发扬光大就会感动他人，感动他人就会引起转变，引起转变就能化育万物。只有天下最真诚的人能化育万物。

极端真诚可以预知未来的事。国家将要兴旺，必然有吉祥的征兆；国家将要衰亡，必然有不祥的反常现象。呈现在蓍草龟甲上，表现在手脚动作上。祸福将要来临时，是福可以预先知道，是祸也可以预先知道。所以极端真诚就像神灵一样微妙。

真诚是自我的完善，道是自我的引导。真诚是事物的发端和归宿，没有真诚就没有了事物。因此君子以真诚为贵。不过，真诚并不是自我完善就够了，而是还要完善事物。自我完善是仁，完善事物是智。仁和智是出于本性的德行，是融合自身与外物的准则，所以任何时候施行都是适宜的。

所以，极端真诚是没有止息的。没有止息就会保持长久，保持长久就会显露出来，显露出来就会悠远，悠远就会广博深厚，广博深厚就会高大光明。广博深厚的作用是承载万物；高大光明的作用是覆盖万物；悠远长久的作用是生成万物。广博深厚可以与地相比，高大光明可以与天相比，悠远长久则是永无止境。达到这样的境界，不显示也会明显，不活动也会改变，无所作为也会有所成就。

天地的法则，简直可以用一个"诚"字来囊括：诚本身专一不二，所以生育万物多得不

可估量。大地的法则，就是广博、深厚、高大、光明、悠远、长久。今天我们所说的大，原本不过是由一点一点的光明聚积起来的，可等到它无边无际时，日月星辰都靠它维系，世界万物都靠它覆盖。今天我们所说的地，原本不过是由一撮土一撮土聚积起来的，可等到它广博深厚时，承载像华山那样的崇山峻岭也不觉得重，容纳那众多的江河湖海也不会泄漏，世界万物都由它承载了。今天我们所说的山，原本不过是由拳头大的石块聚积起来的，可等到它高大无比时，草木在上面生长，禽兽在上面居住，宝藏在上面储藏。今天我们所说的水，原本不过是一勺一勺聚积起来的，可等到它浩瀚无涯时，蛟龙鱼鳖等都在里面生长，珍珠珊瑚等值钱的东西都在里面繁殖。《诗经》说："天命多么深远啊，永远无穷无尽！"这大概就是说的天之所以为天的原因吧。"多么显赫光明啊，文王的品德纯真无二！"这大概就是说的文王之所以被称为"文"王的原因吧，纯真也是没有止息的。

伟大啊，圣人的道浩瀚无边！生养万物，与天一样崇高；充足有余！礼仪三百条，威仪三千条，这些都有待于圣人来实行。所以说，如果没有极高的德行，就不能成功极高的道。因此，君子尊崇道德修养而追求知识学问，达到广博境界而又钻研精微之处，洞察一切而又奉行中庸之道；温习已有的知识从而获得新知识，诚心诚意地崇奉礼节。所以身居高位不骄傲，身居低位不自弃，国家政治清明时，他的言论足以振兴国家；国家政治黑暗时，他的沉默足以保全自己。《诗经》说："既明智又通达事理，可以保全自身。"大概就是说的这个意思吧！

孔子说："愚昧却喜欢自以为是，卑贱却喜欢独断专行；生于现在的时代却一心想回复到古时去。这样做，灾祸一定会降临到自己的身上。"

不是天子就不要议订礼仪，不要制订法度，不要考订文字规范。现在天下车子的轮距一致，文字的字体统一，伦理道德相同。虽有相应的地位，如果没有相应的德行，是不敢制作礼乐制度的；虽然有相应的德行，如果没有相应的地位，也是不敢制作礼乐制度的。

孔子说："我谈论夏朝的礼制，夏的后裔杞国已不足以验证它；我学习殷朝的礼制，殷的后裔宋国还残存着它。我学习周朝的礼制，现在还实行着它，所以我遵从周礼。"

治理天下能够做好议订礼仪，制订法度，考订文字规范这三件重要的事，也就没有什么大的过失了吧！在上位的人，虽然行为很好，但如果没有验证的话，就不能使人信服，不能使人信服，老百姓就不会听从。在下位的人，虽然行为很好，但由于没有尊贵的地位，也不能使人信服，不能使人信服，老百姓就不会听从。

所以君子治理天下应该以自身的德行为根本，并从老百姓那里得到验证。考查夏、商、周三代先王的做法而没有背谬，立于天地之间而没有悖乱，质询于鬼神而没有疑问，百世以后待到圣人出现也没有什么不理解的地方。质询于鬼神而没有疑问，这是知道天理；百世以后待到圣人出现也没有什么不理解的地方，这是知道人意。所以君子的举止能世世代代成为天下的先导，行为能世世代代成为天下的法度，语言能世世代代成为天下准则。在远处有威望，在近处也不使人厌恶。

　　《诗经》说："在那里没有人憎恶,在这里没有人厌烦,日日夜夜操劳啊,为了保持美好的名望。"君子没有不这样做而能够早早在天下获得名望的。

　　孔子继承尧舜,以文王、武王为典范,上遵循天时,下符合地理。就像天地那样没有什么不承载,没有什么不覆盖;又好像四季的交错运行,日月的交替光明。万物一起生长而互不妨害,道路向时并行而互不冲突。小的德行如河水一样长流不息,大的德行使万物敦厚纯朴。这就是天地的伟大之处啊!

　　《诗经》说："身穿锦绣衣服,外面罩件套衫。"这是为了避免锦衣花纹大显露,所以,君子的道深藏不露而日益彰明;个人的道显露无遗而日益消亡。君子的道,平淡而有意味,简略而有文采。温和而有条理,由近知远,由风知源,由微知显,这样,就可以进入道德的境界了。

　　《诗经》说："潜藏虽然很深,但也会很明显的。"所以君子自我反省没有愧疚,没有恶念头存于心志之中。君子的德行之所以高于一般人,大概就是在这些不被人看见的地方吧!

　　《诗经》说："看你独自在室内的时候,是不是能无愧于神明。"所以,君子就是在没做什么事的时候也是恭敬的,就是在没有对人说什么的时候也是信实的。

　　《诗经》说："进奉诚心,感通神灵。肃穆无言,没有争执。"所以,君子不用赏赐,老百姓也会互相劝勉;不用发怒,老百姓也会很畏惧。

　　《诗经》说："弘扬那德行啊,诸侯们都来效法。"所以,君子笃实恭敬就能使天下太平。

　　《诗经》说："我怀有光明的品德,不用厉声厉色。"孔子说："用厉声厉色去教育老百姓,是最拙劣的行为。"

　　《诗经》说："德行轻如毫毛。"轻如毫毛还是有物可比拟。"上天所承载的,既没有声音也没有气味。"这才是最高的境界啊!

表记第三十二

【原文】

　　子言之:"归乎! 君子隐而显,不矜而庄,不厉而威,不言而信。"

　　子曰:"君子不失足于人,不失色于人,不失口于人。是故君子貌足畏也,色足惮也,言足信也。《甫刑》曰:'敬忌而罔有择言在躬。'"

　　子曰:"裼、袭之不相因也,欲民之毋相渎也。"

　　子曰:"祭极敬,不继之以乐。朝极辨,不继之以倦。"

　　子曰:"君子慎以辟祸,笃以不掩,恭以远耻。"

　　子曰:"君子庄敬日强。安肆日偷。君子不以一日使其躬儳焉,如不终日。"

子曰:"齐戒以事鬼神,择日月以见君,恐民之不敬也。"

子曰:"狎侮,死焉,而不畏也。"

子曰:"无辞不相接也,无礼不相见也,欲民之毋相亵也。《易》曰:'初筮告,再三渎,渎则不告。'"

子言之:"仁者天下之表也,义者天下之制也,报者天下之利也。"

子曰:"以德报德,则民有所劝。以怨报怨,则民有所惩。《诗》曰:'无言不雠,无德不报。'《大甲》曰:'民非后,无能胥以宁。后非民,无以辟四方。'"子曰:"以德报怨,则宽身之民也;以怨报德,则刑戮之民也。"

子曰:"无欲而好仁者,无畏而恶不仁者,天下一人而已矣。是故君子议道自己,而置法以民。"

子曰:"仁有三,与仁同功而异情。与仁同功,其仁未可知也。与仁同过,然后其仁可知也。仁者安仁,知者利仁,畏罪者强仁。仁者右也。道者左也。仁者人也,道者义也。厚于仁者薄于义,亲而不尊;厚于义者薄于仁,尊而不亲。道有至,义有考。至道以王,义道以霸,考道以为无失。"

子言之:"仁有数,义有长短小大。中心憯怛,爱人之仁也。率法而强之,资仁者也。《诗》云:'丰水有芑,武王岂不仕。诒厥孙谋,以燕翼子。武王烝哉!'数世之(人)〔仁〕也。《国风》曰:'我今不阅,皇恤我后。'终身之仁也。"

子曰:"仁之为器重,其为道远,举者莫能胜也,行者莫能致也。取数多者,仁也。夫勉于仁者,不亦难乎!是故君子以义度人,则难为人;以人望人,则贤者可知已矣。"

子曰:"中心安仁者,天下一人而已矣。《大雅》曰:'德輶如毛,民鲜克举之。我仪图之。惟仲山甫举之,爱莫助之。'《小雅》曰:'高山仰止,景行行止。'"子曰:"《诗》之好仁如此。乡道而行,中道而废,忘身之老也,不知年数之不足也;俛焉日有孳孳,毙而后已。"

子曰:"仁之难成久矣!人人失其所好。故仁者之过易辞也。"子曰:"恭近礼,俭近仁,信近情,敬让以行。此虽有过,其不甚矣。夫恭寡过,情可信,俭易容也,以此失之者,不亦鲜乎!《诗》(曰)〔云〕:'温温恭人,惟德之基。'"子曰:"仁之难成久矣,唯君子能之。是故君子不以其所能者病人,不以人之所不能者愧人。是故圣人之制行也,不制以己,使民有所劝勉愧耻,以行其言。礼以节之,信以结之,容貌以文之,衣服以移之,朋友以极之,欲民之有壹也。《小雅》曰:'不愧于人,不畏于天。'是故君子服其服,则文以君子之容;有其容,则文以君子之辞;遂其辞,则实以君子之德。是故君子耻服其服而无其容,耻有其容而无其辞,耻有其辞而无其德,耻有其德而无其行。是故君子衰绖则有哀色,端冕则有敬色,甲胄则有不可辱之色。《诗》云:'惟鹈在梁,不濡其翼。彼记之子,不称其服。'"

子言之:"君子之所谓义者,贵贱皆有事于天下。天子亲耕,粢盛秬鬯,以事上帝,故诸侯勤以辅事于天子。"子曰:"下之事上也,虽有庇民之大德,不敢有君民之心,仁之厚也。是故君子恭俭以求役仁,信让以求役礼;不自尚其事,不自尊其身;俭于位而寡于欲,

让于贤；卑己而尊人，小心而畏义，求以事君；得之自是，不得自是，以听天命。《诗》云：'莫莫葛藟，施于条枚。凯弟君子，求福不回。'其舜、禹、文王、周公之谓与！有君民之大德，有事君之小心。《诗》云：'惟此文王，小心翼翼。昭事上帝，聿怀多福。厥德不回，以受方国。'"

子曰："先王谥以尊名，节以壹惠，耻名之浮于行也。是故君子不自大其事，不自尚其功，以求处情；过行弗率，以求处厚；彰人之善而美人之功，以求下贤。是故君子虽自卑而民敬尊之。"子曰："后稷，天下之为烈也，岂一手一足哉？唯欲行之浮于名也，故自谓便人。"

子言之："君子之所谓仁者，其难乎！《诗》云：'凯弟君子，民之父母。'凯以强教之，弟以说安之。乐而毋荒，有礼而亲，威庄而安，孝慈而敬，使民有父之尊，有母之亲，如此而后可以为民父母矣，非至德其孰能如此乎？今父之亲子也，亲贤而下无能；母之亲子也，贤则亲之，无能则怜之。母亲而不尊，父尊而不亲。水之于民也，亲而不尊；火尊而不亲。土之于民也，亲而不尊；天尊而不亲。命之于民也，亲而不尊；鬼尊而不亲。"

子曰："夏道尊命，事鬼敬神而远之，近人而忠焉，先禄而后威，先赏而后罚，亲而不尊；其民之敝，蠢而愚，乔而野，朴而不文。殷人尊神，率民以事神，先鬼而后礼，先罚而后赏，尊而不亲；其民之敝，荡而不静，胜而无耻。周人尊礼尚施，事鬼敬神而远之，近人而忠焉，其赏罚用爵列，亲而不尊；其民之敝，利而巧，文而不惭，贼而蔽。"子曰："夏道未渎辞，不求备，不大望于民，民未厌其亲。殷人未渎礼，而求备于民。周人强民，未渎神，而赏爵刑罚穷矣。"子曰："虞夏之道，寡怨于民。殷周之道，不胜其敝。"子曰："虞夏之质，殷周之文，至矣！虞夏之文，不胜其质；殷周之质，不胜其文。"

子言之曰："后世虽有作者，虞帝弗可及也已矣。君天下，生无私，死不厚其子；子民如父母，有憯怛之爱，有忠利之教；亲而尊，安而敬，威而爱，富而有礼，惠而能散；其君子尊仁畏义，耻费轻实，忠而不犯，义而顺，文而静，宽而有辨。《甫刑》曰：'德威惟威，德明惟明。'非虞帝其孰能如此乎？"

子言之："事君先资其言，拜自献其身，以成其信。是故君有责于其臣，臣有死于其言，故其受禄不诬，其受罪益寡。"

子曰："事君，大言入则望大利，小言入则望小利，故君子不以小言受大禄，不以大言受小禄。《易》曰：'不家食，吉。'"

子曰："事君不下达，不尚辞，非其人弗自。《小雅》曰：'靖共尔位，正直是与。神之听之，式榖以女。'"

子曰："事君远而谏，则谄也；近而不谏，则尸利也。"子曰："迩臣守和，宰正百官，大臣虑四方。"子曰："事君欲谏不欲陈。《诗》云：'心乎爱矣，瑕不谓矣。中心藏之，何日忘之！'"

子曰："事君，难进而易退，则位有序；易进而难退，则乱也。故君子三揖而进，一辞而退，以远乱也。"子曰："事君三违而不出竟，则利禄也。人虽曰不要，吾弗信也。"子曰：

"事君慎始而敬终。"子曰:"事君可贵可贱,可富可贫,可生可杀,而不可使为乱。"

子曰:"事君,军旅不辟难,朝廷不辞贱。处其位而不履其事,则乱也。故君使其臣,得志则慎虑而从之,否则孰虑而从之。终事而退,臣之厚也。《易》曰:'不事王侯,高尚其事。'"

子曰:"唯天子受命于天,士受命于君。故君命顺,则臣有顺命;君命逆,则臣有逆命。《诗》曰:'鹊之姜姜,鹑之贲贲。人之无良,我以为君。'"

子曰:"君子不以辞尽人,故天下有道,则行有枝叶;天下无道,则辞有枝叶。是故君子于有丧者之侧,不能赙焉,则不问其所费;于有病者之侧,不能馈焉,则不问其所欲;有客不能馆,则不问其所舍。故君子之接如水,小人之接如醴;君子淡以成,小人甘以坏。《小雅》曰:'盗言孔甘,乱是用餤。'"

子曰:"君子不以口誉人,则民作忠。故君子问人之寒则衣之,问人之饥则食之,称人之美则爵之。《国风》曰:'心之忧矣,于我归说。'"子曰:"口惠而实不至,怨菑及其身。是故君子与其有诺责也,宁有已怨。《国风》曰:'言笑晏晏,信誓旦旦。不思其反。反是不思,亦已焉哉!'"

子曰:"君子不以色亲人。情疏而貌亲,在小人则穿窬之盗也与?"子曰:"情欲信,辞欲巧。"

子言之:"昔三代明王,皆事天地之神明,无非卜筮之用,不敢以其私亵事上帝,是故不犯日月,不违卜筮。卜、筮不相袭也。大事有时日;小事无时日,有筮。外事用刚日,内事用柔日。不违龟筮。"子曰:"牲牷、礼乐、齐盛,是以无害乎鬼神,无怨乎百姓。"

子曰:"后稷之祀易富也,其辞恭,其欲俭,其禄及子孙。《诗》曰:'后稷兆祀,庶无罪悔,以迄于今。'"

子曰:"大人之器威敬。天子无筮。诸侯有守筮。天子道以筮。诸侯非其国,不以筮;卜宅寝室。天子不卜处大庙。"子曰:"君子敬则用祭器,是以不废日月,不违龟筮,以敬事其君长。是以上不渎于民,下不亵于上。"

【译文】

孔子说:"回去吧! 一个德行高尚的人即使隐身山野,他的名声也会远扬的;不必故作矜持之态,而神色却自然庄重;不必声色严厉,而威仪却自然使人敬畏;不必多说话,却自然会得到别人的信任。"孔子说:"德行高尚的君子,对人的一举一动没有不得体的地方,对人的一颦一笑没有不合适的地方,对人的一言一语也没有失礼的地方。所以君子的仪容足以使人敬畏,颜色足以使人惊惧,言语足以取得别人的信任。《甫刑》说:'外表恭敬,内心戒惧,要使别人在自己身上找不到一点可以挑剔的话。'"孔子说:"在行礼中,有时以露出裼衣为敬,有时以掩着上衣不露裼衣为敬,不能照样做,这样是为了使人民不彼此亵渎。"孔子说:"祭祀要尽量表达敬意,虽有宴飨,但不能以欢乐为终止而失去敬意;朝廷上的事一定要尽力处理好,虽然烦劳,但不能因疲倦而最后草草了事。"

孔子说："德行高尚的人用行为谨慎来避免祸患，用修养笃厚来解除困迫，用恭敬待人来避免耻辱。"孔子说："君子总是庄重恭敬，所以意志一天比一天强；小人总是安乐淫逸，所以才一天比一天苟且委靡。君子绝不会使自己的身心有一天无所检束，如同小人那样好像担心无法过完一天的样子。"孔子说："斋戒然后奉祀鬼神，挑选日子去朝见君主，这样做，是因为担心人民失去恭敬之心。"孔子说："在上位的人如果轻狎侮慢而失去庄重恭敬之心，那么即使用'死'来威胁下民，下民也不会因此而畏惧的。"孔子说："朝聘聚会的时候，如果没有用言辞来互通情意，就不能互相交接；如果没有用见面礼来表达自己的真诚的感情，就不能相见。这样做，就是要使人民不要相互亵渎。《易》上说：'第一次筮占，是示凶吉的，但第二次问、第三次问，就变成亵渎了。既然亵渎了，就不再示吉凶了。'"

孔子说："仁是天下共同的仪表；义是评定天下事物的准则；互相报答，使人乐善去恶，所以是天下的大利。"孔子说："用恩惠来报答别人给自己的恩惠，这样人民就会有所劝勉而友好相待；用怨恨来回报别人对自己的怨恨，这样人民就会有所警戒而不敢对别人不好了。《诗》说：'别人跟我说话，我一定会回答；别人对我有恩惠，我一定会报答。'《大甲》上说：'人民如果没有君主，就不能得到安宁；君主如果没有人民，也不能统治四方。'"孔子说："用恩惠来报答别人对自己的怨恨，那是求苟安的人；用怨恨来报答别人给自己的恩惠，那一定是应该绳之以法的人。"

孔子说："自身没有任何私欲，而天性好仁的，以及自身无所畏惧，而天性厌恶不仁的，在人世间只有极少数这类的人。所以明达事理的君子在议论事理时，一定是从自身出发，尽自己能做到的说；在制定法律时，一定是依据人民的实际情况来制定的。"孔子说："仁的行为有三种情况，它们在仁的效果上虽然是一样的，但出发点却不同。能够造成与仁的同样的效果，这样在效果方面就看不出他们本人的修养程度；但从他们与仁的利害关系来看，就可以知道他们修养到了哪种程度。第一种是真正仁爱的人，他们的天性就是泛爱众人；第二种是有智慧的人，他们知道行仁可以得到实际利益；第三种是害怕犯罪受刑罚的人，他们只是勉强去行仁。仁就像人的右手，道就像人的左手。仁是以人的爱的天性为出发点的，而道却是以人们必须遵循的法则为出发点的。如果过分地偏重于仁，那么义就会做得不够，这样一来人们就会愿意亲近他，但却不太尊敬他；如果过分地偏重于义，那么仁就会做得不够，这样一来人们对他就会敬而远之。道有最高的道，有合于法则的道，有择取旧法而成的道。推行最高的道，就可以成就王业；推行合于法则的道，就可以称霸诸侯；至于推行择取旧法而成的道，那就只能避免过失罢了。"

孔子说："仁有几种，有大小之分；义也有几种，有长短之别。一个人如果遇到不幸的事情，就会从内心发出忧伤悲痛的感情，这就是真正的爱人的仁；依据法律勉强行仁，这不是真正的仁，而是借助仁来达到自己的目的。《诗》说：'丰水边有杞树，周武王又怎能不惦念天下事？留下安民的好谋略给子孙，使他们得享安乐。周武王真是英明伟大啊！'这就是嘉惠流及几代的仁。《国风》说：'我现在尚且担心不能自容，哪里还有工夫顾及到

后代呢?'这就是随着自身死亡而结束的仁。"

孔子说:"仁就像一件很重的器物,如果道路很远,那么没有谁能举着它,也没有谁能走完这段路,也只能从程度的比较上,以多的算作仁了。像这样勉力去实行仁,不是也很困难吗?所以君子如果用先王的成法来衡量一个人,那么做人就很难达到标准了;如果用今天一般人的标准来要求别人,那么就可以知道谁是贤人了。"孔子说:"天性爱行仁道的人是非常少的。《大雅》说:'道德就像羽毛一样轻,但却很少有人能举起它。仔细揣摩一下,只有仲山甫能举起它,许多人虽然有心,却无力帮助它。'《小雅》说:'高山是大家所仰望的,大路是众人所共行的。'"孔子说:"作诗者的爱好仁道到了这样的地步,朝着大道前进,一直到不能再继续前进,才停止;忘了自己已经衰老,也不计较自己剩下的日子不多了,仍然毫不懈怠,勉力向前,死而后已。"

孔子说:"行仁道的难以成功,这已有很长久的时间了!因为人们已经失去了爱慕仁道的心,所以仁者如有些过失,也就很容易解脱了。"孔子说:"恭敬很接近于礼,节俭很接近于仁,信实很接近于人情。做人如果能恭敬谦让,那么虽然有过错,也不会是大错。为人恭敬能少犯过错,近于人情就让人信赖,日用节俭就很容易被容纳。由于这样做而犯错误的人,不也是很少见的吗?《诗》说:'恭敬谦让的人,才是道德的基石。'"

孔子说:"仁道的难以成功,已经有很长时间了,只有德行高尚的君子才能成功。所以君子不会用只有自己做得到的事去责备别人,也不会用别人做不到的事去讥笑别人。所以圣人规范别人的行为,不是用自己的行为做标准,而是使人民互相勉励,使人民有羞耻心,从而按照圣人所说的去做;用礼来节制他们,用诚心来团结他们,用庄敬的仪容来修饰他们,用合乎礼的服饰来影响他们,用朋友的情义来勉励他们,这样做就是想让他们一心向善。《小雅》说:'难道在别人面前不觉得惭愧?难道就不怕上天报应?'所以君子穿上他们的衣服,还要用君子的仪容来修饰;有了君子的仪容,还要用君子的言辞来文饰;言辞高雅了,还要用君子的道德来充实自己。所以君子常以光有君子的服饰而没有君子的仪容为可耻,以光有君子的仪容而没有君子高雅的辞令为可耻,以光有君子的辞令而没有君子的美德为可耻,以光有君子的道德而没有君子高尚的行为为可耻。所以君子穿了丧服,脸上就会有悲哀的表情;穿了朝服,脸上就会有恭敬的表情;穿上军服,脸上就会有威武不可侵犯的表情。《诗》说:'鹈鹕在鱼梁上捉鱼,还不曾沾湿翅膀;那些没有德行的小人,真不配穿他那一身好衣裳!'"

孔子说:"君子所说的义,就是无论尊贵的人或卑贱的人,在人世上都要认真地做各人的事。譬如天子那么尊贵,还要举行亲耕的仪式,用黍稷和香酒奉侍上天,所以诸侯也要勤勉地辅佐天子。"

孔子说:"在下位的事奉在上位的,是理所当然的事,然而在上位的虽有庇护人民的大德,也不敢有统治人民的心理,这才是仁爱深厚的表现。所以君子恭敬节俭,希望能实现仁道;信实谦让,希望能合于礼义,不夸耀自己的事,不抬高自己的地位,安于职位,不放纵欲望,要谦恭让贤,贬抑自己而推崇别人,小心从事而谨慎得当;希望能用这样的态

度事奉君主，得意时是这样，不得意时也是这样，一由天命的安排。《诗》说：'茂密的葛藤，蔓延缠绕在树的枝干上；快乐和易的君子，修德求福，不行邪道。'这正是在说舜、禹、文王、周公啊！因为他们都有治理人民的大德，又有事奉君主的谨慎小心。《诗》又说：'周文王恭敬小心，明白应该怎样事奉上天，得到了许多福佑。他德行高尚，不走邪道，因此得到天下诸侯的拥戴。'"孔子说："先王给死去的人加一个谥号，这样做是为了尊崇那个人的名声；定谥号时，只是节取那个人的一种美行作代表，这是因为不愿意让一个人的名声超过他的行为。所以君子不夸耀自己做的事，不推崇自己的功绩，目的是求实在；即使有了超常的行为，也不要求别人把自己作为楷模而跟着做，目的是使自己保持敦厚的本性；表彰别人的优点而赞美别人的功劳，目的是对贤能的人表示敬意。所以君子虽然自己贬抑自己，但人民却反而尊敬他。"孔子说："后稷建立的是天下的宏业，因而受益的难道只是一两个人吗？但他为了使自己的行动超过名声，所以说自己只是一个懂得种庄稼的人。"

孔子说："德行高尚的君子所说的仁，大概是很难做到的吧！《诗》说：'快乐和易的君子，好比人民的父母。'凯，就是用自强不息的精神教育人民；弟，就是用欢悦的情绪安定人民。人民快乐而不荒废事业，有礼节而彼此亲近，威严庄重而安好，孝顺慈爱而恭敬。使人民像尊敬父亲一样尊敬自己，像亲近母亲一样亲近自己。像这样，然后就可以做人民的父母了。如果不是有极高尚的品德，又有谁能够这样呢？现在做父亲的爱儿子，是见儿子贤能就爱，不能干就鄙视；做母亲的爱儿子，是见儿子贤能就爱，不能干就怜爱。所以母亲容易亲近但没有尊严，父亲有尊严但却难于亲近。水对人来说，可亲近而无尊严；而火是有尊严而不能亲近；地对人来说，可亲近而无尊严，而天却是有尊严而无法接近；君主的政令对人民来说，感到亲近而没有尊严，鬼神却是有尊严而无法亲近的。"

孔子说："夏代治国是重视政教，虽然敬奉鬼神，但却不把这作为政教的内容；忠于国事而通达人情。首先是发给俸禄，其次才是施予威严；首先是赏赐，其次才是刑罚，所以他们的治国方针使人觉得亲近，但却缺少尊严。一到政教衰败的时候，人民就变得鲁钝而愚笨，骄横而放肆，粗鄙而没有修养。殷代的人尊崇鬼神，国君率领人民奉事鬼神，推重鬼神而轻视礼教，重视刑罚而轻视赏赐，所以他们的治国措施是有尊严而不可亲近，一到政教衰微的时候，人民就变得放荡而不守本分，只知道争胜免罚而不知羞耻。周代的人推崇礼法，广施恩惠，敬事鬼神，但不把这作为教化的内容；忠于国事而通达人情；赏赐或刑罚的轻重，以爵位的高低作等级，所以他们的政令使人觉得亲近，但缺少尊严。一到政教衰落的时候，人就变得贪利取巧，善于文饰而不知羞耻，相互残害和欺蒙。"

孔子说："夏代政令较简单，对人民要求不多，赋税也较轻，所以人民还没厌弃对亲人的感情。殷代的礼节简约，但却对人民要求过多。周代的人勉强人民去奉行政教，虽然没有崇尚鬼神，但赏赐进爵及刑罚却已极其繁多了。"孔子说："虞、夏的政治质朴单纯，所以人民很少有怨恨的情绪。而殷、周的政治，却繁杂到无法收拾的地步了。"孔子说："虞、夏的质朴，殷周的文饰，都达到了极点。虞、夏虽也有文饰，但远远不如质朴多；殷、周虽

也有质朴,但远远不如文饰多。"孔子说:"后代虽有明王出世,但再也赶不上虞舜了。他治理天下,活着的时候没有一点私心,死后也不特别优待自己的儿子;对待人民就像父母对待儿子一样,既有发自内心的慈爱,也有确实对人民有好处的教化;使人感到亲近而又不失尊严,使人感到安乐而又不失恭敬,既有威严而又感到慈爱,虽富有天下,却对下有礼貌,既能广施恩惠而又没有丝毫偏颇。他的臣下都尊崇仁而谨守义,以浪费为可耻,但并不计较财利,忠心耿耿而又不冒犯上司,循礼而顺从,文雅而持重,宽容而有分寸。《甫刑》上说:'舜德的威严使得人人都敬畏,舜德的明察善恶受到大家的尊敬。'如果不是虞舜,又有谁能做到这样?"

孔子说:"事奉君主的人,应该先考虑好治国的大计,然后拜见君主,亲自阐述自己的想法,以便实现这一计划。所以君主可以责成臣下,而臣下也应该鞠躬尽瘁以实现自己提出的治国大计。所以事奉君主的人接受多少俸禄,就应该担当多大责任,这样失职的事也就很少了。"孔子说:"事奉君主的人,有大的建议被采纳了,就希望得到君主大的赏赐;有小的建议被采纳了,就希望得到小的赏赐,所以,君子不会因小的建议被采纳而接受大的赏赐,也不会因大的建议被采纳而只接受小的赏赐。《易》上说:'君主家中有大积蓄,不是只跟家人享用,而应分给贤人同享,这样才能得到吉利。'"

孔子说:"事奉君主的人不应向君主陈述自己的私事以图私利;也不要尽说漂亮话;如果不是德行高尚的正直君子,就不要和他亲近交往。《小雅》说:'认真做好你的本职工作,和那些正直贤能的人亲近交往。神明能知道这些,一定会赐你福禄。'"孔子说:"事奉君主,如果越级献议,就有谄媚贵人的嫌疑;但是,如果在上司左右供职,有事而不劝谏,那就是白受俸禄不干事,像祭祀中的'尸'一样,徒有虚名了。"孔子说:"君主身边的近臣,应当调和君主德行,总理大臣整治百官;各部大臣就要谋划四方的事务。"孔子说:"事奉君主,如果君主有过失,就应该劝谏而不应当宣扬他的过失。《诗》说:'我在心里爱着他,为什么总不告诉他呢?这种感情深深地埋藏在我心底,哪有一天能忘记?'"

孔子说:"从政的人,遇到升官,不急急乎上任,遇到被辞退,却很快就离开了。这样职位的升降,就有秩序了。如果只图升官,不愿辞退下来,那么贤能的人和无能的人就无法分辨了。所以君子做客,三揖然后进门,而告辞一次就要离去,这样做就是要避免造成混乱。"孔子说:"从政的人,如果三次与君主意见不合,都没有离开国境,那就是贪图俸禄了;即使别人说他不是有非分的企求,但我却不能相信。"孔子说:"从政的人,一开始就要谨慎尽忠,一直恭敬勤勉地做到底。"孔子说:"从政的人,无论使他地位尊显或卑贱,还是使他富足或贫乏,甚至可以赦免他的死罪或杀死他,他都可以接受,但却不能使他做不合理义的事。"

孔子说:"事奉君主的人,在军队中不应该躲避危险的任务,在朝廷上不应该推辞低贱的工作。因为如果占据那个职位而不履行它的职责,那就会造成混乱。所以君派臣下担负某种使命,如果称心,就要仔细地谋划好,然后接受下来努力地去执行;如果不称心,就要详细地加以考虑,安排妥当,然后接受下来认真地去做,完成使命以后就引退,这是做臣子的应有的忠厚的品德。《易》上说：'并不是侍候王公诸侯，而是尊崇自己的事业。'"孔子说："只有天子是由上天任命的，而臣下都是由天子任命的，所以如果君主顺应天命，那么臣子也会顺应天命；如果君主违背天命，那么臣子就会跟着违背天命。《诗》说：'大鹊拼命地在上面争斗，小鹑也死命地在下面争斗。人们这样你争我夺，都是因为我们立了个不好的人做君主。'"

孔子说："君子是不会只根据一个人漂亮的言辞就断定他是一个尽善尽美的人。所以当社会风气淳美的时候，人们做的就比说的多；当社会风气浮华的时候，人们说的就比做的多。所以君子和那些有丧事的人在一起，如果不能资助他，就不要问他要用多少丧葬费；和那些有病的人在一起，如果无力馈赠他，就不要问他需要什么东西；有远方的客人来访，如果没有地方给他住，就不要问他住在什么地方。所以君子之间的交往就像水一样淡薄；小人之间的交情却像甜酒那样浓厚。君子之间的交情虽然很淡薄，但却能相辅相承；小人之间的交情，虽然很浓厚，但时间长了就会败坏。《小雅》说：'坏话虽然很动听，但祸乱却因此就来了。'"

孔子说："君子是不用空话来讨好别人的，这样做就会在人民中间形成一种忠实的风气。所以君子询问别人是否感觉到冷，同时就会送衣服给他穿；询问别人是否感觉到饥饿，同时就会送食物给他吃；赞誉某人品行高尚，同时就会任用他。《国风》说：'我心里是多么忧虑啊，还是和我一起到那些忠信的君子那里去吧！'"孔子说："答应给人家的好处，却不兑现，这样做怨恨和灾难就一定会降到你身上。所以君子不轻易地答应别人的要求，宁愿受到别人的埋怨。《国风》说：'想当初你有说有笑，而且还赌咒发誓，忠实恳切，谁料到你却反复无常；既然你违背誓言，那就从此算了吧！'"孔子说："君子不会装模作样讨好别人。如果感情疏远却装作亲密的样子，这就小人来说，不就是钻墙洞的小偷了吗？"孔子说："感情要真实，言辞要和婉美巧。"

孔子说："以前夏、殷、周三代的圣明天子都事奉天地神明，一切事情都由卜筮决定，不敢以私意亵渎上帝。所以不冲犯不吉利的日子，不违背卜筮的旨意。用卜就不再用筮，二者不相重复。大的祭祀要在规定的日子和时刻；小的祭祀就没有规定的时间了，只用筮。外事要用刚日，内事要用柔日。这些都不能违背龟筮的指示。"孔子说："祭牲、各种礼仪、乐舞以及黍稷等祭品，这些都适合于鬼神，鬼神降福，所以百姓也无怨。"

孔子说："祭祀后稷是很容易置办完备的。因为他言辞恭敬，欲望简单，而且他的福禄都施及子孙了。《诗》说：'自从后稷开始祭祀，幸蒙神灵保佑，没有什么灾祸和缺憾，直到现在还是这样。'"孔子说："居高位的人用龟筮都是很恭敬的。天子用卜不用筮，诸侯在国居守，有事才用筮。天子出行，在路上用筮，而诸侯不在自己的封国内不用筮。改换居室寝宫要用卜。天子出巡，住在诸侯的太庙里就不必再用卜了。"孔子说："君子为了表示恭敬，在朝聘及款待宾客时就用祭祀的器皿。所以臣下都按着规定来卜筮谒见君长的日子，绝对不违背龟筮的指示，恭敬地事奉他们的君长。所以在上位的人对人民有尊严，在下位的人也不敢对上有所怠慢。"

缁衣第三十三

【原文】

子言之曰："为上易事也，为下易知也，则刑不烦矣。"

子曰："好贤如《缁衣》，恶恶如《巷伯》，则爵不渎而民作愿，刑不试而民咸服。《大雅》曰：'仪刑文王，万国作孚。'"

子曰："夫民，教之以德，齐之以礼，则民有格心；教之以政，齐之以刑，则民有遁心。故君民者，子以爱之，则民亲之；信以结之，则民不倍；恭以莅之，则民有孙心。《甫刑》曰：'苗民匪用命，制以刑。惟作五虐之刑曰法。'是以民有恶德，而遂绝其世也。"

子曰："下之事上也，不从其所令，从其所行。上好是物，下必有甚者矣。故上之所好恶，不可不慎也，是民之表也。"

子曰："禹立三年，百姓以仁遂焉，岂必尽仁？《诗》云：'赫赫师尹，民具尔瞻。'《甫刑》曰：'一人有庆，兆民赖之。'《大雅》曰：'成王之孚，下土之式。'"

子曰："上好仁，则下之为仁争先人。故长民者章志、贞教、尊仁，以子爱百姓，民致行己以说其上矣。《诗》云：'有梏德行，四国顺之。'"

子曰："王言如丝，其出如纶；王言如纶，其出如綍。故大人不倡游言。可言也，不可行，君子弗言也；可行也，不可言，君子弗行也。则民言不危行，而行不危言矣。《诗》云：'淑慎尔止，不愆于仪。'"

子曰："君子道人以言，而禁人以行。故言必虑其所终，而行必稽其所敝，则民谨于言而慎于行。《诗》云：'慎尔出话，敬尔威仪。'《大雅》曰：'穆穆文王，於缉熙敬止。'"

子曰："长民者，衣服不贰，从容有常，以齐其民，则民德壹。《诗》云：'彼都人士，狐裘黄黄。其容不改，出言有章；行归于周，万民所望。'"

子曰："为上可望而知也，为下可述而志也，则君不疑于其臣，而臣不惑于其君矣。《尹吉》曰：'惟尹躬及汤，咸有壹德。'《诗》云：'淑人君子，其仪不忒。'"

子曰："有国者，章善瘅恶，以示民厚，则民情不贰。《诗》云：'靖共尔位，好是正直。'"

子曰："上人疑则百姓惑，下难知则君长劳。故君民者，章好以示民俗，慎恶以御民之淫，则民不惑矣。臣仪行，不重辞，不援其所不及，不烦其所不知，则君不劳矣。《诗》云：'上帝板板，下民卒瘅。'《小雅》曰：'匪其止共，惟王之邛。'"

子曰："政之不行也，教之不成也，爵禄不足劝也，刑罚不足耻也。故上不可以亵刑而轻爵。《康诰》曰：'敬明乃罚。'《甫刑》曰：'播刑之不迪。'"

子曰："大臣不亲，百姓不宁，则忠敬不足，而富贵已过也。大臣不治，而迩臣比矣。

故大臣不可不敬也，是民之表也；迩臣不可不慎也，是民之道也。君毋以小谋大，毋以远言近，毋以内图外，则大臣不怨，迩臣不疾，而远臣不蔽矣。叶公之顾命曰：‘毋以小谋败大作，毋以嬖御人疾庄后，毋以嬖御士疾庄士——大夫、卿、士。’”

子曰：“大人不亲其所贤，而信其所贱，民是以亲失，而教是以烦。《诗》云：‘彼求我则，如不我得。执我仇仇，亦不我力。’《君陈》曰：‘未见圣，若己弗克见；既见圣，亦不克由圣。’”

子曰：“小人溺于水，君子溺于口，大人溺于民，皆在其所亵也。夫水近于人而溺人，德易狎而难亲也，易以溺人。口费而烦，易出难悔，易以溺人。夫民闭于人而有鄙心，可敬不可慢，易以溺人。故君子不可以不慎也。《太甲》曰：‘毋越厥命以自覆也。’‘若虞机张，往省括于厥度则释。’《兑命》曰：‘惟口起羞，惟甲胄起兵，惟衣裳在笥，惟干戈省厥躬。’《太甲》曰：‘天作孽，可违也。自作孽，不可以逭。’《尹吉》曰：‘惟尹躬天见于西邑夏，自周有终，相亦惟终。’”

子曰：“民以君为心，君以民为体。心庄则体舒，心肃则容敬。心好之，身必安之；君好之，民必欲之。心以体全，亦以体伤；君以民存，亦以民亡。《诗》云：‘昔吾有先正，其言明且清，国家以宁，都邑以成，庶民以生。’‘谁能秉国成？不自为正，卒劳百姓。’《君雅》曰：‘夏日暑雨，小民惟曰怨；资冬祁寒，小民亦惟曰怨。’”

子曰：“下之事上也，身不正，言不信，则义不壹，行无类也。”

子曰：“言有物而行有格也，是以生则不可夺志，死则不可夺名。故君子多闻，质而守之；多志，质而亲之；精知，略而行之。《君陈》曰：‘出入自尔师虞，庶言同。’《诗》云：‘淑人君子，其仪一也。’”

子曰：“唯君子能好其正，小人毒其正。故君子之朋友有乡，其恶有方；是故迩者不惑，而远者不疑也。《诗》云：‘君子好仇。’”

子曰：“轻绝贫贱，而重绝富贵，则好贤不坚而恶恶不著也。人虽曰不利，吾不信也。《诗》云：‘朋友攸摄，摄以威仪。’”

子曰：“私惠不归德，君子不自留焉。《诗》云：‘人之好我，示我周行。’”

子曰：“苟有车，必见其轼；苟有衣，必见其敝；人苟或言之，必闻其声；苟或行之，必见其成。《葛覃》曰：‘服之无射。’”

子曰：“言从而行之，则言不可饰也；行从而言之，则行不可饰也。故君子寡言，而行以成其信，则民不得大其美而小其恶。《诗》云：‘白圭之玷，尚可磨也；斯言之玷，不可为也。’《小雅》曰：‘允也君子，展也大成。’《君奭》曰：‘昔在上帝，周田观文王之德，其集大命于厥躬。’”

子曰：“南人有言曰：‘人而无恒，不可以为卜筮。’古之遗言与？龟筮犹不能知也，而况于人乎？《诗》云：‘我龟既厌，不我告犹。’《兑命》曰：‘爵无及恶德，民立而正事。纯而祭祀，是为不敬；事烦则乱，事神则难。’《易》曰：‘不恒其德，或承之羞。’‘恒其德，侦，妇人吉，夫子凶。’”

【译文】

孔子说："如果做君主的不苛虐，臣子事奉君主就很容易；如果做臣子的无奸诈之心，君主就很容易了解臣子的实情；这样一来刑罚就不必过于苛烦了。"孔子说："如果能像《缁衣》里所说的那样喜欢贤能的人，像《巷伯》里所说的那样厌憎奸佞的人，那么君主决不会把官爵随便赏赐人，而人民也会形成忠厚纯朴的风气；不必动用刑罚，而人人也都会恭顺服从政教了。《大雅》说：'周君效法周文王，人民也就会谨厚信实。'"

孔子说："对人民来说，如果用道德来教化他们，用礼仪来约束他们，那么人民才会有向善的愿望；如果用政令来教导他们，用刑罚来制约他们，那么人民就会有逃避刑罚的念头。所以统治人民的人，如果能像对待儿女那样来爱护他们，那么人民才会亲近他；如果能用诚实的态度来接纳他们，那么人民就不会背叛他；如果能恭恭敬敬地对待人民，那么人民才会有恭顺的心理。《甫刑》上说：'苗人不肯听命，要用刑罚来制裁他们，于是制定了五种酷刑而称作"法"，因此有人由于品行低劣，终于绝了后嗣。'"

孔子说："臣下事奉君主，并不是服从他的命令，而是看他的举动如何，然后跟着去做。君主爱好某种东西，臣下就一定会比他更甚。所以君主的爱憎，不能不十分谨慎，因为他是人民的表率。"孔子说："禹登位才三年，老百姓就在仁的修养方面有所成就，难道他们的本性必定都是十分爱好仁的吗？《诗》说：'位高望重的尹太师啊，人民都在注视着您呢！'《甫刑》上说：'如果天子有善行，那么天下万民就会因此而得到好处。'《大雅》说：'周成王诚信笃厚，是天下人的楷模。'"孔子说："如果在上位的人爱好仁，那么在下位的人就会争着去行仁，生怕落在别人后面。所以作为人民的尊长就应该表明自己行仁的志向，用正道教化人民，尊崇仁道，像爱护儿女那样去爱护百姓，人民就会去努力修养品行，以求得到尊长的欢心了。《诗》说：'如果君主有正直高尚的德行，那么天下的人民就会顺服他。'"

孔子说："君王所说的本来只有丝那样细小，可是传到臣民的耳中，却变成带子那样粗大；如果君王所说的真有带子那样粗大，那么传到臣民耳中，就会变成引棺的绳索那样粗大了。所以执政的人不应提倡说空话。说得出而做不到的话，君子不说；做得到而不可告人的事，君子也不做。如果能够做到这样，那么人民就不会说的话与做的事相违背，也不会做的事与说的话相违背了。《诗》说：'好好谨慎行动，不违背礼仪。'"

孔子说："君子用善言教导人们，使他们忠信；用美行禁约人们，使他们做的和说的一致。所以执政的人说话一定要考虑它的后果，而行动必须了解它的缺点。这样，人民就会说话谨慎，行事小心了。《诗》说：'你说话开口要谨慎，举止仪表要端正。'《大雅》说：'端庄恭敬的周文王啊，品行高尚又恭谨。'"孔子说："作为人民的尊长，服饰要有固定的样式，举止仪表要有一定的规矩，以此来约束人民的行为，这样人民的道德才会有统一的准则。《诗》说：'那西都时代的人士，个个都在狐皮袍上罩黄衫，他们的举止仪容有规矩，说话文雅有章法，行为以忠信为本，因而受到万民的敬仰。'"

孔子说:"居上位的人光明磊落,使人一见就知道他的心思;处下位的人坦诚勤谨,可以依据他的行为使人人了解。这样君主就不会怀疑他的臣下,而臣下也不会不了解他的君主了。尹诰说:'只有我自己和汤,都有纯一的道德。'《诗》说:'善人君子的举止仪容,始终如一不走样。'"孔子说:"拥有国家的君主,表彰善良而憎恨邪恶,以此让人民知道自己治国理民的深意,这样人民就会立志向善,而不会有二心。《诗》说:'安分恭敬地做好本职工作,亲近正直贤良的人。'"

孔子说:"在上位的人是非不明,老百姓就会不知所从;在下位的人虚伪奸诈,君主尊长就会格外辛劳。所以统治人民的人,应该表明自己的爱好,以此引导人民的风俗;谨慎地表明自己的厌恶,以此控制人民的贪佚,这样人民就不会不知所从了。臣下按照义的要求事奉君主,不尚空谈,不要求君主做力所不及的事,也不烦扰他所不能知的事,这样君主就不会辛劳了。《诗》说:'如果君主反复无常,人民就都要遭殃。'《小雅》说:'臣子不行礼教,这是君主的后患。'"

孔子说:"政令之所以不能推行,教化之所以不能成功,是因为爵禄的赏赐太滥,不足以鼓励人们立功,刑罚的施行不公平,不足以使人感到羞耻。所以居上位的人不可滥用刑罚,也不可将爵禄随意赏赐人。《康诰》上说:'施用刑罚一定要谨慎公平。'《甫刑》也说:'施用刑罚,一定要公平合理。'"

孔子说:"大臣不亲近君主,老百姓得不到安宁,那么就会臣不忠君,君不敬臣,而富贵却已远远超过他们应得的程度。这样一来,大臣不愿为君主治理事务,而近臣就会趁机结成私党了。所以对大臣不能不恭敬,因为他们是人民的表率;对近臣不能不谨慎防范,因为他们是人民奔走的门径。君主不能和小臣商议大臣的事,不能和远臣谈论近臣的事,也不能与内臣图谋外臣的事;能做到这样,那么大臣就不会有怨望,而近臣就不会产生妒忌,远臣也不会被人阻隔壅蔽了。祭公的临终遗嘱说:'不要因小臣的计谋而破坏了大臣的行动,不要因为宠爱的姬妾而厌弃庄重守礼的王后,也不要因为宠爱的臣子而排斥庄重得礼的忠臣。'"

孔子说:"执政的人不亲近贤人,而信用卑鄙的小人;那么人民就会因此去亲近失德的人,而教化便紊乱。《诗》说:'当初君主求我从政时,唯恐得不到我;等得到我以后,却又把我晾在一边,不肯重用我。'《君陈》上说:'当人们没有见到圣道时,好像自己不可能见到;等他见到了圣道,却仍然不能照圣道行事。'"

孔子说:"小人由于爱玩水常常被水淹死;君子由于喜欢议论,常常以此招致怨恨;执政的人则常常被人民所陷溺。这些都是太接近而失去戒心。水与人是那样亲近,却常常淹死人;有德的人容易接近,却很难亲近,因此也就容易陷溺于难以亲近的境地;人们喜欢说空话而且唠唠叨叨,可是话容易出口,却难以追回,所以也就容易陷溺于招祸的境地;一般的百姓不通情理,却存有卑贱的心理,要对他们恭敬而不可怠慢随便,因为很容易陷溺于怨叛的困境。所以,君子对这些不能不特别谨慎。《太甲》说:'不要轻易发布命令,使自己倾败;治理人民,应该审慎。就像打猎的人,先要张开弓弦,扣住扳机,等瞄准

了目标才发射。'《说命》说：'嘴巴会招来羞辱，甲胄会引来战祸。好比衣服应收藏在箱子里，而不能随便送人；要严于反省，才能动用干戈。'《太甲》说：'上天降给我们的灾难，还是可以躲避的；自己惹来的灾难，却逃避不了。'《尹诰》说：'我伊尹的先祖曾看到夏代西邑的情况，夏代的君主用忠信治民而享有天命，辅助君主的臣子也都有善终。'"

孔子说："人民把君主当作心脏，君主把人民当作身体；心胸宽大就会身体安舒，内心严肃就会容止恭敬。内心有所爱好，身体一定会去适应；君主所爱好的，人民也一定想做到。心脏要靠身体来保护才不会受损害，但也会因身体不健康而受到损伤；君主因为有了人民才得以存在，但也会因为人民的叛离而灭亡。《诗》说：'从前我们有先贤，他讲的话通达事理而且公正严明。国家安宁，城市繁荣，人民也都安居乐业。但在今天又有哪一个人能主持国家的事情而取得成功呢？他们自己不走正道，最终只是使老百姓更加劳苦罢了。'《君牙》上说：'夏天炎热而多雨，小民只顾抱怨老天；而到了冬天酷寒，小民又埋怨不止。'"

孔子说："臣下事奉君主，如果自身不正，说话不守信用，那么道义不能齐一，人们的行为也就无法比较了。"孔子说："说话要用事实验证，行为要合法则；所以活着的时候有坚定不移的志向，死了以后也不至于被剥夺美名。因此，君子要博闻，搞清楚了，就坚守不移。见识要多，要搞清楚，然后亲自实践。学问要精深，但只运用其主要的。《君陈》上说：'出纳政教，都应该采纳众人的意见，要使大家的意见一致。'《诗》说：'善人君子的仪容行为，始终是一致的。'"

孔子说："只有德行高尚的君子能爱好正直的德性，品行低劣的小人最厌恶正直的德性。所以君子有志同道合的朋友，也有共同的好恶。因此，接近他们的人不会感到疑惑，远离他们的人也没有什么怀疑。《诗》说：'君子喜欢德行相同的朋友。'"孔子说："随便地与贫贱而贤能的朋友绝交，而慎重地与富贵而邪恶的朋友绝交，这就是好贤的心不坚定，而嫉恶的行为不显明。虽然有人说这种人不是为了个人的利益，但我却不相信。《诗》说：'朋友之间的关系，是靠言行威仪来维系的。'"

孔子说："私自把恩惠施给别人，而不合于道德的，君子是一定不会接受的。《诗》说：'爱我的人，应该指示我大道啊！'"孔子说："人们如果有了车子，就一定可以看到车前的轼；如果是衣服，就一定可以看到衣袖；人在讲话，一定会听到声音；如果真在做事，就一定会看到成果。《葛覃》说：'旧衣裳穿不厌。'"

孔子说："依照所说的去做，那么所说的话就无法掩饰；照着所做的去说，那么所做的事也无法掩饰。所以君子不必多讲话，而只是用行动来证实他的信实，这样人民就不能随意地夸大他的优点，而掩饰他的缺点了。《诗》说：'白玉上面有污点，还可以琢磨干净；但说出的话有了毛病，可就再也无法挽回了。'《小雅》说：'信实的君子，真诚而有大成就。'《君奭》上说：'以前上天慎重地奖励文王的德行，才将伟大的使命降在他身上。'"

孔子说："南方人有句话说：'人如果三心二意，就不能替他卜筮。'这大概是古人留下的一句谚语吧！这种人的吉凶连龟筮都不知道，何况是凡人呢？《诗》说：'连我的灵龟都

厌烦了,再也不肯把吉凶的道理告诉我了。'《说命》说:'爵禄不要赏赐给德性不好的人;如果赐爵与人,立他为卿大夫,就一定要选那些有恒心而行正道的人。不断地祭祀求神,是最大的不恭敬;事情烦杂了,就扰乱了典礼,事奉鬼神也就难以得福了。'《易》说:'如果不使德性有恒,就会受到羞辱。'又说:'依恒常之道行事,女子贞卜,则吉,男子贞卜,则凶。'"

奔丧第三十四

【原文】

奔丧之礼:

始闻亲丧,以哭答使者,尽哀;问故,又哭尽哀。

遂行,日行百里,不以夜行;唯父母之丧,见星而行,见星而舍。若未得行,则成服而后行。

过国至竟哭,尽哀而止。哭辟市朝。望其国竟哭。

至于家,入门左,升自西阶,殡东;西面坐,哭尽哀,括发袒;降堂东,即位,西乡哭,成踊;袭绖于序东,绞带;反位,拜宾成踊;送宾,反位。有宾后至者,则拜之成踊,送宾皆如初。众主人兄弟皆出门,出门哭止,阖门,相者告就次。于又哭,括发袒成踊。于三哭,犹括发袒成踊。三日成服,拜宾、送宾皆如初。

奔丧者非主人,则主人为之拜宾、送宾。奔丧者自齐衰以下,入门左,中庭北面,哭尽哀;免麻于序东,即位袒,与主人哭成踊。于又哭、三哭,皆免袒。有宾,则主人拜宾、送宾。丈夫妇人之待之也,皆如朝夕哭,位无变也。

奔母之丧,西面哭,尽哀,括发袒;降堂东,即位,西乡哭,成踊;袭免绖于序东。拜宾、送宾皆如奔父之礼。于又哭不括发。

妇人奔丧,升自东阶,殡东;西面坐,哭尽哀;东髽,即位,与主人拾踊。

奔丧者不及殡,先之墓;北面坐,哭尽哀。主人之待之也,即位于墓左,妇人墓右。成踊尽哀,括发;东即主人位,绖绞带,哭成踊;拜宾,反位成踊。相者告事毕。遂冠,归入门左;北面哭尽哀,括发袒,成踊;东即位,拜宾成踊。宾出,主人拜送。有宾后至者,则拜之成踊,送宾如初。众主人兄弟皆出门,出门哭止,相者告就次。于又哭,括发成踊。于三哭,犹括发成踊。三日成服。于五哭,相者告事毕。

为母所以异于父者,壹括发,其余免以终事,他如奔父之礼。

齐衰以下,不及殡,先之墓,西面哭尽哀。免麻于东方,即位,与主人哭成踊,袭。有宾,则主人拜宾、送宾。宾有后至者,拜之如初。相者告事毕。遂冠,归入门左;北面哭尽哀,免袒成踊;东即位,拜宾成踊。宾出,主人拜送。于又哭,免袒成踊。于三哭,犹免袒

成踊。三日成服。于五哭，相者告事毕。

闻丧不得奔丧，哭尽哀；问故，又哭尽哀。乃为位，括髪袒，成踊；袭，绖绞带，即位；拜宾，反位成踊。宾出，主人拜送于门外，反位。若有宾后至者，拜之成踊，送宾如初。于又哭，括髪袒，成踊。于三哭，犹括髪袒，成踊。三日成服。于五哭，拜宾、送宾如初。

若除丧而后归，则之墓，哭成踊；东括髪袒，绖；拜宾成踊，送宾；反位，又哭尽哀，遂除。于家不哭。主人之待之也，无变于服，与之哭，不踊。

自齐衰以下，所以异者，免麻。

凡为位：非亲丧，齐衰以下皆即位哭尽哀，而东免绖即位，袒成踊；袭，拜宾反位，哭成踊；送宾反位，相者告就次。三日五哭卒，主人出送宾。众主人兄弟皆出门，哭止。相者告事毕。成服拜宾。若所为位家远，则成服而往。

齐衰，望乡而哭。大功，望门而哭。小功，至门而哭。缌麻，即位而哭。

哭父之党于庙，母妻之党于寝，师于庙门外，朋友于寝门外，所识于野张帷。凡为位不奠。

哭天子九，诸侯七，卿大夫五，士三。

大夫哭诸侯，不敢拜宾。诸臣在他国，为位而哭，不敢拜宾。与诸侯为兄弟，亦为位而哭。凡为位者壹袒。

所识者吊，先哭于家而后之墓，皆为之成踊，从主人北面而踊。

凡丧：父在，父为主；父没，兄弟同居，各主其丧。亲同，长者主之；不同，亲者主之。

闻远兄弟之丧，既除丧而后闻丧，免袒成踊，拜宾则尚左手。

无服而为位者，唯嫂叔及妇人降而无服者，麻。

凡奔丧，有大夫至，袒，拜之，成踊而后袭；于士，袭而后拜之。

【译文】

从外地赶回去办丧事的礼节是：一听到亲人的死讯时，就用哭声来回答报丧人，尽情哀哭；然后才询问亲人死亡的原因，听完报丧人的叙述后，又尽情哭泣。于是上路返家，每天赶一百里路，但不在夜里赶路。只有为父母奔丧的人，才能在早晨星星未隐没时上路，到黄昏星星出现时歇宿。如果听到讣告后不能立即出发，那就要把丧服准备齐全后穿着它上路。奔丧的人每过一国，到了国境上都要哭泣，哭泣必尽哀而止。在路上哭泣，要避开集市和诸侯的朝廷。在望见亲人所在国的国境时就要连续哭泣，一直到家。

到了家门口，从大门的左边进门，从西阶登堂，走到殡东，面向西跪坐下来，尽情哭泣，哭时要去掉头饰用麻扎住头发，袒露左臂。然后下堂，走到庭东自己该站的位置上，脸向西再哭，边哭边跺脚。哭完后到东序东穿好衣服，戴上麻首绖，系上苴麻腰带，再回到原来的位置，拜谢宾客且哭泣跺脚，然后送宾到门口，又回到原位。如果有迟来吊丧的宾客，也要拜谢，哭泣跺脚，送宾，都和前面所做的一样。送走宾客之后，庶兄弟以及堂兄弟都离开殡宫，走到大门外就停止哭泣，关上大门，赞礼就告诉大家该到守丧棚里去了。

奔丧的人,在第二天哭殡时,还是括发袒露左臂哭泣跺脚,第三天哭殡时仍是如此。到第四天穿上孝服后,拜谢和送别来宾时,还都和以前一样。如果奔丧的人不是丧主,那么就由丧主替他拜宾和送宾。

奔丧的人如果是服齐衰以下丧服的亲属,也是从大门的左边进去,站在庭中间,脸向北,尽情哭泣,然后到东序东去掉冠戴,用麻布扎住头发,系上麻腰带,再站到自己应站的位置上袒露左臂,与丧主人一起哭泣跺脚。在第二天和第三天哭殡时,都要免,袒露左臂。如果有吊丧的宾客,就由主人替他拜宾、送宾。主人主妇在接待回来奔丧的人时,都是站在朝夕哭的位置,不要改变。

为母奔丧,跪坐在殡东,脸向西尽情哭泣,哭时除冠用麻扎住头发,袒露左臂。然后下堂,走到庭中东面即位,面向西哭泣跺脚,再到东序东去穿上衣服,用麻布扎住头发,系上腰带。拜宾送宾都和奔父丧的礼节一样,但从第二天哭殡起就不用麻扎头发。

妇人奔丧,从东阶升堂,跪坐在殡东,面向西,尽情哭泣。然后在东序去䌇,用麻布扎发,再走到自己的哭位上,与主人轮流痛哭跺脚。

为父亲奔丧的人如果没能在死者葬前赶到家,就要先到墓上去,面朝北跪坐,尽情哀哭。在家中主办丧事的人接待奔丧者时,在墓左就位,妇人在墓右就位,哭泣跺脚,尽哀而止。奔丧者用麻束发后,才到东边就主人位,再戴上首绖,系上苴麻腰带,又哭泣跺脚。哭后拜谢宾客,拜完后回到原来位置哭泣跺脚,这时赞礼告知在墓上的礼节完毕。于是,奔丧者戴上冠回家,从大门的左半边进去,面朝北痛哭,尽哀而止,用麻束发,袒露左臂,跺脚痛哭后到东阶下就位,拜谢宾客后再哭踊。宾客出门时,主人拜送。如有迟来的宾客,主人拜谢哭泣跺脚,宾客离开时的拜送和前面一样。庶兄弟和堂兄弟都走出门,出门后就停止哭泣,赞礼告知主人该到倚庐里去了。在第二天早上哭泣时,仍须用麻束发、哭泣跺脚;第三天早上哭泣时,还是用麻束发,哭泣跺脚;第三天就穿上全套丧服。第五天早哭泣后,赞相丧礼的人宣布在灵堂的礼节完毕。为母亲奔丧和为父亲奔丧不同的地方是:只在刚到家哭泣时括发一次,其余哭泣时都用麻布束发,直到结束。其他的礼节都和为父奔丧相同。

为齐衰以下的亲属奔丧,如果没能在入葬前赶到家,也要先到墓上去,面向西痛哭尽哀,在墓东除冠,袒露左臂,用布条束发,衣上加麻缞,然后即位,和主人一起哭泣跺脚,然后穿上衣服。如果有宾客来吊,由主人拜宾、送宾。要是有迟来的宾客,拜宾送宾的仪节与前面一样。赞相丧礼的人宣布在墓上的礼节结束。于是奔丧者戴上冠回家,从大门左半边入门,站在庭中面向北痛哭尽哀,再用布条束发,袒露左臂,哭泣跺脚,走到东面就位,向宾客拜谢。宾客离开时,由主人拜送。第二天早上哭泣时,用布条束发,袒露左臂哭泣跺脚,第三天早上哭泣时也是一样。第四天穿上全套丧服,第五天早上哭泣后,赞相丧礼的人宣布奔丧的礼节结束。

听到父母的死讯而不能奔丧,所用的礼节是:一听到死讯就痛哭,尽哀而止;然后问朋死亡缘由,再痛哭尽哀。于是在庭院中排列和灵堂相同的哭位,主人去冠用麻束发,袒

露左臂哭泣踮脚,再穿上衣服,戴上首经,系上用麻拧成的腰带,走上哭位。拜宾时不在哭位上,拜后返回哭位哭泣踮脚。宾客离开时,主人在大门外拜送,然后回到哭位。如果有迟来的宾客,主人也先下拜再哭泣踮脚,宾出时,也在大门外拜送。第二天哭泣时,主人用麻束发,袒露左臂哭泣踮脚,第三天哭泣时也是如此。第四天穿上全套丧服,第五天哭泣时,拜宾、送宾和以前一样。

如果奔丧的人在家人已除丧后才归来,那就要到墓地去哀哭踮脚,在墓东即位,用麻束发,袒露左臂,戴上麻经,再拜宾哭泣踮脚。送走宾客后,又返回原位,痛哭尽哀,然后除去丧服。到家中就不再哭。原先在家主持丧事的人在接待归来奔丧者时,不须改变他本来穿的服装,和奔丧者一起哭泣,但不踮脚。齐衰以下的亲属在除丧后回来奔丧的礼节,和上面说的不同的地方是:只要用布条束发,并且在衣上加麻缲。

凡是在外面按亲疏关系排定哭位的,必须不是父母的丧事,而是齐衰以下亲属的丧事,遇到这些丧事,都要站到哭位上。听到死讯后先痛哭,尽哀而止,然后到东序去用布条束发,戴上经带,再走上哭位,袒露左臂哭泣踮脚,然后穿上衣服,接着向宾客拜谢,回到哭位上,哭泣踮脚。送走宾客之后,仍要站到哭位上,这时赞礼的人告知当进入守丧的庐舍。从听到死讯的那天起算,三天之内哭五次,就不再哭了,主人出门送宾客,庶子和堂兄弟们都跟着出门,出门后就停止哭泣,赞礼的人告知仪节已完毕。第四天穿上丧服后仍要拜宾送宾。如果排列哭位的地方离家很远,那就可以在成服之后再去报丧。

为齐衰关系的亲人奔丧,在望见家乡后开始哭泣;为大功关系的亲人奔丧,在望见家门后开始哭泣;为小功关系的亲人奔丧,在跨进家门时开始哭泣;为缌麻关系的亲人奔丧,站到哭位上才开始哭泣。同姓而无丧服关系的人死了,就到祖庙里为他哭一次;母亲或妻子的族人死了,就在寝室里为他哭一次;老师死了,就在庙门外为他哭一次;朋友死了,就在寝室门外为他哭一次;有过交往而又通过姓名的人死了,就在郊外张设帷帐,在里面为他哭一次。

凡是在外地按亲疏排列哭位而哭泣时,都不设奠。不奔丧而在外边哭泣的次数是:为天子哭九次,为诸侯哭七次,为卿、大夫哭五次,为士哭三次。大夫在别国为自己过去的君主哭泣时,不能自以为主人而拜宾、送客。做臣子的出使在别国,为自己的君主哭泣时,也不能以主人自居拜宾、送宾。诸侯的兄弟居住在外国,为诸侯也是按亲疏排列哭位哭泣。凡是在外国依亲疏排列哭位哭泣的人,只要袒露左臂一次。只是一般交往的人吊丧,先到丧家去哭,然后到墓地,无论在丧家还是在墓地哭泣,都要踮脚,其方式是跟在主人后面,面向北踮脚。

凡有丧事,父亲在世就由父亲主持,如果父已死亡,兄弟都住在一起的,就各自为自己的子孙主持丧事。如果大家与死者的亲属关系都相同,就由年龄最大的人主持丧事;如果关系不同,就由关系最亲密的人主持。听到远房兄弟的死讯,但却在除丧之后才听到的,虽然也用麻布束发,袒露左臂哭泣踮脚,但拜宾时要把左手包在右手外边。不需穿丧服但仍站在按亲疏排定的位置上哭泣的,只有嫂叔之间,以及本来有服而因出嫁降为

无服的族姑姊妹们，她们都要在吊服上加麻绖。凡是奔丧者到家正在行礼的时候，有大夫来吊丧，主人就袒露左臂向大夫下拜，踔脚哭泣后再穿上衣服。如果是士来吊丧，主人要穿上衣服再下拜。

问丧第三十五

【原文】

亲始死，（鸡斯）〔笄缅〕徒跣，扱上衽，交手哭。恻怛之心，痛疾之意，伤肾、干肝、焦肺，水浆不入口。三日不举火，故邻里为之糜粥以饮食之。夫悲哀在中，故形变于外也；痛疾在心，故口不甘味，身不安美也。

三日而敛，在床曰尸，在棺曰柩。动尸举柩，哭踊无数。恻怛之心，痛疾之意，悲哀志懑气盛，故袒而踊之，所以动体安心下气也。妇人不宜袒，故发胸、击心、爵踊，殷殷田田，如坏墙然，悲哀痛疾之至也！故曰：辟踊哭泣，哀以送之，送形而往，迎精而反也。

其往送也，望望然，汲汲然，如有追而弗及也。其反哭也，皇皇然，若有求而弗得也。故其往送也如慕，其反也如疑。求而无所得之也，入门而弗见也，上堂又弗见也，入室又弗见也，亡矣，丧矣，不可复见已矣！故哭泣辟踊，尽哀而止矣。心怅焉怆焉，惚焉忾焉，心绝志悲而已矣！祭之宗庙，以鬼飨之，徼幸复反也。成圹而归，不敢入处室，居于倚庐，哀亲之在外也；寝苦枕块，哀亲之在土也。故哭泣无时，服勤三年，思慕之心，孝子之志也，人情之实也。

或问曰："死三日而后敛者，何也？"曰：孝子亲死，悲哀志懑，故匍匐而哭之，若将复生然，安可得夺而敛之也？故曰：三日而后敛者，以俟其生也。三日而不生，亦不生矣，孝子之心亦益衰矣；家室之计，衣服之具，亦可以成矣；亲戚之远者亦可以至矣。是故圣人为之断决，以三日为之礼制也。

或问曰："冠者不肉袒，何也？"曰：冠，至尊也，不居肉袒之体也，故为之免以代之也。然则秃者不免，伛者不袒，跛者不踊，非不悲也；身有锢疾，不可以备礼也。故曰：丧礼唯哀为主矣。女子哭泣悲哀，击胸伤心；男子哭泣悲哀，稽颡触地无容：哀之至也！

或问曰："免者以何为也？"曰：不冠者之所服也。《礼》曰："童子不缌，唯当室缌。"缌者其免也，当室则免而杖矣。

或问曰："杖者何也？"曰：竹、桐，一也。故为父苴杖，苴杖，竹也；为母削杖，削杖，桐也。

或问曰："杖者以何为也？"曰：孝子丧亲，哭泣无数，服勤三年，身病体羸，以杖扶病也。则父在不敢杖矣，尊者在故也；堂上不杖，辟尊者之处也。堂上不趋，示不遽也。此孝子之志也，人情之实也，礼义之经也；非从天降也，非从地出也，人情而已矣！

【译文】

在父亲或母亲刚去世的时候,孝子要除掉冠饰,只留发笄和包髻的网巾,赤着脚,把深衣前襟的下摆反系在腰里,两手交叉拊心而哭。悲惨的心情,伤痛的意念,伤及肾脏、摧裂肝脏、灼焦心肺,三天一点汤水也喝不下。家中不生火做饭,所以邻居煮点稀粥给他吃。心中有悲哀,脸容形体都变得枯槁憔悴;心中有伤痛,嘴里吃饭没滋味,身上穿戴也不自在。

死后三天大敛,死人在床上叫尸,放入棺材后就叫柩,只要是移动了尸或柩,孝子就要哭泣踩脚,没有次数规定,尽哀而止。悲切的心情,痛苦的意念,使得心中烦闷,血气郁积,所以就脱衣露臂,踩脚踊跳,用这种方式来活动肢体,安定心情。清除郁积之气。妇女不适合袒衣露体,所以就敞开衣领,以手捶胸,双脚踩地,乒乒乓乓,就像筑墙一样,悲伤哀痛到极点了。所以说:捶胸踩脚,痛哭流涕,是用以送死者。送走死者形骸,迎回他的灵魂。

在送葬的时候,孝子看着前面,显出急促的表情,就像在追赶死去的亲人而又追不上的样子;葬毕归来的时候,显出惶恐不安的表情,就像寻找亲人而又找不到的样子。所以送葬时就像小孩慕念父母那样急切,葬后回来就像拿不定主意那样疑惑不安。一路上寻找而没有找到,进了大门也看不到,登上厅堂也看不到,走进寝室也看不到,亲人真的走了,死去了,再也看不到了,所以痛哭流涕,捶胸踩脚,直到把心中的哀伤都发散出来为止。然而心中仍是充满惆怅、凄怆、恍惚、伤叹,只有心痛,意悲,别无他念。到庙中祭祀,把他当做鬼神来供奉,心存侥幸,希望亲人的灵魂能回来。

棺柩入坑,用土埋好后,孝子返回来,不敢进入自己的寝室,而住在倚庐中,是因为哀伤死去的亲人在外面;睡草垫,枕土块,是因为哀伤亲人躺在泥土之中。所以经常哭泣,没有定时,为亲人忧心劳思地服丧三年,日夜思慕,这些都是孝子尽孝的表现,也是人们感情的真实流露。

有人间道:"死后三天才装殓入棺是为什么呢?"答道:"孝子在亲人刚去世时,心中悲痛哀伤忧闷,所以伏在尸身上痛哭不止,好像亲人还能复活似的,怎么可以从他手里抢来装殓入棺呢? 所以说三天以后装敛,是等待他复活。过了三天而没复活,也就没有复活的指望了,孝子盼望亲人复活的信心也就大为减弱了。而且过了三天,家中的备办丧事工作以及孝服等,也可以完成了,在远方的亲属也可以赶到家了。所以圣人为丧事做出规定,以三天后入殓作为礼制。"

有人间道:"戴着冠的时候就不脱衣露臂。这是为什么呢?"答道:"冠,是最尊贵的头饰,不能戴在脱衣露臂的人头上,所以脱衣露臂时就用麻布扎发来代替冠。但是秃子就不用免,驼背就不袒衣,跛子就不踩脚,这并不是他们不悲哀,而是身体有不可治愈的疾病,不可能完全依照礼节去做。所以说:丧礼只要以哀伤为主。女子哭得悲伤哀切,又捶胸击心;男子哭得悲伤哀切,磕头至地,袒衣露臂,这都是悲哀到极点了。"

有人问道："童子为什么要戴免呢？"答道："这是没有行冠礼的人的头饰。《仪礼》说：'小孩子不为远亲服缌麻丧服，只有父母双亡而当家的小孩才为远亲服缌麻丧服。'凡是服缌麻丧服的人都要戴免，而当家的人既要戴免，还要拿孝棒。"

有人问道："孝棒是什么做的呢？"答道："有竹子做的，也有桐木做的，而用竹用桐表示悲哀至极是一样的。所以为父亲用苴杖，苴杖是竹子做的；为母亲用削杖，削杖是桐木削制而成的。"

有人问道："为什么要拄孝棒呢？"答道："孝子在父母死后，经常哭泣，服丧忧心劳思三年，身体虚弱，甩孝棒来扶持病体。然而父亲健在就不敢（为母、为妻、为长子）拄孝棒，是为了避尊者的嫌疑。在堂上不拄孝棒，是为了避开尊者所处的地方。在堂上不快步走，表示不急促。这些都是孝子尽孝的表现，是人们感情的真实流露，也是礼的含义的主要部分。这些不是从天上掉下来的，也不是从地里冒出来的，而是出于人的本性。"

服问第三十六

【原文】

《传》曰：有从轻而重，公子之妻为其皇姑。有从重而轻，为妻之父母。有从无服而有服，公子之妻为公子之外兄弟。有从有服而无服，公子为其妻之父母。

《传》曰：母出，则为继母之党服。母死，则为其母之党服。为其母之党服，则不为继母之党服。

三年之丧既练矣，有期之丧既葬矣，则带其故葛带，绖期之绖，服其功衰。有大功之丧，亦如之。小功，无变也。

麻之有本者，变三年之葛。既练，遇麻断本者，于免绖之；既免，去绖；每可以绖必绖，既绖则去之。小功不易丧之练冠，如免，则绖其缌、小功之绖，因其初葛带。缌之麻，不变小功之葛。小功之麻，不变大功之葛，以有本为税。

殇：长、中，变三年之葛，终殇之月算，而反三年之葛。是非重麻，为其无卒哭之税。下殇则否。

君为天子三年，夫人如外宗之为君也。世子不为天子服。

君所主，夫人妻、大子、适妇。大夫之适子为君、夫人、大子，如士服。君之母非夫人，则群臣无服；唯近臣及仆、骖乘从服，唯君所服服也。

公为卿、大夫锡衰以居，出亦如之，当事则弁绖；大夫相为亦然。为其妻，往则服之，出则否。

凡见人，无免绖。虽朝于君，无免绖。唯公门有税齐衰。

《传》曰：君子不夺人之丧，亦不可夺丧也。

《传》曰：罪多而刑五，丧多而服五。上附下附，列也。

【译文】

《大传》的"从服"规定说到，有的人要跟着服轻服的人服重服，比如国君的庶子的妻为国君正夫人服丧比丈夫重；有的人要跟着服重服的人服轻服，比如丈夫为岳父母服丧比妻子轻。有的人跟着没有丧服的人也要服丧，比如庶子的妻要为丈夫的外祖父母服丧，而庶子却不服丧；有的人跟着有丧服的人却不要服丧，比如国君的庶子不为岳父母服丧，虽然他的妻是服的。《大传》又说：生母被父亲休弃了，儿子要为继母的娘家人服丧；如果是母亲早死，那就要为母亲的娘家人服丧。凡已为母亲的娘家人服丧了，就不再为继母的娘家人服丧。

本来已有三年之丧，到了小祥应改服轻丧服时，又遇到须服满一年的丧服，在后死者入葬以后，所穿丧服就用三年之丧改服之后的葛腰带，戴期年之丧的首绖，衣服仍用改服之后的功衰。如果遇到的是大功丧服，也和遇到期年之丧一样穿用丧服。如果遇到的是小功丧服，那就不改动已变轻的丧服。

大功以上的丧服用连根的麻腰带，变服之后就用葛腰带。小祥以后，又遇到小功以下的丧服，那么在需要除冠用布条束发时，就要加戴小功的首绖；行过礼后，不用"免"，也就除去绖。以后遇到需要戴绖的时候一定要戴绖，戴过之后就可除下来。加服小功丧服的不必改换原来丧事到小祥以后变服的冠，如果遇到要去掉练冠而用布条束发时，应戴上缌麻或小功丧服的首绖，但仍用原来的葛腰带。加服丧服，不能以轻易重，所以缌麻丧服的麻带，不能替换下小功的葛带；小功丧服的麻带，不能替换下大功的葛带，因为只有带根的麻带才需要改换成轻服。

身上的三年丧服已经换成葛带后，又遇到殇死的丧服，如果是长殇或中殇，就须把葛带换成麻带，等到殇死的丧服期满，再换成原来的葛带。这并不是说殇服的麻带比葛带重，而是因为殇服没有卒哭后变麻为葛的规定。如果是下殇，就不要这样。

诸侯为天子服丧三年，诸侯的夫人为天子服丧和诸侯的兄弟之妻为诸侯服丧的时间一样，服期为一年。诸侯的嫡长子不为天子服丧。诸侯只为夫人、妻和嫡长子、嫡长子之妻主持丧事。大夫的适子为诸侯、诸侯夫人、诸侯的嫡长子服丧，用士一级的规格。国君的母亲如果不是国君父亲的正夫人，群君就不为她服丧，只有她的近臣和驾车以及车右为她服丧，所穿的丧服和国君相同。国君为卿大夫服丧时穿锡衰，在家和出门都是如此，但参加丧礼仪式时要在皮弁上加环绖。大夫为大夫服丧也是这样。国君为卿大夫的妻服丧，到丧家去吊丧时就穿丧服，出来就不穿丧服。

凡有丧服在身而外出访人，都不要除去首绖，即使是去朝见国君，也不要除去首绖。只有穿着齐衰丧服的人经过公门时，才除去麻衰。这就是《杂记》中说的"君子不剥夺他人守丧的礼节，也不减省自己守丧的礼节"。旧《传》说：虽然罪行有许多种类，但刑罚只有五种；虽然丧服关系有许多种类，但丧服只有五种。有的向上靠，有的向下靠，而归入

五等中,所以刑罚和丧服等列相似。

间传第三十七

【原文】

斩衰何以服苴?苴,恶貌也,所以首其内而见诸外也。斩衰貌若苴,齐衰貌若枲,大功貌若止,小功、缌麻容貌可也。此哀之发于容体者也。

斩衰之哭,若往而不反。齐衰之哭,若往而反。大功之哭,三曲而偯。小功、缌麻,哀容可也。此哀之发于声音者也。

斩衰"唯"而不对。齐衰对而不言。大功言而不议。小功、缌麻,议而不及乐。此哀之发于言语者也。

斩衰三日不食,齐衰二日不食。大功三不食,小功、缌麻再不食。士与敛焉,则壹不食。故父母之丧,既殡食粥,朝一溢米,莫一溢米;齐衰之丧,疏食水饮,不食菜果;大功之丧,不食醯酱;小功、缌麻,不饮醴酒。此哀之发于饮食者也。父母之丧,既虞、卒哭,疏食水饮,不食菜果;期而小祥,食菜果;又期而大祥,有醯酱;中月而禫,禫而饮醴酒。始饮酒者,先饮醴酒。始食肉者,先食干肉。

父母之丧,居倚庐,寝苫枕块,不说绖带;齐衰之丧,居垩室,苄翦不纳;大功之丧,寝有席;小功、缌麻,床可也。此哀之发于居处者也。父母之丧,既虞、卒哭,柱楣翦屏,苄翦不纳;期而小祥,居垩室,寝有席;又期而大祥,居复寝;中月而禫,禫而床。

斩衰三升。齐衰四升,五升,六升。大功七升,八升,九升。小功十升,十一升,十二升。缌麻十五升去其半。有事其缕,无事其布,曰缌。此哀之发于衣服者也。斩衰三升,既虞、卒哭,受以成布六升,冠七升。为母疏衰四升,受以成布七升,冠八升。去麻服葛,葛带三重。期而小祥,练冠缘缘,要绖不除。男子除乎首,妇人除乎带。男子何为除乎首也?妇人何为,除乎带也?男子重首,妇人重带,除服者先重者,易服者易轻者。又期而大祥,素缟麻衣。中月而禫,禫而纤,无所不佩。易服者何为易轻者也?斩衰之丧,既虞、卒哭,遭齐衰之丧,轻者包,重者特。既练,遭大功之丧,麻葛重。齐衰之丧,既虞、卒哭,遭大功之丧,麻葛兼服之。斩衰之葛,与齐衰之麻同。齐衰之葛,与大功之麻同。大功之葛,与小功之麻同。小功之葛,与缌之麻同。麻同则兼服之。兼服之服重者,则易轻者也。

【译文】

斩衰丧服为什么要用苴麻做绖、带呢?因为苴麻的颜色苍黑,外表粗恶,佩带苴麻是本于内心的悲痛而表现于服饰。服斩衰的人悲痛得脸色如苴麻,服齐衰的人脸色如枲

麻,服大功的人神情呆板,只有服小功和缌麻的人才有平常的脸色,这是各种不同的哀痛在容貌上的表现。

服斩衰的人哭泣,一口气一吐而尽,就像有去无还的样子;服齐衰的人哭泣,声音一高一低,好像有去有来;服大功的人哭泣,每一声有几个高低,最后还要拉长余声;服小功或缌麻的人只要哭得有悲哀的样子就行了。这是不同程度的悲哀在声音上的表现。服斩衰的人只"欸欸"地答应而不回答具体的话;服齐衰的人只回答别人的问话而不主动地说话;服大功的人可以主动地说话但不去议论;服小功或缌麻的人可以议论但不谈笑。这是不同程度的悲哀在言语上的表现。

亲人刚死,服斩衰的人三天不吃东西,服齐衰的人两天不吃东西,服大功的人停食三顿,服小功或缌麻的人停食两顿,士人如果参与小敛或大敛,也要停食一顿。所以父母死亡,在入殡以后孝子才开始吃粥,早上用一溢米煮粥,晚上也用一溢米煮粥;服齐衰的人,吃些粗疏的食物和喝一点儿水,不吃蔬菜和果品;服大功的人,可吃菜果,但不用酱醋等调料;服小功或缌麻的人,只要不喝甜酒和白酒就行了。这是不同程度的悲哀在饮食上的表现。

为父母守丧,到了举行过虞祭和卒哭祭后,可以吃粗疏的饭食和喝水,但不能吃蔬菜和果品;守丧满一年举行小祥祭后,可以吃蔬菜和果品;又过一年举行大祥祭以后,吃饭也能用酱醋等调料了;与大祥祭隔一个月举行禫祭,禫祭以后就可以喝甜酒了。开始喝酒要先喝甜酒,开始吃肉要先吃干肉。

为父母守丧,住在倚墙搭起的茅棚里,睡在草垫上,用土块作枕头,睡时也不脱下首经和腰带;服齐衰的人守丧,居住在用土坯为墙而不涂饰的茅棚里,睡的蒲席边缘只剪齐而不反摺为边;服大功的人守丧,可以睡在平常的席上;服小功或缌麻的人守丧,可以有床。这是不同程度的悲哀在居住设备上的表现。为父母守丧的人,到了举行了虞祭和卒哭祭之后,可以把倚庐挨地的一边抬起用柱子撑高,剪齐门两边的茅草,睡到四周剪齐而不摺边的席上;守丧满一年举行小祥祭之后,就住到垩室里,睡在平常用的席上;再过一年举行大祥祭以后,就住到自己寝室里;又隔一个月举行禫祭,禫祭之后可以睡床。

斩衰用的布是三升,齐衰用的布有四升、五升、六升,大功用的布有七升,八升、九升,小功用的布有十升、十一升、十二升,缌麻用的布是十五升布的经线而抽去一半织成的稀疏麻布。只在织前加工麻线,织成之后不再加工的布就叫缌。这是不同程度的悲哀在丧服上的表现。

斩衰是用三升布制成的,到虞祭卒哭以后,就可以递减为六升成布的衣裳和七升的冠。为母亲穿的齐衰丧服是用四升布制成的,到虞祭卒哭后也可以递减为七升成布的衣裳和八升的冠。去掉麻腰带改用葛腰带,葛腰带是纠成三重的。服丧满一年举行小祥祭可戴漂练过的丝冠和领子有浅红色滚边的内衣,但腰带和首经不能都除掉。男子先脱去首经,妇人先解去腰带。男子为什么先除首经? 妇人为什么先除腰带呢? 因为男子的首经是丧服中最重的,妇人的腰带是丧服中最重的。除丧要先除最重的部分,而遇到新丧

才改换最轻的部分。又过一年举行大祥祭,可戴生绢制的冠,穿十五升的麻布深衣。隔一个月举行禫祭,禫祭就戴黑经白纬布制的冠。自此以后,就可以佩戴各种装饰了。

改换丧服,为什么原有重丧在身遇新轻丧,改换旧丧的较轻部分呢?如果原来已有斩衰丧服,在卒哭之后,又遭齐衰丧服,改换丧服后,斩衰的较轻部分就包含在新改的丧服之内,而斩衰的重要部分只能独立地保持着。如果斩衰丧服在练祭之后,又遇到大功丧服,那么在新丧卒哭祭以前,男女都用麻绖麻带,卒哭之后,男女都用葛绖葛带。如果原来已有齐衰丧服,在虞祭卒哭祭以后,又遇到大功丧服,那么男子头上戴齐衰葛绖,腰系大功麻带;女子腰系齐衰葛带,头戴大功麻绖。

斩衰变服之后的葛带葛绖与齐衰未变服之前的麻带麻绖的粗细相同;齐衰变服后的葛带葛绖与大功的麻带麻绖粗细相同;大功的葛带葛绖与小功的麻带麻绖粗细相同;小功的葛带葛缓与缌麻的麻带麻绖粗细相同。如果变服后的葛带葛绖与新丧的麻带麻绖相同,那就可以既服旧丧的葛,又可以服新丧的麻。但兼服的原则是保留原来丧服的较重部分的葛,而较轻的部分就改成新丧的麻。

三年问第三十八

【原文】

三年之丧,何也?曰:称情而立文,因以饰群,别亲疏贵贱之节,而弗可损益也。故曰:无易之道也。创巨者其日久,痛甚者其愈迟。三年者,称情而立文,所以为至痛极也。斩衰苴杖,居倚庐,食粥,寝苦枕块,所以为至痛饰也。三年之丧,二十五月而毕,哀痛未尽,思慕未忘,然而服以是断之者,岂不送死有已、复生有节也哉?

凡生天地之间者,有血气之属,必有知。有知之属,莫不知爱其类。今是大鸟兽,则失丧其群匹,越月逾时焉,则必反巡;过其故乡,翔回焉,鸣号焉,蹢躅焉,踟蹰焉,然后乃能去之。小者至于燕雀,犹有啁噍之顷焉,然后乃能去之。故有血气之属者,莫知于人;故人于其亲也,至死不穷。将由夫(患)〔愚陋〕邪淫之人与?则彼朝死而夕忘之,然而从之,则是曾鸟兽之不若也,夫焉能相与群居而不乱乎?将由夫修饰之君子与?则三年之丧,二十五月而毕,若驷之过隙,然而遂之,则是无穷也。故先王焉为之立中制节,壹使足以成文理,则释之矣。

然则何以至期也?曰:至亲以期断。是何也?曰:天地则已易矣,四时则已变矣,其在天地之中者莫不更始焉,以是象之也。

然则何以三年也?曰:加隆焉尔也,焉使倍之,故再期也。

由九月以下,何也?曰:焉使弗及也。

故三年以为隆,缌、小功以为杀,期、九月以为间。上取象于天,下取法于地,中取则

于人,人之所以群居和壹之理尽矣。

故三年之丧,人道之至文者也。夫是之谓至隆,是百王之所同,古今之所壹也,未有知其所由来者也。

孔子曰:"子生三年,然后免于父母之怀。夫三年之丧,天下之达丧也。"

【译文】

"守丧三年是根据什么制定的呢?"答道:"这是根据与哀情相称而制定的礼文,藉此来表明亲属关系,区别亲疏贵贱的界限,因而是不能任意增减的。所以说这是不能更改的原则。"创伤巨大,复原的日子就长;悲痛愈深,平息的时间就迟,所以要守丧三年,这是与长久的哀情相称的礼文,也是为极度的哀痛而制定的。守丧三年,要穿斩衰,拄着粗陋的竹杖,住在倚墙搭起的茅棚里,吃稀饭,睡草垫,枕土块,用这些来表明内心的巨大哀痛。所谓守丧三年,其实是二十五月就结束,虽然人们的哀痛还没有平息,对死者的怀念还没有忘却,但丧服要在这个时候除掉,这难道不是守丧有终止的期限,恢复正常的生活也有限界吗?

凡是生在天地之间的,只要是有血肉有气息的动物,就一定有知觉。有知觉的动物,没有不晓得爱自己同类的。就说那些大鸟大兽吧,如果失掉同伴或死了配偶,即使过了一个月,或过了一个季节,还是一定要返回,到曾路经住过的地方时,或者盘翔号叫,或者徘徊良久,然后才肯离去。哪怕是很小的燕子、麻雀,也要鸣叫好一阵才肯离去。有血气的动物群类中,没有比人更有知觉的,所以人对于自己的亲人,到死也不会忘记。如果依着那些愚昧邪恶放荡的人吧,那他们早晨死了亲人,到晚上就会忘掉,要是顺从他们的意思规定守丧时间,那么人就连鸟兽都不如了,怎能够在一起生活而不乱呢?如果依着那些很有修养又心地纯正的人吧,他们认为三年丧服到满二十五月就除掉,就好像四匹马拉的车从缝隙一闪而过那样快,要是成全他们的意愿,那就要没完没了地服丧了。所以古代的君王根据这些情况采取折中的办法制定礼节,使大家都能够做到合乎礼又合乎理,就让人们在二十五月时除丧。

"为什么有满一年的丧服呢?"答道:"为最亲近但不尊贵的亲属服丧就在满一年的时候除丧。"又问道:"这是为什么呢?"答道:"一年之中,天体星辰已循环一次了,春夏秋冬四季也已更换一轮了,在天地之间的万物,没有不重新开始的,所以满一年时除丧服,也是象征着重新开始。"

"那为什么有的丧服要到第三年才期满呢?"答道:"是因为死者地位尊贵而特加隆重,于是使丧期延长到双倍时间,所以要服满二年。""从九月以下的丧期又是为什么呢?"答道:"因为有的亲属不及至亲,于是丧期也就比不上至亲。"

所以三年的丧期是特加的隆重,缌麻三月、小功五月是因关系疏远而减轻的,一年或九月的齐衰、大功处在两者之间。丧期的规定,上取天象,下取地物,中取人情,人类之所以能群居生活而和睦团结的道理都表现出来了。所以守丧三年是人情中最完美的体现,

也就是所说的最隆重的礼,这是历代君王都相同,古今都一致的,没有人知道是从什么时候开始的。孔子说:"小孩生下三年后,才能离开父母的怀抱;为父母守丧三年,也是天下通行的丧礼。"

深衣第三十九

【原文】

古者深衣,盖有制度,以应规、矩、绳、权、衡。短毋见肤,长毋被土。续衽,钩边。要缝半下。袼之高下,可以运肘。袂之长短,反诎之及肘。带,下毋厌髀,上毋厌胁,当无骨者。

制:十有二幅,以应十有二月。袂圆以应规,曲袷如矩以应方,负绳及踝以应直,下齐如权衡以应平。故规者,行举手以为容;负绳、抱方者,以直其政、方其义也。故《易》曰:《坤》"六二之动,直以方也"。下齐如权衡者,以安志而平心也。五法已施,故圣人服之。故规、矩取其无私,绳取其直,权衡取其平,故先王贵之。故可以为文,可以为武,可以摈相,可以治军旅,完且弗费,善衣之次也。

具父母、大父母,衣纯以缋。具父母,衣纯以青。如孤子,衣纯以素。纯袂,缘,纯边,广各寸半。

【译文】

古代深衣的制作是有一定的规格的,以切合于圆规、矩尺、墨线,秤锤、秤杆。不能短到露出小腿肚,不能长得拖地,裳的衽连在右边,中间收小,呈上下广中间狭的形状,腰际的宽度是裳下摆的一半。腋下袖缝的高低,以可以使胳膊运动自如为标准。袖子在手以外的部分,以反折过来刚好到手肘为合度。腰间的大带,不能太下盖住股骨。也不能太上盖住肋骨。适当的位置,在肋骨下股骨上的无骨之处。

深衣裁制的方式:上六幅、下六幅,共十二幅,以合于一年十二个月。袖口圆,像圆规;方形的交领似矩,表示应该方正;背缝似一直线至脚后跟,表示应该正直;裳的下摆似秤锤秤杆,表示应该公平。袖口如圆规,则揖让有仪容;背缝一条直线和方形的交领,表示要为政正直,行为合于义理。《周易》中说:坤卦第二爻的动态,表示正直而且方正。裳的下摆似秤锤秤杆一样平直,用以安定心志和平正内心。深衣符合五个方面的法则,所以圣人要穿它。从规矩中取法它的方正无私;从绳墨中取法正直;从权衡取法它的平正。所以先王看重深衣。

深衣可以作为文事的服装,可以作为武事的服装,可以作为接待宾客时赞礼的傧相服装,也可以作为整训部队时的服装,这种服装比较结实而且花费不多,除祭服朝服外就

数深衣重要了。如果父母、祖父母都在,深衣用五采的布帛镶边;如父母双全,深衣用青色的布帛镶边;如是孤儿,深衣镶边全用白色的布帛。袖口镶边、裳的底部镶边、裳的两侧镶边,宽度都是一寸半。

投壶第四十

【原文】

投壶之礼:

主人奉矢,司射奉中,使人执壶。主人请曰:"某有枉矢哨壶,请以乐宾。"宾曰:"子有旨酒嘉肴,某既赐矣。又重以乐,敢辞。"主人曰:"枉矢哨壶,不足辞也。敢(固)以请!"宾曰:"某既赐矣。又重以乐,敢固辞!"主人曰:"枉矢哨壶,不足辞也。敢固以请!"宾曰:"某固辞不得命,敢不敬从?"宾再拜受,主人般还,曰:"辟。"主人阼阶上拜送;宾般还,曰:"辟。"已拜,受矢,进即两楹间,退,反位,揖宾就筵。

司射进度壶,(间以二矢半)反位;设中,东面,执八算兴。请宾曰:"顺投为入,比投不释,胜饮不胜者。正爵既行,请为胜者立马。(一马从二马。)三马既立,请庆多马。"请主人亦如之。命弦者曰:"请奏《狸首》,间若一。"大师曰:"诺。"

左右告矢具,请拾投。有入者,则司射坐而释一算焉。宾党于右,主党于左。

卒投。司射执算曰:"左右卒投。请数。"二算为纯,一纯以取;一算为奇。遂以奇算告。曰:"某贤于某若干纯。"奇则曰"奇",钧则曰"左右钧"。

命酌曰:"请行觞。"酌者曰:"诺。"当饮者皆跪奉觞曰:"赐灌。"胜者跪曰:"敬养。"

正爵既行,请立马。马各直其算,一马从二马,以庆。庆礼曰:"三马既备,请庆多马。"宾主皆曰:"诺。"

正爵既行,请彻马。

算多少,视其坐。筹,室中五扶,堂上七扶,庭中九扶。算,长尺二寸。壶,颈修七寸,腹修五寸,口径二寸半,容斗五升。壶中实小豆焉,为其矢之跃而出也。壶去席二矢半。矢,以柘若棘,毋去其皮。

鲁令弟子辞曰:"毋幠,毋敖,毋偝立,毋逾言。偝立、逾言有常爵!"薛令弟子辞曰:"毋幠,毋敖,毋偝立,毋逾言。若是者浮!"

鼓:○□○○□□○□○□○○□半○□○□○○○○□□○□○——鲁鼓。○□○○○□□○□○□○○□○□○○○○□半○□○○○□□○□○——薛鼓。取"半"以下为投壶礼,尽用之为射礼。

司射、庭长及冠士立者,皆属宾党。乐人及使者、童子,皆属主党。

鲁鼓:○□○□○○□○半○□○○○○□□○□○。薛鼓:○□○○○○○□□

□○□○○○□○□○○□半○□○□○○○○○□。

【译文】

投壶的礼节:主人捧着矢,司射捧着盛筹码的筒,又让人拿着壶。主人邀请宾客说:"我某人有不直的箭和不好的壶,愿供宾客娱乐。"宾客回答说:"您有美酒佳肴,我某人已经受到赏赐,再蒙招待娱乐,实在不敢当。"主人又说:"不直的箭不好的壶,用不到推辞,愿请一道娱乐。"宾客又答:"我某人已受到赏赐招待,再蒙招待娱乐,实在不敢当。"主人再一次说:"不直的箭不好的壶,用不到推辞,愿坚请您一道娱乐。"宾客答道:"我某人再三推辞不了,怎敢不听从?"

宾客在西阶再拜接受箭,主人原地转身,并说:"避礼。"主人在东阶上下拜送箭,宾客原地转身并说:"避礼。"拜毕,接受箭,前进到堂的两楹之间。主人退至原来的位置,向宾客作揖,请客人上席。

司射上堂丈量壶放置的位置。摆好壶后司射回到西阶的位置上,将算筹筒陈设好,算筹筒上所刻兕鹿头面向东。司射手拿八个算筹站起,告诉宾客说:"箭头进入壶中,才算是投入。主宾轮流投,如果一人连续投,即使投中也不算。胜的斟酒给没有投中的称喝罚酒。罚酒喝过后,替得胜的一方立一马。如果立了三马,为胜者一方喝庆贺酒。"司射也用上述的程序告诉主人。司射又告鼓瑟的人说:"请奏《狸首》乐曲,乐曲每段休止的时间都要一律。"乐队之长回答说:"是。"

司射向主人宾客双方报告箭已准备好了,请开始更替投壶。如有人投中,司射就坐下放一个算筹在筹码筒里。作为宾客一方的坐于司射的右面,作为主人一方的坐在司射的左面。

投壶结束,司射收起剩余的算筹说:"主客双方都已投完,请求计算双方投入的次数。两个算筹称为一纯,一次拿一纯,只有一个算筹称为奇。"统计完毕,拿着得胜一方多出的算筹报告说:"某一方超过某一方多少纯。"如超过的是单数,就说:"超过奇。"如双方均等,就说:"主宾双方相等。"

司射让胜者一方的子弟斟酒时说:"请斟酒。"斟酒的子弟说:"是。"败方须饮罚酒的人都跪下捧着酒杯说:"承蒙赏赐酒喝。"胜方亦跪下说:"敬以此酒为奉养。"

正礼罚酒完毕,为得胜的一方立一马。所立的马要放在原先放置算筹的前面。如果轮番投三次以后,一方得二马,一方得一马,得一马的一方要将一马并给得二马的一方,并庆贺胜的一方。在行庆礼时,司射说:"三个马已经俱备,请为得到马多的一方庆贺。"宾主双方都说:"是。"庆胜酒喝过后,司射请撤去计算胜负的马。

用多少算筹,看在座参加投壶的人数而定。箭的长度,如在室中投壶用二尺的箭,如在堂上投壶用二尺八寸的箭,如在庭中投壶用三尺六寸的箭。算筹的长度为一尺二寸。投壶用的壶,壶颈长七寸,壶的腹部高五寸,壶口的直径为二寸半,壶的体积可以容放一斗五升的实物。壶中放入小豆,为的是怕箭投进后又重新跳出。壶的位置离席二根半箭

的距离。箭，用柘木或棘木，而且不要刮掉树皮。

鲁国规定司射戒令主宾双方的年轻人说："不要怠慢、不要傲慢、不要背转身立着、不要大声与间隔较远的人谈话，背转身和远距离与人谈话，按常例都要罚酒。"薛国规定司射戒令主宾双方的年轻人说："不要怠慢、不要傲慢、不要背转身立着、不要大声与间隔较远的人谈话，触犯上述戒令的人要受罚。"

司射、司正以及站着看投壶的成年人，他们都属于宾一方参加投壶；奏乐的、服务人员、小孩，都属于主人一方参加投壶。

击鼙鼓的鼓谱□〇〇□□〇□〇〇□半〇□〇□〇〇〇〇□□〇□这是鲁国击鼙鼓的鼓谱。〇□〇〇〇□□〇□〇□〇□〇□〇□〇〇□□〇半〇□〇〇〇□□。这是薛国的鼓谱。"半"字以下的鼓谱用为投壶礼，全部的鼓谱用于射礼。

又有记鲁国的鼓谱为〇□〇〇□□〇□〇〇半〇□〇□〇□〇〇〇〇□□〇□〇。薛国的鼓谱为〇□〇〇〇〇〇□〇□〇〇〇〇〇□〇〇〇〇〇□半〇□〇〇〇〇〇□〇。

儒行第四十一

【原文】

鲁哀公问于孔子曰："夫子之服，其儒服与？"孔子对曰："丘少居鲁，衣逢掖之衣；长居宋，冠章甫之冠。丘闻之也，君子之学也博，其服也乡，丘不知儒服。"

哀公曰："敢问儒行。"孔子对曰："遽数之，不能终其物。悉数之乃留，更仆未可终也。"

哀公命席。孔子侍，曰："儒有席上之珍以待聘，夙夜强学以待问，怀忠信以待举，力行以待取。其自立有如此者。

"儒有衣冠中，动作慎。其大让如慢，小让如伪；大则如威，小则如愧。其难进而易退也，粥粥若无能也。其容貌有如此者。

"儒有居处齐难，其坐起恭敬，言必先信，行必中正；道途不争险易之利，冬夏不争阴阳之和。爱其死以有待也，养其身以有为也。其备豫有如此者。

"儒有不宝金玉，而忠信以为宝；不祈土地，立义以为土地；不祈多积，多文以为富。难得而易禄也，易禄而难畜也。非时不见，不亦难得乎！非义不合，不亦难畜乎！先劳而后禄，不亦易禄乎！其近人有如此者。

"儒有委之以货财，淹之以乐好，见利不亏其义；劫之以众，沮之以兵，见死不更其守。鸷虫攫搏，不程〔其〕勇（者），引重鼎，不程其力。往者不悔，来者不豫；过言不再，流言不极；不断其威，不习其谋。其特立有如此者。

"儒有可亲而不可劫也，可近而不可迫也，可杀而不可辱也。其居处不淫，其饮食不潃,其过失可微辨而不可面数也。其刚毅有如此者。

"儒有忠信以为甲胄,礼义以为干橹;戴仁而行,抱义而处;虽有暴政,不更其所。其自立有如此者。

"儒有一亩之宫,环堵之至;筚门圭窬,蓬户瓮牖;易衣而出,并日而食;上答之不敢以疑,上不答不敢以谄。其仕有如此者。

"儒有今人与居,古人与稽;今世行之,后世以为楷;适弗逢世,上弗援,下弗推,谗谄之民,有比党而危之者;身可危也,而志不可夺也。虽危,起居竟信其志,犹将不忘百姓之病也。其忧思有如此者。

"儒有博学而不穷,笃行而不倦;幽居而不淫,上通而不困。礼之以和为贵,忠信之美,优游之法。(举)〔慕〕贤而容众,毁方而瓦合。其宽裕有如此者。

"儒有内称不辟亲,外举不辟怨。程功积事,推贤而进达之。不望其报,君得其志。苟利国家,不求富贵。其举贤援能有如此者。

"儒有闻善以相告也,见善以相示也,爵位相先也,患难相死也,久相待也,远相致也。其任举有如此者。

"儒有澡身而浴德,陈言而伏,静而正之,上弗知也;粗而翘之,又不急为也。不临深而为高,不加少而为多。世治不轻,世乱不沮;同弗与,异弗非也。其特立独行有如此者。

"儒有上不臣天子,下不事诸侯;慎静而尚宽,强毅以与人,博学以知服;近文章,砥厉廉隅,虽分国,如锱铢;不臣不仕。其规为有如此者。

"儒有合志同方,营道同术;并立则乐,相下不厌;久不相见,闻流言不信。其行本方立义,同而进,不同而退。其交友有如此者。

"温良者,仁之本也;敬慎者,仁之地也;宽裕者,仁之作也;孙接者,仁之能也;礼节者,仁之貌也;言谈者,仁之文也;歌乐者,仁之和也;分散者,仁之施也。儒者兼此而有之,犹且不敢言仁也。其尊让有如此者。

"儒有不陨获于贫贱,不充诎于富贵,不慁君王,不累长上,不闵有司,故曰儒。今众人之命儒也妄,常以儒相诟病。"

孔子至舍,哀公馆之。闻此言也,言加信,行加义。"终没吾世,不敢以儒为戏。"

【译文】

鲁哀公问孔子,说:"先生穿的衣服,是儒者特有的服饰吗?"孔子回答说:"我孔丘小时候住在鲁国,所以穿鲁国人常穿的大袖子的单衣;长大后曾经在宋国居住过,所以戴宋国人所戴的章甫冠。我听到过这样的话,一个德行优异的君子应有广博的学识,而他的服饰则随所居地的习俗,我不知道有什么儒者特有的服装。"

哀公又问:"请问儒者的行为准则?"孔子回答说:"急匆匆地数说,很难将这些事说完全;将儒行全部数说清楚,需很长时间,等到仆侍换班,还不能说完。"

哀公命人替孔子铺上坐席,孔子侍坐一旁。说:"儒者有的像席上的国宝等待人君的

聘召；早晚加强学习，以等待别人垂问；心怀忠信，以等待别人推举；身体力行，以等待别人取用。儒者修身自立有如上所说的。

"有的儒者穿戴适中，不异于常人，举止十分谨慎。对大事，在退让时，辞貌宽缓，似有傲慢之情；对小事，在退让时，却并非坚辞似假客气似的。处理大事，则有畏惧之色；处理小事，似有惭愧，惟恐做不好。不愿与人争，但愿退让，好像是无能之辈。儒者的态度表情，有如上所说的。

"有的儒者平日家居时的态度亦十分庄重恐惧，无论坐或立都非常恭敬。言必有信，行为不偏邪。在行路上，不与人争平坦险阻；冬天夏天，不与人争温暖凉爽的住处。珍潜生命，为了等待发挥作用的机会；保养身体，是希望有所作为。儒者的防祸害，行善道有如上所说的。

"有的儒者不珍重金玉，而十分珍重忠信的品德；不祈求拥有土地，而将树立德义作为安身立命的土地；不祈求聚敛财货，而以具有渊博的知识为富有。有时很难得到儒者，因为他们轻视高官厚禄；他们轻视高官厚禄，也就难以留住。不是政治清明的时代，他们隐居不仕，这不是很难得到吗？如国君的行为不合义理，他们就不与合作而离去，这不是很难留住吗？他们以事业为先，受禄为后，这不是轻视厚禄吗？儒者与人交往有如上所说的。

"有的儒者当给他财物，或用娱乐玩好去腐蚀他时，他在利诱面前决不见利忘义；用兵众去威胁他，用武器去恐吓他，在死亡面前他也不变更操守。遇到凶禽猛兽，不先衡量自己的勇力，就奋不顾身地去搏击；遇到要举重鼎，不先衡量自身的力气就动手；对于过去的事，不再追悔；对于未来的事，不预先妄加猜测；说了错话，发现了再也不说；对于流言蜚语，不去穷根究底；他的威严不能损害；只要应该做的，不反复考虑，才决定去做。儒者立身独特有如上所说的。

"有的儒者可与相亲密，但不可以威胁；可与接近，而不可以逼迫；可以杀，而不可以侮辱。对住处不追求奢侈华丽，吃喝也不讲究，有了过失可以私下进行辨正，而不可以在大庭广众中当面指责。儒者刚毅的品德，有如上所说的。

"有的儒者将忠信的品德当作像铠甲头盔一样的护身装备，以遵循礼义当作像大小盾牌一样的防御武器；一切行动，仁义都不离身，即使遇到暴虐的政治，不改变自己的操守。儒者立身处世有如上所说的。

"有的儒者，住处只有十步见方，室屋四周的墙只有四五丈；门是树枝编成的，只有一扇小门，用蓬草来遮掩，用破瓦器的口作窗；全家只有一件像样的衣服，谁出门就换上这件衣服；一天的饭要吃两天。国君采纳他的建议，则坚信不疑，竭尽心力；国君不采用他的建议，也决不去取媚于人。儒者的从政态度有如上所说的。

"有的儒者，虽跟当今之人相处，但思想行为却与古人相合；现在身体力行的事，将成为未来人学习的榜样。如没有遇到政治清明的时代，得不到国君的提拔，基层的官吏也不加以推举；造谣谄谀之徒，又相互勾结来危害他，但只能危害他的肉体，而思想意识却

决不改变。虽处险境,一举一动还是想伸展他的志向,仍然念念不忘百姓的患难痛苦。儒者的忧国忧民意识有如上所说的。

"有的儒者,有广博的学识,而仍不停止学习;虽有纯美的品德,仍不倦地提高自己。不得志独处之时,不会有不正当的行为;如通达仕于君上,行正道而称其职守。遵循以和为贵的礼仪,并以忠信为美德,以和柔作为法则。推举贤人而又能容纳众人,做到严肃方正与柔和圆转相结合。儒者的宽容胸怀有如上所说的。

"有的儒者,对族内的贤者,不因为避讳亲属关系而不推举;对族外的贤者,不因为此人和自己有私仇而不推荐。在推举前,对被推举人的功业、历年的事迹进行考核,推举贤者力求使他们获得任用。推举贤者,并不企望对方报答;只希望国君因得到贤者的辅佐,使理想得以实现。儒者所考虑的是如何对国家有利,不求自己的富贵。儒者推贤举能的情况有如上所说的。

"有的儒者,听到有益的话就告诉他的友人,看到好的行为就指示给朋友看。在爵位面前,朋友之间互相谦让;在患难面前,争着捐躯。友人长期不得志,自己愿意等待着一同出仕,友人在远处不得志,总想方设法招致。儒者推荐友人有如上所说的。

"有的儒者,洁身自好不为污浊所染,处处以道德自厉。陈述自己意见,静待君命;默默地坚持正道。如国君不理解他,再稍稍地表达自己的意思以示启发,又不急于求成。在地位低下的人面前,不自以为高贵;不夸大自己的功绩。遇到盛世,不自轻自贱;遇到乱世,仍然坚持信念。对观点相同的人,不妄加吹捧;对观点不同的人,不妄加非议。儒者不随声附和保持独立人格有如上所说的。

"有的儒者,上不为天子的臣,下不为诸侯的吏;谨慎平静,崇尚宽和,坚强刚毅而又能与人交往,学识渊博却又能服膺贤人。亲近文章典籍,以磨砺个人方正的行为,即使将裂土分封,在他看来却像锱铢一般微不足道,不愿臣服于人和不出仕做官。儒者规范自己的行为有如上所说的。

"有的儒者,有志同道合的朋友,有用同一方法学道的同志;如与友人同有成就当然十分高兴,如互有高低,彼此亦不嫌弃。与友人长期不获相见,听到对他的流言蜚语,自己不相信。一切行为要本于方正,树立在道义之上。志同道合,就接近追随他;道不同,就退避疏远。儒者的交友之道有如上所说的。

"温柔善良,是仁者的根本;恭敬谨慎,是仁者的土壤;宽大包容,是仁者的行动;谦逊待人,乃仁者所能;一举一动都有礼貌,是仁者的外貌;说话谈吐高雅,是仁者的文采;吹歌弹唱,是仁者的谐和;分散钱财,赈济贫穷,是仁者的施与。儒者兼有以上的美德,仍然不敢说自己已达到仁。儒者恭敬谦让有如上所说的。

"儒者不因为贫贱困迫而丧失意志,不因为富贵享乐而失掉节操;不因被君王困辱,卿大夫的干涉牵制,官吏的逼害而背弃主张,所以叫作儒。现在众人对儒的看法是不正确的,常常把儒者作为笑料讲。"

孔子回到鲁国居住,鲁哀公供养招待他。听了以上的话后,对孔子的话更加相信,对

他的行事觉得更加合理。鲁哀公说："我这一生，不敢拿儒来开玩笑。"

大学第四十二

【原文】

大学之道，在明明德，在亲民，在止于至善。知止而后有定，定而后能静，静而后能安，安而后能虑，虑而后能得。物有本末，事有终始。知所先后，则近道矣。

古之欲明明德于天下者，先治其国；欲治其国者，先齐其家；欲齐其家者，先修其身；欲修其身者，先正其心；欲正其心者，先诚其意；欲诚其意者，先致其知；致知在格物。物格而后知至，知至而后意诚，意诚而后心正，心正而后身修，身修而后家齐，家齐而后国治，国治而后天下平。自天子以至于庶人，壹是皆以修身为本，其本乱，而末治者否矣。其所厚者薄，而其所薄者厚，未之有也。

《康诰》曰："克明德。"《大甲》曰："顾諟天之明命。"《帝典》曰："克明峻德。"皆自明也。汤之《盘铭》曰："苟日新，日日新，又日新。"《康诰》曰："作新民。"《诗》曰："周虽旧邦，其命惟新。"是故君子无所不用其极。《诗》云："邦畿千里，惟民所止。"《诗》云："缗蛮黄鸟，止于丘隅。"子曰："于止，知其所止。可以人而不如鸟乎！"《诗》云："穆穆文王，於缉熙敬止！"为人君，止于仁；为人臣，止于敬；为人子，止于孝；为人父，止于慈；与国人交，止于信。

《诗》云："瞻彼淇澳，菉竹猗猗。有斐君子，如切如磋，如琢如磨。瑟兮僴兮，赫兮喧兮。有斐君子，终不可谖兮！""如切如磋"者，道学也；"如琢如磨"者，自修也；"瑟兮僴兮"者，恂慄也。"赫兮喧兮"者，威仪也；"有斐君子，终不可谖兮"者，道盛德至善，民之不能忘也。《诗》云："於戏前王不忘！"君子贤其贤而亲其亲，小人乐其乐而利其利，此以没世不忘也。

子曰："听讼，吾犹人也。必也使无讼乎！"无情者不得尽其辞，大畏民志。此谓知本。

此谓知本，此谓知之至也。

所谓诚其意者：毋自欺也。如恶恶臭，如好好色，此之谓自谦。故君子必慎其独也！小人闲居为不善，无所不至，见君子而后厌然，掩其不善而著其善。人之视己，如见其肺肝然，则何益矣！此谓诚于中，形于外，故君子必慎其独也。曾子曰："十目所视，十手所指，其严乎！"富润屋，德润身，心广体胖，故君子必诚其意。

所谓修身在正其心者，身有所忿懥，则不得其正；有所恐惧，则不得其正；有所好乐，则不得其正；有所忧患，则不得其正。心不在焉，视而不见，听而不闻，食而不知其味。此谓修身在正其心。

所谓齐其家在修其身者，人之其所亲爱而辟焉，之其所贱恶而辟焉，之其所畏敬而辟

焉，之其所哀矜而辟焉，之其所敖惰而辟焉。故好而知其恶，恶而知其美者，天下鲜矣！故谚有之曰："人莫知其子之恶，莫知其苗之硕。"此谓身不修不可以齐其家。

所谓治国必先齐其家者，其家不可教而能教人者，无之。故君子不出家而成教于国：孝者，所以事君也；弟者，所以事长也；慈者，所以使众也。《康诰》曰："如保赤子。"心诚求之，虽不中不远矣。未有学养子而后嫁者也。一家仁，一国兴仁；一家让，一国兴让；一人贪戾，一国作乱。其机如此。此谓一言偾事，一人定国。尧、舜率天下以仁，而民从之；桀、纣率天下以暴，而民从之。其所令反其所好，而民不从。是故君子有诸己而后求诸人；无诸己而后非诸人。所藏乎身不恕，而能喻诸人者，未之有也。故治国在齐其家。《诗》云："桃之夭夭，其叶蓁蓁。之子于归，宜其家人。"宜其家人，而后可以教国人。《诗》云："宜兄宜弟。"宜兄宜弟，而后可以教国人。《诗》云："其仪不忒，正是四国。"其为父子兄弟足法，而后民法之也。此谓治国在齐其家。

所谓平天下在治其国者，上老老而民兴孝；上长长而民兴弟；上恤孤而民不倍。是以君子有絜矩之道也。所恶于上，毋以使下；所恶于下，毋以事上；所恶于前，毋以先后；所恶于后，毋以从前；所恶于右，毋以交于左；所恶于左，毋以交于右。此之谓絜矩之道。《诗》云："乐只君子，民之父母。"民之所好好之，民之所恶恶之，此之谓民之父母。《诗》云："节彼南山，维石岩岩。赫赫师尹，民具尔瞻。"有国者不可以不慎，辟则为天下僇矣。《诗》云："殷之未丧师，克配上帝。仪监于殷，峻命不易。"道得众则得国，失众则失国。

是故君子先慎乎德。有德此有人，有人此有土，有土此有财，有财此有用。德者，本也，财者，末也。外本内末，争民施夺。是故财聚则民散，财散则民聚。是故言悖而出者，亦悖而入；货悖而入者，亦悖而出。《康诰》曰："惟命不于常。"道善则得之，不善则失之矣。《楚书》曰："楚国无以为宝，惟善以为宝。"舅犯曰："亡人无以为宝，仁亲以为宝。"

《秦誓》曰："若有一（个）〔介〕臣，断断兮无他技，其心休休焉，其如有容焉。人之有技，若己有之。人之彦圣，其心好之，不啻若自其口出，实能容之，以能保我子孙黎民，（尚）亦〔尚〕有利哉！人之有技，娼疾以恶之；人之彦圣，而违之俾不通，实不能容。以不能保我子孙黎民，亦曰殆哉！"唯仁人放流之，迸诸四夷，不与同中国。此谓唯仁人为能爱人，能恶人。见贤而不能举，举而不能先，命也。见不善而不能退，退而不能远，过也。好人之所恶，恶人之所好，是谓拂人之性，灾必逮夫身。是故君子有大道，必忠信以得之，骄泰以失之。

生财有大道：生之者众，食之者寡，为之者疾，用之者舒，则财恒足矣。仁者以财发身，不仁者以身发财。未有上好仁而下不好义者也，未有好义其事不终者也，未有府库财非其财者也。孟献子曰："畜马乘不察于鸡豚，伐冰之家，不畜牛羊；百乘之家，不畜聚敛之臣。与其有聚敛之臣，宁有盗臣。"此谓国不以利为利，以义为利也。长国家而务财用者，必自小人矣。彼为善之，小人之使为国家，灾害并至。虽有善者，亦无如之何矣！此谓国不以利为利，以义为利也。

【译文】

大学的宗旨在于弘扬光明正大的品德,在于使人弃旧图新,在于使人达到最完善的境界。知道应达到的境界才能够志向坚定;志向坚定才能够镇静不躁;镇静不躁才能够心安理得;心安理得才能够思虑周祥;思虑周祥才能够有所收获。每样东西都有根本有枝末,每件事情都有开始有终结。明白了这本末始终的道理,就接近事物发展的规律了。古代那些要想在天下弘扬光明正大品德的人,先要治理好自己的国家;要想治理好自己的国家,先要管理好自己的家庭和家族;要想管理好自己的家庭和家族,先要修养自身的品性;要想修养自身的品性,先要端正自己的心思;要想端正自己的心思,先要使自己的意念真诚;要想使自己的意念真诚,先要使自己获得知识;获得知识的途径在于认识、研究万事万物。通过对万事万物的认识、研究后才能获得知识;获得知识后意念才能真诚;意念真诚后心思才能端正;心思端正后才能修养品性;品性修养后才能管理好家庭和家族;管理好家庭和家族后才能治理好国家;治理好国家后天下才能太平。上自国家元首,下至平民百姓,人人都要以修养品性为根本。若这个根本被扰乱了。家庭、家族、国家、天下要治理好是不可能的。不分轻重缓急,本末倒置却想做好事情,这也同样是不可能的!

《康诰》说:"能够弘扬光明的品德。"《太甲》说:"念念不忘这上天赋予的光明禀性。"《尧典》说:"能够弘扬崇高的品德。"这些都是说要自己弘扬光明正大的品德。

商汤王刻在洗澡盆上的箴言说:"如果能够一天新,就应保持天天新,新了还要更新。"《康诰》说:"激励人弃旧图新。"《诗经》说,"周朝虽然是旧的国家,但却禀受了新的天命。"所以,品德高尚的人无处下追求完善。

《诗经》说:"京城及其周围,都是老百姓向往的地方。"《诗经》又说:"'绵蛮'叫着的黄鸟,栖息在山冈上。"孔子说:"连黄鸟都知道它该栖息在什么地方,难道人还可以不如一只鸟儿吗?"《诗经》说:"品德高尚的文王啊,为人光明磊落,做事始终庄重谨慎。"做国君的,要做到仁爱;做臣子的,要做到恭敬;做子女的,要做到孝顺;做父亲的,要做到慈爱;与他人交往,要做到讲信用。《诗经》说:"看那溪水弯弯的岸边,嫩绿的竹子郁郁葱葱。有一位文质彬彬的君子,研究学问如加工骨器,不断切磋;修炼自己如打磨美玉,反复琢磨。他庄重而开朗,仪表堂堂。这样的一个文质彬彬的君子,真是令人难忘啊!"这里所说的"如加工骨器,不断切磋",是指做学问的态度;这里所说的"如打磨美玉,反复琢磨",是指自我修炼的精神;说他"庄重而开朗",是指他内心谨慎而有所戒惧;说他"仪表堂堂",是指他非常威严;说"这样一个文质彬彬的君子,可真是令人难忘啊!"是指曲于他品德非常高尚,达到了最完善的境界,所以使人难以忘怀。《诗经》说:"啊啊,前代的君王真使人难忘啊!"这是因为君主贵族们能够以前代的君王为榜样,尊重贤人,亲近亲族,一般平民百姓也都蒙受恩泽,享受安乐,获得利益。所以,虽然前代君王已经去世,但人们还是永远不会忘记他们。

孔子说："听诉讼审理案子,我也和别人一样,目的在于使诉讼不再发生。"使隐瞒真实情况的人不敢花言巧语,使人心畏服,这就叫作抓住了根本。

说获得知识的途径在于认识、研究万事万物,是指要想获得知识,就必须接触事物而彻底研究它的原理。人的心灵都具有认识能力,而天下万事万物都总有一定的原理,只不过因为这些原理还没有被彻底认识,所以使知识显得很有局限。因此,《大学》一开始就教学习者接触天下万事万物,用自己已有的知识去进一步探究,以彻底认识万事万物的原理。经过长期用功,总有一天会豁然贯通。到那时,万事万物的里外粗细都被认识得清清楚楚,而自己内心的一切认识能力都得到淋漓尽致的发挥,再也没有蔽塞。这就叫万事万物被认识、研究了,这就叫知识达到顶点了。

使意念真诚的意思是说,不要自己欺骗自己。要像厌恶腐臭的气味一样,要像喜爱美丽的女人一样,一切都发自内心。所以,品德高尚的人哪怕是在一个人独处的时候,也一定要谨慎。

品德低下的人在私下里无恶不作,一见到品德高尚的人便躲躲闪闪,掩盖自己所做的坏事而自吹自擂。殊不知,别人看你自己,就像能看见你的心肺肝脏一样清楚,掩盖有什么用呢？这就叫作内心的真实一定会表现到外表上来。所以,品德高尚的人哪怕是在一个人独处的时候,也一定要谨慎。

曾子说："十只眼睛看着,十只手指着,这难道不令人畏惧吗？"

财富可以装饰房屋,品德却可以修养身心,使心胸宽广而身体舒泰安康。所以,品德高尚的人一定要使自己的意念真诚。

之所以说修养自身的品性要先端正自己的心思,是因为心有愤怒就不能够端正;心有恐惧就不能够端正;心有喜好就不能够端正;心有忧虑就不能够端正。

心思不端正就像心不在自己身上一样;虽然在看,但却像没有看见一样;虽然在听,但却像没有听见一样;虽然在吃东西,但却一点也不知道是什么滋味。所以说,要修养自身的品性必须要先端正自己的心思。之所以说管理好家庭和家族要先修养自身,是因为人们对于自己亲爱的人会有偏爱;对于自己厌恶的人会有偏恨;对于自己敬畏的人会有偏向;对于自己同情的人会有偏心;对于自己轻视的人会有偏见。因此,很少有人能喜爱某人又看到那人的缺点,厌恶某人又看到那人的优点。所以有谚语说："人都不知道自己孩子的坏,人都不满足自己庄稼的好。"这就是不修养自身就不能管理好家庭和家族的道理。

之所以说治理国家必须先管理好自己的家庭和家族,是因为不能管教好家人而能管教好别人的人,是没有的,所以,有修养的人在家里就受到了治理国家方面的教育;对父母的孝顺可以用于侍奉君主;对兄长的恭敬可以用于侍奉官长;对子女的慈爱可以用于统治民众。

《康诰》说："如同爱护婴儿一样。"内心真诚地去追求,即使达不到目标,也不会相差太远。要知道,没有先学会了养孩子再去出嫁的人啊！

一家仁爱,一国也会兴起仁爱;一家礼让,一国也会兴起礼让;一人贪婪暴戾,一国就会犯上作乱。其联系就是这样紧密,这就叫作:一句话就会坏事,一个人就能安定国家。

尧舜用仁爱统治天下,老百姓就跟随着仁爱;桀纣用凶暴统治天下,老百姓就跟随着凶暴。统治者的命令与自己的实际做法相反,老百姓是不会服从的。所以,品德高尚的,总是自己先做到。然后才要求别人做到;自己先不这样做,然后才要求别人不这样做。不采取这种推己及人的恕道而想让别人按自己的意思去做,那是不可能的。所以,要治理国家必须先管理好自己的家庭和家族。

《诗经》说:"桃花鲜美,树叶茂密,这个姑娘出嫁了,让全家人都和睦。"让全家人都和睦,然后才能够让一国的人都和睦。《诗经》说:"兄弟和睦。"兄弟和睦了,然后才能够让一国的人都和睦。《诗经》说:"容貌举止庄重严肃,成为四方国家的表率。"只有当一个人无论是作为父亲、儿子,还是兄长、弟弟时都值得人效法时,老百姓才会去效法他。这就是要治理国家必须先管理好家庭和家族的道理。

之所以说平定天下要治理好自己的国家,是因为,在上位的人尊敬老人,老百姓就会孝顺自己的父母,在上位的人尊重长辈,老百姓就会尊重自己的兄长;在上位的人体恤救济孤儿,老百姓也会同样跟着去做。所以,品德高尚的人总是实行以身作则,推己及人的"絜矩之道"。

如果厌恶上司对你的某种行为,就不要用这种行为去对待你的下属;如果厌恶下属对你的某种行为,就不要用这种行为去对待你的上司;如果厌恶在你前面的人对你的某种行为。就不要用这种行为去对待在你后面的人;如果厌恶在你后面的人对你的某种行为,就不要用这种行为去对待在你前面的人;如果厌恶在你右边的人对你的某种行为,就不要用这种行为去对待在你左边的人;如果厌恶在你左边的人对你的某种行为,就不要用这种行为去对待在你右边的人。这就叫作"絜矩之道"。

《诗经》说:"使人心悦诚服的国君啊,是老百姓的父母。"老百姓喜欢的他也喜欢,老百姓厌恶的他也厌恶,这样的国君就可以说是老百姓的父母了。《诗经》说:"巍峨的南山啊,岩石耸立。显赫的尹太师啊,百姓都仰望你。"统治国家的人不可不谨慎。稍有偏颇,就会被天下人推翻。《诗经》说:"殷朝没有丧失民心的时候,还是能够与上天的要求相符的。请用殷朝作个鉴戒吧,守住天命并不是一件容易的事。"这就是说,得到民心就能得到国家,失去民心就会失去国家。

所以,品德高尚的人首先注重修养德行。有德行才会有人拥护,有人拥护才能保有土地。有土地才会有财富,有财富才能供给使用,德是根本,财是枝末,假如把根本当成了外在的东西,却把枝末当成了内在的根本,那就会和老百姓争夺利益。所以,君王聚财敛货,民心就会失散;君王散财于民,民心就会聚在一起。这正如你说话不讲道理,人家也会用不讲道理的话来回答你;财货来路不明不白,总有一天也会不明不白地失去。

《康诰》说:"天命是不会始终如一的。"这就是说,行善便会得到天命,不行善便会失去天命。《楚书》说:"楚国没有什么是宝,只是把善当作宝。"舅犯说:"流亡在外的人没

有什么是宝,只是把仁爱当作宝。"

《秦誓》说:"如果有这样一位大臣,忠诚老实,虽然没有什么特别的本领,但他心胸宽广,有客人的肚量,别人有本领,就如同他自己有一样;别人德才兼备,他心悦诚服,不只是在口头上表示,而是打心眼里赞赏。用这种人,是可以保护我的子孙和百姓的,是可以为他们造福的啊!相反,如果别人有本领,他就妒嫉、厌恶;别人德才兼备,他便想方设法压制,排挤,无论如何容忍不得。用这种人,不仅不能保护我的子孙和百姓,而且可以说是危险得很!"因此,有仁德的人会把这种容不得人的人流放,把他们驱逐到边远的四夷之地去,不让他们同住在国中。这说明,有德的人爱憎分明,发现贤才而不能选拔,选拔了而不能重用,这是轻慢,发现恶人而不能罢免。罢免了而不能把他驱逐得远远的,这是过错。喜欢众人所厌恶的,厌恶众人所喜欢的,这是违背人的本性,灾难必定要落到自己身上。所以,做国君的人有正确的途径:忠诚信义,便会获得一切;骄奢放纵,便会失去一切。

生产财富也有正确的途径。生产的人多,消费的人少;生产的人勤奋,消费的人节省。这样,财富便会经常充足。仁爱的人仗义疏财以修养自身的德行,不仁的人不惜以生命为代价去敛钱发财。没有在上位的人喜爱仁德,而在下位的人却不喜爱忠义的;没有喜爱忠义而做事却半途而废的;没有国库里的财物不是属于国君的。孟献子说:"养了四匹马拉车的士大夫之家,就不需再去养鸡养猪;祭祀用冰的卿大夫家,就不要再去养牛养羊;拥有一百辆兵车的诸侯之家,就不要去收养搜刮民财的家臣。与其有搜刮民财的家臣,不如有偷盗东西的家臣。"这意思是说,一个国家不应该以财货为利益,而应该以仁义为利益。做了国君却还一心想着聚敛财货,这必然是有小人在诱导,而那国君还以为这些小人是好人,让他们去处理国家大事,结果是天灾人祸一齐降临。这时虽有贤能的人,却也没有办法挽救了。所以,一个国家不应该以财货为利益,而应该以仁义为利益。

冠义第四十三

【原文】

凡人之所以为人者,礼义也。礼义之始,在于正容体、齐颜色、顺辞令。容体正,颜色齐,辞令顺,而后礼义备。以正君臣、亲父子、和长幼。君臣正,父子亲,长幼和,而后礼义立。故冠而后服备,服备而后容体正、颜色齐、辞令顺。故曰:冠者,礼之始也。是故古者圣王重冠。

古者冠礼筮日、筮宾,所以敬冠事。敬冠事所以重礼,重礼所以为国本也。故冠于阼,以著代也。醮于客位,三加弥尊,加有成也。已冠而字之,成人之道也。见于母,母拜之,见于兄弟,兄弟拜之。成人而与为礼也。玄冠、玄端,奠挚于君,遂以挚见于乡大夫、

乡先生,以成人见也。成人之者,将责成人礼焉也。责成人礼焉者,将责为人子、为人弟、为人臣、为人少者之礼行焉。将责四者之行于人,其礼可不重与?

故孝弟忠顺之行立,而后可以为人,可以为人,而后可以治人也。故圣王重礼。故曰:"冠者,礼之始也,嘉事之重者也。"是故古者重冠,重冠故行之于庙。行之于庙者,所以尊重事。尊重事,而不敢擅重事;不敢擅重事,所以自卑而尊先祖也。

【译文】

人之所以成为人,因为有礼义。礼义从哪里做起呢? 在于端正仪容、表情严肃、说话和顺。仪容端正、表情严肃、说话和顺,然后才进一步要求具备礼义。这样,君臣的名分得以确立、使父子的关系亲密、使长辈和晚辈更加和睦。君臣之间的名分确立、父子间相亲相爱、长辈和晚辈和睦相处,然后礼义获得成立。古时到了二十岁行了冠礼,才备齐各种服饰。服饰完备了,然后要求仪容端正、表情严肃、说话和顺。所以说冠礼是礼的开始。因为这个缘故,古代圣王十分重视冠礼。

古代举行冠礼,选择日子和请谁来主持冠礼,都要由占筮来决定,这样做是因为冠礼是件十分严肃的事,严肃对待冠礼也是重视礼。重视礼,是治理国家的根本大事。

在阼阶上行冠礼,以此表示冠者将来要代替主人成为一家之长。冠者位于客位,主人向他敬酒,加冠三次,一次比一次尊贵,这是希望以后能取得成就。加冠时,再给他起一个字号,这对成年人来说是必不可少的。冠后去见母亲,母亲要答拜;与兄弟相见,兄弟也要答拜,因为他已成人,所以要对他行礼。穿着玄冠玄端的礼服去见国君,将见面礼摆在地上,表示不敢直接交给国君。接着带上见面礼去见卿大夫等长官及德高望重的老者,这是以成人的资格与他们相见。

一个人成为成年人,就用成年人的礼来要求他。用成年人的礼要求他,就是要求对父母要行儿子的礼,对兄弟要行兄弟的礼,对君上要行臣下的礼,对长辈要行晚辈的礼。要用以上四个方面的品行来要求他,冠礼能不重要吗?

一个人做到对父母孝、对兄弟友爱、对君主尽忠、对长辈顺从,才能真正称得上是个人。成为真正的人,然后可以教导和管理别人。因此圣王十分重视礼,所以说:冠礼是成人之礼的开始,是嘉礼中重要的一项。因为这个缘故,古人十分重视冠礼。因为重视冠礼,所以要在宗庙中举行。凡是在宗庙中举行的,都表示事情是很重要的。尊崇事情的重要,就不由己专任其事。不敢专任其事,所以自谦而尊敬祖先,要于祖庙中举行。

昏义第四十四

【原文】

昏礼者,将合二姓之好,上以事宗庙,而下以继后世也,故君子重之。是以昏礼纳采、问名、纳吉、纳征、请期，皆主人筵几于庙，而拜迎于门外，入，揖让而升，听命于庙，所以敬慎、重正昏礼也。

父亲醮子而命之迎，男先于女也。子承命以迎，主人筵几于庙，而拜迎于门外。婿执雁入，揖让，升堂，再拜，奠雁，盖亲受之于父母也。降，出，御妇车，而婿授绥，御轮三周，先俟于门外。妇至，婿揖妇以入。共牢而食，合卺而酳，所以合体、同尊卑，以亲之也。敬慎重正而后亲之，礼之大体而所以成男女之别，而立夫妇之义也。男女有别，而后夫妇有义；夫妇有义，而后父子有亲；父子有亲，而后君臣有正。故曰："昏礼者，礼之本也。"

夫礼，始于冠，本于昏，重于丧祭，尊于朝聘，和于乡射，此礼之大体也。

夙兴，妇沐浴以俟见。质明，赞见妇于舅姑，妇执笄——枣、栗、段脩以见。赞醴妇，妇祭脯醢，祭醴，成妇礼也。舅姑入室，妇以特豚馈，明妇顺也。厥明，舅姑共飨妇以一献之礼，奠酬，舅姑先降自西阶，妇降自阼阶。以著代也。成妇礼，明妇顺，又申之以著代，所以重责妇顺焉也。妇顺者，顺于舅姑，和于室人，而后当于夫，以成丝麻、布帛之事，以审守委积、盖藏。是故妇顺备而后内和理，内和理而后家可长久也，故圣王重之。

是以古者妇人先嫁三月，祖庙未毁，教于公宫；祖庙既毁，教于宗室。教以妇德、妇言、妇容、妇功。教成，祭之，牲用鱼，芼之以苹、藻，所以成妇顺也。

古者天子，后立六宫、三夫人、九嫔、二十七世妇、八十一御妻，以听天下之内治，以明章妇顺，故天下内和而家理。天子立六官、三公、九卿、二十七大夫、八十一元士，以听天下之外治，以明章天下之男教，故外和而国治。故曰："天子听男教，后听女顺；天子理阳道，后治阴德；天子听外治，后听内职。教顺成俗，外内和顺，国家理治，此之谓盛德。"

是故男教不修，阳事不得，适见于天，日为之食；妇顺不修，阴事不得，适见于天，月为之食。是故日食则天子素服而修六官之职，荡天下之阳事；月食则后素服而修六宫之职，荡天下之阴事。故天子之与后，犹日之与月，阴之与阳，相须而后成者也。

天子修男教，父道也；后修女顺，母道也。故曰："天子之与后，犹父之与母也。"故为天王服斩衰，服父之义也；为后服资衰，服母之义也。

【译文】

婚礼的意义在于要结成两姓之好，对上以事奉宗庙，对下以继承后世，所以君子十分重视它。因此在婚礼纳采、问名、纳吉、纳征、请期的日子，女方的父母都要先在家庙中摆设几席，然后亲自出门拜迎男方的使者，入了庙门，双方揖让而登堂，在庙堂里听受使者转达男家的话，这一切都是为了使婚礼庄敬隆重。

父亲亲自给儿子行醮礼，吩咐他迎娶新妇。这是表示男的要先去迎娶，然后女的才跟随男的而来。儿子秉承父命去迎亲，女方的父母在家庙里设了几席，然后在门外拜迎女婿。新婿捧着鹅走进去，彼此揖让登堂，再拜置鹅在地上，因为这是奉了父母的命令。然后走下堂，出来把新妇的车驾好，并将车上的挽手绳交给新妇，然后驾着车子向前走，当车轮转了三圈时，就交给御者驾驶。自己的车先到家门外等着，新妇到了，新郎就对新

妇作揖,请她进门。吃饭时,夫妇共用一牢,合饮一尊酒,这样做是为了表示夫妇二位一体,尊卑一样,彼此相亲相爱。

经过庄敬隆重的婚礼后,新婚夫妇才彼此相亲相爱,这是礼的大原则。同时,也是为了划分男女之间的界限,然后建立起夫妇之间正常的关系。有了男女之间的界限,才会有夫妇之间正常的关系;有了夫妇之间正常的关系;然后才会有父子亲爱;有了父子亲爱,然后君臣才能各安其位。所以说:婚礼是礼的根本。礼,是以冠礼为起点,以婚礼为根本,以丧祭为最隆重,以朝觐、聘问为最尊敬,以射、乡饮酒为最和睦了;这些是礼的大原则。

新妇清早起床,梳洗打扮好,等待进见公婆。到天明的时候,赞礼的妇人领着新妇去见公婆,新妇拿着竹篓,里面盛着枣、栗、干肉,去拜见公婆。赞礼的妇人代公婆酌甜酒赐新妇,新妇在席上祭肉酱、祭酒之后,便完成了做媳妇的礼节。公公婆婆回到寝室后,新妇向公婆献上一只蒸熟的小猪,以表明做媳妇的孝顺。第二天,公婆以"一献之礼"飨新妇,然后"奠酬",礼毕。公婆先由西阶下去,新妇由阼阶下去,这样是表明新妇将接替婆婆做家庭主妇了。

完成了做媳妇的礼节,表明了媳妇的孝顺,又反复地表示她可以接替婆婆做家庭主妇,这样隆重地待她,是为了让她能履行做媳妇的孝顺。所谓媳妇的孝顺,就是指要顺从公婆的意愿;并与其他女眷和睦相处;然后履行对丈夫的义务:经理丝麻布帛的事,保管家中储备的财物。所以媳妇尽到了责任,然后家庭才能和谐安定;家庭和谐安定了,然后这个家才能长久不衰;所以圣王十分重视妇女的孝顺。

所以古代女子在出嫁前三个月,如果她还在五服之内,就在宗子庙里接受婚前教育;如已在五服之外别成支族,就在支子的庙里接受婚前教育;教她有关妇女贞顺的德性、言语的应对、打扮装饰及家务事等等。学成以后,要祭告祖先。祭时用鱼作俎,用苹、藻作羹汤。这都是为了完成女子柔顺的德性。

在古代,天子的后妃设立六宫、三夫人、九嫔、二十七世妇、八十一御妻,以掌管天下家室,显示天下妇女柔顺的德性,所以内室和睦而家庭安定。天子设立六宫、三公、九卿、二十七大夫、八十一元士,以掌管天下大事,显示天下臣民的政教,所以外部和谐而国家大治。因此说:天子掌管臣民的政教,后妃掌管妇女柔顺的德性;天子整理阳刚的大道,后妃治理阴柔的德性;天子掌管外部的治理,后妃掌管内部的职责。政教、柔顺形成了风俗,外部内部和顺,国与家都治理得十分有条理,这就叫作盛德。

因此,凡是政教不修治,违背了阳道,天上就会出现谴责的征兆,发生日蚀;凡是妇女柔顺的德性不修治,违背了阴道,天上也会出现谴责的征兆,发生月蚀。所以遇到日蚀,天子就穿纯白的衣服,而考核六官的职责,以清除整理天下的阳事;遇到月蚀,后妃就穿纯白的衣服,而考核六宫的职责,以清除整理天下的阴事。所以天子与后妃,就像日与月,阳与阴,互相依靠才能存在。天子推行政教,就像父亲管教儿子;后妃推行女德,就像母亲教导女儿;所以说:天子与后妃,就好比父亲与母亲,因此如果天子死了,他的臣下为

他服斩衰三年，这和为父亲服丧服同样的意思；如果后妃死了，臣下为她服齐衰，也和为母亲服丧服一样的意思。

乡饮酒义第四十五

【原文】

乡饮酒之义：

主人拜迎宾于庠门之外，入，三揖而后至阶，三让而后升，所以致尊让也。盥洗、扬觯，所以致洁也。拜至，拜洗，拜受，拜送，拜既，所以致敬也。尊让、洁、敬也者，君子之所以相接也。君子尊让则不争，洁、敬则不慢；不慢不争，则远于斗辨矣；不斗辨，则无暴乱之祸矣。斯君子之所以免于人祸也，故圣人制之以道乡人、士、君子。

"尊于房户之间"，宾主共之也。尊有玄酒，贵其质也。羞出自东房，主人共之也。洗当东荣，主人之所以自洁，而以事宾也。

宾主，象天地也。介僎，象阴阳也。三宾，象三光也。让之三也，象月之三日而成魄也。四面之坐，象四时也。

天地严凝之气，始于西南而盛于西北，此天地之尊严气也，此天地之义气也。天地温厚之气，始于东北而盛于东南，此天地之盛德气也，此天地之仁气也。

主人者尊宾，故坐宾于西北，而坐介于西南以辅宾。宾者，接人以义者也，故坐于西北。主人者，接人〔以仁〕以德厚者也。故坐于东南；而坐僎于东北，以辅主人也。

仁义接，宾主有事，俎豆有数，曰圣。圣立而将之以敬，曰礼。礼以体长幼，曰德。德也者，得于身也。故曰：古之学术道者，将以得身也，是故圣人务焉。

祭荐，祭酒，敬礼也。啐肺，尝礼也。啐酒，成礼也。于席末，言是席之正，非专为饮食也，为行礼也。此所以贵礼而贱财也。卒觯，致实于西阶上，言是席之上，非专为饮食也，此先礼而后财之义也。先礼而后财，则民作敬让而不争矣。

乡饮酒之礼：六十者坐，五十者立侍，以听政役，所以明尊长也。六十者三豆，七十者四豆，八十者五豆，九十者六豆，所以明养老也。民知尊长养老，而后乃能入孝弟。民入孝弟，出尊长养老，而后成教。成教而后国可安也。君子之所谓孝者，非家至而日见之也；合诸乡射，教之乡饮酒之礼，而孝弟之行立矣。孔子曰："吾观于乡，而知王道之易易也。"

主人亲速宾及介，而众宾自从之；至于门外，主人拜宾及介，而众宾自入。贵贱之义别矣。

三揖至于阶，三让以宾升，拜至、献酬，辞让之节繁。及介，省矣。至于众宾，升受，坐祭，立饮，不酢而降。隆杀之义辨矣。

工人，升歌三终，主人献之。笙入三终，主人献之。间歌三终，合乐三终。工告乐备，遂出。一人扬觯，乃立司正焉。知其能和乐而不流也。

宾酬主人，主人酬介，介酬众宾，少长以齿，终于沃洗者焉。知其能弟长而无遗矣。

"降，说屦，升坐，（脩）〔羞〕，爵无数。"饮酒之节，朝不废朝，莫不废夕。宾出，主人拜送，节文终遂焉。知其能安燕而不乱也。

贵贱明，隆杀辨，和乐而不流，弟长而无遗，安燕而不乱，此五行者，足以正身安国矣。彼国安而天下安，故曰："吾观于乡，而知王道之易易也。"

乡饮酒之义：

立宾以象天，立主以象地，设介僎以象日月，立三宾以象三光。古之制礼也，经之以天地，纪之以日月，参之以三光，政教之本也。

亨狗于东方，祖阳气之发于东方也。洗之在阼，其水在洗东，祖天地之左海也。尊有玄酒，教民不忘本也。

宾必南乡。东方者春，春之为言蠢也，产万物者圣也。南方者夏，夏之为言假也。养之，长之，假之，仁也。西方者秋，秋之为言愁也。愁之以时察，守义者也。北方者冬，冬之为言中也，中者藏也。是以天子之立也：左圣，乡仁；右义，偝藏也。

介必东乡，介宾主也。

主人必居东方。东方者春，春之为言蠢也，产万物者也。主人者造之，产万物者也。

月者三日则成魄，三月则成时，是以礼有三让，建国必立三卿。三宾者，政教之本，礼之大参也。

【译文】

乡饮酒的礼仪是这样：主人在乡学门外拜迎宾客，宾客进门之后，作揖三次然后到阶下，彼此推让三次然后升阶，这样做都是为了表示尊敬谦让的意思。洗手洗杯，然后举杯饮酒，这是为了表示清洁。宾客到了而主人拜迎，主人洗爵而宾客拜谢，主人献酒而宾客拜受，宾客接受了而主人在阼上拜送，宾客干杯而拜，这样是为了表达敬意。彼此尊重、谦让、洁净、恭敬，这是君子相互交往的原则。君子能尊重谦让，就不会发生争斗，能洁净恭敬，就不会出现怠慢，不怠慢不争斗，就不会有争讼的事；没有争讼的事，也就没有强暴作乱的祸害了。这是君子避免祸害的方法，所以圣人用礼来加以制约。

乡大夫、州长、里正及卿、大夫、士等人行乡饮酒礼时，酒尊放在房户之间，表示这是宾主共用的。尊里盛着水，是以质朴为贵。菜肴从东房端出来，表示是由主人供具的。在东边房檐下放个"洗"，是主人自己洁净用的，表示敬事宾客。

宾与主，象征天与地；介与僎，象征阴与阳；宾、介、僎及众宾客，象征日月星三光；彼此推让三次，像月朔后三天而月始见光明；四面对着坐，象征着春夏秋冬四时。天地间严肃寒凝的气，从西南方开始，到西北方最为强盛，这是天地间尊贵威严的气，是天地间的义气。天地间温和敦厚的气，从东北方开始，到东南方最为强盛，这是天地间盛明道德的气,是天地间的仁气。

主人尊敬宾客,所以把宾客的位置安排在西北方,而把介的位置安排在西南方,以辅助宾客,宾客是用义来待人的,所以坐在西北。主人是用仁德敦厚来待人的,所以坐在东南方。而把僎安排在东北方,以辅助主人。仁义交接,宾主各安其所,而且待客的俎豆符合数目,这就叫作圣明。既圣明,又恭敬,这就叫作礼。用礼来作规范,使长幼身体力行,这就叫德。所谓德,就是自身的行为都合于礼义。所以说:古代学习道艺的人,就是要使心身有所得。因此,圣人都努力去实行。

宾在席上祭主人所献的菜肴与酒,这是向主人表示敬意的礼仪。尝一下肺,是表示接受主人所献菜肴的礼仪。尝一口酒,是表示成就主人献酢的礼仪。移到席的末位,是说此席的真正意义不只是为饮食,而是为了行礼的,这是重礼仪而轻财物的表现。在西阶上干杯,也是说此席的意义不只是为饮食的。这都是表示先礼仪而后财物的意思。能够做到先礼仪而后财物,那么人民中就会兴起一种恭敬谦让的风气,也就不会发生互相争夺的事了。

乡饮酒的礼仪是:六十岁以上的人坐着,而五十岁的人则站着侍候,听候差使,这是为了表明对长辈的尊重。六十岁的人三盘菜,七十岁的人四盘,八十岁的人五盘,九十岁的人六盘,这是为了表明对老人的奉养。人民懂得尊敬奉养老人,然后才能在家孝顺父母,善事兄长。人民能在家中孝顺父母,善事兄长,在外尊敬奉养老人,而后教化才能成功,教化成功了,然后国家才能得到安定。君子所说的孝,并不是挨家挨户去宣扬,也不是要每天召来加以戒谕;而只要在乡饮酒和射的时候把人们集合起来,教导他们乡饮酒的礼仪就行了,这样孝顺悌爱的德行就建立了。孔子说:"我参观过乡饮酒的礼仪,就知道王者的教化是很容易推行的。"

主人亲自到宾及介的家中敦请,而其他的众宾则先到宾家的门外,等着跟随宾一同前往。到了主人门外,主人拜迎宾及介,而揖请其他的宾客进去。这样做贵贱就分得很清楚了。宾主彼此三揖然后走到阶前,互相推让三次然后主人引导宾登阶。拜迎、揖让宾的来到,又酌酒献宾,宾又回敬主人,辞让的礼节十分繁富。至主人与介之间,礼节就减省了许多。至于其他众宾,只是登阶接受献爵,坐着行祭,站着喝酒,不必回敬主人就可下阶。从这些不同的做法来看,礼的繁富与省减就分得很清楚了。

乐正进来,登堂唱了三首诗歌,主人献酒给他;吹笙的人进来,在堂下吹奏了三支曲子,主人也献酒给他;乐正与吹笙的又轮流交替地各演奏了三首诗歌;然后一唱一吹配合起来各演奏了三首诗歌。于是,乐正就报告主宾,乐歌已经演奏完备,自己就退下堂来。这时主人身边管事的人对宾举杯,表示开始旅酬,于是就设立司正。由此可知,乡饮酒能使大家和谐欢乐而又不放肆失礼。宾先向主人劝酒,主人又向介劝酒,介又向众宾客劝酒,按年龄的长幼顺序饮酒,直到侍候宾主盥洗的人为止。由此可知,乡饮酒时,不论年纪长幼都不会遗漏。撤俎之后都走下堂来,脱掉鞋子,然后再登堂就座,这时就开始无算爵,彼此劝酒,不计杯数。饮酒的限度要以早上不耽误早朝,晚上不耽误治事为准。饮酒

结束,宾离去,主人拜送。至此,所有的礼仪都全部完成了。由此可知,乡饮酒可以使大家平安燕乐而不发生任何混乱。

贵贱分明了,礼的繁富和省减清楚了,和谐欢乐而又不放肆失礼,不论长幼都不会遗漏,平安燕乐而不发生混乱,这五种行为,足以规范身心而安定国家。国家安定了,天下才能安定。所以孔子说:"我参观了乡饮酒的礼仪,就知道王者的教化是很容易推行的。"

乡饮酒的意义是:设立宾以象征天的崇高,设立主以象征地的低卑,设立陪客、观礼者以象征日月,设立三位长宾以象征三大辰。古代制定礼法,以天地来经营它,以日月来总理它,以三大辰来辅助它,这些是政治与教化的根本。

在堂的东方烹煮狗肉,是效法阳气起于东方。"洗"放在阼阶上,所用的水摆在"洗"的东边,这是效法天地的东方是海。酒尊里盛着水,是教导人民不要忘了本源。

宾一定要面向南坐。东方就是春天的位置,所谓春就是活动生长的意思,化育万物,是因为生气通达的缘故。南方就是夏天的位置,所谓夏就是大的意思,供养万物,生长万物,繁盛万物,这就是仁。西方是秋天的位置,所谓秋就是收敛的意思,依时节杀戮来收敛,目的是为了守义。北方是冬天的位置,所谓冬就是终了的意思,庄稼收割完毕就要收藏。所以天子站立时,都是左傍着"圣",面向着"仁",右靠着"义",背依着"藏"。介一定要面向东坐,在宾主之间通达情意。主人一定要坐在东方,东方是春天的位置,所谓春天就是活动生长的意思,是化育万物的。做主人的就这个位置,是因为他也是生产万物以奉宾的。月朔后三日,然后阴暗的部分才开始恢复光明,三个月就成为一季,所以礼有推让三次的规定,建国也一定要设立三个卿位。乡饮酒时设立三位长宾,也是这个意思。这是政治教化的根本,也是礼的最大依据。

射义第四十六

【原文】

古者诸侯之射也,必先行燕礼。卿、大夫、士之射也,必先行乡饮酒之礼。故燕礼者,所以明君臣之义也;乡饮酒之礼者,所以明长幼之序也。

故射者,进退周还必中礼。内志正,外体直,然后持弓矢审固;持弓矢审固,然后可以言中。此可以观德行矣。

其节:天子以《驺虞》为节,诸侯以《狸首》为节,卿、大夫以《采蘋》为节,士以《采蘩》为节。《驺虞》者,乐官备也;《狸首》者,乐会时也;《采蘋》者,乐循法也;《采蘩》者,乐不失职也。是故天子以备官为节,诸侯以时会天子为节,卿、大夫以循法为节,士以不失职为节。故明乎其节之志,以不失其事,则功成而德行立;德行立,则无暴乱之祸矣。功成

则国安,故曰:射者,所以观盛德也。

是故古者天子以射选诸侯、卿、大夫、士。射者,男子之事也,因而饰之以礼乐也。故事之尽礼乐而可数为以立德行者,莫若射,故圣王务焉。

是故古者天子之制:诸侯岁献,贡士于天子,天子试之于射宫。其容体比于礼,其节比于乐,而中多者,得与于祭。其容体不比于礼,其节不比于乐,而中少者,不得与于祭。数与于祭而君有庆,数不与于祭而君有让。数有庆而益地,数有让而削地。故曰:射者,射为诸侯也。是以诸侯君臣尽志于射,以习礼乐。夫君臣习礼乐而以流亡者,未之有也。故《诗》曰:"曾孙侯氏,四正具举。大夫君子,凡以庶士,小大莫处,御于君所。以燕以射,则燕则誉。"言君臣相与尽志于射,以习礼乐,则安则誉也。是以天子制之,而诸侯务焉。此天子之所以养诸侯而兵不用,诸侯自为正之具也。

孔子射于矍相之圃,盖观者如堵墙。射至于司马,使子路执弓矢出延射,曰:"贲军之将,亡国之大夫,与为人后者,不入。其馀皆入。"盖去者半,入者半。又使公罔之裘、序点扬觯而语。公罔之裘扬觯而语曰:"幼壮孝弟、耆耋好礼、不从流俗、修身以俟死者不?——在此位也!"盖去者半,处者半。序点又扬觯而语曰:"好学不倦、好礼不变、旄期称道不乱者不?——在此位也!"盖仅有存者。

射之为言者,绎也,或曰舍也。绎者,各绎己之志也。故心平体正,持弓矢审固;持弓矢审固,则射中矣。故曰:为人父者,以为父鹄;为人子者,以为子鹄;为人君者,以为君鹄;为人臣者,以为臣鹄。故射者各射己之鹄。故天子之大射,谓之"射侯"。射侯者,射为诸侯也。射中则得为诸侯,射不中则不得为诸侯。

天子将祭,必先习射于泽。泽者,所以择士也。已射于泽,而后射于射宫。射中者得与于祭,不中者不得与于祭。不得与于祭者有让,削以地。得与于祭者有庆,益以地。进爵绌地是也。

故男子生,桑弧蓬矢六,以射天地四方。天地四方者,男子之所有事也。故必先有志于其所有事,然后敢用谷也,饭食之谓也。

射者,仁之道也。射求正诸己,己正而后发;发而不中,则不怨胜己者,反求诸己而已矣。孔子曰:"君子无所争,必也射乎?揖让而升,下而饮。其争也君子。"

孔子曰:"射者何以射?何以听?循声而发,发而不失正鹄者,其唯贤者乎!若夫不肖之人,则彼将安能以中?"《诗》云:"发彼有的,以祈尔爵。"祈,求也。求中以辞爵也。酒者,所以养老也,所以养病也。求中以辞爵者,辞养也。

【译文】

古代诸侯举行射礼,一定先举行燕礼;卿、大夫、士举行乡射礼,一定先举行乡饮酒礼。燕礼这一礼节,是用来明确君臣之间的名分的;乡饮酒这一礼节,是用来明确长幼次序的。

　　射箭的人，前进、后退、转身一定要合乎礼仪的要求。思想纯正，身体挺直，然后拿起弓矢，目光专注箭靶。拿起弓矢，目光专注箭靶，然后才能谈到射中。这样在射箭过程中就可以观察到人的道德品性了。

　　射箭时的音乐节拍：天子射时，用《驺虞》为节拍，诸侯射时，用《狸首》为节拍，卿大夫射时，用《采蘋》为节拍，士射时，用《采蘩》作为节拍。《驺虞》歌颂百官齐备；《狸首》歌颂诸侯按时朝见天子；《采蘋》歌颂遵循法度；《采蘩》歌颂不荒废本职工作。所以天子用齐备百官的歌曲为节拍，诸侯用按时朝会天子的歌曲为节拍，卿大夫用遵循法度的歌曲为节拍，士用不荒废本职工作的歌曲为节拍。

　　明确各自伴射歌曲的思想意义，从而不荒废各自的职事，这样就能达到成就功业和确立好的品德行为。各种人都确立好的品德行为，就不会有暴虐作乱的种种灾祸发生，成就功业就可以使国家安定。所以说：举行射礼，可以用来观察美好的德行。

　　因此，古代天子利用射箭来考察诸侯、卿、大夫、士的德行。射箭这件事，是每一个男子都应该从事的，并用乐曲来配合修饰它。能与礼乐相配合，又可以不断反复地进行，从而确立好的品德行为的，没有比射箭更好的了。所以，圣明的君主一定致力于射这件事。

　　因此，古代天子规定：诸侯每年要向天子报告和进奉祭祀物品，还向天子推荐人才，天子在射宫对他们进行考核。如果仪态合乎礼仪，发射的快慢合于乐曲的节拍，射中的次数又多的人，获得参加祭祀的资格；如果仪态不合乎礼仪，发射的快慢不合于乐曲的节拍，而中靶的次数又少的人，不能参加祭祀。推荐的士，多次参加祭祀的，君主就获得褒奖；推荐的士，多次不能参加祭祀的，君主要受到责罚。多次受到褒奖的就增加封地，多次受到责罚的就削减封地。所以说：射箭这件事，它是有关诸侯的赏罚。因为如此，所以诸侯君臣们尽心于习射，藉以练习熟悉礼仪和乐曲。国君大臣都能很好地学习礼乐，却因此遭到放逐灭国的，从来没有过。

　　所以《诗》说："天子的宗室诸侯，当燕礼向宾、公、卿、大夫们举杯献酒完毕后，大夫们和品德高尚的君子们、众士们，无论职位高低都不要留滞于各自的官衙内，都到君主处侍候；来参加燕礼又参加射礼，既获得安乐又获得声誉。"诗意是说君臣共同在一起专心于射，藉以练习礼乐，既安乐又有声誉。因为如此，所以天子制定射礼，诸侯全力从事于射礼。这就是天子不通过武力来治理诸侯，诸侯纠正自己行为的办法啊！

　　孔子演习射礼在矍相的场上，观看的人挤得像一堵墙。乡饮酒礼毕，司正改称司马行射礼时，孔子让子路拿着弓矢出来延请射箭的人说："打败仗的将军，使国君亡国的大夫，贪图财产认人作父的不要进入，其余都进入。"离去的大概有一半人，进入的有一半人。孔子又让公罔之裘、序点举起酒杯对大众讲话，公罔之裘举杯说："二三十岁时能做到孝顺父母敬爱兄弟，六七十岁时能爱好礼仪，不随波逐流，修养品德到老，有这样的人吗？如果有，请站到射位上。"离去的大约有一半，留下的有一半。序点又举杯说："爱好

学习永不懈怠，爱好礼仪矢志不变，八十九十乃至百岁，称颂正道不受悖乱的影响，有这样的人吗？如果有，请站到射位上。"这样很少有人留下来的了。

射的意义，是抒发的意思；又说是舍处的意思。抒发的意思，指抒发各人的志向。思想纯正、身体端正，拿起弓矢，视力集中，瞄得很准，就能射中箭靶。所以说：做父亲的，在射箭时把射中箭靶当作做好父亲的目标；做儿子的，把射中箭靶当作做一个好儿子的目标；做国君的，把射中箭靶当作做好一个国君的目标；做臣下的，把射中箭靶当作做好臣下的目标。射箭的人身份不同，各人都把射中作为符合各种身份的目标。天子举行大射之礼称作"射侯"。"射侯"的意思，是说射箭的目的是做诸侯，射中靶心符合做诸侯，射不中靶心就不够诸侯的条件。

天子将要举行祭祀，必定先演习射箭在泽宫。泽字的意思，是说利用射箭在诸侯推荐的士中选择助祭的人。在泽宫演习完毕后，然后又到射宫演习射箭。射中的人获得参与祭祀，没有射中的人不能参与祭祀。不能参加祭祀的要受到责罚，削减推举诸侯的封地。获得参加祭祀的人受到奖励，增加荐举诸侯的封地。提升爵位、减损封地都根据射箭。

生了男孩子后，一定在门口挂着桑木的弓和六根用蓬草做的箭，用来向上下及东南西北四方发射。天地四方之事，是男子应从事的事。所以一定先立这个志，然后才敢享用谷物。犹言得先做事，然后才有饭吃。

射箭这件事，包涵"仁"的道理。射先要求自己思想纯正、身体端正，自己做到思想纯正和身体端正，然后才发射。发射，没有射中，不埋怨胜过自己的人，回过头来在自身找原因罢了。孔子说："品德高尚的君子是不与人争胜的；如有所争，一定是射箭吧！揖拜谦让升堂，射后，下堂再共同饮酒，这是君子的争胜。"

孔子说："射箭的人射箭的目标是什么？耳朵注意听什么？按照音乐的节拍发射，射出后又正中靶的中心，只有贤德的人才能做到啊！至于不贤之辈，他们如何能射中目标呢？"《诗》说："射箭希望射中靶心，以免喝你的罚酒。"祈，是求的意思，希望射中，求得免喝罚酒。酒是用来养老的，或用来养病的。希望射中以免喝酒，这是推辞别人的奉养啊。

燕义第四十七

【原文】

古者周天子之官，有庶子官。庶子官职诸侯、卿、大夫、士之庶子之卒，掌其戒令与其教治，别其等，正其位。国有大事，则率国子而致于大子，唯所用之。若有甲兵之事，则授之以车甲，合其卒伍，置其有司，以军法治之；司马弗正。凡国之政事，国子存游卒，使之

修德学道,春合诸学,秋合诸射,以考其艺而进退之。

诸侯燕礼之义:

"君立阼阶之东南,南乡尔卿;大夫,皆少进。"定位也。君席阼阶之上,居主位也。君独升立席上,西面特立,莫敢适之义也。

设宾主,饮酒之礼也。使宰夫为献主,臣莫敢与君亢礼也。不以公卿为宾,而以大夫为宾,为疑也,明嫌之义也。宾入中庭,君降一等而揖之,礼之也。

君举旅于宾,及君所赐爵,皆降,再拜稽首,升成拜,明臣礼也。君答拜之,礼无不答,明君上之礼也。臣下竭力尽能以立功于国,君必报之以爵禄,故臣下皆务竭力尽能以立功,是以国安而君宁。礼无不答,言上之不虚取于下也。上必明正道以道民,民道之而有功,然后取其什一,故上用足而下不匮也。是以上下和亲而不相怨也。和宁,礼之用也。此君臣上下之大义也。故曰:燕礼者,所以明君臣之义也。

席,小卿次上卿,大夫次小卿,士、庶子以次就位于下。献君,君举旅行酬。而后献卿,卿举旅行酬。而后献大夫,大夫举旅行酬。而后献士,士举旅行酬。而后献庶子。俎豆、牲体、荐羞,皆有等差。所以明贵贱也。

【译文】

古代周天子设置庶子官。庶子官的职责是管理诸侯、卿、大夫、士的诸子的部队,执掌他们的戒法政令,参与评定他们材艺的等第,确定他们朝位的位次。国家有大事,就率领国子到太子那里去,听凭太子任用。如果有战事,就发给他们兵车、盔甲和武器,按军队编制把他们组织起来,给他们选派将帅,一切都按军法管理,不受司马的节制。凡属国家一般赋役都可免去。国内有征役之时,让他们组织起来,勤修德行,力学道艺,春季聚集在太学,秋季集合在射宫,考核他们的学业,根据成绩的优劣,决定他们的进退。

诸侯饮宴群臣的礼仪是这样的:国君立在阼阶的东南方,向南揖卿,使卿靠近一些;又揖大夫,大夫稍微向前进。这是定群臣之位。国君的坐席在阼阶上面,居于主位。国君独自升席,面向西方,独自站着,这是表示没有人与他匹敌的意思。

分设宾主,这是酒宴上的礼节。国君命宰夫代替自己做主人,向宾客敬酒,这是因为参加酒宴的臣下不敢与国君行对等的礼节。不以公卿做宾,而以大夫做宾,是因为不这样就容易产生臣与君同尊的嫌疑,因而这是避嫌疑的意思。宾走入庭中的时候,国君就走下一级台阶,向宾客作揖,这是表示他对宾客以礼相待。

在国君与众宾举行旅酬及国君向臣下赐爵劝饮的时候,宾及臣下都走到堂下,向国君再拜叩头,国君使小臣请他们回到堂上席位,他们还要在堂上再拜叩头,然后接受,以完成礼节,这是表明做臣子应有的礼数。国君也起来向他们答拜,礼仪中没有不答拜的,这是表明做君主的应有的礼数。臣子们竭尽力量和才能,为国立功,国君必定会赐给他们爵位和官禄作为报答,因此臣子们都竭尽力量和才能为国立功,这样一来,国家就会安

定,国君也就清静无事了。礼仪中没有不报答的,意思是说在上位的人决不会白白掠取在下位的人。在上位的人必定明了用正确的治国之道去引导人民,使人民依从这条治国之道去做而有所收获,然后征收他们收获的十分之一作为赋税,就能使国库充实人民富足。这样一来,就会上下和乐亲近而不会相互怨恨了。和乐和安宁,是施行礼的结果,是君臣上下间大义之所在。所以说:燕礼,是发扬君臣间大义的重要途径。

饮宴时坐席的设置是这样的:小卿的席位次于上卿,大夫的席位又次于小卿,士及庶子则依次坐在阼阶下面。饮酒的时候,宰夫代国君做主人,先给国君敬酒,国君举杯向大家劝饮;然后又给卿敬酒,卿也举杯向大家劝饮;然后给大夫敬酒,大夫又举杯向大家劝饮;然后给士敬酒,士也举杯向大家劝饮;最后给庶子敬酒。饮宴时所用的食器、菜肴等,都因地位的不同而有所差别。这些都是用来表明尊卑贵贱的。

聘义第四十八

【原文】

聘礼,上公七介,侯伯五介,子男三介,所以明贵贱也。

介绍而传命,君子于其所尊弗敢质,敬之至也。

三让而后传命,三让而后入庙门,三揖而后至阶,三让而后升,所以致尊让也。

君使士迎于竟,大夫郊劳。君亲拜迎于大门之内而庙受,北面拜贶,拜君命之辱,所以致敬也。

敬让也者,君子之所以相接也。故诸侯相接以敬让,则不相侵陵。

卿为上摈,大夫为承摈,士为绍摈。君亲礼宾,宾私面、私觌、致饔饩、还圭璋、贿赠、飧食燕,所以明宾客君臣之义也。

故天子制诸侯,比年小聘,三年大聘,相厉以礼。使者聘而误,主君弗亲飧食也,所以愧厉之也。诸侯相厉以礼,则外不相侵,内不相陵。此天子之所以养诸侯,兵不用而诸侯自为正之具也。

以圭璋聘,重礼也;已聘而还圭璋,此轻财而重礼之义也。诸侯相厉以轻财重礼,则民作让矣。

主国待客,出入三积。饩客于舍,五牢之具陈于内,米三十车,禾三十车,刍薪倍禾,皆陈于外,乘禽日五双,群介皆有饩牢,壹食再飧,燕与时赐无数,所以厚重礼也。古之用财者,不能均如此,然而用财如此其厚者,言尽之于礼也。尽之于礼,则内君臣不相陵,而外不相侵。故天子制之,而诸侯务焉尔。

聘射之礼,至大礼也。质明而始行事,日几中而后礼成,非强有力者弗能行也。故强

有力者,将以行礼也。酒清,人渴而不敢饮也;肉干,人饥而不敢食也;日莫人倦、齐庄正齐,而不敢解惰,以成礼节,以正君臣,以亲父子,以和长幼。此众人之所难,而君子行之,故谓之有行。有行之谓有义,有义之谓勇敢。故所贵于勇敢者,贵其能以立义也;所贵于立义者,贵其有行也;所贵于有行者,贵其行礼也。故所贵于勇敢者,贵其敢行礼义也。故勇敢强有力者,天下无事则用之于礼义,天下有事则用之于战胜。用之于战胜则无敌,用之于礼义则顺治。外无敌,内顺治,此之谓盛德。故圣王之贵勇敢强有力如此也。勇敢强有力而不用之于礼义、战胜,而用之于争斗,则谓之乱人。刑罚行于国,所诛者乱人也。如此,则民顺治而国安也。

子贡问于孔子曰:"敢问君子贵玉而贱珉者何也? 为玉之寡而珉之多与?"

孔子曰:"非为珉之多,故贱之也;玉之寡,故贵之也;夫昔者,君子比德于玉焉。温润而泽,仁也;缜密以栗,知也;廉而不刿,义也;垂之如队,礼也;叩之其声清越以长,其终诎然,乐也;瑕不掩瑜,瑜不掩瑕,忠也;孚尹旁达,信也;气如白虹,天也;精神见于山川,地也;圭璋特达,德也;天下莫不贵者,道也。《诗》云:'言念君子,温其如玉。'故君子贵之也。"

子贡

【译文】

行聘礼,上公使卿出聘用七个介,侯伯用五个介,子男用三个介,这样做的目的是为了分别尊卑。介一个接一个地传达聘君的话,这是因为君子不敢对自己所尊重的人有所简慢,这是最恭敬的表示。宾辞让三次然后才传达其君主的问候,推让三次然后进入庙门,揖拜三次然后走到阶前,又推让了三次然后才登上阶,这是为了尽量表示尊敬与谦让。

主国国君派士在边境迎接来聘的使者,又派大夫在郊外慰劳他。君主又亲自在大门内拜迎,然后在庙中接受使者传达来聘之意,面朝北拜受使者带来的礼物,并拜谢对方君主特派使者前来聘问的盛情。这些都是为了表示敬让的意思。恭敬与谦让,是君子相互交往的态度。所以诸侯之间以恭敬谦让相互交往,就不会出现互相侵略欺凌的事了。

接待宾时,用卿做上傧,用大夫做承傧,用士做绍傧。行聘结束,主国的君主亲自执醴酒以礼宾。宾以个人身份会见主国的卿大夫,还要以个人身份拜见主国的君主。主国的君主又派卿致送饔饩到宾馆,还要退还宾作为信物的圭璋,并赠给宾一束纺绸。主国的君主又以飨礼、食礼及燕礼接待宾,这样做都是为了表明宾主、君臣之间的道义。

所以天子对诸侯制订制度:诸侯每年派大夫互行小聘,三年派卿互行大聘,用礼来相互勉励。如果使者来聘问时,所行礼节有错误,那么主国的君主就不亲自对使者行飨食

424

的礼,这样做的目的是为了使来聘的使者感到羞愧而勉励他改正。诸侯之间如果能用礼来相互勉励,那么对外就不会相互侵犯,对内也不会相互欺凌。这就是天子安抚诸侯,不用武力而诸侯自相匡正的工具。

用圭璋作聘,是表示重视礼;聘礼完毕后主国的君主把圭璋归还给宾,是表示轻视财物而重视礼的意思。诸侯之间如果能用轻财重礼的道理相互勉励,那么在他们的人民中就会兴起谦让的风气了。主国对待客人,不论入境或出境,都向客人致送三次米刍一类的物品,把饔饩送到客人所住的馆舍,将五牢陈设在宾馆内,还要供给三十车米,三十车禾,刍薪粮草则又加倍,这些都陈列在宾馆的门外。又每日送家禽五双。而众介都有饩牢。在朝廷上举行食礼一次,飨礼二次;而在寝宫举行的燕礼,以及赏赐时新食物就没有一定的次数了。这些都是为了表示重视礼。古时候使用财物,并不是都这样,但在聘礼中使用财物如此丰厚,是为了说明对礼极其恭敬和重视。能做到对礼极其恭敬重视,那么在国内就不会有君臣相欺凌,在国外就不会有诸侯相侵伐的事发生了。所以天子设立了这种制度,而诸侯都愿意尽力去推行了。

聘礼与射礼,是最大的礼。天刚亮就开始行礼,差不多快到中午了礼的程序才进行完毕,倘使不是坚强有力的人便行不了。所以坚强有力的人,才能行礼。酒冷了,人们即使口渴也不敢喝;脯醢干了,人们即使饥饿也不敢吃;太阳下山了,人们虽然疲倦了,但仍容貌严肃庄重,班列整齐,不敢有丝毫懈怠,而共同完成礼节,以此使君臣各安其位,父子相互亲爱,长幼和睦相处。这是一般的人所难以做到的,而君子却能做到,所以说君子有德行。

有德行就是有义,有义就是勇敢。所以勇敢之所以可贵,就贵在能树立正义。树立正义的可贵,就贵在他有德行。有德行之所以可贵,就贵在能行礼。所以说勇敢之所以可贵,就贵在能勇敢地行礼义。所以勇敢而又坚强有力的人,在天下安定的时候,就用在礼义的方面;在天下混乱的时候,就用在战争上以克敌制胜。能用在战争上以克敌制胜,那么就天下无敌;能用在礼义方面,那么天下就会和顺而安定了。对外无敌手,国内又和顺安定,这就叫作盛德。所以贤明通达的先王这样看重勇敢与坚强有力。如果勇敢与坚强有力不用在礼义及战胜敌人上,而用在争强斗狠上,那就是作乱的人。国家实行的刑罚,所诛杀的正是这种作乱的人。如果能这样做,那么人民就会顺服安居,而国家也就可以得到安定了。

子贡向孔子请教说:"为什么君子都看重玉而鄙贱似玉非玉的珉呢?是因为玉少而珉多的缘故吗?"孔子回答说:"并不是因为珉多,所以鄙贱它,玉少,所以看重它。那是因为以前君子将玉与美德相比。玉温润而有光泽,像仁者的德性;细致精密而坚实,像智者的德性;方正而不伤害别人,像义者的德性;珮玉垂而下坠,像君子谦恭有礼;敲击一下,发出清脆悠扬的声音,结束时则戛然而止像音乐一样优美动听;它身上的疵斑不会掩盖自身的光彩,自身的光彩也不会掩盖本身的疵斑,就像忠实正直的品性;它的颜色就像竹

上的青色,光彩外发,而通达四旁,好像信实的德性,发自内心;它的光彩,如太阳旁边垂着的像虹一样的白气,因此像天一样有无所不覆的美德;它蕴藏在地下,但精气神采却呈现在山川之间,所以又像地一样有无所不载的美德;用圭璋作为朝聘时的信物,是因为玉有币帛所没有的美德。天下的人没有不看重玉的,这正如天下的人都尊重道一样。《诗经》说:'想念我那夫君啊,他性格温柔,就像玉一样。'所以君子都看重它。"

丧服四制第四十九

【原文】

凡礼之大体,体天地,法四时,则阴阳,顺人情,故谓之礼。訾之者,是不知礼之所由生也。

夫礼,吉凶异道,不得相干,取之阴阳也。丧有四制,变而从宜,取之四时也。有恩、有理,有节、有权,取之人情也。恩者,仁也;理者,义也;节者,礼也;权者,知也。仁义礼知,人道具矣。

其恩厚者,其服重,故为父斩衰三年,以恩制者也。

门内之治,恩掩义;门外之治,义断恩。资于事父以事君,而敬同。贵贵尊尊,义之大者也。故为君亦斩衰三年,以义制者也。

三日而食,三月而沐,期而练,毁不灭性,不以死伤生也。丧不过三年,苴衰不补,坟墓不培。祥之日,鼓素琴,告民有终也,以节制者也。资于事父以事母,而爱同。天无二日,土无二王,国无二君,家无二尊,以一治之也。故父在,为母齐衰期者,见无二尊也。

杖者何也?爵也。三日授子杖,五日授大夫杖,七日授士杖。或曰儋主,或曰辅病。妇人、童子不杖,不能病也。百官备,百物具,不言而事行者,扶而起;言而后事行者,杖而起;身自执事而后行者,面垢而已。秃者不髽,伛者不袒,跛者不踊,老病不止酒肉。凡此八者,以权制者也。

始死,三日不怠,三月不解,期悲哀,三年忧,恩之杀也。圣人因杀以制节,此丧之所以三年,贤者不得过,不肖者不得不及。此丧之中庸也,王者之所常行也。《书》曰:"高宗谅暗,三年不言。"善之也。王者莫不行此礼,何以独善之也?曰:高宗者,武丁;武丁者,殷之贤王也,继世即位,而慈良于丧。当此之时,殷衰而复兴,礼废而复起,故善之。善之,故载之《书》中而高之,故谓之"高宗"。三年之丧,君不言,《书》云"高宗谅暗,三年不言",此之谓也。然而曰"言不文"者,谓臣下也。

礼:斩衰之丧,"唯"而不对;齐衰之丧,对而不言;大功之丧,言而不议;缌、小功之丧,议而不及乐。父母之丧,衰、冠绳缨,菅屦;三日而食粥,三月而沐,期十三月而练冠,三年

而祥。比终兹三节者，仁者可以观其爱焉，知者可以观其理焉，强者可以观其志焉。礼以治之，义以正之。孝子、弟弟、贞妇，皆可得而察焉。

【译文】

凡是礼的大纲，都是依据天地，取法四季，效仿阴阳，顺应人情的，所以才叫作礼。那些诋毁礼的人，是因为他们不知道礼是从哪里产生的。在礼中，吉礼与凶礼各不相同、互不牵连，这是取法阴阳互不相干而设置的。丧服有四种原则，根据亲疏关系变通而用最适合的丧期，这是取法一年有四季而制定的。四种原则，有恩情的原则，有义理的原则，有节限的原则，有变通的原则，这是从人情上考虑的。有恩情，是仁的表现；有义理，是义的表现；有节限，是知礼的表现；有变通，是智的表现。有仁义礼智，人类的道德就都完备了。

对自己恩情深厚的人，为他服重丧，所以为父亲服斩衰三年，这是从恩情上来规定的。在有血缘关系的族人中，恩情的因素掩盖了义理的因素；在社会关系中，义理的因素制约了恩情因素。用对待父亲的礼来对待君主，并且保持同样的敬意。敬重高贵，尊崇长辈，这是义理中的重要方面，所以为君主也要服斩衰三年，这是从义理上来规定的。

亲人死丧，三天后才吃粥，三个月后才洗头，一年后举行小祥祭时才戴练冠，悲哀憔悴但不能危及生命，不能因为死者而伤害生存的人。守丧不能超过三年，丧服坏了不必修补，坟墓筑好后就不再加土。大祥的那天，可以弹奏未加漆饰的琴，用来告诉人们守丧结束了，这表示有一定的节制。用对待父亲的方式去对待母亲，并保持同样的厚爱，但是天上没有两个太阳，地上没有两个王，一国没有两个国君，一家也不能有两个家长，都由一人统一治理。所以父亲在世时，只为母亲服齐衰一周年，就是表明一家没有两个地位最尊的人。

丧棒有什么作用呢？其一是表示执丧棒人的爵位。国君死，第三天授给世子丧棒，第五天授给大夫，第七天授给士。其二是借用丧棒表明丧主的身份，其三是给众子扶持病体的。妇人、小孩不用丧棒，因为他们不须哀伤到成病的地步。王侯的丧事，各种办事人员齐备，各种器物齐全，不须丧主吩咐而事事都有人做，丧主可以悲哀到要人扶着才站得起来的程度；大夫、士的丧事，要丧主吩咐才有人去做，丧主只能悲哀到依靠丧棒自己能站起来的程度；庶人的丧事，要靠自己亲手去办理，丧主不能悲哀得要扶着丧棒才能行走，只要蓬头垢面有哀容就行了。还有，秃头的人就不须除冠用布条束发，驼背的人不须袒衣露体，跛子哭泣时不须跺脚，年老的或有病的人不须停食酒肉。这八种规定，都是依据变通的原则而定的。

孝子在亲人刚死的三天内哭泣不停，三月之内哭泣仍不懈怠，过了一年还很悲哀，到了第三年，心中仍有忧伤，对亲人的感情逐渐淡薄。圣人便依感情逐渐淡薄的原则加以节制，这就是要守丧三年。这个限度，孝心再重的人也不准超过，忤逆不肖的人也不准达

不到限度,这是丧礼中折中的地方,历代君主也都是这样做的。《尚书·说命篇》说:"殷高宗守丧住倚庐,三年没有过问政事",这是赞美他。历代君王没有不行这个礼的,为什么唯独赞美他一个人呢? 回答是:高宗就是武丁,武丁是殷代的贤明君主,他继承王位时就专心守丧。而正是在他执政的时候,殷族才由衰败转为兴盛,礼也由废弛转向盛行,所以要赞美他。因为赞美他就记载在《尚书》里以尊崇他,所以称他为"高宗"。守丧三年,国君不过问政事,而国家仍能安定,《尚书》所说"高宗谅阴,三年不言",说的就是这种情形。然而《孝经·丧亲章》说:"孝子为亲人守丧,说话不宜多加文饰",那是针对臣下而说的。

礼的规定:服斩衰的人,只是"欸欸"地答应而不回答实际内容;服齐衰的人,虽可答话但不主动说话;服大功的人,可以跟人说话但不议论他事;服小功或缌麻的人,可以议论但不谈笑。为父母服丧,要穿有缏的麻衣,丧冠用绳子做帽带,脚穿菅草鞋,三天以后才开始吃粥,三月之后才洗头,满一年后的第十三个月才戴练过的麻布冠,满了两年举行了大祥祭以后才过正常生活。能够做完这三阶段的事的人,是仁者就可看到他的爱心,是智者就可看到他的理性,是强者就可看到他的毅力。用礼数来治理丧事,用道义来指导守丧的行动。是否是孝顺的儿子、仁爱的兄弟、贞节的妇女,都可以从中看出来。